Ontdek Nederland

READER'S DIGEST

Ontdek Nederland

De schoonheid van het Nederlandse landschap

UITGEVERSMAATSCHAPPIJ THE READER'S DIGEST N.V., AMSTERDAM
N.V. READER'S DIGEST S.A., BRUSSEL
IN SAMENWERKING MET
DE KONINKLIJKE NEDERLANDSE TOERISTENBOND ANWB

Ontdek Nederland

werd ontworpen en geredigeerd door
Uitgeversmaatschappij The Reader's Digest NV, Amsterdam

De teksten zijn van
Han Honders, Jac. G. Constant, Yvonne Doorgeest en Loek Polders.

De foto's zijn voor het grootste deel van
Han Honders, Emil de Haas en R.F. Ovinge.
De overige fotografen worden genoemd in de illustratieverantwoording op blz. 420.

De 8 dubbele-paginatekeningen en de meeste veldschetsen
werden speciaal voor deze uitgave gemaakt door Ad Cameron.
De 120 routekaarten werden verzorgd door Reklame Adviesburo Meppel, Jo Alting.
De 20 overzichtskaarten aan het begin van de beschrijving van ieder gebied
zijn vervaardigd door het ministerie van Landbouw, Natuurbeheer en Visserij te Den Haag.

Copyright © MCMLXXXV, MCMXCIV by
Uitgeversmaatschappij The Reader's Digest NV, Amsterdam en
NV Reader's Digest SA, Brussel

Niets uit deze uitgave mag worden verveelvoudigd en/of openbaar gemaakt
door middel van druk, fotocopie, microfilm of op welke andere wijze ook,
zonder voorafgaande schriftelijke toestemming van de uitgever.

Wettelijk depot in België D MCMXCIV/0621/15

ISBN 90 6407 315 5

Printed in Italy

VOORWOORD

Met ONTDEK NEDERLAND heeft u een boek in handen dat zowel wat vorm als wat inhoud betreft uniek mag worden genoemd. Aan de hand van vele honderden kleurenfoto's, tekeningen en kaarten wordt een zo volledig mogelijk beeld gegeven van 20 gebieden die uit oogpunt van natuur, landschap en cultuurhistorie van bijzondere betekenis zijn. Schrijvers, fotografen en tekenaars hebben in de beschreven gebieden vele dagen doorgebracht om alles met eigen ogen te aanschouwen. Kernachtige teksten bij de foto's geven u inzicht in het ontstaan, de natuur en de cultuurgeschiedenis van de betreffende gebieden. Fraai uitgevoerde, speciaal voor dit boek vervaardigde routeschetsen nodigen u uit per fiets of te voet zelf op ontdekking te gaan en de beschreven en afgebeelde plekjes zelf te gaan bekijken.

Beschrijving van de landschappen

De gebieden zijn alle op dezelfde manier beschreven, waardoor u bepaalde aspecten van het landschap gemakkelijk kunt opzoeken. Elk onderwerp wordt afgerond behandeld in twee tegenover elkaar liggende bladzijden, zodat u alle informatie in één oogopslag kunt overzien. Een grote openingsfoto over twee pagina's geeft een karakteristiek beeld van het landschap. Daarna volgt een algemene inleiding waarin alle aspecten kort worden belicht. Vervolgens komen de dubbele pagina's met informatie over het ontstaan van het betreffende landschap en de waarde ervan voor natuur en cultuur. Bij acht gebieden geeft een grote tekening (ook weer over twee pagina's) een impressie van wat in het beschreven landschap te zien valt.

Na de twaalf pagina's uitputtende informatie over landschap en natuur volgen per gebied nog zes pagina's waarin de recreatieve aspecten aan bod komen. Een overzichtskaart van het gebied en suggesties voor fiets- en wandeltochten wijzen u waar u de beschreven bijzonderheden met eigen ogen kunt gaan bekijken. Kleurenfoto's en de teksten wijzen u op interessante zaken.

Overzicht natuurgebieden

Volledigheidshalve wordt een uitvoerig overzicht gegeven van de belangrijkste natuurgebieden in de 20 beschreven landschappen. Door het gebruik van symbolen is in tabelvorm een schat aan informatie verwerkt ten aanzien van de grootte, de toegangsbepalingen, de beheerder en het speciale belang van het natuurterrein. Bovendien wordt er van de meeste natuurgebieden een korte karakteristiek gegeven en de ligging nauwkeurig aangeduid.

Verklarende woordenlijst en register

In een boek over natuur en landschap valt niet te ontkomen aan het gebruik van 'vaktermen'. Daarom is een verklarende woordenlijst opgenomen, waarin van de meeste van deze woorden een beknopte verklaring wordt gegeven.

ONTDEK NEDERLAND wordt besloten met een uitgebreid trefwoordenregister. Dit stelt u, samen met de uitvoerige inhoudsopgave, in staat snel de informatie te vinden die u zoekt.

Kortom: ONTDEK NEDERLAND is een unieke inventarisatie van wat Nederland op het gebied van natuur en recreatie te bieden heeft. Een boek dat uitnodigt om zelf op ontdekking uit te gaan.

INHOUD

Voorwoord 5

Inleiding 10

Terschelling 14-31
Duizend jaar bewoond Fries
   waddeneiland. 16
Landschapsvormen van recente datum . 18
Natuur nog heer en meester. 20
Zoete, voedselarme duinen en zilte
   kweldergronden. 22
Oorspronkelijke patronen nog duidelijk
   herkenbaar. 24
Op stap 26

Noordenveld 32-49
Zand, omringd door veen 34
Gelegen op meer dan 200 000 jaar oud
   plateau 36
Zandige essen en moerassen 38
Van droge heiden tot veenplassen 40
Boeren geven Noordenveld al duizenden
   jaren vorm. 42
Op stap 44

Texel 50-67
Drie landschappen 52
Keileembult in kustgebied 54
Gekenmerkt door grote vogelrijkdom . 56
Uniek scala van plantesoorten 58
Tuunwallen, boeten en dijken 60
Op stap 62

Zuidwest-Friesland 68-85
Dorpjes tussen meren en bossen 70
Grote meren en zandige hoogten 72
Ganzenland door waterrijkdom 74
Tweede zeeland van Friesland 76
Klokkestoelen en paaltjaskers 78
Op stap 80

Zuidwest-Drenthe 86-103
Harmonie tussen mens en natuur 88
Stroomdalen in golvende
   dekzandgebieden 90
Rijke natuur op arme grond 92
Zuivere lucht en toendrakou 94
Esdorpenlandschap met grote variatie . 96
Op stap 98

Noordwest-Overijssel 104-121
Moerassen achter Zuiderzeedijk 106
Moerasgebied in komvormige laagte. . 108
Wulpen en vuurvlinders 110
Moerasvegetatie uniek in Europa 112
Het landschap optimaal benut 114
Op stap 116

Omgeving Bergen 122-139
Schakel tussen polder en kust 124
Duinlandschap op strandwallen 126
Kalkgrens in de Bergense duinen 128
Beboste binnenduinen en rustige
  polders 130
Buurtschappen rond geestgronden . . . 132
Op stap 134

Overijsselse Vecht 140-157
Met de Vecht mee door het land van het
  krenteboompje 142
IJs, wind en zand: de bouwers van een
  Sallands landschap. 144
Afwisseling als decor voor een gevarieerd
  natuurleven 146
Tussen natuur en talrijk mensenwerk. . 148
Roofridders, bisschoppen en boeren:
  land met historie. 150
Op stap 152

Centraal Noord-Holland 158-175
Droogmakerijen tussen duinenrij en
  Waterland 160
Bedijkt land tussen meren 162
Groene ruimte van polderland 164
Door waterrijkdom talloze biotopen . . 166
Dijken, dammen en droogmakerijen . . 168
Op stap 170

Waterland 176-193
Havenstadjes aan de rand van waterrijke
  polders 178
Veengebied uit het Holoceen 180
Zilte bodem bepaalt deels karakter van
  plantengroei. 182
Eerste ontginningen via de talrijke
  veenstromen 184
Nieuwe dorpen bij dammen en duikers 186
Op stap 188

Noordoost-Twente 194-211
Beken en rivieren gevat in het groen . . 196
Sporen van het verleden in een
  veranderend landschap. 198
De verscheidenheid van een rijk milieu 200
Plant en dier in een 'gemaakt' land . . . 202
Tot ver in de historie het zichtbare spoor
  van de mens. 204
Op stap 206

Veluwe 212-229
Landgoedbossen en stuifzanden 214
Vijf heuvelruggen en twee uitgestrekte
  plateaus 216
Wildernis van 100 000 ha 218
Bossen en vlakten met grofwild en veel
  vogels 220
Geleid door maalschappen en machtige
  landheren 222
Op stap 224

Vechtstreek 230-247
Lusthoven aan de rand van een verveend
  moerasgebied 232
Mondingsgebied van veenstroom 234
Rijkgeschakeerde natuur in plassen en
  bossen 236
Vleermuisforten en galigaan 238
Barokke Vechtpaleisjes van
  Amsterdamse patriciërs 240
Op stap 242

Graafschap 248-265
Historisch erfgoed in het decor van een
  rijke natuur 250
Stuwwallen: relikten uit een ijzig-koud
  verleden 252
Bont en boeiend leven in een gevarieerd
  landschap 254
De veelzijdigheid van cultuurland 256
Het stempel van de mens in een
  historisch rijk gebied 258
Op stap 260

Kromme-Rijngebied 266-283
Kastelen en buitens tussen rivieren en
  heuvelruggen 268
Land van stroomruggen, oeverwallen en
  komgronden 270
Gevarieerd rivierlandschap 272
Van parkbossen tot bovenpolders 274
Reeds eeuwenlang door forensen
  bewoond 276
Op stap 278

Omgeving Winterswijk 284-301
Kleinschalig agrarisch landschap tussen
  bossen 286
Oude formaties aan oppervlakte 288
Achteraf stukje Nederland 290
Van beekprik tot veenbes 292
Hoeven verspreid tussen het groen . . . 294
Op stap 296

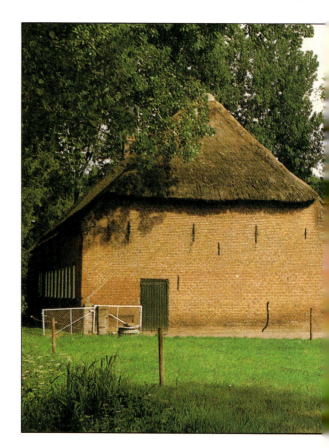

Gelderse Poort 302-319
De monumentale entree van een indrukwekkende rivier 304
Grillig water als architect van een levendig landschap 306
Het bonte leven in kolken, moerassen en uiterwaarden 308
Leven op en langs het zoete water 310
Stad en land: het werk van keizer, kerk en keuterboer 312
Op stap 314

Midden-Brabant 320-337
Rijen ijle populieren en ruisende laaglandbeken 322
Dekzandgordels bedekken voormalig stroomgebied 324
Beekdalen met blauwborst en bossen met keverorchis 326
Mooie dorpen in oud landschap 328
Strijdtoneel van noord en zuid 330
Op stap 332

Midden-Limburg 338-355
Asperges, abdijen en kraanvogels 340
Bewegingen in aardkorst nog zichtbaar in reliëf 342
Afwisselend landschap met veel bijzondere dieren 344
Grafheuvels uit Steentijd en Romeinse heirwegen 346
Nog maar ruim één eeuw Nederlandse provincie 348
Op stap 350

Mergelland 356-373
Geen heuvels maar dalen in plateau . . . 358
Van zeebodem tot heuvelland 360
Bonte verzameling biotopen 362
Rijke natuur door bodemgesteldheid . . 364
Al meer dan 8000 jaar bewoond 366
Op stap 368

Overzicht natuurgebieden 374
Verklarende woordenlijst 396
Adressen 412
Register 413
Illustratieverantwoording 420

INLEIDING

De rijkdom van de Nederlandse natuur is nog steeds overstelpend. Maar, willen we ervoor zorgen dat dat zo blijft, dan moeten we ons realiseren dat we er voorzichtiger mee om moeten gaan dan in de laatste decennia is gebeurd. Hier ligt zeer zeker een taak voor de landelijke en plaatselijke overheden, die zich echter helaas vaak gedwongen zien economische boven landschappelijke belangen te laten prevaleren.

Natuur en cultuur

Het uitgangspunt voor het overzicht van het Nederlandse landschap, zoals ONTDEK NEDERLAND dat u laat zien, is de indeling van Nederland in 20 gebieden. Zo'n gebied – de omvang is ten minste 10 000 ha – bestaat uit natuurterreinen, cultuurgronden en nederzettingen en vormt een samenhangend geheel, zowel uit het oogpunt van natuur- en landschapsbehoud als voor de recreatie. Bovendien is elk gebied cultuurhistorisch gezien van grote waarde. Elk landschap in ONTDEK NEDERLAND biedt bovendien voldoende mogelijkheden voor de instandhouding en ontwikkeling van het streekeigen en afwisselende karakter.

De 20 gebieden die worden beschreven en met foto's, kaarten en tekeningen in beeld worden gebracht zijn: Terschelling, Noordenveld, Texel, Zuidwest-Friesland, Zuidwest-Drenthe, Noordwest-Overijssel, Omgeving Bergen, Overijsselse Vecht, Centraal Noord-Holland, Waterland, Noordoost-Twente, Veluwe, Vechtstreek, Graafschap, Kromme-Rijngebied, Omgeving Winterswijk, Gelderse Poort, Midden-Brabant, Midden-Limburg en Mergelland. Al deze gebieden hebben iets speciaals te bieden op het gebied van geologie, landschap, natuur en cultuur.

Door de boer geschapen

Het landschap in Nederland is een afspiegeling van de manier waarop onze voorouders het hebben gebruikt. Er is bijna geen land ter wereld waar de invloed van de boer op het landschap zo groot is geweest als juist in ons land. Er is bij ons vrijwel geen stukje oorspronkelijke natuur meer aan te wijzen. Elk gebied is in het verleden al wel eens op de schop genomen. Juist hierdoor is de variatie in het landschap op een relatief klein oppervlak zo groot, met houtwallen, hagen, boomgroepen, geriefhoutbosjes, drinkpoelen, akkers, graslanden, holle wegen, sloten, greppels, ruige hoekjes, enz. En daarom is Nederland, vooral vanuit dit oogpunt, zo interessant.

Op de hogere zandgronden, zoals in Zuidwest-Drenthe, is het ontginningswerk van de woeste grond in hecht familieverband uitgevoerd. Rondom de gemeenschappelijke ruimte – de brink – bouwde men de hoeven. Daarbuiten bevonden zich de op de natuur veroverde akkers die, afhankelijk van de streek, essen, engen of enken werden genoemd. Met mest uit de potstallen hield men de akkers vruchtbaar. Door het opbrengen van met mest vermengde heideplaggen werden de akkers met een gemiddelde van ruwweg 1 mm per jaar opgehoogd. Dit had tot gevolg dat de essen vaak een wat bol verloop kregen. In de oudste agrarische gebieden is dat nog vaak duidelijk zichtbaar. Een glooiing in het landschap kan zo de sporen van onze voorouders laten zien. Om de akkers bracht men vaak een wildkering aan van doornachtige struiken. De voor de potstallen benodigde heideplaggen stak men in de gemeenschappelijke heidevelden, waar ook de schapen werden geweid. De gras- en hooilanden voor het hoornvee bevonden zich gewoonlijk in de lager gelegen beek- en rivierdalen. Deze waren eveneens gemeenschappelijk bezit. Het voor het bedrijf noodzakelijke geriefhout kwam van de gemeenschappelijke woeste grond, maar daarnaast bezaten de boeren ook eigen perceeltjes. Het hout voor de boerderijbouw was dikwijls afkomstig van de bomen die men op de brink plantte. Al met al zal het duidelijk zijn dat de boer door een kleinschalige bedrijfsvoering de verscheidenheid van het landschap heeft bevorderd.

De agrariër in moerassiger streken heeft al even ingrijpend vorm gegeven aan het landschap. Eerst door ontginningen vanuit de veenstroompjes die de moerassen binnendrongen. Later vooral ook door vervening. Nadat ontdekt was dat verschillende soorten turf een uitstekende brandstof vormden, begon men dit te winnen. Eerst nog alleen door afgraving van de bovenste turflaag, later ook door de zogenaamde 'natte' vervening. Hierbij werd ook de turf onder de grondwaterspiegel afgegraven. Zo ontstonden de petgaten. Op legakkers werd de natte turf te drogen gelegd. Door hebzucht gedreven verloor men daarbij de voorzichtigheid uit het oog en werden de petgaten te groot en de legakkers te smal gemaakt. De kracht van wind en water braken de smalle eilandjes en schiereilandjes af, waardoor de grote plassen ontstonden die nu nog in bijvoorbeeld de Vechtstreek en Noordwest-Overijssel te zien zijn. Rondom deze plassen konden weer nieuwe moerassen ontstaan. Zo zijn voor ons

prachtige natuurgebieden tot stand gekomen door het ingrijpen van onze voorouders.

Invloeden van adel en stedeling

Het stempel dat de boerenstand op het Nederlandse landschap heeft gedrukt, mag dus bijzonder duidelijk zijn. Maar ook anderen hebben, vaak letterlijk, hun steentje bijgedragen. Monumentale elementen zijn bijvoorbeeld de grafheuvels en hunebedden uit prehistorische tijden en de resten van de Romeinse heirwegen, maar ook de talloze molens, kastelen en buitenplaatsen.

Middeleeuwse edelen bouwden kastelen als vestingen, van waaruit gebieden werden bestuurd en oorlogjes met andere machtige lieden werden uitgevochten. Slechts enkele van deze bouwwerken zijn in het Nederlandse landschap bewaard gebleven en dan vaak nog als ruïne, maar daarom niet minder interessant.

De in de 17e eeuw gestichte buitenplaatsen, zoals langs de Utrechtse Vecht en in de streek van Nederlangbroek, zijn bijzonder kenmerkend voor Nederland. Anders dan elders in Europa was de Republiek der Verenigde Nederlanden geen feodale staat. Daarom verrezen hier niet de barokpaleizen van de alleenheersers, maar buitenplaatsen als Trompenburgh, Schaep en Burgh en Gooilust. Ze werden door patriciërs gebouwd met geld dat met de handel op Indië werd verdiend. Deze kapitaalkrachtige bevolkingsgroep ging zich ook bezighouden met het ontginnen van woeste grond ten behoeve van de landbouw. Zo lieten ze in het begin van de 17e eeuw de grote meren in Centraal Noord-Holland drooglegen. Voorbeelden daarvan zijn de Beemster en de Schermer. Met name in de Beemster werden schitterende herenboerderijen neergezet. En in de Schermer zijn nog heel wat grote poldermolens uit die periode bewaard gebleven.

Natuurlijke elementen

Voordat de mens zich met de vorming van het Nederlandse landschap ging bemoeien, hadden we alleen te maken met natuurlijke elementen. Nu eens was ons land vrijwel geheel door zeewater bedekt, dan weer lag onze kustlijn tientallen kilometers westelijker dan nu het geval is en gaven vlechtende rivieren reliëf aan het landschap. Het Mergelland maakte ooit deel uit van een groot plateau, waarin rivieren als de Maas diepe, brede dalen uitslepen. Wat wij nu als heuvels ervaren zijn in feite dus de resten van het plateau. Langs de kust zorgden water, zand en wind voor het ontstaan van duinenrijen. In de luwte daarvan vormden zich uitgestrekte veengebieden, die later door de mens werden ontgonnen.

Natuurleven in Nederland

In flora en fauna geïnteresseerde toeristen verbazen zich dikwijls over het grote aantal plante- en diersoorten dat in ons dichtbevolkte land nog een bestaan weet te vinden. Dat neemt echter niet weg dat er in onze eeuw veel verdwenen is of gevaar loopt te verdwijnen. Van een groot deel van de ongeveer 1500 inheemse plantesoorten neemt het aantal exemplaren af. Zelfs algemeen voorkomende soorten

als dotterbloem en waterviolier zijn de laatste jaren sterk achteruitgegaan. Van de mossen en korstmossen is al circa 15% uitgestorven en nog eens 18% dreigt ook op korte termijn te verdwijnen. Van de in ons land voorkomende soorten zoogdieren wordt de helft in zijn bestaan bedreigd. Amfibieën en reptielen zijn zeldzaam geworden. Van dagvlinders en libellen zijn de aantallen achteruitgegaan.

De in de jaren vijftig tot zeventig gedecimeerde roofvogelstand herstelt zich enigszins, maar vogels als de nachtzwaluw, grauwe klauwier, korhoen, nachtegaal, wouwaapje, klapekster en kemphaan behoren tot de bedreigde soorten.

Het Nederlandse landschap bevat nog erg veel biologische elementen of landschapsonderdelen waarin bepaalde planten en dieren goed kunnen gedijen. Er zijn nog hellingbossen in het Mergelland. De beken van Noordoost-Twente stromen nog. De kwelders van Terschelling en de schrale hooilanden langs de diepjes van het Noordenveld zijn nog ideale gebieden. Bijzonder belangrijk zijn overgangssituaties in landschappen. Zo is er de overgang van kalkarme in kalkrijke duinen bij Bergen, terwijl ook de grens van zeewater naar zoet water op de waddeneilanden zeer kenmerkend is.

Veel door de mens geschapen landschapselementen vormen een dorado voor zeldzame planten en dieren: sommige oude forten herbergen vleermuizenkolonies, eendenkooien bieden veel vogelsoorten een veilige broedgelegenheid. Ook de als afscheiding geplante meidoornhagen vormen een wereldje op zich, met een rijk scala aan planten, insekten, vogels en kleine zoogdieren.

Zuinig zijn op wat nog rest

Een landschap dat slechts geleidelijk verandert, zal zijn schoonheid en waarde voor de natuur behouden. Plotselinge en heftige wijzigingen en verschuivingen in een betrekkelijk korte periode kunnen een ernstige verarming van de natuur en van een geheel gebied tot gevolg hebben. In de vorige eeuw zette een ontwikkeling van verstedelijking en industrialisatie in. Deze ontwikkelingen zetten zich de laatste vijftig jaar in versterkte mate voort. De explosieve toename van het autopark leidde tot de aanleg van een dicht wegennet. Woongebieden werden uitgebreid en er werden recreatiegebieden aangelegd. Het landschap onderging en ondergaat nog steeds reusachtige veranderingen door het streven naar grootschaligheid en de gevolgen van de welvaart. Landbouw en veeteelt werden geïntensiveerd, met gevolgen voor de kwaliteit en het peil van het grondwater. Bepaalde vormen van grondgebruik, die in de vorige eeuw nog gemeengoed waren, bestaan in feite niet meer. Het snijden van riet, het steken van turf in veengebieden en het weiden van schapen op de heidevelden komen praktisch niet meer voor.

Gelukkig valt er in Nederland op het gebied van natuur en landschap nog erg veel te genieten. Het feit dat er in ons land 20 gebieden te vinden zijn van meer dan 10 000 ha met belangrijke landschappelijke en natuurlijke elementen toont dat aan. Bovendien telt Nederland nog talloze kleinere belangwekkende terreinen en monumenten, variërend van rijke natuurreservaten tot statige landgoederen. Alles bijeen een rijkdom die zeer de moeite loont om er zuinig mee om te springen.

TERSCHELLING

Duizend jaar bewoond Fries waddeneiland

Terschelling is het grootste Friese waddeneiland, met een lengte van ca. 30 km en een breedte van ongeveer 4 km. Het bestaat grotendeels uit duinen en kwelders, en verder uit een graslandpolder. De eerste bewoners waren gekerstende Friese kolonisten, die zich hier omstreeks 900 vestigden. De dorpen op het eiland zijn op twee langgerekte strandwallen gesticht.

Alleen op waddeneilanden

Eidereenden vinden op Terschelling en de andere waddeneilanden hun zuidelijkste verspreiding. Het zijn opvallend grote eenden, die gemakkelijk zijn te herkennen aan het zwarte en witte verenkleed van het mannetje. Karakteristiek is de rechtlijnig uit het voorhoofd doorlopende snavel.
Terschelling is, in relatie met de gehele Waddenzee, van uitzonderlijk belang voor talloze vogels, die bovendien vaak in gigantische aantallen voorkomen. Veel soorten broeden er en nog meer foerageren er op de trek. △

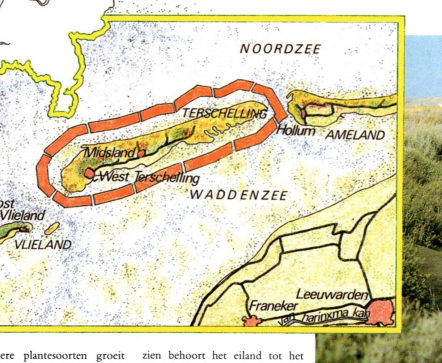

Botanisch rijk gebied

Sinds in 1936 het Engels slijkgras voor het eerst werd uitgeplant, heeft deze slikbinder zich wijdverbreid.
Van de in Nederland voorkomende hogere plantesoorten groeit driekwart op Terschelling. Opvallend aan de vegetatie is een relatief hoge natuurlijkheidsgraad en de aanwezigheid van veel zeldzame soorten. Plantengeografisch gezien behoort het eiland tot het Waddendistrict. Karakteristiek hiervoor is het voorkomen van duinheide en zoutplantengemeenschappen. Het duinzand is er relatief kalkarm. ◁△

INLEIDING

Zoute succulent

De zeekraal is een wonderlijke plant, met zijn succulente, vetplantachtige stengel en vertakkingen. Het is een echte pionierplant, die als een van de eerste het wad verovert. Hij kan zeer hoge concentraties zout verdragen en vertoont bij zoutgebrek zelfs een kommervorm. De jonge stengel is donkergroen; later krijgt deze een meer geelgroene tint en een roodachtige zweem.
Andere voor de kwelders en schorren kenmerkende planten zijn o.a. zoutmelde, zeealsem, zeeaster, lamsoor, Engels gras en gerande schijnspurrie. ▷

Vochtige duinvalleien met grote plantenrijkdom

Parnassia is een plant van vochtige duinvalleien, net als knopbies, de orchidee sturmia, klokjesgentiaan en kruipwilg.
De duinvalleien worden gekenmerkt door een zeer grote soortenrijkdom en soms door een snelle opeenvolging van begroeiingsstadia. Pionierplanten zijn hier soorten als strandduizendguldenkruid en krielparnassia. Het volgende stadium wordt in de natte duinvalleien gekenmerkt door het zeldzame oeverkruid en de kleine waterweegbree. Onder vochtige omstandigheden ontwikkelt zich de aan het begin beschreven vegetatie met parnassia.
In de overgangsfase tussen de pioniervegetatie en de knopbiesvegetatie is parnassia meestal rijkelijk aanwezig. Men ziet de witte bloemen dan naast het rozerood van het strandduizendguldenkruid. Wanneer de bodem uitgeloogd raakt en er veel humus is gevormd, is het milieu niet meer geschikt voor parnassia. ◁

Europees natuurreservaat

De Boschplaat, met zijn kwelders, slenken, prielen en duinen, is natuurwetenschappelijk een van de meest waardevolle gebieden van West-Europa en daarom tot Europees natuurreservaat verklaard. Het grootste gedeelte ervan wordt ingenomen door kweldergronden met zoutplanten.
Aanvankelijk werd de kweldergemeenschap gekenmerkt door een ijle begroeiing van onder meer gesteelde zoutmelde en biestarwegras. Deze is karakteristiek voor het overgangsmilieu van strand naar kwelder.
De latere ontwikkelingen werden en worden gekenmerkt door een steeds dichtere begroeiing met uitgestrekte lamsoorvelden en soorten als zeeweegbree, gewone zoutmelde en, op hogere gedeelten, zeealsem en Engels gras. Op nauwelijks meer overspoelde gronden vindt men o.a. zulte, melkkruid en zilte rus. ◁

Opgestoven dijk

Vanaf de stuifdijk die de Boschplaat tegen aanvallen van de Noordzee beschermt heeft men een fraai uitzicht over de kwelder. In 1929 begon men met het op laten stuiven van een eerste dijk, maar deze was niet zo'n succes door een verkeerde ligging ten opzichte van de heersende wind. De tweede werd in 1937 voltooid en bleek zeer doeltreffend. Hij verbindt de vaste duinen vanaf paal 20 met de Amelander Duintjes op de oostpunt van de plaat.
Het gebied ten zuiden van de stuifdijk kwam door de stuifdijk alleen onder invloed van de Waddenzee te staan. Het begroeiingsproces is er nog in volle gang. △

Heggenlandschap

Bij Oosterend, maar ook elders waar de kwelders overgaan in de binnenduinrand, heeft zich in de loop van de tijd een kleinschalig heggenlandschap ontwikkeld. De hoofdzakelijk uit elzen bestaande houtsingels werden aangelegd om de akkers en hooilanden tegen stuivend duinzand te beschermen en om als perceelscheiding te dienen. Deze akkers werden fennen of finnen genoemd, de hooilanden mieden. Ze waren particulier bezit. De hooilanden lagen op de overgang tussen kwelder en binnenduinrand en op de lagere zandgronden in de duinen, de akkers op de strandwal en de hogere delen in de binnenduinrand. △

Landschapsvormen van recente datum

De vorming van Terschelling begon na de laatste ijstijd, zo'n 10 000 jaar geleden. Op een plaat van jong zeezand zetten wind en water aan de kant van de Noordzee een aantal strandwallen af. Hierachter vormde zich een veenpakket, dat later weer wegsloeg.

Resten van het veen

Langs de Waddenzeekust, bijvoorbeeld ter hoogte van Oosterend, zijn door afslag op sommige plaatsen veenresten zichtbaar.
In het betrekkelijk rustige milieu van de Waddenzee ontstond achter en tussen de strandwallen door bezinking van klei- en zanddeeltjes een kwelderlandschap. Dit werd doorsneden door geulen en kreken. De vorming van oeverwallen langs de kreken belemmerde de afwatering van het duingebied naar het zuiden toe. Daardoor vond er op de overgang van de duinen naar de kwelders hier en daar veenvorming plaats. Het veenpakket is bij latere doorbraken van de zee echter vrijwel overal weer weggevaagd.
Wat dit betreft deelde de zee met de zogenaamde St.-Luciavloed in 1296 de grootste klap uit. Het is dan ook niet overdreven te stellen dat de vorm van ons huidige waddengebied voor een groot deel toen werd bepaald. De in de loop van vele eeuwen gevormde veenlagen achter en tussen de stuwwallen op de waddeneilanden werden weggeslagen. Sommige kleine waddeneilandjes verdwenen bij deze stormvloed zelfs vrijwel geheel, zoals Griend, waar toen nog een plaats op lag. Sedertdien hebben mens en natuur samen nieuw land doen ontstaan. △

Brede duinstrook

Het eiland Terschelling heeft langs de west- en de noordkust een brede duinstrook, die vrijwel overal volledig is begroeid. Duinen ontstaan door een samenspel van zand, wind en planten.
De zee voert onvoorstelbare hoeveelheden zand naar onze stranden – per jaar komt er zo'n 3 miljoen ton zand de Waddenzee binnen. Als het bij eb achtergebleven zand droog is, voert de wind het mee. In de luwte van een of ander voorwerp, zoals een schelp of een stukje wrakhout, wordt het zand weer afgezet. Dit gebeurt vooral op het vloedmerk, het hoogste punt dat de vloed bereikt en waar veel aangespoeld materiaal ligt. Wanneer zich hier dan ook nog zoutminnende pionierplanten vestigen, zoals loogkruid en zeeraket, is er sprake van een begin van duinvorming.
Het stuivende zand hoopt zich tussen de plantedelen op, waardoor het 'duintje' hoger wordt. Er kiemen dan ook andere plantesoorten, zoals biestarwegras en helm, en ten slotte is er een echt duin ontstaan. ▽

Natuurlijke haven

Het dorp West-Terschelling is de enige Nederlandse havenplaats die aan een natuurlijke haven of baai is gelegen.
Tot halverwege de vorige eeuw vormde West-Terschelling nog de zuidwestelijkste punt van het eiland. De Noordsvaarder was toen nog een onherbergzame plaat, door het Westerboomsdiep van Terschelling gescheiden. Het huidige Groene Strand is het restant van deze vroegere geul. De Noordsvaarder is bijzonder breed, maar de Noordzee knabbelt er aan de westpunt voortdurend stukjes af. Aan de oostzijde, bij de Boschplaat, groeit het eiland echter ook weer iets aan. Dit verschijnsel van aan de ene kant afkalven en aan de andere zijde weer aangroeien van een eiland wordt 'wandelen' genoemd.
Overigens is de Boschplaat tot de 19e eeuw eveneens een afzonderlijke zandplaat geweest. Omstreeks 1800 groeide deze aan Terschelling vast. △

Nieuwe kwelders

De kwelders aan de Waddenzeekant van Terschelling, zoals hier bij Stryp, hebben zich nog maar betrekkelijk kort geleden gevormd. Tot in de late middeleeuwen strekte het buitendijkse kwelderland zich veel verder naar het zuiden uit. De zee overspoelde echter weer grote delen. Resten van deze oude kwelders zijn, bijvoorbeeld, de Keag en de Ans, ten zuidwesten van Hoorn. De Dellewalbaai bij West-Terschelling was toen aan de duinen grenzend kweldergebied. ▽

ONTSTAAN

De mens grijpt in

De duinen liggen in verschillende losse bogen ten noorden van de oude strandwallen. Om zich een veilig woongebied te scheppen moet de mens allerlei kunstgrepen uitvoeren om ze op hoogte te houden en ze breed genoeg te doen zijn.
Rijkswaterstaat heeft de taak de zeereep te controleren en te zorgen dat de zeewerende duinen een aaneengesloten geheel blijven vormen. Het overgrote deel van het Terschellinger duingebied wordt echter beheerd door Staatsbosbeheer. Deze rijksdienst zorgt voor het intact houden van de duinen door het planten van helm en het met takken en dergelijke afdekken van stuifplekken en paden om verstuiving van het duinzand te voorkomen. ▽

Landschap mens-onvriendelijk

De natuurlijke omstandigheden op Terschelling en de andere waddeneilanden zijn voor de mens wat bestaansmogelijkheden betreft weinig gunstig. De beperkte hoeveelheid voor agrarische doeleinden geschikte grond heeft het boerenbestaan hier door de eeuwen heen weinig lucratief gemaakt. De constante dreiging door de zee enerzijds en het stuivende duinzand anderzijds maakte het leven van de landbouwer niet gemakkelijker. Het is dan ook niet verwonderlijk dat men zich vooral op andere bronnen van bestaan richtte, zoals visserij, scheepvaart en strandvonderij.
Toch heeft de boer ook op Terschelling zijn bijdrage aan de landschapsvorming geleverd. De strandwallen en de hoogste delen van de kwelder deden dienst als bouwland, de lagere delen als grasland. Op de strandwallen ontstonden tevens de woonkernen, die aanvankelijk door de geulen tussen en door de strandwallen niet optimaal met elkaar verbonden waren. Namen als Westerdam duiden op verbindingen door het water. Aan de noordzijde vormden de duinen een natuurlijke begrenzing van de dorpsgebieden, aan de overige randen de zee en de daarmee verbonden geulen. ▷ △

Peil Waddenzee constant

De kust van Terschelling, zoals hier aan de Waddenzeekant bij Oosterend, is voortdurend aan veranderingen onderhevig. Zoals eerder werd opgemerkt, worden enorme hoeveelheden zand en slib in de Waddenzee afgezet. In een eeuw komt dit ongeveer neer op een laag van 17 cm. Dat de zee niet ondieper wordt, vindt zijn oorzaak in de huidige stijging van de zeespiegel en bewegingen in de aardkorst. Deze laatste zorgen voor een bodemdaling van ca. 4,5 cm per eeuw, terwijl de zeespiegel in een eeuw ca. 10 cm stijgt. De afgezette sliblagen, ten slotte, klinken ook nog ca. 2,5 cm per eeuw in. △

Landschapsvormende planten

Zoals aan de Noordzeekant planten als loogkruid, biestarwegras en helm het zand in duinen vastleggen, zo doen planten aan de Waddenzeekant met het aangevoerde slib hetzelfde, zoals hier het Engels slijkgras.
Het slib komt bij vloed met het zeewater de geulen, prielen en kreken binnen en wordt bij eb achtergelaten.
Bij hoge waterstanden, bijvoorbeeld bij springtij, loopt ook het kwelderland onder, waarop na terugtrekking van het water het slib als een dun laagje achterblijft. De aanwezige begroeiing zorgt dat een maximum aan slib door het water wordt achtergelaten. Op deze manier wordt sliblaag na sliblaag op de kwelder afgezet. De afzonderlijke laagjes krijgt men bij afslag van de kweldergrond soms duidelijk te zien. △

TERSCHELLING

Natuur nog heer en meester

Met zijn tot Europees natuurreservaat verklaarde Boschplaat behoort Terschelling tot de mooiste waddeneilanden. De wandelaar kan er nog eindeloos zwerven door uitgestrekte duinen, langs brede stranden en over fraaie kwelders. Bijzondere landschapselementen zijn er de boerderijen, met het karakteristieke 'schuntsje' (D, E3).

Terschelling is een eiland van vogels. Bij de poldersloten, met soms gele lis (F2), vangt de gele kwikstaart (F1) insekten en overal op het eiland ziet en hoort men zilvermeeuwen (A4). Blauwe kiekendieven jagen vooral boven het open duin. Het mannetje (C1) is schitterend van kleur; het afgebeelde vrouwtje (C2) heeft een waterral geslagen. Waar zich een rietmoerasje heeft ontwikkeld, kan men baardmannetjes (E5) verwachten. De tapuit (E9), met zijn witte stuit en zwarte, T-vormige tekening op de staart, is altijd op zijn hoede. De zeldzame dwergstern (C9) broedt op Terschelling. Dit kan niet worden gezegd van de zwarte ruiter (D6), de smient (E6) en de rotgans (D, E, 7, 8), die Terschelling buiten de broedtijd opzoeken om er tijdens de trek te foerageren of er de gehele winter door te brengen.

Een bijzonderheid van Terschelling is het barnsteenslakje (F2). De rups van het erwte-uiltje (F5) is fraai getekend, evenals de distelvlinder (D9).

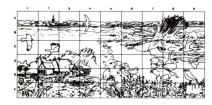

TERSCHELLING

Zoete, voedselarme duinen en zilte kweldergronden

De milieus op Terschelling variëren van het zoete, overwegend droge, voedselarme en min of meer kalkarme duingebied tot de zilte, natte, voedselrijke kweldergronden, met daartussen talrijke overgangssituaties.

Vochtige duinheiden
Dopheide is een van de plantesoorten op de vochtige tot natte plaatsen in de kalkarme binnenduinen. Gewoonlijk groeit het hier in combinatie met de donkergroene kraaiheide. Andere karakteristieke soorten van deze plantengemeenschap zijn het pijpestrootje, de ronde zonnedauw, veenmossen, de noordse rus, de zeldzame rijsbes en als bijzonderheid de cranberry. ▽

Kalk een voorwaarde
De duindoorn is eigenlijk veel meer een struik van het kalkrijke duindistrict, maar ook op Terschelling groeit hij. Hier vindt men hem op beschutte plaatsen in de relatief kalkrijke jonge duinen. Begeleidende planten zijn dikwijls zeewolfsmelk, zeewinde en de blauwe zeedistel. Maar over het algemeen heeft de duindoorn het hier toch vaak moeilijk en blijft het een armetierige struik. ▽

Eendenkooien aan het wad
De laagste delen van de polders of kwelders waren geschikt voor de aanleg van eendenkooien, zoals de Landerumer Kooi ten zuiden van Landerum. Andere eendenkooien in de Terschellinger polder zijn de Formerumer Kooi en de Hoorner Kooi. In de onbedijkte kwelder de Grie, tussen de polder en de Boschplaat, vindt men nog de Takkenkooi, de Jan Willemskooi, de Horrekooi en de Rimkeskooi. De 2 ha grote Landerumer Kooi is een bezitting van de Vereniging tot Behoud van Natuurmonumenten. Deze wordt nog gebruikt voor het vangen van eenden voor wetenschappelijk onderzoek naar het trekken van waterwild. Voor het goed functioneren van een eendenkooi is rust een absolute voorwaarde. De kooi is daarom niet te bezichtigen. Mede hierdoor nestelen veel vogels in het uit elzen bestaande kooibos. △

Eikvaren en kraaiheide
De schaduwrijke noordhellingen in de reliëfrijke duinen hebben vaak een donkergroene kleur, die ze danken aan de hier gedijende plantengemeenschap van eikvaren en kraaiheide. Andere planten die er voorkomen zijn de kruipwilg en het rondbladig wintergroen, een plant met een rozet van min of meer glanzende, ronde bladeren en klokvormige, witte bloemen.
De zuidhellingen van deze duinen geven een geheel andere, veel armere begroeiing te zien door de extreme klimatologische omstandigheden aan de zuidkant. De vegetatie bestaat hier vooral uit buntgras en korstmossen. Ook komt er een speciale variëteit van het hondsviooltje voor.
In de binnenduinen kunnen bij lichte betreding en begrazing, bijvoorbeeld door konijnen, droge graslanden ontstaan. Planten die hierin voorkomen zijn o.a. schapegras, echt walstro en duinvleugeltjesbloem. Op matig droge tot matig vochtige plaatsen komt hier de kraaiheide-verfbrem-associatie voor, met behalve kraaiheide en verfbrem soorten als struikheide, harlekijn en beredruif. ▷ △

Strand en jonge duinen
Waar het zand niet goed door de natuurlijke begroeiing wordt vastgehouden, springt de mens bij door helm aan te planten.
Op enkele plaatsen vindt nog primaire duinvorming plaats, zoals op de Boschplaat ten noorden van de stuifdijk. Deze duinvorming gaat gepaard met de vestiging van zoutminnende pionierplanten, zoals zeeraket, biestarwegras en zandhaver.
Het Noordzeestrand van Terschelling bestaat verder vrijwel uitsluitend uit onbegroeid zandstrand. Sommige gedeelten hebben het karakter van een zandplaat, zoals de Noordsvaarder. ▽

NATUUR

De Boschplaat
De Boschplaat kent een groot aantal verschillende milieutypen met talrijke overgangssituaties. Mede vanwege de grote ornithologische betekenis van dit gebied heeft het hierdoor in 1970 het 'Europees diploma' van internationaal belangrijk natuurreservaat gekregen. Daarnaast is dit gedeelte van het eiland Terschelling aangewezen als 'Wetlandgebied' en staatsnatuurmonument.
Het grootste gedeelte van de Boschplaat wordt ingenomen door kweldergronden met bijzondere zoutvegetaties in verschillende ontwikkelingsstadia. Pionierplanten van de kwelder zijn zeekraal en Engels slijkgras. Het gebruikelijke latere stadium is de kweldergrasgemeenschap, met soorten als schorrezoutgras, zeeaster, zoutmelde enz. Op den duur ontstaan zilte, lage weiden. Een deel hiervan, de Groede, wordt extensief beweid. △

Drieteenstrandloper
Een van de vogelsoorten die tijdens het winterhalfjaar op de Boschplaat te zien zijn is de drieteenstrandloper. Dit strandlopertje, met zijn lichtgrijs winterkleed, broedt in het hoge noorden. Een klein aantal overzomert in onze streken.
De Boschplaat is een zeer belangrijk doortrek- en overwinteringsgebied voor honderdduizenden ganzen, plevieren, strandlopers, ruiters, grutto's, eenden en meeuwen. Daarnaast is het broedgebied van o.a. de drie Nederlandse kiekendieven (bruine, blauwe en grauwe kiekendief), velduil, lepelaar, eidereend, kluut en mantelmeeuw. △

Vooral veel naaldbossen
Bij het Donkere Bos zorgt de overgang van duinen naar bos voor landschappelijk fraaie plekjes. Oorspronkelijk komt er op Terschelling geen bos voor. In 1911 is men begonnen met het aanleggen van naaldbossen. Het belangrijkste doel was de vastlegging van stuivende duinen, maar daarnaast werd er ook gekapt voor houtproduktie. Op het ogenblik telt het eiland ca. 600 ha bos. Dit bestaat grotendeels uit dennen, maar de laatste jaren plant men ook veel loofbomen aan, waardoor de bossen afwisselender worden.
Waar het naaldbos zich rustig kon ontwikkelen, verschenen ook typische bosplanten, zoals dennenorchis, Linnaeusklokje en kamperfoelie.
De vestiging van typische bosvogels blijkt sneller te gaan dan de komst van kruidachtige planten. Bos- en zangvogels als de Vlaamse gaai, zwarte mees, kleine barmsijs, zwartkop, vink, winterkoning, tjiftjaf, tortelduif en nog diverse andere soorten voelen zich hier thuis. ▽

Vlammend gele verfbrem
In de zomer bloeit op matig droge tot matig vochtige standplaatsen in de duinen de verfbrem. De plant heeft de vlammend gele bloeiaren aan groene takken.
Verfbrem groeit meestal samen met de donkergroene kraaiheide. Een andere opvallende soort in dit milieu is de harlekijn, een orchidee die in mei zijn paarse bloemen vormt. △

23

TERSCHELLING

Oorspronkelijke patronen nog duidelijk herkenbaar

Door de geïsoleerde eilandpositie van Terschelling zijn de oorspronkelijke patronen van bewoning en grondgebruik nog tamelijk ongerept bewaard gebleven. In West en Midsland getuigen commandeurshuizen van de walvisvaart; in Formerum, Hoorn en Oosterend vindt men nog veel karakteristieke boerderijen.

Woonhuizen van kapiteins
Het pand Burg. Mentzstraat nr. 7 is een van de zogenaamde commandeurshuizen in West-Terschelling. Deze van stadse voorgevels voorziene huizen waren de woningen van kapiteins ter walvisvaart. Een opmerkelijk detail in de gevel is vaak een ingemetseld zandlopermotief. Men veronderstelt dat het een gestileerde vorm is van een heidebezem die vroeger tegen bliksemslag op het dak werd geplaatst. △

Terschellinger dwarsdeelboerderijen met 'schuntsje'
In Oosterend, maar ook elders op Terschelling, zijn nog diverse oude boerderijen te bewonderen. Tot aan het einde van de 18e eeuw overheerste hier het type woonstalhuis met losse schuur. Na die tijd ontwikkelde vooral de dwarsdeelboerderij zich. Hierbij bevinden woning, stal en hooiberging zich onder één doorlopende kap. Later kreeg men behoefte aan een uitbreiding van de stal of schuur, wat leidde tot het type van de kop-rompboerderij met dwarsdeel. Hierbij was het noodzakelijk de schuurdeuren in de lange zijgevel te plaatsen onder een dakkapel, het 'schuntsje'. De zijgevel was immers te laag voor een hooiwagen. Het vee stond met de koppen naar de hooiberging, met luiken voor het voeren. ▽

Kombuis
In Oosterend zijn nog enkele boerderijen uitgerust met een kombuis. Deze is te vergelijken met het bakhuisje dat elders in het land nog vaak te vinden is. In deze uitgebouwde of zelfs geheel van het huis losstaande stookplaatsen werd in het verleden het vuur gestookt waarop men o.a. het brood bakte.
De afzijdige plaatsing van de kombuis hield uiteraard verband met het brandgevaar. De boerderijen waren immers grotendeels uit zeer brandbare materialen, zoals hout en riet, opgetrokken. ▷

Stryper kerkhof
Het wonderlijke Stryper kerkhof, aan de zuidkant van Midsland, is een herinnering aan een oude dodenakker en een middeleeuwse kerk. Het ligt op een oud duin, dat in de loop van de eeuwen steeds verder werd opgehoogd. Omstreeks 900 vonden er al begrafenissen plaats. In die tijd moet er een houten kapel hebben gestaan. Tot aan de 19e eeuw begroeven de Strypers hier nog hun doden, maar daarna werd de plek als weiland verhuurd. In die periode werden veel van de als gedenksteen op de graven geplaatste stoeppalen door het vee beschadigd. In de jaren zestig verrichtte men hier archeologisch onderzoek en op grond daarvan besloot men tot restauratie. Betonpalen geven de paalresten van de houten kapel uit de 9e eeuw aan en zwarte keien de aan het einde van de 16e eeuw afgebroken parochiekerk van Seerijp of Stryp. ◁

CULTUUR

Duinbebossing
Met name aan de westkant van West-Terschelling vindt men veel bosgebied. Van nature komen er op de waddeneilanden geen bossen voor; ze zijn alle door de mens aangelegd. Het belangrijkste oogmerk hierbij was vastlegging van stuivend duinzand. Op de tweede plaats kwam de houtwinning. Inmiddels is er een derde taak voor het bos bijgekomen als recreatiegebied. Vooral bij wat minder mooi strandweer zoeken veel toeristen de bosgebieden op.
De bosaanleg verliep vooral in het begin nogal moeizaam. Zo was bij West-Terschelling een bos 20 jaar na aanleg nog maar 3 m hoog. De droogte was het grootste probleem. Goede resultaten werden bereikt door ingewaterde turven als waterreservoir bij de jonge aanplant in te graven. △

Strategische havenplaats
Gezicht op West-Terschelling, over de Plaat. Aanvankelijk was dit dorp een kleine agrarische buurschap of hemrik. Vanaf de 14e eeuw werden visserij en zeevaart een belangrijke bron van inkomsten. Oude boerderijen treft men er dan ook niet meer aan, maar wel commandeurs- of vissershuizen.
De oriëntatie op de zee kwam voort uit de strategische ligging van de plaats. Voor de handelssteden rond de Zuiderzee leidde de weg naar open zee via de stroomgeulen tussen de waddeneilanden. Met een overeenkomst uit 1323 werd met de stad Kampen de oprichting van een 'voerhuys' in de duinen bij West geregeld. Mogelijk was dit de voorloper van de Brandaris. De huidige Brandaris stamt uit 1594 en ligt noordelijker dan het oude baken in verband met de aanvallen van de zee vanuit het zuidwesten.
Friezen en Hollanders hebben diverse malen getwist over West-Terschelling. In de 17e eeuw werd het echter definitief een handelsvoorpost van Holland en vooral van Amsterdam. ▷

Resten van Friese stins
Achter de boerderij Oosterend 10 bevindt zich in het land een heuveltje. Hieronder liggen vermoedelijk de resten verborgen van een donjon van een Friese stins, de Popmastins.
In de 14e en 15e eeuw waren de Popma's de machtigste familie op het eiland. Ze noemden zich 'Heer van ter Schellinck ende Griend'. Waarschijnlijk waren het Friese hoofdelingen. De Hollandse leenheer Cornelis van Bergen ontnam in 1502 de laatste Popma alle invloed. ◁

TERSCHELLING

Eiland met een Europees diploma – Schylgeralân

In 1970 kreeg de Boschplaat, het oostelijk deel van Terschelling, van de Raad van Europa het diploma van Europees natuurmonument. Maar ook de rest van Schylgeralân is een monument van schoonheid en geliefd bij velen. O Schylge, mijn lântse, Hwat hab ik Dy ljeaf, dichtte J.S. Bakker al in 1855 over deze oase van rust, die wordt gekenmerkt door een grote variatie aan landschappen.

Ongekende variatie
In al zijn gevarieerdheid geeft Terschelling een karakteristiek beeld van een waddeneiland. Zou een buitenstaander kunnen veronderstellen dat deze eilanden monotoon zijn, de wandelaar en de fietser komen al snel tot andere ideeën. Terschelling leent zich inderdaad niet voor een snelle oriëntatie per auto. Men kan het eiland het best bekijken tijdens een lange fietstocht of wat kleinere wandelingen. Aan de westzijde ligt een uitgestrekte zandplaat met hoge duinen (Noordsvaarder en Kroonpolders), in het bewoonde middengedeelte vindt men de polders. Het oostelijk deel wordt vooral door kwelders ingenomen. De Boschplaat is daar een bekend onderdeel van. De wandelroutes leiden vooral door bos en duinen.

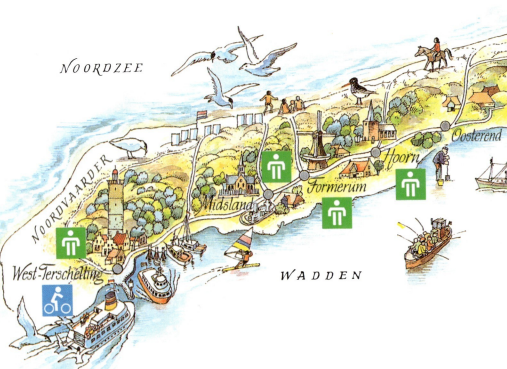

Boschplaat
De Boschplaat is buiten het broedseizoen toegankelijk. U kunt dan de kwelders inlopen die bij hoog water voor een deel door de Waddenzee worden overspoeld. De kwelders worden doorsneden door diep in het gebied doordringende slenken. Langs de slenken groeit zeekraal; hogerop zijn grote velden met lamsoor, die het terrein in augustus een fraaie paarse kleur geven. ▷

OP STAP

West-Terschelling
Iedereen van buiten Terschelling bereikt het eiland via de haven van West-Terschelling. Het is de moeite waard het dorp in te lopen en de diverse monumenten te bekijken. Met name in de Commandeurstraat, de Torenstraat, de De Ruyterstraat, de Burg. Mentzstraat en de Molenstraat kan men fraaie gevels bewonderen, zoals de hier afgebeelde Torenstraat nr. 7, die uit 1670 dateert.

Veel van deze huizen zijn gebouwd direct na de grote brand van 1666, die door Engelse zeelieden werd gesticht. In navolging van de Amsterdamse stijl kregen ze dikwijls een trapgevel. ◁

Kwelderpioniers
Pioniers van de kwelders zijn zeekraal en Engels slijkgras. Later ziet u de gebruikelijke kweldergrasgemeenschap met soorten als schorrezoutgras, zoutmelde en zeeaster (afgebeeld). Zodoende ontstaan zilte lage weiden, geschikt voor beweiding. ▷

Wandeling Donkere Bos
Deze ter plekke gemarkeerde wandeling is ca. 6 km lang en voert u door terreinen die op wegen en paden vrij toegankelijk zijn. U kunt starten bij het natuurkampeerterrein van Staatsbosbeheer aan de noordkant van West-Terschelling. Westwaarts gaat u boven langs het duinmeer Doodemanskisten en dan noordelijk door de duinen van de Noordsvaarder naar het Donkere Bos. Aan de noordkant hiervan heeft u een bijzonder fraai uitzicht over Griltjeplak. Vervolgens gaat de tocht weer zuidwaarts door de bossen richting West-Terschelling.

TERSCHELLING

De Brandaris
Statig staat hij daar, hoog uittorenend boven West-Terschelling, de Brandaris, een reus van baksteen, 54 m hoog, de oudste vuurtoren van Nederland: gebouwd in 1593, in 1835 voorzien van een draailicht. De naam is ontleend aan de Ierse heilige Brandaan, die leefde van ca. 480 tot ca. 577 en de beschermheilige van de schippers werd. △

Cranberries
Een plant die nergens anders in Nederland voorkomt is lepeltjesheide of cranberry. Deze veenbes hoort thuis in Noord-Amerika. Het verhaal gaat dat de vruchtjes op het strand zijn aangespoeld na een schipbreuk. Een jutter vond ze, wierp ze weg, en ontdekte later dat er struiken begonnen te groeien. △

Werking van zee en wind
Het eiland Terschelling is voortdurend onderhevig aan de werking van zee en wind. Er is een doorlopend proces van opbouw en afbraak; de vorm verandert steeds. Aan de westkant zijn de duinen zeer breed met een grote zandplaat (de Noordsvaarder) die aan de westpunt geleidelijk afkalft. Daarentegen groeit het eiland aan de oostpunt enigszins aan.
Vroeger was Terschelling aanmerkelijk kleiner dan nu. De Noordsvaarder en de Boschplaat waren afzonderlijke zandplaten, van het eiland gescheiden door respectievelijk het Westerboomsgat (het huidige Groene Strand) en het Koggediep. ▽

OP STAP

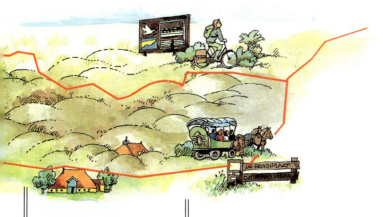

Fietstocht West-Terschelling– Oosterend vice versa

In West-Terschelling neemt u voor deze ca. 50 km lange tocht het fietspad langs het Donkere Bos. U rijdt langs Griltjeplak, over het Soldatenpad, dan de Longway naar Midsland-Noord. Verder zuidwaarts naar Midsland waar u enkele 17e-eeuwse gevels ziet. Even zuidelijker passeert u het Stryper Kerkhof, herinnerend aan de scheepvaart, met rechtopstaande graf- en stoepstenen. Via Lies naar duinen en strand van Oosterend. U fietst nu richting Boschplaat. Op de terugweg rijdt u via het schitterende duingebied De Koegelwieck naar Hoorn waar het oude kerkje uw aandacht verdient. In Formerum staat de enige stellingmolen van het eiland, in 1876 gebouwd van wrakhout. Het geboortehuis van Willem Barentsz is afgebroken. U rijdt terug naar West-Terschelling, waar nog diverse bezienswaardigheden wachten.

Planten op de Boschplaat

In een bepaald ontwikkelingsstadium wordt de kweldergemeenschap op de Boschplaat gekenmerkt door een steeds dichtere begroeiing met uitgestrekte lamsoorvelden en verder plantesoorten als zeeweegbree en gewone zoutmelde. Op de hogere delen ziet u zeealsem, zilt rood zwenkgras en Engels gras. ▽

... en nog veel meer

Op de wandeling die hiernaast wordt beschreven komt u nog veel meer planten tegen dan de al genoemde, zoals kraaiheide, verfbrem, struikheide, beredruif, pijpestrootje, noordse rus, de zeldzame rijsbes, grote muggenorchis, klokjesgentiaan, knopbies en paddestoelen als de hierboven afgebeelde duinbosrussula. △

Wandeling Midsland-Noord

Deze wandeling, lengte ca. 4,5 km, is ter plaatse gemarkeerd. U kunt haar beginnen bij de parkeerplaats aan de Heereweg. Ze voert u door kalkarme duinen. De begroeiing bestaat uit planten als helm, duinviooltje, zandzegge, braam, dopheide en gagel. Ook ziet u cranberries. Een lange houten trap leidt u naar de top van een hoog duin voor een prachtig vergezicht. De Waterplak is een vochtige vallei met plas waar kapmeeuwen broeden.

TERSCHELLING

Vogels in de duinen
Op Terschelling komen naast hoge, droge duinen ook vochtige met struweel en riet begroeide duinvalleien voor.
In die duinen broeden zeer veel vogels. Te noemen zijn: bruine, blauwe en grauwe kiekendief, velduil, wulp, tapuit, paapje, roodborsttapuit en vele zangvogels. ▽

Wandeling Formerumer Bos
Dit is een ter plaatse door Staatsbosbeheer gemarkeerde wandeling van ca. 4,5 km. Het Formerumer Bos ligt ten noorden van het mooie dorp Formerum, waar u een pracht van een stellingmolen en enige interessante boerderijen kunt zien. In het bos ziet u een grote variatie aan dennen: Corsicaanse den, Oostenrijkse den, zeeden, grove den. Loofbomen zijn onder meer: lijsterbes, esdoorn, beuk, eik en abeel. Berken worden in dit bos veelal geprikkeld tot vorming van heksenbezems door de aanwezigheid van een bepaalde zwam. Van de paddestoelen kunnen worden genoemd eekhoorntjesbrood en diverse russula's. Ook is er nog de Amerikaanse vogelkers ofwel bospest. En natuurlijk hoort en ziet u allerlei bosvogels.

Hoe kwetsbaar zijn de duinen
De duinen op Terschelling zijn erg kalk- en voedselarm. Daardoor kunnen er veel bijzondere planten en plantengemeenschappen voorkomen. De begroeiing is echter niet weelderig zodat de duinen bijzonder kwetsbaar zijn. Zou er veel op het ijle plantendek worden gelopen, dan raakt dit snel beschadigd, waarna de wind vat kan krijgen op het vrijkomende zand. Dit geldt vooral voor de droge, schaars begroeide duinhellingen waar planten als buntgras, zandblauwtje en rendiermos groeien. In de duinen broeden ook veel vogelsoorten die elders in Nederland zeldzaam zijn. Voor vrijwel al deze soorten is voldoende rust een voorwaarde om met succes te broeden en de jongen groot te brengen.
Ter bescherming van broedende vogels en vooral ook om beschadiging van de duinen tegen te gaan komt u afrasteringen tegen. Op diverse plaatsen bevinden zich echter houten trappen, waardoor u toch hoge duintoppen kunt beklimmen die anders taboe zouden zijn geweest. ▽

Vloedmerkplanten
Dat zijn planten die we aantreffen waar in de vloedlijn zich allerlei organisch materiaal heeft verzameld. Een voorbeeld is de afgebeelde zeeraket. ▽

OP STAP

Voor wie de stilte mint
Van oorsprong komt op Terschelling geen bos voor. Met de aanleg van de bossen is in 1911 begonnen. Het belangrijkste doel was het vastleggen van de stuivende duinen. De houtproduktie kwam op de tweede plaats. Momenteel is er op het eiland ruim 600 ha bos. Het grootste gedeelte bestaat uit naaldbos, vooral dennen. De laatste jaren neemt het loofbosaandeel toe. Tussen die bebossingen liggen de natuurlijke duinterreinen. Bossen, duinen, heiden, wadden, polders en kwelders – het zijn even zovele bekoorlijkheden voor wie 'de stilte mint', zoals Adama van Scheltema reeds dichtte. Een stilte die vooral de vele, vaak bijzondere, vogels, zoals de schuwe wulp, erg op prijs stellen, zeker in de broedtijd.

Zoogdieren zijn minder rijk vertegenwoordigd op het eiland Terschelling en beperkt tot kleinere soorten als dwergspitsmuis en bosmuis. △

Engels gras
In de kweldergebieden kunt u dit plantje tegenkomen: Engels gras, uit de Strandkruidfamilie. △

Langs de vloedlijn
De zee laat op het strand nogal wat achter. Dat kunnen totaal verschillende dingen zijn: losgeslagen zeewieren, zoals op de afbeelding hierboven, voorts onder meer schelpdieren, krabben en zeesterren, maar ook allerlei afval van mensen en schepen.
De Wet op de Strandvonderij regelt het beheer enzovoorts van gevonden zaken. Maar een echte jutter denkt er anders over. Wie daarover geboeid wil lezen kan zich Cor Bruijns Sil de Strandjutter aanschaffen. Dit boek is ongetwijfeld de populairste roman over Terschelling. Het boek dateert uit 1940; het is verfilmd en ook voor televisie bewerkt. △

Wandeling Hoornse Bos
Deze tocht van ca. 7 km is een combinatie van twee ter plekke gemarkeerde wandelingen. Het Hoornse Bos ligt midden op het eiland, ten noorden van het dorp Hoorn dat overigens zelf ook de moeite van een wandeling loont; er is een bakstenen kerk uit de 13e eeuw, gerestaureerd in 1969, er zijn fraaie gevels en in de omgeving is een eendenkooi. U begint bijvoorbeeld op de parkeerplaats bij de Volkshogeschool. Op uw wandeling passeert u de Hêrdredersplak, gelegen aan de Badweg, met zijn interessante vegetatie. De naam duidt op het gebruik als ijsbaan. In het bos kunt u tal van vogels horen en wellicht zien.

NOORDENVELD

Zand, omringd door veen

Het Noordenveld is te karakteriseren als een landschap met akkers, madelanden, beken, bossen, vastgelegde zandverstuivingen en heide, en dit alles omgeven door grotendeels ontgonnen hoog- en laagveen. De flora en fauna is er al even gevarieerd.

Beekdalen
Langs het Lieverder Diep liggen dicht bij de weg van Roden naar Lieveren resten van schraallanden en natte hooilanden. Het betreft hier het dotterbloemenrijke graslandtype, met o.a. soorten als ratelaar, koekoeksbloem en echte witbol.
Deze verscheidenheid aan planten is lang niet meer overal in de beekdalen te vinden. Door kanalisatie en ruilverkaveling zijn de graslanden voor agrarische doeleinden sterk verbeterd, maar botanisch zeer verarmd. △

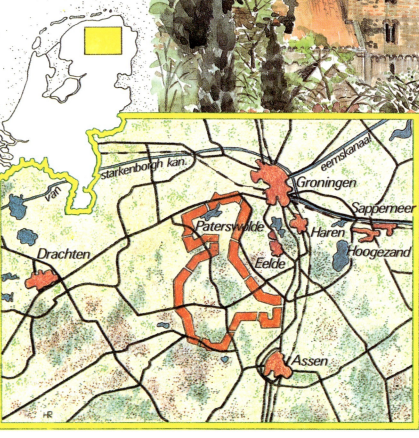

Es- en kerspeldorp Vries
De 12e-eeuwse, romaanse kerk van Vries bepaalt het dorpsgezicht bij de brink van dit es- en kerspeldorp.
Het Drentse esdorpenlandschap is het meest karakteristieke van dit landschapstype in ons land. In het Noordenveld liggen o.a. de esdorpen Peize, Vries, Norg, Roden, Peest, Een, Steenbergen, Langelo en Lieveren. De eerste vier kunnen tevens als kerspeldorp worden aangemerkt; dit wil zeggen dat ze de hoofdplaats waren van het kerspel of de kerkelijke gemeente.
Vries diende in een ver verleden als hoofdplaats van het dingspel Noordenveld. Dit was een van de zes rechtsgebieden waarin Drenthe was verdeeld. Op de brink voor de kerk werd toen door de schulte in het openbaar recht gesproken. Vanwege deze brink (nog steeds gemeenschappelijk bezit!) en kerk is Vries tot beschermd dorpsgezicht verklaard. ◁

Hunebedden
Langs de weg van het dorp Steenbergen naar Roden ligt, aan de rand van de Steenberger Esch en de Noorder Duinen, een hunebed. Hunebedden komen in het Noordenveld ook bij Zeijen en Westervelde voor. Andere archeologische monumenten zijn de grafheuvels in het Noordsche Veld. △

INLEIDING

Peizer molen
Op zijn stenen onderbouw steekt de achtkante stellingmolen van Peize hoog boven de omringende bebouwing uit om de wind te kunnen vangen. Het is een uit 1893 daterende korenmolen, die nog geregeld wordt gebruikt en ook te bezichtigen is.
Een ander opmerkelijk cultuurmonument van Peize is de Nederlands Hervormde kerk. Het is een vrij eenvoudig gebouw, dat oorspronkelijk uit de 13e eeuw dateert, maar sedertdien vele malen werd verbouwd. Het fraaie orgel werd 200 jaar geleden gebouwd door de vermaarde Groningse orgelbouwer A. Hinsch. Het is betrekkelijk kort geleden geheel gerestaureerd. Het dorp telt een aantal Saksische boerderijen. △

Planten van vennen
Waterdrieblad is net als moerasaardbei een kenmerkende plant voor voedselrijke vennen. Deze voedselrijkheid is dikwijls het gevolg van de aanwezigheid van een meeuwenkolonie. De uitwerpselen van de vogels verrijken het in oorsprong voedselarme venwater met organische meststoffen.
In de voedselarme vennen komen planten voor als moerashertshooi, veelstengelige waterbies en knolrus. In iets voedselrijkere plasjes vindt men naaldwaterbies en kleine egelskop.
Het afgebeelde waterdrieblad is een bijzonder fraaie plant, met zijn boven water uitstekende bloeistengel en samengestelde bladeren. Behalve in vennen komt men hem ook tegen in veenmoerassen en natte duinvalleien. Het is een echte pionierplant van de verlandingsvegetatie, die zich met zijn lange, kruipende wortelstok vrij snel kan vermeerderen. De zaden verspreiden zich drijvend op het water. Ook blijven ze gemakkelijk in het verenkleed van vogels vastzitten. ▽

Oude weidegronden
Deze in een moerassig gebied bij Peest gelegen weilanden herinneren aan de weilanden uit de tijd dat het markesysteem nog functioneerde. De met wildkeringen van struiken en bomen omzoomde akkers lagen op de hogere, drogere delen en omringden de om een brink geschaarde boerderijen. De weidegronden lagen daarentegen juist in de moerassige gebieden of de natte beekdalen. Ook de hooilanden bevonden zich in het lage, vochtige land. Terwijl de akkers particulier eigendom waren, vormden de graslanden, net als de woeste gronden, markebezit. ▽

Zestal milieutypen
Een van de zes milieutypen die men voor het Noordenveld onderscheidt is het heide- en veengebied, waarvan het Noordsche Veld een goed voorbeeld is..
Op de zandgronden vormen de bosgebieden een belangrijk milieu. Er is nog maar weinig loofbos over. Het Tonckensbos is een oud dennenbos met overgangen naar het loofbos. De overige bossen zijn naaldhoutbossen, die worden afgewisseld met restjes heide.
Een derde milieutype zijn de beekdalen. Van de oorspronkelijke schraallanden en natte hooilanden langs de beken zijn nog slechts enkele restanten bewaard gebleven.
Levend hoogveen, dat uitsluitend met regenwater wordt gevoed, vindt men nog in het uitgestrekte Fochteloöerveen. Het Bunnerveld kan als een hoogveenrestant worden beschouwd.
Het vrij vochtige laagveengebied rond Roderwolde is een belangrijk weidevogelgebied.
Het zesde milieutype bestaat uit de landbouwgronden, afgewisseld door bosjes, houtwallen en heiderestantjes. △

Grootste wateroppervlak
In het uiterste noorden van het beschreven gebied, op de grens met Groningen, ligt het Leekstermeer. Het is met een oppervlak van ruim 350 ha het grootste aaneengesloten wateroppervlak van het Noordenveld.
Een opmerkelijke eigenschap van het meer is de betrekkelijke zuiverheid van het water. Men vindt er moeras- en verlandingsvegetaties en voedselrijke tot matig voedselrijke omstandigheden.
Het Leekstermeer is een belangrijk broed-, foerageer- en pleistergebied voor moeras- en watervogels, waaronder veel eenden en de zwarte stern. △

NOORDENVELD

Gelegen op meer dan 200 000 jaar oud plateau

Het Noordenveld ligt op het noordelijke deel van het Drents plateau. Dit dateert van meer dan 200 000 jaar geleden en bestond oorspronkelijk uit zand- en grindafzettingen. Later werd hier een keileemlaag op gedeponeerd.

Hoge zandruggen
Het gebied tussen Een en Steenbergen is gelegen op een hoge zandrug. Deze werd tijdens de laatste ijstijd (Weichselien of Würm-ijstijd) door de ijzige sneeuwstormen opgeworpen.
Het Drentse plateau werd tijdens het Saalien, de één na laatste ijstijd, geheel met landijs bedekt. Met dit landijs werden vanuit het noorden grote rotsblokken meegevoerd, maar ook kleideeltjes.
Na het afsmelten van de gletsjers bleef het getransporteerde materiaal als grondmorene achter. Dit vormde een keileemdek van sterk wisselende dikte. Het stuwende ijs veroorzaakte ondiepe, brede dalen met een verloop van noord naar zuid. Dit reliëf is echter in het landschap nauwelijks zichtbaar. De waarneembare hoogteverschillen werden door de eerder vermelde glaciale stormen geschapen. △

Noordelijk veengebied
De Matsloot is een oude waterloop in het ten noorden van Roderwolde gelegen laagveenterrein, in het overgangsgebied naar de provincie Groningen.
Het laagveen ontstond na de laatste ijstijd, toen er door de stijging van temperatuur een vochtige periode aanbrak. Ook ontwikkelden zich hier veel broekbossen.
Toen in de late middeleeuwen de bevolkingsdruk groter werd en de behoefte aan landbouwgronden toenam, begon men ook de noordelijke laagvenen te ontginnen. Dit gebeurde vooral door Friese en Groningse kolonisten; de Drenten concentreerden zich meer op de hogere gronden. ▽

Pingo-ruïne
Tijdens de laatste ijstijd bereikte het landijs Nederland niet meer. Wel was de bodem er tot op grote diepte bevroren. Nu en dan steeg de temperatuur echter voldoende om de bovenlaag te ontdooien. Door deze afwisseling van dooi en vorst ontstonden plaatselijk op de permanent bevroren ondergrond ijsheuvels die de bovengrond omhoogdrukten. Deze heuvels worden pingo's genoemd.
's Zomers ontdooide de grond op de heuvel gedeeltelijk en gleed dan naar beneden. Op den duur ontstond er hierdoor een soort ringwal rond de ijsheuvel. Toen aan het einde van de ijstijd de temperaturen steeds verder opliepen, begon de bodem geheel te ontdooien en ook de ijskern. Wat achterbleef was een laagte, omringd door een wal en gevuld met het smeltwater.
Op deze wijze ontstonden in ons land verscheidene grotere en kleinere meren, waaronder het in het Noordenveld gelegen Esmeer, bij Veenhuizen.

Pingo tijdens de opdooifase, met in het midden de ijskern.

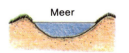

Pingo-ruïne, nadat de ijskern is ontdooid.

De Kleibos
De Kleibos is een natuurreservaat van de Stichting Het Drentse Landschap, gelegen in de gemeente Roden, bij Foxwolde. In de ondergrond wordt een vette, grijze klei aangetroffen, potklei genoemd. Deze is afgezet tijdens de smeltperiode van een oudere ijstijd dan het Saalien. △

Vastgelegd stuifzand
In de omgeving van Norgerholt zijn stuifzanden vastgelegd met behulp van naaldbomen, met name grove dennen. In de jaren dertig plantte men in het kader van de werkverschaffing massaal bossen (dennenakkers) aan.
Na de laatste ijstijd lagen de oudere afzettingen bedolven onder een dekzandlaag die met loofbos begroeide. Roekeloos kappen leidde tot stuifzandontwikkeling. △

ONTSTAAN

Kronkelende beekdalen versterkten reliëf

Het Peizer Diep is een van de beken die over het hooggelegen deel van het Noordenveld stromen. Een andere is het Oostervoortse Diep.
De hogere gronden waterden na de ijstijden af via de door de gletsjers gevormde dalen naar het noorden. Het aanwezige reliëf werd toen versterkt door het ontstaan van een aantal kronkelende beekdalen.
Toen zich na de Grote Volksverhuizing mensen in het beschreven gebied gingen vestigen, werden de beekdalen benut als gras- en hooiland. Door kanalisatie en ruilverkaveling zijn nog maar kleine gedeelten van de beken min of meer ongerept bewaard gebleven. ▷

Morenemateriaal

De door de eerste bewoners van het Noordenveld gebouwde hunebedden bestaan uit door gletsjers vanuit Scandinavië meegevoerde keien. Deze bleven na terugtrekking van het landijs als morenemateriaal achter. Op de ondergrond van zand- en grindafzettingen kwam een keileemdek van uiteenlopende dikte te liggen.
In de warmere periode die op het Weichselien – de laatste ijstijd – volgde, trad een sterke verwering op van het keileem. Tevens vond er erosie plaats door het afstromende smeltwater, dat zich via de ondiepe dalen een weg zocht in noordelijke richting naar de zee. Ook het regenwater verzamelde zich in deze dalen doordat het niet weg kon zakken in de dichte keileembodem.
Behalve voor de keileem en de grote steenblokken die voor de hunebedden werden gebruikt, waren de gletsjers ook verantwoordelijk voor de vorming van min of meer ronde meertjes op de vlakkere delen van het plateau. Deze zijn namelijk hoogstwaarschijnlijk ontstaan doordat delen van het ijs als grote brokken losraakten van de gletsjer. Bij afsmelting kregen deze resten landijs enigszins een ronde vorm, waaromheen zich materiaal afzette. In de kom die uiteindelijk overbleef verzamelde zich het water. Een dergelijke kom wordt 'doodijskuil' genoemd. △

Oude landbouwgronden

De essen tussen Norg en Westervelde behoren tot de oudste door de mens geschapen landschappen in het Noordenveld.
Nadat de glaciale stormen op de oudste afzettingen een dekzandlaag hadden gedeponeerd, begonnen zich hier in de vochtiger en warmere periode na de ijstijden eiken-berkenbossen te vestigen. Vanaf de 6e en 7e eeuw vestigden zich hier de eerste landbouwers, die afkomstig waren uit de Noordduitse Laagvlakte. Deze verwijderden de natuurlijke vegetatie en legden akkers aan. Het vee werd geweid in de graslanden langs de beken en de bossen leverden het noodzakelijke geriefhout. Geleidelijk ontwikkelde het landbouwstelsel zich tot een systeem waarbij het accent verschoof van het houden van vee naar de verbouw van granen. Hiermee was de grondslag gelegd voor het in het landschap zo duidelijk tot uiting komende essenstelsel. △

Eerste bomen na ijstijden

Nadat het ijs zich had teruggetrokken en het klimaat wat minder grimmig werd, verscheen in het gebied van het Noordenveld de eerste begroeiing. Wat de bomen betreft vormden de berken de pioniers. Op de hogere gronden vestigde zich een eiken-berkenbos, in de lagere veengebieden ontstonden broekbossen met overwegend berken en elzen. ▽

NOORDENVELD

Zandige essen en moerassen

Het landschapsbeeld van het Noordenveld wordt van oudsher bepaald door een grote variatie in levensomstandigheden. Een gebied met akkers, bossen, heidevelden, vennen, houtwallen, beken en graslanden wordt omringd door grotendeels ontgonnen laag- en hoogveen.

De mens bewoont het gebied al duizenden jaren, getuige de hunebedden zoals bij Steenbergen (B2). De belangrijkste nederzettingsvorm was hier sedert de middeleeuwen het esdorp. Een fraai voorbeeld is Vries, met zijn kerktoren (C5) uit de 12e eeuw. Gierzwaluwen (B5) vliegen rond de torenspits, atalanta's (F5, F6) bezoeken de hondsroos in de tuin en een hommelkoningin (F4) peurt honing uit het vingerhoedskruid. De boomvalk (A4) nestelt graag in de boomgroepen van het open cultuurlandschap, terwijl kapmeeuwen (D8) kolonies vormen in de zeggepollen (F8) rond vennen. De viervlekkige platbuik (E7) is bij de vennen een algemene libel, evenals zijn verwant de blauwe waterjuffer (D7). Het mannetje van het heideblauwtje (D3) fladdert rond waterzuring, dat elders een slootkantje (F1 en F2) rood kleurt. Boven de akkers vliegt een blauwe reiger (D1). De zandhagedis (C1) koestert zich in de zon bij wat dopheide (C1). Een ander reptiel van de heide is de gladde slang (C9), terwijl hier ook de heikikker (C7) voorkomt.

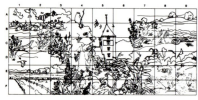

NOORDENVELD

Van droge heiden tot veenplassen

De variatie in landschapstypen wordt weerspiegeld door de grote verscheidenheid aan planten en dieren in het Noordenveld. De droge heide wordt gekenmerkt door struikheide en dieren als de zandhagedis. De veenplassen vormen het domein van de geoorde fuut.

Vennen en venen
Bij het Datesbos, bij Steenbergen, ligt een ven met een grote kapmeeuwenkolonie. De nesten liggen in de grote pollen van het pijpestrootje, onbereikbaar voor mens en roofdier. De aanwezigheid van een meeuwenkolonie verandert een voedselarm ven op den duur in een voedselrijk ven, wat grote verschuivingen in de plantengroei te zien geeft.
Het Fochtelooërveen heeft een kern die uit levend komhoogveen bestaat, uitsluitend gevoed door voedselarm regenwater. In grote lijnen wisselen zich hier laagten met witte snavelbies, wollegras en veenmossoorten af met hoogten waarop dopheide, veenbes en andere soorten voorkomen.
Een uniek terrein van niet meer levend hoogveen is het Bunnerveen, bij Lieveren. In het gebied liggen nog een aantal veengaten, waarin de hoogveenvorming opnieuw op gang is gekomen.
Kenmerkende vogels voor de vennen en venen zijn, behalve de kapmeeuwen, wulp, korhoen, geoorde fuut, klapekster, grauwe klauwier, kiekendief en boomvalk. △

Viooltjes van akkerranden
Langs de randen van akkers is het akkerviooltje in het Noordenveld een veel voorkomende plant. Het driekleurige viooltje, met de kleuren paars, wit en geel, waarbij de paarse kleur overheerst, kan men er ook vinden, zij het wat minder talrijk.
Het eenjarige akkerviooltje is een vormenrijke plant, met sterk vertakte, kale of enigszins behaarde stengels. Van het driekleurige viooltje is hij gemakkelijk te onderscheiden aan het feit dat de kroon niet of nauwelijks boven de kelk uitsteekt. △

Ortolaan mogelijk als broedvogel verdwenen
Het mannetje (*rechts*) van de ortolaan is hoofdzakelijk rozebruin. Opvallend zijn de roze snavel en de duidelijke oogring; kop en borst zijn grijsgroen en hij heeft een gele keel. De jongen en het vrouwtje zijn minder opvallend gekleurd en lichter, met op de onderdelen donkere strepen.
De ortolanen verschijnen bij ons eind april, na een lange tocht vanaf de winterkwartieren ten zuiden van de Sahara.
Het gevarieerde essenlandschap is altijd het broedterrein geweest van de ortolaan. Als broedvogel lijkt hij hier echter inmiddels verdwenen, al wordt hij nog weleens in het Noordenveld waargenomen. De achteruitgang van de ortolaan wordt vooral geweten aan de schaalvergroting in de akkerbouwgebieden en de verandering van landbouwmethoden. Met name de overgang van het verbouwen van granen en hakvruchten op maïs schijnt voor deze vogel funest te zijn. ▽

Hakhout en andere bossen
De Zeijer Strubben, ten zuiden van Vries, vormen een van de interessantste hakhoutbossen van het beschreven gebied. Ze bestaan hoofdzakelijk uit eikehakhout. Het is een van de weinige vitale groeiplaatsen van de Zweedse kornoelje. Een zeldzame plant die hier ook nog wordt aangetroffen is de zevenster. Dit is een overblijvende plant met sierlijke, dunne stengels en grote bladeren. De witte bloemen hebben gewoonlijk zeven kelk- en kroonbladeren.
Nog meer hakhoutbossen vindt men op verschillende andere plaatsen op en langs de rand van essen, zoals langs die van Vries en bij Lieveren.
Op de hoge, droge gedeelten komen nog resten voor van het eiken-berkenbos, met o.a. zomereik, zachte berk en hulst. Karakteristiek is het oude markebos Norgerholt, met zwaar opgaand eiken-hulstbos. Een oud dennenbos, dat een overgang vertoont naar loofbos, is het Tonckensbos. Het ligt aan de zuidzijde van het Norgerholt. △

NATUUR

Jachtterrein van havik
Het afwisselende akkerlandschap van het Noordenveld, zoals hier bij Zeijen, vormt een uitstekend woongebied voor de havik. Zijn kleinere verwant de sperwer is hier zelfs nog wat algemener.
Wat het terrein voor deze roofvogels zo geschikt maakt is de afwisseling van open gedeelten en bosjes, houtwallen en bomen. De jachtwijze van zowel havik als sperwer is gebaseerd op een snelle overrompeling van de prooi. Beide soorten hebben dus dekking nodig voor de aanval en enige ruimte voor een korte jacht.
De havik is de krachtigste roofvogel die in Nederland voorkomt. Zijn prooidieren zijn vooral houtduif en tamme duif, en verder merel, fazant, Vlaamse gaai en konijn. Behalve in het bosrijke cultuurlandschap van het Noordenveld komt de havik ook voor in uitgestrekte bosgebieden.
De beduidend kleinere sperwer jaagt in hoofdzaak op kleine vogels, met als belangrijkste prooidier de huismus. Hij heeft een voorkeur voor cultuurlandschappen zoals hier worden aangetroffen, maar komt ook in bosrijker gebieden voor. ▽

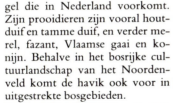

Laagveengebied
De Lettelberter Petten, aan de noordoever van het Leekstermeer, is een natuurterrein van de Stichting Het Groninger Landschap. Het bestaat uit een aantal deels verlande petgaten, omgeven door blauwgraslanden, moerasbossen en weiland. Het wandelpad rond de petgaten is uitsluitend toegankelijk voor donateurs van genoemde stichting.
Het gehele laagveengebied rond Roderwolde en aan de noordzijde van het Leekstermeer is van groot belang als weidevogelgebied. Broedvogels die men hier aantreft zijn o.a. tureluur, kemphaan, grutto en watersnip.
Door de aanwezigheid van het Leekstermeer is het gebied ook voor trekvogels en overwinteraars van belang. Dit uit zich o.a. in de aanwezigheid 's winters van diverse soorten ganzen.
Dit gedeelte van het Noordenveld kent een beperkte mate van zoute kwel, hetgeen hier en daar in de plantengroei tot uiting komt. ▽

Plant van verlandingszone
Een plant van de verlandingszone die in het Noordenveld o.a. in de voedselrijke vennen voorkomt is de wateraardbei. Men vindt hem dikwijls in gezelschap van de watermunt.
De verwantschap van de wateraardbei met de bekende aardbei blijkt duidelijk uit de vorm van de bladeren. Zijn bloemen zijn echter rood en hij brengt droge vruchten voort.
Zoals zo vele planten van de verlandingszone vermeerdert de wateraardbei zich niet alleen door middel van zaden, maar ook via de kruipende wortelstok. ◁

Hooiland in beekdal
Ratelaar en adderwortel bloeien hier weelderig in het hooiland langs het Peizer Diep. Deze vegetatie is karakteristiek voor de midden- en benedenloop van het beekdal, waar de veengrond tamelijk voedselrijk is.
Op de overgang van heide naar beekdal vindt men het borstelgrasland, met soorten als hondsviooltje en gevlekte orchis. Dichter bij de beek gaat dit graslandtype over in het blauwgrasland, met onder meer blauwe zegge, grote pimpernel en Spaanse ruiter. △

Natte heide
In het hooggelegen heideterrein Zeijerveld, in de boswachterij Zeijen, komen langs de rand nog natte gedeelten voor. Tussen de pollen pijpestrootje groeit hier o.a. veenpluis. Dergelijke gebiedjes zijn tamelijk rijk aan insekten, waaronder grote soorten libellen. Aan amfibieën kan men er de heikikker ontmoeten en aan reptielen o.a. de enige Nederlandse gifslang, de adder. Deze slang is eilevendbarend. Aan het begin van de herfst brengt het wijfje gewoonlijk een tiental jongen ter wereld. De adder vangt in hoofdzaak muizen, maar ook hagedissen en jonge vogels. ◁

NOORDENVELD

Boeren geven Noordenveld al duizenden jaren vorm

De mens bewoont dit gebied al duizenden jaren, getuige de hunebedden, grafheuvels en oude akkercomplexen. In de middeleeuwen kwam de markegemeenschap op, met als nederzettingsvorm het esdorp. Op de grens met Groningen en Friesland ontstonden door veenontginning streekdorpen. De grote heideontginningen kwamen pas in de 20e eeuw tot stand, evenals de bosaanplant.

Hunebed van Zeijen
Aan de noordkant van de Zeijer Strubben, bij Zeijen, ligt een klein hunebed. Grotere exemplaren van deze prehistorische grafmonumenten vindt men in het Noordenveld bij Westervelde en Steenbergen. Even ten noordwesten van het hunebed ligt het Noordsche Veld, met zijn tientallen tumuli of grafheuvels.
De Zeijer Strubben vormen een eikehakhoutbos, dat de boeren eeuwenlang geriefhout leverde. △

Noordelijke veenontginning
In het noordelijke veengebied staat bij Roderwolde de bovenkruier Woldzigt, uit 1852. De molen is hoog op de bijgebouwen geplaatst en vormt met de omliggende huizen en het ervoor gelegen plantsoen een schilderachtig geheel. Vrij uniek is de combinatie van olie- en korenmolen.
De ontginning van het gebied rond Roderwolde heeft in de middeleeuwen plaatsgevonden. Aanvankelijk waren alleen de zandgronden bewoond. De vochtige tot natte, venige randgebieden waren in eerste instantie weinig in trek. Door de bevolkingstoename was men echter tot kolonisatie ervan gedwongen en in ca. 1400 was het gehele laagveengebied op de overgang naar de provincie Groningen ontgonnen. De pioniers waren hier hoofdzakelijk Friezen en Groningers, die van huis uit ervaring hadden met vochtige streken. De venen van het Westerkwartier werden vanuit de Groningse borg Nienoord ontgonnen. △

Archeologisch reservaat
Het Noordsche Veld, ten noorden van Zeijen, geldt als een archeologisch reservaat. Op de heide liggen in totaal ca. 50 grafheuvels. Verder vindt men hier nog een urnenveld, hoogakkers, een 27 ha groot complex celtic fields (oude akkers uit ca. 500 v.C. tot 200 n.C.), een nederzetting uit de laatste IJzertijd en twee uit de Romeinse tijd. Bij Zeijen, ten slotte, ligt een hunebed.
De mensen uit de tijd van bovengenoemde cultuuroverblijfselen leefden in hoofdzaak van de jacht en diverse vormen van niet plaatsgebonden landbouw. Na de Romeinse tijd brak een periode aan waarin het gebied langzamerhand ontvolkt raakte, waardoor de natuurlijke begroeiing van bossen zich weer kon herstellen.
Vanaf de 6e en 7e eeuw, na de Grote Volksverhuizing, vestigden zich in het Noordenveld stammen uit de Noordduitse laagvlakte. De eerste ontginningen met een plaatsgebonden karakter kwamen op gang. Aanvankelijk waren deze nog zeer kleinschalig. Ze bestonden uit het verwijderen van de natuurlijke begroeiing en het kappen van bos. Op de drogere gronden lagen slechts enkele boerderijen bijeen, omringd door een beperkt aantal percelen bouwland. Het bos dat brandhout leverde, en hout voor de boerderijbouw en de gereedschappen, grensde onmiddellijk aan de akkers. De gras- en hooilanden bevonden zich in de beekdalen. De boeren hielden zich vooral bezig met het houden van runderen en varkens. ▽

Omgeving Roden
De Rodervaart verbindt Roden met het Leekstermeer. Eertijds was het een belangrijke ontginningsvaart, maar nu wordt hij nauwelijks nog gebruikt.
Het ontginningslandschap kenmerkt zich door een agrarische lintbebouwing. Achter de boerderijen strekken zich de lange strookvormige kavels uit. △

CULTUUR

Kernesdorpen
Een behoort tot de kernesdorpen met een gaaf gebleven dorpsgezicht, omgeven door een tamelijk authentiek essenlandschap. Andere in het Noordenveld zijn Norg, Zeijen en Vries.
Algemeen gesproken is een es een bouwlandcomplex op de zandgronden met een blokvormige of een lineaire verkaveling, omgeven door een beplante wal. Daarbuiten liggen de woeste gronden en bossen. In de beekdalen liggen de weilanden. Met name in het Noordenveld zijn nog veel essen intact, zij het dat de aangrenzende woeste gronden veelal in jonge veldontginningen zijn omgezet. ▽

Van akkers naar weiland
Na de landbouwcrisis van 1875 werden veel akkers omgezet in weiland. Buitenlandse concurrentie dwong de boeren in de esdorpen ertoe van een gemengde of op akkerbouw gerichte bedrijfsstructuur over te stappen op de veeteelt. De niet in weiland veranderde akkers ging men gebruiken voor de teelt van voedergewassen voor het rundvee. Een voortzetting van deze ontwikkeling heeft in onze tijd geleid tot niet grondgebonden bedrijfsvormen (varkens, pluimvee). △

Markegemeenschap
De Roder Es grenst aan de noordkant aan de bossen die oorspronkelijk tot het landgoed Mensinge behoorden. Deze havezate werd reeds in 1381 vermeld.
De grondslag voor het esdorpenlandschap werd gelegd toen de landbouw meer plaatsgebonden moest worden bedreven. Voorheen rooide men een stuk bos, waarna werd geprofiteerd van de vruchtbare, bruine bosgrond. Toen in de 10e en 11e eeuw de bevolkingstoename en het opraken van geschikte woeste gronden hergebruik van de akkers noodzakelijk maakten, was een veestapel nodig vanwege de mest. ▷

Veenterpen en wegdorpen
In de omgeving van het Leekstermeer, bij de Matsloot, liggen de boerderijen soms op een verhoging, een zogenaamde veenterp. De ontginning geschiedde vanaf de hoger gelegen zandruggen die door het gebied liepen. Deze ruggen, de wegen en de veenstroompjes bepaalden de ligging van de dorpen. Er ontstonden typische wegdorpen, zoals Sandebuur, met de boerderijen meestal aan één kant maar soms ook aan twee kanten van de weg. ▽

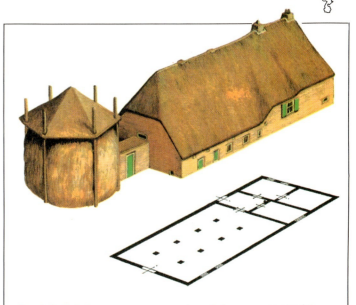

Drents hallehuis
De boerderijvorm van het esdorpenlandschap was het Drentse type van het hallehuis. Dit vond zijn oorsprong in het los hoes, een boerderij die bestond uit een geheel open ruimte, met grote inrijdeuren in de korte gevel. Het vee werd onder het opzij van de stijlen doorlopende dak gestald. Boven de gebinten op de zolder kwam de oogst. Men woonde rond de open stookplaats achterin. De rook trok naar buiten door openingen die in het dak en in de topgevels waren aangebracht. Op de deel, in het midden van de ruimte achter de grote deuren, werd het graan gedorst. De opslagruimte in het los hoes was beperkt en daarom verrezen er op het erf aparte schuren voor wagens, varkens enz. Hooi en stro sloeg men in kap- en hooibergen op. Door afscheiding van het woongedeelte door een muur of door de bouw van een apart woongedeelte tegen de schuur ontwikkelde zich langzamerhand het hallehuis.
De Drentse hallehuisboerderij had een hoog dak, dat bij het bedrijfsgedeelte lager bij de grond kwam dan bij het woonhuis. Aanvankelijk was het van roggestro. Later werden veel daken bedekt met riet uit Noordwest-Overijssel of uit Friesland. Toen de dakpannen op de markt kwamen, kregen deze de voorkeur vanwege hun duurzaamheid. Later ging men bij restauraties uit esthetisch oogpunt vaak weer over op riet. Oorspronkelijk waren de buitenmuren met vlechtwerk van tenen en leem opgevuld. In het Noordenveld komen ook veel stenen gevels voor vanwege de aanwezigheid van klei in de bodem. Zo zijn er bijvoorbeeld in Norg veel stenen topgevels te zien.

NOORDENVELD

Dat land met de raand van veen um het zand

Voor het Noordenveld gaat dezelfde typering op als voor geheel Drenthe, zoals dr. Jan Naarding zo treffend beschreef in een gedicht. Het Noordenveld is te karakteriseren als een landschap met akkers, madelanden (graslanden), beken, bossen, (vastgelegde) zandverstuivingen en heide, en dit alles omgeven door grotendeels ontgonnen hoog- en laagveen.

Archeologisch reservaat
In het Noordenveld bevinden zich nog drie hunebedden, namelijk bij Zeijen (hiernaast afgebeeld), Westervelde en Steenbergen. Het Noordseveld ten noorden van Zeijen geldt als een archeologisch reservaat: behalve het hunebed treft men er onder andere aan: ca. 50 grafheuvels, een urnenveld, hoogakkers, één nederzetting uit de IJzertijd en twee uit de Romeinse tijd.

...van over de grens
Het Noordenveld is door het afwisselende landschap een recreatief aantrekkelijk gebied. Vooral de bosgebieden van Norg en Roden oefenen van oudsher een grote aantrekkingskracht uit op de recreant, of het nu gaat om een dagje uit of om langer. Het Noordenveld geldt met name als uitloopgebied voor Groningen en Assen. Veel Groningers brengen zo vaak een bezoek aan Noord-Drenthe, dat ze zich absoluut niet realiseren dat ze in een andere provincie zijn. Ze hebben er geen idee van waar de grens loopt. Van het Leekstermeer bijvoorbeeld – bij de liefhebbers van watersport in het noorden zeer in trek – denken velen ongetwijfeld dat het op Gronings gebied ligt. De grens loopt daar echter langs de noordoever. Daarboven liggen de Lettelberter Petten, begroeide petgaten met vogelweiden (onder meer grutto, tureluur, kemphaan). Het is een natuurreservaat van de Stichting Het Groninger Landschap, groot 14 ha en beperkt toegankelijk. Het is het enige stukje dat binnen dit beschouwde gebied van het Noordenveld ligt en niet bij Drenthe hoort, maar bij de provincie Groningen.

OP STAP

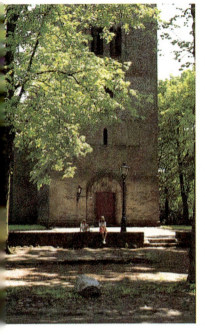

De gemeente Vries
Het Noordenveld was vroeger een van de zes rechtsgebieden in Drenthe. Van zo'n rechtsgebied was Vries eens de hoofdplaats.
Op de Brink staat de Hervormde kerk uit de 12e eeuw, met ingang in de zware romaanse toren, zie de afbeelding hiernaast. De toren die als de mooiste van heel Drenthe geldt, is voor het merendeel van tufsteen. De kerk is in 1954 gerestaureerd. Op het grondgebied van de gemeente Vries bevinden zich ook twee hunebedden, die van Tynaarlo en van Zeijen.
In het dorp Oudemolen, dat eveneens tot de gemeente Vries behoort, staat een korenmolen, een achtkante bovenkruier uit 1837. In het dorp Vries zelf is ook nog een klein klokkengietersmuseum. ◁

Adderwortel
In het Noordenveld komen adders voor. Een plant van moerassige plaatsen, met een kromme wortelstok, lijkt dan ook al gauw in het volksgeloof op een adder. Vandaar de naam van deze plant. △

Sloten en greppels
Het Noordenveld bestaat voor een groot deel uit graslanden en bouwlanden, afwisselend op oude esgronden en in jonge ontginningen. Sloten, greppels, wallen en/of houtsingels en ook bedrading scheiden de percelen. Deze gronden worden afgewisseld door kleine heiderestanten, bosjes, houtwallen en bomen. Op de afbeelding een rijk met kruiden begroeide greppel aan de rand van de es bij Vries. Op veel (andere) plaatsen heeft de landbouw een verstorend effect op de natuur, o.a. door het gebruik van bestrijdingsmiddelen en kunstmest. ▽

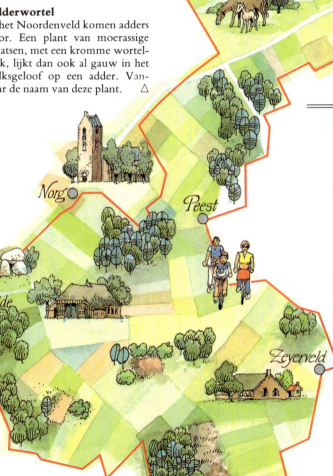

Fietstocht vanuit Norg
Deze tocht is ca. 35 km lang. Als u eerst noordwaarts rijdt komt u bij het unieke Bunnerveen. U ziet hier natte heide (dophei) en andere hoogveenvegetaties met soorten als veenbies en kruipwilg. Via Winde en Bunnen bereikt u Donderen. Hier ziet u oude boerderijen. Door de bossen van Zeijen fietsend heeft u aan uw linkerhand het Noordseveld, een archeologisch reservaat, zie de tekst op de bladzijde hiernaast. Via de prachtige Peester strubben (eiken- en dennenbossen met reeën en konijnen) komt u in Peest, waar u de weg naar het Zeijerveld neemt, en vervolgens op de Norgervaart afstevent. Bij Huis ter Heide neemt u het fietspad naar het Tonckensbos. Hier groeit lepeltjesheide. Via de borg Westervelde, een hunebed en het oerbos Norgerholt fietst u terug naar Norg, het uitgangspunt voor de tocht.

NOORDENVELD

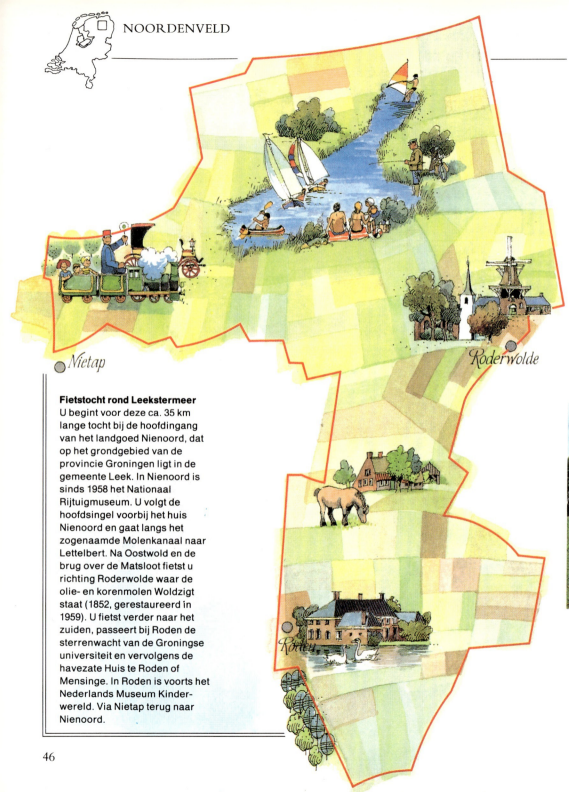

Fietstocht rond Leekstermeer
U begint voor deze ca. 35 km lange tocht bij de hoofdingang van het landgoed Nienoord, dat op het grondgebied van de provincie Groningen ligt in de gemeente Leek. In Nienoord is sinds 1958 het Nationaal Rijtuigmuseum. U volgt de hoofdsingel voorbij het huis Nienoord en gaat langs het zogenaamde Molenkanaal naar Lettelbert. Na Oostwold en de brug over de Matsloot fietst u richting Roderwolde waar de olie- en korenmolen Woldzigt staat (1852, gerestaureerd in 1959). U fietst verder naar het zuiden, passeert bij Roden de sterrenwacht van de Groningse universiteit en vervolgens de havezate Huis te Roden of Mensinge. In Roden is voorts het Nederlands Museum Kinderwereld. Via Nietap terug naar Nienoord.

Het Leekstermeer
In het uiterste noorden van de provincie Drenthe ligt het Leekstermeer, 61 ha groot en behorend tot de gemeente Roden. Het is een staatsnatuurreservaat van 385 ha (inclusief de oeverlanden). Noordelijk van het meer ligt het natuurreservaat Lettelberter Petten, 25 ha groot en ressorterend onder de gemeente Leek.
Ook ten aanzien van het Leekstermeer is de recreatie toegenomen. Er zijn in de naoorlogse periode jachthavens gekomen en tal van gelegenheden tot overnachting. Ook hier dreigt de recreatie vormen aan te nemen die het bestaande landschappelijke en natuurlijke milieu aantasten. Nóg bevat het Leekstermeer betrekkelijk zuiver water. Nóg vinden we er prachtige moeras- en verlandingsvegetaties van voedselrijke tot matig voedselrijke omstandigheden. Nóg is het Leekstermeer met omringende weide- en hooilanden foerageer- en pleistergebied voor talloze vogels. △

Graslanden
Lang niet alle weilanden meer worden verlevendigd door bloeiende kruiden. Met de opkomst van kunstmest en het veel intensiever grondgebruik bestaan de meeste graslanden tegenwoordig voor bijna 100 procent uit gras. △

Fietsen in Drenthe
De provincie Drenthe is bijzonder in trek als fietsgebied, ook het Noordenveld leent zich er uitstekend voor. Tal van organisaties, instellingen enz. hebben routes uitgestippeld, zoals bijvoorbeeld ANWB, provinciale VVV, de plaatselijke VVV's, Stichting Fiets en Stichting Het Drents Fietspad. Op veel plaatsen kunt u fietsen huren. ▷

OP STAP

Fietstocht Roden-Norg

U start voor deze ca. 35 km lange fietstocht in Roden en rijdt via Leutingewolde naar Nietap en dan zuidwaarts over het fietspad langs Nieuw-Roden naar Roderesch. Even verder bij het dorp Steenbergen bemerkt u een hunebed, een van de drie die in het Noordenveld te zien zijn. U komt nu in het natuurgebied De Zuurse Duinen: u kunt er van zandverstuivingen, vennen en heidevelden gaan genieten. Even verderop kunt u de Zwartendijksterschans gaan bekijken, een verdedigingswerk uit 1593, gerestaureerd in 1961 en onderdeel van de waterlinie tussen Friesland en Groningen. U fietst vervolgens naar Westervelde. Dit is een oud dorpje met Saksische boerderijen en fraai geboomte en de oorspronkelijke havezate Huis te Westervelde. U passeert daarna weer een hunebed en bereikt Norg. Daar hebt u wellicht belangstelling voor de 13e-eeuwse Hervormde kerk, in 1971 gerestaureerd. Dwars door de Langeloërduinen fietst u via Langelo en Lieveren terug naar Roden.

Beekdalen

Het beekdal is een uiterst boeiend element in het landschap: een dalvormige laagte met een langzaam stromende, sterk kronkelende beek, met daarlangs een moerassige laagte en broekbosjes. Door kanalisatie en ruilverkaveling is de botanische diversiteit in de beekdalen sterk afgenomen. Op een beperkt aantal plaatsen in het Noordenveld, zoals langs het Lieverder Diep, komen nog (restanten van) schraallanden en natte hooilanden voor, de voorheen karakteristieke typen grasland. ◁

Zang- en bosvogels

Op enkele plaatsen komen in de beekdalen elzenbroekbosjes voor en houtwallen van diverse samenstelling. De bosjes en houtwallen zijn van groot belang voor zang- en bosvogels. De graslanden zijn een belangrijk broedgebied voor weidevogels als grutto, tureluur en watersnip. ▷

Graslanden

In de beekdalen komen nog graslanden voor die een grote verscheidenheid aan planten vertonen. Te noemen zijn borstelgras, hondsviooltje en gevlekte orchis. Dichter bij de beek zien we: blauwe zegge, spaanse ruiter, grote pimpernel. Op de voedselrijkere veengronden in de midden- en benedenloop komt het dotterbloemrijke grasland voor met, naast de dotterbloem, soorten als witbol, echte koekoeksbloem en grote ratelaar. Het verkennen van het landschap in het beekdal is nog steeds de moeite waard. △

NOORDENVELD

Gevarieerde flora
Op uw wandeling in de omgeving van Peest ziet u een opvallend gevarieerde flora. Behalve makkelijk herkenbare bomen als berk en eik, kunt u planten als wollegras en kleine egelskop ontdekken. Voorts vindt u op de meest schaduwrijke, vochtige plaatsen in het bos varens, waaronder de eikvaren. Langs akkers en wegen groeit en bloeit het akkerviooltje, vaak in gezelschap van andere bonte bloemen. ▷

De grafheuvels bij Peest
U komt ze tegen op uw wandeling, zoals die hier wordt getoond en beschreven. Hierboven geeft de foto u ook nog een impressie van het heideveld met de tumuli, zoals het Latijnse woord voor grafheuvels luidt.
De belangrijkste archeologische gegevens die ons resten over het Noordenveld dateren uit de jongste Steentijd, de Brons- en IJzertijd, zoals de hunebedden, de grafheuvels en de urnenvelden. Grafheuvels kunt u ook zien bij Vries, Zeijen (Zeijer Strubben), Eenerschans en in het Norgerholt. Van de hunebedden zijn er in totaal in Drenthe nog 52 over. De aanwezigheid van een – eventueel – verdwenen hunebed vindt men terug in de naam Stienbarg. △

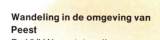

Wandeling in de omgeving van Peest
De VVV Norg, tot welke gemeente Peest behoort, heeft deze ca. 5 km lange wandeling uitgestippeld en voor u op papier gezet. Als startplaats voor deze route koos men restaurant De Jagershof te Peest. U wandelt vandaar over en langs weilanden, zandpaden en oude klinkerstraatjes. U ziet een waterpartij en ook het heideveld met tumuli De Negen Bergen. Tumuli zijn prehistorische grafheuvels.

Trouwe bezoekers
Op uw wandeling door de bossen zoals hier weergegeven kunt u een schat aan dieren bespeuren. Een veel geziene gast, trouwe bezoeker van de voedertafels, is de staartmees. De ransuil kunt u gemakkelijk herkennen aan zijn oorpluimen. Hij komt algemeen voor net als het konijn en als de eekhoorn, vaak even brutaal als de staartmees wanneer het om lekker eten gaat. Een veelvraat is de egel; hij lust onder andere adders. Tenslotte: ook een ree kan uw pad kruisen, maar niet overdag: 's morgens vroeg heeft u nog de meeste kans dit dier te zien. △

OP STAP

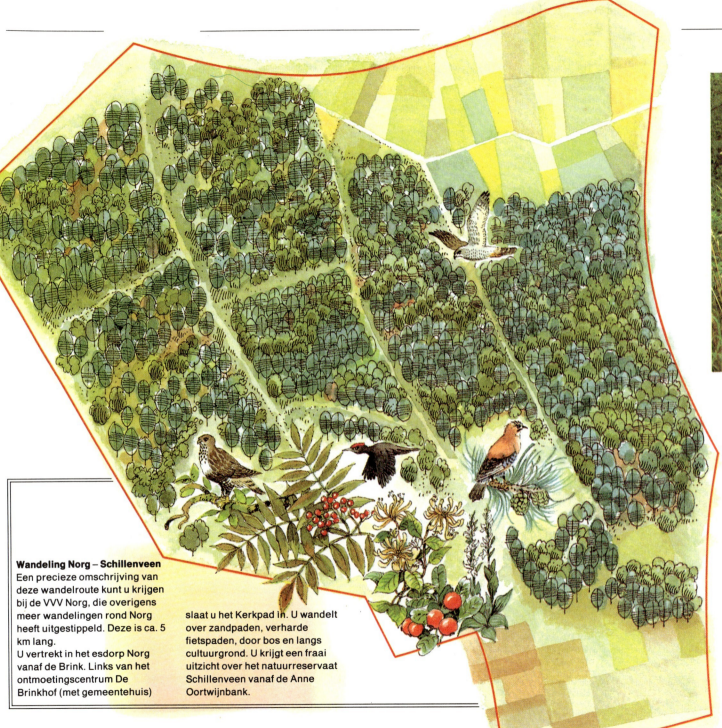

Niet alleen fluitekruid

Op uw wandeling rond Norg krijgt u meer te zien dan de overbekende planten als fluitekruid en wilgeroosje. Rode bosbes of vossebes bijvoorbeeld, waarvan de bessen pas in de nazomer rijp zijn. Ze smaken heerlijk kruidig en zijn rijk aan vitamines en mineralen. Heerlijk kruidig rúiken doet de kamperfoelie, maar dan moet u wel 's avonds wandelen. Hulst ziet u ook, vooral in de herfst valt deze boom op. Een andere boom in het gebied is de lijsterbes. Ook de vuilboom, een struik, groeit hier. Van de vogels zult u ongetwijfeld de Vlaamse gaai zien, en wellicht de zwarte specht horen. Ook de gewone boomkruiper, een zangvogel, is aanwezig. De ekster zit het liefst in laagland met kleine bossen en kreupelhout. Zijn nest heeft hij hoog in de boom aangebracht. △

Wandeling Norg – Schillenveen

Een precieze omschrijving van deze wandelroute kunt u krijgen bij de VVV Norg, die overigens meer wandelingen rond Norg heeft uitgestippeld. Deze is ca. 5 km lang.
U vertrekt in het esdorp Norg vanaf de Brink. Links van het ontmoetingscentrum De Brinkhof (met gemeentehuis) slaat u het Kerkpad in. U wandelt over zandpaden, verharde fietspaden, door bos en langs cultuurgrond. U krijgt een fraai uitzicht over het natuurreservaat Schillenveen vanaf de Anne Oortwijnbank.

TEXEL

TEXEL

Drie landschappen

Het Noordhollandse waddeneiland Texel bestaat aan de Noordzeekant uit een duinlandschap en aan de kant van de Waddenzee uit een poldergebied. De zuidzijde, ten slotte, wordt ingenomen door een tuinwallenlandschap op keileem.

Vogeleiland
Zilvermeeuwen begeleiden de bezoeker van Texel tijdens zijn bootreis naar het waddeneiland. Dit is slechts een van de tientallen vogelsoorten die men er met zekerheid te zien krijgt. In het gehele waddengebied leven naar schatting door het jaar heen gemiddeld minstens een half miljoen vogels.
De Texelse vogelbevolking bestaat, behalve uit diverse meeuwachtigen, vooral uit steltlopers, variërend van kluut tot houtsnip. Als broedgebied voor weidevogels, zoals kievit, grutto, tureluur, kemphaan en scholekster, neemt het eiland eveneens een bijzondere plaats in. △

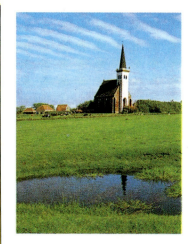

Kerkje tussen tuinwallen
Het eenbeukige kerkje van Den Hoorn is een opvallend element in het tuinwallenlandschap van het oude land. Op de hoge keileemruggen uit de ijstijd zijn de oudste dorpen van Texel gesticht: Den Burg, De Waal, Oosterend en Den Hoorn.
Voordat Den Hoorn bestond lag er meer naar het zuidoosten aan zee een ander dorp, De Oude Hoorn, dat echter in 1398 tijdens de Hoekse en Kabeljauwse twisten werd platgebrand. △

Doorgebroken stuifdijk
Via de Slufterkreek staat de Sluftervlakte, die deel uitmaakt van het natuurreservaat Duinen Noord, nog steeds in open verbinding met de zee. Het gebied is tijdens het broedseizoen niet vrij toegankelijk. De kweldervegetatie van de Sluftervlakte is zeer gevarieerd en dan ook zeer in trek bij insekten, vogels en andere dieren. De mens laat er zijn schapen weiden. De Slufterkreek vormt een veilige plaats voor allerlei eendesoorten. De basis voor de Slufter werd in de 17e eeuw gelegd. Texel was toen nog maar een klein eiland, dat aan de noordzijde door een brede slenk gescheiden was van een grote zandplaat. Deze was deels begroeid en werd 'Het Eyerlandt' genoemd. Door een dijk tussen Texel en de zandplaat op te laten stuiven, kreeg men een vaste verbinding, terwijl er bovendien aan de oostzijde, de kant van de Waddenzee dus, afzettingen tot bezinking kwamen. In de 19e eeuw werd westelijk van de eerste stuifdijk een tweede aangelegd. In 1858 brak deze op drie plaatsen door en ontstonden er drie geulen: de Muy en de Kleine en de Grote Slufter. △

INLEIDING

Altijd veranderend
Net als deze duintop bij de Slufter is een groot deel van het duingebied voortdurend aan veranderingen onderhevig. Wind en water oefenen elke dag weer hun eroderende werking uit, die de mens door aanplant van helm en struiken zo veel mogelijk binnen de perken tracht te houden.
Het langs de westkust van Texel gelegen strand- en duingebied beslaat ongeveer 2700 ha. De opbouw ervan is zeer afwisselend. De duinvalleien met duinplassen, zoals de Muy en de Geul, zijn bijzonder rijk aan planten. De met kreken doorsneden strandvlakte de Slufter en de hiermee verwante Mok zijn eveneens van grote waarde. Karakteristiek is de geleidelijke overgang van droge, voedselarme duinen naar de zilte, voedselrijke, kalkrijke tot kalkarme gronden. Op de zilte bodems gedijen aan zandige milieus gebonden zoutplantengemeenschappen, maar juist op de grens van zout naar zoet worden de meeste zeldzaamheden aangetroffen. ▷

Eierlandse vuurtoren
Op de noordelijkste punt van Texel staat de Eierlandse vuurtoren. Aan de voet ervan is van beton een zeewering aangelegd, om te voorkomen dat de toren hetzelfde lot ondergaat als zijn voorganger. Deze verdween namelijk in 1875, tien jaar nadat de toren was gebouwd, tijdens een zware storm in de kolkende golven. Tegelijkertijd verzwolg de zee de bijbehorende schuur met reddingboot. Tegenwoordig is de reddingboot gestationeerd bij De Cocksdorp, enkele kilometers oostelijker, in een stenen schuur in de vorm van een scheepsboeg, eveneens bij de vuurtoren. △

Enige vissershaven
De haven van Oudeschild is nog de enige Texelse thuishaven van garnalenvissers en enige tientallen Noordzeevissers. Dat dit in het verleden wel anders was, bewijzen de tamelijk weelderige huizen uit vroeger tijden, die in de dorpen soms nog te bewonderen zijn. De haringvisserij en de walvisvangst vormden in de 17e eeuw een belangrijke bron van inkomsten. Het dijkdorp Oudeschild was toen een belangrijke rede van de koopvaardij- en oorlogsvloot, en thuishaven van vissers op de Waddenzee. Door de afsluiting van de Zuiderzee verdween de haring echter uit dit gebied. ◁

TEXEL

Keileembult in kustgebied

De wordingsgeschiedenis van het eiland Texel gaat terug tot de voorlaatste ijstijd. Onder invloed van het landijs dat Noord-Nederland bedekte werd de bodem hier toen tot een wal opgestuwd.

Opslibbing en afkalving

Op sommige plaatsen, zoals hier bij De Cocksdorp, zijn bij afkalving veenresten zichtbaar. Nadat de door zeegaten gescheiden strandwallen langs de Hollandse en Friese kust met lage duinen bedekt raakten, kwam de zee erachter tot rust. Het meegevoerde slib kon bezinken en het waddengebied ontstond. Doordat sommige plekken steeds langer droogvielen werd er plantengroei mogelijk en vormden zich moerassen, waarin veenvorming optrad. In tijden dat de zeespiegel steeg (transgressieperioden) werden er grote delen van weggeslagen of kwamen moerasgedeelten permanent onder water te staan. Met name in de 12e eeuw verdween een groot gedeelte van het veenland tijdens stormvloeden voorgoed in de golven. Wat overbleef waren de huidige waddeneilanden.
In de rustige periode hierna vormden zich nieuwe duinen en vond er aan de Waddenzeekant weer opslibbing plaats. De oostkant van Texel groeide door de vorming van slikken en kwelders voortdurend aan. De duinen verplaatsten zich door afslag echter steeds verder landinwaarts. ◁

Stuifdijk

Al eeuwenlang probeert de mens de landschapsvorming op de waddeneilanden met behulp van stuifdijken, zoals deze bij de Slufter, naar zijn hand te zetten. Het aanleggen van zo'n dijk is vooral een kwestie van inspelen op natuurkrachten. Met behulp van in het zand gestoken takken rijshout wordt een halfdoorlatend scherm gemaakt, waarmee het stuivende zand op een regelmatige manier wordt vastgelegd. Vervolgens wordt helm aangeplant, dat nog beter het zand vasthoudt. ▷

Werking van het water

Ribbels aan het strand geven aan dat het zand onder invloed van het stromende water voortdurend in beweging is. De branding woelt het op het strand liggende zand los, dat kort daarop weer bezinkt. Waar de branding zijn hoogste punt bereikt, bij de hoogwaterlijn, is het water geruime tijd rustig. Hierdoor ontstaat er een soort trog, zwin genoemd, met langs de randen een lage wal van bezonken zand, de brandingswal. Bij eb blijft er in de zwinnen meestal water achter, maar de lage brandingswallen vallen droog. De geul die in de brandingswal ontstaat door het naar zee stromende water heet mui. △

ONTSTAAN

Natuurlijke kwelders
Bij de Mok, aan de zuidzijde van Texel, ontwikkelde de kwelder zich op natuurlijke wijze, net als bij de Slufter. In andere streken, zoals Friesland en Groningen, wordt kweldervorming dikwijls bevorderd door landaanwinningswerken. Alleen bij hoge vloedstand (stormvloed) lopen deze getijdengebieden geheel onder water. Zodra ze niet langer dan 20–25% van de tijd onder water staan kunnen ze volledig met planten begroeid raken. Wanneer de kwelder volstroomt, brengt de begroeiing het water tot rust, waardoor het meegevoerde slib vaak al direct aan de zeezijde wordt afgezet. Hier ontstaan op die manier kwelderwallen. Ook langs de oevers van de kreken die door de kwelder lopen wordt veel materiaal afgezet. De ruggen die aldus ontstaan worden oeverwallen genoemd.

Uit botanisch opzicht zijn gebieden als de Mok en de Slufter van bijzonder belang omdat ze overgangen te zien geven tussen duin en kwelder.

De Mokbaai deed vele eeuwen dienst als een veilige rede voor de schepen die Texel aandeden. Aan de Noordzeekant heeft men lang geleden met succes dijken op laten stuiven om deze haven te behouden. Het gevolg was ook dat grote stukken strand werden ingesloten. Tegenwoordig is de Mokbaai grotendeels in gebruik als militair oefenterrein. △

De Hoge Berg
Tussen Den Burg en Oudeschild vormt de Hoge Berg een opvallend element in het overigens vlakke landschap. Het is een uit de ijstijd achtergebleven keileembult van nog geen 16 m hoog. Het bos op de top van de Hoge Berg, dat vooral uit beuken en eiken bestaat, wordt 'De Doolhof' genoemd.

Deze keileembult vormde altijd een vaste, relatief hoge kern in het dynamische kustgebied. Het ligt dan ook voor de hand te veronderstellen dat de eerste bewoners zich hier vestigden. Voor zover bekend is Texel van circa 500 v.C. tot omstreeks 1250 n.C. bewoond geweest, waarna het vermoedelijk weer werd verlaten door de stijging van de zeespiegel. In de 6e eeuw vestigde de mens zich opnieuw op het eiland. ▽

Natuurlijke duinvorming
Bij de Sluftermonding, maar ook elders langs het Noordzeestrand, ziet men steeds weer voorbeelden van natuurlijke duinvorming. Op een luw plekje, bijvoorbeeld achter wat aanspoelsel, hoopt zich door de wind vanuit zee aangevoerd zand op. Wanneer het zandhoopje zich lang genoeg kan handhaven, vestigen zich de eerste pionierplanten, met het biestarwegras voorop. Loogkruid en zeeraket krijgen soms ook al vaste voet aan de grond en vervolgens verschijnt de helm. Ondertussen hoogt het duintje zich op doordat de wind voortdurend zand aanvoert, dat tussen de planten blijft hangen. △

De Slufter
Vanaf de uitkijkpost aan het einde van de Slufterweg heeft men een fraai uitzicht over de Slufterkreek en de vlakte.

Nadat in 1858 de drie doorbraken van Muy, Kleine Slufter en Grote Slufter waren ontstaan, werden direct pogingen ondernomen nieuwe dijken op te laten stuiven en de gaten te dichten. Bij de Muy lukte dit al snel, maar met de Slufters had men meer moeite. Een oost-west verlopende zanddijk door de Sluftervlakte verdween geleidelijk en een dam in de Grote Slufter binnen een jaar na aanleg. Toen men de Grote Slufter uiteindelijk had gedicht, bleek de Kleine zich uit te breiden. Dit is nu niet meer het geval en omwille van het natuurbehoud heeft men inmiddels afgezien van het dichten van het gat. ◁

TEXEL

Gekenmerkt door grote vogelrijkdom

Door de geheel eigen wordingsgeschiedenis bezit Texel een patroon van levensgemeenschappen dat uniek mag worden genoemd, met zowel noordelijke als atlantische plantesoorten.

Zee provisiekast en kraamkamer voor vele dieren

In de eeuwigdurende beweging van de getijden voert de Noordzee constant nieuw voedsel aan voor de kustbewoners, zoals hier aan het strand van de Sluftermonding. De milieuomstandigheden wisselen sterk op de plaats waar water en land elkaar ontmoeten. Voor veel dieren zijn ze optimaal en men vindt hier dan ook allerlei ongewerveld gedierte, zoals springstaarten, strandkrabben en zandvlooien, maar ook grote zwermen vogels, waaronder meeuwen, diverse strandlopers en plevieren. Tussen het aanspoelsel zitten soms minuscule schelpen en slakjes, maar ook resten wier, zeepokken en eikapsels van roggen. De stukken 'zeeschuim' die aanspoelen zijn de rugschilden van zeekatten, die tot de inktvissen behoren.

De zee doet ook dienst als kraamkamer van veel dieren. Met name de Waddenzee speelt een grote rol in de eerste fase van de levenscyclus van veel vissen.

Trekvogel uit hoge noorden

Tussen bloeiende zoutmelde en zeekraal zijn hier twee kanoetstrandlopers afgebeeld. Deze broedvogel van het hoge noorden verblijft tijdens de trek dikwijls in grote zwermen op Texel. De dieren zoeken langs het strand en op de kwelders naar schaaldiertjes, wormen, insekten enz.

Smienten

Smienten overwinteren talrijk op Texel, maar broeden hier waarschijnlijk niet. De woerd is, behalve aan zijn kastanjebruine kop met goudgele kruin, ook te herkennen aan zijn muzikale, fluitende roep. Het wijfje is egaler bruin dan andere eenden en heeft een kleine snavel.

Veel paddestoelen

Langs wegen en dijken is de geschubde inktzwam een algemene paddestoel op Texel. Het is een opvallende verschijning, die gemakkelijk te herkennen is aan de vorm en de grote schubben op de hoed. Bij het volgroeide exemplaar op de foto zijn de plaatjes reeds aan het vervloeien.

NATUUR

Pionierplant
Het biestarwegras weet zich in het woelige zand van de zeereep goed te handhaven. Het is zelfs zo dat de plant het in rustiger gebieden moeilijk heeft, omdat het de concurrentie met andere soorten niet aankan. Ten slotte verdwijnt het dan meestal.
Het biestarwegras krijgt zijn voedsel aangeleverd door het aanstuivende zand. Het heeft een oppervlakkig wortelstelsel, waarmee het zand wordt vastgehouden. De plant is overblijvend. ◁

De Geul
In het zuidwesten van Texel, enkele kilometers van Den Hoorn, ligt het duinmeer de Geul, dat behoort tot natuurreservaat Duinen Noord. Het is een vochtige duinvallei en de omringende duinen zijn met struikgewas begroeid. Vanaf de door Staatsbosbeheer aangebrachte uitkijkpost kan men schitterend de diverse vogelsoorten observeren die in dit reservaat nestelen. Vaak zijn er lepelaars te zien en soms een bruine kiekendief.
Duinmeren als de Geul liggen in duinvalleien die ontstaan bij kustverbreding. Door het aangroeien van de kust neemt de ontwaterende werking van de zee af, waardoor deze valleien steeds natter worden. De rijke, aan zoet water gebonden flora vermengt zich hier met die van de droge duinen. Er komen allerlei planten voor die elders in Nederland zeldzaam zijn of zelfs geheel ontbreken, zoals knopbies en sturmia. ▷

De Petten
In het Hoornder Nieuwland, bij Den Hoorn, ligt de ondiepe plas de Petten. Het is een niet toegankelijk natuurreservaat van Natuurmonumenten, dat echter vanaf de weg uitstekend is te overzien. Kluten broeden er langs de randen van de plas en op de eilandjes, evenals visdiefjes, bergeenden, kapmeeuwen en noordse sterns. In de omringende graslanden broeden veel weidevogels, zoals tureluur, grutto en kievit. In de trektijd verblijven er massa's trekvogels. Wanneer de Mokbaai onder water staat zoeken veel steltlopers hier hun heil. ▽

Met kreken doorsneden
De Slufter wordt doorsneden door kreken en prielen, die door eb-en-vloedbewegingen tweemaal per etmaal vol- en ook weer vrijwel leegstromen. Het gebied is niet alleen landschappelijk, maar ook wat de planten- en dierenwereld betreft bijzonder interessant. Op de strandvlakte groeien karakteristieke, aan zandige milieus gebonden zoutplantengemeenschappen, met o.a. engels gras, lamsoor en zeeweegbree. Zeldzamer planten, zoals harlekijnorchis en zeewinde, vindt men meer in het grensgebied met de duinen. Voor steltlopers, eenden en meeuwen is de Slufter een belangrijke pleisterplaats. △

TEXEL

Zulte en zeealsem
In de zilte kweldergebieden, zoals de schorren achter de polder De Eendracht, groeien o.a. zulte of zeeaster en zeealsem. Het zijn net als zeekraal, gewone zoutmelde, gerande schijnspurrie, schorrekruid en lamsoor zoutminnende planten of halofyten.
Evenals vetplanten hebben veel van deze soorten succulente bladeren. Deze bestaan uit weefsel dat zeer veel vocht kan bevatten. Het zout kristalliseert meestal aan de buitenkant van de plant. △

Roos van kalkrijke duinen
Het duinroosje vindt men in de kalkrijke duinen, o.a. rond het Loodsmansduin bij Den Hoorn. Het is een kleine roos met veel stekels en fraaie witte tot roomkleurige, soms naar roze zwemende bloemen. Het is een echte zonaanbidder, die op geschikte plaatsen soms massaal voorkomt. De wortelstok vormt talloze ondergrondse stengels, waaruit weer bloeistengels opschieten. De bottel is rond en zwartig. △

Uniek scala van plantesoorten

Texel telt een groot aantal natuurreservaten, die in beheer zijn bij Staatsbosbeheer of de Vereniging tot Behoud van Natuurmonumenten. De meeste zijn vooral van belang voor watervogels. In de Waddenzee ligt het Zeehondenreservaat Eierlandse Gat.

Drijvers Vogelweid de Bol
Vlak boven Oost ligt in de polder Het Noorden Drijvers Vogelweid de Bol. In 1937 wist Natuurmonumenten het gebied, dat grenst aan het Binnen- en het Buitenzwin, aan te kopen. Voor landbouwdoeleinden was het een waardeloos stuk polder, maar voor diverse vogelsoorten, zoals kluut en bontbekplevier, een uitstekend broedgebied. De flora van de weiden is ook bijzonder interessant, met grote aantallen exemplaren van orchideeënsoorten als harlekijn en gevlekte orchis. ▽

Zoutplantenvegetaties
Schapen weiden op de met zoutminnende planten begroeide Sluftervlakte. Op de laagste gedeelten groeit vooral zeekraal, vaak in combinatie met zeeaster, Engels slijkgras en klein schorrekruid. De alleen bij springtij overspoelde gedeelten vormen de groeiplaats van Engels gras, obione, lamsoor en zeeweegbree. △

Foerageergebied voor vogels
Het gebied van de Kleine Slufter wordt doorsneden door slenken, waardoor hier en daar slib wordt afgezet. Door de grote variatie in milieuomstandigheden, zoals zoutgehalte, bodemsamenstelling en vochtigheid, is de plantengroei er uiterst gevarieerd. Het gevolg hiervan is dat ook de variatie onder de ongewervelde dieren groot is. Op dit gedierte komen weer tal van vogelsoorten af. Buiten de broedtijd wemelt het er van wintergasten en doortrekkers, die op de Sluftervlakte beschutting en voedsel zoeken. Broedvogels van dit gebied zijn o.a. scholekster, kievit, grutto, wulp, kluut, eidereend, kleine mantelmeeuw en strandplevier. ◁

NATUUR

Unieke broedvogel
Het totale aantal Nederlandse broedparen van de lepelaar bedraagt ca. 200 en hiervan broedt zo'n 15% op Texel, namelijk in de natuurreservaten de Muy en de Geul. Deze natuurgebieden zijn hierdoor van internationale betekenis, want de dichtstbijzijnde lepelaarkolonies buiten Nederland moet men in Oostenrijk en Zuid-Spanje zoeken.
De kolonie in de Muy is met ca. 30 broedparen het grootst. Andere broedvogels van dit reservaat zijn o.a. reiger, stormmeeuw, zilvermeeuw, kleine mantelmeeuw, scholekster, bergeend, bruine kiekendief en velduil. Buiten de broedtijd verblijven hier veel doortrekkers en wintergasten uit het hoge noorden. △

Zeereep
Waar de elementen nog min of meer vrij spel hebben aan de duinrand, zoals hier achter het Grote Vlak, ligt de zeereep. Dit gedeelte verandert voortdurend door de constante aanvoer van zand door de wind of door afslag door de zee bij springtij.
De helm, waarvoor stuivend zand een voorwaarde is, voelt zich hier in zijn element. Andere planten die zich hier weten te vestigen zijn de blauwe zeedistel en de zeewinde. Alledrie verdwijnen zodra het stuiven bedwongen is.
De voedingsstoffen voor deze planten worden door de wind met het zand aangevoerd in de vorm van vergane organische resten van het vloedmerk. ▽

Boreale heidesoort
In de kalkarme duinen van Texel is de kraaiheide een algemeen voorkomende heidesoort. Het is een boreale plant, d.w.z. dat zijn hoofdverspreidingsgebied in het hoge noorden ligt. In ons Waddendistrict bereikt de plant zijn zuidgrens. Planten die men dikwijls in zijn gezelschap aantreft zijn kruipwilg, verfbrem, rolklaver, wondklaver, harlekijn en rondbladig wintergroen.
De kraaiheide is een lage dwergstruik die het gehele jaar mooi donkergroen blijft. De takken zijn in het begin roodachtig, maar later worden ze bruin. De onaanzienlijke bloempjes verschijnen begin april en zijn roze. ◁

Op Texel overal te zien
Van de ca. 10000 paren Europese kluten broedt bijna de helft in Nederland en hier weer een flink deel van op Texel. In vrijwel alle beschermde vogelbroedterreinen, zoals de Petten, het Hogezandskil en de schorren achter de polder de Eendracht, kan men hem als broedvogel waarnemen.
De kluut is een echte pioniervogel, die ergens plotseling verschijnt omdat het terrein voor hem geschikt is geworden. Wat hij zoekt is een schaars begroeide biotoop in de buurt van ondiep water met een slibrijke bodem. Hierdoor zijn er nogal eens broedgevallen op opgespoten terreinen. Op Texel wordt echter van nature en soms door ingrijpen van terreinbeheerders aan de wensen van de vogel voldaan.
Opvallend aan de kluut is, behalve het contrasterende verenpak, de opwaarts gebogen snavel. Door met deze horizontaal door de slibbodem te maaien zeeft hij voedseldiertjes uit. ▷

Moksloot
Wie vanuit Den Hoorn naar de Geul gaat, komt in de duinen langs de ruig begroeide Moksloot. Deze werd eind vorige eeuw aangelegd om de vochtige duinvalleien te ontwateren. De aanleg van weilanden mislukte echter en de verdwenen planten en dieren zijn weer teruggekeerd. △

TEXEL

Tuunwoallen, boeten en dijken

In een gevarieerd landschap van oud land en nieuwe polders liggen schilderachtige oude dorpjes.

Aandijkingen en polders

Schapen verplaatsen zich over de dijk tussen Nieuwesluis en Oost. De jonge polders, met strakke verkavelingspatronen, dateren uit de 19e eeuw. De oudste aandijkingen of kogen liggen direct tegen het oude land. De lijnen zijn hier spontaan en sluiten aan bij het oude land rond de Hoge Berg. In de 15e eeuw bedijkte men de beschutte baaien van het oorspronkelijke eiland en ontstonden polders als Waal en Burg. △

Vissers- en jachthaven

Oudeschild telt nog talloze aardige huizen, zoals hier aan de zuidoostkant. Het is dan ook een oud dorp, dat eeuwenlang voor de Nederlandse koopvaardij en visserij van grote betekenis was. Nog steeds is het de thuishaven van de Texelse kottervloot en daarbij heeft het de functie van jachthaven voor de pleziervaart. Belangwekkend zijn de kroonluchters in het kerkje, die door Tromp en De Ruyter zijn geschonken. ▷

Bescherming van de vloot

Ten zuiden van Den Burg en Oudeschild liggen aan de rand van het poldertje Ceres de resten van een 16e-eeuwse schans. Deze werd hier door Willem van Oranje omstreeks 1574 gebouwd om de toegang tot de Zuiderzee, het Marsdiep, te kunnen beheersen. Na de Tachtigjarige Oorlog verwaarloosde men de schans, die dan ook al snel in verval raakte.
In 1810 bracht Napoleon een bezoek aan Texel. Onmiddellijk gaf deze het bevel de schans als verdedigingswerk te herstellen. De schans werd Fort Central genoemd en men bouwde er zelfs nog twee veldschansen naast. Voor de aanleg van de Afsluitdijk heeft men helaas een groot deel van de stelling afgegraven. ◁

Laatste slag in Russenoorlog

De Eierlandse vuurtoren staat op de uiterste noordpunt van Texel. De oude toren werd tijdens de Tweede Wereldoorlog, in april 1945, zwaar beschadigd. Na de oorlog heeft men er een dikke muur omheen gemetseld.
Historisch is de Eierlandse vuurtoren van belang doordat hier de laatste slag werd geleverd in de zogenoemde Russenoorlog. Op Texel gelegerde Georgiërs – in het Duitse leger ingelijfde krijgsgevangenen – waren in opstand gekomen. Bij de ongelijke strijd verloor bijna driekwart van de ongeveer 800 opstandelingen het leven, evenals meer dan 100 Texelse burgers. Aan Duitse zijde vielen ca. 800 doden. Het Russenkerkhof ligt bij Oudeschild. △

CULTUUR

Wallen in plaats van sloten

Karakteristiek voor het oude land zijn de door 'tuunwoallen' omgeven weilanden en akkers, zoals hier bij Den Hoorn.
De oude agrarische tradities op Texel maken het aannemelijk dat er vroeger een soort marke-organisatie bestond. De boeren hadden er alleen van 1 mei tot 1 augustus het ongestoorde genot van hun land. De rest van het jaar werden de gronden gemeenschappelijk gebruikt voor het weiden van de koeien, schapen en paarden. Men noemde dit 'overall weydingen'.
Toen dit systeem in de 17e eeuw werd afgeschaft, moesten er afscheidingen komen. Op het hooggelegen oude land kon men geen sloten graven en daarom wierp men van graszoden wallen op. ▷

Wezenputten

Aan de voet van de Hoge Berg liggen bij de oude hoeve Brakestein in het weiland de door deksels afgesloten Wezenputten. Dit zijn natuurlijke zoetwaterbronnen, waaruit de Texelaars eeuwenlang hun water hebben geput. De naam dateert uit de 17e eeuw, toen de zeevaarders hier hun drinkwater insloegen voordat ze vertrokken. De opbrengst kwam namelijk ten goede aan het weeshuis in Den Burg. △

Geen stal maar opslagplaats

Vooral in het oude gedeelte van Texel ziet men de eigenaardige, er als een door midden gezaagde schuur uitziende schapeboeten, zoals deze aan de noordkant van Den Hoorn. Het zijn geen schaapskooien, maar schuren voor de opslag van voer en allerlei schapeboerengerief.
Het rieten dak van de boet is vrijwel altijd naar het winderige westen gekeerd en loopt af tot een hoogte van 1-1,5 m boven de grond. De naar het oosten gerichte voorgevel, waarin zich de deur bevindt, is recht afgesneden. De geharde Texelse schapen blijven het gehele jaar door buiten, maar bij slecht weer kunnen zij en in het voorjaar hun lammeren de luwte van de boet opzoeken. ◁

Strijd tegen elementen

Aan de noordoostkant van Texel, tussen De Cocksdorp en de Eierlandse vuurtoren, zijn lange schermen van rijshout aangelegd. Dit is gebeurd om de dijk te beschermen tegen het stuivende zand uit zee. Dergelijke schermen zijn zeer effectief, doordat ze de wind doorlaten maar afremmen, waardoor het zand neerdwarrelt.
Overal op Texel wordt men geconfronteerd met de strijd die de eilanders met de elementen gevoerd hebben en nog voeren. Soms is het stuivende zand van groot nut, bijvoorbeeld op plaatsen waar een dijk moet worden opgestoven. In de nieuwe polders, zoals de polder Eierland, maakte het zand de uitoefening van de landbouw in het begin vrijwel onmogelijk door de ontkiemende gewassen onder te stuiven. △

TEXEL

Eiland vol schapen, vogels en natuur

De weilanden met de karakteristieke tuinwallen rond Den Burg, de duinenrij die het eiland tegen de vernietigende kracht van de Noordzee moet beschermen, maar ook de strandvlakte de Slufter, waar de zee nog vrij spel heeft. Tezamen met de oude dorpjes maken zij het beeld van het eiland Texel compleet.

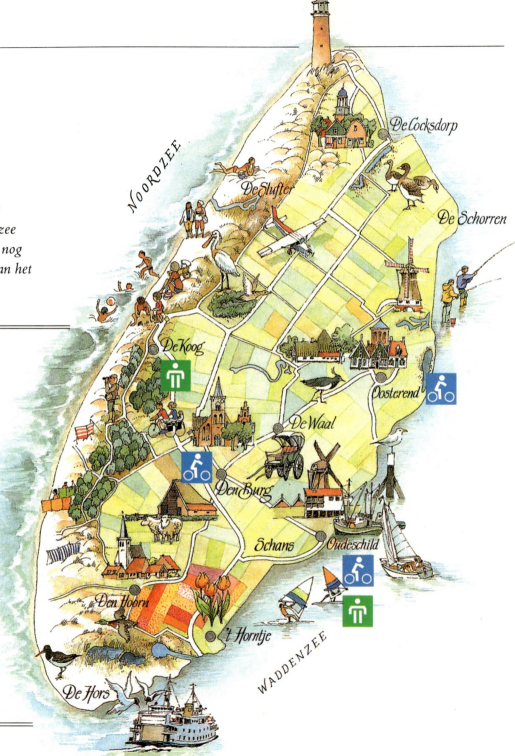

De Schorren
Het natuurreservaat de Schorren is een buitendijks gebied tussen Oosterend en De Cocksdorp. Zoutminnende planten als lamsoor, zeekraal, obione en zeealsem groeien er, hoewel het niet inheemse Engelse slijkgras de overhand dreigt te krijgen. Voor wad- en watervogels als visdiefjes en grote sterns zijn de voedselrijke Schorren een paradijs. △

De zee geeft en neemt
In een voortdurende strijd tegen het water is met mensenhand het landschap van Texel vorm gegeven. Door het aanleggen van een stuifdijk bijvoorbeeld, waardoor duinvorming plaats had, of door het inpolderen van buitendijks land. Maar soms liet de natuur zich niet overmeesteren. Daaraan hebben we nu het natuurgebied de Slufter te danken, met zijn uitgestrekte strandvlakte. Texel bezit veel natuurgebieden, met een grote rijkdom aan vogels en bijzondere planten. Het is het enige Waddeneiland dat nog een vissersvloot heeft. De schapenteelt is van oudsher een bron van inkomsten voor de bevolking, maar recreatie wordt steeds belangrijker. Met een veerpont wordt de verbinding met het vasteland van Noord-Holland onderhouden. De auto kan zonder veel problemen mee, maar leuker is het om het eiland fietsend of wandelend te verkennen.

OP STAP

Dijkdorp
Oudeschild ligt aan de Waddenzee. De huisjes steken amper boven de dijk uit. Vroeger was dat anders, maar in het kader van de Deltawerken is de dijk tussen 't Horntje en Oudeschild verzwaard en verhoogd. Een ander dorp dat u tijdens de fietstocht aandoet, is Den Burg, van oudsher de hoofdplaats. Toen in de 10e eeuw de Noormannen voor het kustgebied van Nederland een bedreiging vormden, legde men aarden omwallingen aan rond nederzettingen. Veel van deze burchten zijn later uitgegroeid tot dorpen. In Den Burg kunt u in het stratenpatroon de vorm van de oude burcht nog terugvinden. Het gebied rond de Hoge Berg is het langst bewoond. Tussen Den Burg, Den Hoorn en Oudeschild zijn ook de meeste interessante boerderijen te zien. De vorm is verwant aan die van de boerderijen van het vasteland van Noord-Holland of Friesland. △

Vissershaven
Het pittoreske dorp Oudeschild is de thuishaven voor de Texelse garnalenvissers. In de Gouden Eeuw speelde het plaatsje al een belangrijke rol in de scheepvaart als rede voor de koopvaardij- en oorlogsvloot. Bij Oudeschild ligt ook de fabriek die door ontzilting van het zeewater het eiland van drinkwater voorziet. △

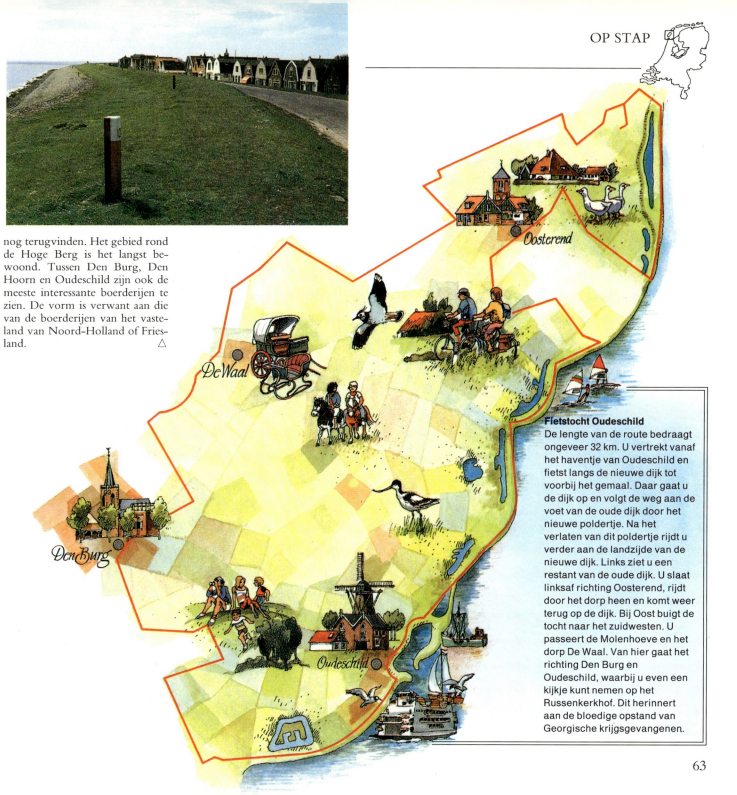

Fietstocht Oudeschild
De lengte van de route bedraagt ongeveer 32 km. U vertrekt vanaf het haventje van Oudeschild en fietst langs de nieuwe dijk tot voorbij het gemaal. Daar gaat u de dijk op en volgt de weg aan de voet van de oude dijk door het nieuwe poldertje. Na het verlaten van dit poldertje rijdt u verder aan de landzijde van de nieuwe dijk. Links ziet u een restant van de oude dijk. U slaat linksaf richting Oosterend, rijdt door het dorp heen en komt weer terug op de dijk. Bij Oost buigt de tocht naar het zuidwesten. U passeert de Molenhoeve en het dorp De Waal. Van hier gaat het richting Den Burg en Oudeschild, waarbij u even een kijkje kunt nemen op het Russenkerkhof. Dit herinnert aan de bloedige opstand van Georgische krijgsgevangenen.

TEXEL

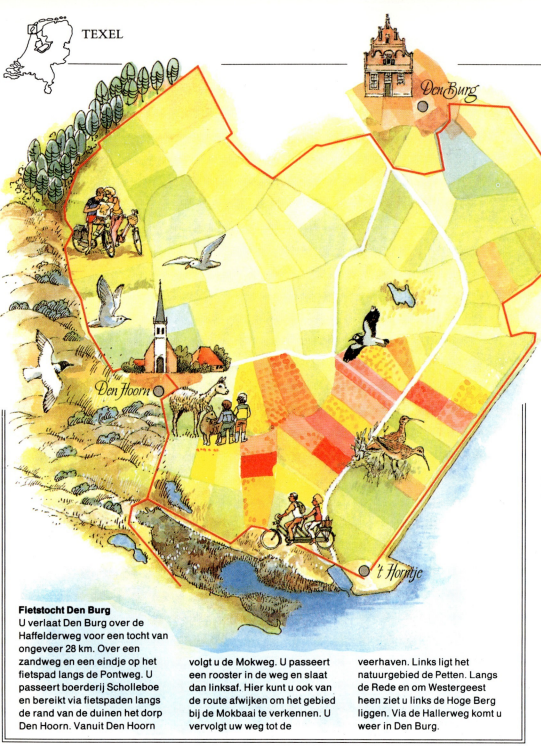

Loodsmansduin

Bij de hiernaast beschreven fietstocht doet u ook het plaatsje Den Hoorn aan. Vroeger woonden hier de commandeurs ter walvisvangst en de loodsen die de koopvaardijschepen door de gevaarlijke wateren rond Texel loodsten. Niet ver van Den Hoorn bevindt zich het Loodsmansduin, vanwaar u een mooi uitzicht hebt. Vanaf het duin ziet u aan uw voeten het polderlandschap van de Naal, een oude landaanwinning van oorspronkelijk buitendijks land, dat tegen het Oude Land aan gelegen was. In de verte ligt het dorp Den Hoorn met zijn slanke witte toren. Het dorp valt onder de Monumentenwet, het heeft een beschermd dorpsgezicht. Langs het Loodsmansduin loopt een voetpad door de duinen naar het naaktstrand. Afgebeeld is het uitzicht op Den Hoorn vanaf het Loodsmansduin. ▽

Fietstocht Den Burg

U verlaat Den Burg over de Haffelderweg voor een tocht van ongeveer 28 km. Over een zandweg en een eindje op het fietspad langs de Pontweg. U passeert boerderij Scholleboe en bereikt via fietspaden langs de rand van de duinen het dorp Den Hoorn. Vanuit Den Hoorn volgt u de Mokweg. U passeert een rooster in de weg en slaat dan linksaf. Hier kunt u ook van de route afwijken om het gebied bij de Mokbaai te verkennen. U vervolgt uw weg tot de veerhaven. Links ligt het natuurgebied de Petten. Langs de Rede en om Westergeest heen ziet u links de Hoge Berg liggen. Via de Hallerweg komt u weer in Den Burg.

OP STAP

Noordzee
De zee is alom aanwezig. Vindt er aan de wadkant aanslibbing plaats, aan de kant van de Noordzee liggen het strand en de duinen. Daar kan de zee ook ontstuimig te keer gaan en gedurig wat afknabbelen van de beschermende duinenrij. Ten zuiden van Den Hoorn heeft juist duinvorming plaats. Daar wordt de kuststrook steeds breder en ontstaan duinvalleien, die, naar mate de ontwaterende werking van de zee afneemt, steeds natter worden. Deze duinvalleien zijn begroeid met een bijzondere vegetatie van elders in ons land zeldzame of ontbrekende planten als parnassia, knopbies, slanke gentiaan en addertong. Ook orchideeën komen er voor: sturmia, vleeskleurige orchis en moeraswespenorchis. Het duinmeer de Geul, met o.a. een lepelaarkolonie, dat in zo'n duinvallei ligt, is een belangrijk vogelgebied. ◁

De Slufter
De fietstocht over het voormalige Eijerland brengt u ook bij de Slufter. Het is een met kreken doorsneden grote strandvlakte tussen de twee aangelegde stuifdijken, waarin de zee vrij toegang heeft. Hier groeit onder andere Engels gras, lamsoor en zeeweegbree. Op de grens van het zout- en zoetwatergebied komen zeldzame planten voor als zeewinde, harlekijn, zilte zegge en strandduizendguldenkruid. Veel steltlopers, wilde eenden, eidereenden, bergeenden en meeuwen vinden hier hun verblijfplaats. △

Zandscherm
Het zand op Texel is voortdurend in beweging. Door verstuiven worden duinen gevormd en afgebroken. Hele dorpen zijn onder het zand verdwenen en ook de cultuurgronden hadden veel last van onderstuiven. Om dat tegen te gaan wordt geprobeerd de wind te breken door het aanleggen van zandschermen van rechtopstaand rijshout. Ook beplanten met helm is een beproefd middel om het zand vast te leggen. Grote stukken van het duingebied zijn afgesloten. Die mag men niet betreden, omdat daardoor het gevaar ontstaat dat de beplanting te veel schade lijdt en het effect daarvan teniet wordt gedaan. Helaas is die afsluiting nodig door het steeds groter aantal vakantiegangers dat het eiland bezoekt. ◁

Drijvers Vogelweid
Een ander belangrijk vogelgebied waar u langs komt, is Drijvers Vogelweid de Bol. Het ligt tussen twee voormalige zeearmen. Er broeden allerlei water- en weidevogels, kluten, bontbekplevieren en visdiefjes. In de winter verblijven er onder andere scholeksters en rotganzen. △

Fietstocht Eijerland
De lengte van de tocht is ongeveer 30 km. Vanuit Oosterend vertrekt u in noordelijke richting. Bij Oost fietst u langs de dijk van het wad. Links ziet u het natuurreservaat Drijvers Vogelweid. Bij camping Prins Hendrik buigt de weg naar links. U steekt tweemaal het kanaal over en bereikt De Cocksdorp. Voorbij het dorp gaat u langs de dijk nog verder noordwaarts naar de vuurtoren. Hier heeft u een mooi uitzicht over het eiland, de Noordzee, de Waddenzee en de Vliehors van het buureiland Vlieland. Op de grens van de duinen en het polderlandschap rijdt u naar het zuiden. Rechts achter de duinenrij ligt het natuurgebied de Slufter. Over de Slufterweg komt u door de Eijerlandse Polder en bereikt het uitgangspunt Oosterend weer. Dit heeft een beschermd dorpsgezicht, met aardige vissershuisjes met houten topgeveltjes.

TEXEL

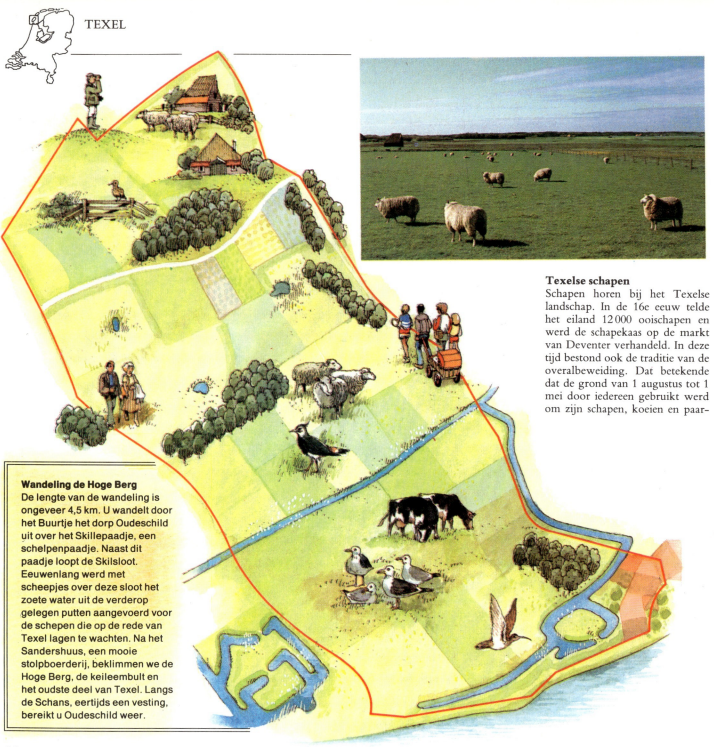

Wandeling de Hoge Berg
De lengte van de wandeling is ongeveer 4,5 km. U wandelt door het Buurtje het dorp Oudeschild uit over het Skillepaadje, een schelpenpaadje. Naast dit paadje loopt de Skilsloot. Eeuwenlang werd met scheepjes over deze sloot het zoete water uit de verderop gelegen putten aangevoerd voor de schepen die op de rede van Texel lagen te wachten. Na het Sandershuus, een mooie stolpboerderij, beklimmen we de Hoge Berg, de keileembult en het oudste deel van Texel. Langs de Schans, eertijds een vesting, bereikt u Oudeschild weer.

Texelse schapen
Schapen horen bij het Texelse landschap. In de 16e eeuw telde het eiland 12 000 ooischapen en werd de schapekaas op de markt van Deventer verhandeld. In deze tijd bestond ook de traditie van de overalbeweiding. Dat betekende dat de grond van 1 augustus tot 1 mei door iedereen gebruikt werd om zijn schapen, koeien en paarden op te laten weiden. De boeren konden slechts van 1 mei tot 1 augustus hun eigen grond bebouwen. Er moest dan vaak geoogst worden, voordat het gewas rijp was. Dat had lage opbrengsten tot gevolg en in de loop van de 17e eeuw is het systeem van overalbeweiding langzamerhand afgeschaft. De schapenteelt heeft een grote invloed gehad op het landschap van het Oude Land. De tuinwallen, van aarde en graszoden, die u in de omgeving van de Hoge Berg ook tegenkomt, werden aangelegd als afscheiding. En overal in het land staan de schapenboeten, de kenmerkende schuren, aan de oostkant recht, aan de andere zijden aflopend zodat de westenwind er geen vat op kan krijgen. In deze schapenboeten werd het hooi voor de schapen opgeslagen. In Den Burg is elk jaar een lammerenmarkt. ◁

Duinroosje
Texel heeft een rijke natuur. Bijna de helft van het oppervlak van het eiland kan als waardevol natuurgebied bestempeld worden. Op de al wat oudere tuinwallen kunt u een begroeiing vinden van rolklaver, schapegras, verfbrem, hoornbloem en zandzegge. Het afgebeelde duinroosje komt voor in de kalkrijke duinen bij Den Hoorn. △

OP STAP

Nol van Bertus
Vanaf een 22 m hoog uitkijkduin hield vogelwachter Bertus Eelman vroeger toezicht op dit duingebied. Het duin heet dan ook Nol van Bertus. Nol is het Texelse woord voor duin. Vanaf het duin heeft u een prachtig uitzicht over het eiland. U ziet het duinmeertje de Muy, waar lepelaars broeden, en daarachter de Slufter. Bij helder weer kunt u de vuurtoren zien. Daar lag vroeger het eiland Eijerland, dat in de 17e eeuw door een stuifdijk met Texel werd verbonden, nu nog te herkennen op de grens van het duingebied.
Om duinafslag te voorkomen wordt tegenwoordig met bulldozers de duinenrij naar binnen geschoven, waardoor een duindijk ontstaat. Die wordt beplant met helm om verstuiving tegen te gaan. Helm groeit het best dicht bij zee, waar de duinen nog rijk aan kalk zijn.

De Nederlanden
Het weidegebied de Nederlanden heeft lang in open verbinding gestaan met de Slufter. Bij stormvloeden drong het zeewater tot hier door. Aan het eind van de vorige eeuw is er een dijkje aangelegd en kon de grond in gebruik worden genomen voor o.a. de schapenteelt. Kenmerkend op de waddeneilanden is de scherpe begrenzing tussen duingebied en de landbouwgronden. Texel heeft in vergelijking met de andere waddeneilanden een relatief smalle kuststrook en een breed agrarisch gebied. Overal staan boerderijtjes en schuren verspreid in het land. Langs het pad dat u bij de duinwandeling volgt, kunt u akkerdistel zien groeien. Deze plant groeit op plaatsen waar zand over de oorspronkelijke begroeiing is gestoven.

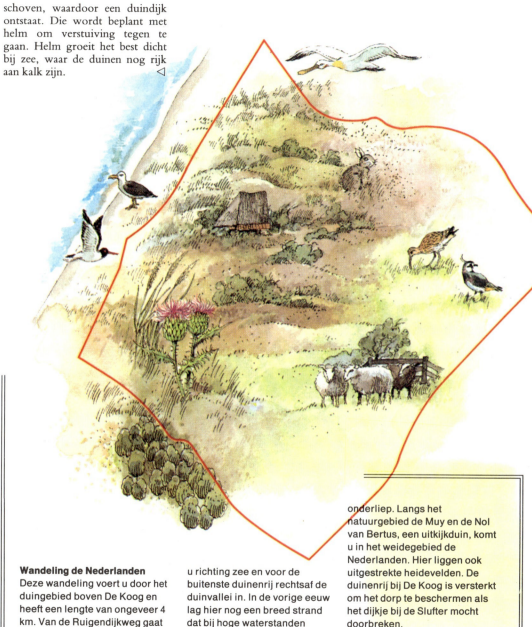

Wandeling de Nederlanden
Deze wandeling voert u door het duingebied boven De Koog en heeft een lengte van ongeveer 4 km. Van de Ruigendijkweg gaat u richting zee en voor de buitenste duinenrij rechtsaf de duinvallei in. In de vorige eeuw lag hier nog een breed strand dat bij hoge waterstanden onderliep. Langs het natuurgebied de Muy en de Nol van Bertus, een uitkijkduin, komt u in het weidegebied de Nederlanden. Hier liggen ook uitgestrekte heidevelden. De duinenrij bij De Koog is versterkt om het dorp te beschermen als het dijkje bij de Slufter mocht doorbreken.

ZUIDWEST-FRIESLAND

Dorpjes tussen meren en bossen

Centraal in Zuidwest-Friesland liggen het Slotermeer en de Fluëssen, met mooie dorpen en stadjes, zoals Sloten, Balk en Woudsend. Het zuidelijke deel wordt ingenomen door het op zandige hoogten gelegen Gaasterland.

Groot aantal vogelreservaten
De Mokkebank is een van de zeven officiële vogelreservaten en pleisterplaatsen in de zuidwesthoek van Friesland. De andere zijn de Bocht van Molkwerum, de graslanden aan de Gaasterlandse kust en bij de Groote Brekken, de weilanden langs het Slotermeer, en de oeverlanden van het Heegermeer en langs de Fluessen.
Naast de officiële vogelreservaten zijn nog veel meer gebieden in Zuidwest-Friesland voor vogels van belang. In de bossen broeden talloze zangvogels en de gehele IJsselmeerkust is hier een rust- en ruigebied voor watervogels. △

Bossen en gaasten
Aan de noordwestkant van Gaasterland, in de omgeving van Bakhuizen en Mirns, vertoont het landschap weinig overeenkomst met het algemene beeld in Friesland. Hier vindt men geen uitgestrekte graslandpolders met veel water, maar golvende, door heggen en bossen begrensde, droge weilanden en akkers.
Cultuurhistorisch gezien heeft het landschap hier veel gemeen met het Drentse esdorpenlandschap. Tot betrekkelijk kort geleden kwam hier een zelfde verdeling van de grond voor: akkers op de hogere gronden, met daarbij heidevelden, en wei- en hooilanden op de laaggelegen delen.
Wat de natuur betreft hebben de Gaasterlandse hoogten veel te bieden. Op sommige plaatsen hebben vroeger stinsen of staten gestaan en daar vindt men nu nog allerlei bijzondere planten. De bossen zijn rijk aan varens en zangvogels, en er komen ook reeën voor. ▷ △

Kop-rompboerderij
Deze door water omgeven boerderij in Gaastmeer is van het kop-romptype, waarvan het woonhuis de kop en de schuur de romp is. Onder het woongedeelte werd dikwijls de melkkelder gebouwd, waar de zuivelprodukten koel konden worden gehouden. Tot voor kort beschikte men immers niet over koelmachines. De verhoogd gelegen kamer boven de melkkelder is de opkamer.
Behalve de kop-rompboerderij treft men hier nog twee boerderijtypen aan: de kop-hals-rompboerderij en de stelp. ▽

INLEIDING

Klokkestoelen
De klokkestoelen die men hier verspreid in het landschap tegenkomt, kunnen als streekeigen cultuurhistorische elementen worden aangemerkt. De meeste staan op een kerkhof en zijn te vinden op plaatsen waar een kerktoren ontbreekt. Het zijn met een dakje bekroonde, houten constructies. ◁

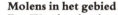

Onze kleinste hertachtige
De ree is een van de diersoorten die zich in Gaasterland thuisvoelen. Wie een wandeling door de boswachterij maakt heeft een vrij grote kans deze kleine hertachtige zelfs overdag te ontmoeten. De bok is te herkennen aan zijn gewei, behalve in december, want dan heeft hij het afgeworpen. Het nieuwe gewei begint echter direct daarna te groeien.
De reegeit werpt in mei of juni 1 of 2 kalfjes, bij uitzondering soms zelfs wel 3.
Een ander groot zoogdier dat in Zuidwest-Friesland voorkomt is de otter. Dit in hoofdzaak visetende roofdier bewoont de moerassige gedeelten langs de meren. ▽

Echte kliffen verdwenen
De steile wanden of kliffen van vroeger zijn aan de IJsselmeerkust niet meer te zien. Deze ontstonden door afkalving van de keileemruggen. Tegenwoordig bestaat de kust hier meestal uit rietkragen aan de dijkvoet, met soms nog wat buitendijks land. ▷

Dorp aan de Luts
Het raadhuis van Balk, centrum van Gaasterland. Het is schilderachtig gelegen aan de Luts, het riviertje dat hier een door linden omzoomde gracht vormt. Het werd door Gorter bezongen in zijn 'Mei'. Vóór het raadhuis staat een beeltenis van de dichter. △

Achtste stad van Friesland
Aan de Heerenwal in Sloten staat de fraaie dubbelgevel van de Nederlands-Hervormde pastorie, daterend uit 1610 en 1671. Andere belangwekkende panden in Sloten zijn de Nederlands-Hervormde kerk uit 1647 en het 18e-eeuwse stadhuis met lantaarn boven de fraaie ingangspartij, beide eveneens aan de Heerenwal.
Sloten is tot beschermd stadsgezicht verklaard, evenals het aan het IJsselmeer gelegen Hindeloopen. Beschermde dorpsgezichten vindt men in Balk, Woudsend en Heeg. △

Molens in het gebied
De Woudsender korenmolen 't Lam is onlangs fraai gerestaureerd. Het is een monnikmolen met stelling, waarvan vaststaat dat hij van vóór 1775 dateert. De molen is niet te bezichtigen.
In Zuidwest-Friesland komen nog windmolens met een molenromp voor en een tweetal tjaskers. Laatstgenoemde zijn te vinden in het Heidenschap en ten zuiden van Wijckel, bij de Zandpoel. In Woudsend staat een fraai gerestaureerde houtzaagmolen uit ca. 1800, De Jager geheten. De molen van Sloten is een gerestaureerde monnikmolen met stelling, uit 1755. Hij staat op het Bolwerk en is te bezichtigen als er wordt gemalen (vaak op zaterdag). In Workum staat in de richting van Hindeloopen een achtkante poldermolen uit 1770. In Heidenschap bevindt zich eveneens een poldermolen, De Snip geheten. △

ZUIDWEST-FRIESLAND

Grote meren en zandige hoogten

Zuidwest-Friesland is opgebouwd uit drie landschapstypen. Het oudste bestaat uit de hoger gelegen zand- en keileemgronden, het jongste uit de ingepolderde kwelders. Ertussen ligt een uitgestrekt merengebied.

Twee soorten keileem

Voor de bestrating van de Heerenwal in Sloten is o.a. gebruik gemaakt van zwerfstenen uit de omgeving, zoals hier bij het schilderachtige stadhuisje uit 1757 te zien is. Ook in Workum heeft men voor de bestrating zwerfstenen toegepast. Deze zwerfstenen komen in keileem voor en zijn oorspronkelijk vrijwel alle uit Zweden afkomstig.
Tijdens een bepaalde fase van het Saalien (de op een na laatste ijstijd) kwam het front van het landijs ongeveer op de lijn Coevorden–Hoogeveen–Steenwijk–Urk–Gaasterland–Wieringen te liggen. Aan de voorzijde van het front vond een opstuwing plaats, waardoor plaatselijk heuvelruggen ontstonden. Deze zijn bekend als de hoogten van Koudum, Warns, Bakhuizen, Scharl en Tjerkgaast. Na terugtrekking van het landijs bleef een laag grondmorene achter. Deze bestond uit door het ijs vermalen materiaal, gemengd met zand en stenen. Dit mengsel wordt keileem genoemd. Er komen hier twee soorten keileem voor: grijze en rode. De grijze treft men ook elders in Nederland aan, de rode alleen in Gaasterland. ▷

Zwerfsteen als gedenkteken

Aan de IJsselmeerkust bij Warns staat deze gedenksteen. Het is een 14 000 kilo zware zwerfsteen, die oorspronkelijk niet in Gaasterland is opgegraven, maar in Tijnje, tussen Drachten en Heerenveen. De plaats waar het monument staat wordt het Rode Klif genoemd, naar de kleur van de keileem die hier aan de oppervlakte komt. De rode kleur wordt veroorzaakt door ijzerverbindingen uit Oostbaltische gesteenten.
De gedenksteen herinnert aan de Slag bij Warns, die hier in 1345 plaatsvond. De Friese boeren dreven daarbij graaf Willem IV met zijn edelen de zee in. ◁ △

Ontstaan meren

De Fluessen en andere (gewezen) grote meren in de Zuidwesthoek, zoals de Morra, het Slotermeer, de Groote Brekken en het Noordermeer en het Zuidermeer, ontstonden vermoedelijk omstreeks de 14e eeuw, tijdens een nieuwe transgressiefase. △

Bescherming tegen Middelzee

De Hemdijk, die hier bij Westhem zijn bochtig verloop heeft, werd onder meer aangelegd om de landerijen ten zuiden ervan te beschermen tegen het opdringende water van de Middelzee. Het eeuwenoude dijklichaam kronkelt zich door de polders ten noorden van de Oudegaaster Brekken. Naar de verkavelingswijze en omdat hier enige terpen zijn gelegen wordt het gebied een terpenlandschap genoemd. Het is een uitloper van het duidelijker terpenlandschap ten noorden van de lijn Bolsward–Sneek.
Door de relatief hoge ligging heeft Friesland het lang zonder polders kunnen stellen. Tot in de 17e eeuw was dit gewest in feite geheel boezemland. Mede hierdoor ontstond een individuele wijze van polderaanleg. Het met kleipolder aangeduide gebied bestaat uit een grote hoeveelheid kleine polders, die later tot grotere eenheden zijn gebundeld. △

ONTSTAAN

Scharren, warren en fennen
Vanaf de Lemerige Weg heeft men een fraai uitzicht over de lage Huitebuursterpolder op de hogere gaasten. Vogels als de graspieper, hier op een hekpaaltje, voelen zich in het open landschap uitstekend thuis.

Aan de zuid- en westrand van de gaasten of zandruggen komen verschillende oude ontginningsgronden voor, die voor een belangrijk deel zijn ontstaan door eeuwenlange bemesting met materiaal uit de potstallen. De boerenbedrijven waren gemengd en gericht op zelfvoorziening. De weide- en hooilanden bevonden zich in het laaggelegen gebied en de boerderijen op de overgangen tussen hoog en laag.

De graslanden waren nog tot de vorige eeuw grotendeels in gemeenschappelijk eigendom en gebruik. Namen als schar, war en fen in, bijvoorbeeld, Woudsender Schar, Westerschar, Sondeler Warren en polder Nieuwe Grasfennen wijzen op de vroegere situatie. Als toezichthouders werden zogeheten 'scharmeesters' of 'gaastwaarders' aangesteld.

De hooggelegen graslanden waren vroeger akkers. Ze onderscheiden zich van de andere weiden door het ontbreken van sloten. ▽

Ooit heuvels en heiden
Schapen grazen hier op een onbemest en met bomen begroeid grasland aan de westkant van het Rijsterbos. De landschappelijke situatie is in dit deel van Gaasterland in sterke mate bepaald door de activiteiten van de bewoners van het slot Rijs. Volgens oude literatuur hebben deze de omringende gronden, die slechts uit heuvelachtige en dorre heidevelden bestonden, laten egaliseren en geschikt laten maken voor de verbouw van gewassen. Men schijnt zich hier vooral met de verbouw van tabak en graan te hebben beziggehouden.

Van de landschapsvormende bezigheden van de stichter van het slot Rijs is het Rijsterbos ook een overblijfsel. Rond zijn huis liet hij een groot bos met brede lanen en fraaie singels aanleggen. △

Dekzandafzettingen
Tussen Bakhuizen en Mirns is het reliëf in het landschap duidelijk zichtbaar. De hoogten of gaasten ontstonden tijdens de laatste ijstijd. Het landijs bereikte ons land niet meer, maar er heerste hier wel een ijzig toendraklimaat. Stormen zetten toen op de keileemruggen dekzanden af. ▽

Kust van Gaasterland
Na de afsluiting van de Zuiderzee ontstonden er langs de kust van Gaasterland buitendijkse drooggevallen gronden, zoals hier bij de Mokkebank tussen Laaxum en het Mirnser Klif. Deze gronden raakten over het algemeen met riet begroeid en zijn nu belangrijke vogelreservaten.

Toen door de aanvallen van de Zuiderzee de kliffen afkalfden, werd het meegevoerde materiaal even verderop weer als een strandwal afgezet. Het lage land tussen het Rode en het Mirnser Klif werd in de middeleeuwen en de periode erna ingedijkt. Vóór de dijken ontstond in onze eeuw het buitendijkse land. ▽

ZUIDWEST-FRIESLAND

Ganzenland door waterrijkdom

Een van de belangrijkste aspecten van Zuidwest-Friesland is de waterrijkdom. Ganzen en andere watervogels overwinteren hier dan ook bij tienduizenden.

Bossen op gaasten

De bossen van Gaasterland, zoals het Lycklemabos, zijn meestal niet meer dan een eeuw oud. Nadat de oorspronkelijke eikehakhoutbossen in naaldbossen waren omgezet, worden ze nu weer gevarieerder gemaakt door het aanplanten van loofbomen.

De eerste bossen in Gaasterland waren de oerbossen die zich vormden in de periode na de afzetting van de dekzanden. Toen de mens zich hier vestigde, werden de bomen gerooid en de bossen omgezet in akkerland. Door beweiding ontstonden er ook uitgestrekte heidevelden. Omstreeks 1700 werden op sommige plaatsen, zoals bij het slot Rijs, weer bossen aangelegd. Dit waren merendeels eikehakhoutbossen, omdat men het hout nodig had voor paalwerk en de schors voor de winning van looistoffen voor de leerlooierijen. Halverwege de vorige eeuw ging men vooral naaldbomen aanplanten als produktiebos, maar nu de recreatie een belangrijk aspect van de bossen is geworden, brengt men meer variatie aan. De huidige Gaasterlandse bossen bestaan vooral uit eik, beuk, berk, grove den, douglas, larix en spar. De bosflora en -fauna zijn er bijzonder rijk. △

Stinseplanten

In Gaasterland vindt men op diverse plaatsen stinseplanten, waaronder de holwortel. Deze planten zijn kenmerkend voor terreinen waar vroeger een oude boerderij of een state of stinse heeft gestaan en komen buiten die terreinen niet in het wild voor. Tot de stinseplanten behoren soorten als lenteklokje, winterakoniet, wilde hyacint, krokussen, voorjaarshelmbloem, bostulp, breed longkruid, knikkende vogelmelk, gevlekte aronskelk, Italiaanse aronskelk en de afgebeelde, zowel wit als rood bloeiende holwortel. ◁

Grote afwisseling in milieus

Gaasterland vertoont een opvallende afwisseling in graslanden, houtwallen en bossen. Juist de grote randlengte maakt dat de rijkdom aan planten en dieren er groot is. Voor het zand- en keileemgebied van St.-Nicolaasga geldt in grote lijnen hetzelfde.

De bosrijke delen van deze gebieden danken hun botanische waarden gedeeltelijk aan het feit dat de bodem bestaat uit van nature voedselarme, zandige koppen in een natte, venige omgeving. Hierdoor treden er allerlei overgangsmilieus op naar het omringende landschap, dat zelf ook tamelijk gevarieerd van opbouw is. Zand-, veen- en kleigronden komen – vaak in een ingewikkeld patroon – naast elkaar voor. Juist door de vaak snelle afwisseling liggen er in het gebied betrekkelijk veel 'vergeten' uithoeken, die dikwijls een grote biologische rijkdom bezitten (zoals graslanden en bosjes).

Tot de overgangsmilieus behoren diverse waardevolle gebieden. Zo is er tussen Lemmer, Sloten en Langweer een strook lage gronden die van belang is als wintergebied voor ganzen, in aansluiting op het merengebied. Ten oosten van de Groote Brekken liggen belangrijke boezemlanden en ten westen daarvan komt een complex veenputten voor. Bij Bakhuizen en Tjerkgaast vindt men eendenkooien. △

NATUUR

Vogels van de boezemlanden
In de boezemlanden langs de meren en vaarten broeden, pleisteren en foerageren zomer en winter talloze vogels, waaronder de goudplevier. In voor- en najaar is deze schitterend gekleurde steltloper een talrijke doortrekker en grote groepen brengen hier de winter door. Het is een broedvogel van schaars begroeide toendra's, hoogveengebieden en heidevelden. Vroeger broedde de goudplevier ook in Nederland, maar door het verloren gaan van zijn broedbiotoop is hij bij ons verdwenen.
Broedvogels van de boezemlanden zijn onder meer grutto, tureluur, kemphaan, graspieper, kluut, kwartelkoning en scholekster. Behalve de goudplevier pleisteren hier 's winters eenden, ganzen en watersnippen. ◁

Grasland en bos
Door de afwisseling van opgaand bos en open grasland vinden uiteenlopende vogelsoorten een geschikte biotoop in Gaasterland. Buizerd en torenvalk zijn roofvogels die zich hier uitstekend thuisvoelen. Andere vogelsoorten die hier broeden zijn Vlaamse gaai, spechten en mezen. △

Oeverzones van het IJsselmeer
In het vroege voorjaar vormen de V-vormige vliegformaties van ganzen een vertrouwd beeld boven de Mokkebank. Met de Steile Bank en de Bocht van Molkwerum behoort de Mokkebank tot de oeverzones van de IJsselmeerkust die van groot belang zijn voor de vogelwereld. De drie gebieden zijn rust- en ruigebieden voor watervogels en overzomerende ganzen. Vogelsoorten die hier geregeld worden waargenomen zijn o.a. lepelaar, regenwulp, zwarte ruiter en steenloper. △

Oevers van meren en vaarten
Een blauwe reiger vliegt op uit de oeverbegroeiing van een plas, mogelijk op weg naar zijn nest in een van de kolonies die Zuidwest-Friesland rijk is.
De oeverbegroeiing van de meren, plassen, vaarten en sloten in de laaggelegen klei-op-veen- en veengebieden bestaat o.a. uit riet, bitterzoet, wolfspoot, moerasspirea, watermunt, poelruit, diverse zeggen, kale jonker en padderus. Broedvogels die men hier kan verwachten zijn o.a. roerdomp, waterral, karekiet en fuut. ▽

Mossen en varens
De bosbodem is in het Rijsterbos op sommige plaatsen dicht met allerlei soorten mos begroeid. Ook is het bos rijk aan varensoorten. Te noemen zijn o.a. wijfjesvaren, mannetjesvaren, koningsvaren, eikvaren en dubbelloof.
Aan hogere planten vindt men hier karakteristieke bosplanten als veelbloemige salomonszegel, rankende helmbloem, dalkruid en valse salie. ▽

Wijckeler IJwert
Een van de kleinere staatsnatuurreservaten in Zuidwest-Friesland is de Wijckeler IJwert. Het ligt ten zuidoosten van Wijckel en bestaat uit twee meertjes. Deze zijn voorzien van brede rietkragen en men vindt er verlandingszones. Tot het natuurgebied behoren ook nog enkele schrale hooilanden. De botanische betekenis ervan is groot. Om het terrein voldoende nat te houden wordt het door een tjasker bemalen. △

ZUIDWEST-FRIESLAND

Tweede zeeland van Friesland

In de middeleeuwen was het hertogdom Friesland verdeeld in zeven zeelanden. Zuidwest-Friesland maakte als Waghenbrugge deel uit van het tweede.

Het Lage Midden
Als welkome aanvulling op de door de veehouderij verkregen inkomsten houden sommige boeren zich ook bezig met de rietcultuur, zoals hier aan het Slotermeer.
Het merengebied kenmerkt zich door een visuele openheid en een lage bewoningsgraad. Het wordt dikwijls aangeduid als het Lage Midden van Friesland. Door de wijze van ontginning overheerst de strokenverkaveling. Deze is vaak regelmatig, maar soms ook onregelmatig, doordat bij de verkaveling min of meer werd uitgegaan van natuurlijke geulen. Hierdoor is op sommige plaatsen sprake van een mengvorm tussen stroken- en blokverkaveling.
De ondergrond bestaat vrijwel overal uit een 2–3 m dik pakket veenmosveen. Hierop is later tijdens transgressiefasen van de zee een laagje zeeklei van hooguit 40 cm afgezet. △

Onlanden van Zuidwesthoek
Vanaf de zuidelijke oever van de Oudegaasterbrekken heeft men een fraai uitzicht over het meer op de boerderijen aan de overzijde.
Het veengebied van het Lage Midden werd in de middeleeuwen als 'onland' beschouwd. Omstreeks het jaar 1000 maakte men een begin met het in cultuur brengen ervan. Dit gebeurde vanaf twee kanten, namelijk zowel vanuit het zuiden als vanuit het noorden. Kenmerkend is de slagenverkaveling met bewoning op de kavels.
De strokenverkaveling komt tot uitdrukking in namen als Idsegaaster Rige, Abbegaaster Rige of Koufurderrige; 'rige' is het Friese woord voor reeks of rij. Ook de toevoeging 'rijp' (streep, strook) in Jutrijp of Sanfirder Rijp wijst in deze richting. De ontginning vond plaats in langgerekte kavels loodrecht op de wegdorpen. ▽

Tjerkgaast
Kop-rompboerderij in Tjerkgaast, aan de zuidoostkant van het Slotermeer. Het wegdorp Tjerkgaast vormt de as van een ontginningsblok. Men treft hier in de lager gelegen gebieden een regelmatige verkaveling aan. Op de hogere delen van de gaast lagen oorspronkelijk gemeenschappelijke bouwlanden, die buiten de slagenverkaveling werden gehouden. Er is hier dus in feite sprake van een overgang tussen een esdorpen- en een slagenlandschap. △

Hindeloopen
De Westertoren van Hindeloopen is van verre te herkennen. Toen het stadje nog een belangrijke havenstad was, diende hij als baken voor de thuiskerende schippers. Hindeloopen bezit vermoedelijk reeds vanaf 1225 stadsrechten en werd in 1370 lid van het machtige Hanzeverbond. Lange tijd werd het als een voorstad van Amsterdam beschouwd. Hindelooper vrachtvaarders verzorgden voor de Amsterdamse ondernemers het transport op de Oostzeelanden. Uiteindelijk maakte de Franse tijd een einde aan de welvaart. Er werd overgeschakeld op de visserij, die ter ziele ging toen de Zuiderzee werd afgesloten. ▽

Voetpad naar boerderij
Een bijzonderheid van het gebied van de Oudegaaster Brekken is dat een aantal verspreid gelegen boerderijen slechts via een voetpad te bereiken is. De cultuurhistorische betekenis van dit meer met omgeving ligt in het feit dat het hier nog een gaaf voorbeeld betreft van een gebied waar het cultuurlandschap zowel aan dat van de oude Noordnederlandse kustvlakten als aan dat van de laagveengebieden doet denken. △

CULTUUR

Woudsend

Woudsend bezit aan de Aldwyk een fraai gerestaureerde houtzaagmolen, De Jager genaamd. Het is een achtkante houten bovenkruier uit ca. 1800. Op zaterdag is de molen in gebruik en dan kan men hem ook bezichtigen.
Het dorp ligt op een zandrug en is misschien al 1000 jaar bewoond. Vaststaat dat er in 1337 een karmelietenklooster werd gesticht. Oorspronkelijk woonden er hoofdzakelijk boeren en een paar vissers.
Woudsend kwam pas goed tot ontwikkeling nadat de grote meren waren gevormd en zich tot hun huidige omvang hadden uitgebreid, en de vaarwegen waren aangelegd. Op den duur ontstond er enige scheepsbouw. Hiervoor was hout nodig en daarom kwamen er twee houtzaagmolens, waarvan de ene de nog overgebleven De Jager was. Deze bedrijvigheid leidde tot een betrekkelijke welvaart in het dorp, wat o.a. blijkt uit het feit dat aan het einde van de 18e eeuw de straten hier reeds met klinkers waren geplaveid.
Tegenwoordig is Woudsend van groot belang voor de watersport in Zuidwest-Friesland.

Eerste bewoners

De relatief hoge ligging van de zand- en keileemruggen, zoals hier in de buurt van Mirns dicht bij het Rijsterbos, maakte het gebied van oudsher geschikt voor bewoning. Dat de eerste mensen in Zuidwest-Friesland zich vermoedelijk hier hebben gevestigd bleek in 1849, toen bij Rijs een hunebed werd gevonden. Het is het enige hunebed dat tot nu toe in Friesland is aangetroffen. Door onkunde van de vinder werd het echter vernield. Wel zijn er in de jaren zestig en zeventig van onze eeuw nieuwe vondsten gedaan die wijzen op prehistorische bewoning van dit gebied.
Het landschap zoals zich dat nu aan ons voordoet is het resultaat van een ontwikkeling die in de middeleeuwen van start ging. Er ontwikkelde zich hier toen een esdorpenlandschap naar Drents model. Oudemirdum, Bakhuizen en Mirns waren kernesdorpen en Oudemirdum bezat een eeuw geleden zelfs nog een brink met bomen.

Dorp van palinghandelaars

Heeg staat tegenwoordig geheel in het teken van de watersportrecreatie. In de 17e en 18e eeuw was de palinghandel hier echter de belangrijkste bron van inkomsten.
In de 15e en 16e eeuw was er al vanuit Holland een levendige palinghandel op Engeland, maar die werd in de 17e en 18e eeuw geheel door de Friezen overgenomen. Volgens de overlevering zouden de Heger schippers bij Billingsgate Market zelfs een tolvrije ligplaats hebben gehad. De paling werd overal – tot zelfs in Denemarken – gekocht, in Heeg en Gaastmeer in bunnen in leven gehouden, en per palingaak naar Engeland gebracht. De laatste overtocht werd in 1936 gemaakt.

Staten of stinsen

Riniastate, enkele kilometers ten oosten van Oudemirdum, behoort tot de weinige states of stinsen die in Gaasterland nog te vinden zijn. De state is bewoond en dus niet te bezichtigen.
Van het voormalige landgoed Heerenstein, in Wijckel, resteert alleen nog het park. Het landgoed behoorde ooit aan de vestingbouwer Menno van Coehoorn, waarvan in de kerk van Wijckel nog het door Daniël Marot ontworpen praalgraf is te zien. Het park herbergt een bijzondere flora.

ZUIDWEST-FRIESLAND

Klokkestoelen en paaltjaskers

Streekeigen cultuurhistorische elementen in het beschreven gebied zijn vooral de klokkestoelen. Belangwekkend zijn ook nog twee paaltjaskers.

Waterpeilbeheersing
Het verschil in waterhoogte van de sloten is in het gebied van de klei-op-veenpolders soms opvallend, zoals hier in de buurt van de Hemdijk.
Tot voor kort was de grondwaterstand in dit weidegebied zeer hoog. Bij al te intensieve beweiding treedt dan snel vertrapping op. Door verbetering van de peilbeheersing is hierin de laatste tijd verandering gekomen. △

Spinnekopmolen
In Zuidwest-Friesland zijn maar betrekkelijk weinig molens tot in onze tijd blijven bestaan. Van het spinnekoptype, dat hier is afgebeeld, is er geen enkele bewaard gebleven, terwijl ze vroeger toch veel werden gebruikt voor de bemaling van kleine poldertjes of enkele sloten.
De spinnekopmolen is een verkleinde uitvoering van de wipwatermolen. Hij heeft een kubusvormig, klein molenhuis op een piramidevormige voet, die vaak met dakpannen is gedekt. Het molenhuis draait om een koker en kan zo op de wind worden gezet. ◁

Terpen en zadeldaktorens
Dicht bij Blauwhuis ligt aan de Hemdijk het dorp Westhem, dat een fraai kerkje met een zadeldaktoren bezit. In geheel Friesland komt nog een zeventigtal van dit type kerktoren voor, waarvan het merendeel in het terpenlandschap. De nok van deze kerktorens loopt altijd oost-west.
Het tot Zuidwest-Friesland behorende terpenlandschap is een voortzetting van het terpenlandschap langs de Waddenzeekust. De terpen dienden de vroegste bewoners tot woon- en vluchtheuvel. De zee had in de lage delen toen nog vrij spel. △

Klokkestoelen
De klokkestoel van Mirns verving na de oorlog het exemplaar dat tijdens de Tweede Wereldoorlog verloren ging. Er bestaat een tekening uit 1723 waarop hier een klokkestoel staat afgebeeld. Net als de huidige had die een zadeldak, maar hij was hoger en slanker, en niet wit geschilderd.
In onze tijd zijn er klokkestoelen van beton vervaardigd, maar het merendeel bestaat uit een zware, eikehouten constructie met 1–3 klokken. Deze komt sterk overeen met die van de klokophanging in een gewone kerktoren. Niet vergeten mag worden, dat een klok gemiddeld zo'n 1000 kilo weegt.
Opvallend is dat het afdak van de klok in een paar verschillende basisvormen voorkomt. De meeste klokkestoelen hebben een zadeldak of een schilddak, maar er zijn er ook met een helmdak.
Klokkestoelen verrezen vooral in de laagveengebieden en op de zandgronden, dus de minder welvarende delen van Friesland. Ze werden neergezet als het geld voor een echte kerktoren ontbrak. Oorzaak hiervoor kon de armoede van de streek zijn, maar ook het geringe inwonertal van de parochie. Ook wordt een slappe ondergrond als verklaring voor de bouw van de klokkestoelen gegeven. Voor klokkestoelen als die van Mirns, op een zandige ondergrond, gaat dit echter niet op. ▽

CULTUUR

Gevolgen van Afsluitdijk
Bij Laaxum en ook elders langs de Friese IJsselmeerkust hebben zich na de afsluiting van de Zuiderzee vrij grote veranderingen in de landschappelijke situatie voorgedaan. Voorheen lagen hier voor de kust zandbanken die onder invloed stonden van de getijdenbewegingen, terwijl de klifkust er door ondermijning afkalfde. Na de afsluiting viel er buitendijks veel grond droog, die met behulp van basaltkeien voorgoed aan de invloed van het water werd onttrokken. Door de verzoeting van het IJsselmeer zijn de banken die nog wel in het water liggen, zoals de Mokkebank, met rietmoeras begroeid. ▽

Paaltjasker
Deze paaltjasker verzorgt de bemaling van het natuurreservaatje de Wijckeler IJwert, aan de zuidoostkant van Wijckel. Meer naar het noorden, in het tot de gemeente Workum behorende Heidenschap, bevindt zich ook nog een paaltjasker die in bedrijf is.
Dit eenvoudige windmolentype was een eeuw geleden nog zeer gangbaar voor het bemalen van kleine poldertjes, een paar sloten of een enkel perceel land. Toen de waterpeilbeheersing veel grootschaliger werd aangepakt waren ze niet meer nodig en verdwenen ze als sneeuw voor de zon uit het landschap. De weinige die nog dienst deden werden in onze eeuw vervangen door de Amerikaanse ijzeren windmolens, die overigens ook van Friese makelij zijn.
Een tjasker of paaltjasker is in feite niet veel meer dan een schuingeplaatste as met wieken aan de ene zijde en een vijzel of tonmolen aan de andere kant. Het nadeel van de vrij slechte windvang door de schuine stand van de molenwieken, die bovendien laag bij de grond zijn gesitueerd, woog op tegen de verplaatsbaarheid, de lage aanschafkosten en het bedieningsgemak van de molen.
De gehele molen draait om een standaard met een spilas en kan zo op de wind worden gezet. De standaard staat op een schiereilandje, dat vrijwel geheel wordt omringd door de aftakking van de sloot met het op te malen water. In welke windrichting de molen ook staat, de vijzel hangt dus altijd in het water. De hoogte die kan worden overbrugd is vrij beperkt en afhankelijk van de lengte van de vijzel. Het opgevoerde water loopt via een bak in een greppel en vervolgens in de afvoersloot. △

Op zandkop gelegen
Sandfirden is een klein dorpje aan het Hop, een grote inham van het Ringwiel. Het ligt op een zandkop in het met een laagje klei bedekte veen van een soort schiereiland, dat omringd wordt door het eerder genoemde Ringwiel, de Vlakke Brekken en de Oudegaasterbrekken.
Het dorpje bestaat uit niet veel meer dan een schilderachtig kerkje met een houten toren met spits, omringd door een kerkhof, enkele woonhuizen en een paar boerderijen. Deze laatste zijn hier vaak van het stelptype, met een rechthoekig grondvlak en een doorlopende kap. Woongedeelte en bedrijfsruimte zijn hierbij onder één groot schilddak gebracht. △

ZUIDWEST-FRIESLAND

De Súdwesthoeke: ruimte en rust

Een streek van plassen en meren, van polders, akkers en graslanden, maar ook van schaatsers, skûtsjes en zeilers. Ja, ruimte en rust in dit deel van Friesland, maar ook vaart en moed: leaver dea as slaef – liever dood dan slaaf.

Nog meer deining?
Hoe zal de Zuidwesthoek van Friesland over een tijdje reilen en zeilen? Is er dan nog meer deining dan nu al op de Fluessen, het Slotermeer en de andere plassen? Want steeds meer dorpen aan het water dromen van een jachthaven, van zomerhuisjes en van nog meer zeilers. Nog meer bezoekers aan gaasten en kliffen en klokkestoelen en beschermde stadsgezichten. Maar wellicht zullen de Friese vereniging voor natuurbescherming It Fryske Gea en anderen even hard knokken als in 1345 toen de Friezen bij Warns graaf Willem IV versloegen: de zwerfsteen te Warns typeert de Friese drang naar vrijheid met de woorden *Leaver dea as slaef*.

OP STAP

Hindeloopen: rijk verleden

Al in 1972 werd Hindeloopen aangewezen als beschermd stadsgezicht in de zin der monumentenwet. Het is een schilderachtig stadje met tal van houten bruggetjes over smalle vaarten en huizen die herinneren aan de bloeitijd van weleer, toen de stad een welvarende handelsplaats was. Tot ver over de grenzen is Hindeloopen bekend om zijn rijk beschilderde kasten, stoelen, tafels en wiegen en om zijn klederdracht. In de collectie van het museum De Hidde Nijlandstichting blijft het roemrijke verleden bewaard. Maar het is niet alles oud wat de klok slaat in dit IJsselmeerstadje: er is een moderne haven. △

De meren

Voor de recreatie zijn vooral de meren van belang. De zeilsport wordt er al heel lang op beoefend. Nauw verbonden met de watersport heeft zich de verblijfsrecreatie ontwikkeld. Een watersportevenement als skûtsjesilen trekt jaarlijks veel bezoekers uit binnen- en buitenland. In juli worden deze wedstrijden gehouden. ▷

Stavoren en het vrouwtje

Starum, zoals de Friezen schrijven, kende zijn grootste bloei in de 14e eeuw. Het legendarische Vrouwtje van Stavoren liet kostbaar graan in zee storten, waardoor de haven zou zijn verzand. In werkelijkheid was een zandbank daar de oorzaak van. Nu is de watersport er van belang. △

Fietstocht naar de Mokkebank

Als we voor deze ca. 50 km lange fietstocht starten in Workum, rijden we eerst naar Hindeloopen. In dit voormalige Zuiderzeestadje wilt u beslist door de nauwe straatjes en steegjes wandelen. Via Stavoren, waar u aan de haven een beeld ziet van het vrouwtje van Stavoren, fietst u langs de zeedijk, langs het Rode Klif en dan naar Laaxum. Vanaf de dijk heeft u een prachtig gezicht op de Mokkebank, een zandplaat met veel verschillende planten. Dit natuurmonument is niet toegankelijk. U bereikt Warns, waar de grootste zwerfsteen van het gebied staat: 14 000 kg, als monument opgericht ter herinnering aan de slag bij Warns in 1345. Vervolgens rijdt u richting Hemelum, door Buorren, langs Morra naar Galamadammen. Over de brug rechtsaf naar Koudum en via It Heidenskip terug naar Workum.

ZUIDWEST-FRIESLAND

Wind en water
Kenmerkend voor Zuidwest-Friesland is de grote rijkdom aan sloten, kanalen, vaarten en meren. De merenketting die van Bergum tot Stavoren reikt, wordt in de Zuidwesthoek steeds breder en daarmee gevarieerder. Er zijn grote meren als Fluessen, Heegermeer en Slotermeer, waar de stevige wind van zeilers veel kracht en behendigheid vergt, en er zijn kleinere, meer intieme meren. △

Grote natuurlijke rijkdom
Er kan gesproken worden van een grote natuurlijke rijkdom, gegroeid door rijke variatie aan milieutypen en een stabiel agrarisch beheer. Dit laatste verandert, en daarbij komt nog de watersport, goed voor de economie, maar een bedreiging voor de natuur. △

Fietstocht rond het Slotermeer
U start voor deze ca. 35 km lange tocht in Sloten. Via Wijckel en Sondel komt u in Gaasterland en wel in de Star-Numanbossen. U koerst naar Ruigahuizen, een klein dorp met een verhoogd gelegen kerkhof waarop een klokkestoel staat, een bouwsel dat zo typerend is voor de streek. Dan komt u in Balk en fietst er wellicht 'in een oud stadje, langs de watergracht', ook al is het geen mei. U fietst naar Ypecolsga en ziet weer een klokkestoel. Andere klokkestoelen staan nog in Mirns, Scharl en Idzega, maar die liggen niet op deze route. Nu belandt u in Woudsend, waar twee molens staan. Andere molens staan in Workum en Sloten. Van Woudsend rijdt u naar Spannenburg en dan vlak voor de brug rechtsaf naar Tjerkgaast en weer naar Sloten, hét sieraad van de Zuidwesthoek.

OP STAP

Voedselgebied voor ganzen
De Zuidwesthoek van Friesland is een belangrijk voedselgebied voor ganzen zoals kolgans, kleine rietgans en brandgans. Maar niet alleen voor deze vogels – Zuidwest-Friesland is een vogelgebied bij uitstek. Aan de kusten en kliffen, en aan de oevers van meren, vaarten en kanalen komen tal van dikwijls zeldzame vogels voor. ▷

Boezemlanden
Langs vele meren en vaarten worden boezemlanden aangetroffen. Hierin broeden veel vogels. De vegetatie bestaat onder meer uit riet, zeggesoorten, lisdodde, kalmoes en veenwortel. In de oeverbegroeiingen ziet u onder andere watermunt en poelruit. In deze moeraszones leeft de visotter. △

Sightseeing in Sloten
Sloten mag dan de kleinste van de Friese elf steden zijn – het is volgens vele ook de mooiste.
Sightseeing in Sloten is dan ook zeer aanbevelenswaardig voor iedereen die houdt van straatjes en steegjes. U ziet oude gevels en een befaamd kaaspakhuis, waterpoorten, resten van de vestingwallen en ook een molen. En rondom de wijde velden, want dit stadje ligt geheel geïsoleerd, maar uniek. Sloten heeft uiteraard een beschermd stadsgezicht. △

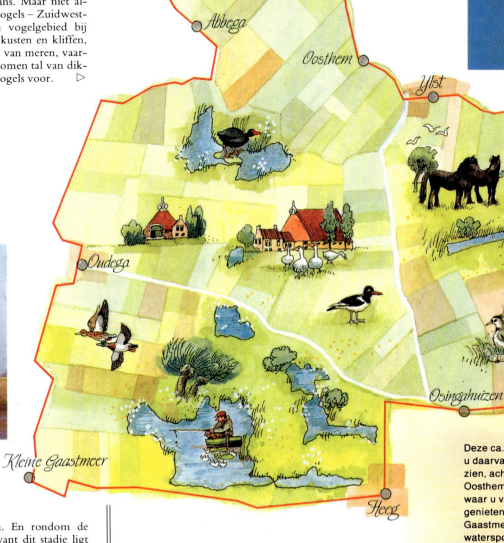

Fietstocht Wymbritseradeel
U begint in IJlst, dat met Sneek omsloten wordt door de gemeente Wymbritseradeel. Deze ca. 30 km lange tocht laat u daarvan een aantal dorpen zien, achtereenvolgens Oosthem, Abbega en Oudega, waar u van een uitzicht kunt genieten. Dan fietst u via Kleine Gaastmeer naar het watersportcentrum Heeg. Via Osingahuizen keert u terug in IJlst.

ZUIDWEST-FRIESLAND

Kleipolderlandschap
Het kleipolderlandschap is een verzamelnaam voor de vele polders in het kleigebied van Zuidwest-Friesland. Door zijn relatief hoge ligging waren er tot in de 17e eeuw geen polders. Het kleipoldergebied is geheel als grasland in gebruik en kenmerkt zich door een grote mate van openheid. In herfst en winter staan de graslanden vaak gedeeltelijk dras. Planten zijn hier: pinksterbloem, veldzuring, koekoeksbloem; vogels: grutto, tureluur, watersnip. ◁

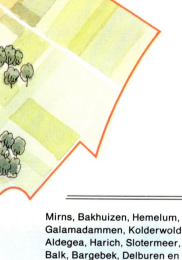

Fietstocht door Gaasterland
U begint in Rijs voor deze tocht van ca. 40 km en komt daarop het volgende tegen: Rijsterbos, Mirns, Bakhuizen, Hemelum, Galamadammen, Kolderwolde, Aldegea, Harich, Slotermeer, Balk, Bargebek, Delburen en Nieuw Amerika. Dan bent u in het hart van Gaasterland, een schitterend bosgebied, oostelijk van het natuurmonument Het Rijsterbos. Door Oudemirdum en de bossen keert u terug naar Rijs.

OP STAP

Bezongen door Gorter
De hoofdplaats van de gemeente Gaasterland is Balk. Het raadhuis uit 1615 werd in 1973 gerestaureerd; de oorspronkelijke leeuwen op het bordes bleven bewaard. Het door linden omzoomde grachtje de Luts werd door Herman Gorter bezongen in het lange gedicht *Mei*. △

Dieren in Gaasterland
In de boswachterij Gaasterland heeft u grote kans reeën te zien. Horen kunt u een groot aantal zangvogels, en horen èn zien kunt u 's winters langs de IJsselmeerkust de ganzen die er komen foerageren. △

Gaasten
De hogere delen in Zuidwest-Friesland worden gaasten genoemd. Ze werden al vroeg bewoond door kleine boeren die hun bedrijfje tegen de helling vestigden: een paar koeien, een akkertje, een stukje grasland omzoomd met bosjes en wallen van eikehakhout waaruit de boer het hout haalde dat hij voor zijn bedrijfje nodig had. Geleidelijk breidde de bevolking zich uit. Steeds meer woeste grond – heidevelden – werd ontgonnen tot bouw- en weiland.
Een dorp dat op een gaast is gebouwd is Bakhuizen. Op het Bakhuisterheeg heeft u een prachtig panorama tot over het IJsselmeer. Andere hoogten in dit gebied zijn: Harich, Koudum, Warns, Scharl en Tjerkgaast. △

Wandeling in Gaasterland
Voor deze wandeltocht in de boswachterij Gaasterland kozen wij een ter plaatse gemarkeerde wandeling van ca. 6 km, even benoorden Oudemirdum. De boswachterij telt 650 ha en is het enige uitgestrekte bosgebied in Zuidwest-Friesland. Het is een heuvelachtig terrein, zeer afwisselend begroeid, ook met stinseplanten overgebleven uit de kruidentuinen van vroegere kloosters.

ZUIDWEST-DRENTHE

ZUIDWEST-DRENTHE

Diverse plantengezelschappen
Veenbies is karakteristiek voor de natte heide, een van de plantengemeenschappen die in Zuidwest-Drenthe voorkomen. Men vindt deze biessoort echter ook op minder vochtige plaatsen, zoals op weinig belopen paadjes aan de rand van de natte gebieden. Op de Dwingeloose Heide en de Kraloërheide komen nog waardevolle restanten van de voorheen uitgestrekte natte heiden voor, met als kenmerkende plant de dopheide △

Huis te Echten
Een van de weinige havezaten die in Zuidwest-Drenthe bewaard gebleven zijn is het Huis te Echten. Het is landschappelijk fraai gelegen tussen het dorp en het stroomdal. Opmerkelijk is de houten duiventil in een weiland naast de oprijlaan naar het huis. Oorspronkelijk was het een middeleeuws omgracht, versterkt kasteel, maar in de 18e en de 19e eeuw werd het ingrijpend verbouwd. De schathuizen aan het voorplein zijn in de 19e eeuw vernieuwd. De Heren van Echten speelden een grote rol bij de ontginning van de 'Echter Hooge Veenen'. △◁

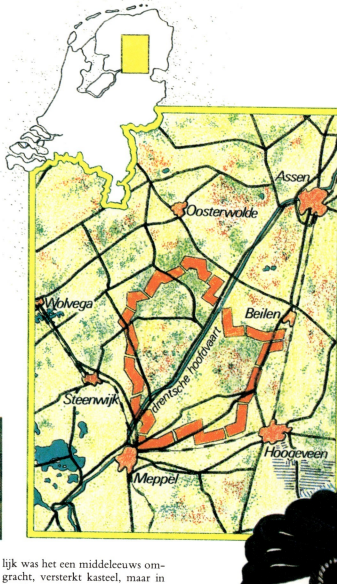

Harmonie tussen mens en natuur

Door de geïsoleerde ligging, het geringe aantal inwoners en de besloten agrarische samenleving is in Zuidwest-Drenthe veel bewaard gebleven, wat elders reeds lang is verdwenen.

Vogels van stille heiden
In het voorjaar houden de hanen van het korhoen op vaste plaatsen, de zgn. bolderplaatsen, hun schijngevechten en hier paren ze ook met de hennen. De Drentse heidevelden vormen een laatste toevluchtsoord voor een flink deel van de Nederlandse populatie, die nog slechts uit enkele honderden dieren bestaat. Andere voor deze biotoop kenmerkende broedvogels zijn wulpen, talingen, nachtzwaluwen en oeverzwaluwen. In het oostelijk heidegebied pleisteren 's winters rietganzen. ▽

INLEIDING

Hunebedden

Het kleine hunebed op de Havelterberg is een van de drie hunebedden in Zuidwest-Drenthe. Op een afstand van slechts enkele tientallen meters ligt een ander, aanzienlijk groter exemplaar en het derde vindt men in Diever. Dit overblijfsel uit de prehistorie moest tijdens de oorlog plaats maken voor een vliegveld en verdween onder de grond, maar na de bevrijding werd het weer in zijn oude glorie hersteld. ▷

Jeneverbesstruwelen

Het Lheebroekerzand is een met jeneverbessen begroeid, tot rust gekomen stuifzandterrein. Actief stuifzand vindt men in het uiterste noordwesten van het beschreven gebied, nl. het Aekingerzand, in de boswachterij Appelscha. ▽

Hoornse Plas

De Hoornse Plas ligt op de Kraloërheide, die samen met de aangrenzende Dwingeloose Heide circa 1500 ha beslaat. Hiermee is het een van de uitgestrektste heidevelden van Europa. De ondergrond bestaat uit keileem, waardoor het water niet weg kan lopen. Het vochtige tot natte heidetype overheerst hier dan ook. Dopheide bedekt een groot deel van de drassige bodem en aan de westkant van de Dwingeloose Heide, bij de Davidsplassen en het Drostenveen, ligt een van de grootste dopheidevelden van Europa. Op de drogere gedeelten vindt men vooral struikheide. Behalve de Hoornse Plas komen er in dit gebied nog een veertigtal vennen voor. Hiervan worden sommige, zoals het Smitsveen, als een pingo-restant beschouwd en andere, zoals de Kraloërplas, als een met regenwater gevulde stuifkuil. In het water leven allerlei micro-organismen, zoals jukwieren en diatomeeën, maar ook hogere planten, zoals pilvaren, moerasrus, oeverkruid en waterlobelia. Vissen, schelpdieren en andere hogere dieren komen door hun behoefte aan kalk niet in dergelijke vennen voor. Wel leven er heikikkers en kleine watersalamanders. ◁

Laatste echte vennen

Dit door loofbomen, dennen en jeneverbessen omringd ven in het Lheebroekerzand is een van de weinige voedselarme vennen die ons land nog rijk is. Veel van deze vennen zijn door toestroming van verontreinigd (grond)water of inspoeling van meststoffen te voedselrijk geworden voor de karakteristieke plantengroei. De mest is vaak afkomstig van meeuwen. △

Ligging van het gebied

Waar de boswachterij Appelscha zich tot in Drenthe uitstrekt, liggen fraaie, door bossen omgeven vochtige heideterreinen, zoals dit in de buurt van Wateren. De kern van het beschreven gebied wordt gevormd door het esdorpenlandschap op de plateaus van Dwingeloo–Ruinen, Diever–Wapse, Havelte–Uffelte, Vledder–Doldersum en Leggeloo–Eemster. Als randgebieden zijn te beschouwen de boswachterij Appelscha op de grens met Friesland, de oude laagveenontginningen van Wapserveen en Ruinerwold, de bosrijke heide-ontginningslandschappen, en het Echtenerveld en het dorpsgebied van Echten. ▷

ZUIDWEST-DRENTHE

Stroomdalen in golvende dekzandgebieden

Het landschap van Zuidwest-Drenthe wordt gevormd door de licht golvende dekzandgebieden van het Drents plateau en enkele stuwwallen, onderbroken door de stroomdalen van rivieren als de Vledder en de Ruiner Aa.

Veertigtal vennen
Van de talloze vennen of dobben, zoals dit in het Lheebroekerzand in de boswachterij Dwingeloo, zijn er in Zuidwest-Drenthe nog een veertigtal bewaard gebleven. Het is niet zo eenvoudig hun ontstaanswijze te bepalen. Diepe vennen, zoals het afgebeelde, zijn vermoedelijk pingo-ruïnes. Iets minder diepe vennen zijn waarschijnlijk tijdens de ijstijden ontstaan door het plaatselijk smelten van ijsschollen. De ondiepe vennen, ten slotte, zijn het jongst. Vaak zijn het uitblazingsbekkens of stuifkuilen. Ze vormden zich dus op plaatsen waar de wind de oppervlaktelaag wegblies. △

Oudste heidevelden
De Kraloërheide, die aansluit aan de Dwingeloose Heide, behoort tot de oudste heidevelden van ons land. Mogelijk ontstonden deze heidecomplexen al zo'n 4500 jaar geleden. De arme, zure bodem van de pleistocene zandgronden, met in de ondergrond keileem uit de ijstijden, vormde een ideale groeiplaats voor de diverse heidesoorten. Waar de keileemlaag dicht aan de oppervlakte ligt maakt deze de bodem ondoordringbaar voor het regenwater, waardoor de heide een nat karakter heeft. Na een flinke regenbui blijven de paden hier lang vrijwel onbegaanbaar. ▷

Ontginningen
Op veel plaatsen, zoals hier in het Echtenerveld, is goed zichtbaar hoe de mens door ontginning het oorspronkelijke reliëf verandert. Het minst verstoord zijn nog de stuwwalcomplexen bij Havelte-Uffelte en Zuidwolde. In de dekzandgebieden hebben veel ontginningen plaatsgevonden. Hier is het reliëf sterk afgevlakt, terwijl ook veel dobben door demping zijn verdwenen.

Ook van de stroomdalen is de structuur over het algemeen sterk aangetast door ontginningen en wegenaanleg. In Zuidwest-Drenthe is dit nog het minst het geval met de stroomdalen van de Ruiner Aa en de Vledder Aa. Het gaafste bewaard gebleven is het dal van de Reest, op de grens van Drenthe en Overijssel. Dit riviertje, dat geen water van het Drentse plateau afvoert, valt echter buiten het hier beschreven gebied. ◁

ONTSTAAN

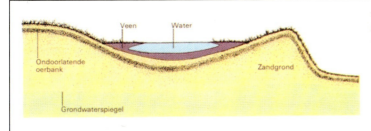

Ven boven grondwaterspiegel
Soms doet zich het wonderlijke feit voor dat een ven boven de eigenlijke grondwaterspiegel is gelegen. De oorzaak hiervan is uitspoeling van humus en ijzer uit de bovenste bodemlagen, die op geringe diepte weer neersloegen. Aldus vormde zich een dichte, voor water vrijwel ondoordringbare laag. In de kom erboven bleef het regenwater staan, waardoor een dobbe of ven ontstond.
Rond en in de aldus ontstane vennen, maar ook op andere natte plekken in de heide, werd veen gevormd door afsterving van allerlei water- en oeverplanten. Deze kleine veengebiedjes rekent men tot de hoogvenen, vanwege de ligging boven de grondwaterspiegel. Door hun geringe omvang was het alleen voor de plaatselijke bevolking interessant om hier veen af te steken.

Zwerfstenen
De hunebedden, zoals het grote hunebed op de Havelterberg, werden in de prehistorie door onze voorouders gebouwd van zwerfstenen. Deze keien zijn merendeels meegekomen met het uit Scandinavië afkomstige landijs, dat zo'n 130 000 jaar geleden grote delen van ons land overdekte. Oorspronkelijk waren de brokken veel onregelmatiger. Op hun reis werden ze echter in de gletsjer enigszins vermalen, waardoor de scherpe kanten verdwenen en ze een min of meer ronde vorm kregen. Toen het landijs begon te smelten kwamen aan de onderkant van de gletsjer en langs de randen ervan de stenen en ook het fijnere materiaal vrij. Deze hoopten zich op tot een dikke laag, die grondmorene wordt genoemd. Op het Drents plateau ligt de grondmorene vaak nog dicht aan de oppervlakte. Ophopingen van morenemateriaal – de zgn. kames – zijn in het veld nog als duidelijke verhogingen te herkennen. De Benderse Berg is er een voorbeeld van. ▽

Bedwongen stuifzand
In het Lheebroekerzand is goed te zien hoe de zandduinen van het oorspronkelijk actieve stuifzand door de begroeiing in bedwang worden gehouden.
Eertijds waren er in Zuidwest-Drenthe diverse grote stuifzandgebieden, zoals het Lheebroekerzand, het Uffelterzand en het Kamperzand. Deze vormden een bedreiging voor de aangrenzende landbouwgronden. De eerste pogingen om ze vast te leggen vonden in markeverband plaats. Men verdeelde de zandverstuivingen in kampen, omzoomd door walletjes. Een boerenfamilie was dan verplicht het stuifzand van zo'n kamp door aanplanting te beteugelen. Eerst gebruikte men hiervoor brem, later grove den. △

Ontginning in stroomdalen
Waar nu de landerijen van Wapserveen zijn gelegen, bevonden zich vroeger uitgestrekte laagveengebieden. Op de hogere gronden was het voor de landbouw geschikte areaal slechts beperkt en de mens liet zijn oog dan ook al snel vallen op de laagveengebieden in de stroomdalen. Vanaf de late middeleeuwen is het landschap in dit deel van Zuidwest-Drenthe totaal van aanzien veranderd. Men begon met het ontginnen van de brede delen van de stroomdalen en er ontstonden nieuwe dorpen, zoals Wapserveen, Ruinerwold en Nijeveen. Dit laatste werd vroeger ook wel Hesselterveen genoemd, naar Hesselte, de oude naam voor Havelte. Men rekent deze ontginningen tot het slagenlandschap, maar eigenlijk is het een tussenvorm tussen het esdorpenlandschap en het echte slagenlandschap. △

ZUIDWEST-DRENTHE

Rijke natuur op arme grond

De zachtgolvende dekzandgebieden van Zuidwest-Drenthe vormen een arme bodem, die vochtig blijft door de onderliggende laag van keileem.

Krenteboompje: exotische trekpleister

Het Drentse krenteboompje is in het voorjaar door zijn uitbundige bloei een recreatieve trekpleister van formaat. Hoewel men hem zo langzamerhand karakteristiek kan noemen voor met name de bossen rond Dwingeloo, is het geen authentiek landschapselement. Ooit werd het krenteboompje als sierheester ingevoerd en het bleek zich zo thuis te voelen op de matig voedselarme, zure bodem van Drenthe, dat het er prompt verwilderde. Ook vóór de bloei geeft het al kleur aan de bossen, doordat de bladeren bij het ontluiken roodbruin van kleur zijn. De bloemen zijn wit, maar door de kleur van het blad doen de bomen vanuit de verte roze aan. De ronde, zoete vrucht lijkt op die van de mispel. ▽

Kraloërheide

De Hoornse Plas is een van de vennen in het natuurreservaat Kraloërheide. Samen met de Dwingeloose Heide vormt het het grootste aaneengesloten heidecomplex in Noord-Nederland. Er komen hier nog enkele zeer waardevolle dopheidevegetaties voor en in en rond de vennen groeien zeldzame planten.
Kenmerkende diersoorten zijn er o.a. de kleine of levendbarende hagedis, de adder en vogels als korhoen en wulp. △

Reptielen van de natte heide

Op de vochtige tot natte heidevelden van Zuidwest-Drenthe komt de levendbarende of kleine hagedis voor, waarvan hier het mannetje *(onder)* en het wijfje zijn afgebeeld. De grondkleur is bruin; daar overheen ligt een groene tot roodbruine gloed, afhankelijk van de vindplaats.
Het vrouwtje is eilevendbarend. Dit betekent dat ze de eieren pas afzet op het moment dat de jongen gaan uitkomen, ongeveer drie maanden na de bevruchting. Andere reptielen die men in dit gebied kan tegenkomen zijn de hazelworm en de adder. Laatstgenoemde is onze enige gifslang. De hazelworm, eveneens eilevendbarend, is een pootloze hagedis. ◁

Dotters en waterviolier

Dat Zuidwest-Drenthe niet alleen een streek is van bos en heide, is te zien aan de begroeiing van deze sloot boven Lhee. Ook het ontgonnen gedeelte aan de noordzijde van het beschreven landschap blijkt op natuurgebied nog interessante aspecten te bezitten.
De oever van de sloot is geel van de dotterbloemen, die zich vooral in matig bemeste graslanden, maar ook wel op vochtige plekken in het bos thuis voelen. De sloot bevat diverse waterplanten, waaronder de gewone waterranonkel en de waterviolier.
De waterviolier was in ons land vroeger veel algemener. In het westen komt men hem nu nauwelijks meer tegen, maar oostelijk van het IJsselmeer kan men hem nog vrij algemeen aantreffen. De drijvende stengels van de plant vormen op geregelde afstand wortels. De bladeren zijn meestal ondergedoken of komen juist iets boven het wateroppervlak. De vijfslippige bloemkroon is roze of bleekpaars. Meestal worden ze door insekten bestoven, maar soms gaan ze niet open en dan vindt er zelfbestuiving plaats. △

NATUUR

Ruilverkaveling verschraalt
Gewone waterranonkel en holpijp in een slootje in het stroomdal van de Beilerstroom. Door ruilverkavelingen zijn dergelijke gebieden zowel landschappelijk als op het gebied van de natuur sterk verschraald. De begroeiing van de sloot mag dan niet spectaculair worden genoemd, de planten zijn een nadere bestudering toch zeker waard.
De holpijp behoort tot de vrij primitieve familie van de Paardestaarten en is met een maximumlengte van meer dan 1 m een van de grootste. Hij wordt gekenmerkt door de tamelijk gladde, niet gegroefde stengel en groeit zowel in als naast sloten, maar ook op moerassige plaatsen.
De gewone waterranonkel vormt soms grote groepen en bedekt een sloot dan met een zee van witte, in het midden gele, ruim 1 cm grote bloemen. Interessant is dat deze in de bodem wortelende plant twee soorten bladeren heeft: de ondergedoken bladeren zijn in zeer fijne slippen verdeeld, terwijl de drijfbladeren lobvormig zijn. Overgangsvormen tussen beide bladtypen komen ook veel voor. △

Wachtpost van de heide
Een broedvogel van de heide die men niet over het hoofd kan zien is de wulp. Zodra iets of iemand zijn terrein betreedt, slaat hij met zijn doordringende roep alarm. De wulp is gemakkelijk te herkennen aan zijn forse afmetingen, gebogen snavel en witte stuit.
Vroeg in het voorjaar bakenen de mannetjes een broedterritorium af door boven een groot gebied te cirkelen en hun jodelende zang te laten horen. Na de broedtijd zoeken de wulpen de kust op, waarna ze zuidwaarts trekken. △

Berkenheuvel
De bebossing van het natuurreservaat Berkenheuvel, ten noordwesten van Diever, maakt een natuurlijke indruk. Dit is vooral te danken aan de weinig systematische wijze waarop de vroegere eigenaren dit voormalige stuifzandgebied met grove dennen beplantten. Het terrein is sterk geaccidenteerd, doordat men begon met het bebossen van de duintoppen, waardoor de vlakten ertussen nog verder uitstoven.
Berkenheuvel is een van de interessantste natuurgebieden in Zuidwest-Drenthe, en niet in de laatste plaats omdat het grotendeels op wegen en paden vrij toegankelijk is. De bodem is rijkbegroeid met mossen en korstmossen, terwijl de kraaiheide onder de grove dennen de boventoon voert. Er broeden hier o.a. diverse spechtesoorten, holenduif en boomkruiper. ▷

Verruiging heide
Aan de rand van het Lheebroekerzand is duidelijk te zien hoe de oorspronkelijke heidevegetatie door het pijpestrootje wordt overwoekerd. Bovendien grijpen pionierbomen als de berk onmiddellijk de kans aan om zich er te vestigen. Hier in Drenthe komt daar dan soms ook nog het Drents krenteboompje bij.
De beste methode om weer een echte heidebegroeiing terug te krijgen is het afplaggen van de verruigde terreinen. Vroeger gebeurde dit met de hand, tegenwoordig mechanisch. ▽

Roofwild
Een van de in Zuidwest-Drenthe voorkomende roofdieren is de vos. Door zijn groot aanpassingsvermogen weet hij zich ook bij vervolging toch nog vaak te handhaven. Een gevangen mannetjesvos wordt namelijk in veel gevallen weer snel vervangen door een jong mannetje van elders. ▽

Kraanvogelpleisterplaats
Langs de Oude Postweg over de Kraloërheide hebben jeneverbessen en andere bomen door de verdwijning van de schaapskudden de kans gekregen uit te groeien. Dichtbij ligt ook een van de weinige veenduinen die ons land rijk is. Opgestoven zand uit de buurt van de Kraloërplas liep vast in het hier aanwezige veen op een oerbank van keileem. Boeren uit de omgeving staken het veen weg, waardoor de hoogveenvorming in stand kon blijven.
De flora en fauna is hier al even bijzonder als het fenomeen van het veenduin zelf. Kraanvogels strijken hier tijdens de trek soms neer en 's winters overnachten er op de nabijgelegen Kraloërplas vaak ganzen. △

ZUIDWEST-DRENTHE

Zuivere lucht en toendrakou

Nergens in Nederland kan het 's winters zo koud zijn als in Zuidwest-Drenthe. De begroeiing doet dan ook vaak bijna Scandinavisch aan.

Amerikaanse eik
Op tal van plaatsen, zoals in het Lheebroekerzand, komt men naast de inlandse eiken ook de Amerikaanse eik tegen. Deze uit Canada en de Verenigde Staten afkomstige soort is vrij veel aangeplant en verwildert gemakkelijk. △

Mossen en korstmossen
Dank zij de zuivere lucht en de koele klimatologische omstandigheden in Drenthe gedijen mossen en korstmossen er uitstekend, zoals hier aan de rand van het bos tegenover landgoed Overcinge, in Havelte.
Het blauwachtig groene kussentjesmos vormt in de zure, vochtige loof- en naaldbossen soms grote, half-bolvormige kussens, die tamelijk los op de grond liggen. Ertussen groeit dikwijls de grassoort bochtige smele.
Korstmossen zijn uiterst gevoelig voor luchtvervuiling. Het is dan ook een goed teken dat de heiden en bossen in dit gebied veel soorten herbergen. ▷

Bosbessen en struikheide belangrijkste plantesoorten
Op de droge heide op de Havelterberg groeit een plantengemeenschap met als hoofdsoorten struikheide en bosbesstruiken. Laatstgenoemde steken als groene pollen boven de heide uit. Er zijn twee soorten: de rode en de blauwe bosbes. De rode vormt een groenblijvende dwergstruik, maar de blauwe verliest 's winters zijn bladeren. De blauwgrijs berijpte bessen van de blauwe bosbes zijn bij mens en dier in trek. De vruchten van de rode bosbes blijven hard en zurig. Andere planten van de bosbessen-struikheide-associatie zijn o.a. liggend walstro, kussentjesmos, schapegras en bochtige smele. ◁

Lheebroekerzand
Vanaf de weg van Lheebroek naar Spier heeft men een mooi uitzicht op de noordzijde van het natuurreservaat het Lheebroekerzand. Het is een rustend stuifzandgebied met enkele vennen, vochtige heideterreinen en vooral veel bos. De jeneverbesformaties zijn hier van een bijzondere schoonheid, maar ook het naaldbos en de loofhoutgedeelten zijn natuurwetenschappelijk van belang. Op een van de vennen huist een kapmeeuwenkolonie. De nesten liggen onbereikbaar voor rovers op door water omringde pollen pijpestrootje.
Door de combinatie van bosgedeelten en open gebied is het terrein een uitstekende biotoop voor de buizerd, waarvan dan ook verscheidene paren hier hun horst hebben. Een andere grote roofvogel die hier broedt is de havik. Zijn horst bevindt zich meestal in hoogopgaande bomen. Anders dan de buizerd jaagt hij tussen het geboomte op zijn prooi, die bestaat uit Vlaamse gaaien, merels, konijnen enz. ◁

NATUUR

Eenarig wollegras
Op de natste plaatsen in het veen groeit tussen het veenmos dikwijls eenarig wollegras. Het is iets zeldzamer dan wollegras, dat wat minder kritisch staat ten opzichte van de zuiverheid van het water. Andere planten die men in dit milieu kan tegenkomen zijn levermossen, veenbes en beenbreek. Eenarig wollegras heeft slechts één eindelings rechtopstaand aartje, terwijl het veenpluis er 3–5 bezit. Deze laatste groeit ook in duinvalleien. △

Lavendelheide
Op de natste heidegedeelten kan men naast het eenarig wollegras de lavendelheide aantreffen. Het groeit vaak op een door water omringd polletje. Net als de bloemen zelf zijn de bloemstengels roze van kleur. De plant bloeit van april tot in juni, soms tot in de herfst. De randen van de blaadjes zijn teruggerold. △

Inheemse conifeer
In het natuurreservaat Lheebroekerzand groeien de enige twee oorspronkelijk Nederlandse coniferen dicht bijeen: de grove den en de jeneverbes. Laatstgenoemde is een cypresachtige. Hij is van nature niet echt gebonden aan de droge, zure, humusarme bodem van voormalige stuifzandgebieden, maar er door de mens min of meer naar verdreven. De bessen worden nog steeds bij de bereiding van jenever gebruikt.
Jeneverbessen kunnen een meter of 6 hoog worden, maar meestal blijven het vrij lage, kromgegroeide struiken met uitgespreide takken. De roodachtig bruine schors schilfert in repen af. Ze groeien zowel solitair als in dichte struwelen. Het zijn bijzonder langzame groeiers, die het onderspit delven als ze het tegen snelgroeiende concurrenten, zoals berk en den, moeten opnemen.
Door zijn dichte takkenwirwar biedt de jeneverbes een schitterende broedgelegenheid aan diverse vogels, zoals goudvink, vink en staartmees. Vaak wordt hij ook als uitkijkpost gebruikt door insektenjagers zoals klauwieren. De soort is voorts nog belangrijk als onderkomen voor een aantal bijzondere insekten en in jeneverbesstruwelen komen zeldzame mossoorten en paddestoelen voor.
De jeneverbes bereikt in onze streken de zuidelijke grens van zijn verspreidingsgebied, althans wat het laagland betreft. △

Vruchten van de jeneverbes
De bessen van de jeneverbes zijn het eerste jaar groen. Het tweede jaar rijpen ze, waarbij ze donkerpaars worden. De naalden zitten in groepjes van drie aan de twijgen.

Veen langs de venranden
Soms vormt zich bij oude vennen veen langs de randen van de oever, zoals hier in het Lheebroekerzand. Het milieu is er zeer voedselarm: voor hun voedsel zijn de planten vrijwel uitsluitend aangewezen op het regenwater. Men treft in dit gebied de hierboven afgebeelde lavendelheide en het eenarig wollegras aan, naast beenbreek en gevlekte orchis. △

ZUIDWEST-DRENTHE

Esdorpenlandschap met grote variatie

Schaarste aan geschikte landbouwgrond leidde in Zuidwest-Drenthe welhaast vanzelfsprekend tot een gevarieerd esdorpenlandschap.

Diever, zeer oud esdorp
Het silhouet van Diever tekent zich fraai af boven de Noorder Es. Met Doldersum, Dwingeloo en Ruinen behoort Diever tot de oudste esdorpen van Zuidwest-Drenthe. Het is een typisch kernesdorp, met een geconcentreerde bebouwing in de buurt van enkele essen, zoals de Zuurlander Es, de Noorder Es, de Hezenes en de Molenes. Het oudste deel van de nederzetting is waarschijnlijk Oldendiever, aan de zuidzijde van het dorp. Diever was eens hoofdplaats van het Dieverder dingspel, het derde van de zes dingspelen in Drenthe. △

Eursinger Binnenes
Rond de Eursinger Binnenes, bij Havelte, liggen enkele 18e-eeuwse boerderijen, die samen een schitterend voorbeeld van een kransesdorp vormen. De losse groepjes hoeven verdichten zich aan de noordwestkant tot het dorp Darp, aan de oostkant tot Havelte en aan de zuidzijde tot Eursinge.
Het merendeel van de Drentse boerderijen heeft de grote deuren of baanders aan de zijkant, maar bij de oudste bevinden ze zich aan de achterzijde. Doordat de baanders aan de weg of de brink waren geplaatst, liggen de jongste boerderijen er evenwijdig aan en staan de oudste er dwars op. ◁

Het brinkdorp Vledder
De Nederlands Hervormde kerk van Vledder heeft een zadeldaktoren, die vermoedelijk uit de 14e eeuw dateert. Koor en schip van het gotische bouwwerk stammen uit de 15e eeuw.
Evenals Diever, Dwingeloo, Ruinen, Uffelte en Doldersum is Vledder een kernesdorp. De boerderijen lagen in groepjes aan de brinken, die uit de erfranden van deze boerderijen bestonden. ◁

Kampen tussen de essen
In de buurt van Ten Have, bij Wapse, omringen heggen van in juni felgeel bloeiende bremstruiken kleinschalige percelen bouw- en grasland. Evenals bij Anholt zijn hier een soort eenmansessen ofwel kampontginningen ontstaan. Er bestaat een grote mate van verwantschap tussen essen en kampen. Zoals in dit deel van Drenthe in het esdorpenlandschap kampen voorkomen, zo vindt men tussen de kampontginningen in het Reestdal, bij Westerwolde en in Twente enkele essen.
Het nabijgelegen Wapse is een kransesdorp, waarbij de boerderijen rond de es zijn gelegen. Omdat algemeen wordt aangenomen dat de woeste gronden stroomafwaarts werden ontgonnen, is het waarschijnlijk dat Wapse, net als het andere kransesdorp Havelte, later is ontstaan dan kernesdorpen zoals Diever. ▷

CULTUUR

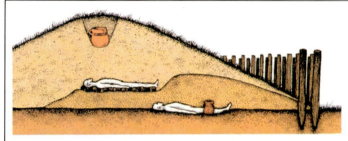

Tumuli of grafheuvels
Op enkele plaatsen, zoals ten noordoosten van Vledder en bij het Smitsveen op de Dwingeloose Heide, zijn in Zuidwest-Drenthe verscheidene grafheuvels uit de prehistorie aangetroffen.
De tekening toont een doorsnede van een meerperiodenheuvel. Geheel onderaan bevindt zich een lage grafheuvel uit de Steentijd, ruim 3500 jaar geleden. In het midden is een graf te zien uit de vroege Bronstijd. Ook de palenkrans dateert uit de vroege Bronstijd. Bovenaan, ten slotte, bevindt zich een urn met as van een dode uit de late Bronstijd.

Heide-ontginningen
Bij 't Hulsding, aan de noordzijde van de boswachterij Dwingeloo, grenzen kleine percelen schapengrasland aan de natte heide en de begroeide stuifzanden van het Lheebroekerzand.
Vanaf het einde van de 19e eeuw tot na de Tweede Wereldoorlog zijn in Drenthe uitgestrekte heidegebieden ontgonnen. Vooral in de crisistijd van de jaren dertig werd veel heide op de schop genomen en in landbouwgrond veranderd. De stuifzandgebieden werden door aanplant van vooral grove dennen vastgelegd. Uiteindelijk heeft dit bij het Lheebroekerzand tot een totaal ander landschap geleid. ◁

Weidegebied voor schapen
Op de Dwingeloose Heide loopt een schaapskudde. Men hoopt hiermee de vergrassing tegen te gaan. Bijkomend voordeel is dat het Drentse heideschaap, dat in het verleden een belangrijke rol speelde in het leven van de Drentse boer, voor verdwijning wordt behoed.
In de tijd dat kunstmest nog niet bestond, was de heide voor de boer in zijn bedrijfsvoering een even onmisbare schakel als de akkers en graslanden. Hij weidde er zijn schapen die niet alleen wol, melk en vlees opleverden, maar vooral ook mest voor zijn akkers. Daartoe werden de schapen 's nachts binnengehaald in de schaapskooi. Op de bodem hiervan kwam een strooisellaag van heideplaggen. Ook de potstallen met de koeien werden bedekt met plaggen of strooisel van gemaaide heide. Het mengsel van mest en plaggen diende als bemesting van de akkers. Door het afplaggen verjongden de heidevelden zich: door deze wisselwerking bleven ze intact. Pas toen de schaapskudden na de invoering van kunstmest verdwenen, kregen gras en opslag van bomen een kans. △

Graf van zwerfstenen
Op de Havelterberg ligt links en rechts van de weg naar Holtinge een hunebed. Landbouwers uit de Steentijd richtten deze primitieve maar indrukwekkende monumenten van zwerfstenen op. Hierbij werden de grote keien vermoedelijk met behulp van boomstammen naar hun plaats gerold. Over het algemeen bestaat een hunebed uit een west-oost georiënteerde, langwerpige grafkamer van maximaal 20 m lengte en een breedte van niet meer dan 2,5 m. Deze wordt gevormd door twee evenwijdige rijen grote stenen, met daarop een rij lange dekstenen. De openingen tussen de grote keien werden gedicht met kleinere, waarna men het hunebed met aarde bedekte, zodat een grafheuvel ontstond. De toegang bevond zich in de zijkant. Men zorgde ervoor dat de platte kanten van de zij- en dekstenen naar binnen waren gekeerd, zodat de grafkamer regelmatig van vorm was. Bovendien werd er in het inwendige een stenen vloer aangebracht.
De doden werden in de hunebedden collectief bijgezet, voorzien van allerlei giften, zoals aardewerk, werktuigen en sieraden. Uit de voorwerpen valt af te leiden dat de hunebedden vrij lang zijn gebruikt.
In het verleden zijn tal van hunebedden gesloopt. In heel Drenthe resteren er nu nog 52. △

ZUIDWEST-DRENTHE

Bossen en heidevelden, brinken en boerderijen

Dit deel van d'Olde Lantschap heeft een grote verscheidenheid aan dorpen. Steeds meer mensen komen kijken naar de keien, vennen en schapen. Zullen burgers en militairen het landschapsschoon behouden? Of bloeien de krentebomen straks niet meer?

Wat u kunt zien
Als u naar Zuidwest-Drenthe reist zult u kennismaken met een groot aantal typen dorpen met vaak verscheidene brinken. U zult nog vrij veel waardevolle oude boerderijen zien, dikwijls gemaakt met materialen die in het landschap ter plaatse aanwezig waren. In het veld zult u dobben, vennen, zand- verstuivingen en stuifkuilen ontdekken. En u zult vast ook in dit deel van Drenthe de hunebedden, en havezaten niet willen overslaan. Op uw wandelingen of fietstochten door de bossen en over de heidevelden wilt u ook allicht een schaapskudde en een schaapskooi zien. En waar staat ook weer die bekende radiotelescoop? En waar bloeien de krentebomen in het voorjaar zo fantastisch mooi?

OP STAP

Kraloër en Dwingeloose Heide

Ten noorden van de weg Ruinen – Eursinge ligt het laatste uitgestrekte heidegebied in Drenthe: de Kraloërheide, die samen met de Dwingeloose Heide één geheel vormt. Deze heide behoort tot de vochtige en natte heidevelden: de ondergrond bestaat uit keileem. Over een grote oppervlakte bedekt dopheide de drassige bodem. Struikheide kunt u zien op de drogere delen. Er zijn tal van plassen waarin veel zeldzame planten voorkomen. Vogels die er voorkomen zijn o.a. dodaars, visdiefje en korhoen. ▽

Het dorp met de havezate

Ten zuiden van Ruinen ligt – eenzaam aan de rand van het esdorpenlandschap van Zuidwest-Drenthe – het dorp Echten, een van de weinige goed bewaard gebleven esdorpen van Drenthe. De Heren van Echten hebben een grote rol gespeeld bij de ontginning van de Echter Hooge Veenen, die aanving in het begin van de 17e eeuw. De havezate Huis te Echten, tussen dorp en stroomdal gelegen, is landschappelijk nog intact. Links en rechts van de oprijlaan staan schathuizen (zie de afbeelding hiernaast). Het gebouw is niet toegankelijk. ▷

Hunebedden

In Zuidwest-Drenthe staan drie hunebedden, twee bij Havelte (het grote is hier afgebeeld) en een bij Diever. Deze laatste kunt u aandoen op de fietstocht, die hiernaast wordt beschreven. Hij staat op de Hezer Es. De twee van Havelte bevinden zich op de noordelijke helling van de Havelterberg. Overigens zijn er in totaal in Nederland nog 53 hunebedden te zien, en wel 52 in Drenthe en 1 in Groningen. Oorspronkelijk zullen er in totaal 100 zijn geweest. De meeste hunebedden liggen op de Hondsrug. △

Fietstocht Appelscha – Berkenheuvel

Deze fietstocht van ca. 40 km voert door het landgoed Berkenheuvel en door de boswachterij Appelscha. U start in Diever en rijdt meteen noordwaarts naar Berkenheuvel, waar bos, heide, zandverstuivingen en vennen u verwelkomen en vergezellen. Bij Wateren gaat u rechtsaf, langs de Ganzenpoel en de Meeuwenpoel naar Appelscha. Eventueel na een bezoek aan dit Friese langgerekte streekdorp rijdt u langs Oud-Appelscha, waar een der oudste klokkestoelen van Nederland staat: uit 1435. U rijdt rond de boswachterij Appelscha naar Wateren en vervolgens naar het heidegebied Wapserveld. U fietst langs Wapse, tot de Wapserveense Aa, waarna u weer op Diever aankoerst. En heeft u puf, dan bekijkt u het hunebed, brengt u een bezoek aan de 12-eeuwse kerk of aan het museum Schultehuis op de Brink. En misschien is er een Shakespeare-opvoering in het openluchttheater, als u het treft.

ZUIDWEST-DRENTHE

Fietstocht Havelte–Diever
U start voor deze ca. 35 km lange trip in Havelte bij de volkshogeschool Overcinghe en fietst naar Eursinge met zijn oude boerderijen en in de hoge eiken een roekenkolonie. Voorbij de Havelterberg, waar u misschien even afstapt om naar de twee hunebedden te kijken, gaat u rechtsaf het fietszandpad in, eerst langs een weiland, dan door een mooi natuurgebied met vennetjes waarin kapmeeuwen hun nest hebben. Via Wapserveen (met klokkestoel) en Kalteren bereikt u Diever. Langs de korenmolen van Oldendiever fietst u zuidwaarts. Aan uw linkerhand ligt dan het Oosterzand, met een grote plas: Brandeveen. De tocht gaat verder door heide naar Uffelte (oude Saksische boerderijen). Daarna zuidwaarts naar Havelte.

Ontgonnen heidegebied
Op de afbeelding hierboven is een ontgonnen heidegebied te zien. De foto is gemaakt bij Wittelte, ten zuiden van Diever. Op uw fietstocht zoals op deze bladzijde beschreven komt u er langs.
Vanaf het eind van de 19e eeuw tot in het midden van deze eeuw zijn er in Drenthe grote oppervlakten heide ontgonnen. Vooral in de jaren dertig nam de ontginning in verband met de toenemende werkloosheid grote vormen aan. De ontginningen die tot landbouwgronden zijn gemaakt, hebben een vrij eenvormig landschap opgeleverd. De heide-ontginningen verschillen nogal van grootte en verkavelingspatroon; soms zijn er vrij veel 'snippers' heideveld overgebleven.
Al in de 19e eeuw vonden heide-ontginningen plaats, waartoe de Maatschappij van Weldadigheid werd opgericht, een veelzeggende naam; in Frederiksoord (1818), Willemsoord en Wilhelminaoord (beide 1820) stichtte deze maatschappij kolonies. △

Havelterberg
De natuur rond Havelte is werkelijk schitterend en trekt dan ook veel toeristen. Over goede wegen en paden kan het gebied worden doorkruist, maar er zijn ook tal van zandwegen waarover het minder gemakkelijk lopen en fietsen is, maar die het gebied zijn eigen charme geven. Op de afbeelding hiernaast klimt het zandpad naar de top van de Havelterberg, waar u een prachtig panorama heeft. De omgeving van Havelte is een afwisselend heuvellandschap met bossen, heidevelden en zandverstuivingen, en ook vennen met watervogels. ◁

OP STAP

Schapen

Voor de instandhouding van de heidevegetatie van Nationaal Park Dwingelderveld, dat naast de Kraloërheide en de Dwingeloose heide o.a. ook de Anserdennen en boswachterij Dwingeloo omvat, begrazen schapen de heide. Binnen een afgerasterd gebied grazen schapen (en koeien) van Staatsbosbeheer. Er zijn twee kuddes met schaapherder: een van Natuurmonumenten en een van de Stichting Het Drentse Heideschaap. Opvallend zijn de gekrulde horens van de rammen van dit schaperas. Vroeger waren er in Nederland veel meer heideschapen. De schapemest vermengd met heideplaggen diende voor bemesting van het land. Bij de schaapskooi in Ruinen is een bezoekerscentrum, dat in de zomermaanden geopend is. De schaapskooi van Natuurmonumenten bij Dwingeloo is eveneens te bezichtigen. △

Baanderdeuren

In Zuidwest-Drenthe staan nog vrij veel waardevolle boerderijen, onder andere in Diever en Oldendiever, Lhee, Lheebroek, Kraloo, Ruinen, Havelte en Eursinge, Echten en Ruinerwold. Er zijn verschillende typen. De oudste boerderijen hebben een achterbaander, de jongere zijbaander(s). De baanderdeur – de grote schuurdeur – was aan de weg of aan de brink geplaatst. △

Fietstocht Kraloërheide en boswachterij Dwingeloo
Een tocht van ca. 32 km, te beginnen in Ruinen. Eerst richting Pesse en u naar Anholt, vroeger een pleisterplaats aan de oude postweg. Bij 't Olde Posthuus gaat u linksaf over de Kraloërheide en fietst via Kraloo naar de Smalbroekerstraat. Daar gaat u linksaf en rijdt rond de boswachterij Dwingeloo, die hoofdzakelijk bestaat uit dennenbossen en heide. Vervolgens zoekt u uw weg naar de radiotelescoop aan de rand van de hei. Terug over de hei, langs de schaapskooi, naar Ruinen.

ZUIDWEST-DRENTHE

Droge en natte heide
In de boswachterij Appelscha kunt u zowel droge als natte heide zien. Ze hebben een opvallend verschillende vegetatie. U vindt er onder meer: struikheide, dopheide, kraaiheide en lavendelheide (hiernaast afgebeeld), voorts: bosbes, hengel, gaspeldoorn, duivelsnaaigaren en buntgras. U kan er ook nog het pijpestrootje bewonderen, een grassoort die wel een meter hoog kan worden, en voorts nog het veenmos, dat dikke pakketten veen kan vormen. ▷

Boswachterij Smilde
De bossen van Smilde zijn van jongere datum dan die van Appelscha, namelijk uit de jaren dertig. Het zijn eveneens ontginningsbossen, net als het aangrenzende Berkenheuvel (afbeelding hieronder). Op de vroegere zandverstuivingen en heidevelden werden voornamelijk grove dennen aangeplant, voorts lariksen en fijnsparren. Vroeger waren de bossen alleen voor de houtproduktie.
In de boswachterij Smilde ligt het natuurreservaat Hoekenbrink, een prachtig heide-stuifzandgebied met zware grillige dennen. Er zijn 11 wandelingen uitgezet in de boswachterij Smilde. ▽

Kaleduinenwandeling
Deze ter plaatse gemarkeerde wandeling – lengte ca. 5 km – gaat grotendeels door kaal zand in de boswachterij Appelscha. U wandelt rond het Aekingerzand, een actief stuifzandgebied. Er zijn veel interessante planten. In het vennetje de Grenspoel broeden kokmeeuwen. U ziet en hoort ze in het voorjaar bij duizenden tegelijk. Een ander nog actief stuifzandgebied is het Mantingerzand bij Hoogeveen.

OP STAP

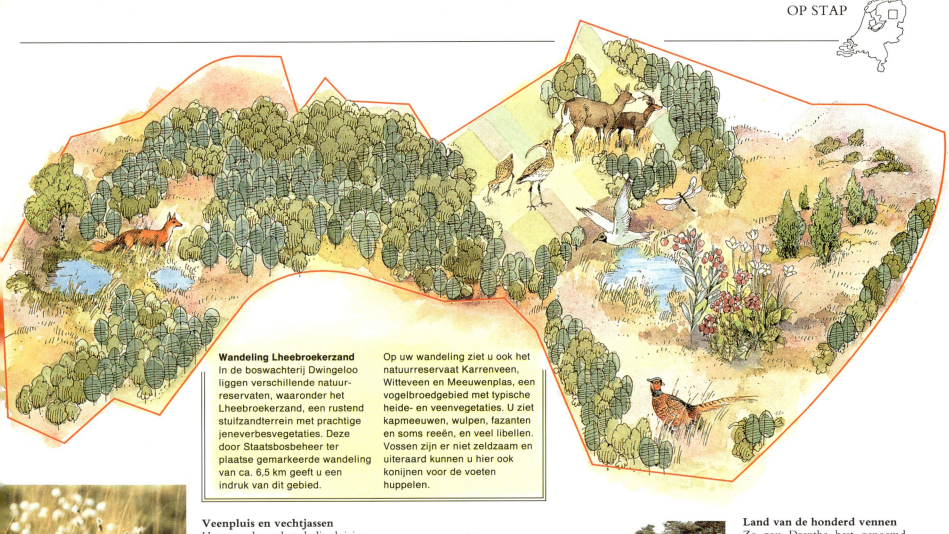

Wandeling Lheebroekerzand
In de boswachterij Dwingeloo liggen verschillende natuurreservaten, waaronder het Lheebroekerzand, een rustend stuifzandterrein met prachtige jeneverbesvegetaties. Deze door Staatsbosbeheer ter plaatse gemarkeerde wandeling van ca. 6,5 km geeft u een indruk van dit gebied.

Op uw wandeling ziet u ook het natuurreservaat Karrenveen, Witteveen en Meeuwenplas, een vogelbroedgebied met typische heide- en veenvegetaties. U ziet kapmeeuwen, wulpen, fazanten en soms reeën, en veel libellen. Vossen zijn er niet zeldzaam en uiteraard kunnen u hier ook konijnen voor de voeten huppelen.

Veenpluis en vechtjassen
Het woord zegt het al: dit pluizige plantje kunt u zien (behalve op de afbeelding hiernaast) op vochtige veengrond en heide. Het lijkt enigszins op het breed wollegras. Het veenpluis en ook de andere planten in uw wandelgebied bedekten vroeger de 'toernooivelden': in de paartijd hielden kemphanen hier hun schijngevechten. De plaatselijke bevolking keek toe. Een van de vennetjes in de boswachterij Dwingeloo heeft nog steeds de toepasselijke naam Kibbelhoek. ◁

Land van de honderd vennen
Zo zou Drenthe best genoemd mogen worden, want er zijn er hier nogal wat. Oude vennen, ontstaan in de ijstijden, en jongere vennen, het gevolg van de turfwinning. De meeste vennen – venen zegt men ter plaatse – zijn gevuld met regenwater, met voedselarm water dus. Daardoor is het planten- en dierenleven in de vennen zo rijk geschakeerd. Door verontreiniging worden sommige vennen steeds voedselrijker en gaat vooral het aantal plantesoorten snel achteruit. ◁

NOORDWEST-OVERIJSSEL

NOORDWEST-OVERIJSSEL

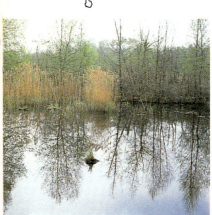

Moerassen achter Zuiderzeedijk

Het beschreven gebied ligt in de Kop van Overijssel tussen de oude Zuiderzeedijk in het westen en de Drentse heuvels in het oosten. Het bestaat uit laagveenmoerassen, meren, kampenlandschappen, weidegebieden en enkele oude stadjes en dorpen.

Weren en ribben
In het staatsnatuurreservaat De Weerribben zijn allerlei stadia van verlanding te zien, zoals hier een drijftil, een rietzoom en een broekbos. Het is een gebied van rietlanden, open trekgaten en moerassen. De naam is ontstaan in de tijd van de vervening, toen men de petgaten 'weren' noemde en de zetwallen voor het drogen van de turf 'ribben'. △

Legakkers en petgaten
De petgaten en legakkers, zoals langs het fietspad van de Hogeweg naar Kalenberg zijn te zien, ontstonden vanaf de 17e eeuw. Daarvoor had de vervening vooral plaatsgevonden door middel van eenmansputten.
Vanaf de 16e eeuw, toen de vraag naar brandstof uit het dichtbevolkte westelijk deel van ons land snel groeide, ging men over op het grootschaliger nat vervenen. Bij dit systeem van turfwinning ontstonden de uitgestrekte, langwerpige plassen die door uiterst smalle dammen van elkaar zijn gescheiden. De plassen worden trek- of petgaten genoemd, de dammen legakkers of zetwallen. Doordat de petgaten soms weer verlandden en op de legakkers allerlei houtopslag kwam, is er in de Weerribben en de Wieden een zeer afwisselend, kleinschalig landschap ontstaan. ▽

Elzekatjes en elzeproppen
De meest algemene boomsoort in de broekbossen van de Weerribben en de Wieden is ongetwijfeld de zwarte els. In het voorjaar vallen de lange, mannelijke katjes op. De korte, vrouwelijke katjes verhouten na bevruchting en worden dan elzeproppen genoemd. Ze blijven de gehele winter aan de boom. De zaden drijven op het water door hun kurkachtige uitsteeksels, een eigenschap waardoor de boom zich in het moerasgebied over grote afstanden verspreidt.
De zwarte els kan meer dan 20 m hoog worden en vertoont dan door zijn regelmatige vertakking een fraaie kegelvorm. In de Grote Otterskooi, ten zuiden van de Thijssengracht, zijn grote elzen te bewonderen, maar verder ziet men niet vaak geheel uitgegroeide exemplaren. Vooral in het verleden werden elzen namelijk veel als hakhout gebruikt, vanwege hun enorme groeikracht. ◁ △

INLEIDING

Doorbraken van Zuiderzee
Tussen Baarlo en Kuinre liggen aan de noordoostkant van de weg en met name in de omgeving van Blankenham verscheidene doorbraakkolken. Deze stammen uit de tijd dat de dijk waarover de weg voert het land moest beschermen tegen de Zuiderzee. De doorbraakkolken of wielen bij Blankenham dateren merendeels uit 1825, toen de te zwakke dijk op een aantal plaatsen doorbrak. Het gevaar was pas geweken toen in 1932 de Afsluitdijk gereed was.
Het land achter de dijk bestaat uit enkele open polders met strokenverkaveling en wordt gebruikt als weidegebied. In combinatie met de vele doorbraakkolken zijn deze graslanden natuurwetenschappelijk van groot belang. Er broeden veel weidevogels en 's winters vormen ze een belangrijke pleisterplaats voor ganzen. In de achter het gebied gelegen Weerribben broedende roofvogels, zoals torenvalken, jagen boven de weilanden op hun prooi, die 's zomers vooral uit muizen bestaat. ◁

Weelde aan waterplanten
De watergentiaan *(rechts)* groeit vooral dicht bij de oevers van open, ondiepe plassen. Krabbescheer *(links)* is meer een plant van beschutte, ondiepe plaatsen, zoals petgaten.
In het verveningsgebied worden naast elkaar diverse verlandingsstadia aangetroffen. Sommige hiervan zijn zo soortenrijk, dat botanisch gezien dit moerasgebied als het belangrijkste van Noordwest-Europa wordt beschouwd. △

Vervenershuis in de Wieden
Bij het bezoekerscentrum van de Vereniging tot Behoud van Natuurmonumenten De Foeke, aan het Beulakerpad bij St.-Jansklooster, staan enkele gerestaureerde vervenershuisjes. Iets verderop staat nog een turfschuur, waarin de losse arbeiders overnachtten. Ook in de Weerribben staan enkele gerestaureerde vervenershuisjes. Noordwest-Overijssel heeft op het gebied van belangwekkende huizen nog veel meer te bieden. Zo zijn er concentraties van interessante boerderijen, o.a. bij Giethoorn, Dwarsgracht en Leeuwte. Blokzijl heeft een beschermd stadsgezicht. ▷

Kerk in boerderijvorm
In Paasloo staat een merkwaardig Hervormd kerkje, daterend uit de 16e eeuw. Het ligt verscholen tussen veel geboomte en lijkt op het eerste gezicht meer op een Overijsselse boerderij.
Het gebied Paasloo-Kerkebuurt is een kampenlandschap, net als dat op de keileembult van Vollenhove. △

NOORDWEST-OVERIJSSEL

Moerasgebied in komvormige laagte

Het landschap van Noordwest-Overijssel vindt zijn oorsprong in de Saale-ijstijd, zo'n 300 000 jaar geleden. Stuwmorenen van gletsjers vormden toen de rand van een komvormige laagte, waarin zich een uitgestrekt moerasgebied ontwikkelde.

Vervening vormde landschap

Het landschapsbeeld, zoals dat zich o.a. hier in de Weerribben presenteert, is ontstaan door de eeuwenlange, omvangrijke turfwinning. Het veen waaruit de turf werd gewonnen ontstond na de laatste ijstijd. Oorspronkelijk was het gebied een uitgestrekt dekzandgebied, waar enkele van het Drents Plateau afkomstige beken doorheenstroomden. Het mildere klimaat maakte plantengroei mogelijk en langzaam maar zeker vond er op grote schaal veenvorming plaats. △

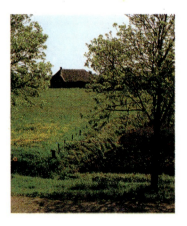

Hoogten van Vollenhove

De hoogten van Vollenhove tekenen zich nog steeds duidelijk af in het landschap. Ze dateren uit de derde vergletsjeringsfase van de Saale-ijstijd. Het front van het landijs lag toen globaal op de lijn Coevorden – Steenwijk – Gaasterland – Texel. Gletsjertongen drongen de dalen van de riviertjes Linde, Tjonger en Steenwijker Aa binnen. Langs de randen van die stroomdalen vormden ze stuwmorenen, de huidige bulten. De hoogteverschillen tussen de stuwmorenen en de erosiedalen werden tijdens de laatste ijstijd weer wat afgevlakt door de afzetting van dekzand. Het landijs drong toen al niet meer tot ons land door. Een andere reeks hoogten uit dezelfde tijd is die bij Steenwijk. ◁

Wieden het eerst verveend

Moeras en broekbos langs de Thijssengracht, die twee eeuwen geleden werd gegraven. Deze gracht verbindt Giethoorn met het Giethoornse Meer. De 17e en de 18e eeuw waren de bloeitijd van de vervening in het gebied van de Wieden. Voor de afwatering, maar vooral ook voor het vervoer van het gewonnen veen, werden in die tijd een groot aantal grachten gegraven. De Arembergergracht dateert uit ca. 1560; de Cornelisgracht, de Thijssengracht en het Steenwijkerdiep werden in de 17e eeuw gegraven. In de Weerribben kwam de grote vervening pas veel later op gang. Daarom zijn de grachten daar, zoals de Blokvaart en de Lokkenvaart, van later datum. ▷

Ontstaan van de grote meren

Evenals een aantal andere grote meren in het beschreven gebied ontstond de Beulaker Wijde door een combinatie van roekeloze vervening en de natuurkrachten. Vooral tijdens de eerste periode van de grote vervening, de 15e, 16e en 17e eeuw, werd er uit pure hebzucht vaak op kortzichtige wijze verveend. De petgaten werden breed uitgegraven, terwijl men de legakkers smal hield om maar zo min mogelijk verlies te hebben. Het gevolg was dat door ondermijning van de oevers hele legakkers verdwenen. De petgaten groeiden zo aaneen tot grotere plassen. De Allerheiligenvloed in 1570 deed enkele meren ontstaan, maar ondanks deze waarschuwing bleef men doorgaan met de 'wilde' vervening, d.w.z. zonder de legakkers op een veilige breedte te houden. Bij stormvloeden in 1575 en 1576 ontstonden toen de Beulaker en de Belter Wijde. ◁

ONTSTAAN

Kraggenlandschap
Het verveningslandschap dat weer aan het verlanden is, zoals hier bij Belt-Schutsloot, noemt men een kraggenlandschap. Met 'kragge' wordt het drijvende netwerk van rietwortels en planteresten bedoeld, dat nog net begaanbaar is.
De vervening ten behoeve van de turfbereiding vond in het begin vooral in dit gebied plaats, omdat hier veenmosveen lag. Dit leverde een betere brandstofturf op dan het zeggeveen en rietzeggeveen, die bij de beken en rivieren met voedselrijk water ontstonden.
De kraggen waarmee de petgaten dichtgroeiden werden in de Wieden door de boeren benut om de drassige graslanden te verbeteren. De kragge werd in stukken gesneden, die men, afgedekt met bagger, op het land deponeerde. ▷

Van water naar land
Verlanding in de Weerribben, zoals men dat overal in het gebied kan waarnemen. Hierbij wordt laagveen gevormd, doordat het contact tussen het grondwater en de begroeiing nog bestaat. Wanneer veenmos zich vestigt en de planten van het grondwater afsluit, zodat ze van de regen afhankelijk zijn, ontstaat hoogveen.
Bij de eerste, aanvankelijk droge, verveningen begon men met het afgraven van het hoogveen. Ze vonden vanaf de 13e eeuw tot omstreeks 1700 plaats in de buurt van Wanneperveen en de Wijden. ▽

Ooit een kustgebied
De tussen het groen verscholen boerderijen rond de doorbraakkolken bij Blankenham leveren een idyllisch tafreel op. Alleen de kolk geeft aan dat de bewoners hier tot in het recente verleden een vrij gevaarlijk bestaan leidden.
Omstreeks het begin van onze jaartelling maakte Noordwest-Overijssel deel uit van één groot veenmoeras, dat zich van de Hollandse kust tot in Drenthe uitstrekte. De afbraak van het veengebied door herhaalde overstromingen liet echter niet lang op zich wachten. Dit leidde uiteindelijk tot de vorming van de Zuiderzee. Een naar verhouding snelle stijging van de zeespiegel omstreeks 300 n.C. maakte definitief een einde aan de veenvorming.
In de kustgebieden zette de zee klei af op het veen. In Noordwest-Overijssel gebeurde dat in een smalle strook langs de Zuiderzeekust. In de 9e eeuw brak een nieuwe transgressieperiode aan met een versnelde stijging van de zeespiegel, die in de 14e eeuw zijn hoogtepunt bereikte. Gedurende deze periode werden dijken aangelegd tegen de voortdurende overstromingen die het land teisterden. Door de kleiafzetting op het veen was dit minder geschikt voor turfmakerij. Daarom ging men hier niet over tot vervening van het land, maar ontstonden er enkele open polders, waar men zich met veehouderij bezighield.
De polders hebben hier een strokenverkaveling. De ontginning vond plaats vanaf de dijk, waarlangs de boerderijen zich ook nu nog bevinden. Een dorp als Blankenham is dan ook een echt dijkdorp. △

Steil klif bij Vollenhove
De Zwolse Vaart verbindt Emmeloord, in de Noordoost-Polder, met het Kadoelermeer. Voordat het kanaal het meer bereikt, loopt het door het Voorsterbos, een loof- en naaldbos. Dit werd direct na droogvalling van de nieuwe polder aangelegd. Een groot deel wordt ingenomen door het Waterloopkundig Laboratorium en door het Nationaal Lucht- en Ruimtevaartlaboratorium.
Het bos is genoemd naar De Voorst. Dit was ooit een steil klif dat ver in de Zuiderzee uitstak. Langs het Vollenhovense Meer liggen enkele kustwallen waarvan het materiaal afkomstig was van dit klif. △

109

NOORDWEST-OVERIJSSEL

Wulpen en vuurvlinders

Vanaf de Blankenhammerweg gezien tekenen de Weerribben zich als een smal lint van rietmoerassen en broekbossen af tegen de horizon (A1-9).

Een zwarte kraai (B4) heeft een els op een van de legakkers (D1) als uitkijkpost gekozen. Zodra een buizerd (B8) zich vertoont slaan de wulpen (B1, 2) alarm. In het voorjaar worden ze daarin onmiddellijk bijgestaan door hun kleinere verwant de regenwulp (B3), die op doortrek is naar zijn broedgebied in het hoge noorden. Een karakteristieke broedvogel van de rietmoerassen is de purperreiger (C5), vooral op plaatsen waar de begroeiing is verdicht door opslag van o.a. berkjes (F2). Een veel kleinere broedvogel van de rietvelden is de snor (E4), die minder snel het slachtoffer wordt van het broedparasitisme van de koekoek (E2) dan de kleine karekiet. In de jaren tachtig werd de visotter hier nog gesignaleerd (E5, 6).

Bij een oud vervenershuisje (D6, 7, 8) staat een Amerikaans windmolentje (D5), dat de rietteler gebruikt voor de bevloeiing van zijn rietvelden.

In mei geven dotters (F7) kleur aan de nog kale rietakkers. Een stel paapjes (E7, 8) is juist terug uit de wintergebieden. Een ree (D9) heeft iets verdachts gehoord en kijkt argwanend om. Vuurvlinders (E, F9) leggen hun eitjes op waterzuring en een citroenvlinder (C9) dartelt in de voorjaarszon.

NOORDWEST-OVERIJSSEL

Moerasvegetatie uniek in Europa

De Wieden en de Weerribben vormen te zamen een 'Wetlandgebied' van internationale betekenis. Ze bezitten een unieke plantenrijkdom en zijn door hun uitgestrektheid van groot belang voor vogels.

Rietlanden
Rietland bij Belt-Schutsloot, waarop zich berken hebben kunnen vestigen. Bos vormt het natuurlijke eindstadium van de verlanding.
Vanaf het moment dat zich op de kraggen pluimzegge, riet, waterzuring en melkeppe kunnen vestigen, wordt de begroeiing mede door de mens bepaald. Het 'land' is dan namelijk geschikt voor de rietteelt. Andere planten die in dit stadium kunnen worden aangetroffen zijn moerasvaren, haagwinde en wateraardbei.
Bij verzuring van het moerasvarenrietland is een volgend stadium het soortenrijke veenmosrietland, met veenmossoorten, veenpluis en kamvaren. Hieruit zou zich het moerasbos ontwikkelen, indien de mens niet tegelijkertijd met het riet opslag van elzen, wilgen en berken zou ommaaien. Op diverse plaatsen in het gebied is dit te zien. Verruiging door een grotere voedselrijkdom komt ook voor, bijvoorbeeld waar het maaisel niet voldoende wordt afgevoerd. Dit blijkt o.a. uit de aanwezigheid van leverkruid en kattestaart. △

Sigaar als bloeiwijze
De vrouwelijke bloeiaar van de grote lisdodde wordt wel rietsigaar genoemd. Deze blijft lang aan de stengel, in tegenstelling tot het erboven zittende mannelijke gedeelte. De sterk behaarde vruchtjes waaien dikwijls pas in de herfst in vlokken weg. De vrucht bestaat uit één zaad. ▽

Zeggesoorten
Bij de verlanding spelen diverse zeggesoorten, zoals de oeverzegge, een belangrijke rol, met name op de drijftillen.
Zeggen zijn vaak moeilijk van elkaar te onderscheiden. Het zijn grasachtige planten met driekantige stengels. De bloemen zitten in hangende of staande aren. ▽

Water- en moerasvogels
Het moeras en de bossen aan de overkant van de Thijssengracht zijn het domein van tientallen vogelsoorten, variërend van de zeldzame blauwe kiekendief tot de talrijk aanwezige rietgorzen en kleine karekieten.
Door de uitgestrektheid van het gebied vinden watervogels, weidevogels, rietvogels, zangvogels en stootvogels hier een geschikt plaatsje om te broeden, te foerageren of uit te rusten van de trek. Karakteristieke broedvogels zijn de bruine, de blauwe en de grauwe kiekendief, de waterral, het wouwaapje en de roerdomp. De eendenkooien, zoals de achter de Thijssengracht gelegen Grote Otterskooi, herbergen kolonies aalscholvers, roeken en blauwe reigers. In de Weerribben bevindt zich een purperreigerkolonie. Tussen riet en galigaan broeden o.a. snor en karekiet. △

NATUUR

Drijftillen

Soms wortelen een paar moerasplanten op wat drijvend materiaal, waardoor een soort drijvend eilandje ontstaat dat drijftil wordt genoemd. Dergelijke eilandjes vormen een belangrijk onderdeel van de verlandingscyclus.

In de voedselrijke wateren begint het verlandingsproces in de diepere plassen met de groei van waterplanten, waaronder vele soorten fonteinkruiden, zoals het zeldzame langstelig fonteinkruid. Langs de oevers van de vrij diepe plassen vindt men mattenbies, riet en lisdodde, en op sterk aan de wind blootgestelde oevers zeggesoorten, zoals pluim-, moeras- en oeverzegge. In ondiep water komen kranswieren en bronmos voor. Dichter bij de oevers wordt het milieu geschikt voor gele plomp en watergentiaan. In de petgaten en in ander beschut, ondiep water gedijen vaak uitgestrekte krabbescheervelden. Begeleidende soorten zijn hierbij kikkerbeet en gewoon blaasjeskruid.

Een volgend verlandingsstadium

vormen de eerder vermelde en afgebeelde drijftillen. Planten die men hierop kan aantreffen zijn vooral waterscheerling, cyperzegge, slangewortel en beekpunge. Bij verdere verlanding treedt op de drijftillen de pluimzegge naar voren en daarnaast ook riet. △

Grauwe gans weer broedvogel

In de Weerribben en mogelijk ook op andere plaatsen in Noordwest-Overijssel is de grauwe gans weer broedvogel.

Vroeger moet deze soort in onze streken een algemene broedvogel van moerassen in de nabijheid van open water en grasland zijn geweest. In 1935 werd echter uit Friesland het laatste broedgeval gemeld. Toen er nieuwe, uitgestrekte moerasgebieden ontstonden in de IJsselmeerpolders, kwamen er weer broedgevallen voor. Sedertdien heeft de gans zich ook in de Weerribben gevestigd. Bovendien overzomeren hier duizenden exemplaren. ◁

Heggen op het hoge land

Op het hoge land bij Paasloo worden nog veel percelen bouwland omgeven door houtwallen. Hierin valt in het voorjaar de sleedoorn door zijn weelde aan witte bloemen op. Men kan hier drie houtwaltypen aantreffen, namelijk veldiepenwallen, eikehakhoutwallen en meidoornhagen. Soorten die hierin voorkomen zijn o.a. hulst, hazelaar, iep, meidoorn en klimop. Voor vogels is de sleedoorn een bijzonder veilige broedgelegenheid vanwege de scherpe stekels.

Water- en oeverplanten

In het waterrijke moerasgebied van Noordwest-Overijssel is de kans groot dat men zeldzaamheden ontmoet zoals het waterlepeltje, hier tussen de oeverbegroeiing van een open watergedeelte in de Weerribben.

De opvallendste planten van het open water zijn de waterlelie en de gele plomp. Als ze bloeien zijn ze gemakkelijk van elkaar te onderscheiden aan de bloem, maar ook de bladeren verschillen: die van de waterlelie zijn min of meer rond en die van de gele plomp langwerpiger, met een tamelijk diepe insnijding. Een plant met veel kleinere ronde, drijvende bladeren is de kikkerbeet, die wit bloeit. Echte waterplanten zijn de brede en de smalle waterpest en het zeer algemene hoornblad.

Tot de typische moerasplanten behoren soorten als waterscheerling, grote en kleine lisdodde, diverse zeggesoorten, mattenbies en zwanebloem. ◁

NOORDWEST-OVERIJSSEL

Het landschap optimaal benut

Op de hoge gronden vindt men door houtwallen omgeven percelen, in de kom een slagen- en kraggenlandschap, en langs de zeedijk polders.

Turfmakershuis
Aan de Hogeweg in de Weerribben staan nog enkele huisjes waarin vroeger de turfmakers woonden. Ze zijn nu in gebruik bij Staatsbosbeheer, o.a. om wetenschappelijke onderzoekers in onder te brengen. Deze huisjes zijn oorspronkelijk gebouwd door veerveners die in de 18e eeuw de Wieden verlieten vanwege de natuurrampen die daar toen plaatsvonden. In die tijd verdween het dorp Beulake in de golven. △

Waterloop als ontginningsas
In het veenmosveengebied van de Wijden bevinden zich enige karakteristieke dorpen met een waterloop als ontginningsas, waaronder Belt-Schutsloot. Andere typische waterstreekdorpen zijn o.a. Giethoorn, Dwarsgracht en Kalenberg. De ligging werd vaak bepaald door zand in de ondergrond. De boerderijen in deze dorpen waren onderling slechts via een voetpad met bruggetjes verbonden. De 17e-eeuwse dorpen, zoals Schutsloot, waren direct waterstreekdorpen. De oudere dorpen, zoals Giethoorn, lagen eerst aan een weg. Later, toen alle vervoer met boten ging, verplaatste het dorp zich naar de gracht. ▽

Vollenhove tien eeuwen oud
Het voormalige Zuiderzeestadje Vollenhove heeft veel bezienswaardigheden, zoals deze stoeppalen voor het ingangspoortje opzij van de voormalige Latijnse School, uit 1627. Dit imposante gebouw met trapgevel staat aan het Kerkplein, waar zich ook de Grote of St.-Nicolaaskerk bevindt, met gedeelten uit de 14e en 15e eeuw. In een park kan men de ruïne van het poortgebouw en de slotgracht bewonderen van het 16e-eeuwse kasteel Toutenburgh. In zijn glorietijd bezat Vollenhove vijftien havezaten en een vissersvloot. De buitenplaatsen verdwenen en sedert de inpoldering van het IJsselmeer valt er ook niets meer te vissen. De havenkom is nu ligplaats voor plezierboten. △

Acht eeuwen veeteelt
Het klei-op-veengebied achter de Zuiderzeedijk is misschien al acht eeuwen als veeteeltgebied in gebruik, al zou men dat aan de huidige boerderijen niet zeggen. Met name in de verkavelde gebieden worden de bedrijven op moderne leest geschoeid, met ligboxenstallen en torensilo's.
Aan de aanleg van de Zuiderzeedijk werd waarschijnlijk in de 13e eeuw begonnen en in diezelfde tijd stichtte men hier de eerste veeteeltbedrijven.
De eerste tekenen van bewoning in Noordwest-Overijssel dateren uit de 9e en 10e eeuw. Deze betreffen strategisch gelegen burchten op de hogere gronden bij Vollenhove, Kuinre en Steenwijk. Bisschop Balderic van Utrecht kreeg in 944 van keizer Otto I het jachtrecht op de woeste gronden van 'Fulnaho' (Vollenhove). Geldgebrek noopte de Utrechtse bisschoppen veel woeste grond voor ontginning uit te geven. Het gevolg was dat het Land van Vollenhove, zoals Noordwest-Overijssel ook wel wordt genoemd, een veeteeltgebied werd met extensieve beweiding. △

Rietteelt nieuwe bestaansbron
's Zomers bindt de rietwerker handelsbossen van de veldbossen. Hierbij maakt hij gebruik van een stortvlak.
Toen het omstreeks 1900 afgelopen was met de vervening, zocht men naar nieuwe bronnen van bestaan en vond die o.a. in de rietteelt. Riet vormde toen nog de gebruikelijke dakbedekking voor boerderijen. Toen de dakpannen in de mode kwamen, die vrijwel geen onderhoud vergden, verdrongen deze het riet, waardoor deze teelt weer in betekenis afnam. Bovendien begon men het kraggenlandschap op rigoureuze wijze te ontginnen. Hierdoor daalde de grondwaterstand, wat het verlandingsproces versnelde. ▽

CULTUUR

Insteekhaventjes bij de hoeven
In Belt-Schutsloot en de andere waterstreekdorpen hebben de boerderijen een insteekhaventje. Dit bevindt zich gewoonlijk langs de lange zijde van de hoeve en mondt uit in de dorpsgracht.
In de zijgevels ontbreken de grote deuren die men bij andere boerderijen ziet en waardoor wagens met hooi naar binnen kunnen. Hier in de waterstreekdorpen waren kleine deuren voldoende om het per punter aangevoerde hooi naar binnen te brengen.
Om een grotere tasruimte voor het hooi te krijgen werd later de schuur verhoogd. Hierdoor ontstond de typische Gieterse boerderij met 'kameelrug'. ▽

Herinnering aan het verleden
Aan de Hogeweg, in de Weerribben, staat als herinnering aan het verleden een spinnekopmolen. Dit type molen werd hier vroeger wel gebruikt, maar het exemplaar dat er nu staat werd zeer recent als curiositeit gebouwd en neergezet.
In de tijd van de vervening stonden in het moerasgebied van Noordwest-Overijssel honderden molentjes. Deze waren gewoonlijk van het tjaskertype en dienden voor het op peil houden van de veenputten en het ontwateren van de hooi- en weilanden. Van deze tjaskers zijn er ook nog enkele te zien, namelijk één iets ten zuidoosten van de spinnekopmolen, één bij het bezoekerscentrum van Staatsbosbeheer bij Ossenzijl en één aan de Beulaker Wijde bij het bezoekerscentrum De Foeke, van de Vereniging tot Behoud van Natuurmonumenten. Deze drie tjaskers zijn net als de spinnekopmolen kort geleden nieuw gebouwd, maar geheel volgens het oude principe van de paaltjasker.
De ijzeren windmolentjes of windmotoren die nog veel in het landschap voorkomen dienen voor de kunstmatige bevloeiing van de rietlanden. Dit werd noodzakelijk na de flinke verlaging van het grondwaterpeil. △

Karig grasland
In de Weerribben begrazen enkele schapen een karig stuk weiland. Het gemengde boerenbedrijf heeft zich hier in het verveningsgebied vooral ontwikkeld tot de melkveehouderij met neveninkomsten uit de rietteelt. De sterk uitgeveende gebieden zijn alleen geschikt als hooiland of hooguit voor wat schapen. ▷

Jong ontginningslandschap
Bij de Kooiweg, die van Scheerwolde zuidwaarts naar de Thijssengracht loopt, strekken zich eindeloze akkers en weilanden uit. Dit ontginningslandschap ontstond in de jaren dertig. Een groot deel van het kraggengebied tussen Blokzijl en Steenwijk werd ingepolderd, maar ten behoeve van natuur en recreatie werd het ontginnen in 1961 officieel gestopt. ▷

Eendenkooi met 4 vangpijpen
Afgebeeld is een gefingeerde eendenkooi om de werking ervan duidelijker te kunnen demonstreren. Een eendenkooi is gewoonlijk omringd door een meer of minder uitgestrekt kooibos. In het midden ligt de kooiplas of wed. Deze is omgeven door een scherm van houtgewas en rietmatten. Op de hoeken loopt de kooiplas uit in een kromme, geleidelijk smaller wordende sloot. Dit is de vangpijp, die overkoepeld is en in een vanghok eindigt. Door de vier vangpijpen kan er bij elke wind worden gevangen.

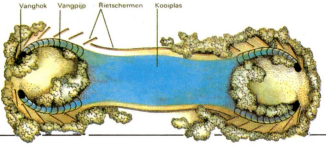

NOORDWEST-OVERIJSSEL

Alleen per boot goed te bekijken

Dit gebied in de kop van Overijssel is nat en laag – voor de boer een plaag, voor de burger met zijn boot een prachtgebied. Over de wieden en door de vaarten gaan de jachten. De punter is nog prettig traag. Nóg wel, ja. Maar steeds meer verdrijft de ronkende plezierboot de 'bomende' punteraar.

Punteren
In waterstreekdorpen als Giethoorn, Dwarsgracht, Belt-Schutsloot en Kalenberg is vervoer over water noodzaak.
Daarvoor heeft de boer een punter, een vlot of een bok. Koeien, mest, hooi, melk – alles wordt met de boot gehaald en gebracht, een boot met of zonder hulpmotor. De boot is ook het transportmiddel voor de bakker, voor het bruidspaar en de begrafenisstoet. Leuk voor de toerist, voor de betrokkenen een dagelijks terugke-

Water – een probleem
Turf, vis en koeien waren vroeger de bestaansbronnen in Noordwest-Overijssel. De tijd van de turf die per schip werd afgevoerd over gegraven grachten is voorgoed voorbij. De visserij verdween allengs na afsluiting van de Zuiderzee en voorgoed na inpoldering van het IJsselmeer. Maar de koeien bleven – de veehouderij is verreweg de belangrijkste bedrijfstak in dit gebied. Voor de melkveehouderij is de rietteelt vaak een goede bijverdienste.
Maar door de lage en natte ligging van het gebied is de landbouwkundige structuur niet best. Daarbij komt het moeilijke vervoer dat meestal over water moet. Steeds meer landbouwers staken hun activiteiten in het gebied. Ervoor in de plaats komen de recreanten. Die veroorzaken vaak drukte, vervuiling, onrust.

OP STAP

De Weerribben
Noordelijk van Blokzijl ligt de Weerribben, een meer dan 2000 ha groot natuurreservaat. Er is een grote variatie aan vogels en planten. Vogels die er voorkomen zijn onder meer purperreiger en roerdomp. Ook staan er molens: een spinnekop, een klein type wipmolen, en een tjasker, een houten molentje dat vroeger vrij algemeen was in deze streek en in Friesland. In de Weerribben kunt u wandelen, kanoën en vissen. ◁

Uiterst belangrijk
Het moerasgebied van Noordwest-Overijssel kent zoveel plantesoorten, dat het wel het belangrijkste van Noordwest-Europa wordt genoemd. Dit geldt met name voor de Weerribben en voor de Wieden. Door de uitgestrektheid en de betrekkelijke rust op diverse plaatsen is het gebied zeer geschikt als broed-, rust- en foerageergebied voor vele vogels. Er zijn in de Weerribben zo'n 250 vlindersoorten. Van de zoogdieren komen otters voor en in toenemende mate ook reeën. ▷

rende zorg. Veel landbouwers hebben dan ook geen zin meer in dat tijdverslindende en dus geld kostende 'bomen' en stoppen ermee. Mede hierdoor is er voor de diverse natuurbeschermingsinstanties veel grond te koop.
Er zijn nog twee werven in Noordwest-Overijssel waar punters worden gemaakt. Want voor de toerist blijft het een verrukkelijke, nostalgische sensatie om in een punter te dwalen door die unieke dorpen of op een van de wijden of wieden. △

Fietstocht rond Giethoorn
Een tocht van ca. 35 km die u begint in het voormalige Zuiderzeestadje Blokzijl, een bijzonder pittoreske en fotogenieke plaats. Dan gaat u oostwaarts via Jonen naar Dwarsgracht, waar de grootste eendenkooi van Europa ligt, de Otterskooi. U fietst dan naar Giethoorn en zult daar ongetwijfeld enige tijd toeven bij of op het water. Uw volgende stop is de Beulaker Wijde, een meer dat in de 18e eeuw na de dijkdoorbraak van de Zuiderzee is ontstaan. U fietst weer naar Dwarsgracht en Jonen, dan naar het zuiden, naar Vollenhove. Old Ruitenborgh is een voormalige 18e-eeuwse havezate, thans gemeentehuis. Voorts zijn nog bezienswaardig twee kerken, het voormalige stadhuis en een aantal oude gevels. Langs het Vollenhover Meer gaat u over de dijk terug naar Blokzijl.

117

NOORDWEST-OVERIJSSEL

Fietstocht rond de Weerribben
U start voor deze ca. 35 km lange fietstocht in Baarlo. U rijdt via Blankenham naar Ossenzijl, waar u soms rietsnijders aan het werk kunt zien. Dan naar Oldemarkt (kerk uit de 15e eeuw). Via Paasloo komt u in Kalenberg, waterdorp met vele bruggetjes, en dan over Wetering terug naar Baarlo.

Al varend ziet u…
… een grote variatie aan planten. Een willekeurige greep: langs oevers van diepere plassen mattenbies, riet, lisdodde, moeras- en oeverzegge; in open, ondiepe plassen kranswieren, bij de oevers gele plomp. ▷

OP STAP

Een zwaar en koud karwei
Komt u in de winter naar Noordwest-Overijssel dan kunt u de rietsnijders aan het werk zien. De produktieve rietlanden bevinden zich in de omgeving van Ossenzijl en Kalenberg, meer naar het oosten bij Giethoorn en zuidelijker bij Vollenhove. Het riet wordt gebruikt als dakbedekking voor huizen en boerderijen en voor rijswerk. Rietteelt en veeteelt gaan dikwijls samen, maar rietteelt zorgt meestal voor neveninkomsten. Het snijden, bundelen en vervoeren van riet is een zwaar en koud karwei, ook al neemt de hulp van machines toe. ◁

De tjasker of tonmolen
In de kop van Overijssel kunt u nog enkele tjaskers zien. Dit windmolentje werd gebruikt om kleine natte stukken land te bemalen. Dat gaat zo: in een ton zit een schroefvijzel waarlangs het water naar boven wordt geschroefd; daar loopt het via een goot buitendijks. Het molentje kan met de wieken naar de wind gedraaid worden. Tjaskers werden tot ca. 1930 gebruikt. In de winter werden ze buiten werking gesteld of uit elkaar gehaald en opgeslagen. ▷

Fietstocht de Wieden
Deze fietstocht voert u door het unieke natuurgebied de Wieden, gevormd door de meren Beulaker Wijde en Belter Wijde met hun oevergebieden. De tocht, lengte ca. 43 km, begint in Wanneperveen. Over een prachtige, met elzen begroeide weg fietst u dwars door de Belter Wijde via Blauwe Hand naar het gehucht Ronduite aan de Beulaker Wijde. De Foeke heet het bezoekerscentrum bij de molen in Sint-Jansklooster, van waaruit een natuurpad door het oeverland voert. U fietst naar Vollenhove. Door bosrijk gebied parallel aan het Kadoelermeer koerst u weer terug naar Sint-Jansklooster. Als u opnieuw naar het zuiden fietst komt u via Heetveld in Zwartsluis. Daar kiest u de weg naar Belt-Schutsloot, een dorp met in de omgeving tal van smalle, door bomen omzoomde wateren die leiden naar binnenmeertjes waarin zeldzame planten en vogels voorkomen. Langs de Schutsloter Wijde fietst u richting Baarlo, dan langs het Meppelerdiep en terug naar Wanneperveen.

119

NOORDWEST-OVERIJSSEL

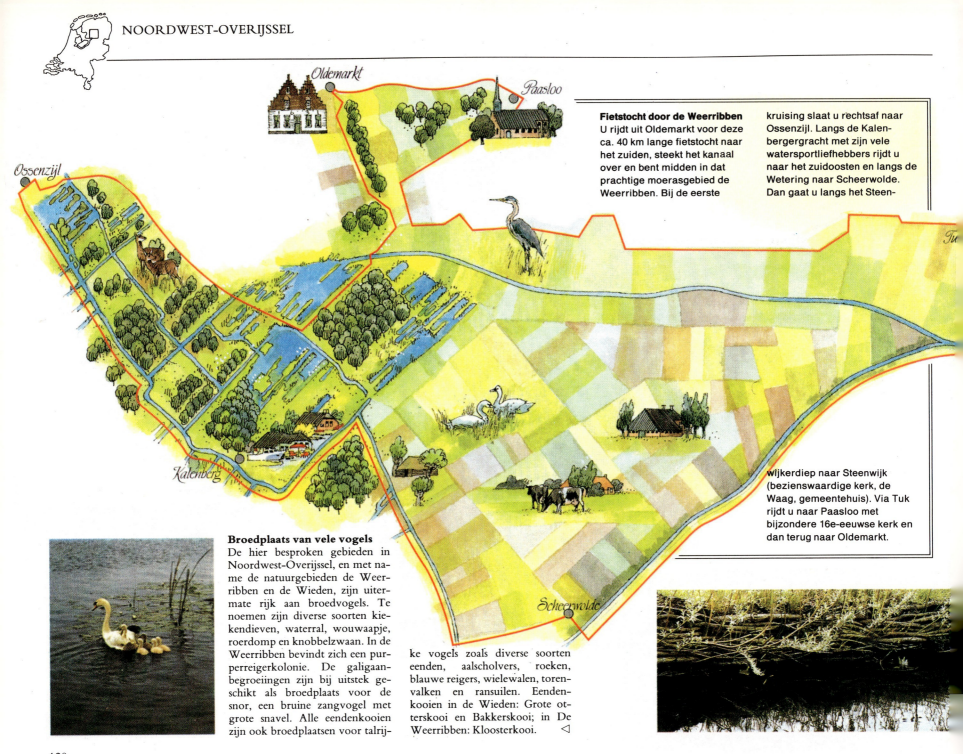

Fietstocht door de Weerribben
U rijdt uit Oldemarkt voor deze ca. 40 km lange fietstocht naar het zuiden, steekt het kanaal over en bent midden in dat prachtige moerasgebied de Weerribben. Bij de eerste kruising slaat u rechtsaf naar Ossenzijl. Langs de Kalenbergergracht met zijn vele watersportliefhebbers rijdt u naar het zuidoosten en langs de Wetering naar Scheerwolde. Dan gaat u langs het Steenwijkerdiep naar Steenwijk (bezienswaardige kerk, de Waag, gemeentehuis). Via Tuk rijdt u naar Paasloo met bijzondere 16e-eeuwse kerk en dan terug naar Oldemarkt.

Broedplaats van vele vogels
De hier besproken gebieden in Noordwest-Overijssel, en met name de natuurgebieden de Weerribben en de Wieden, zijn uitermate rijk aan broedvogels. Te noemen zijn diverse soorten kiekendieven, waterral, wouwaapje, roerdomp en knobbelzwaan. In de Weerribben bevindt zich een purperreigerkolonie. De galigaanbegroeiingen zijn bij uitstek geschikt als broedplaats voor de snor, een bruine zangvogel met grote snavel. Alle eendenkooien zijn ook broedplaatsen voor talrijke vogels zoals diverse soorten eenden, aalscholvers, roeken, blauwe reigers, wielewalen, torenvalken en ransuilen. Eendenkooien in de Wieden: Grote otterskooi en Bakkerskooi; in De Weerribben: Kloosterkooi. ◁

OP STAP

Ontginningslandschap

Grote delen van Noordwest-Overijssel zijn ooit verveend ten behoeve van de turfbereiding. Nadat die gebieden waren uitgeveend, ontstond de behoefte er weer bouwland van te maken. Waar deze inpoldering en herontginning hebben plaatsgevonden, ontstond het zogenaamde jong ontginningslandschap. Door deze ingreep in de waterhuishouding is in de aangrenzende kraggengebieden het verlandingsproces waarschijnlijk versneld. ▷

Gewone vogelmelk

Een plant die men in het beschreven gebied in bosgedeelten en in vochtige graslanden tegen kan komen, is de gewone vogelmelk. Hij werd in boerentuinen vaak als sierplant neergezet en verwilderde gemakkelijk. Zijn natuurlijk verspreidingsgebied is dan ook nog moeilijk vast te stellen. De vermeerdering gebeurt door middel van zaad, maar vooral ook met de broedbolletjes aan de voet van de bol. De bloemen sluiten zich in de loop van de middag en bij een bewolkte hemel. ◁

Een ernstige bedreiging

Een netwerk van sloten, vaarten, grachten, kanalen en andere watergangen doorsnijdt Noordwest-Overijssel. Deze wateren – en natuurlijk ook de plassen – herbergen een rijk en gevarieerd dieren- en plantenleven. Maar de vervuiling neemt toe in Noordwest-Overijssel. De vervuiling van het water – ook het van elders afkomstige water – vormt vooral voor de kwetsbare natuurgebieden een ernstige bedreiging. De meeste dieren zijn erg gevoelig voor allerlei vormen van verontreiniging. De meeste plantesoorten reageren doorgaans niet zo snel op de achteruitgang van de waterkwaliteit. Enkele soorten vermeerderen zich explosief in vuil en meestal voedselrijker water. Ook het maaibeheer kan van grote invloed zijn op het plantenleven. ◁

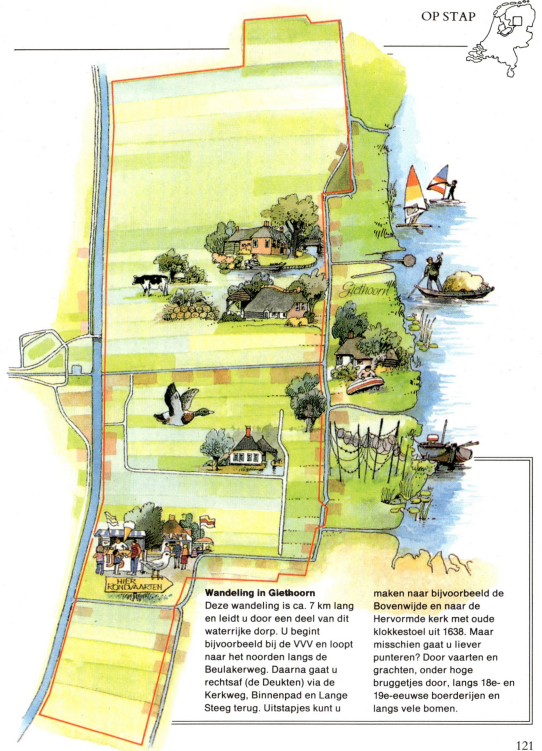

Wandeling in Giethoorn

Deze wandeling is ca. 7 km lang en leidt u door een deel van dit waterrijke dorp. U begint bijvoorbeeld bij de VVV en loopt naar het noorden langs de Beulakerweg. Daarna gaat u rechtsaf (de Deukten) via de Kerkweg, Binnenpad en Lange Steeg terug. Uitstapjes kunt u maken naar bijvoorbeeld de Bovenwijde en naar de Hervormde kerk met oude klokkestoel uit 1638. Maar misschien gaat u liever punteren? Door vaarten en grachten, onder hoge bruggetjes door, langs 18e- en 19e-eeuwse boerderijen en langs vele bomen.

OMGEVING BERGEN

OMGEVING BERGEN

Schakel tussen polder en kust

Als Omgeving Bergen wordt hier het deel van Kennemerland bedoeld dat tussen Castricum en de Hondsbosse Zeewering ligt. Het is een oud strandwallengebied tussen de kust en droogmakerijen.

Twee soorten duinen
De afgebeelde duinen, gelegen bij het uitzichtpunt ten westen van de Pirolavlakte bij Hargen, behoren tot de kalkarme duinen. In het beschreven gebied kunnen ook de zuidelijker gelegen, kalkrijke duinen worden bestudeerd, want die beginnen ter hoogte van Bergen. Het verschil is te constateren aan de plantengroei, maar ook aan de kleur van het zand. Deze is in de kalkrijke duinen blond en in de kalkarme, waar het zand fijner aanvoelt, blank. ▷

Helm en dennen
De stijve, lichte halmen van de helm steken fraai af tegen de donkere zeedennen. Uitgestrekte naaldbossen, met o.a. Oostenrijkse en Corsikaanse dennen, komen ten noorden van Bergen voor. ▽

Biestarwegras
Het biestarwegras is meestal de eerste plant die pogingen doet het zand vast te houden. Waar de duinen hoger en daardoor droger worden, neemt de helm zijn taak als pionierplant over. ▽

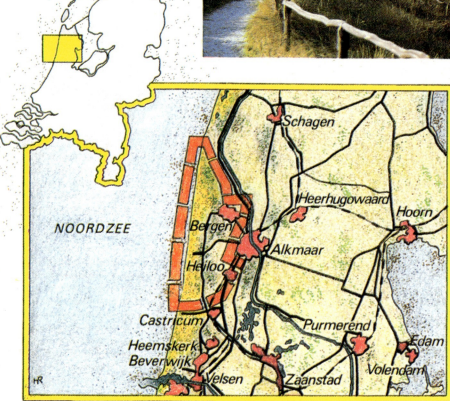

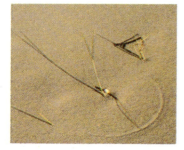

Zee en strand
In het vroege voorjaar ligt het strand bij Camperduin, aan de voet van de Hondsbosse Zeewering, er verlaten bij. 's Zomers vormt de gehele kust van het beschreven gebied echter een belangrijke toeristische trekpleister voor zowel de dag- als verblijfsrecreanten. De uitstraling vanuit de badplaatsen in het aangrenzende duingebied is door beschermende maatregelen relatief gering. ▷

INLEIDING

Grens tussen polder en duin
Juist op de grens tussen de jonge, kalkarme duinen in het noorden van het betrokken gebied en de kleipolders ligt het Hargergat. Dit is een vallei aan de binnenduinrand, waarin drangwater aan de oppervlakte komt. Via een beek wordt dit water afgevoerd.
Waar twee verschillende typen gebieden plotseling in elkaar overgaan, zoals hier duinen in polder, ontstaan allerlei overgangsmilieus. Vanuit natuurwetenschappelijk oogpunt zijn dergelijke gebieden vaak bijzonder interessant.
Elders gaan de jonge, kalkrijke duinen veel geleidelijker via oude, relatief kalkarme duinen over in de kleipolders. ◁

Zandbinders
Afgebeeld zijn hier de kegel van de zeeden *(boven)* en helmaanplant *(onder)*. Zowel de den als de helm zijn bondgenoten van de mens in zijn strijd tegen het stuivend duinzand. ▽ △

Hoogste duinen
Vanaf het uitzichtduin bij de Hargerstrandweg heeft men een fraai uitzicht op het begin van de Hondsbosse Zeewering en het erachter gelegen poldergebied.
In het beschreven landschap komen bij Bergen en Groet de hoogste duinen van ons land (±50 m boven NAP) voor. Aan de oostzijde rijzen ze steil op, maar aan de zeezijde lopen ze veel geleidelijker af. ▷

OMGEVING BERGEN

Duinlandschap op strandwallen

Na de ijstijden vormden zich langs de Noordzeekust enkele strandwallen met strandvlakten daartussen. Het achterliggende gebied werd opgebouwd uit afzettingen van de zee en een arm van de Rijn.

Duinvorming
De duinen in de omgeving van Bergen, zoals deze bij Groet, behoren tot de Jonge Duinen. Dit betekent dat ze pas vanaf de 9e eeuw zijn gevormd.
De oudste delen van het gebied zijn de strandwallen, die tussen ca. 7500 v.C. en het begin van onze jaartelling ontstonden. Een eerste gordel ligt ter hoogte van de lijn Uitgeest – Akersloot – St.-Pancras en een tweede langs de lijn Limmen – Heiloo – Alkmaar. Vrij spoedig na de vorming verstoven de strandwallen tot lage duinen, die de achterliggende gebieden tegen de invloed van de zee beschermden. ▷

Duinafslag
In het uiterste noorden van het beschreven gebied, bij Camperduin, zijn de duinen zichtbaar teruggeweken. Dit is af te meten aan de ligging ten opzichte van de Hondsbosse Zeewering, die zijn huidige positie ca. 150 jaar geleden kreeg. Sedertdien is de kust tussen Camperduin en Egmond door de zee meer dan 100 m teruggezet.
In het verleden drong de zee bij stormvloeden in transgressieperioden diep het binnenland binnen. Zo ontstond tussen ca. 800 en 300 v.C. via een doorbraak in de strandwallen in de binnendelta van Castricum een stelsel van platen, geulen en stroomwallen. △

Vastleggen van het zand
De aanplant van vooral naaldbomen heeft het landschap in de Schoorlse duinen grondig veranderd. Omstreeks een eeuw geleden bestond het nog uit uitgestrekte, voortdurend door de wind verplaatste stuifduinen.
Natuurlijke boomgroei was er in het gebied zo'n duizend jaar geleden wel op de strandwallen. Deze waren toen op de hoge delen bedekt met beukenbossen; terwijl op de lagere, vochtiger plaatsen eiken, berken en elzen groeiden. ◁

Uit laagjes opgebouwd
Waar de wind in de duinen ongestoord zijn gang kan gaan, is de laagsgewijze opbouw van het duin zichtbaar. Afhankelijk van de korrelgrootte in het afgezette zandlaagje ondervindt de schurende wind meer of minder weerstand en hierdoor tekenen de lagen zich in de bank af. De grotere zandkorrels worden ook bij hogere windsnelheden reeds neergelegd, het fijne zand echter pas op het moment dat de wind sterk is afgenomen. ◁

ONTSTAAN

Veenmoerassen
Uitzicht op de Vereenigde Harger- en Pettemerpolder, de plaats waar tijdens de St.-Elisabethsvloed van 1421 de zee toesloeg.

In rustige perioden, wanneer de zeespiegel niet steeg en stormvloeden achterwege bleven, beschermden de strandwallen het achterliggende gebied voldoende tegen de aanvallen van de zee. Onder invloed van het regenwater en het toestromende rivierwater, dat door de hoge zeespiegel slecht afwaterde, verzoette het geleidelijk. Zo ontstonden er achter Uitgeest en in de strandvlakte rondom Limmen en Castricum – de zogenaamde binnendelta van Castricum – uitgestrekte moerassen met veengroei. ◁

Overheersende windrichting

Parabolduin
Een van de duinvormen die te onderscheiden zijn is het parabolduin. Nadat door het stuivende zand achter het vloedmerk de zeereep is ontstaan, krijgt de wind hier weer vat op en ontstaan er stuifkuilen. Deze worden voortdurend dieper uitgeblazen en groeien uit tot duinpannen, omgeven door ringduinen. Aan de loefzijde wordt het duin steeds lager, terwijl de achterkant van de oorspronkelijke duinpan zich verder achterwaarts verplaatst. Uiteindelijk ontstaat een parabolduin, met duinarmen en een duinbaan.

De zeereep
De landschapsvormende werking van de wind is vooral merkbaar aan de zeereep, zoals hier bij Bergen aan Zee. Met behulp van stuifschermen tracht de mens de pionierplanten te helpen bij het invangen van het stuivende zand. De helm vestigt zich zodra het biestarwegras zodanige duintjes heeft gevormd dat er enig regenwater wordt opgevangen en vastgehouden. Van nature groeien de duinen dan ca. 1 m per jaar. △

Vloedmerk eerste aanzet
Het vloedmerk tekent zich als een rand van allerlei afval uit zee langs het strand af. Door een goed kustbeheer weet de mens de landschapsveranderende processen tegenwoordig naar zijn hand te zetten.

Bestudering van wat er nog steeds aan het strand gebeurt geeft inzicht in de processen die tot het huidige landschap hebben geleid. Zo is er soms prille duinvorming te zien in de luwte van het vloedmerk. △

OMGEVING BERGEN

Kalkgrens in de Bergense duinen

De vrij abrupte overgang van kalkrijk naar kalkarm geeft het duingebied bij Bergen vooral wat de plantengroei betreft een bijzonder karakter.

Holebroedende eend
Een opvallende broedvogel van het duingebied is de bergeend. Van april tot ver in de zomer kan men pasgeboren bergeendekuikens tegenkomen, die opvallen door hun wit dons met brede, diep donkerbruine strepen. Het vrouwtje onderscheidt zich van de woerd door het ontbreken van de rode knobbel op de snavel. Als nestholte maakt de eend vaak gebruik van een oude konijnepijp. ▽

Veel overgangssituaties
De Pirolavallei, ten zuiden van Hargen, is een uniek natuurgebied. Vanwege de kwetsbaarheid is het voor het publiek gesloten, maar vanaf de omliggende paden krijgt men er een goede indruk van.
Voor een belangrijk deel is het te karakteriseren als een vochtig heideterrein met verspreide plasjes. Aan de noordwestzijde ligt een singel van loof- en naaldbomen. Aan planten groeien er o.a. zonnedauw, verscheidene heidesoorten (zoals struik-, dop- en kraaiheide), kruipwilg, hondsroos, egelantier, stekelbrem, gewone brem en diverse boomsoorten, variërend van berk tot zeeden. Aan broedvogels vindt men hier o.a. nachtegaal, heggemus, fitis en kneu, en bij het water waterhoen en watersnip.
Behalve de vrij plotselinge overgang van kalkarme naar kalkrijke duinen komen er in het gebied rond Bergen nog vele andere overgangssituaties voor. Opvallende verschillen zijn vast te stellen tussen noord- en zuidhellingen van duinen. In de kalkrijke duinen van het Duindistrict zijn de zuidhellingen soortenarm, met in hoofdzaak de duinaveruit, terwijl de noordkant begroeid is met o.a. nachtsilene, echt bitterkruid, wondklaver en driedistel. In de kalkarme duinen van het Waddendistrict is de noordhelling begroeid met buntgras en korstmossen, de zuidhelling met de kruipwilg-eikvarenassociatie. △

Vallei met bronmilieu
Het Hargergat is een vallei aan de binnenduinrand in de duinen ten zuiden van de Hondsbosse Zeewering. Vroeger stroomde hier een duinbeek, maar deze is door zandwinning in de vallei verdwenen. In het grasland komt echter nog steeds drangwater omhoog, waardoor hier een bronmilieu is ontstaan.
Plantkundig interessant is het voorkomen van de klimopwaterranonkel en enkele hiermee verbonden soorten, zoals montia en sterrekroos. In het water is de beekprik waargenomen. △

NATUUR

De Putten
De plassen achter de Hondsbosse Zeewering zijn met het omringende terrein van belang als broedgebied van allerlei vogels. Ze worden De Putten genoemd en zijn gegraven tijdens herstelwerkzaamheden aan de dijk. ▽

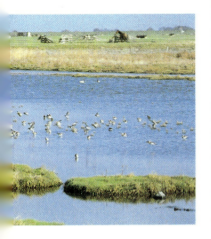

Bossen en binnenduinrand
Rand van een duin-berkenbos in de buurt van 't Woud. Dit bostype kan zich in de luwte van de binnenduinrand ontwikkelen. Het bestaat behalve uit de twee enige Nederlandse berkesoorten, de zachte en de ruwe berk, uit zomereik en ratelpopulier. Uit dit bostype kan zich in de oude duinen door bodemverzuring het duin-eikenbos ontwikkelen, met in de ondergroei lelietje-der-dalen, wilde hyacint, gewone vogelmelk en stengelloze sleutelbloem.
In het Waddendistrict zijn de enige echte loofbossen eigenlijk alleen te vinden in de beschutting van de hoge duinen aan de binnenduinrand. Onder de eiken en berken, waar ze in hoofdzaak uit bestaan, groeit in de kruidlaag daslook. Mossen zijn hier talrijk, evenals de eikvaren.
Vrij uitgestrekte bossen komen in het beschreven duingebied vooral ten noorden van Bergen voor. Het grootste deel hiervan is aangeplant en bestaat uit naaldbos. In de grove-dennenbossen bij Schoorl bevindt zich de voor Nederland rijkste groeiplaats van de dennenorchis. Deze elders zeldzame orchidee komt hier bij duizenden voor. ◁△

Struwelen van kalkrijke duinen
De egelantier is een van de twee rozesoorten die deel uitmaken van de soortenrijke struwelen van kalkrijke duinen. De andere is de hondsroos. De egelantier is goed te onderscheiden aan de tere geur die hij uit talrijke klieren aan de onderzijde van de blaadjes verspreidt. Als men enkele blaadjes tussen de vingers fijnwrijft, stijgt een geur van zure appeltjes op.
De vegetatie ontwikkelt zich in de kalkrijke duinen tot een soortenrijk duindoorn-liguster-struweel. Behalve beide rozesoorten komen er ook vlier en kamperfoelie in voor. Ertoe behorende kruidachtigen zijn o.a. wilde asperge en duinsalomonszegel. △

Weinig schelpen in noorden
De kans op biologisch interessante vondsten is aan het noordelijke strand van het beschreven gebied, zoals hier bij Hargen, aanmerkelijk geringer dan in het zuidelijke deel. Dit geldt met name voor schelpen. De unieke kalkgrens in de duinen is hier een weerspiegeling van. De oorzaak moet vermoedelijk gezocht worden bij de verschillende zeestromingen, die de schelpen al of niet op het strand werpen. ◁

Plant van het zandstrand
Het loogkruid is een plant van ondergestoven vloedmerken. Verhoute bloemdekslippen omgeven de vrucht (rechts onder). Het zaad is spiraalvormig gebogen. △

129

OMGEVING BERGEN

Beboste binnenduinen en rustige polders

De mooiste bossen van de Omgeving Bergen zijn de vrij vochtige bossen van de binnenduinrand. De meeste werden ooit als landgoedbos aangelegd. Achter de duinenrij liggen enkele oude poldertjes met veel broedende weidevogels.

Eiken-berkenbos
Vanuit de duinen gezien bieden de bossen langs de binnenduinrand bij Schoorl vooral in de herfst een schitterende aanblik. Toch betreft het hier in het kalkarme Waddendistrict op droge grond maar een tamelijk noodlijdend bostype, namelijk het eiken-berkenbos. Het komt vrijwel overeen met het bostype dat in het oosten van ons land op de pleistocene zandgronden voorkomt. Aan de voet van de berken groeit hier brem, met zijn opvallend groen, kantige twijgen en kleine blaadjes. Het is een vlinderbloemige, die vooral na een zachte winter weelderig bloeit met heldergele bloemen. △

Dennen uit crisistijd
Deze den laat duidelijk zien dat zijn belangrijkste taak het vasthouden van het duinzand is. Veel dennenbossen in de omgeving van Bergen werden in de crisistijd van de jaren dertig als werkverschaffing aangelegd. Ook in de periode 1905–1920 werden veel naaldbomen aangeplant en wel hoofdzakelijk de Corsikaanse, Oostenrijkse en grove den, omdat deze bestendig zijn tegen zeewind. De enige oorspronkelijk Nederlandse soort, de grove den, bleek van de drie nog weer het gevoeligst te zijn. De windzijde van een grovedennenbos wekt dikwijls de indruk alsof het is afgebrand, zo veel dood, bruin hout vertoont de buitenste bomenrand.
Dank zij de aanplant van de naaldbomen komen er in het gebied nu veel dennenorchissen voor. △

Wereldje op zich
De vlezige vruchten van de meidoorn worden in de herfst prachtig wijnrood. Deze snelgroeiende struik vormt een ondoordringbare schuilplaats voor veel vogels en insekten en is daardoor bijna een wereldje op zich. Talloze wintergasten van het duin, zoals kramsvogels, lijsters en koperwieken, doen zich graag te goed aan de bessen, die rijk zijn aan vitamine C. De meidoorn van de duinen is de eenstijlige; de tweestijlige groeit in droge, voedselrijke bossen. △

Bewoner van open duin
De tapuit is een karakteristieke vogel van de open middenduinen. Opvallend zijn de witte stuit en de fladderende manier waarop hij achter insekten aanjaagt. Hij nestelt in konijneholen. △

Vruchten in bonnetvorm
De vruchten van de kardinaalsmuts laten zien dat de struik zijn naam terecht heeft gekregen. Ze hebben vier afdelingen die bij rijpheid openspringen, waardoor de oranje zaden zichtbaar worden. De kardinaalsmuts maakt deel uit van het soortenrijke duindoorn-ligusterstruweel. Dit treft men in de kalkrijke duinen bij de binnenduinrand aan. △

NATUUR

Geschoren heidepollen

Op de westelijke hellingen van de duinen in het Waddendistrict, ten noorden van Bergen, vertonen de pollen struikheide soms wonderlijk ronde vormen. De hoofdoorzaak hiervan is de schurende werking van de wind, waardoor de heidepol aan de loefzijde in zijn vorm wordt geschoren. Aan deze kant groeien dikwijls korstmossen. Aan de lijzijde biedt de struik dikwijls beschutting aan dopheide. Gewoonlijk is het duinterrein bezaaid met dergelijke pollen.

Het verschil in begroeiing tussen noord- en zuidhellingen is bijzonder treffend. Dit vindt zijn oorzaak hoofdzakelijk in de temperatuursverschillen tussen dag en nacht. 's Zomers kan de temperatuur op de zuidhellingen overdag oplopen tot meer dan 50° C, terwijl deze 's nachts soms tot het vriespunt daalt. Alleen het buntgras en diverse korstmossen overleven dit. Op de minder extreme noordhellingen gedijt de soortenrijke kruipwilg-eikvarenassociatie. △

Oude droogmakerijen

Aan de oostkant van het duingebied liggen droogmakerijen, die tot de oudste van ons land behoren, zoals de Oudburgerpolder, aan de noordoostkant van Bergen. Op de hekpaal houdt een grutto een oogje in het zeil. Doordat de kleine polders veel van hun oorspronkelijke karakter hebben kunnen bewaren, is hun natuurwaarde nog tamelijk groot.

Het poldergebied tussen de Schoorlse Zeedijk, het Noordhollands Kanaal en de duinenreeks vormt een belangrijk weidevogelgebied van het Berger- en Egmondermeer. Maar behalve dat hier in het voorjaar veel vogels broeden, zijn er ook allerlei vogels uit de nabije duinen en bossen die hier hun kostje opscharrelen. Daarnaast vormen de graslanden een pleistergebied voor trekvogels. ▽

Landgoedbossen

Het bosgebied rond Het Oude Hof, in Bergen, behoort tot het vochtige binnenduinbos. Het huidige gebouw wordt gebruikt als volkshogeschool en stamt uit de tweede helft van de 19e eeuw. Het park werd al in 1641 aangelegd, toen de Heer van Bergen, jonkheer Anth. Studler van Surck, hier een kasteel wilde bouwen.

In het voorjaar bloeien hier diverse stinseplanten, zoals de mooie bostulp. Aan bomen staan er in het Berger Bos o.a. beuk, eik, berk, hulst, abeel, els, linde en grove den.

Veel bossen aan de binnenduinrand zijn ooit als landgoedbos aangelegd. Het ruim 250 ha grote Heilooër Bos (inclusief het landgoed Nijenburgh) is een ander voorbeeld. Ze vormen een belangrijke biotoop voor allerlei zangvogels, roofvogels en bosvogels als wielewaal en houtsnip. △

OMGEVING BERGEN

Buurtschappen rond geestgronden

Nadat de strandwallen en zandruggen van de binnendelta's wegens overstromingen waren verlaten, raakten ze omstreeks 800 v.C. opnieuw bewoond. Er ontstonden buurtschappen rond de geestgronden.

Slot op de Hoef
Aan de Slotweg in Egmond aan de Hoef liggen de opgemetselde fundamenten van het vermaarde Kasteel Egmond, beter bekend als het 'Slot op de Hoef'.
Het oudste gedeelte van het kasteel van de graaf van Egmond dateerde uit de 12e eeuw en lag aan de noordzijde. Het kasteel diende oorspronkelijk ter bescherming van de Egmonder Abdij. Het werd in 1574 door de geuzen onder Sonoy verwoest. △

Geestgronden als akkerland
In vrij recente tijd zijn landbouwgronden geschapen door de oude duinen af te graven, zoals hier bij Egmond aan de Hoef. Men verwijderde het kalkarme zand, waardoor weer kalkhoudend zand boven kwam. Bovendien lag de grond dichter bij de grondwaterspiegel en waren de vlakke akkers gemakkelijker te bewerken.
Met geestgrond duidde men in de middeleeuwen in deze streek het meestal ovale akkercomplex aan waaromheen de buurtschappen zich groepeerden. Deze waren onderling verbonden door paden die op de overgang van de geestgrond en de woeste grond liepen, evenwijdig aan de strandwal.
De bevolking leefde van het gemengde bedrijf. De akkers lagen, zoals vermeld, op de geestgronden. De lage, vochtige voet van de strandwal deed dienst als wei- en hooiland. △

Polders uit de 16e eeuw
Tot het beschreven gebied behoren enkele oude polders, zoals deze aan de noordoostkant van Bergen. Omstreeks de 11e eeuw was men begonnen het achter de strandwallen gevormde veen op grote schaal te ontginnen. Door de ontwatering klonk het veen sterk in, waardoor het maaiveld daalde. Dit ging gepaard met een stijging van de zeespiegel en stormvloeden, zodat doorbraken van de zee niet uitbleven. Grote delen van de klei- en veengronden werden overstroomd en weggeslagen. Er ontstonden tal van meren, zoals het Berger- en het Egmondermeer.
Met het droogleggen van deze meren werd halverwege de 16e eeuw een begin gemaakt. De graven van Egmond en Brederode slaagden er als eersten in land te winnen door meren droog te malen. ◁

CULTUUR

Oude slotkapel
Aan de westzijde van de resten van het Slot op de Hoef ligt de gaaf bewaard gebleven voormalige slotkapel, die uit de 15e eeuw dateert. Deze wordt nu nog als Hervormde kerk gebruikt, terwijl er 's zomers ook concerten worden gegeven. Het opengewerkte, houten torentje is bijzonder charmant. De kapel bezit mooie gebrandschilderde ramen.
De resten van de fundamenten van het kasteel kwamen in 1936 te voorschijn, toen een moeras naast de kapel werd drooggelegd. ▽

Hondsbosse Zeewering
Het dijkenstelsel van de Hondsbosse Zeewering kreeg zijn huidige vorm vanaf 1870. De voet van de dijk *(links boven)* is ruim 75 m breed en de kruin meer dan 10 m. De hoogte bedraagt 6,42 m boven NAP. De lengte van de Hondsbosse Zeewering is bijna 5 km. Aan de noordzijde sluit de Pettemer Zeewering hierop aan. Vóór de zeewering liggen 29 hoofden in zee *(rechts boven)*.
De eerste pogingen om het achter het zeegat Zijpe gelegen land tegen de zee te beschermen werd halverwege de 15e eeuw gedaan, na de St.-Elisabethsvloed van 1421. In 1526 legde men de Slaperdijk aan, die van de duinen van Hargen tot aan de oude Schoorlse Zeedijk loopt en een lengte heeft van bijna 2 km. De Droomerdijk dateert uit 1614, is ca. 500 m lang en verbindt de oude Schoorlse Zeedijk met de Wakerdijk. Deze bestond uit een in 1624 aangelegde zanddijk. Aan de zeezijde werd deze beschermd door 29 hoofden.
De aansluitende Pettemer Zeewering is op dezelfde manier aangelegd, maar heeft 6 hoofden. △

Duinafslag een bedreiging
Zandscherm van takken tussen twee duinkoppen aan de zeereep bij Bergen aan Zee. De geschiedenis heeft geleerd dat duinafslag voor grote rampen kan zorgen in dit onrustige, door wind en water voortdurend aan veranderingen onderhevige gebied. Vandaar dat Rijkswaterstaat de jonge duinen op allerlei, vaak arbeidsintensieve, manieren beschermt. Deze schermen, die de wind afremmen maar wel doorlaten, zijn doeltreffende zandvangers. △

133

OMGEVING BERGEN

Hollands blanke duinen en grote donkere bossen

Bij Bergen en Schoorl ligt niet alleen het breedste duingebied van Nederland, de duinen zijn er ook heel hoog, namelijk tot 50 m NAP. De oude dorpen aan de binnenduinrand, de veel jongere badplaatsen aan zee en daartussenin veel bos, dat is het karakteristieke beeld van deze streek. Voor wie wil wandelen of fietsen, zwemmen en zonnebaden zijn er mogelijkheden genoeg.

De zon in zee zien zinken
Het strand is de grote trekpleister van dit gebied. Het witste strand van ons land, dat op enkele plaatsen alleen per fiets of lopend bereikbaar is. Aan het begin van deze eeuw ontstonden uit de vissersplaatsen Bergen aan Zee en Egmond aan Zee de eerste badplaatsen. Op een warme zomeravond vanaf een duintop de zon als een bloedrode bal in de zee zien zakken is een belevenis die u eigenlijk niet mag missen. ◁

Toerisme en tuinbouw
De streek rondom Bergen leeft voor een groot deel van het toerisme. Ook is het een aantrekkelijk woongebied voor forensen en de druk van de grote plaatsen aan de rand als Alkmaar, Heiloo en Limmen is dan ook merkbaar. In de polders grenzend aan de duinen, wordt steeds meer plaats ingeruimd voor de tuinbouw, onder andere de bollenteelt. Het kleinschalige landbouwbedrijf verdwijnt langzamerhand.

Strandvondsten
Lopend langs de vloedlijn op het strand kunt u van alles aantreffen. Schelpen, wrakhout, maar ook het afgebeelde blaaswier, een bruinwier, dat soms in groten getale aanspoelt. Bij een aflandige wind spoelen ook veel kwallen aan. Opvallend is het verschil in schelpenrijkdom. Ten zuiden van Bergen aan Zee is het strand vaak bezaaid met uit de Noordzee afkomstige schelpen; ten noorden van deze plaats vindt men die lang zo veel niet. De oorzaak hiervan moet gezocht worden in de zeestromingen voor de kust. ▷

OP STAP

Oostenrijkse dennen
De omgeving van Bergen en Schoorl is bijzonder rijk aan bos. Bij Schoorl zijn dat vooral geheimzinnige donkere bossen van Oostenrijkse dennen. Ze werden aangeplant om de duinen vast te leggen en het hout werd gebruikt in de mijnen. △

Schoorl
Tijdens uw fietstocht door het duingebied van Bergen en Schoorl komt u door een aantal aardige dorpjes, zoals Groet, Catrijp en Bregtdorp. Ze liggen tegen de binnenduinrand aan. Schoorl is al een heel oud dorp, waar in de 7e eeuw al bewoning was. Afgebeeld is het voormalige raadhuisje uit 1601. △

Oude beuken
In de omgeving van Bergen zijn prachtige oude loofbomen te zien. Op het voormalige landgoed het Oude Hof bijvoorbeeld, van waaruit vroeger de heerlijkheid Bergen bestuurd werd en waar nu de volkshogeschool gevestigd is. Maar ook bij Het Woud aan de binnenduinrand. Daar groeien eiken, beuken en lijsterbessen. △

Fietstocht Bergen–Schoorl
De lengte van de tocht is ongeveer 40 km. En u vertrekt uit Bergen. Langs de volkshogeschool fietst u over een landweg door de polder. Een stukje langs de Herenweg, op de grens tussen duin en polder, en dan bij Het Woud via een verhard pad richting zee. Dit gedeelte behoort tot het Noordhollands Duinreservaat (toegangskaart is vereist). Vlak voor Bergen aan Zee passeert u het Parnassiapark. Verder noordwaarts door de beboste duinen. De begroeiing is er anders dan in het begin bij Het Woud. Hier komt ook heide voor, een kenmerk voor kalkarme grond. De tocht buigt af naar het oosten en links ziet u het natuurreservaat het Kleine Ganzeveld liggen. Het noordelijkste punt van deze route is Groet met zijn aardige kerkje op de Kerkbrink. Op de grens van duin en lager gelegen gebied volgt u de weg door Schoorl naar Bergen terug.

OMGEVING BERGEN

Scheiding in duinen
Wie van zuid naar noord door de duinen trekt, bemerkt dat ter hoogte van de Verbrande Pan even onder Bergen aan Zee het zand lichter wordt. Dat hangt samen met het kalk- en mineraalgehalte van het duinzand. Het noordelijk duingebied is kalkarm, het zuidelijke kalkrijk. Dat geeft ook duidelijke verschillen in begroeiing. Deze is in de kalkrijke duinen veel weelderiger. Vlier, hondsroos, kamperfoelie en allerlei kruidachtigen komen daar voor. In het noordelijke deel komt bijna geen struikgewas tot ontwikkeling; wel vindt men er heidevelden met struik-, dop- en kraaiheide. Afgebeeld is het kalkarme duingebied bij Bergen aan Zee. △

Kunstenaarscentrum
Het dorp Bergen-Binnen is van oudsher een bekende vakantieplaats, maar ook een kunstenaarscentrum. Rond 1900 kozen tal van dichters, schilders en beeldhouwers hier hun woonplaats. Midden in het dorp ligt de ruïne van de in 1574 verwoeste kerk. Op last van Sonoy werd de heerlijkheid Bergen platgebrand na het beleg van Alkmaar om te verhinderen dat Spaanse troepen er zouden legeren. De ruïne is voor een deel gerestaureerd en weer in gebruik als kerk. Aan de heerlijkheid Bergen herinnert ook nog het landgoed het Oude Hof. In het gebouw is nu een volkshogeschool gevestigd. ◁

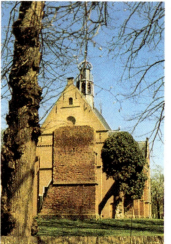

Bloembollenvelden
Fietsend langs de binnenduinrand tussen Egmond en Bergen kunt u in het voorjaar genieten van de kleurige velden bloeiende bloembollen. De geestgronden worden

Fietstocht Egmond aan de Hoef
Het beginpunt van de route is Egmond aan de Hoef. De lengte bedraagt ongeveer 40 km. U fietst eerst noordwaarts door de polder en langs de binnenduinrand. Bij boerderij de Franschman een stukje langs het fietspad van de Zeeweg en door de duinen naar Bergen aan Zee. Van hier over een verhard pad door het duingebied naar Het Woud, waar u langs de Herenweg op de binnenduinrand weer Egmond aan de Hoef bereikt. Dit dorp laat u achter u en u gaat verder door het Noordhollands Duinreservaat (toegangskaart nodig!). Op het punt waar de tocht naar het oosten afbuigt, ligt een infiltratieveld van de provinciale waterleiding. Voor het terrein van Duin en Bosch gaat u weer naar het noorden en via het duingebied en de polder komt u in de buurt van Heiloo. Over een fietspad rijdt u dan weer terug naar Egmond aan de Hoef, met de ruïnes van het slot van de Heren van Egmond.

al sinds 800 gebruikt voor akkerbouw en de lage vochtige strandwalvoet als weidegebied voor het vee en als hooiland. Landbouw, maar vooral tuinbouw, is voor een deel van de bevolking nog steeds een bron van inkomsten. Ten behoeve van de bollenteelt worden ook veel graslanden omgezet in bollenland, vooral in de Philisteinse Polder bij Bergen. Voor de diversiteit van het landschap betekent dat een verarming. Aan het begin van deze eeuw werden de duinen afgegraven tot dicht op het grondwater voor de bloembollenteelt, hetgeen toen al reacties van natuurbeschermers opriep. Ook de toename van woningbouw en het gebruik van grond voor recreatie zijn een gevaar voor de natuurwaarde van dit gebied. ◁

Polders
Karakteristiek voor de omgeving van Bergen zijn de kleipolders die aan de duinen grenzen. De graslanden daar zijn van groot belang als broedgebied voor weidevogels. Ook komen hier allerlei vogels uit het bos- en duingebied voedsel zoeken, en overwinteren of rusten er trekvogels. In de Philisteinse Polder groeit de rietorchis. △

Binnenduinbossen
In de beschutting van de hoge duinen bij Bergen en Schoorl hebben zich op de vochtige binnenduinrand mooie oude loofbossen ontwikkeld. △

OP STAP

Wandeling Egmond-Binnen
Het beginpunt van de wandeling (toegangskaart vereist!) is de parkeerplaats aan de Middenweg even buiten Egmond-Binnen. De lengte van de wandeling bedraagt ongeveer 5,5 km. Hij voert u door een grotendeels open duinterrein. De begroeiing bestaat voornamelijk uit duindoorn, abelen en lijsterbes. Konijneholen en -keutels vindt u overal langs het pad. Met een beetje geluk ontmoet u het konijn zelf ook. Of een fazant, een veel voorkomende duinbewoner. Tegen de avond heeft u de meeste kans. Voor zandhagedissen en loopkevers is wat meer oplettendheid vereist. Vooral hagedissen schieten snel weg, maar misschien kunt u er eentje betrappen als hij ligt te zonnen. In de bosgedeelten huizen o.a. eekhoorns.

OMGEVING BERGEN

Meeuwen
Vogels die u veelvuldig tijdens de wandeling hoort en ziet zijn verschillende soorten meeuwen. Vooral stormmeeuwen broeden er in grote aantallen. U kunt ze herkennen aan de karakteristieke keffende geluiden waarmee ze hun territorium afbakenen. Verder broeden hier nog zilvermeeuwen, kleine mantelmeeuwen, kapmeeuwen en, met een enkel paar, de zeldzame zwartkopmeeuw. ◁

Distels
De afgebeelde speerdistels komen algemeen voor. Veel zeldzamer is de denneorchis, een orchidee die in de oudere naaldbossen van Schoorl plaatselijk massaal tussen de kraaiheide groeit. Tijdens de bloeiperiode in juni/juli is de bodem dan wit gekleurd. Deze orchidee is, evenals alle andere orchideeën in ons land, beschermd. Op de schrale en droge graslanden, die in stand worden gehouden door de wind en door de konijnen, vindt u akkerhoornbloem, grote wilde tijm, viltganzerik en echt walstro. ▷

Duindoorn
De duindoorn van de afbeelding vindt u beslist niet in het kalkarme noordelijke duingebied bij Schoorl. Het is typisch een plant voor de kalkrijke duinen ten zuiden van Bergen aan Zee. Hij groeit daar in gezelschap van andere besdragende struiken en kruidachtigen als wilde asperge, hondstong en duinsalomonszegel. Ook kenmerkende duinplanten als duinaveruit, kruisbladgentiaan en de duinroos komen hier voor. ▽

Wandeling Hargen
Vanuit Hargen voert deze wandeling, die een lengte van ongeveer 6 km heeft, over de Hargerzeeweg eerst richting strand. Door duin, heide en bos bereikt u het zuidelijkste punt ter hoogte van het duinmeer bij het Kleine Ganzeveld. Door het bos gaat u weer terug naar Hargen. Het gebied waar u doorheen loopt behoort tot de boswachterij Schoorl.

OP STAP

Wandeling Bergen-Binnen
De lengte van deze wandeling die u wat van de omgeving van het dorp Bergen-Binnen laat zien, is 5 km. Via de met beuken en linden beplante Kranenburglaan en het Droomlaantje komt u bij de volkshogeschool. Dan noordwaarts, en tenslotte weer zuidwaarts naar Bergen.

Ingesponnen kardinaalsmuts

In de duinen kunt u plekken tegenkomen waar struiken helemaal ingesponnen zijn. Dat is het werk van de rups van de kardinaalsmutsmot. De struiken zijn kardinaalsmutsen, waar deze rupsen een voorkeur voor hebben. De rups kan in zulke grote aantallen voorkomen, dat de hele omgeving wit ziet van het spinsel en de struiken volkomen kaal zijn. Het bos waar u tijdens de wandeling bij Bergen doorheen loopt, is deels een droog binnenduinbos. Hier groeien zomereik, lijsterbes, berk en grove den. De ondergroei bestaat voornamelijk uit mossen met hier en daar wat struikheide. Let eens op de talrijke mierenhopen. Vooral groene spechten zijn dol op mieren. Ze hebben een lange kleverige tong waarmee ze de mieren vangen. Het bosgebied rond het Oude Hof behoort tot het vochtige binnenduinbos. De lanen van dit oude landgoed zijn beplant met linden en beuken. △

Blonde duinen

Het zand in de duinen bij Schoorl is witter dan ergens anders; het bevat weinig kalk. Er wil maar weinig groeien en om verstuiving van het zand tegen te gaan heeft men een groot deel van de duinen beplant met dennen. Had men dat niet gedaan, dan was Schoorl waarschijnlijk allang onder het zand verdwenen. Het hoge klimduin bij deze plaats is tegenwoordig een attractie, maar was vroeger een levensgrote bedreiging. Op sommige plekken middenin de duinen, waar het geen kwaad kan, laat men stukken onbeplant en heeft de wind vrij spel. ▷

OVERIJSSELSE VECHT

OVERIJSSELSE VECHT

Met de Vecht mee door het land van het krenteboompje

Stroomopwaarts de Overijsselse Vecht langs: een kleine ontdekkingsreis dwars door een gebied met onvermoede mogelijkheden voor de rustzoeker, maar ook voor de liefhebber van landschapsschoon of bijzondere planten en dieren. Het stempel van de mens is hier niet meer weg te denken. Maar tussen de regels staat overduidelijk iets te lezen van een ver verleden, half mensenwerk, half het werk van barre krachten.

Klein in Dalfsen
Dalfsen is in het gebied van de Overijsselse Vecht de gemeente met de meeste landhuizen: Huis Den Berg, de Aalhorst, Huize Hessum, de Ruiterborg, de Leemcule, het kasteel Rechteren. Maar tussen deze vaak monumentale gebouwen en de uitgestrekte parkbossen waarvan ze dikwijls het middelpunt vormen heeft ook het kleine een plaats gekregen. Zoals dit knusse boerderijtje, gedekt met stro en aan de voorgevel voorzien van het karakteristieke, afgeknotte wolfseind. ▷

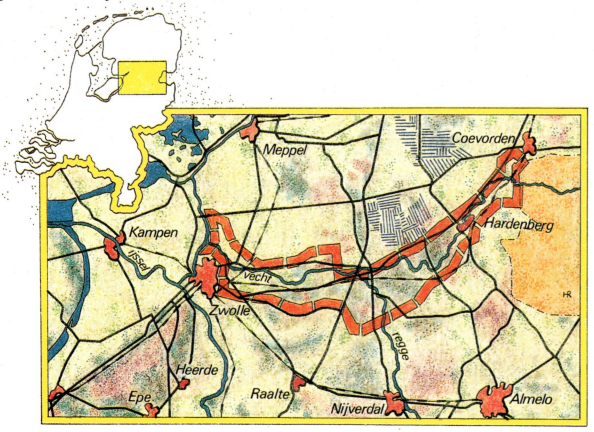

Weidevogels
De stroomdalgraslanden in het Vechtdal zijn een belangrijk broedgebied voor weidevogels als tureluur, wulp, kemphaan, watersnip en kievit. Wel loopt hun aantal de laatste jaren op verontrustende wijze terug, onder meer als gevolg van de ruilverkavelingen in de streek. Maar in het voorjaar is de opvallende roep van de meeste soorten nog te horen, vooral waar het grasland vochtig is en nog rijk aan kruiden. △

INLEIDING

Bossen bij Junne

De bossen bij Junne, die voor een groot gedeelte tot het landgoed Junne behoren, worden beschouwd als een belangrijk natuurgebied. Ze zijn voor een groot deel aangeplant op zandgronden die hier ontstonden in de laatste ijstijd. Het landijs uit het noorden bereikte ons land toen niet, maar in het toendra-achtige landschap traden gigantische verstuivingen op, waardoor grote gebieden overdekt raakten met een dikke laag dekzand. Op dergelijke zandgronden legden latere landbouwers ook hun akkers aan, die in dit deel van het land 'essen' worden genoemd. De evenwijdige patronen van dit essenlandschap zijn in de buurt van Junne nog redelijk gaaf bewaard gebleven. ▽

Huis Eerde

De voormalige havezate Eerde, 5 km ten zuiden van Ommen, dateert in zijn huidige vorm uit de 18e eeuw. Ze werd toen gebouwd door Johan Warner van Pallandt. Al eerder echter stond op deze plaats de roofburcht van Evert van Essen. Zijn wandaden leidden ertoe, dat het 13e-eeuwse kasteel in 1380 na een wekenlange belegering werd platgebrand door de legers van de bisschop van Utrecht en van de steden Zwolle en Deventer. Het huidige gebouw, dat op houten palen staat, is in 1982 gerestaureerd. De paarse planten in de muur langs de slotgracht zijn aubriéta's. ▽

Krenteboompje

Een van de trekpleisters van oostelijk Nederland is het Drents krenteboompje. Het draagt een misleidende naam. *Amelanchier lamarckii*, zoals de wetenschappelijke naam luidt, is geen boom maar een struik, hij draagt geen krenten en hij komt oorspronkelijk niet uit Drenthe. Het Drents krenteboompje hoort thuis in Noord-Amerika. Het is in ons land ingevoerd door de eigenaars van de grote landgoederen, vooral in het oosten van het land. En met name daar sloeg de struik zo goed aan, dat ze op sommige plaatsen uitgroeide tot een ware plaag. Het krenteboompje verdringt namelijk al heel gauw alle andere kruiden en struiken in de buurt. De struik bloeit in mei, met een weelde aan sneeuwwitte bloemtrossen. De vruchten, die wel wat lijken op die van de mispel, zijn klein en zoet en worden soms verwerkt tot jam. Ze worden veel gegeten door vogels, die zo de verspreiding bevorderen. △

Uitzicht Lemelerberg

Dit uitzicht op de Sallandse Heuvelrug is te zien vanaf de 81 m hoge Lemelerberg. Met de Archemer- en de Besthmenerberg behoort hij tot de stuwwallen bij Ommen die in de voorlaatste ijstijd door het landijs zijn opgedrukt. Door deze herkomst zijn de drie heuvels ook geologisch van grote betekenis. ▽

OVERIJSSELSE VECHT

IJs, wind en zand: de bouwers van een Sallands landschap

Lang voor de komst van de mens beitelde de natuur een landschap uit dat tot op de dag van vandaag zijn karakteristieke kenmerken niet is kwijtgeraakt. Ze maakte daarbij gebruik van de middelen die haar ten dienste stonden: het ijs uit het noorden, de toendrawinden van daarna, zand dat de vrije hand kreeg en een rivier die voortdurend zijn bedding verlegde en zodoende mogelijkheden schiep voor veenvorming.

Toendra

Het gebied van Vecht en Regge is tegenwoordig een kleinschalig en afwisselend gebied. De einder is zelden ver weg; het land is gestoffeerd met talloze elementen, van dichte bossen tot schilderachtige boerderijen. Tijdens de laatste ijstijd was dat even anders. In ons land heerste toen een toendraklimaat waarin vegetatie óf ontbrak óf slechts bestond uit mossen, korstmossen en dwergstruiken. Zo ver de blik reikte was het landschap leeg en kaal, precies zoals dat nu nog het geval is in de toendra's van het hoge noorden. ▽

Heide op Lemelerberg

De Lemelerberg is voor een belangrijk gedeelte opgebouwd uit arme stuwwalgronden waarin zich nogal wat noordelijk gesteente bevindt dat door het landijs is aangevoerd. Door de schraalheid van de bodem groeide er vroeger op de berg veel heide, vooral struikhei die niet zoveel vocht nodig heeft. Van die heide zijn, net als op de Archemerberg, slechts restanten bewaard gebleven. De meeste heideterreinen zijn nu begroeid met naaldbossen, terwijl op de lagere flanken veel akkers liggen. Op de Lemelerberg staat een monument in de vorm van een leeuw. Het is opgericht door de Oranjebond van Orde, ter gelegenheid van Nederlands onafhankelijkheid (1913). △

Zwarte Water

De Overijsselse Vecht, die bij Gramsbergen de Nederlands-Duitse grens overschrijdt, beëindigt zijn loop iets ten noorden van Zwolle waar de rivier uitmondt in het Zwarte Water. In de buurt van deze samenvloeiing ligt niet alleen een belangrijk weidevogelgebied maar zijn ook nog stukken moerassig laagveen bewaard gebleven. Tot de karakteristieke planten die in dit afwisselende milieu groeien behoort onder andere de zeldzame kietvitsbloem, die elders in het land nog maar zelden wordt gevonden. Vooral het laatste stukje Vecht, tussen Berkum en de uitmonding, is rijk aan kolken met een zeldzame flora. Het Zwarte Water is voor een gedeelte ontstaan uit de vroegere stadsgrachten van Zwolle, waarvan de aanleg begon in de 13e eeuw. △

ONTSTAAN

Rust in het moeras
Op enkele plaatsen in het gebied van Vecht en Regge komen nog moerassige vennen voor waarin veenvorming plaatsvindt. Het zijn niet de plaatsen waar voor de dagrecreant veel vertier is te vinden; de moderne toeristenindustrie heeft het niet zo begrepen op deze sombere oorden. Maar wie geïnteresseerd is in planten en in de landvormende processen die in ons land ooit op veel grotere schaal hebben plaatsgevonden, kan bij zulke moerassen uren zoek brengen. Meestal heeft hij alleen gezelschap van talloze water- en oevervogels.

Meanderende Vecht
Het stroomdal van de Overijsselse Vecht is een zgn. smeltwaterdal. Het ontstond toen aan het einde van de voorlaatste ijstijd, zo'n 70000 jaar geleden, het ijs zich lobvormig begon terug te trekken. Oorspronkelijk was de Vecht een rivier die zeer sterk meanderde. Ze doet dat nu ook nog wel, zoals op de foto is te zien, maar toch veel minder dan ten tijde van haar ontstaan. Door die grillige loop verplaatste de bedding zich regelmatig, bijvoorbeeld doordat bepaalde lussen door het bezinken van zand werden afgesloten en de rivier een nieuwe weg moest zoeken. Van die 'dode' rivierarmen zijn er in het gebied nog verscheidene te vinden. Het oerstroomdal van de Overijsselse Vecht was al vóór de Romeinse tijd bewoond; dat wil zeggen dat op de hogere gronden jagers, vissers en landbouwers een zwervend bestaan leidden.

Stoomgemaal 'Mastenbroek'
Aan de Kamperzeedijk te Genemuiden, ten noorden van Zwolle en in feite net iets buiten het hier besproken gebied, ligt het bekende stoomgemaal 'Mastenbroek'. Het is gebouwd in 1856; een van de vele stoominstallaties die sinds de 18e eeuw in ons land zijn gebouwd toen veranderende agrarische methoden een intensievere bemaling vroegen dan met windkracht mogelijk was. De 'vuurmachine' van Genemuiden is gebouwd door de Amsterdamse machinefabriek 'De Atlas'. Het reusachtige vliegwiel van de stoommachine weegt 17 ton en heeft een middellijn van 8 m. Het water werd uitgeslagen met houten schepraderen. Gebouw en installatie zijn gerestaureerd.

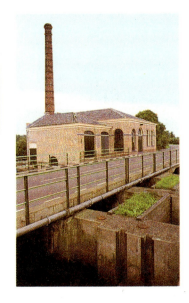

Zand als landschapsbouwer
Stuivend zand heeft ook in het gebied van Vecht en Regge duizenden jaren een belangrijke rol gespeeld. Het heeft in grote mate bijgedragen aan de huidige kenmerken van het landschap. De eerste, geologisch nog traceerbare verstuivingen vonden plaats in de laatste of Würmijstijd. Het van het noorden uit opschuivende ijs bereikte ons land toen niet meer. Maar omdat de begroeiing in het toen heersende toendraklimaat schaars was of zelfs geheel ontbrak, kreeg de wind gemakkelijk vat op het zand dat door het ijs van de vorige of Riss-ijstijd was achtergelaten. Dit opgestoven zand overdekte grote gebieden met een zandlaag die soms meters dik is. Veel later, toen grote delen van het gebied uit heidevelden bestonden, was de exploitatie van de hei soms zó intensief dat de planten afstierven. In die tijd ontstonden de grote stuifzandgebieden die zich steeds verder uitbreidden en vaak een bedreiging vormden voor het cultuurland. Van dat stuifzand zijn nog slechts resten over. Het meeste is inmiddels bedwongen door bebossing. Zo'n levend stuifzand is de 'Sahara' in de boswachterij Ommen. Waar de mens zich tegen het stuifzand probeerde te beschermen door de aanleg van houtwallen stoven soms hoge duinen op. Ze worden 'kamduinen' genoemd en zijn bijvoorbeeld nog te vinden in het Hessumse Veld, ten zuidoosten van Rechteren. Ook zand dat door de Overijsselse Vecht werd aangevoerd speelde soms een rol in de landschapsvorming. Als de wind er vat op kreeg verstoof het onder bepaalde omstandigheden tot rivierduinen. Zulke duinen liggen nog in de Junner Koelanden.

OVERIJSSELSE VECHT

Afwisseling als decor voor een gevarieerd natuurleven

Meanderende rivieren, stuwwallen, heidevelden, stuifzanden die ontstonden door de roofbouw van wie niet anders kon en bebossingen van generaties die weer beter wisten. Door dat alles ontstond de lappendeken van het gebied van Vecht en Regge – het decor waarin dier en plant en mens harmonisch samen zijn.

Schaap als beheerder
Op de schaarse heiderestanten, zoals hier op de Lemelerberg, spelen schapen een belangrijke rol als beheerder. Door het afgrazen van de heideplanten en het wegplukken van opschietend gras en jonge scheuten van bomen en struiken voorkomen ze namelijk, dat de hei in korte tijd wordt overwoekerd en zo verandert in een eentonige grasvlakte. Soms is zelfs dit schapenwerk niet afdoende en moet de hei worden afgebrand of afgeplagd. Een kostbaar werk overigens en daarom ook in natuurgebieden slechts mondjesmaat toegepast. ▷

Gewoon blaasjeskruid
Vecht en Regge hebben vóór en tijdens hun regulering in het landschap veel dode armen achtergelaten. Deze armen, waarin het water niet langer stroomt, verkeren in uiteenlopende stadia van verlanding. In de nog open stukken water heeft zich een kenmerkende gemeenschap van waterplanten ontwikkeld, met waterlelie, gele plomp, fonteinkruiden en het vrij zeldzame gewone blaasjeskruid. Van het blaasjeskruid wordt men gewoonlijk alleen iets gewaar in de zomer. De ondergedoken plant brengt dan lange bloemstelen met goudgele bloemen boven het wateroppervlak. Interessanter echter is het niet-wortelende gedeelte ónder water. Een deel van de stengels is veranderd in kleine, eivormige blaasjes. Met deze instrumenten vangt de plant kleine waterdieren. De blaasjes zijn afgesloten met een vlies, dat alleen naar binnen toe open kan. Raakt een watervlo een van de borstelharen rondom de opening, dan klapt dat vlies plotseling naar binnen. Het slachtoffer wordt met de waterstroom meegezogen. ◁

Egel
De stroomdalgraslanden van Vecht en Regge zijn een belangrijk foerageergebied voor een aantal kleinere zoogdieren, waaronder de wezel, een aantal muizensoorten en de koddige egel. Egels behoren tot de insekteneters, net als de spitsmuis. Maar behalve insekten staat er veel meer op zijn menu: slakken, wormen, afgevallen fruit, paddestoelen, de jongen van muizen en op de grond broedende vogels en zelfs slangen. Van de egel is bekend dat hij bestand is tegen het gif van de adder, al zal hij alles doen om te voorkomen dat hij door het reptiel wordt gebeten. In tijden van gevaar rolt de egel zich op tot een stekelige bal. Als het in het najaar kouder wordt dan zo'n 10° C trekt het dier zich terug onder een laag gras of bladeren en gaat in winterslaap. △

Grote karekiet
De grote karekiet is met zijn 19 cm de grootste rietzanger van Nederland. Van zijn neef, de kleine karekiet, is hij alleen door die grootte te onderscheiden; voor de rest lijken beide soorten sprekend op elkaar. In het gebied van Vecht en Regge komen beide vogels vooral voor in afgesloten rivierarmen die al in belangrijke mate zijn verland. Kenmerkend voor zulke gebieden is een hoogopgaande vegetatie van onder andere riet – en tussen dat riet bouwt de grote karekiet zijn nest. Het is een kunstig bouwsel van ineengevlochten rietbladeren en biezen; stevig, komvormig en van binnen bekleed met rietpluis, gras en veertjes. Het is altijd vastgemaakt aan een aantal rietstengels, op enige hoogte boven de grond. Het ruwe oppervlak van de stengels voorkomt, dat het nest bij winderig weer naar beneden zakt. De jonge karekieten verlaten het nest nog vóór ze kunnen vliegen en klauteren dan als circusartiesten langs de stengels. ▽

NATUUR

Kievit
De kievit behoort tot onze bekendste weidevogels en ontbreekt dan ook niet in de graslanden van Vecht en Regge. Dat ook deze vogel in aantal lijkt af te nemen is zeker niet het gevolg van het nog steeds beoefende rapen van de eieren. De vogel vult als regel namelijk zijn legsel aan tot vier, ook al verdwijnen er tussentijds een paar eieren. Bedreigender zijn de moderne maaimethoden; door het eerder en machinaal maaien worden veel jongen gedood. ▽

Oeverzwaluw
De oeverzwaluw is de kleinste van de drie zwaluwsoorten die ons land rijk is. Het opmerkelijkste aan deze vogel is zijn broedwijze. Oeverzwaluwen nestelen in kolonies in zandige of leemachtige steile wanden, zoals die in het gebied van Vecht en Regge nog wel te vinden zijn bij oude rivierarmen. Met hun kleine snavels en zwakke pootjes graven mannetje en vrouwtje samen een soms wel 1½ m lange tunnel. Aan het einde wordt die verruimd tot een nestkamer, slordig bekleed met grassen en veertjes. Daarin worden de eieren uitgebroed en de jongen grootgebracht. Oeverzwaluwen zoeken hun voedsel, insekten, vooral boven het oppervlak van meren, plassen, riviertjes en beken. Dat ze in aantal achteruitgaan is dan ook niet te wijten aan gebrek aan leefkost maar aan het verdwijnen van hun nestplaatsen. Datzelfde geldt voor een andere holenbroeder, de ijsvogel. △

Zwolse anjer
De Zwolse anjer heeft haar huidige naam nog niet zo lang. Vroeger stond ze bekend als heide- of steenanjer: een tamelijk onopvallende, paarsrode tot lila bloem van schrale graslanden. Die graslanden moeten overigens wel aan bepaalde voorwaarden voldoen wil deze anjersoort er zich thuisvoelen. Behalve arm aan voedsel moeten ze zo kalkarm mogelijk zijn en liefst nog een beetje zuur ook. Dit type schraalgrasland blijkt in hoge mate beperkt te zijn tot de oevers van drie riviertjes in ons land: de Regge, de Overijsselse Vecht en de Dinkel (die in feite een bronarm van de Vecht is). En daarmee zijn de groeiplaatsen van *Dianthus deltoïdes* wel zo'n beetje genoemd. Vandaar dus de nieuwe naam; elders in het land komt de Zwolse anjer praktisch niet voor. Op de foto bloeit de plant in gezelschap van het wit vetkruid. ▷

Langbladige ereprijs
Afgesloten of 'dode' armen van rivieren en beken zijn, als ze met rust worden gelaten, rijke groeiplaatsen voor uiteenlopende soorten, vaak zeldzame of minder algemene planten. De meeste zijn, op lange termijn gezien, geen blijvertjes. Door het voortschrijdende verlandingsproces treedt successie op: bepaalde soorten maken zo'n biotoop geschikt voor andere en worden vervolgens door de nieuwkomers verdrongen. Bij sommige dode armen van de Regge groeit nu nog de zeer zeldzame langbladige ereprijs, met hemelsblauwe bloemtrossen. ▷

Herfst in Hoonhorst
Twee interessante fietsroutes van de ANWB, de Vechtroute en de Havezateroute, ontmoeten elkaar in het dorp Hoonhorst, ten zuidwesten van Dalfsen. De omgeving ervan pikt nog juist iets mee van de rijkdom van Dalfsen, met zijn vele parkbossen. Tot welke fraaie beelden dat kan leiden blijkt uit deze herfstfoto. ◁

Gewone waterranonkel
De gewone waterranonkel is een waterplant die karakteristiek is voor beken, sloten en greppels met helder water en een wisselende waterstand. In het Vecht- en Reggegebied is ze dus overvloedig te vinden. In mei en juni, als de plant haar bloemen ontvouwt, kan ze het wateroppervlak soms geheel wit kleuren. Valt het water weg dan gaat de plant soms over in een gedrongen landvorm. △

OVERIJSSELSE VECHT

Tussen natuur en talrijk mensenwerk

Langs Vecht en Regge leeft al sinds ver voor onze jaartelling de mens. Mondjesmaat greep hij in: kleine veranderingen in het landschap die, achteraf gezien, de afwisseling van nu ten goede zijn gekomen en de natuur alleen maar rijker maakten.

Vogelpootje
Het vogelpootje is een plant uit de vlinderbloemenfamilie. Ze dankt haar ietwat vreemde naam aan de peulen. Die groeien met zijn tweeën of drieën aan het einde van de stengel en vertonen, door hun gebogen vorm en de vele geledingen, een opvallende gelijkenis met sommige vogelvoeten. In het gebied van Vecht en Regge komt het vogelpootje algemeen voor, zowel op schrale graslanden als op zandbodems. De plant bloeit tussen mei en september met kleine, witte, rooddooraderde bloempjes die met korte steeltjes op een gemeenschappelijke stengel staan. △

Recreatiedruk
Het stroomgebied van Vecht en Regge is tamelijk bosrijk. Dat geldt met name voor de streek ten zuidoosten van Ommen en voor het gebied dat ten zuiden van de lijn Dalfsen-Ommen ligt. Sommige van deze bossen bestaan uit heide-ontginningsbossen, bijvoorbeeld de boswachterij Ommen; andere hebben een meer parkachtig karakter en behoren (of behoorden) tot de grotere landgoederen in de streek. De meeste van deze bosgebieden zijn zeer in trek bij wat tegenwoordig 'recreanten' heten: mensen die op een of andere wijze 'buiten' willen zijn. Hun belangstelling legt echter wel een grote druk op de terreinen van hun voorkeur; niet alleen door de behoefte aan noodzakelijke voorzieningen als zomerhuisjes, bungalowparken en kampeerterreinen, maar ook omdat recreëren lang niet altijd hetzelfde blijkt als in stilte genieten van de natuur. Vandaar dat overheid en terreinbeheerders vaak genoodzaakt zijn de ontwikkeling van recreatievoorzieningen aan banden te leggen of op bepaalde punten te concentreren. ◁△

Ommer es
In de 10e en 11e eeuw ontstond in het gebied van Vecht en Regge het essenlandschap. Kern van een vestiging van landbouwers was een groep boerderijen rondom een brink, met daaromheen de percelen akkergrond, de essen. Daarbuiten lag meestal de open heide. Met de mest van de daar grazende schapen werden de essen bemest. De akkers werden daardoor steeds hoger en kregen een bol, glooiend verloop. ◁

Nachtegaal
Op verscheidene plaatsen in de streek broedt de zeldzamer wordende nachtegaal. Dat is het geval in oude, verlandende rivierarmen, in de essen-iepenbossen ten westen van Berkum en in het Eerder Achterbroek. Te zien is deze schuwe vogel slechts zelden, te horen daarentegen is hij des te meer. De nachtegaal is een van de beste zangers van de Westeuropese vogelwereld. Zijn fraaiste lied zingt hij op warme avonden in het voorjaar. De mannetjes zijn dan bezig een wijfje te veroveren en dat is wel een solo waard. Overdag zingen de dieren ook. Het lied is dan echter wat eenvoudiger en dient voornamelijk de concurrentie weg te houden uit het eigen territorium. De nachtegaal deelt zijn woongebied meestal met soorten als wielewaal, tuinfluiter, zwartkoptuinfluiter en spotvogel. Kenners zoeken hem vooral in het gebied tussen Diffelen en Stegeren. △

NATUUR CULTUUR

Dode waterloop
Vecht en Regge zijn beide grillige rivieren. Ze hebben in het verleden hun bedding meermalen verlegd en in het landschap oude stroomgeulen achtergelaten. Andere oude waterlopen zijn overgebleven na de kanalisering van beide rivieren. Langs zulke stilstaande wateren heeft zich in de loop van de tijd een boeiend landschap ontwikkeld van afwisselend open water, moeras, dichte bosschages, verspreide bomen, een gevarieerde vegetatie en hier en daar ook rivierduintjes. Deze oude Vechtarm bij Ommen is er een voorbeeld van. Een bonte verzameling dieren heeft in en om de dode armen een woongebied gevonden. Vooral de vogels zijn rijk vertegenwoordigd, met o.a. roerdomp, wouwaapje, oeverzwaluw, ijsvogel, nachtegaal en zomertaling. ▽

Knoteiken op Eerde
Deze (verwaarloosde) knoteiken op het landgoed Eerde zijn op dezelfde wijze tot stand gekomen als de veel bekendere knotwilgen. In hun prille jeugd zijn de stammen dicht bij de grond 'afgezet', waarna de boom een groot aantal takken ontwikkelde die voor allerlei doeleinden gebruikt konden worden. Het landgoed is overigens tóch rijk aan bomen. De oudste, die bij jaarringonderzoek zo'n 250 jaar oud bleken, zijn jammer genoeg verloren gegaan in de zware novemberstorm van 1982. Deze richtte ook elders in het land grote schade aan. △

Pijpestrootje
Het pijpestrootje is een grassoort van de vochtige heide. Het is onder andere te vinden in de heiderestanten van het Eerder Achterbroek, samen met soorten als veenbies, witte snavelbies en dophei. Veel pijpestrootje op de hei betekent, dat het gebied van karakter aan het veranderen is en dat de heide binnen niet al te lange tijd zal zijn omgezet in een soort savanne. In tegenstelling tot veel andere grassoorten heeft de stengel van het pijpestrootje geen knopen. Daarom werd het stevige gras vroeger wel gebruikt om tabakspijpen schoon te maken. Vandaar de naam. ▽

Besthmener Ven
In de boswachterij Ommen, iets ten zuidoosten van de stad, liggen drie met hoge dennen omzoomde plassen: het afgebeelde Besthmener Ven, het Zeesserven en het Dode Ven. Het laatste staat droog; men heeft het vroeger via een afwateringssloot laten leeglopen. Nu die sloot weer is gesloten zal het Dode Ven na verloop van tijd weer tot leven komen. Dat kan wel even duren, want de drie vennen ontvangen hun water alleen uit de lucht. Dat het regenwater niet wegloopt komt omdat de vennen in feite kuilen zijn, die door de wind zijn uitgestoven tot op een ondoorlatende laag. Doordat de vennen uitsluitend worden gevoed met regenwater, zijn ze voedselarm, hetgeen de variatie in plantengroei bevordert. In de twee 'levende' vennen drijven uitgestrekte veenkussens en waterlelievelden. Tot de broedvogels van deze plassen behoren kuifeend, wintertaling en dodaars. ▽

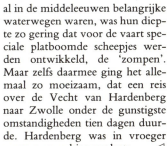

Stuw bij Junne
In het begin van deze eeuw is de Overijsselse Vecht gereguleerd, onder andere door de bouw van een aantal stuwen. Die bij Junne is de laatste. Omdat hij niet is voorzien van een schutsluis eindigt hier de bevaarbaarheid van de Vecht. Met die bevaarbaarheid is het trouwens altijd al sukkelen geweest, zowel van de Vecht als van de Regge. Hoewel beide rivieren al in de middeleeuwen belangrijke waterwegen waren, was hun diepte zo gering dat voor de vaart speciale platboomde scheepjes werden ontwikkeld, de 'zompen'. Maar zelfs daarmee ging het allemaal zo moeizaam, dat een reis over de Vecht van Hardenberg naar Zwolle onder de gunstigste omstandigheden tien dagen duurde. Hardenberg was in vroeger eeuwen een schippersplaats. ◁

OVERIJSSELSE VECHT

Roofridders, bisschoppen en boeren: land met historie

Tussen de roofridders van toen en de varkensmesters van nu liggen eeuwen en dingen die voorbijgaan. Het land ligt er niet wakker van; ridders verdwijnen, bisschoppen gaan. Wie tot nu toe gebleven is, is de boer. Hij past zich aan, hij ploegt of maait of mest en al doende vormt hij mede het land – het zijne.

Vee
Veeteelt heeft in het boerenbedrijf in het stroomdal van de Vecht altijd een rol gespeeld. Vanaf de middeleeuwen tot omstreeks 1900 stond in de gemengde bedrijfsvoering die hier regel was, het dier in dienst van de akkerbouw. Vanaf het einde van de vorige eeuw verschoof het zwaartepunt van de akkerbouw naar de melkveehouderij. Momenteel is er een ontwikkeling gaande naar enerzijds de intensieve melkveehouderij (met ligboxstallen) en anderzijds de pluimveehouderij en de varkensmesterij. △

Buurtschap Junne
De buurtschap Junne ligt in een scherpe meander van de Overijsselse Vecht, een kilometer of vijf ten oosten van Ommen. Ze bestaat in feite slechts uit een groepje Saksische of hallehuishoeven. De meeste hebben een zgn. 'onderschoer', een toegang tot het bedrijfsgedeelte van de boerderij waarvoor in het dak een uitsnijding is gemaakt. Die ingreep was nodig omdat de dakrand te laag is om in de oogsttijd de hoogopgetaste wagens naar binnen te kunnen rijden. Junne is als vestigingsplaats van landbouwers al heel oud. Bekend is, dat de buurtschap in de 14de eeuw uit tien huizen bestond, maar naar alle waarschijnlijkheid is hier al veel eerder geboerd. Junne hoort tot het landgoed van dezelfde naam, een gebied van 1024 ha aan weerszijden van de weg Ommen-Mariëndaal. De band tussen buurtschap en landgoed is terug te vinden in de zandlopervormige beschildering van de luiken, een uit de feodaliteit overgeleverd symbool om zo'n relatie aan te duiden. △

Kasteel Rechteren
Een van de oudste burchten aan de Overijsselse Vecht is het kasteel Rechteren. Of beter: wás het kasteel Rechteren, want het huidige gebouw dateert grotendeels uit de 17e eeuw. Alleen de donjon, de zware toren, is van omstreeks 1300 en zou kunnen vertellen van de woelige geschiedenis van het huis. Over het begin zou hij echter eveneens moeten zwijgen. Er zijn immers aanwijzingen dat hier al omstreeks 1100 een sterkte lag. Zeker is, dat dit het geval was in 1233. De stad Zwolle kreeg toen, behalve stadsrechten, ook toestemming zich te versterken en zich zo de roofridders van de burchten Eerde en Rechteren van het lijf te houden. Dat waren plaatselijke edelen die na het afbrokkelen van het gezag van hun heer (de bisschop van Utrecht) zonder toestemming een kasteel hadden gebouwd en dat profijtelijk exploiteerden als roofburcht. Nog geen eeuw later was dit soort praktijken de kop ingedrukt. In 1315 kwam het kasteel in handen van Herman van Voorst, die het met graaf Johan van Bentheim ruilde voor twee boerenerven. Het bleef in bezit van die familie tot er geen mannelijke Van Voorst meer over was. Door het huwelijk van een dochter ging het kasteel toen over aan de familie Van Heeckeren, die zich later 'Van Rechteren' ging noemen. Die grafelijke familie bewoont het huis nu nog. ▽

CULTUUR

Griend
Op plaatsen langs de Vecht die nog regelmatig worden overstroomd staan hier en daar wilgenvloedstruwelen. Sommige ervan zijn nog in exploitatie als griend, dat wil zeggen dat het hakhout van de bomen regelmatig wordt geoogst en verhandeld. Hakhout is in feite loofbos dat niet de kans krijgt op te schieten. De jonge bomen worden dicht bij de grond afgehakt, waarna de stronken een groot aantal takken ontwikkelen. Dit proces gaat door zolang het hout regelmatig wordt geoogst. Wilgehakhout groeit snel. Grienden van dit type zijn vooral te vinden op vochtige gronden in het rivierengebied. Het zgn. hakgriend wordt om de 3 à 4 jaar geoogst en gebruikt voor stelen, houten gereedschap en vroeger ook voor zinkstukken in de dijkbouw. Snijgriend wordt ieder jaar of om het jaar gesneden en vooral verwerkt in vlechtwerk (manden, meubels). Overigens gaat de griendcultuur momenteel sterk achteruit. ▽

Lemele
Lemele ligt aan de voet van de Lemelerberg, die deel uitmaakt van de Overijsselse Heuvelrug. Het is van oorsprong een esdorp, waarvan de akkers tegen de hellingen van de berg op liggen. Daardoor staan de boerderijen, anders dan in veel andere esdorpen, aan het einde van een es. Het essenpatroon is redelijk gaaf bewaard gebleven. De foto is in zuidelijke richting gemaakt vanaf de Lemelerberg. De bossen aan de einder zijn die van de Hellendoornse en de Eelerberg. △

Ommen
Het recreatiecentrum Ommen pronkt op dit schilderachtige stadsgezicht met andermans veren. Molen 'Den Oordt', een zeskante bovenkruier, komt oorspronkelijk uit de Zaanstreek en kwam in 1824 via Deventer op zijn huidige plaats terecht. En het aangrenzende oud-Saksische tolhuis 'De Besthmenerhof' stond vroeger ook ergens anders. Beide gebouwen herbergen nu de Ommense Oudheidskamer, met voorwerpen uit de Steen-, de Brons- en de IJzertijd, fossielen, penningen, plaatselijke klederdrachten en een oud-Ommens interieur. Ommen zelf is in de Karolingische tijd ontstaan als een *curtis*, een hofsysteem dat bestond uit een aantal landbouwbedrijven rondom een centrale hof. De curtis van Ommen stond onder het gezag van de bisschop van Utrecht; de boeren waren horigen. Van Ommen uit hebben zij, ter meerdere eer en glorie van hun verre baas, een groot gedeelte van de Vechtstreek ontgonnen en geëxploiteerd. Momenteel is het 'boerenstadje' een belangrijk toeristencentrum. ▷

Slag bij Ane
Deze voorwerpen zijn opgegraven getuigen van de Slag bij Ane, in 1207. Deze vond plaats toen bisschop Otto II van Utrecht burggraaf Rudolf van Coevorden een lesje wilde leren omdat de man wat ál te eigengereid optrad. Maar de burggraaf, met zijn legertje van boeren, lokte de krijgshaftige monseigneur het moeras in en hakte diens expeditiemacht kordaat in de pan. △

151

OVERIJSSELSE VECHT

Zompen en klompen in de streek van bossen en bergen

Vroeger bepaalde platboomde scheepjes – de zompen – het gezicht van dit gebied, en de boeren op hun gemengde bedrijven. Vroeger waren het de rivieren die voor overstromingen zorgden. Thans overstromen recreanten de streek en raakt ook de landbouw in een stroomversnelling. En waar gaat het heen met de landgoederen en de kostbare bossen? De natuur staat zwaar onder druk in dit gebied van Vecht en Regge.

Van strategisch belang
Het gebied waar hier sprake van is wordt gevormd door het gehele stroomgebied van de Overijsselse Vecht vanaf het punt waar deze bij Gramsbergen ons land binnenkomt tot aan het Zwarte Water bij Zwolle. Ook erbij betrokken worden de benedenloop van de Regge, die bij de stad Ommen in de Vecht uitmondt, en voorts de Lemelerberg, de Archemerberg en de Besthmenerberg, drie stuwwallen uit de ijstijd, een deel van de Overijsselse Heuvelrug, beginnend onder Ommen. De Vecht was al in de middeleeuwen een belangrijke waterweg en tevens van strategisch belang. Gering was echter de bevaarbaarheid. Alleen bij overvloedige neerslag was de waterstand voldoende hoog. In verband hiermee werden speciale platboomde scheepjes met geringe diepgang ontwikkeld, zompen genoemd. Ook de Regge was vroeger een belangrijke vaarverbinding.

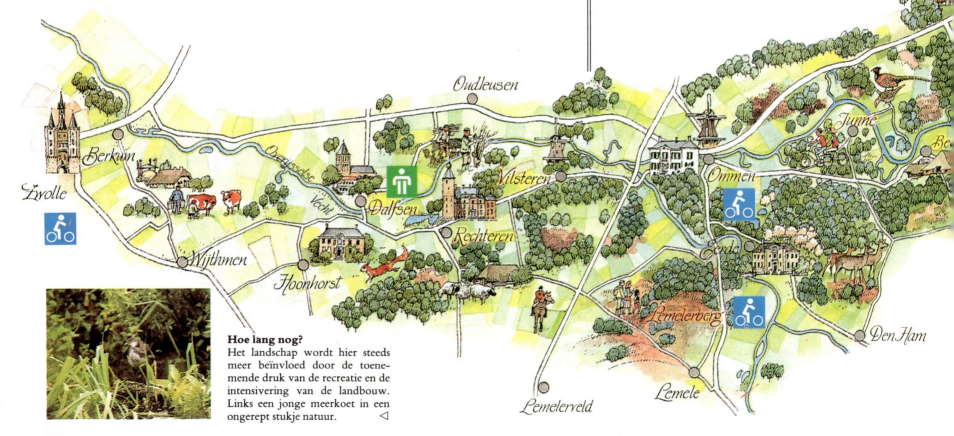

Hoe lang nog?
Het landschap wordt hier steeds meer beïnvloed door de toenemende druk van de recreatie en de intensivering van de landbouw. Links een jonge meerkoet in een ongerept stukje natuur. ◁

OP STAP

De Lemelerberg
Hieronder heeft u een gezicht op de Lemelerberg, een 81 m hoge heuvel aan het begin van de Overijsselse Heuvelrug, ongeveer 8 km ten zuiden van Ommen. Achter de berken ontwaart u op de heide de jeneverbessen en op de achtergrond de zogenaamde stuwwal. Nadat de enorme steen- en grondmassa door het smeltende ijs na de Riss-ijstijd was opgestuwd en tot stilstand was gekomen, vormden zich deze stuwwallen. De heuvel biedt thans prachtige panorama's. Andere stuwwallen in dit gebied zijn de Archemerberg en de Besthmenerberg. De op deze bladzijde beschreven fietstocht, voert naar beide, met ook daar schitterende vergezichten. ▽

Waterlelies
De vele oude armen van Vecht en Regge verkeren in verschillende stadia van verlanding met de daarvoor kenmerkende plantengemeenschappen. Te noemen zijn o.a. waterlelies en veenpluis, gele plomp, fonteinkruid, zwanebloem en pijlkruid. △

Fietstocht Overijsselse Heuvelrug
We starten voor deze ca. 30 km lange fietstocht bijvoorbeeld op de Lemelerberg. Dit is een belangrijk concentratiepunt voor de verblijfsrecreatie, waarvoor het bosrijke en heuvelachtige gebied – met heide, naald- en loofbossen, stuifzand en vennen – vele mogelijkheden biedt. Dit is evenzeer het geval met de Archemerberg, waar u naartoe koerst, en met de Besthmenerberg, even verderop gelegen. Nadat u de Regge bent gepasseerd gaat u rechtsaf naar Eerde, naar het rondom door bossen omgeven kasteel. Dit statig omgrachte bouwwerk dateert uit de 13e eeuw; het huidige gebouw is van 1715. Het is niet te bezichtigen. Door de bossen naar Ommen, en tot slot zuidwaarts via Besthmen en Nieuwebrug naar Lemele.

OVERIJSSELSE VECHT

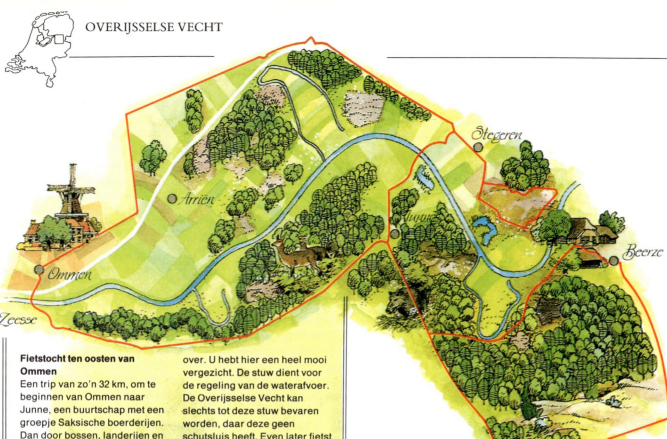

Graslanden
De waterkanten, heggen en vochtige graslanden vormen de biotoop voor de hierboven afgebeelde vogelwikke. Deze stroomdalgraslanden zijn ook een belangrijke biotoop voor vele weidevogels waarvan te noemen zijn: tureluur, wulp, kemphaan en watersnip, en ook voor stootvogels en uilen zoals de steenuil. Belangrijke weidevogelgebieden in het Vechtdal zijn het gebied waar de Vecht in het Zwarte Water uitmondt, de graslanden bij Hessum en die tussen Ommen en Heeze. △

Fietstocht ten oosten van Ommen
Een trip van zo'n 32 km, om te beginnen van Ommen naar Junne, een buurtschap met een groepje Saksische boerderijen. Dan door bossen, landerijen en weilanden weer naar een buurtschap, Beerze, dat zijn Saksische karakter nog behouden heeft. Van Beerze voert de weg terug naar Junne, Nabij Junne steekt u de Vecht over. U hebt hier een heel mooi vergezicht. De stuw dient voor de regeling van de waterafvoer. De Overijsselse Vecht kan slechts tot deze stuw bevaren worden, daar deze geen schutsluis heeft. Even later fietst u door het boscomplex Stegeren. Aan de zuidwestzijde ligt aan een oude Vechtarm een heideveld met ook jeneverbesstruiken. Via Hoogengraven en Arriën komt u terug in Ommen.

Fraaie krentebossen
De Overijsselse-Vechtstreek bezit in haar geheel een zeer afwisselend karakter. Het reliëfrijke stroomdal van de Vecht met oude meanders, kleine nederzettingen en een boeiende afwisseling van kleinschalige en open landschappen, bos en hei, is aantrekkelijk voor vele vormen van recreatie als fietsen, vissen, wandelen en ruitersport. Hierdoor is het gebied als vanouds zeer in trek bij vakantiegangers en dagjesrecreanten, net als de Veluwe. In de parkbossen zijn o.a. aantrekkelijk de krentebomen, met hun uitbundige witte bloemenpracht vroeg in het jaar en later hun warme herfsttinten.

De recreatieve druk op de bos- en heidegebieden en de parkbossen is erg groot, zoals gezegd. Hierdoor treedt vervuiling op, rustverstoring en te intensieve betreding van de gebieden. Ook is er een te grote druk op het wegennet, dat nog steeds grotendeels bestaat uit smalle, kronkelige landweggetjes, waarvan er veel onverhard zijn. Ook de veranderingen in de landbouw hebben grote gevolgen; wegen worden verhard, verkavelingen uitgevoerd, houtwallen verwijderd om de produktieomstandigheden te verbeteren. Tot slot: door de hoge beheerskosten gaan de bossen van de landgoederen soms snel achteruit. ◁

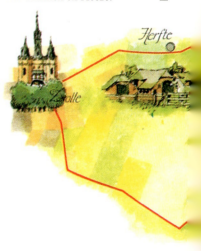

OP STAP

Fietstocht langs de Vecht tussen Zwolle en Vilsteren

Voor deze ca. 45 km lange fietstocht langs een van de fraaiste gedeelten van de Vecht starten we in Zwolle. We koersen naar Herfte. Opvallend is hier het reliëf, hoge en lage delen wisselen elkaar af. Dit wordt veroorzaakt door de grondsoort. De bodem bestaat uit dekzand dat hier in de laatste ijstijd door de wind is afgezet. U fietst nu door een wijds en open landschap. De meest bijzondere plant die u onderweg kunt ontmoeten is de Zwolse anjer. U passeert landhuis De Ruitenborgh en vlak voor Dalfsen Huis De Leemcule. Even verder voorbij Vilsteren komt u langs Huis Rechteren. We rijden nu op de linkeroever van de Vecht, en vooral daar is sprake van een aaneenrijging van landgoederen. U passeert landgoed De Aalshorst, landhuis Den Berg, landgoed Mataram, Huis De Horte en landgoed Soeslo en bent dan terug in Zwolle.

De landgoederen

Sinds de 12e eeuw werden in het gebied van de Overijsselse Vecht versterkte huizen – havezaten – gebouwd. In de 18e eeuw verrees een groot aantal landhuizen met een meer vriendelijk dan statig karakter. Ook vrijwel elke havezate werd in die tijd vernieuwd. Luxe werd in het algemeen als ongepast beschouwd. Fraaie parken werden erbij aangelegd en woeste gronden bebost, mede ten behoeve van de jacht en de bosbouw. Bovendien kon door bebossing het stuifzand worden vastgelegd. Hieronder: schitterende herfstkleuren in een loofbos. ▽

Vogels langs de Vecht

De fietstocht zoals op deze bladzijde beschreven en getoond leidt door gebieden die vroeger in de winter nogal eens onder water stonden. Hier komen veel weidevogels voor. In het voorjaar voert de kievit spectaculaire duikvluchten uit, daarbij luid roepend. De wulp die hier ook broedt, is veel rustiger: melancholiek jodelend maakt hij met kleine vleugelbewegingen lange rondvluchten. De blauwe reiger – hierboven afgebeeld – is eveneens een stille, op vis loerende, broedvogel. △

OVERIJSSELSE VECHT

Met schop en ossenploeg

De hoogveengronden bij Hardenberg werden in de crisistijd door honderden werklozen omgespit met de schop en beplant met jong naaldhout: fijnspar (kerstboom), grove den, lariks, douglas en ook loofbomen. De boswachterij Hardenberg is dus eigenlijk een produktiebos, dat wil zeggen: de bomen werden in de eerste plaats aangeplant voor de produktie van hout voor de houtverwerkende industrie. Die functie hebben de bossen nog steeds, maar stukjes grond die een bijzondere landschappelijke of natuurwetenschappelijke waarde hebben, worden niet meer beplant met bos, maar in hun huidige staat als natuurterrein bewaard. ▷

Wandeling bij Hardenberg

Deze rondwandeling in de boswachterij Hardenberg is ter plekke aangegeven. U kunt overal beginnen. De lengte is ca. 4 km. Als u vertrekt van het kantoor van Staatsbosbeheer aan de Ommerweg, leidt de route u over een stukje van een oude Hessenweg. Hessenwegen zijn oude brede zandwegen die van oost naar west door de Nederlandse provincies Overijssel, Gelderland en Utrecht liepen. Op uw weg vindt u eveneens een schitterend natuurterrein met waterplassen, de Kampmanskuiltjes. De drassige grond om het vennetje is begroeid met dopheide, kraaiheide en pijpestrootje, een hooggroeiende zeer taaie grassoort. Bent u vroeg ter plekke dan kan een ree of vos uw pad kruisen.

Variatie in planten en dieren

De streek bij Hardenberg bestaat niet alleen uit naaldbos en heide. Wat geïsoleerd ligt het Colenbrandersbos, dat grotendeels bestaat uit eikehakhout en plaats biedt aan vele broedvogels zoals torenvalk, uil, wielewaal, houtduif en reiger. Ten oosten van de boswachterij ligt een smalle strook stuifduinen, de Rheezer Belten. Ze bieden fraaie vergezichten. In het uiterste zuiden grenst de boswachterij aan een afgesneden Vechtarm. Onder de bosvogels treft u mezen, vinken en vliegenvangers aan (op de afbeelding hierboven een jong). △

OP STAP

Wandeling bij Dalfsen
Ten zuiden van Dalfsen heeft de VVV drie wandelroutes uitgezet. Twee ervan zijn hier gecombineerd. U begint bij het station van Dalfsen. Over de spoorweg wandelt u links de verharde weg in. Rechts ziet u een schitterend vennetje, met een begroeiing van els en grauwe wilg. In de elzen een klimplant: de hop. Via een holle weg – een weg laag ten opzichte van de houtwallen – wandelt u verder. Ter weerszijden liggen de bekende esgronden die als bouwland worden geëxploiteerd. Een mooie boerderij links van de weg is Hof te Millingen. Achtereenvolgens passeert u een grovedennenbos, een Amerikaans eikenbos, een lariksbos, een gemengd bos en een bos met populieren. U gaat weer over de holle weg en komt dan bij Huis Den Berg (18e eeuw). Hierna bereikt u weer het station.

Zomaar een lijstje
Wat u zoal kunt zien aan planten enzovoorts tijdens een wandeling zoals hier beschreven. De lijst is verre van compleet. Kleefkruid – pijpestrootje – bochtige smele – zachte witbol – valeriaan – wilg (zie de afbeelding) – hop – berk – zandzegge – 'soldatengras' – dagkoekoeksbloem – braam – framboos – lijsterbes – zwarte bes – hondsroos – klimop.

Motte en bospest
In het gebied dat op deze bladzijde in beeld wordt gebracht kunt u een grote verscheidenheid aan planten, bloemen, struiken en bomen zien. In de houtwal van de holle weg bijvoorbeeld bemerkt u wellicht fraai gebogen stengels met elliptische bladeren. De bloemen – mei/juni – zijn alle naar beneden gebogen en daardoor moeilijk te zien; het is de salomonszegel, maar hier in de streek is de zeer toepasselijke naam motte (=zeug) met biggen. Zie de afbeelding hierboven.
Houtwallen en hakhout worden soms gevormd door de Amerikaanse vogelkers, een uit Noord-Amerika geïmporteerde zogenaamde grondverbeteraar. Maar dat verbeteren ging niet door, integendeel, deze kers was alles behalve 'zoet' – hij verdrong de oorspronkelijke soorten en daar dankt hij zijn bijnaam aan: bospest.

CENTRAAL NOORD-HOLLAND

CENTRAAL NOORD-HOLLAND

Droogmakerijen tussen duinenrij en Waterland

De landschappelijke eenheid Centraal Noord-Holland ligt ingeklemd tussen de twee beschreven gebieden Omgeving Bergen en Waterland. Ze omvat globaal het weidegebied rond het Alkmaardermeer, de kreek- en geulrestanten bij Uitgeest, de droogmakerijen Schermer, Beemster en Wormer, en de Eilands- en Mijzenpolder.

Weelderige zomerverblijven
Rustenhove is in de Beemster een van de herinneringen aan de tijd dat rijke kooplieden uit Amsterdam het hier voor het zeggen hadden. Het werd in 1768 als zomerverblijf gebouwd en ligt aan de Volgerweg. Aan deze weg liggen ook de imposante herenhuizen Volgerwijk en Sonnevanck. △

Schermer molens
Langs de dijken van de Schermer staan nog vele eeuwenoude windmolens, zoals deze in het noorden van de polder. In de 16e eeuw waren de molenbouwers zo ver gevorderd dat ze ondiepe plassen droog konden malen. In de 17e eeuw waagden ze zich ook aan de grote meren en ontstonden Schermer en Beemster. △

Stoere stolpen
Tussen Graft en Noordeinde ligt de stolphoeve De Sapmeer in een geheel eigen, gelijknamig poldertje.
De boerderijen in het beschreven gebied zijn merendeels van het stolptype, als ze van niet al te recente datum zijn. Door hun stoere vorm passen ze uitstekend in het weidse polderlandschap. △

Rijk vogelleven
De blauwe reiger is zelfs in de intensief gebruikte delen van de droogmakerijen alom aanwezig. De graslanden vormen hier het broedterrein van talloze weidevogels, waaronder kieviten, grutto's, tureluurs, scholeksters, kemphanen en watersnippen.
Maar niet alleen de weidevogels zijn in Centraal Noord-Holland rijk vertegenwoordigd, er leven ook talloze moeras-, riet- en watervogels. Rijke vogelgebieden zijn o.a. de Eilands- en de Mijzenpolder en het Wormer- en Jisperveld. ▽

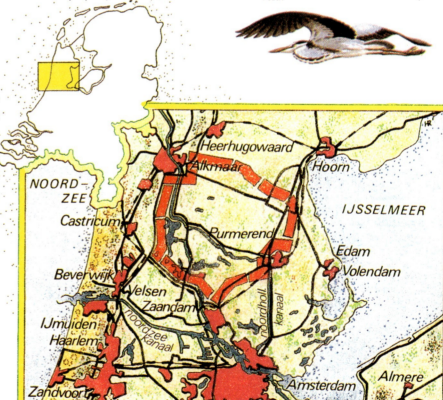

INLEIDING

Oude reigerkolonie
In de Beemster bevindt zich tussen de twee monumentale stolphoeven 'De Eenhoorn' en 'De Lepelaar', aan de Middenweg, een zeer oude reigerkolonie met tientallen nesten. Vermaard is ook de kolonie bij Stompetoren in de Schermer, bij de buitenplaats 'Wittenburg'. Van deze kolonie is bekend dat er omstreeks 1920 al 100 reigerparen broedden. Zelfs in tijden dat ze streng vervolgd werden (o.a. tijdens de Tweede Wereldoorlog), bleven de blauwe reigers de vanouds gebruikte broedplaats hardnekkig trouw. Overigens broeden reigers niet alleen in kolonies, maar ook solitair. Een bijzonderheid van de Noordhollandse polders is, dat de nesten hier vaak in vruchtbomen zijn gelegen. ◁

Grote variatie in biotopen
Vanaf de dijk langs de Schermerringvaart heeft men een fraai uitzicht op de omgeving van De Lei, een plas bij Driehuizen. Vanhier krijgt men ook een goede indruk van de veelheid van biotopen die in dit poldergebied is te vinden. Deze verscheidenheid is voor een belangrijk deel aan het water te danken. Er zijn grote wateren (zoals het Alkmaardermeer), kleinere plassen (De Lei), sloten, poelen, moerassen, drassige weilanden, vaarten en boezemwateren. Het dierenleven in en om al deze watertypen kan zeer rijk worden genoemd. △

Water bindend element
Polderschuit in een sloot bij Noordeinde, in de Eilandspolder. De grote droogmakerijen Schermer en Beemster zijn echte rijpolders, waar de boer al zijn land per as kan bereiken. De Eilandspolder – het oude vasteland tussen de twee genoemde droogmakerijen – is echter bijzonder waterrijk. De boot vormt hier een onmisbaar vervoermiddel.
In Centraal Noord-Holland kan het water in feite als het bindende element worden beschouwd. Het gehele gebied is onderverdeeld in diverse polders, die hun overtollige water uitslaan op de Schermerboezem. Deze bestaat o.a. uit het Alkmaardermeer, het Noordhollandskanaal en de Markervaart. De verschillende polders staan via inlaat, uitslaan en doorspoelen onderling met elkaar in verbinding. Via het water wordt ook zout uit het Noordzeekanaal door het gehele gebied verspreid. ▷

Weidemolentje
Voor het bemalen van een sloot of een klein poldertje werden weidemolentjes of petmolens gebruikt. Deze waren van hout en hadden een staart, waardoor ze vanzelf op de wind werden gericht. Hier en daar is op het oude land nog een – soms gerestaureerd – exemplaar te bewonderen. In deze eeuw zijn ze vrijwel allemaal vervangen door de veel minder fraaie maar goedkopere en doeltreffender ijzeren watermolentjes, de Amerikaanse windmolens. ▷

Zuidwestelijke deel
In de Krommenieër Woudpolder, in het zuidwestelijk gedeelte van het gebied, ligt als een streep aan de horizon het dijkdorp Krommeniedijk. Het ontstond aan het eind van de middeleeuwen op de dijk die toen langs de Crommenije werd aangelegd.
In die tijd ontstonden nog veel meer dorpen bij de dammen en dijken waarmee de open verbindingen met de zee werden afgesloten, zoals Zaandam, Knollendam en Graftdijk. Tegen de afsluitingen waren de toenmalige havenplaatsen (o.a. De Rijp, Akersloot, Marken-Binnen en Uitgeest) fel gekant. Ze verloren de strijd echter omdat het gevaar voor overstromingen en dijkdoorbraken bijzonder groot was. Wel werden er in de dammen sluizen aangebracht, maar de grote handel en scheepvaart verdwenen in het centrale merengebied. △

CENTRAAL NOORD-HOLLAND

Bedijkt land tussen meren

Door stormvloeden veranderden in de 12e en 13e eeuw grote delen van het veengebied in Centraal Noord-Holland in meren. Bedijkingen rond het tussenliggende land moesten mensen, akkers en vee tegen de aanvallen van het water beschermen.

Boomgroei door verzoeting
De kraakwilg behoort tot de boomsoorten die in de polder uitstekend gedijen. De knotwilgen die slootkanten en wegen in het polderland sieren, zijn meestal kraakwilgen.
Zelfs vochtminnende bomen als wilgen waren in het verleden weinig algemeen in het Noordhollandse poldergebied. Bomen deden het hier niet zo goed als gevolg van het hoge zoutgehalte van de bodem. Door de algemene verzoeting in de 20e eeuw heeft de boomgroei zich veel sterker kunnen ontwikkelen. △

Vruchtbare zeeklei
Kijkje in de Schermer, ter hoogte van de bekende molengang bij de Noordervaart.
Bij het ontstaan van het Schermermeer had de zee het veen tot op de oude zeekleilaag weggeslagen. Toen de grote meren in Centraal Noord-Holland aan het begin van de 17e eeuw werden drooggemalen sneed het mes dus aan twee kanten: het verwoestende water werd aan banden gelegd en men kreeg de beschikking over akkers met vruchtbare kleigrond, die daar in een ver verleden door de zee was gedeponeerd. ◁

Onherbergzaam gebied
Regen en storm aan de Schermerringvaart roepen iets terug van de sfeer die hier aan het begin van de jaartelling moet hebben geheerst. Centraal Noord-Holland was toen een onherbergzaam gebied, waartoe met riet omzoomde veenstromen de enige toegangswegen vormden. In het begin was er alleen sprake van rietveen en rietzeggeveen, omdat zeewater het gebied binnendrong en het grondwater brak hield. Op den duur kwam er echter voedselarm veenmosveen tot ontwikkeling, doordat delen van het veen onbereikbaar werden voor het grondwater. De begroeiing was hierdoor alleen aangewezen op de neerslag. ▽

Eilandspolder
Als een mozaïek van water en land ligt het oude polderland van de Eilandspolder tussen de grote droogmakerijen Schermer en Beemster. Als Schermerland lag het omstreeks de 14e eeuw als bedijkt eiland tussen de twee grote meren, voortdurend bedreigd door aanvallen van het water op de zwakke dijklichamen. Aan de zuidkant grensde het aan het Starnmeer.
Het meest funest voor de dijken was de slopende werking van de eb- en vloedbewegingen van het water. De meren stonden immers in open verbinding met de Zuiderzee via IJ en Crommenije, en via zeegaten bij Edam en Oudendijk. De schurende werking van het door de getijden bewogen water hield de meren en geulen diep. Doorbraken en overstromingen kwamen geregeld voor. Hierbij ging weer veel ontgonnen land verloren. ◁△

Eilandenrijk
Het Jisperveld vormt samen met het Wormerveld een rijk van tientallen eilandjes, dat nog veel kenmerken heeft van het landschap van enkele eeuwen geleden.
Nadat de grote meren waren drooggelegd, werd het oude land getroffen door een enorme wateroverlast. De boezem van de polder bleek veel te klein en de dijken bezweken keer op keer onder de druk van het water. Overstromingen waren hiervan het gevolg. △

ONTSTAAN

Onderdeel van binnenzee
Het Alkmaardermeer is nu een eldorado voor watersportliefhebbers. Ruim drie eeuwen geleden vormde het samen met het Schermermeer echter nog een gevaarlijke binnenzee. Het was toen een overgangsgebied tussen de uitgestrekte venen in het oosten en de strandwallen en duinen in het westen. Diverse veenstromen kwamen hier samen. △

Kreken met oeverwallen
In de Krommenieër Woudpolder liggen de graslanden tussen met rietkragen begroeide sloten en vaarten. Ruim vier eeuwen geleden maakte het gebied deel uit van een waddengebied dat achter de oudste strandwal was ontstaan. Deze strandwal liep langs de lijn Uitgeest – Akersloot – St.-Pancras. Het waddengebied verzoette geleidelijk onder invloed van regenwater en de toevoer van rivierwater dat door de hoge zeespiegel slecht afwaterde. Op den duur ontstonden uitgestrekte moerassen met veengroei.

In transgressieperioden en bij stormvloeden bleek de strandwal bij Uitgeest te zwak en overstroomde het achterliggende gebied. Grote delen van het veen werden hierbij weggeslagen of bedekt met kleiige afzettingen. Later vond hierop vaak weer nieuwe veengroei plaats. ▽

Land uit water
De Beemster vormt een van de fraaiste voorbeelden in Nederland van een door de mens geschapen landschap. Uit het feit dat men in de polder zelfs monumentale herenboerderijen durfde te bouwen, blijkt het enorme vertrouwen dat men in de dijken had.

Aan het einde van de 16e eeuw waren de windmolenbouwers al in staat plassen droog te malen. Hiermee verminderde men het gevaar van doorbraken. De kosten waren echter bijzonder hoog. Toen het duidelijk werd dat de bodem van verschillende diepe meren uit vruchtbare zeeklei zonder een noemenswaardige veenlaag moest bestaan, slaagde men erin een aantal financiers te vinden. Kapitaalkrachtige Amsterdammers en Alkmaarders zagen brood in de landwinning en besloten werd het grootste Noordhollandse meer, de Beemster, droog te leggen. Bij dit enorme waterstaatkundige karwei heeft Jan Adriaensz. Leeghwater, molenbouwer in De Rijp, grote vermaardheid verworven.

Nadat de drooglegging in 1612 was gelukt, volgden het Schaalsmeer, Noordeindermeer, Schermermeer en Starnmeer korte tijd later. Al deze droogmakerijen werden van hoge, stevige dijken voorzien. △

Minder open karakter
In de polder De Menningweer, ten westen van Grootschermer, bleef een plas bewaard, de Knie. De omgeving van dergelijke plassen is door de verzoeting tegenwoordig wat minder open van karakter. In de oeverveentjes hebben zich enkele berken- en elzenbosjes ontwikkeld. ▽

CENTRAAL NOORD-HOLLAND

Groene ruimte van polderland
Boeiend is de variatie in het polderlandschap van Centraal Noord-Holland, met het kleinschalige veenweidegebied van het oude land en de brede ringvaarten rond de droogmakerijen. Overal bespeurt men de aanwezigheid van de mens – niet in het minst in de weelderige 17e-eeuwse stolpboerderijen in de Beemster, zoals de Eenhoorn (D3) –, maar het wemelt er ook van natuurlijk leven.
Met name het voorjaar is een rijk jaargetijde, met geelbloeiend speenkruid (F8), lila pinksterbloemen (E9), klein hoefblad (F9) en groot hoefblad (F1). Hazen ziet men er vooral 's morgens en 's avonds in de graslanden huppelen; bij onraad, bijvoorbeeld de aanwezigheid in het veld van een wezel (F4), maakt de haas een 'kegel' (E1) om met al zijn zintuigen het gevaar waar te nemen.
Een algemene verschijning aan de waterkant is in de polder de blauwe reiger (E5, C8), die behalve een visje ook graag een bruine kikker (F9) verschalkt. Typische weidevogels zijn de kieviten (C1, 2), die hier een vrouwtje van de bruine kiekendief (C2) uit hun broedgebied verjagen, maar ook de grutto's (C5, 6, 8, D8), de tureluur (D9) en de kemphennen en -hanen (C9), waarvan laatstgenoemde in de broedtijd opvallen door hun variabele kraag en oorpluimen. Op het water, ten slotte, vinden fuut (E6, 7) en waterhoen (D, E, 7, 8) hun territorium.

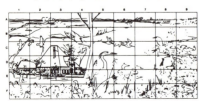

CENTRAAL NOORD-HOLLAND

Door waterrijkdom talloze biotopen

Centraal Noord-Holland bezit een grote verscheidenheid aan biotopen, die vooral aan de variatie in watertypen te danken is. Het omvangrijke, aaneensluitende graslandareaal is foerageer-, pleister- en broedplaats van talrijke water- en weidevogels.

Polders rond Alkmaardermeer
De Krommenieër Woudpolder achter Krommeniedijk is een rijk vogelgebied. Dit geldt ook voor de meeste andere polders in de buurt van het Alkmaardermeer, zoals de Hempolder. In de buitendijkse rietlanden broeden moeras- en rietvogels. ▽

De Lei
Vanaf de dijk langs de Schermerringvaart heeft men ter hoogte van het gemaal Juliana een fraai uitzicht over het zuidwestelijk deel van de Eilandspolder. In dit gedeelte ligt de Lei, een van de weinige niet ingepolderde plassen in het gebied. Halverwege de jaren tachtig zijn er nog sporen van otters gevonden in de weinig verstoorde gedeelten van de polder. Maar dit roofdier lijkt er nu niet meer voor te komen.
Het natuurgebied Eilandspolder West, eigendom van het Noordhollands Landschap, is met zijn weilanden, oeverveentjes, rietlanden en moerasbosjes een prachtig poldergebied. De polder is een belangrijk broedgebied voor weidevogels als tureluur en grutto. △

Voorjaarsbloeier
Langs slootkanten en in drassige weiden komen in het voorjaar vrij veel verschillende bloeiende planten voor, waarvan de pinksterbloem misschien wel de bekendste is. Deze plant bloeit, ondanks zijn naam, vaak reeds met Pasen.
De pinksterbloem is bij insekten bijzonder geliefd, omdat het een van de vroegst bloeiende planten is met een fikse honingproduktie. Mochten er zich, bijvoorbeeld door slechte weersomstandigheden, geen bestuivende insekten gemeld hebben, dan kan de plant zich altijd nog vermeerderen door middel van zijn broedknoppen. Deze bevinden zich op de onderste bladeren. Na verrotting van het blad vormen de broedknoppen zelfstandige plantjes. △

Immigrant uit Rusland
In het zuidelijk deel van Centraal Noord-Holland is enkele malen een broedgeval van de krakeend waargenomen. Deze eendesoort is oorspronkelijk een broedvogel van de moerasgebieden in Aziatisch Rusland. Gedurende deze eeuw heeft hij zijn broedgebied echter ook naar onze streken uitgebreid. Mogelijk zijn ontginningen in zijn oorspronkelijk woongebied oorzaak van deze noordwestelijke emigratie.
Andere eendesoorten die in het beschreven gebied tot broeden komen zijn wilde eend, kuifeend, slobeend, zomer- en wintertaling, bergeend en tafeleend. Hiervan komen wilde eend, slobeend en kuifeend het talrijkst voor.
De krakeend bezit een weinig opvallend verenpak. Het wijfje lijkt veel op dat van de wilde eend, maar is iets kleiner en heeft een witte vleugelspiegel. De woerd maakt een grijzige indruk. Kenmerkend zijn de zwarte staartdekveren en de roodbruine, zwarte en witte vleugelvlekken. Op het water zijn ze herkenbaar aan hun tamelijk hoge ligging en de opgeheven vleugels en staart. ▽

NATUUR

Reigerieën

De in Centraal Noord-Holland alomtegenwoordige blauwe reiger broedt hoofdzakelijk in kolonies, die men reigerieën noemt. Jaar na jaar gebruiken de broedparen hetzelfde nest, dat steeds verder wordt uitgebreid. Ten slotte wordt het zo zwaar, dat het tijdens een najaarsstorm uiteenwaait.
Wanneer de kolonie in het vroege voorjaar weer bezet wordt, gebeurt dit altijd met hetzelfde ritueel. Eerst verzamelen de reigers zich in de buurt van de kolonie in een weiland. De eerst aangekomene wachten geduldig tot er voldoende dieren aanwezig zijn. Dan beginnen ze geleidelijk de kolonie te bezetten. De mannetjes zoeken het eerst de boomtoppen op en nemen een nest in bezit of een plek die geschikt is om er een te bouwen. Bij de verdediging van het nest richt de reiger zijn kuif op en zet hij zijn borstveren uit. Het nest wordt in hoofdzaak door het wijfje gebouwd.
Een reigerlegsel bestaat uit 3–5 lichte, groenachtig blauwe eieren. De jongen zijn eerst spaarzaam bedekt met lang dons, dat op de kruin een kuif vormt. ▽

Weide- en watervogels

Ten noorden van De Rijp strekken zich de lange, smalle kavels uit van het oostelijk deel van de Eilandspolder. De polder biedt door zijn rijkdom aan water en grasland, maar vooral ook door de rust die er heerst, broedmogelijkheden voor tal van weide- en watervogels. De weinig intensieve bedrijfsvoering in dit oude land tussen Schermer en Beemster draagt eveneens in niet geringe mate bij aan de vogelrijkdom.
Het gebied is voor een groot gedeelte staatsnatuurreservaat. Westelijk van de lijn Grootschermer–Noordeinde–Graft heeft het Noordhollands Landschap een aantal bezittingen. De Eilandspolder is te water overal vrij toegankelijk. Op sommige plaatsen leiden er ook openbare wegen doorheen. De weilanden mogen niet worden betreden.
Botanisch valt er in de Eilandspolder ook veel te beleven. Zo is er een zilte vegetatie met o.a. schorrezoutgras en waterpunge in een poldertje bij Grootschermer, dat 's winters overstroomd wordt door water uit de Schermerringvaart. In de veenmosrietlanden groeien, behalve diverse veenmossoorten, varens zoals moerasvaren en kamvaren, en rondbladige zonnedauw. Langs de vaarten en grote sloten vindt men een rietvegetatie met grote en kleine lisdodde, koninginnekruid en harig wilgeroosje. Op sommige plaatsen bestaat de begroeiing o.a. uit engelwortel, koekoeksbloem, moerasrolklaver en moerasandoorn. △

Polder met veel vaarland

Een van de belangrijkste brakwaterveengebieden in ons land is het Wormer- en Jisperveld, tussen Wormerveer en Purmerend. Ongeveer een kwart van het ca. 2000 ha grote gebied is in handen van de Vereniging tot Behoud van Natuurmonumenten. Te water is het vrij toegankelijk; de graslanden van Natuurmonumenten mogen niet worden betreden.
Het merendeel van de in deze polder gelegen hooi- en weilanden is alleen per boot te bereiken. Doordat dit bij de huidige bedrijfsvoering voor de boer vaak een onhaalbare zaak is, dreigen de minst bereikbare gedeelten te verruigen, wat ze zowel botanisch als ornithologisch doet verarmen. ◁

CENTRAAL NOORD-HOLLAND

Dijken, dammen en droogmakerijen

Het beeld van Centraal Noord-Holland wordt volkomen bepaald door de activiteiten die de mens hier in heden en verleden ontplooide. Wegen en dorpen werden op of bij de dammen en dijken gesitueerd en de droogmakerijen zorgden voor inkomsten.

Schermereiland
Het aan de zuidzijde van Schermerhorn gelegen deel van de Eilandspolder behoort tot het zogenaamde Schermereiland. Dit was een van de eerste veeneilanden die in de 12e en 13e eeuw van een bedijking werden voorzien.
In grote lijnen is er sedertdien door de mens niet zo veel aan het landschap veranderd. Plannen van vóór de Tweede Wereldoorlog om al het veen weg te graven en een strakke polder te scheppen zijn inmiddels van de baan. Nieuwe ideeën zijn veel meer gebaseerd op een integratie van landbouw en natuur. △

Noorderpolderhuis
Tussen Ursem en Schermerhorn ligt aan de dijk langs de Schermerringvaart het fraai gerestaureerde Noorderpolderhuis. Het dateert uit de tijd van de drooglegging van de Schermer. Tegenwoordig is het huis in gebruik door Waterschap Het Lange Rond te Alkmaar. Het complex bestaat uit een houten woning met een hoger gedeelte van baksteen, met houten topgevels. De houten timmerloods aan de noordkant is deels over het water gebouwd. In de voortuin staat een beeldje in de stijl van Lodewijk XIV. In het schuurgedeelte bevindt zich de oudste kolfbaan van Noord-Holland. △

Drooggelegd met 51 molens
Aan de noordzijde van de Schermer staan langs de Schermerdijk nog steeds enkele molens uit de tijd van de drooglegging. De polderbodem wordt hier hoofdzakelijk voor akkerbouw benut.
Het Schermermeer werd tussen 1631 en 1635 door Jan Adriaensz. Leeghwater met behulp van 51 windmolens drooggelegd. De polder beslaat ca. 4800 ha en ligt 4 m onder NAP. Sedert 1925 wordt de polder ontwaterd door middel van drie elektrische gemalen. Doordat een aantal molenaars hun molen als woning bleef gebruiken, zijn er in de Schermer elf molens bewaard gebleven. ▽

Helft van tweelingdorp
Graft, waarvan het raadhuisje uit 1613 stamt, vormt met De Rijp een tweelingdorp. In de middeleeuwen was het een dorp van boeren en vissers. In de 15e eeuw begon de zeevisserij steeds belangrijker te worden. Daarom besloot men 3 km verderop, aan de oever van het Beemstermeer, een haven aan te leggen vanwaar de vissers de Zuiderzee konden bereiken. Deze haven groeide binnen een eeuw uit tot het zelfstandige dorp De Rijp, dat zich in 1607 volledig afscheidde. Godsdiensttwisten tussen de landbouwende, rooms-katholieke Grafters en de zeevarende, handeldrijvende, doopsgezinde of gereformeerde Rijpers waren hier niet vreemd aan. Sedert 1970 vormen de twee dorpen echter weer samen één gemeente. ▷

CULTUUR

Imposante boerderijen
'De Eenhoorn' is een van de 17e-eeuwse herenboerderijen die in de Beemster zijn bewaard gebleven. De investering in de droogmaking van het Beemstermeer bleek voor de Amsterdamse en Alkmaarse geldschieters geen slechte zaak. De vruchtbare kleibodem leverde een overvloed van akkerbouw- en zuivelprodukten.
Er verrezen achter de beschermende dijken in de nieuwe droogmakerij tal van weelderige boerderijen, waarvan enkele, zoals 'De Eenhoorn' uit 1682 en 'De Lepelaar' uit 1683 nog steeds volledig intact zijn. △

Bovenbinnenkruier
In het noordelijk deel van de Eilandspolder ligt tussen wuivend riet en elzebosjes de fraaie poldermolen De Havik. Deze molen behoort tot hetzelfde type als waarmee de Schermer en Beemster werden drooggemalen.
Deze molens waren in hoofdzaak achtkante binnenbovenkruiers. Achtkantig betekent dat de molenromp is opgebouwd uit acht zware houten stijlen, die onderling verbonden zijn door allerlei balken. Om de wieken op de wind te kunnen zetten draait de molenaar de molenkap van binnen uit met behulp van kruirad, blok en touw rond. Het 'gaandewerk' van de molen bestaat uit het wiekenkruis op de bovenas met het bovenwiel en is gelagerd op twee arduinstenen lagers. De vang is het remmechanisme en werkt op het bovenwiel. De molen staat op een gemetselde fundering, met daarin de vijzel en de waterloop. ▷△

Bochtig verloop
De zeer oude nederzettingen in het beschreven gebied, zoals Marken-Binnen, vertonen dikwijls nog duidelijk een bochtig verloop. Een verklaring hiervoor is misschien, dat ze in oorsprong aangelegd werden op een oeverwal langs het veenmoeras. Vanhier uit kon men via de veenstroompjes het gebied binnendringen en ontginnen. De huizen waren van licht materiaal vanwege de slappe ondergrond en werden op opgehoogde dijken gebouwd. De bewoning verplaatste zich veelal met de ontginning mee, waardoor er langgerekte nederzettingen ontstonden met elk huis op een eigen kavel, de zogenaamde streekdorpen. Over de oeverwallen en dijken liepen modderige voetpaden; voor het vervoer was men op het water aangewezen. ▽

Molenviergang
De oorspronkelijk met schepraderen uitgeruste molens van Leeghwater brachten het water nauwelijks meer dan een meter omhoog. Ook de houten vijzels kwamen niet veel hoger. Aangezien de droogmakerijen meestal meters diep lagen, moesten er enkele molens aaneen worden geschakeld om de polder droog te houden. Men noemde dit molengangen; meestal bestonden ze uit drie of vier molens. Bij Schermerhorn is nog zo'n molengang van drie molens te bewonderen.
Op de tekening staat de linker molen in de polder. Deze brengt het water ca. 1 m hoger naar de poldervaart van de droogmakerij. De volgende molen brengt het water in de middenkolk en de daaropvolgende in de bovenkolk. De laatste slaat het water onder de dijk door uit in de boezem.

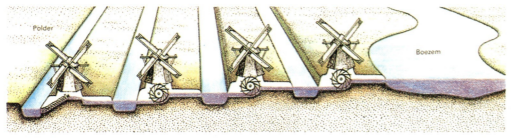

CENTRAAL NOORD-HOLLAND

Land van molens, water en stolpboerderijen

De voortdurende strijd tegen het water heeft zijn stempel gedrukt op het centrale deel van Noord-Holland. Dijken en waterlopen noden tot fietsen, vissen en watersport. Monumentale stolpboerderijen stofferen het weidse landschap.

Molens tegen het water

Karakteristiek voor dit deel van Noord-Holland zijn de vele molens. De laaggelegen gebieden waren al vroeg met dijkjes tegen het opdringende zeewater beschermd. De weidegronden hier werden echter zo drassig, dat ze met wipwatermolens bemalen moesten worden. Een daarvan is deze zogenaamde spinnekop in de Eilandspolder bij De Rijp.
Ook meren als de Beemster en de Schermer werden met behulp van molens drooggemaakt. Van deze stoere achtkante molens stonden er meestal meer bij elkaar in een driegang of viergang, omdat het hoogteverschil te groot was om in één keer te overbruggen. △

Riet voor daken en dijken

Door zijn ligging achter de strandwal en de talloze overstromingen bezat dit gebied van oudsher veel water. Op de scheiding tussen water en land strekten zich grote rietlanden uit. Het riet werd gebruikt als bouwmateriaal, onder de dijken en op de daken van de boerderijen.
De dorpjes en stadjes aan de rand van de grote meren hadden een open verbinding met zee. De bevolking leefde van handel en scheepvaart, totdat de meren drooggemaald werden. De Zaanstreek in het zuiden is veel dichter bevolkt. Daar kwamen in de Gouden Eeuw scheepsbouw en industrie op. Nu is deze streek vooral in trek als woongebied voor forensen.

OP STAP

De Schermer
De hiernaast beschreven fietstocht leidt door het zo typische polderlandschap van deze streek met zijn dijken, molens en koeien. De Schermer is een van de grote droogmakerijen uit de 17e eeuw. Landbouw en veeteelt worden er uitgeoefend. De ronde Edammer kaasjes komen hier vandaan. In het oudere land zoals de Eilandspolder, het vroegere Schermereiland, is geen akkerbouw mogelijk omdat het te drassig is. Deze natte veenweidegebieden zijn belangrijk als broedplaats voor vogels, maar als bron van inkomsten voor de boeren zijn ze een probleemgebied.
Het Alkmaardermeer is een van de grote binnenmeren die men niet drooggemaakt heeft. Zo moet de Schermer er vroeger ook hebben uitgezien. △

Stolpboerderijen
Het Noordhollandse type boerderij is de stolp: mensen, vee, gereedschappen en voorraden onder één dak. Voor een moderne bedrijfsvoering niet zo handig en daarom worden ze meer en meer bewoond door mensen die elders werken. Het dorp Zuidschermer bezit nog een 17e-eeuws boerderij-kerkje, waarin ook de vorm van de stolp herkenbaar is. △

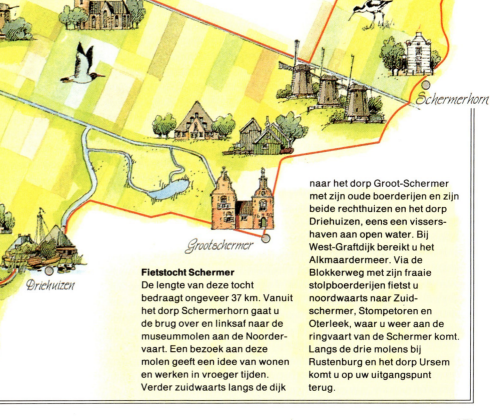

Fietstocht Schermer
De lengte van deze tocht bedraagt ongeveer 37 km. Vanuit het dorp Schermerhorn gaat u de brug over en linksaf naar de museummolen aan de Noordervaart. Een bezoek aan deze molen geeft een idee van wonen en werken in vroeger tijden. Verder zuidwaarts langs de dijk naar het dorp Groot-Schermer met zijn oude boerderijen en zijn beide rechthuizen en het dorp Driehuizen, eens een vissershaven aan open water. Bij West-Graftdijk bereikt u het Alkmaardermeer. Via de Blokkerweg met zijn fraaie stolpboerderijen fietst u noordwaarts naar Zuidschermer, Stompetoren en Oterleek, waar u weer aan de ringvaart van de Schermer komt. Langs de drie molens bij Rustenburg en het dorp Ursem komt u op uw uitgangspunt terug.

171

CENTRAAL NOORD-HOLLAND

Fietstocht Wijde Wormer
De tocht begint in Zaandam, en heeft een lengte van ongeveer 40 km. Via Oostzaan fietst u naar Purmerland, dat op de grens van Waterland ligt. Hier gaat u het smalle Wormerpad op naar de dijk van de Wijde Wormer. Deze droogmakerij was tot 1626 een binnenzee. Het volgende dorp is Neck, waar u de brug overgaat naar Jisp. De weg voert door een fraai landelijk gebied. Verder fietst u naar Wormer en dan langs de Zaan naar de Zaanse Schans. Via de brug bij Haaldersbroek bereikt u het beginpunt Zaandam weer.

Eenden en reigers
Op uw tocht rond de Wijde Wormer komt u behalve koeien ook veel vogels tegen. In een van de slootjes zwemt een eendemoeder met haar kroost. Of staat een reiger roerloos aan de kant te wachten op zijn prooi. In de weidegebieden leven grutto's, kieviten, wulpen, scholeksters en tureluurs. Met een beetje geluk kunt u daar in het voorjaar de boeiende schijngevechten van de kemphanen volgen. De natte graslanden van het veengebied worden niet zo intensief beweid of alleen als hooiland gebruikt. Hier vindt men een bijzondere plantengroei die aangepast is aan de zilte grond. Het waterkruiskruid is er een van. ◁

OP STAP

Fietstocht Beemster

Middenbeemster is het beginpunt van deze route die ongeveer 40 km lang is en voor een deel de omtrek van de Beemster volgt. Vanuit Middenbeemster, waar in de 18e eeuw de schrijfster Betje Wolff woonde, vertrekt u richting De Rijp. Bij de Jisperweg slaat u linksaf tot aan het Noordhollands Kanaal. U volgt het kanaal tot aan Spijkerboor en langs de ringvaart bereikt u het aardige dorp De Rijp. Hier staat ook een van de door Leeghwater gebouwde raadhuizen. Het dorp leefde vroeger van de haringvangst en de walvisvaart. Verder noordwaarts langs de ringvaart passeert u de Eilandspolder en Schermerhorn tot u bij Westmijzen de Beemster weer ingaat. Dan in oostelijke richting weer een stukje langs de ringvaart, Beets en Oosthuizen links laten liggen. Langs het water via Zuidoostbeemster, dat tegen de zich fors uitbreidende gemeente Purmerend aanligt, weer terug naar Middenbeemster.

Bloeiende bermen

Fietsend over de dijken van de Beemster kunt u in de zomer genieten van de bloeiende zuring en boterbloemen. De Beemster is evenals de Schermer in de 17e eeuw drooggemalen. De grote man achter deze droogmakerijen was Jan Adriaanszoon Leeghwater. Hij kwam uit De Rijp, een van de dorpen aan de rand van de Beemster die door het droogmaken hun betekenis als haven verloren. De Beemster was destijds door zijn beplanting bij de boerderijen en langs de wegen en zijn boomgaarden een waar lustoord in vergelijking met het omringende kale veengebied. △

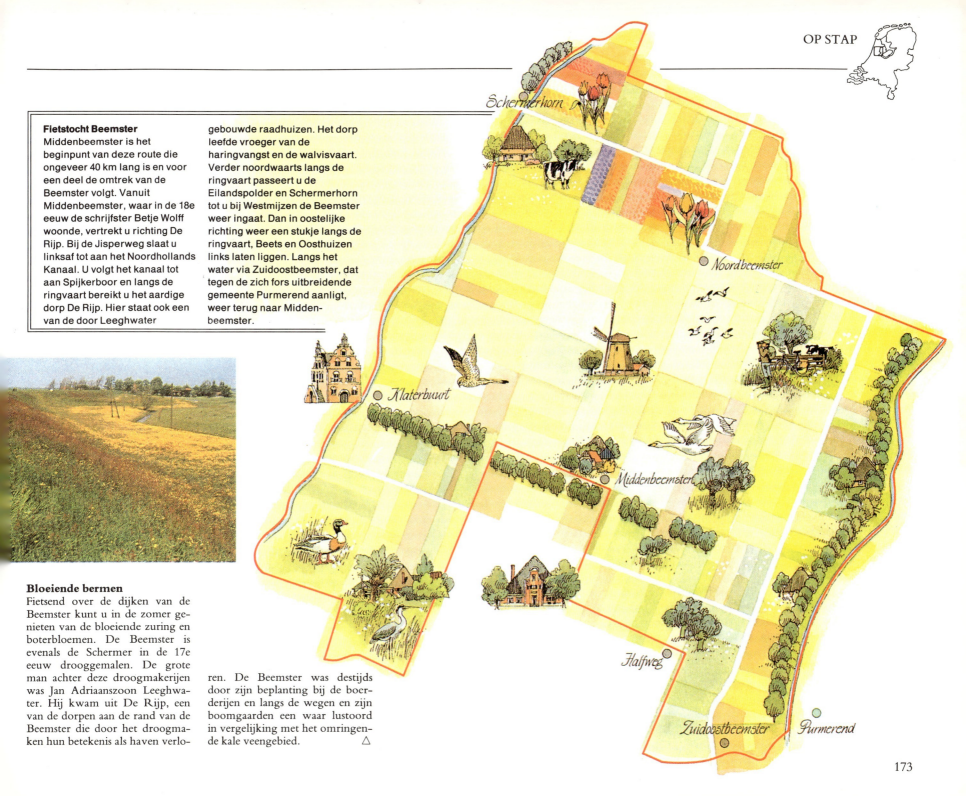

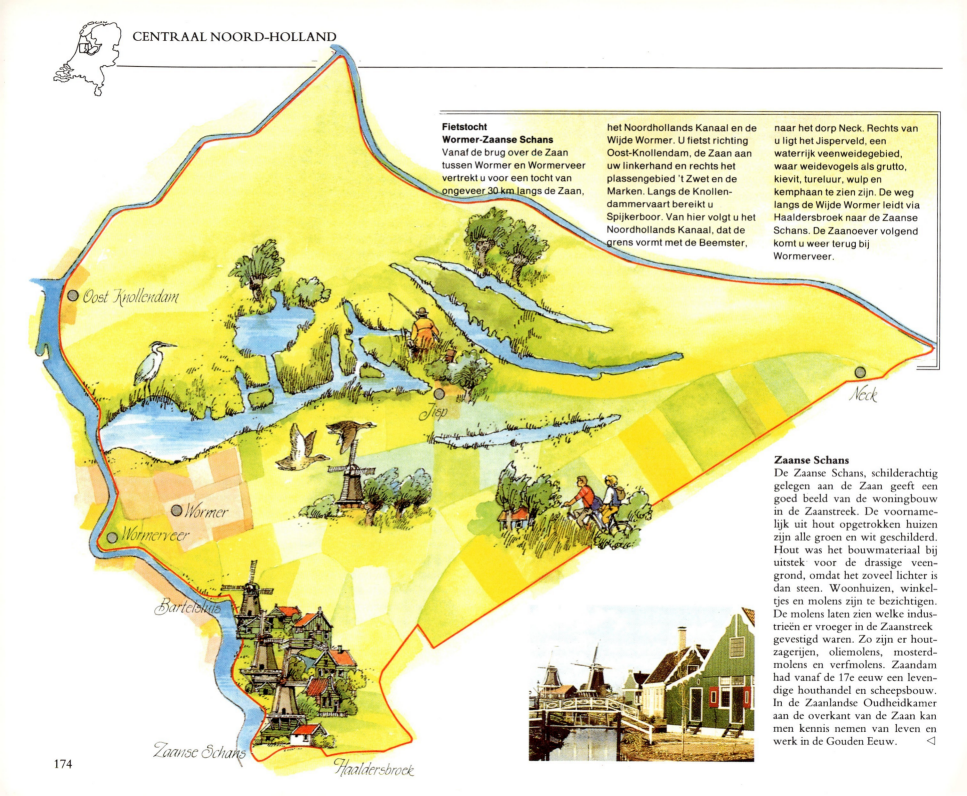

CENTRAAL NOORD-HOLLAND

Fietstocht Wormer-Zaanse Schans

Vanaf de brug over de Zaan tussen Wormer en Wormerveer vertrekt u voor een tocht van ongeveer 30 km langs de Zaan, het Noordhollands Kanaal en de Wijde Wormer. U fietst richting Oost-Knollendam, de Zaan aan uw linkerhand en rechts het plassengebied 't Zwet en de Marken. Langs de Knollendammervaart bereikt u Spijkerboor. Van hier volgt u het Noordhollands Kanaal, dat de grens vormt met de Beemster, naar het dorp Neck. Rechts van u ligt het Jisperveld, een waterrijk veenweidegebied, waar weidevogels als grutto, kievit, tureluur, wulp en kemphaan te zien zijn. De weg langs de Wijde Wormer leidt via Haaldersbroek naar de Zaanse Schans. De Zaanoever volgend komt u weer terug bij Wormerveer.

Zaanse Schans

De Zaanse Schans, schilderachtig gelegen aan de Zaan geeft een goed beeld van de woningbouw in de Zaanstreek. De voornamelijk uit hout opgetrokken huizen zijn alle groen en wit geschilderd. Hout was het bouwmateriaal bij uitstek voor de drassige veengrond, omdat het zoveel lichter is dan steen. Woonhuizen, winkeltjes en molens zijn te bezichtigen. De molens laten zien welke industrieën er vroeger in de Zaanstreek gevestigd waren. Zo zijn er houtzagerijen, oliemolens, mosterdmolens en verfmolens. Zaandam had vanaf de 17e eeuw een levendige houthandel en scheepsbouw. In de Zaanlandse Oudheidkamer aan de overkant van de Zaan kan men kennis nemen van leven en werk in de Gouden Eeuw. ◁

OP STAP

Fietstocht Alkmaardermeer

De route start in Akersloot. De lengte bedraagt ongeveer 23 km. Met een pontveer steekt u het Noordhollands Kanaal over en rijdt oostwaarts tot de basculebrug over hetzelfde kanaal. Van hieraf hebt u een prachtig uitzicht op het Alkmaardermeer. Fietsend in de richting van de Zaanstreek ziet u aan de overkant van de Markervaart het dorp De Woude, en even verderop Marken-Binnen. Langs West-Knollendam en het industrieterrein van Wormerveer bereikt u Krommenie. Van hier gaat de weg langs Krommeniedijk, naar Uitgeest. U ziet het Uitgeestermeer liggen, en via het gehucht Klein Dorregeest belandt u weer in Akersloot.

West-Graftdijk

Aan het Noordhollands Kanaal, niet ver van het Alkmaardermeer, ligt het dorp West-Graftdijk. Typerend voor de dorpen in het oude bedijkte gebied is hun bereikbaarheid over water. Vroeger werden met platbodemschuiten de produkten van het land afgevoerd naar de marktplaatsen. De dorpen aan de andere kant van het meer ontstonden rond de geest. △

Wilde orchideeën

De ondiepe oevers van meren en plassen worden op veel plaatsen gestoffeerd door riet en kleine lisdodden. In de moerasachtige gebieden treft men zeldzame planten aan als ronde zonnedauw en de afgebeelde gevlekte rietorchis. △

Futen

Futen hebben de gewoonte hun jongen mee te voeren op hun rug. Het is een van de vele soorten watervogels die men bij het Alkmaardermeer kan tegenkomen. Kuifeenden vinden in de ondiepe delen van het meer grote hoeveelheden driehoeksmossels als voedsel. ◁

175

WATERLAND

WATERLAND

Havenstadjes aan de rand van waterrijke polders

Waterland omvat globaal het waterrijke veenlandschap ten noorden van Amsterdam, aan de westkant begrensd door de rijkswegen A8 en A7, en aan de oostkant op natuurlijke wijze door het IJsselmeer. In het noorden, ten slotte, reikt het beschouwde gebied tot Oosthuizen en Etersheim. Men vindt er drassige polders, een aantal droogmakerijen en schilderachtige Zuiderzeestadjes.

Resten van een kanaal
Aan de westkant van het Kinselmeer liggen in het landschap nog resten van een kanaal dat Amsterdam met Marken had moeten verbinden.
Aan het begin van de 19e eeuw had koning Willem I opdracht gegeven voor het graven hiervan, omdat men niet gelukkig was met de omslachtige vaarroute door het Noordhollands Kanaal.
Het kanaal naar Marken werd nooit voltooid, maar is in het landschap nog steeds te onderscheiden aan de begrenzing van de percelen weiland op het voormalige tracee en de kanaalresten, die vrijwel zijn dichtgegroeid. △

Vissers- en handelsstadjes
Aan het begin van de Zuiderzeedijk ligt het voormalige vissersplaatsje Durgerdam. Het ontstond langs de dijk die de bewoners van het toenmalige IJoord mochten aanleggen na de beruchte St.-Elisabethsvloed in 1421.
Waterland is rijk aan mooie dorpen en stadjes. Ransdorp, Holysloot en Zuiderwoude zijn een bezoek waard. Ook Marken en Volendam zijn bezienswaardig, evenals de vroegere havenstadjes Edam en Monnickendam. ▽

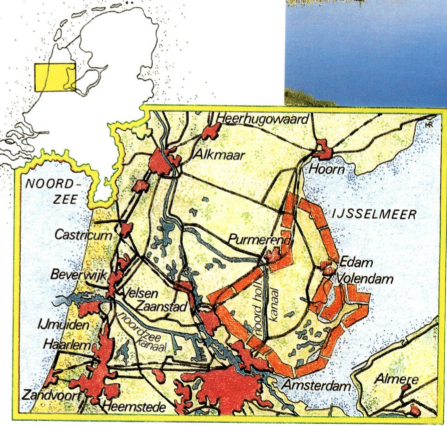

INLEIDING

Voetbruggetjes
Een opvallend element in de graslanden van Waterland zijn hier en daar de witte voetbruggetjes. Wandelaars mogen hier overheen, mits ze in verband met de schapen hun hond aangelijnd houden.
Langs deze paden door het weiland kan men een aantal schitterende tochten maken, met name in de omgeving van Holysloot. Men krijgt dan veel planten en vogels te zien. Even ten zuiden van de Aandammerbrug is via enkele voetbruggetjes de oever van het Holysloter Die te bereiken. ▷

Beschermde oeverplant
Een van de planten die men hier bij de sloot kan aantreffen is de algemene, maar toch beschermde zwanebloem. Het is een rechtopgroeiende, maximaal 1,5 m hoge plant met onvertakte bloeistengels. De bloemen zitten in een schermvormige bloeiwijze aan het uiteinde van de bloeistengel. De stelen van de drietallige bloemen zijn ongelijk van lengte en de bladeren driehoekig in doorsnede. ▽

Rest van oud geulensysteem
Het Uitdammer Die is een van de grotere waterlopen in Waterland. Het is een restant van een geulenstelsel dat hier na een rampzalige inbraak van het Oer-IJ in de tweede helft van de 17e eeuw ontstond. Er zouden nog een vijftigtal overstromingen volgen, met als laatste die van 1916.
Behalve de overblijfselen van het geulensysteem vindt men in het gebied ook een aantal doorbraakkolken, waarvan het Kinselmeer de grootste is. Dit ontstond na de Allerheiligenvloed van 1570 door dijkdoorbraak. Nadat de dijk nog maar nauwelijks was hersteld brak hij weer door, waardoor het meer nog tweemaal zo groot werd. △

Verlanding gaat nog door
Op tal van plaatsen in het veengebied is de verlanding nog waar te nemen, zoals hier in een sloot in de buurt van de Aandammerbrug. Het is ook te zien in het Varkensland bij Ilpendam.
De natuurwaarde van het Waterlandse veenweidegebied is bijzonder groot. Dit komt vooral door de zilte bodem en het brakke grond- en oppervlaktewater. Ondanks de verzoeting die optreedt door stagnatie van de aanvoer van brak water en het zoet worden van het IJsselmeer, zijn de milieuomstandigheden nog steeds vrij zilt. Kwel uit de zilte bodemlagen zorgt ervoor dat het grondwater tamelijk brak blijft. ▷△

Alleen geschikt voor gras
Jongvee op een weiland in de omgeving van Zunderdorp. Het land in het veengebied is alleen te gebruiken als grasland, doordat het grondwater overal vlak onder het maaiveld ligt. In vergelijking met vroeger is de wateroverlast teruggedrongen, maar nog lang niet voldoende voor akkerbouw. ◁

179

WATERLAND

Veengebied uit het Holoceen

Het Noordhollandse veengebied maakt deel uit van het grote veengebied dat zich achter de kusten van Vlaanderen en Holland uitstrekt. Dit veengebied dateert uit de periode na de laatste ijstijd, het Holoceen, dat 20 000 jaar geleden begon en nog steeds voortduurt.

Vijf eeuwen oud heitje
De kale jonker groeit aan de rand van het Heitje van Katham, een van de moerassige heiderestanten die men in Waterland nog kan aantreffen. Het weliswaar ontoegankelijke terrein onderscheidt zich van andere, doordat het vanaf de openbare weg erlangs goed is te overzien.
Vermoedelijk begon het Heitje van Katham zich in de 15e eeuw te vormen door verlanding van de Hovensloot. Deze lag tussen de polder Katwoude en de Zuidpolder onder Edam. Een restant van de sloot is nog aanwezig. ▽

Van zoet naar zout naar zoet
Het IJsselmeer is een zoet meer, dat niet door de zee wordt gevoed maar door rivieren en beken, zoals de Rijn (via de IJssel), de Vecht, de Eem, het Zwarte Water en diverse beken (via de randmeren). Het IJsselmeer dient als zoetwaterboezem voor Friesland, de IJsselmeerpolders en een groot deel van de provincie Noord-Holland.
Vóór de voltooiing van de Afsluitdijk heette het IJsselmeer nog Zuiderzee. Deze binnenzee bevatte zout water. Het hieraan voorafgaande meer Flevo bevatte echter nog zoet water. Dit meer vormde zich in de periode tussen 1250 v.C. en het begin van onze jaartelling, doordat verspreid gelegen plassen en de monding van de rivier de Rijn tot één meer werden samengevoegd. △

Resten van overstromingen
De Oosterpoel, ten noorden van Uitdam, ontstond door overstroming tijdens een van de vele aanvallen die de zee op het achter de strandwallen gelegen moerasgebied van Waterland uitvoerde. De doorbraakkolken zijn te herkennen aan de smalle rietkraag die ze hebben, doordat ze meestal nogal diep zijn.
Het landschap van Waterland veranderde met name aan het einde van de middeleeuwen. Grote delen van het veen werden door de mens ontgonnen. Door inklinking van het veen nam de kans op overstromingen toe, terwijl de natuurlijke afwatering steeds moeilijker werd. Toen de zeespiegel ook nog begon te stijgen, vonden er talloze overstromingen plaats en werden veel meren gevormd. ▽

Verslagen veen
Op sommige plaatsen, zoals hier in het zuidelijkste gedeelte van de Gouwzee bij de dijk naar Marken, worden door het water veenresten afgezet. Deze zijn bij vroegere overstromingen door het woedende water van het veen losgeslagen, vervolgens op de bodem van de wateren afgezet en daarna weer losgewerkt.
Een van de grootste inbraken van de zee was die van het Oer-IJ omstreeks 1650 v.C. In het westelijk deel van Waterland werden toen ontzagwekkende hoeveelheden veen volledig weggeslagen. Er zouden nog vele van dergelijke watersnoodrampen volgen. Pas na de middeleeuwen kwam het gebied enigszins tot rust.
In de periode van 1650 v.C. tot ca. 1000 n.C. werden de bestaande geulen met het Oer-IJ verbonden. Resten hiervan zijn de huidige Aeën en Dieën. △

ONTSTAAN

Voormalige Purmer Ee
Het Stinkevuil, bij Monnickendam, was ooit de monding van de Purmer Ee. Laatstgenoemde veenstroom vormde de belangrijkste toevoer van water van het meer Flevo in Waterland.
Het meer Flevo vormde zich tussen 1250 v.C. en het begin van onze jaartelling. Oorspronkelijk was het de uitmonding van de Rijn, die zich echter vergrootte doordat aangrenzende meren door uitwaaiing ermee versmolten. Het werd een zoetwatermeer, dat men het Almere ging noemen. Vanaf ca. 300 v.C. drong het water ervan o.a. via de Purmer Ee Waterland binnen en veroorzaakte veel overlast en zelfs rampen. ▽

Ontoegankelijk moerasbos
Veel moerasbos treft men in Waterland niet meer aan, maar bij de Aandammerbrug, ten noorden van het Holysloter Die, hebben zich nog enkele bosjes kunnen ontwikkelen. Toch hebben hier ooit uitgestrekte moeraswouden van vooral elzen, essen en wilgen gestaan, waarin de mens nauwelijks kon doordringen.
De bossen vormden het zogenaamde bosveen, dat zich vooral ontwikkelde langs de geulen tussen Monnickendam en Zuiderwoude, waar het water relatief voedselrijk was. Op minder voedselrijke plaatsen, maar te rijk voor veenmos, vestigden zich vooral zeggen. Dit gebeurde in Waterland pas nadat door kwel en via een aantal geulen water met wat voedingsstoffen werd aangevoerd. Tot dan was het veen hier hoofdzakelijk veenmosveen of rietveen, al werd het veenmosveen vaak nog voorafgegaan door een begroeiing van zeggen en biezen. △

Jong landschap
Het agrarische landschap van Waterland, zoals hier aan de rand van de Belmermeer, is geologisch gezien van recente datum. Anders dan in het oosten of zuiden van ons land is er aan de oppervlakte weinig dat herinnert aan de ontstaansgeschiedenis van het gebied.
Tijdens het Holoceen is er op een basis van op ca. 15 m diepte liggende pleistocene afzettingen een opeenvolging van landschappen in Waterland geweest.
Uit boringen is gebleken dat op het Pleistoceen een dunne veenlaag ligt, het zogenaamde veen op grotere diepte. Uit de hierin aangetroffen planteresten en fossielen, waaronder een schedel van een mammoet, blijkt dat hier een toendraklimaat heerste.
Door het rijzen van de zeespiegel als gevolg van het smelten van de ijskap werd het klimaat echter vochtiger, waardoor veenvorming optrad.
Inbraken van de zee bedekten het veen met klei en zand, waarop zich in rustige perioden opnieuw veen ontwikkelde. Dijkdoorbraken leidden tot nieuwe slibafzettingen. ▽

Rietveen
Bij de Oosterpoel is de rietzoom niet zo breed, maar men krijgt er toch enigszins een idee van de vorming van rietveen.
Waar het riet met rust wordt gelaten, breidt het rietland zich steeds verder uit. In vroeger tijden voerde het zeewater via de zeearmen slib en zand aan, waardoor de meren geleidelijk dichtgroeiden. Tussen het riet vestigden zich allerlei andere planten en ten slotte ontstond er een dik plantendek, dat het contact met het brakke water verloor. Er werden geen voedingsstoffen meer aangevoerd; het moeras verzuurde en veranderde uiteindelijk in een voedselarm veenmosveen. △

Ontstaan door stormvloed
Het even boven Durgerdam gelegen Kinselmeer is het grootste meer van het huidige Waterland. In de verte is het silhouet van Ransdorp te zien, met de karakteristieke afgeknotte toren. Het meer toont duidelijk waartoe de krachten van wind en water in staat zijn; bij slecht weer biedt het meer nog immer een angstaanjagende aanblik.
Het Kinselmeer ontstond tijdens de Allerheiligenvloed van 1570, toen er van de Waterlandse Zeedijk een stuk van 300 m werd weggeslagen. Vrijwel geheel Waterland en de Zeevang kwamen in die beruchte novembernacht onder water te staan. Op de plaats van het huidige Kinselmeer sloeg het kolkende water een enorm gat in de veenbodem, dat tientallen meters diep was. De dijk werd weer hersteld, maar brak 10 jaar later opnieuw door, waarbij het Kinselmeer zich flink uitbreidde. Het meer kreeg zijn tegenwoordige omvang bij een dijkdoorbraak in 1825 bij Durgerdam. △

WATERLAND

Zilte bodem bepaalt deels karakter van plantengroei

Het hoge zoutgehalte van het water en de bodem komt tot uiting in de vegetatie. Zo vindt men in het gebied de vrij zeldzame brakwatervenen. Deze zijn relatief arm aan soorten, maar er groeien wel planten die in zoetwatervenen zeldzaam zijn. Voorbeelden zijn o.a. zilt torkruid, zulte, schorrekruid, echt lepelblad, snavelruppia en Engels gras.

Oerhollandse boom
Katjes van de schietwilg in een broekbosje bij de Leek, tussen Ilpendam en Monnickendam.
Wilgen zijn Oerhollandse bomen, wat blijkt uit het feit dat er bij ons 11 soorten van voorkomen, waarvan de meeste algemeen zijn.
De langs de slootkanten staande wilgen versterken met hun wortels de oevers en gaan zo erosie tegen. Het knotten deed men voorheen vanwege de tenen, waarvan manden en afscheidingen werden gevlochten. Tegenwoordig doet men het uit natuurbeschermingsoogpunt, o.a. voor het scheppen van broedholten. In de broekbosjes in Waterland kunnen de bomen echter volledig uitgroeien. ◁

Bruine kikker
Vanaf half maart is de bruine kikker alweer in de sloten en natte graslanden te vinden, na een winterslaap van ca. vier maanden. De eieren worden gewoonlijk rond 1 april afgezet.
Het is een fors gebouwde kikker, die betrekkelijk zwijgzaam is. In de voortplantingstijd kleurt de keel van het mannetje dikwijls enigszins blauw. △

Verzoeting van bodem
De aanwezigheid van groot hoefblad bij de Aandammerbrug duidt op verzoeting en verhoging van het nitraatgehalte van de bodem. Groot hoefblad is namelijk een typische ruigteplant, die veel voedsel nodig heeft. De grote, rabarberachtige bladeren ontwikkelen zich pas na de bloei. △

Overwinterende eenden
Het open veenweidegebied vormt een uitstekend overwinteringsgebied voor allerlei eendesoorten, zoals smienten. Vanaf augustus tot ver in mei kan men deze prachtige eendesoort in de graslanden in soms vrij grote aantallen zien rusten. De smient is een broedvogel van toendragebieden, maar een enkele maal is bij ons een broedgeval waargenomen. Wel overzomeren sommige exemplaren.
De waarde als overwinteringsgebied wordt vooral bepaald door de openheid van het terrein. Daarnaast vormen de dieën en aeën, de sloten, de doorbraakkolken, de rietlanden en de moerasbosjes belangrijke elementen. ◁

Broekbosjes en rietkragen
Bij de Aandammerbrug liggen broekbosjes, terwijl het water omzoomd wordt door brede rietkragen. De omringende weidegebieden zijn rijk aan steltlopers, zoals grutto, kievit, scholekster, tureluur, kemphaan en watersnip. In de rietkragen en moerasbosjes broeden rietgorzen en kleine karekieten. Algemene vogels van de bosjes zijn zwarte kraai, ekster en houtduif, maar ransuil en torenvalk broeden eveneens graag in broekbosjes.
Voor torenvalken zijn in de graslanden ook veel nestkasten op palen geplaatst. Nu het met de torenvalk goed gaat, komen sommige natuurbeschermers hier enigszins van terug. Torenvalken blijken namelijk soms vanuit de kasten de jongen van weidevogels te belagen. △

NATUUR

Veel watervogels
Wilde eenden en meerkoeten in de Purmerringvaart bij Ilpendam. In het najaar en tijdens de winter verblijven veel watervogels op de vaarten in Waterland, omdat deze nog lang open water hebben te bieden. Soorten die men dan kan aantreffen zijn, naast de eerder vermelde smienten, wilde eenden, kuifeenden, tafeleenden en meerkoeten. Soms zijn er ook grote zaagbekken en nonnetjes, maar deze moet men toch vooral op de grotere plassen, zoals de doorbraakkolken, zoeken.
Wanneer de vaarten en kolken zijn dichtgevroren en er sneeuw ligt, vertrekken de meeste vogels uit Waterland. De watervogels vluchten dan merendeels naar het laatste open water van het IJsselmeer of trekken naar het westen of zuiden weg. △

Kleinste reigerachtige
Het wouwaapje of woudaapje, waarvan hier een mannetje in prachtkleed is afgebeeld, is een verborgen levend dier dat, behalve in de broedtijd, alleen 's nachts uit het riet te voorschijn komt. De favoriete biotoop van deze typische moerasvogel bestaat uit rietmoerassen met veel kruiden, afgewisseld met open water en broekbosjes. Zijn voedsel bestaat uit klein gedierte, dat hij op de grens van water en rietkraag verzamelt. In onze streken wordt het wouwaapje, onze kleinste reigerachtige, als broedvogel de laatste jaren steeds zeldzamer, net als de roerdomp. Dat komt o.a. door vermesting en verdroging van rietlanden (met als resultaat verbossing van de vegetatie). ◁

Veentje bij Aandammerbrug
Aan de zuidzijde van de Aandammerbrug, tussen Zuiderwoude en Holysloot, ligt een klein veenmoerasje. Het wordt door Staatsbosbeheer voor de Stichting Het Noordhollands Landschap beheerd. Het is een veenmosrietland met een aantal voor brakwatervenen karakteristieke planten. Behalve addertong en dopheide groeien er hier en in een iets noordwestelijker gelegen veentje orchideeën als de rietorchis, de welriekende nachtorchis en de vleeskleurige orchis. In een nestkast broeden torenvalken. ◁

Heitje van Katham
Aan de zuidzijde van de afslag van de oude E10 naar Volendam ligt een oud veengebiedje. Het wordt het Heitje van Katham genoemd naar de buurtschap tot waar het zich uitstrekt. Het is een van de oudste veenheidegebiedjes van Nederland en ontstond vermoedelijk ca. 1400. Vanaf de weg is het voor publiek niet toegankelijke gebied goed te overzien.
Het heitje ontstond door verlanding van de Hovensloot, waarvan de plas aan de oostzijde in het terrein nog een restant is. De verlanding vond van west naar oost plaats en is bij de plas nog steeds aan de gang.
In het gebied zijn drie verlandingsvegetaties te onderscheiden. De oudste ligt aan de westkant en bestaat uit een grazig, enigszins verruigd blauwgrasland op een stevige ondergrond. Dan volgt een verend veenmosrietland met plekken veenheide en een groepje berken. Het gedeelte bij het overblijfsel van de Hovensloot is het jongste en bestaat uit een sterk verende verlandingsvegetatie. ▽

Storingsmilieus
Klein hoefblad is een van de planten die men kan verwachten op de plaatsen waar de bodem met meststoffen of kalk verrijkt is. Dergelijke storingsmilieus komen in vrijwel alle landschappen voor in de buurt van menselijke bewoning. De goudgele bloemhoofdjes verschijnen vóór de bladeren, soms al in februari. △

Groene kikker
De kikker die men in het voorjaar het meeste hoort is de groene kikker. Deze luidruchtige verwant van de bruine kikker houdt zich vooral in de sloten op. Hij mist de donkere vlek achter het oog die de bruine kikker vertoont en bovendien bezit het mannetje twee uitwendige kwaakblazen aan weerszijden van de kop. De groene kikker plant zich pas in mei of juni voort. △

WATERLAND

Eerste ontginningen via de talrijke veenstromen

De randen van het veengebied van Waterland waren vermoedelijk reeds in de Romeinse tijd bewoond. Overstromingen verjoegen de mens weer, die in de vroege middeleeuwen terugkeerde en vanaf de monding van de veenstromen het gebied begon te ontginnen. De talrijke veenstromen waren de toegangswegen tot de wildernis.

Dorp van handelaren en reders
Midden in het oude gedeelte van Broek in Waterland ligt het Havenrak, met *links* een 18e-eeuwse theekoepel en *rechts* de oorspronkelijk 15e-eeuwse kerk met toren uit de 18e eeuw. In een ver verleden was het Havenrak een verbreding van een afwateringsstroom die rechtstreeks in de Zuiderzee uitmondde.
Broek beschikte over een prachtig beschutte, natuurlijke haven, zodat het voor de hand lag dat de bewoners zich niet tot boeren, maar tot vissers, zeelieden en kooplieden ontwikkelden. Het was dan ook al vroeg een rijk dorp met fraaie, houten huizen. De Spanjaarden verwoestten Broek tijdens de Tachtigjarige Oorlog vrijwel volledig, maar het werd direct daarna herbouwd. Als waterkering kregen de houten huizen een stenen fundament.
Toen de schepen echter te groot werden voor de haven, raakte Broek zijn handelsfunctie kwijt. △

Toegang tot het gebied
Voetbruggetjes over sloten zorgen dat men zich gemakkelijk door het land kan verplaatsen. Voor onze middeleeuwse voorouders was het gebied een ontoegankelijk moeras. Alleen via de veenstroompjes kon men het gebied binnendringen. Deze vormden hier dan ook het uitgangspunt van de ontginningen. Schuin op de waterlopen groef men een aantal evenwijdige sloten, waardoor een zogenaamde veerverkaveling ontstond. Door de hoge ligging van het veen geschiedde de afwatering op natuurlijke wijze. ▷

Akkers verdwenen
Aan het landschap van nu, zoals hier bij de Aandammerbrug onder Zuiderwoude, is niet meer te zien dat hier ooit akkerbouw werd bedreven. Dit is ook maar zeer kort het geval geweest en wel alleen vlak na de middeleeuwse ontginning. Door de ontwatering begon het veen al snel in te klinken, waardoor het land voor de akkerbouw volkomen ongeschikt werd. Door deze inklinking was men gedwongen nieuwe delen van het veenmoeras te ontginnen. Men ging verder waar men gebleven was: achter het eerste veendijkje, dat aan de achterzijde van de eerste ontginning was gelegd om het land te beschermen tegen het moeraswater. Er kwam een tweede dijkje en soms zelfs nog een derde. Uiteindelijk stuitte men in het hart van het veen op ontginningen die vanuit andere stroomstelsels waren ondernomen. Vanzelfsprekend kwamen hier de landsgrenzen te liggen. ◁

CULTUUR

Zeewolf lag steeds op de loer

Het Waterlandse poldergebied, zoals dit gedeelte bij Zunderdorp, maakt nog maar weinig kans door een watersnoodramp te worden getroffen. Toch is het een enigszins beangstigende gedachte dat het veen in de ondergrond nog steeds inklinkt (in de afgelopen eeuw 15 cm) en de zeespiegel stijgt. De bedijkingen blijven, althans voor dit deel van ons land, van levensbelang.

Nadat in de 12e eeuw de waterwolf enige malen hard had toegeslagen, waarbij het IJ en het Almere ontstonden, begon men in de 13e eeuw dijken aan te leggen. Hiermee beschermde men het overgebleven land tegen het buitenwater.

De dijken waren echter maar zwak en doorbraken kwamen dan ook veel voor. Bij overstromingen ging veel land verloren en verdwenen soms hele dorpen. Toch ging men door met de dijkwerkzaamheden. Het zou echter tot de 20e eeuw duren alvorens de waterwolf was overwonnen, namelijk toen de Afsluitdijk in 1932 de Zuiderzee in het IJsselmeer veranderde. ▽

Ophaalbruggetjes

Talrijke bruggetjes in Waterland, zoals de Aandammerbrug, herinneren aan de tijd dat de meeste boeren hier nog vaarboeren waren. Hoewel de boot op sommige plaatsen nog onmisbaar is, heeft het dichte net van verharde wegen ervoor gezorgd dat het meeste land per as bereikbaar is. Door waterpeilverlaging, het dempen van sloten en het aanleggen van dammen heeft men de bedrijfsresultaten van de boerenbedrijven wat op weten te vijzelen. Er ligt echter nog steeds veel land dat door de slappe ondergrond slechts extensief beweid kan worden of alleen als hooiland gebruikt. △

Dominerende stompe toren

De zware, stompe toren van Ransdorp vormde ooit een baken voor de schepen op de Zuiderzee, ondanks het feit dat het dorp een eind landinwaarts was gelegen. Ook in onze tijd is de toren nog van verre zichtbaar. Vermoedelijk is Ransdorp als ontginningsnederzetting langs de Weersloot ontstaan. Toch heeft het een duidelijke kom, met de nooit voltooide, 16e-eeuwse kerktoren als dominerend middelpunt. In de schaduw ervan staat het schilderachtige raadhuisje uit de 17e eeuw. Het bezit een hoge stoep en een gevelsteen met de Waterlandse zwaan. In de 17e eeuw kwamen hier de vertegenwoordigers van de zes in de Unie van Waterland verenigde dorpen bijeen. Verder staan er bij de toren nog enkele houten huisjes. △

Schiereiland aan Gouwzee

Het voormalige eiland Marken ligt vanaf het vasteland gezien aan de overkant van de Gouwzee. Sinds 1957 is het door een 2 km lange dijk met het vasteland verbonden. Overigens was het oorspronkelijk ook geen eiland, maar een onderdeel van het Noordhollandse vasteland. Stormvloeden en stijging van de zeespiegel maakten Marken rond 1200 tot een eiland. Een bijzonderheid op Marken vormen de huizen. Deze staan niet alleen op terpen (hier 'werven' genoemd), maar ook nog op palen. △

Oude stadsbeeld gaaf bewaard

Monnickendam bezit nog een aantal mooie stadsgezichten uit de 16e en 17e eeuw, zoals dit hoekje. Omstreeks 1250 legden Norbertijner monniken een dam aan op de plaats waar zich nu Noord- en Zuideinde bevinden. Deze dam, waaraan het stadje zijn naam dankt, sloot een open verbinding af tussen een plas en de Zuiderzee. De stad werd door zijn uitstekende haven, die door de rivier de Purmer Ee op diepte werd gehouden, al snel welvarend. Deze open verbinding met zee was echter ook de oorzaak van voortdurende overstromingen in het binnenland, zodat hertog Albrecht van Beieren uiteindelijk tot afsluiting besloot. De haven verzandde binnen enkele jaren, waardoor de bloeitijd van de stad voorbij was. Door de snelle ineenstorting van de welvaart had men geen geld om oude panden te moderniseren en daardoor zijn vele zo fraai bewaard gebleven. ▽

WATERLAND

Nieuwe dorpen bij dammen en duikers

Naast de agrarische streekdorpen ontstonden bij dammen, duikers en sluizen in de periode van de bedijkingen nieuwe dorpen. Voorbeelden zijn Edam, Durgerdam en Uitdam. Deze dorpen strekten zich veelal uit langs en op de dammen of dijken.

Hout als bouwmateriaal
In het westelijk deel van het beschreven gebied ligt Oostzaan, dat nog veel houten huizen telt. Dat hout hier een belangrijk bouwmateriaal was, had verschillende oorzaken. Voor Oostzaan geldt sterk dat het dicht bij de talloze Zaanse houtzaagmolens lag. Daarnaast eiste de vaak slappe bodem een licht soort bouwmateriaal. △

Schapenteelt als aanvulling
Schapen met hun lammeren op een weiland in de buurt van het Holysloter Die. De waterstand van de sloot is vrij laag; over het algemeen ligt het waterpeil in Waterland veel hoger. De goede ontwikkelingen in de schapenteelt zorgen voor een welkome aanvulling op de bedrijfsresultaten van de Waterlandse veeboer. △

Dijkdorp Durgerdam
Op de dijk van Durgerdam rijen de vaak nog deels van hout gebouwde huizen zich aaneen. Het opvallendste bouwwerk is het voormalige raadhuis, dat van een koepeltorentje is voorzien.
Durgerdam ontstond na 1422, toen de bewoners van de streek na de rampzalige St.-Elisabethsvloed toestemming kregen een dijk aan te leggen. Eerst vormde de visserij op de Zuiderzee de belangrijkste bron van inkomsten, maar al snel kozen veel Durgerdammers zee op de handelsvloot van het naburige Amsterdam. Toen in de 18e eeuw handel en scheepvaart achteruitgingen, moest men noodgedwongen weer op de visserij overschakelen. In die tijd ontstonden er aan de Durgerdammerdijk kleine werfjes en smederijen.
De afsluiting van de Zuiderzee, in 1932, maakte een einde aan de Zuiderzeevisserij. Veel Durgerdammers vonden toen werk in Amsterdam. Daarnaast heeft de opkomst van de waterrecreatie een deel van de bevolking een bron van inkomsten bezorgd. ▽

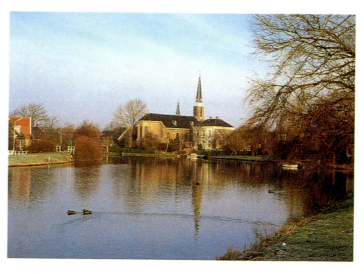

Ilpendam
Het zich in het water weerspiegelende Ilpendam biedt aan de zuidzijde een pittoreske aanblik. De Nederlands Hervormde kerk dateert oorspronkelijk uit de 17e eeuw.
Oostelijk van Ilpendam stond in de Purmer het kasteel Ilpenstein, dat in 1872 werd gesloopt. Het had meer het karakter van een landhuis dan van een kasteel en was neergezet door een Amsterdamse burgemeester. De door Rembrandt op zijn schilderij 'De Nachtwacht' afgebeelde Frans Banning Kok was een van de heren van Ilpenstein.
Ilpendam ligt aan het Noordhollands Kanaal, dat omstreeks 1825 gereed kwam. Hoewel men bij het graven ervan grotendeels gebruik maakte van bestaande waterwegen, vormde het toch een diepe ingreep in het Waterlandse landschap. Het doorsneed talrijke sloten en isoleerde het Ilperveld. Via lekkende sluizen bracht het kanaal veel brak water in het gebied. △

Polder uit Gouden Eeuw
De Belmermeer is een van de droogmakerijen uit de Gouden Eeuw. Nadat na het rampjaar 1572 de aanleg van dijken goed op gang was gekomen, begon men ook de kleine meren droog te leggen. Een van de eerste was het Belmermeer, dat in 1623 door drie molens werd drooggemalen. De molens zijn inmiddels verdwenen, op de romp van één na. Deze bevindt zich bij het gemaal dat nu het overtollige water van de polder uitslaat op het Bozenmeertje. ▽

CULTUUR

Acht eeuwen veeteelt

Door de eeuwen heen is de koe vrijwel de enige bron van inkomsten geweest van de Waterlandse boer. Al snel na de middeleeuwse ontginning bleek door de hoge grondwaterstand de teelt van gewassen onmogelijk. Daarom werd het land omgezet in grasland en regelmatig beweid en gehooid. Over het algemeen konden de kleine kavels met hun vele sloten slechts extensief beweid worden. De graszoden op de slappe grond werden namelijk snel kapot getrapt. De drassige landen waren uitsluitend geschikt als hooiland. Verlaging van het grondwaterpeil met behulp van gemalen, het aanleggen van wegen en dammen, en vergroting van de kavels hebben de situatie wat verbeterd. ▽

Natuur en recreatie

Schuilhut in het noordwestelijk deel van het gevarieerde recreatiegebied Het Twiske. Voor de gemiddelde dagrecreant heeft Waterland weinig te bieden en daarom is tussen Oostzaan en Landsmeer dit gebied aangelegd.
Het Twiske was oorspronkelijk een water dat de verbinding vormde tussen de Wormer en het IJ. In de jaren dertig werd het gebied ontgonnen door werkloze Amsterdammers 'in de duw'. De DUW was de Dienst Uitvoerende Werken.
De meeste bezoekers van het recreatiegebied gaan erheen om te zwemmen, te vissen, te sporten of te wandelen. Natuurliefhebbers kunnen er vanuit schuilhutten allerlei watervogels observeren. △

Hooihuisboerderijen

In de buurt van Zuiderwoude liggen nog enkele hooihuisboerderijen. Dit boerderijtype is nauw verwant met het oorspronkelijke langhuis, de tot aan het einde van de middeleeuwen gangbare boerderijvorm. De hooihuisboerderij kwam in de 17e eeuw tot ontwikkeling, doordat er door de toenemende veeteelt behoefte ontstond aan meer ruimte voor het hooi en het vee. Men vond deze door de hooischuur tegen de achterzijde van de stal aan te bouwen.
Behalve de hooihuisboerderij komt men in Waterland ook het stolptype tegen. Dit ontwikkelde zich in de 17e eeuw uit de langhuisstelp met dwars- of langsstal, waarbij de hooiberging reeds binnen geschiedde. De stolpboerderij heeft in oorsprong een vierkante plattegrond. De tasruimte bevindt zich in het midden. Hieromheen zijn alle andere functies, inclusief het woonhuis, gegroepeerd. Het geheel wordt overdekt door een piramidevormige kap. △

Uitdam ooit belangrijke haven

Verscholen achter de IJsselmeerdijk ligt Uitdam. Nadat de haven van Broek in Waterland voor de zeeschepen onbereikbaar was geworden, voeren de Broeker schippers bij Uitdam uit.
Een café met de naam 'Scheepskameel' herinnert nog aan de tijd dat de koopvaardijschepen van en naar Amsterdam over de ondiepte van Pampus moesten worden getild. Dit gebeurde met lichters, die men scheepskamelen noemde. Veel Uitdammers werkten op deze lichters als matroos of kapitein.
Uitdam ligt aan de westkant aan het Uitdammer Die, dat overgaat in het Holysloter Die. Samen vormen ze het omvangrijkste overblijfsel van het geulenstelsel dat in de middeleeuwen ontstond. ▽

187

WATERLAND

Water en dijken, molens en houten huizen

Open grasland met koeien en molens, de kaden en dijken in het oude veengebied, en het verschil tussen de hooggelegen drassige weiden en de dieper gelegen grote droogmakerijen, dat is het beeld dat de bezoeker van Waterland krijgt. Marken en Volendam zijn grote toeristische trekpleisters, niet in de laatste plaats door hun klederdrachten.

Zuiderzeestadjes
Edam en Monnickendam, beide destijds gelegen aan de Zuiderzee, groeiden uit tot welvarende markt- en handelsplaatsen. Vooral Monnickendam geeft daar nog een aardig beeld van. De foto toont de speeltoren en de waag in Monnickendam die uit de bloeiperiode van de stad dateren. △

Stads- en natuurschoon
Waterland is niet alleen waardevolle natuur dicht bij de Randstad, het betekent ook stedelijk schoon. Het water is een doorslaggevende factor geweest bij het ontstaan van het landschap, maar ook in de ontwikkeling van de stadjes en dorpen. Volendam en Marken waren vissersplaatsen aan de Zuiderzee. Met de visserij is het echter vrijwel gedaan sinds de Zuiderzee IJsselmeer werd; de belangrijkste bron van inkomsten is nu het toerisme. De klederdracht van Volendam is over de hele wereld bekend. Ook het landschap wordt als zodanig ervaren. De weilanden met de brede sloten en de molentjes zijn al door veel schilders vastgelegd. Ook nu is het nog boeiend, niet in het minst door de vele vogels die er voorkomen.

OP STAP

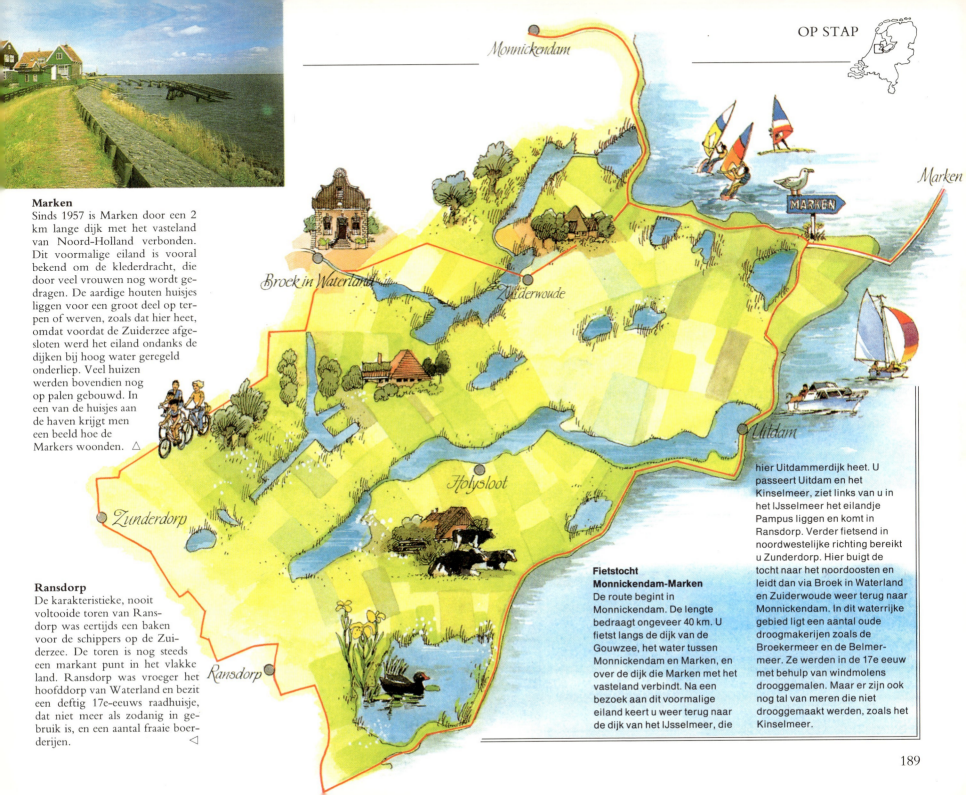

Marken
Sinds 1957 is Marken door een 2 km lange dijk met het vasteland van Noord-Holland verbonden. Dit voormalige eiland is vooral bekend om de klederdracht, die door veel vrouwen nog wordt gedragen. De aardige houten huisjes liggen voor een groot deel op terpen of werven, zoals dat hier heet, omdat voordat de Zuiderzee afgesloten werd het eiland ondanks de dijken bij hoog water geregeld onderliep. Veel huizen werden bovendien nog op palen gebouwd. In een van de huisjes aan de haven krijgt men een beeld hoe de Markers woonden. △

Ransdorp
De karakteristieke, nooit voltooide toren van Ransdorp was eertijds een baken voor de schippers op de Zuiderzee. De toren is nog steeds een markant punt in het vlakke land. Ransdorp was vroeger het hoofddorp van Waterland en bezit een deftig 17e-eeuws raadhuisje, dat niet meer als zodanig in gebruik is, en een aantal fraaie boerderijen. ◁

Fietstocht Monnickendam-Marken
De route begint in Monnickendam. De lengte bedraagt ongeveer 40 km. U fietst langs de dijk van de Gouwzee, het water tussen Monnickendam en Marken, en over de dijk die Marken met het vasteland verbindt. Na een bezoek aan dit voormalige eiland keert u weer terug naar de dijk van het IJsselmeer, die hier Uitdammerdijk heet. U passeert Uitdam en het Kinselmeer, ziet links van u in het IJsselmeer het eilandje Pampus liggen en komt in Ransdorp. Verder fietsend in noordwestelijke richting bereikt u Zunderdorp. Hier buigt de tocht naar het noordoosten en leidt dan via Broek in Waterland en Zuiderwoude weer terug naar Monnickendam. In dit waterrijke gebied ligt een aantal oude droogmakerijen zoals de Broekermeer en de Belmermeer. Ze werden in de 17e eeuw met behulp van windmolens drooggemalen. Maar er zijn ook nog tal van meren die niet drooggemaakt werden, zoals het Kinselmeer.

WATERLAND

Fietstocht Middelie

De lengte van deze tocht is ongeveer 45 km. U vertrekt vanuit Middelie, dat in de polder de Zeevang ligt, richting Edam. Langs de haven van deze plaats fietst u dan naar Volendam, de wereldbekende toeristenplaats. De klederdracht van deze oude vissersplaats vormt met de klompen het waarmerk van Holland. Veel huisjes in Volendam hebben nog een houten gevel en enkele zijn op palen gebouwd om de bewoners tegen stormvloeden te beschermen. De 17e-eeuwse N.H.-kerk is gebouwd in de vorm van een stolpboerderij. Van Volendam gaat de tocht langs de dijk naar Katwoude en Monnickendam. Via Klein-Overleek bereikt u Ilpendam, gelegen aan de rand van de Purmer die in de 17e eeuw werd drooggemalen. Door deze polder fietst u naar Purmerend, dat uitgegroeid is tot een moderne woon- en werkstad, waar de hoogbouw aan de weilanden grenst. Op dinsdagochtend wordt hier veemarkt gehouden. Via de Purmerringvaart weer terug naar Middelie.

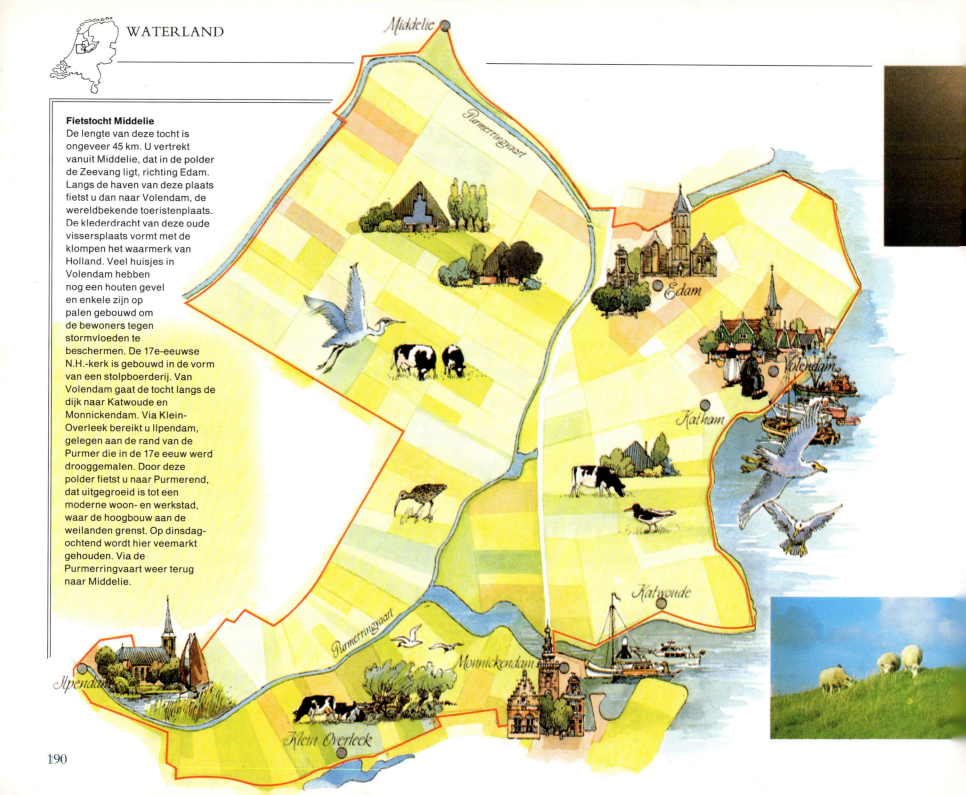

Gouwzee

De voormalige Zuiderzee heeft een grote invloed gehad op het gebied. De oude havenstadjes en vissersplaatsen als Edam en Volendam herinneren daar nog aan. Sinds de afsluiting van de zee in 1932 heeft het nu IJsselmeer geheten water een vooral recreatieve functie. Het is bijzonder in trek bij zeilers, voor wie aan de IJsselmeerkust een aantal jachthavens zijn aangelegd. De Gouwzee, gelegen tussen Monnickendam, Volendam en Marken, is ook een deel van het IJsselmeer. Rijdend over de dijk heeft u een prachtig gezicht op dit water. Vooral 's morgens vroeg of bij zonsondergang kan het landschap hier een heel speciale sfeer hebben. Wellicht dat er ook zwanen overvliegen. ◁

Edam

Het aardige stadje Edam, waar u met de fiets doorheen komt, is behalve bij toeristen ook in trek als forensenplaats. Edam is aan het begin van de 13e eeuw gesticht bij de dam in de Ee, die in de Zuiderzee uitmondde. Deze dammen legde men in de zeegaten om het laaggelegen gebied tegen het opdringende zeewater te beschermen. In 1357 kreeg Edam stadsrechten en in de 16e en 17e eeuw ontwikkelde het zich tot een handelsstadje, waar o.a. kaas werd verhandeld. Veel mannen die op de Amsterdamse koopvaardijschepen voeren, woonden hier. Bezienswaardig in het stadje is de 15e-eeuwse Sint-Nicolaaskerk met zijn gebrandschilderde ramen, mooie koorbanken en het 17e-eeuwse orgel. Vanaf de afgebeelde Kwakelbrug heeft u een fraai uitzicht op de zogenaamde Speeltoren, de toren van de in de 19e eeuw gesloopte Kleine Kerk, die een van de oudste carillons van Nederland bezit. Edam telt nog vele oude huizen en bruggen. In een gotisch huis uit 1540 is het Edams museum gevestigd. ◁

Dijkbeheer

Wat u veel zult zien tijdens uw tocht zijn schapen die op de dijk van het IJsselmeer grazen. Betere dijkbeheerders kan men zich niet wensen. De begroeiing hoeft niet gemaaid te worden en met hun kleine hoeven verstevigen de schapen de grasmat, wat bijdraagt tot het behoud van het dijklichaam. Neem ook even een kijkje aan de andere kant van de dijk. ◁

Fietstocht Ilpendam

Het beginpunt van deze route is Ilpendam en de lengte bedraagt ongeveer 30 km. Langs het Noordhollands Kanaal fietst u richting Purmerend. Dan langs de Purmerringvaart en bij de ophaalbrug linksaf richting Kwadijk. De ringvaart van de Beemster volgend komt u in Oosthuizen, het noordelijkste punt van de route. Vanhier gaat het door de polder de Zeevang naar Middelie en door de Purmer weer terug naar Ilpendam. De Zeevang werd al in de 13e eeuw bedijkt om het laaggelegen veengebied te beschermen tegen het zeewater. De Kwadijker Koog tussen Purmerend en Kwadijk (koog betekent buitendijks land) werd daarna ingedijkt.

Weidevogels

Het open veenweidegebied van Waterland met het grasland, de sloten, de natte rietlanden en moerasbosjes trekt veel vogelsoorten. In de weidegebieden treft u veel steltlopers aan als de afgebeelde grutto. En verder komen tal van zeldzame moeras-, riet- en watervogels voor, zoals roerdomp, krakeend en grote karekiet. ▽

OP STAP

Zwanebloem

In de niet te kleine binnenwateren bloeit de afgebeelde mooie zwanebloem. De oevers van sloten en plassen zijn gestoffeerd met riet en kleine lisdodde en zien hier en daar roze van het weelderig groeiende harig wilgeroosje. △

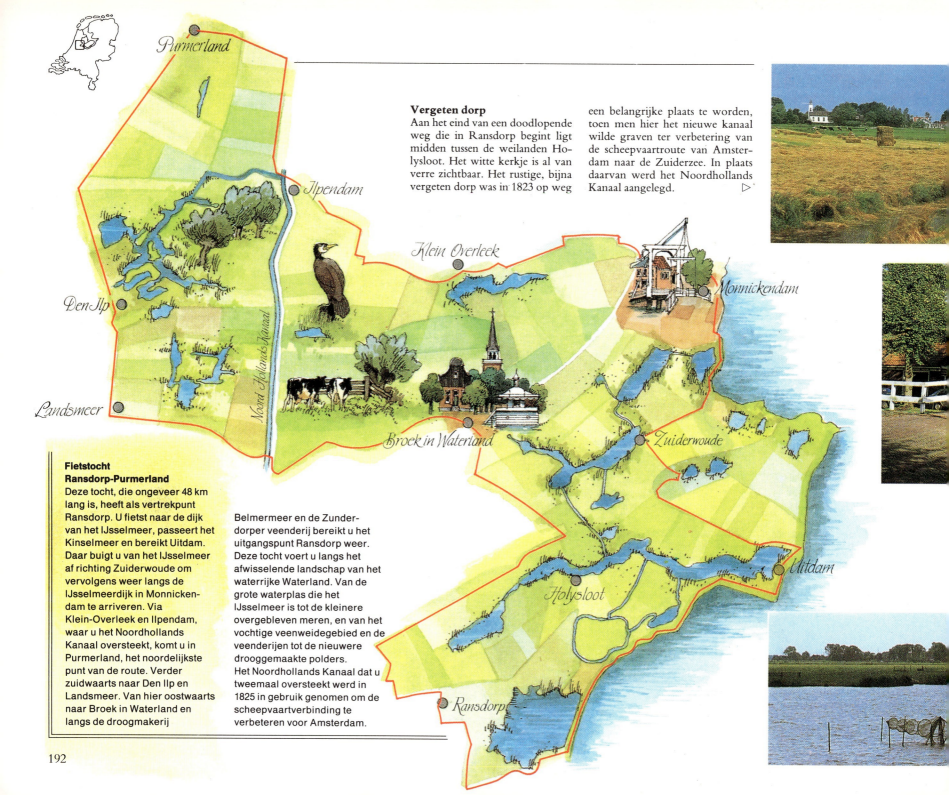

Vergeten dorp

Aan het eind van een doodlopende weg die in Ransdorp begint ligt midden tussen de weilanden Holysloot. Het witte kerkje is al van verre zichtbaar. Het rustige, bijna vergeten dorp was in 1823 op weg een belangrijke plaats te worden, toen men hier het nieuwe kanaal wilde graven ter verbetering van de scheepvaartroute van Amsterdam naar de Zuiderzee. In plaats daarvan werd het Noordhollands Kanaal aangelegd.

Fietstocht Ransdorp-Purmerland

Deze tocht, die ongeveer 48 km lang is, heeft als vertrekpunt Ransdorp. U fietst naar de dijk van het IJsselmeer, passeert het Kinselmeer en bereikt Uitdam. Daar buigt u van het IJsselmeer af richting Zuiderwoude om vervolgens weer langs de IJsselmeerdijk in Monnickendam te arriveren. Via Klein-Overleek en Ilpendam, waar u het Noordhollands Kanaal oversteekt, komt u in Purmerland, het noordelijkste punt van de route. Verder zuidwaarts naar Den Ilp en Landsmeer. Van hier oostwaarts naar Broek in Waterland en langs de droogmakerij Belmermeer en de Zunderdorper veenderij bereikt u het uitgangspunt Ransdorp weer. Deze tocht voert u langs het afwisselende landschap van het waterrijke Waterland. Van de grote waterplas die het IJsselmeer is tot de kleinere overgebleven meren, en van het vochtige veenweidegebied en de veenderijen tot de nieuwere drooggemaakte polders. Het Noordhollands Kanaal dat u tweemaal oversteekt werd in 1825 in gebruik genomen om de scheepvaartverbinding te verbeteren voor Amsterdam.

OP STAP

Monnickendam

Een van de aardigste plaatsjes langs de voormalige Zuiderzeekust is Monnickendam. Het is een gaaf bewaard stadje met keitjes langs de grachten, bruggetjes en tientallen 17e- en 18e-eeuwse huizen. De plaats dankt zijn naam aan een dam die door Norbertijner monniken van de Friese abdij Mariëngaard in de 13e eeuw werd aangelegd. De opgeworpen dam diende ter afsluiting van een waterloop die het Monnikmeer met de Zuiderzee verbond. Monnickendam was een havenstad aan de monding van de Purmer Ee, totdat ook deze rivier op last van hertog Albrecht van Beieren werd afgesloten om overstromingen te voorkomen. Hierdoor verzandde de haven en verloor Monnickendam zijn belangrijkheid. In het centrum van de stad domineert de speeltoren. Hij dateert uit de 16e eeuw. Aan de overkant ligt het stadhuis uit 1746. Het heeft een stoep met fraai beschilderde ijzeren slangen als leuning en een monnik bovenop de gevel. Even verderop ligt de Damsluis met het sluiswachtershuisje en de waag uit omstreeks 1600. Het oudste huisje van Monnickendam is uit 1592. Vóór die tijd werd de plaats verscheidene malen door brand verwoest en o.a. door de watergeuzen geplunderd. De driebeukige hallenkerk Sint-Nicolaas is opvallend groot. De toren is versierd met banden van natuursteen. ◁

Gerookte paling

Als u langs het Uitdammer Die fietst, is het mogelijk dat er net palingfuiken worden uitgezet. Paling, en dan vooral gerookt, is nog altijd een bekende Noordhollandse lekkernij. ▽

Broek in Waterland

Karakteristiek voor dit dorp zijn de houten huizen, die versierd zijn met fraaie ornamenten uit de tijd waarin ze gebouwd zijn. Ze hebben een stenen fundament dat dienst deed als waterkering bij overstromingen. De deuren zijn dan ook allemaal met een trapje te bereiken. Broek was eertijds door de haringvisserij, de walvisvaart en de handel op de Oostzeelanden het rijkste dorp van Holland. Er is een oud Frans gezegde dat luidt: Je ne suis pas de Brouck, hetgeen betekent: ik ben niet zo rijk als iemand uit Broek. Het dorp is tegenwoordig geliefd als woonplaats voor forensen. ▷

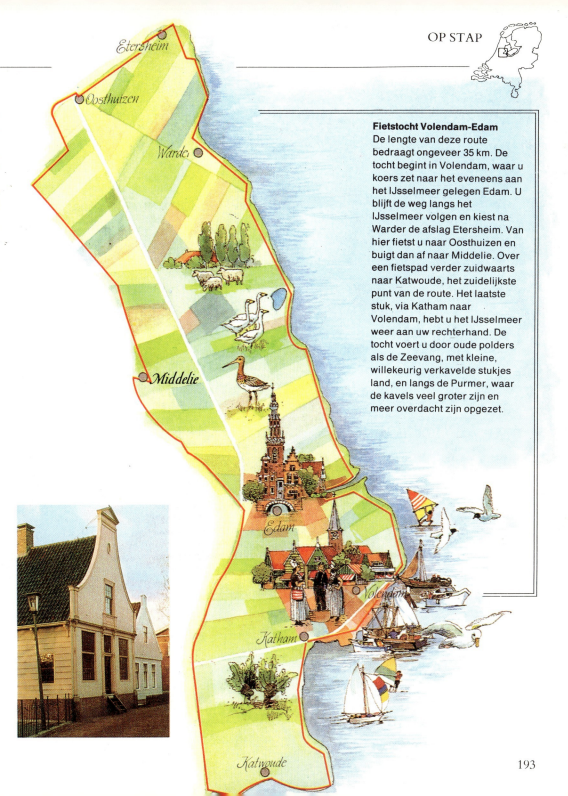

Fietstocht Volendam-Edam

De lengte van deze route bedraagt ongeveer 35 km. De tocht begint in Volendam, waar u koers zet naar het eveneens aan het IJsselmeer gelegen Edam. U blijft de weg langs het IJsselmeer volgen en kiest na Warder de afslag Etersheim. Van hier fietst u naar Oosthuizen en buigt dan af naar Middelie. Over een fietspad verder zuidwaarts naar Katwoude, het zuidelijkste punt van de route. Het laatste stuk, via Katham naar Volendam, hebt u het IJsselmeer weer aan uw rechterhand. De tocht voert u door oude polders als de Zeevang, met kleine, willekeurig verkavelde stukjes land, en langs de Purmer, waar de kavels veel groter zijn en meer overdacht zijn opgezet.

193

NOORDOOST-TWENTE

NOORDOOST-TWENTE

Beken en rivieren gevat in het groen

Beken en kleine riviertjes zijn karakteristiek voor het noordoosten van Twente. Ze hebben uiteenlopende karakters maar in vrijwel alle gevallen liggen ze als levende juwelen gevat in een zetting van groen. Watermolens zorgen soms voor een extra accent.

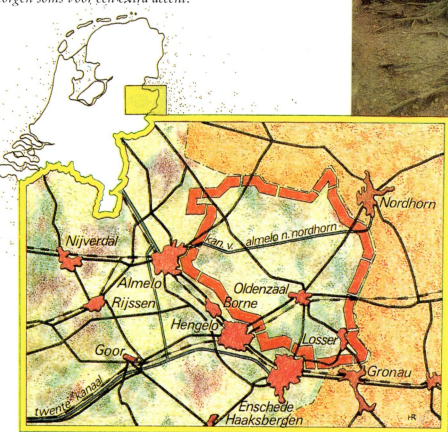

Puntbeek
Een van de kenmerken van het Twentse landschap is de aanwezigheid van talrijke beken. Naast de Dinkel, die een geheel eigen karakter heeft, zijn drie beektypen te onderscheiden. Het meest komt het type van de houtwalbeek voor: vrij brede en diepe stromen door oud cultuurland die zelf hun oeverwallen hebben opgeworpen. Vaak zijn die wallen door de mens verhoogd om de beek in toom te houden. De rietebeken (van *ri* = stromen) vloeien gewoonlijk door een erosiedal met steile randen in heideachtig heuvelland. Ze worden meestal begeleid door bronbossen en moerassige hooilanden. Een derde type wordt gevormd door de heidebeken, die zich in los zand hebben ingegraven en daarom zelden overstromen. Een van deze heidebeken is de Puntbeek. Deze stroomt door de Punthuizen, een gebied van orchideeënrijk schraalland en droge, vochtige heide. In de overgang tussen hei en ven groeien in de buurt van deze beek zeldzame planten als knollathyrus en karwijselie. △

Watermolen van Bels
De watermolen van Bels is een van de waterkrachtwerken van dit type die in Twente bewaard zijn gebleven. Watermolens zijn ouder dan windmolens; de oudste ervan dateren uit de vroege middeleeuwen. Naast handkracht en de energie van trek- en lastdieren was waterkracht lange tijd een van de weinige bronnen van energie waarover de mens kon beschikken voor bewerkingen als zagen, malen en pletten. De weinige waterradmolens worden tegenwoordig als monument gekoesterd. △

INLEIDING

Beekprik
De Puntbeek is een van de weinige plaatsen boven de grote rivieren waar nog de beekprik leeft. Prikken zijn primitieve gewervelde dieren, die gerekend worden tot de klasse van de rondbekken. De dieren hebben geen echte wervels maar in plaats daarvan een elastische ruggestreng. Kieuwen ontbreken eveneens. Voor hun ademhaling zijn de prikken voorzien van zeven kieuwopeningen aan weerszijden van de kop. En in plaats van kaken hebben ze een ronde zuigbek. In Nederland komen drie soorten prikken voor. Behalve de beekprik, die het zeldzaamst is, zijn dat de zeeprik en de rivierprik. Zee- en rivierprik brengen hun volwassen leven op zee door en trekken de rivieren op om kuit te schieten; de jongen gaan na het larvestadium weer naar zee terug. De beekprik verblijft zijn gehele leven in zoet water. Volwassen exemplaren, die 16 cm lang kunnen worden, hebben een gedegenereerd darmkanaal en eten niet meer. Dit in tegenstelling tot beide andere soorten, die zich met hun ronde bek aan vissen vastzuigen en zich voeden met het bloed van hun slachtoffer. ▽

Paarse dovenetel
Evenals de witte dovenetel is de paarse dovenetel een zeer algemeen onkruid op akkers, ruigten, stortplaatsen en dergelijke. Het is een een- of tweejarige plant die tamelijk fors kan uitgroeien. De purperrode lipbloemen worden 1 tot 2 cm groot. Veel zeldzamer is de gele dovenetel, herkenbaar aan de gele lipbloemen. In Limburg komt deze plant algemeen voor, maar elders ontbreekt ze vaak geheel. Zo niet in Twente. Ze is daar nog te vinden in bossen en struikgewas op beschaduwde en voedselrijke plaatsen. Grootste kans: in de bossen van het landgoed Singraven. △

Kanaal Almelo–Nordhorn
Tot het einde van de 19e eeuw waren Vecht en Regge de belangrijkste vaarwegen in Twente. Toen zich in het Twentse een belangrijke textielindustrie begon te ontwikkelen, ontstond er behoefte aan bredere en diepere vaarwegen. Een ervan was het kanaal Almelo–Nordhorn, dat de Twentse textielcentra verbond met de streek rond Nordhorn, waar zich een dergelijke vorm van bedrijvigheid had ontwikkeld. Ook daar was de textielindustrie voortgekomen uit de huisnijverheid van de 17e en 18e eeuw. Voor de scheepvaart is het kanaal inmiddels onbruikbaar geworden. ▷

Dinkeldal
De Dinkel is een brontak van de Overijsselse Vecht en vertoont dan ook grote overeenkomsten met deze rivier. Alleen is het dal van het stroompje wat kleinschaliger. Het gebied waar de Dinkel doorheen stroomt is zeer afwisselend. Vanaf Poppe vloeit ze aanvankelijk door brede, vlakke groengronden met veel karakteristieke wilgesoorten zoals bittere wilg en amandelwilg. Vervolgens trekt ze haar spoor door het Lutterzand, om vervolgens door tamelijk hoge, zandige oeverwallen te breken die afwisselend begroeid zijn met loofbos, struweel en drooggrasland. Verder stroomafwaarts baant het riviertje zich een weg door zware loofbossen, tot voorbij Singraven. De boerderijen op de achtergrond zijn van het hallehuistype. △

Classicisme in Ootmarsum
Over het ontstaan van het oude markt- en vestingstadje Ootmarsum is weinig met zekerheid bekend, al willen veel Ootmarsummers wel eens volhouden dat hun stad is voortgekomen uit een kampement van de legendarische Frankische koning Othmar of Odomar, aan de voet van de Kuiperberg opgeslagen in het jaar 126. Stadsrechten kreeg de plaats al omstreeks 1300. In het gerestaureerde deel van de stad is onder andere deze classicistische tuinaanleg uit de 17e of 18e eeuw te zien. ▽

NOORDOOST-TWENTE

Sporen van het verleden in een veranderend landschap

Het landschap van noordoostelijk Twente is in grote lijnen gevormd in een tijd dat er van menselijke bewoning nog geen sprake was. Na zijn komst is het aan voortdurende verandering onderhevig geweest. Dit proces gaat nog steeds met toenemende snelheid door – en vooral die snelheid wordt nu een bedreiging.

Tankenberg
De Tankenberg, onderdeel van een van de stuwwallen uit de ijstijd, is de hoogste 'berg' van Twente. Op de heuvel zou vroeger een Romeins heiligdom hebben gestaan. Nu staat er een koepeltje vanwaaraf men een fraai uitzicht heeft over de omgeving. Op de flanken van de berg, waar vroeger veel gemengde boerenbedrijven lagen, wordt nu vooral snijmaïs verbouwd. Deze maïssoort, die bezig is grote delen van agrarisch Nederland te veroveren, wordt na de oogst fijngehakseld en ingekuild en gebruikt als voer voor het vee. ▽

Herfst
In de bossen die in de afgelopen eeuw zijn aangeplant op vroegere heidevelden liggen vaak nog kleine vennetjes. Vooral in de herfst, als de bladeren van de bomen hun groene pigmenten verliezen en het water verstilt tot een spiegel, is Noordoost-Twente hier op zijn mooist, zeker voor wie in de eerste plaats rust zoekt. ◁

Door het Lutterzand
Nadat de Dinkel de vlakke groenlanden heeft verlaten die ze al kort na haar oorsprong ontmoette, stroomt het riviertje het Lutterzand binnen. In tegenstelling tot veel andere beken en rivieren in het land is de Dinkel nooit genormaliseerd. Dat wil zeggen dat ze nog altijd onbekommerd haar weg kan kiezen. Zoals een autorenner zoekt ze daarbij naar de 'ideale lijn', kronkelend haar pad kiezend langs punten met de minste weerstand. Die vrije loop houdt wél in, dat het water vooral in buitenbochten onophoudelijk knaagt aan de zandige oevers, met name uiteraard in het natte seizoen, als het water rijkelijker stroomt dan in de zomermaanden. Daardoor ontstaan op veel plaatsen kleine, open plekken in de oeverbegroeiing die het allerlei dieren mogelijk maken het water te bereiken. △

ONTSTAAN

Voedselarme vennen
Op de heiden, die vroeger uitgestrekte delen van het gebied besloegen, en in de heidebebossingen die in later jaren zijn aangelegd, ligt nog een aantal ondiepe vennen met een wisselende waterstand. Sommige zijn van natuurlijke oorsprong, zoals de hierboven afgebeelde Lattropse vennen in de Bergvennen bij Denekamp. Ze zijn ontstaan in het dekzand uit de ijstijd, dat op sommige plaatsen de stroomdalen van de rivieren vulde. Andere zijn ontstaan door vergraving van het veen ten behoeve van de brandstofwinning. Zulke gegraven vennen zijn gewoonlijk kniediep en worden 'kluuvennen' genoemd. Kluuvennen liggen bijvoorbeeld in de buurt van Losser. De meeste van deze vennen zijn voedselarm. Tot de begroeiing ervan behoren, naast zeldzame wieren, soorten als veenmossen, gewone en veelstengelige waterbies, vlottende bies, moerashertshooi en moerassmele. △

Beekdalen
Een van de karakteristieke milieus van Noordoost-Twente is het beekdal, een doorgaans vochtige laagte waardoor beken traagvloeiend hun weg zoeken. Vooral in de brongebieden en in de bovenloop zijn nogal wat zeldzame planten te vinden. Dat geldt met name voor de rietebeken als Mosbeek, Springendalsbeek en Hazelbeek. In de bronbossen en moerassige hooilanden van hun brongebied groeit bijvoorbeeld het echt bronkruid. In het brongebied van de Mosbeek komen nog restanten voor van het in ons land zeer bijzondere stroomhoogveen. Het bestaat uit voedselarme bulten en uit slenken (laagten) die door mineraalrijk bronwater worden gevoed. In en bij die slenken groeien zeldzame plantesoorten als witte snavelbies en klein blaasjeskruid. Op het mosbed, de overgangszone tussen bulten en slenken, wordt nog het vleesetende vetblad aangetroffen. Op de vochtige heide langs het stroomhoogveen groeien veel orchideeën en soorten als klokjesgentiaan en beenbreek. De dalen van de houtwal- en heidebeken zijn iets minder rijk, al kennen ook de schraallanden en beekbossen van de Puntbeek nogal wat soorten. ▽

Hoogveenrestanten
Een paar eeuwen geleden waren grote delen van Twente bedekt met uitgestrekte hoogveengebieden. Het ontstaan ervan begon na de laatste ijstijd: een gevolg van de stijging van de zeespiegel, die ook leidde tot een hogere grondwaterstand. Later ging het proces door omdat het al gevormde veen zeer veel (regen)water vasthield en de bodem daardoor moerassig bleef. Het verschil was alleen dat de veenvorming werd overgenomen door planten die genoegen namen met het voedselarme regen- en smeltwater.
Het meeste van dit veen is in de loop van de eeuwen afgegraven ten behoeve van de brandstofvoorziening. Slechts hier en daar zijn nog restanten ervan te vinden, zoals het Aamsveen bij Enschede. Karakteristieke planten zijn, behalve de veenmossen, soorten als veenpluis en wollegras. ▽

Dinkel als twistpunt
Tot nu toe is de Dinkel ontsnapt aan kanalisatie, dat wil zeggen aan een ingreep, die dit grillige riviertje dwingt in een strenger patroon dat de mens minder last bezorgt. Landbouwers en natuurbeschermers hebben op dit punt volstrekt tegengestelde belangen. De eersten hebben behoefte aan een betere waterhuishouding en efficiënter verkavelde gronden; de natuurbeschermers voelen er weinig voor een van de laatste niet-genormaliseerde riviertjes te 'verbouwen' tot een keurige maar natuurwetenschappelijk gezien nogal eentonige waterafvoerleiding. Zolang een vergelijk tussen beide partijen uitblijft zijn de natuurbeschermers in het voordeel en blijft de Dinkel wat ze is. △

NOORDOOST-TWENTE

De verscheidenheid van een rijk milieu

Door de grote verscheidenheid aan landschappelijke elementen kent Noordoost-Twente een gevarieerde en boeiende natuur. De aanwezigheid van de mens heeft daaraan in het verleden veel bijgedragen, maar in onze tijd vaak ernstig afbreuk gedaan.

Gallen
Abnormale groeiverschijnselen, zoals deze kogels aan de takken van een Amerikaanse eik, worden meestal veroorzaakt door insekten. Deze leggen hun eitjes in takken of bladeren. De woekering die daardoor ontstaat, de gal, is voor de larve van het insekt zowel schuilplaats als voedselbron. △

Zomereik
Zomer- en wintereik zijn in ons land beide inheems. De zomereik onderscheidt zich van zijn naaste familielid door onregelmatig gelobde bladeren en het vrijwel ontbreken van een bladsteel, terwijl de eikels juist weer wél op een steeltje staan. Determineren blijft moeilijk omdat beide soorten vaak met elkaar kruisen en dan onderling kenmerken uitwisselen. △

Bezembrem
Langs de schilderachtige zandpaden tussen de velden bloeit in Twente vaak de brem of bezembrem. De struik, die meestal laag blijft maar ook wel eens 6 m hoog kan worden, wordt uitsluitend bestoven door grotere insekten. Als deze landen op de onderlip van de bloem, schieten stamper en meeldraden als bij toverslag naar buiten, respectievelijk om stuifmeel van een vorige bloem op te nemen en het insekt met eigen stuifmeel te bepoederen. De rijpe peulen springen met kracht open en slingeren de zaden weg. Bovendien hebben de zaden een aanhangsel dat mieren lekker vinden. Deze gaan met de zaden slepen en zorgen zo voor verspreiding. △

Goudvink
In Noordoost-Twente, lommerrijk als het is, komt driekwart van de Nederlandse broedvogelsoorten voor. Een ervan is de goudvink, die een duidelijke voorkeur heeft voor de dichte, gemengde struwelen op de houtwallen, met name langs de Bloemenbeek in Volthe-De Lutte. Het is een standvogel die zijn biotoop deelt met o.a. de grasmus, de braamsluiper en de grauwe klauwier. De goudvink, die vroeger veel als kooivogel werd gehouden (dat is nu verboden) kan in de bloeitijd nogal wat schade aanrichten doordat hij in een zeer rap tempo de knoppen van fruitbomen verslindt. Daarnaast leeft deze schuwe, fraaigekleurde vogel van onkruid- en boomzaden. ▷

Lieveheersbeestje
Van de 4000 soorten lieveheersbeestjes komen er 55 voor in Nederland. Ze zijn een fraai voorbeeld van variaties op een thema: alle 4000 hebben in een of andere vorm een stippeltjespatroon. De 'gelukskevertjes' zijn nuttig omdat ze grote aantallen bladluizen verslinden, soms wel 50 per dag. Van insektenetende vogels hebben ze geen last; als ze worden aangevallen scheiden ze tussen dij en scheen een druppeltje geel en kwalijksmakend bloed af dat de aanvaller afschrikt. Dit verschijnsel wordt 'reflexbloeden' genoemd. ◁

Paarden
De landbouw is in Twente altijd een hoofdmiddel van bestaan geweest. Tot na de Tweede Wereldoorlog speelde het paard in de bedrijfsvoering een belangrijke rol, vooral als trekdier. Door de opkomst van de trekker kwam daaraan een einde. Zoals overal in het land (en in geheel West-Europa) daalde het paardenbestand daardoor dramatisch. Gelukkig trad daarin een kentering in doordat het (rij)paard steeds populairder werd als recreatiemiddel. Dat geldt zeker voor deze streek, met haar rijke mogelijkheden voor tochten te paard. Tafereeltjes als dit bij de Tankenberg zijn dan ook niet zeldzaam. △

NATUUR

Sabelsprinkhaan
De groene sabelsprinkhaan is een van de 25 sprinkhaansoorten die de Nederlandse fauna rijk is. De wijfjes hebben een lange legboor die er vervaarlijker uitziet dan ze in werkelijkheid is; de dieren gebruiken ze niet om te steken maar om er eieren mee te leggen in plantenweefsel.
Alle sprinkhanen hebben hun eigen, karakteristieke lied. De sabelsprinkhaan maakt het door met de sjirplijst van de ene vleugel over de sjirpader van de andere te strijken. Hij hoort het ook, met een 'oor' onder de knie van de voorpoten. ▽

Bladval
In Twente, rijk aan loofbos, is in het najaar zeer fraai het verschijnsel van de herfstkleuren te zien, de aankondiging van de naderende winter. De schitterende tinten ontstaan doordat de boom tussen tak en bladsteel een wandje van kurkachtige cellen bouwt. Omdat hierdoor de toevoer van water en voedsel naar het blad wegvalt, wordt geen nieuw chlorofyl meer gevormd (de groene kleurstof waarmee planten voedsel maken) en wordt het aanwezige groene pigment afgebroken. Daardoor worden andere pigmenten zichtbaar die eerder zijn gevormd onder invloed van de kouder wordende nachten. Het zijn deze rode, gele en paarse pigmenten die de herfstkleuren veroorzaken. Later sterft het blad en valt af. Deze bladval is nodig om de boom tegen uitdroging te beschermen. In de winter, als de grond bevroren is, kunnen de wortels immers onvoldoende vocht uit de bodem halen. △

Vliegenzwam
De schitterende vliegenzwam behoort tot de familie van de amanieten. Die staat terecht in een kwade reuk. Een aantal soorten, zoals de groene knolamaniet en de panteramaniet, is dodelijk giftig. Met de giftigheid van de vliegenzwam valt het nog wel mee; alle verhalen ten spijt is tot nu toe slechts één geval bekend waarin het eten van deze plaatjeszwam de dood tot gevolg had. Gif bevat de vliegenzwam echter zeker. Het werkt in op de zenuwen en is hallucinogeen, d.w.z. dat het een drugachtige werking heeft en visioenen opwekt. Om die reden werd de (gedroogde) hoed soms gegeten door Lappen die wel eens wat anders wilden dan eeuwig achter de rendierkudden aan te trekken. Bijkomende verschijnselen als duizeligheid, misselijkheid en braken namen ze op de koop toe. Geweekt in melk werd de vliegenzwam ook wel gebruikt als vliegendood. ▷△

Heide
Op verscheidene plaatsen in Twente komen nog (kleine) heidevelden voor, de restanten van veel uitgestrektere gebieden die nu alle zijn ontgonnen. Droge heiden liggen alleen nog op de heuvelruggen; vochtige heiden zijn zeldzaam; natte heiden daarentegen zijn in het gebied optimaal ontwikkeld. ▽

Dotterbloem
In april en mei en in mooie jaren opnieuw in augustus en september bloeit langs slootkanten en beekoevers en op vochtige weilanden de botergele dotterbloem. Door haar overvloed aan nectar en stuifmeel trekt ze veel insekten aan. De plant is enigszins giftig en het vee mijdt ze dan ook. Dat neemt niet weg dat de bloemknoppen vroeger wel werden ingelegd in azijn, als een soort namaakkappertjes. De zaden van de dotterbloem blijven drijven. △

Buizerd
De buizerd is een van de roof- of stootvogels die broeden in de bossen van Noordoost-Twente. Na jarenlang meedogenloos te zijn afgeschoten (ze zouden het jachtwild wegvangen vóór de jagers een kans kregen) werden ze het slachtoffer van het royaal gebruik van landbouwvergiften. En nu dreigen ze te verdwijnen door de ondergang van hun milieu. △

NOORDOOST-TWENTE

Plant en dier in een 'gemaakt' land

Al lijkt het oppervlakkig wel eens anders, ook in de streek van Noordoost-Twente is praktisch elk stuk natuur een gevolg van menselijk ingrijpen. Zelfs het ruige heidelandschap zou zonder de mens uiteindelijk in bos veranderen.

Paasberg
De ruim 79 m hoge Paasberg, gelegen langs de weg van Oldenzaal naar De Lutte, maakt onderdeel uit van een van de belangrijkste stuwwalcomplexen in het gebied. Aan de voet van de berg en voor een deel ook op de flanken ervan liggen verscheidene boerderijen van het hallehuistype, vaak omringd door bijgebouwen. Bij helder weer is vanaf de berg, althans van bepaalde punten met weinig boomgroei uit, het Duitse slot Bentheim te zien. △

Boommarter
De boommarter, die tot de zeldzamere zoogdiersoorten van Nederland behoort, wordt nog af en toe waargenomen in de bossen van Noordoost-Twente. Dat geldt, zij het in iets mindere mate, ook voor zijn neef, de steenmarter of fluwijn. De boommarter mijdt als het even kan de mens. Een enkele keer is hij echter wel eens te zien als hij in de boomkruinen een eekhoorn achterna zit. Het dier heeft overigens een zeer afwisselend menu. Het plundert graag bijen- en wespennesten, jaagt op vogels en kleine zoogdieren maar neemt ook vaak genoegen met beukenootjes en lijsterbessen. Prooidieren doodt de boommarter met een beet in de nek. Zijn jachtterrein heeft meestal een doorsnede van zo'n 5 km. ▽

Breedbladige wespenorchis
De maten of meden, tot de late middeleeuwen de gemeenschappelijk gebruikte hooi- en weilanden in Twente (later werden ze verdeeld) zijn heel lang rijk geweest aan orchideeën. Oorzaken daarvan waren onder andere dat deze terreinen niet werden bemest en dat ze een wisselende waterstand hadden. Van die maten zijn alleen restanten bewaard gebleven, onder andere de Lemselermaten en het Kloppersblok, beide bij Weerselo. Veel orchideeënsoorten zijn er inmiddels uit verdwenen. Toch groeien er nog wel wat. Behalve de hierboven afgebeelde breedbladige wespenorchis zijn dat de vleeskleurige orchis, de gevlekte orchis, de rietorchis en de grote keverorchis. △

Vogelkers
De vogelkers, een struik die zo'n 15 m hoog kan worden, komt in Twente veel voor in de essenbossen langs de beken, waar de bodem tamelijk vochtig en vruchtbaar is. De struik bloeit heel mooi, met lange, witte bloemtrossen die een aangename amandelgeur verspreiden. De bittere, zwarte bessen zijn niet eetbaar door het hoge gehalte aan looizuur, al zijn ze vroeger wel gebruikt als smaakmaker in bepaalde alcoholische dranken. Het hout ruikt bij beschadiging onaangenaam, een gevolg van de aanwezigheid van amygdaline (amandelolie). △

NATUUR CULTUUR

Schapen
In tegenstelling tot het zwartbonte vee van de Twentse melkveebedrijven is het schaap al vele eeuwen lang in het landschap aanwezig. Toen een groot deel van de streek nog met heidevelden was bedekt, was het waarschijnlijk zelfs het belangrijkste huisdier van de vroege landbouwers. Het graasde 's zomers op de heide en maakte 's nachts in de schaapskooi de mest waarmee in het voorjaar de schrale akkerlanden werden bemest. Tegenwoordig is het vooral voor de slacht bedoeld. ▽

Grote gele kwikstaart
De grote gele kwikstaart heeft een voorkeur voor snelstromend water en komt daarom ook in Twente voor, niet alleen als zomergast maar ook wel als (schaarse) broedvogel. Hij onderscheidt zich van de gewone gele kwikstaart door de lange, zwarte staart; het mannetje heeft bovendien een zwarte bef. De dieren zitten vaak op een steen of een tak te wachten op voorbijvliegende insekten, die ze vervolgens tot laag boven het water najagen en in de lucht vangen. De vogel broedt tussen april en juni, in een nest dat van binnen met haar is bekleed. ◁

De onnatuurlijke heide
De prachtige en veelal ruige heidevelden in ons land lijken misschien wel een stukje oernatuur maar zijn dat niet. Ze zijn in feite door de mens gemaakt. Heidevelden ontstonden nadat het oerbos in onze streken verdween. Omdat heide een overgangsplant is zou ze spoedig weer zijn overwoekerd door grassen en jonge boomopslag, ware het niet dat de mens eeuwenlang intensief van de heide gebruik maakte, onder andere door ze te beweiden met schapen en door ze regelmatig af te plaggen. Daardoor bleef de heide jong en opgewassen tegen concurrentie van andere planten. Om ze in stand te houden moet ze nu kunstmatig kort worden gehouden. △

Varens
De vochtige en overschaduwde oevers van de vele beken in Noordoost-Twente zijn dikwijls een ideale groeiplaats voor verschillende soorten varens. Varens zijn primitieve planten. Ze hebben geen bloemen en geen zaden maar planten zich op enigszins gecompliceerde wijze voort door middel van sporen. Die sporen worden gevormd in sporendoosjes: de bruine vlekjes die vaak aan de onderzijde van het blad te zien zijn, meestal aan het einde van de zomer. Uit de sporen ontwikkelt zich een klein, plat plantje met mannelijke en vrouwelijke voortplantingsorganen. Pas nadat die elkaar hebben bevrucht ontstaat een nieuwe varenplant. △

De klopjeshuizen van Borne
Ten oosten van de weg Enschede–Almelo ligt Borne, dat al aan het begin van de 13e eeuw bekend was als 'Burgunde' en waarschijnlijk ontstaan is rondom het hof van een meier, de vertegenwoordiger van een verre heer. Tot de bezienswaardigheden behoren deze 'klopjeswoningen'. Ze dateren uit de 18e eeuw en werden bewoond door begijntjes. Deze werden ook wel 'klopjes' genoemd omdat ze rooms-katholieke gelovigen met een klop op de deur waarschuwden als er een (toen verboden) mis werd gelezen. ▷

Klokjesgentiaan
De schitterende klokjesgentiaan was vroeger in grote delen van ons land een algemene plant van vochtige heiden, duinen en natte, onbemeste hooilanden. Door ontginning en bemesting verdwenen veel van zulke gebieden en werd de klokjesgentiaan een zeldzame (en beschermde) plant. In Noordoost-Twente is ze nog wel te vinden, met name op de vochtige heiden bij de Mosbeek, op de schraallanden bij Weerselo en op het Beuninger Achterveld bij Denekamp. De 4 of 5 grote, blauwe bloemen, met groene strepen aan de buitenzijde van de kelk, zijn niet licht met die van andere planten te verwarren. ▽

203

NOORDOOST-TWENTE

Tot ver in de historie het zichtbare spoor van de mens

Vanaf zijn eerste verschijnen in een grijs verleden heeft de mens zijn sporen achtergelaten in het land van Dinkel, Lutterzand en Tankenberg. De oudste van die sporen zijn vervaagd tot stille tekens; vele andere zijn nog zeer tastbaar en worden in toenemende mate gekoesterd als monumenten van een rijk verleden.

Watermolen van Singraven
Een van de bekendste watermolens van Nederland is de dubbele onderslagmolen op de Dinkel bij de vroegere havezate Singraven. Een overslagmolen is een watermolen waarbij het water met grote snelheid via een goot tegen de schoepen aan de onderzijde van het waterrad slaat. △

Geveltoptekens
De houten topgevels van Twentse boerderijen zijn vaak voorzien van een doorgaans witgeschilderde, van uitgezaagde planken vervaardigde versiering. Er zijn rooms-katholieke geveltekens, bijvoorbeeld met kruis, hostie en miskelk, en protestantse (anker, haan). Dit christelijk onderscheid ten spijt zijn deze tekens afgeleid van Oudgermaanse symbolen waarmee gepoogd werd velerlei onheil af te weren. Soortgelijke tekens komen ook elders in het land voor. △

Singraven
Het huis Singraven ligt ongeveer 2 km ten westen van Denekamp. Deze oude havezate, die voor het eerst wordt genoemd in stukken uit 1381, is haar bestaan waarschijnlijk begonnen als een eenvoudige en door grachten omgeven adellijke hoeve. Van dat middeleeuwse gebouw is niet alleen niets overgebleven, er is ook in het geheel niets van bekend. In de 18e eeuw was het huis Singraven een bescheiden, rechthoekig gebouw van twee verdiepingen. De zijtoren rechts, uit 1661, stond er ook toen al. In de 19e en 20e eeuw is het pand twee keer ingrijpend verbouwd. De huidige vorm kwam omstreeks 1930 tot stand. Het huis is te bezichtigen. Tot de inventaris behoren oude meubels, schilderijen, wandtapijten uit de 17e en 18e eeuw en een verzameling Chinees porselein. Door het landgoed dat bij de vroegere havezate hoort, stroomt de Dinkel. Een van de bezienswaardigheden is de watermolen, afgebeeld op de foto linksboven op deze bladzijde. Deze is verscheidene keren herbouwd; de eerste molen hier wordt al in 1448 vermeld. △

St.-Nicolaasmolen
Vergeleken met de watermolens, waarvan er in Noordoost-Twente nog een aantal is te vinden, is de windmolen een betrekkelijk jonge verschijning. De eerste windmolens in ons land zijn waarschijnlijk omstreeks 1300 gebouwd. In tegenstelling tot de al oudere types uit het Middellandse-Zeegebied waren de vroegste molens in de Lage Landen draaibaar en op de wind te zetten. Dat was pure noodzaak; in tegenstelling tot Zuid-Europa kan de wind hier per uur van richting veranderen. Aanvankelijk zocht men de oplossing voor dit probleem in het draaibaar maken van de complete molen. Later, toen in het westen van het land molens werden ingezet voor het bemalen van de polders, moest iets anders worden bedacht omdat de schepraderen (en later de vijzels) die het water omhoog brachten, een vaste positie hadden. De oplossing was de bovenkruier: een molen waarvan alleen het bovenstuk met de wieken kon worden gedraaid. Deze bovenkruiers vonden ook elders ingang. De St.-Nicolaasmolen te Denekamp is er een voorbeeld van. Interessant aan deze molen is, dat hij met houten leien is gedekt. ▷

Midwinterblazen
Het midwinterblazen in het noordoosten van Twente maakt deel uit van de midwinteractiviteiten zoals die in grote delen van Noordwest-Europa nog altijd plaatsvinden als een relikt van voorchristelijke tradities. Sommige van die tradities hebben een christelijk sausje gekregen (Kerstmis, Driekoningen), andere niet. De midwinterhoorn, vaak door de blazer zelf gemaakt van gekuipt hout, is ongeveer een meter lang en is iets gebogen. De put dient als geluidsversterker. △

CULTUUR

Aardappel
Hoewel ook de aardappel als landbouwgewas in Twente terrein heeft moeten prijsgeven aan moderne voedergewassen als de snijmaïs wordt hij in de streek nog altijd verbouwd. Veel aandacht trekken de eentonig-groene aardappelvelden niet, ofschoon de bloemen heel mooi zijn. ▷

Los hoes
Het 'los hoes' te Ootmarsum is een van de weinige voorgangers van de hallehuis- of Saksische boerderij die bewaard zijn gebleven. Mens en dier leefden in deze kleine bedrijfswoningen in één ruimte onder de hoge kap. Het Ootmarsumse gebouw dateert uit de 17e eeuw en is uitgevoerd in vakwerk, met ten dele lemen wanden. Het is half met riet en half met pannen gedekt. Tegenwoordig is het ingericht als museum. Te zien zijn onder andere twee bedsteden, de veestal, een varkenshok, een spinkamer en ook verscheidene oude gebruiksvoorwerpen. De eerste woningen van dit type zijn naar alle waarschijnlijkheid gebouwd in de middeleeuwen. ▽

Hunenborg
De Hunenborg is een merkwaardige ringwal bij Ootmarsum, in de buurt van Volthe, ten noorden van het kanaal Almelo-Nordhorn. Hij is lange tijd met de Hunnen in verband gebracht maar bleek bij later onderzoek het restant te zijn van een Saksische vluchtburcht die mogelijk al in de 9e eeuw is aangelegd. In zulke 'volksburchten', meestal omgeven door een gracht, trok een deel van de bevolking zich in tijden van gevaar terug. Langs de Nederlandse kust verrezen ze vooral ten tijde van de invallen van de Noormannen; in oostelijk Nederland zijn ze al van oudere datum. Behalve voor de Hunenborg geldt dat laatste bijvoorbeeld ook voor de zgn. Hunnenschans bij het Uddelermeer op de Veluwe, die omstreeks 700 moet zijn aangelegd. Het complex bij Ootmarsum bestaat uit een hoger gelegen, ovaal gedeelte (waar de mensen zich waarschijnlijk verschansten) en een lager, meer rechthoekig deel voor het vee. Bovendien zijn er resten gevonden van een stenen woontoren. △

Kapel op Tankenberg
Op veel plaatsen in Twente is duidelijk dat een niet onbelangrijk deel van de bevolking rooms-katholiek is. Veel geveloptekens bijvoorbeeld dragen katholieke symbolen. Zulke uiterlijke tekenen herinneren aan het feit, dat de protestantisering van met name het Twentse platteland nooit echt heeft doorgezet, misschien omdat de streek vroeger tot het bisdom Utrecht behoorde. ▽

Onaangetast monument
Ook in Twente hebben de traditionele vormen van agrarische bedrijfsvoering (gemengd bedrijf, akkerbouw, melkveehouderij) de laatste jaren moeten plaatsmaken voor modernere bedrijfstypen als de intensieve veehouderij. In de laatste worden met behulp van speciale methoden op een klein oppervlak grote aantallen varkens en kippen opgefokt voor de slacht. Door de bouw van silo's en andere noodzakelijke installaties wordt het rustieke en schilderachtige beeld van de Saksische boerderij nogal eens ontsierd, terwijl ook de karakteristieke erfbomen vaak het loodje leggen. Bij dit gebouw is dat nog niet het geval. △

205

NOORDOOST-TWENTE

Stuwwallen en dekzand

Het gebied van Noordoost-Twente dat hier wordt behandeld omvat het stuwwallen- en dekzandlandschap van Twente boven de stedenlijn Enschede-Hengelo-Almelo. De noord-westelijke begrenzing is het veenlandschap van Vriezenveen. Het centrum is Oldenzaal, de enige grote kern. Noordoost-Twente wordt gekenmerkt door een groot aantal verschillende milieus. Dat is het gevolg van een grote verscheidenheid in bodemgesteldheid, hoogteligging en waterhuishouding. De natuur is er zeer divers. Er komen zoogdieren voor die elders in Nederland zeldzaam zijn. Maar deze streek is ook 'rijk' aan torensilo's, ligboxenstallen en monoculturen. Steeds meer woningen worden gebouwd, steeds meer wegen aangelegd. Hoe lang nog blijft de diversiteit in dit schitterende stukje Nederland?

Oldenzaal en Plechelmus

Centrum van Noordoost-Twente is Oldenzaal, een van de oudste steden van Twente. Door het stichten van een kerk – de St. Plechelmus – en een kapittel in 954 werd de plaats al spoedig een centrum van kerkelijke macht. De Rooms-Katholieke St.-Plechelmuskerk is een uit de 12e eeuw daterende romaanse kruisbasiliek. Op de afbeelding ziet u een deel van het interieur. Plechelmus werkte in de 8e eeuw als missionaris-medewerker van Willibrord in Overijssel en Limburg. ▷

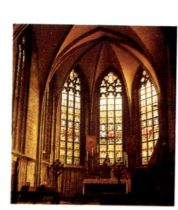

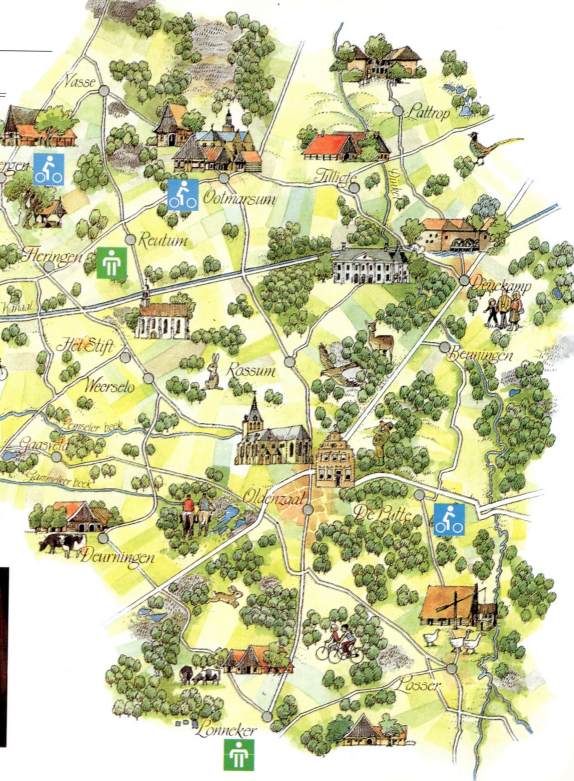

OP STAP

In het land van de Dinkel, van beken, venen en maten

Wat een veelheid aan landschappen ligt hier. De beken met hun bijzondere milieus, de maten, de houtwallen en de heidevelden, de bossen en de bouwlanden, de venen en de vennen. Geen wonder dat hier bijna de helft van de Nederlandse plantesoorten voorkomt en ook driekwart van onze broedvogels broedt. Zullen de boeren en burgers dit kunnen en willen behouden?

Wind- en waterkracht
Vanouds wordt in Twente gebruik gemaakt van wind- en waterkracht. De watermolens dateren reeds uit de vroege middeleeuwen, de windmolens zijn een paar eeuwen later tot ontwikkeling gekomen. Enkele voorbeelden zijn de watermolens bij Denekamp (Singraven, zie de afbeelding) en Vasse, en de wind- en korenmolens bij onder meer Lonneker, Geesteren, Fleringen, Denekamp en Ootmarsum.
De zeer oude dubbele waterradmolen van Singraven bij Denekamp dateert uit ca. 1450. Singraven is een van de havezaten in Noordoost-Twente. Andere zijn Het Everloo in de gemeente Weerselo, en Herinckhave en de Eeshof in de gemeente Tubbergen. Bij Almelo ligt het kasteel Huis Almelo. Het wordt reeds in 1318 vermeld, maar is herhaaldelijk gewijzigd en verbouwd. In 1908 werd het gerestaureerd. De stad heeft haar ontstaan aan dit kasteel te danken. In de vorige eeuw stichtten vele textielfabrikanten landgoederen en buitenhuizen. △

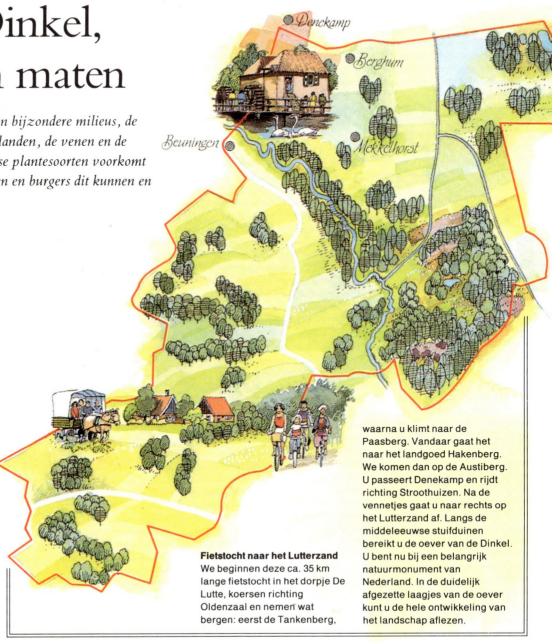

Fietstocht naar het Lutterzand
We beginnen deze ca. 35 km lange fietstocht in het dorpje De Lutte, koersen richting Oldenzaal en nemen wat bergen: eerst de Tankenberg, waarna u klimt naar de Paasberg. Vandaar gaat het naar het landgoed Hakenberg. We komen dan op de Austiberg. U passeert Denekamp en rijdt richting Stroothuizen. Na de vennetjes gaat u naar rechts op het Lutterzand af. Langs de middeleeuwse stuifduinen bereikt u de oever van de Dinkel. U bent nu bij een belangrijk natuurmonument van Nederland. In de duidelijk afgezette laagjes van de oever kunt u de hele ontwikkeling van het landschap aflezen.

NOORDOOST-TWENTE

Fietstocht door de gemeente Tubbergen

Dit is de zogenaamde Stiftroute, een fietstocht van ca. 40 km uitgezet door de VVV. Willen we een bezoek aan het stift voor het laatst bewaren, dan kunnen we het beste starten in Tubbergen. Langs de Eeshof rijden we via Geesteren naar Mander, buigen bij de grens rechtsaf naar Vasse – belangwekkende watermolen! – en gaan daarna naar de Kuiperberg bij Ootmarsum. We fietsen nu zuidwaarts langs Reutum naar de buurtschap 't Stift onder de gemeente Weerselo. De eenbeukige Nederlands-Hervormde Kerk is een restant van een in de 13e eeuw gestichte benedictijnenabdij, later kanunnikessenstift. In de huidige vorm dateert het gebouw uit de 14e/15e eeuw. Tot slot rijdt u via Fleringen langs Herinckhave terug naar Tubbergen.

...als in de middeleeuwen

Zo waant u zich in het stadje Ootmarsum, waarvan hierboven een typerend deel is afgebeeld. Er liggen keien in de nauwe bochtige straatjes en u ziet vakwerkbouw in de huizen, waarvan de gevels nu eens naar voren springen, dan weer naar achteren. Centrum van de plaats is de 13e-eeuwse Rooms-Katholieke kerk, gebouwd van Bentheimersteen. Het mooie stadhuis stamt uit 1780. Er staat ook een zogenaamd los hoes uit ca. 1600. Ootmarsum is de oudste stad van Twente. De gemeentegrens valt samen met het stadje; het is een enclave binnen de gemeente Denekamp. Het stadje en de prachtige omgeving trekken het hele jaar veel toeristen. △

De omgeving van Denekamp

Het grondgebied van de gemeente Denekamp is een eldorado voor natuurvrienden en derhalve een geliefd vakantieoord. In de omgeving ziet men onder andere typisch Twentse boerderijen. Een voormalige havezate uit de 17e eeuw is Huis te Brecklenkamp, thans jeugdherberg. Singraven is eveneens een toeristische trekpleister door de bossen en de dubbele watermolen. Interessante natuurgebieden in de gemeente zijn de Bergvennen en Dinkelland. De hele omgeving van Denekamp leent zich uitstekend voor het maken van wandelingen, het speuren naar vogels en... om te schilderen. U heeft Hobbema als voorbeeld - hij schilderde de watermolen van Singraven. ▷

OP STAP

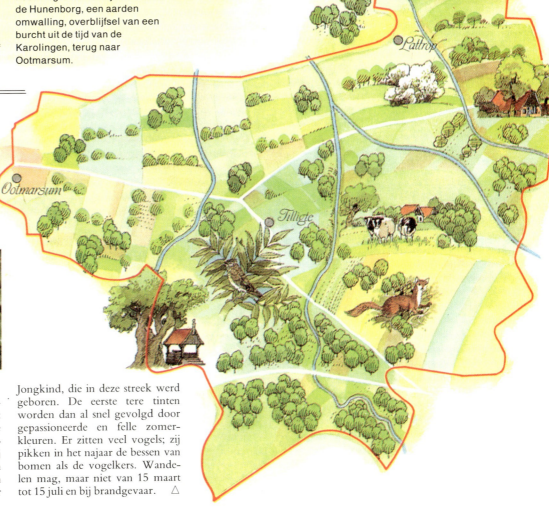

Fietstocht rond de Dinkel

Deze tocht is ca. 40 km lang, of moeten we ditmaal zeggen, kort. U rijdt namelijk door een dusdanig prachtige en afwisselende omgeving dat u eerder – of juist niet – terug bent bij het beginpunt in Ootmarsum dan u had gedacht. Fietsen we met de klok mee, dan passeren we eerst Oud-Ootmarsum en bereiken we de buurtschap Lattrop. We kruisen de Gele Beek en stappen wellicht even af om naar Huis te Brecklenkamp te kijken. Even later zien we de Bergvennen liggen, een waar mekka voor vogelliefhebbers. Koersen we zuidwaarts, kruisen we de Rammelbeek, passeren we Denekamp, zetten we Singraven toch maar zelf ook eens op de foto, ofschoon honderdduizenden het voor ons hebben gedaan en rijden we via de Hunenborg, een aarden omwalling, overblijfsel van een burcht uit de tijd van de Karolingen, terug naar Ootmarsum.

Het riviertje de Dinkel

De Dinkel is een riviertje dat grote overeenkomsten vertoont met de Overijsselse Vecht, waarvan het een brontak vormt. Het Dinkeldal is wel kleinschaliger dan dat van de Vecht. De Dinkel neemt verscheidene van de vele Twentse beken in zich op. Door de bomen op de oever, waarvan de takken soms ver over het water heenbuigen, is de Dinkel een fascinerende rivier, met op de oevers vaak bijzondere planten, waaronder de beschermde Zwolse anjer. △

De Bergvennen

In het noordelijk deel van de fietstocht die op deze bladzijde wordt beschreven liggen, pal tegen de Duitse grens aan, enkele schitterende plassen, de Bergvennen. Zij hebben een rijke flora en fauna. In het voorjaar ziet u zachte kleuren als in een aquarel van de schilder Jongkind, die in deze streek werd geboren. De eerste tere tinten worden dan al snel gevolgd door gepassioneerde en felle zomerkleuren. Er zitten veel vogels; zij pikken in het najaar de bessen van bomen als de vogelkers. Wandelen mag, maar niet van 15 maart tot 15 juli en bij brandgevaar. △

NOORDOOST-TWENTE

Rijk aan vogelsoorten
In de hier beschreven gebieden komen bijzonder veel vogelsoorten voor. De bloemrijke hooilanden herbergen veel weidevogels, zoals grutto, tureluur, watersnip. Zeldzamer zijn ijsvogel, grote gele kwikstaart, blauwborst en kwartelkoning. Voorts komen stootvogels voor. Hierboven zijn goudvinken afgebeeld. △

Wandeling 'De Weust'
Deze wandeling kunt u maken in de gemeente Tubbergen, en wel ten zuiden van het dorp Reutum. Ze is ca. 6 km lang. Het begin is de Haarlefertsweg nabij het kerkhof van Reutum. De route is gemarkeerd. Ze voert rond een fraai agrarisch natuurgebied en tevens door 'De Reutumerweuste', een moerassig bebost (veenachtig) gebied. Op deze wandeling kunt u kennis maken met de maten, ook wel meden genoemd. Het zijn van oorsprong gemeenschappelijk gebruikte hooi- en weilanden, maar in de late middeleeuwen opgedeeld in kleine percelen, vaak met geboomte als grens. Vele ervan zijn in het kader van de ruilverkavelingen verdwenen.

Heidevelden
Vroeger lagen in Noordoost-Twente uitgestrekte heidevelden. Ze zijn bijna alle ontgonnen. Er zijn nog wel kleine heidevelden. Het gaat dan meestal om droge heiden, die vrijwel alle op de heuvelruggen voorkomen, en om natte heiden. Vochtige heidevelden komen weinig voor. Voor de droge heide is de wolfsklauw karakteristiek. Kraaiheide komt eveneens voor. Op de Vasserheide en Manderheide, beide in de gemeente Tubbergen, zijn grafheuvels uit de prehistorie.
Op de heide en in de heidebebossingen ziet u soms vennen, zoals de Bergvennen. △

OP STAP

Wandeling ten zuidoosten van Lonneker
De VVV in Enschede heeft een aantal fiets- en wandeltochten uitgestippeld rond Enschede. Voor deze wandeling kozen we een tocht van ca. 7 km die begint in het dorp Lonneker, ten noorden van Enschede. Het gebied tussen Lonneker en de stad behoorde eeuwenlang voor het overgrote deel aan de familie Blijdenstein. In dit gebied werd de eerste met stoom gedreven textielfabriek van Enschede en Lonneker gebouwd, het Lönneker Stömke. Ook legde de familie fraaie landgoederen aan zoals het Amelink, dat u op uw wandeling passeert. Ook het landgoed Stokhorst ligt op uw route. Daarvan is het bos vrij toegankelijk. Op het hoogste punt van uw wandeling (69 m) ziet u een korenmolen uit 1850.

Natuurschoon
Het Twentse natuurschoon is verrassend groot. Vooral de bossen zijn het hele jaar door van een zeldzame pracht. U fietst of wandelt onder oude eiken, beuken en essen door een veelal nog stil landschap, passeert altijd wel een van die boeiende beken en stuit geregeld op de fraaiste houtwallen waarmee de weiden zijn omzoomd. De hoogteverschillen dragen extra bij tot de bekoorlijkheid van het landschap waar de beslotenheid wordt afgewisseld met fraaie uitzichten. △

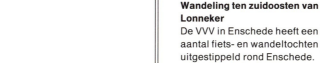

Rijk aan reeën
Hoewel reeën in alle Nederlandse provincies voorkomen, ook in de nieuwe polders, is Twente wel het rijkst aan deze kleine hertesoort. U kunt geen dag in deze streek zijn of u ziet ze wel, vooral in de schemering, uit de beschutting vandaan komen op zoek naar lekkere sprietjes en kruidjes: reeën houden van een gevarieerd menu en zijn heel kieskeurig. Een reegeit draagt geen gewei, een reebok het grootste deel van het jaar wel. ◁

Veel vee
Steeds meer melkvee wordt in Noordoost-Twente in ligboxenstallen gehouden. Ten behoeve van die intensieve veehouderij wordt veel snijmaïs als voedergewas geteeld. De natuurlijke verscheidenheid van het grondgebruik loopt mede daardoor terug. Het landschapsbeeld wordt ook gewijzigd door hoge torensilo's, waarin het ruwvoer wordt opgeslagen. △

Hazen en konijnen
Als een haas uitrust graaft hij niet een hol zoals een konijn, maar ligt hij in een zogenaamd hazeleger. Dit is een ondiepe kuil, met wat beschutting eromheen. Van de vele zoogdieren die u op uw wandeling of fietstocht ongetwijfeld tegenkomt in het Twentse landschap is de haas er een van. Hij ruikt en hoort u snel, want zijn reuk- en gehoororganen zijn goed ontwikkeld. Hij zal dan snel het hazepad kiezen en dat gaat dan met een vaartje van zo'n 50 km per uur. Of was het toch een konijn, zult u denken? Maar nee, een konijn 'hobbelt' meer. ◁

VELUWE

Landgoedbossen en stuifzanden

Het grootste deel van het beschreven gebied wordt ingenomen door de aaneengesloten bos- en heidegebieden van het Veluwemassief, met de daarin gelegen uitgestrekte landgoedbossen, enkele stuifzanden en agrarische eng- en kampontginningen. Overgangen zijn er naar de open kust van de randmeren, de IJsselvallei en de Rijn, terwijl ook het kampenlandschap van de Gelderse Vallei ertoe behoort.

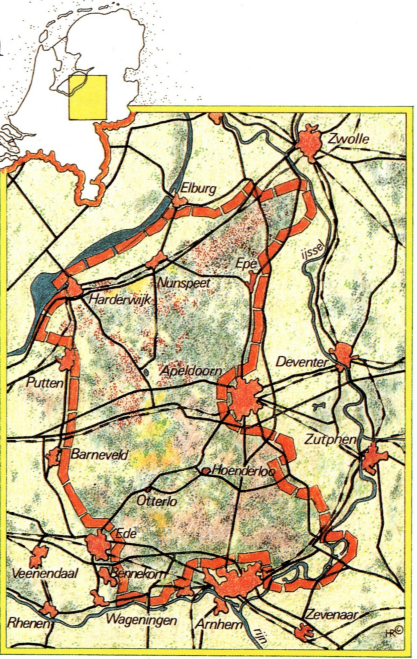

Levend stuifzand
Op enkele plaatsen op de Veluwe, zoals hier in het Hulshorster Zand, komt nog levend stuifzand voor. Sedert het einde van de 19e eeuw heeft de staat de beteugeling van het stuifzand fors ter hand genomen. Meestal gebeurde dit door bebossing met naaldhout. △

Gevarieerde vogelwereld
De boomklever is een van de meest karakteristieke broedvogels van de parkachtige loofbossen op de Veluwe. In schuine stand klimt dit blauwgrijze, spechtachtige vogeltje langs boomstammen op en neer op zoek naar insekten. Het onderscheidt zich hierin van de boomkruiper, die alleen omhoog langs de stam kan klimmen en dan weer naar beneden moet vliegen.
De Veluwe vormt het broedterrein van zeer veel vogelsoorten. Tellingen hebben uitgewezen dat er in de bosgebieden 52 soorten broeden, in de uit heide, stuifzand en cultuurland bestaande gebieden 22 en in de vochtige milieus 15. Ten slotte broeden er hier ook nog 11 verschillende soorten roofvogels en uilen.
De randen van de Veluwe worden door veel trekvogels als slaapplaats gebruikt. Invasievogels zijn hier regelmatig de pestvogel en de notenkraker. △

INLEIDING

Grote landgoederen

Het grootgrondbezit in de Veluwezoom leidde tot het ontstaan van grote landgoederen, waaronder het witte slot Staverden. In zijn huidige vorm dateert dit slot uit ongeveer 1905, maar oorspronkelijk heeft hier een veel grimmiger middeleeuws kasteel gestaan. Dit werd de 'Pauwenburcht' genoemd, omdat men er witte pauwen hield. De bewoners van het kasteel hadden namelijk de verplichting om de hertogen van Gelderland van witte pauweveren te voorzien voor het opsieren van hun helmen.

Bij de buitenplaatsen en de tot buitenplaats omgevormde kastelen werd vanaf het midden van de 17e eeuw vaak een tuin in barokstijl aangelegd. Deze omvatte meestal sterrebossen. Dit zijn bossen waarin alle paden straalsgewijs vanuit één punt vertrekken. De kasteelheren lieten de heide met bomen beplanten: eerst vooral eiken en beuken, later ook allerlei naaldbomen. Toen de mode veranderde werden de baroktuinen vaak in de Engelse landschapsstijl herschapen. Het bouwen van de buitens ging door tot in de 19e eeuw. Bekende voorbeelden van dergelijke buitens waren de vorstelijke jachthuizen De Hof te Dieren en Het Loo te Apeldoorn. ▽

Afgeleid van los hoes

Op de zandgronden van de Veluwe, zoals hier bij Elspeet, zijn nog veel oude boerderijen behouden gebleven. Ze behoren tot de hallehuisgroep en zijn afgeleid van het los hoes. Hierbij bevonden woon- en bedrijfsruimte zich onder één dak. Het hallehuistype bleef op de Veluwe gehandhaafd, omdat het gemengde bedrijf in stand bleef. Net als bij de afgebeelde boerderij kwamen er op het erf aanvullende bergruimten, zoals een kapberg, een schaapskooi en soms een extra schuur.

De boerderijen op de vruchtbare kleigronden in het IJsseldal behoren eveneens tot de hallehuisgroep. Het gaat hier echter meestal om het daarvan afgeleide T-huis. De T-vorm ontstond doordat het huis werd uitgebreid met een pronk- en een opkamer. Bij dit type boerderij werd veelal een grote schuurberg gebouwd, een combinatie van hooiberg en schuur in één bouwwerk. △

Hanze- en hessenwegen

Het is opvallend hoe veel wegen en paden er door de Veluwse heiden en bossen lopen, zoals hier in het landgoed Welna. Door de centrale ligging is de Veluwe altijd al een doorgangsgebied tussen oost en west geweest. De Romeinen legden hier voor hun legers reeds verharde wegen aan.

Aan het einde van de 14e eeuw waren alle steden rond de Veluwe lid van het Hanzeverbond. Tussen deze steden, zoals Zutphen, Deventer, Harderwijk, Elburg, Arnhem en Wageningen, werden hanzewegen aangelegd.

Hessenwegen waren de middeleeuwse zandwegen die dienden voor het vervoer tussen Duitsland en het rijke Holland. ▷

Stuifzandgebieden

Het Kootwijkerzand is een van de weinige nog levende stuifzandgebieden op de Veluwe. De meeste stuifzanden komen voor op de west- en noordwesthelling van de grote stuwwal tussen Hattem en Dieren. Het merendeel is inmiddels door bosaanplant vastgelegd. De actieve stuifzanden zijn nauwelijks begroeid. In de oudere stuifzanden vindt men interessante korstmosbegroeiingen. In de met naaldhout vastgelegde stuifzandgebieden wordt ook kraaiheide aangetroffen. De milieuomstandigheden zijn er voedselarm en meestal droog; plaatselijk komen ook vochtige omstandigheden voor. △

Ruimte voor grofwild

Het damhert behoort met edelhert, ree, moeflon en wild zwijn tot het grofwild. Alleen de Veluwse bossen bieden deze dieren nog voldoende dekking. Het damhert is te herkennen aan zijn schoffelvormig gewei en de vlektekening. ▽

215

Vijf heuvelruggen en twee uitgestrekte plateaus

Tijdens de voorlaatste ijstijd werden in het gebied van de Veluwe door het landijs vijf heuvelruggen opgestuwd. In de laatste ijstijd, toen de gletsjers ons land niet meer bereikten, vormde het smeltwater hiertussen twee plateaus.

Zwerfstenen uit Scandinavië
Zwerfsteen op de Hulshorsterheide, zoals die ook elders in het noordelijk deel van de Veluwe te vinden zijn. Vaak vertonen ze evenwijdige krassen, ontstaan gedurende hun transport in de gletsjers van de voorlaatste ijstijd, het Saalien.
Het landijs drong ons land tijdens deze ijstijd ruwweg tot de lijn Haarlem–Nijmegen binnen. In het Veluwegebied stuwde het de bodem op tot tientallen meters hoge heuvelruggen. Deze lagen tussen Wageningen en Lunteren, Lunteren en Oud-Reemst, Ermelo en Hoenderlo, Heelsum en Dieren, en Dieren en Hattem.
Nadat het landijs zich had teruggetrokken, ontstonden er erosiedalen door het smeltwater. Tijdens de laatste ijstijd bereikten de gletsjers ons land niet en zette de vorming van de smeltwaterdalen zich voort door de werking van de gesmolten sneeuw en het regenwater. Er ontstonden twee uitgestrekte vlakke gebieden, die omsloten werden door heuvelruggen: de plateaus van Wolfheze en Elspeet. △

Ontsluiting van roodzand
In de omgeving van Stroe, maar ook op andere plaatsen, heeft het zand in de wegkanten soms een eigenaardige rode kleur. Dit roodzand is niet afkomstig van een of andere afzetting in het verleden, maar is door menselijke activiteit ontstaan.
Tot ongeveer 1200 werd ijzer gewonnen uit zogenaamde klapperstenen: door ijzeroxyde aaneengekitte stenen, met soms een rammelende kern van leem. Dit deed men in met houtskool gestookte smeltovens. Door de hitte ontstond in de bodem onder de ovens soms het roodzand. △

Werking van de wind
De uitgestoven laagten en opgestoven heuvels van het Kootwijkerzand ontstonden door de werking van de wind. Waar de mens door roekeloos plaggen steken of door overbegrazing de oppervlaktebegroeiing vernietigd had, kreeg de wind vat op het onderliggende dekzand. Vooral op de dekzandgronden op de west- en noordwesthellingen van de stuwwal tussen Dieren en Hattem kwamen in de 19e eeuw uitgestrekte stuifzanden voor. ▽

Uddelermeer
Als enig water van formaat staat het Uddelermeer, halverwege Putten en Apeldoorn, met het grondwater in verbinding. Op het Veluwemassief bevindt het grondwater zich op veel plaatsen 5 m of meer onder het maaiveld.
De meeste andere plassen op de Veluwe zijn ondiepe, met regenwater gevulde vennen. Deze ontstonden in laagten met een ondoorlatende ondergrond. ▽

Zandverstuiving
Afgebeeld is het ontstaan van uitwaaiingslaagten en asymmetrische duinen bij verstuiving van droge, grindarme zandgronden. De pijlen geven de overheersende windrichting tijdens de verstuiving aan.
De eerste tekening laat de natuurlijke situatie van ca. 3500 v.C. zien. De tweede geeft de toestand weer nadat de mens het terrein heeft ontbost. Door uitloging ontstonden oerbanken of podzol. De derde tekening toont de zandverstuiving na verdere ontbossing.

ONTSTAAN

Deelense Zand

Het Deelense Zand is een oud stuifzandgebied in het Nationale Park 'De Hoge Veluwe'. Zoals gezegd zijn de stuifzanden het werk van de mens. Ongeremd afplaggen van de begroeide bovenlaag voor gebruik in de potstallen of overbegrazing legde het zand bloot, dat vervolgens door de wind werd meegevoerd.

De wind heeft op de Veluwe echter ook aan landschapsvorming gedaan zonder dat de mens hem hierbij een handje heeft geholpen. Nadat het landijs van de voorlaatste ijstijd zich ongeveer 125 000 jaar geleden had teruggetrokken, steeg de temperatuur in onze streken en raakte het Veluwegebied weer begroeid. Vervolgens brak er zo'n 50 000 jaar later een nieuwe ijstijd aan. Deze zou ons land niet meer bereiken, maar zorgde er wel voor dat hier een toendraklimaat ging heersen, waardoor de bodembeschermende plantenlaag uiterst dun werd. In dit weinig begroeide landschap greep de wind zijn kans en transporteerde het zand over grote afstanden. Hierdoor werd er op en tegen de hellingen van het stuwwallengebied een dik pakket dekzand afgezet. Grote dekzandgebieden zijn de Gelderse Vallei (een voormalig stroomdal van de Rijn) en de IJsselvallei tussen de Veluwe en de Sallandse heuvels. De langgerekte heuvelruggen in het noordwesten van de Veluwe, zoals de Renderklippen bij Heerde, zijn tijdens deze glaciale stormen ontstaan. △

Het Solse Gat

In de omgeving van Drie, in het noordwesten van het beschreven gebied, ligt het Solse Gat. Dit is een tamelijk diepe, glooiende kom in het bos, die vermoedelijk is ontstaan door de uitschurende werking van het smeltwater van de gletsjers van de laatste ijstijd. Dergelijke inzinkingen komen op de heide en in de bossen van de Veluwe vrij veel voor.

Vroeger, toen er over de ontstaansgeschiedenis van het landschap nog maar weinig bekend was, zocht de mens ook naar een verklaring van het wonderlijke gat bij Drie. Die vond men in het verhaal over een verdwenen klooster. Op de plaats van het gat zou een klooster gestaan hebben, waarvan de monniken de zwarte mis lazen en 's nachts wilde feesten met heksen hielden. In een kerstnacht opende zich plotseling de grond onder het klooster en verzonk dit in de diepte. ▽

Beken en sprengen

De Hierdense Beek is een van de weinige natuurlijke beken van de Veluwe. Mede door het wegpompen van water voor de drinkwatervoorziening ligt het grondwaterpeil op de Veluwe op de meeste plaatsen meters diep, te diep om in de vorm van een beek of een moeras aan de oppervlakte te komen. Moeras vindt men o.a. op het landgoed Staverden. Natuurlijke beken zijn, behalve de Hierdense Beek, de Renkumse Beek en de Heelsumse Beek.

Om het gemis aan natuurlijke beken te compenseren, heeft de mens hier zijn eigen beken geschapen, de zogenaamde sprengen. Hiertoe groef men horizontale sleuven in dalwanden waar het grondwater op geringe diepte lag. Met deze sleuven doorsneed men de grondwaterspiegel, waardoor het water als kwelwater te voorschijn kwam. Zo'n plaats van aansnijding heet een sprengkop. De spreng werd met wallen op een hoog niveau gehouden, zodat het water molens kon aandrijven. △

Beweeglijk zand

In de zandverstuivingen van het Hulshorsterzand is het samenspel van wind en zand duidelijk zichtbaar in de zandribbels. Tegenwoordig krijgen de stuifzanden weinig kans om zich verder uit te breiden doordat bossen de zandgebieden omringen. In het verleden werden de bossen echter gekapt en afgebrand om beweiding door het vee mogelijk te maken. Als de wind eenmaal vat had op het fijne zand, was er geen houden meer aan. In de middeleeuwen zijn door verstuiving complete nederzettingen verdwenen. △

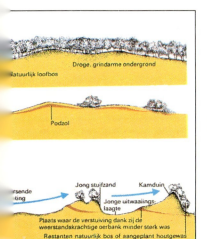

217

VELUWE

Wildernis van 100 000 ha

De Veluwe is het grootste aaneengesloten natuurgebied van Nederland, met 100 000 ha bossen, heidevelden en zandverstuivingen, slechts nu en dan onderbroken door enig bouwland. Verspreid liggen landgoederen, met soms nog een oude duiventil, zoals bij kasteel Staverden (D2). Een vogel die zich graag in de buurt van menselijke bewoning ophoudt is de zwarte roodstaart (E4). De vos (F3, 4) kan men op de Veluwe overal ontmoeten.

Behalve bossen zijn voor de Veluwe juist ook de open vlakten van de – helaas dikwijls vergraste – heidevelden en de uitgestrekte stuifzanden karakteristiek. Hier maakt men de meeste kans grofwild te zien, zoals moeflon (D8) en edelhert (D4, 5). Een algemeen zoogdier is hier het konijn (D9). Imposant zijn in de stuifzandgebieden de vaak deels ondergestoven vliegdennen (B8). Roofvogels houden zich graag aan de rand van de vlakten op. Een paartje boomvalken (A5) verdrijft hier een wespendief (A4) uit hun territorium. Een fazantehaan (D6) fladdert over de vlakte en een mannetje van de kleine bonte specht (D, E5) is op een dood stammetje neergestreken om een roffel te geven. Onder een afgewaaide dennetak houdt een adder (F5) zich schuil en een zandhagedis (F7) koestert zich in de zon. De notenkraker (D1) verschijnt hier als invasievogel.

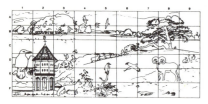

VELUWE

Bossen en vlakten met grofwild en veel vogels

De Veluwe is van primair belang als broedgebied van meer dan 100 vogelsoorten. Het centrale massief, bestaande uit meer dan 10000 ha uitgestrekte bossen en heidevlakten, is het laatste gebied in Nederland waar het grofwild, zoals edelhert, ree en wild zwijn, zich heeft kunnen handhaven.

Buntgras
Het buntgras is met de zandzegge een echte pionierplant van open zand- en heidegronden. Waar het stuifzand nog volop in beweging is, ziet men soms toch al de eerste pollen buntgras verschijnen. Het zijn mooie, grijsgroene toeven in het zand, met vaak een paarsig rood waas aan de onderzijde. De pluim is tijdens de bloei uitgespreid, maar ervoor en erna pluimvormig samengetrokken. De bladeren zijn tot stevige borstels opgerold. Behalve op dorre zandgronden groeit het ook in de kalkarme duinen. △

Ruig haarmos
Een plantje dat zich op de onherbergzame zandvlakten dikwijls in de buurt van het buntgras bevindt, is het ruig haarmos. Met name in het voorjaar vormt het door de ontwikkeling van de sporenkapsels prachtige roodbruine tapijten op het zand.
De roodbruine kleur van het mos komt voort uit de sporenkapsels. De speciale structuur van het kapsel voorkomt dat alle sporen tegelijk door de wind worden verspreid. △

Vogel van naaldbossen
Sinds een tiental jaren is de kruisbek op de Veluwe het gehele jaar door waar te nemen. Vroeger was deze broedvogel van de Noord- en Oosteuropese naaldbossen hier alleen wintergast, maar het lijkt erop dat hij zich in de Veluwse naaldbossen geleidelijk tot standvogel ontwikkelt.
De vogel dankt zijn naam aan de gekruiste snavelhelften. Hierdoor is de snavel een uitnemend stuk gereedschap om de zaden van allerlei naaldbomen uit de kegels te peuteren. Omdat de zaden in de nawinter het gemakkelijkste loslaten, broedt de kruisbek vroeg in het jaar, vaak reeds in februari, soms bij strenge vorst. ▽

Gevarieerde bossen
Een van de talloze boscomplexen op de Veluwe is het Leuvenumse Bos. Het vormt de bebossing van een voormalig stuifzandgebied. Oorspronkelijk bestond het dus uit naaldhout, omdat de stuifzanden altijd met dennen werden bedwongen. Later heeft men door aanplant van allerlei loofbomen het bos gevarieerder gemaakt.
Op lichte plaatsen ontstaat er in de bossen een ondergroei van o.a. bochtige smele, dalkruid, bosbes en adelaarsvaren. Op de bomen groeien soms zeldzame mossen en korstmossen. De vogelstand is er bijzonder soortenrijk. △

Begroeide stuifzanden
In de bossen rond het Hulshorsterzand is aan de heuvelachtige ondergrond duidelijk te zien dat het hier om een begroeid stuifzandgebied gaat. Tussen de dennen vindt men op de armste gronden vaak alleen maar rendiermos. Wanneer de wind behalve zand ook organisch materiaal heeft aangevoerd, kunnen er zich ook andere planten vestigen. Behalve allerlei mossen treft men er dan o.a. bosbessen en kraaiheide aan. ▽

Mestkevers
Op de min of meer open vlakten ziet men dikwijls zwarte, metaalglanzende mestkevers. Behalve de gewone mestkever is er de driehoornmestkever, waarvan het mannetje op het borststuk drie wonderlijke uitsteeksels draagt. Mestkevers zorgen ervoor dat de in uitwerpselen opgeslagen stikstof weer snel in de bodem terugkeert. Ze begraven namelijk bolletjes mest in de grond als voedsel voor hun kroost. △

NATUUR

Cypergras van vennen
Rondom de Veluwse vennen groeit het veenpluis met zijn witte, wollige bloemaren. Het behoort met het zeldzamere wollegras tot de cypergrassen.
Behalve door middel van zaad plant het veenpluis zich ook door middel van ondergrondse uitlopers voort. Het bloeit van april tot in juni en kan een hoogte van ca. 60 cm bereiken. Het pluis werd in het verleden wel gebruikt voor het vullen van kussens. △

Sporen van grofwild
Het grofwild zelf krijgt men niet altijd te zien, de sporen ervan echter wel.

Wild zwijn
Bij het wild zwijn zijn de afdrukken van de bijhoeven altijd zichtbaar.

Moeflon
Bij dit wilde schaap staan de spitse hoefpunten altijd ver uiteen. De afdruk van de hoef is ca. 5 cm lang.

Damhert
De afdruk of prent verschilt op harde (rechts) en zachte bodem (links). De binnenrand van de hoef is hol.

Edelhert
De afdruk is op zachte bodem meer gespreid (rechts). Punten van de 6–9 cm lange afdruk afgeronder dan bij damhert.

Ree
Spitse, 4–5 cm lange hoefafdruk. In zachte bodem en bij galop zijn de bijhoeven zichtbaar.

Leuvenumse Beek
De beek die hier op de grens van het landgoed Leuvenhorst en het Leuvenumse bos Leuvenumse Beek heet, wordt stroomopwaarts Staverdense Beek en stroomafwaarts Hierdense Beek genoemd. Hij begint in de omgeving van het Uddelermeer en eindigt in het Veluwemeer. Onderweg wordt hij gevoed door uit de oevers tredend kwelwater. Vanwege zijn afhankelijkheid van de neerslag wisselt de waterstand van deze typische laaglandbeek sterk. Sommige delen vallen zelfs weleens droog.
Door waterverontreiniging zijn de echte beekbewoners grotendeels verdwenen. Naar beekforel, beekprik en bermpje zal men tegenwoordig vergeefs zoeken. ▽

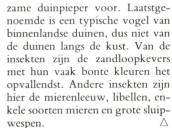

Atlantische woestijn
De op de Veluwe nog voorkomende levende stuifzandgebieden, zoals het Kootwijkerzand, worden door sommigen als 'atlantische woestijnen' aangeduid. Gezien de milieuomstandigheden en het uiterlijk van het landschap is deze naam niet ten onrechte gegeven.
Het aantal soorten levende organismen is in dit terrein niet zo groot. Aan broedvogels komen de boomleeuwerik en de uiterst zeldzame duinpieper voor. Laatstgenoemde is een typische vogel van binnenlandse duinen, dus niet van de duinen langs de kust. Van de insekten zijn de zandloopkevers met hun vaak bonte kleuren het opvallendst. Andere insekten zijn hier de mierenleeuw, libellen, enkele soorten mieren en grote sluipwespen. △

Wassen en flessen
In het Deelense Zand, in het Nationale Park 'De Hoge Veluwe', liggen verspreid enkele vennen. Men noemt ze hier flessen of, wanneer ze vroeger dienden voor het wassen van de heideschapen, wassen.
Deze vennen zijn ondiep en voedselarm, waardoor ze een bijzondere vegetatie bezitten. Behalve diverse veenmossoorten vindt men er o.a. veenpluis en soms zelfs beenbreek en klokjesgentiaan. In het water groeit het blaasjeskruid en zweven microscopische sieralgen rond. △

VELUWE

Geleid door maalschappen en machtige landheren

Machtige landheren als de bisschop van Utrecht en de graaf van Gelre organiseerden sedert de 12e eeuw het grootgrondbezit op de Veluwe volgens het hofsysteem. Hierbij viel een aantal hoeven onder een centrale hof of curtis. De woeste gronden werden door de maalschap of marke beheerd.

Omkranst door enkdorpen

Boerderijgroep bij Garderen, een van de weinige enkdorpen die op het hooggelegen deel van de Veluwe werden gesticht. De vestigingsplaats van de agrarische nederzettingen werd namelijk bepaald door de beschikbaarheid van water voor mens en dier. Over het algemeen was dat aan de voet van de hellingen en niet op de heuvels. Bij Garderen beschikte men echter ook over vochtige gronden in de directe nabijheid.
Het merendeel van de dorpen ontstond aan de voet van het Veluwemassief. Dit werd dan ook omkranst door enkdorpen: langs de noordrand Wezep, Nunspeet en Harderwijk; aan de westzijde Ermelo, Putten, Lunteren, Ede, Bennekom en Wageningen; langs de zuidrand Renkum, Oosterbeek, Velp, Rheden en Dieren; en aan de oostflank Eerbeek, Beekbergen, Apeldoorn, Vaassen, Epe en Heerde. In de dalen werden ook enkele dorpen gesticht, zoals Elspeet, Vierhouten, Kootwijk en Otterloo. De uitgang '-lo' of '-el' duidt op de aanwezigheid van bos in de omgeving.
Door de organisatie in maalschappen, waarin de woeste gronden gemeenschappelijk werden beheerd, was het betrekkelijk eenvoudig het bedrijf uit te breiden door de aanleg van omheinde ontginningen in de marke. Deze kampontginningen vonden niet alleen in aansluiting op de enkdorpen plaats, maar vooral ook in grote, aaneengesloten gebieden op de door beken doorsneden lagere en vlakkere zandgronden in de Gelderse Vallei en de IJsselvallei. Het beheersstelsel, maar ook de natuurlijke, zeer variabele bodemgesteldheid, leidde als vanzelf tot particuliere ontginningen. △

Malebossen

Door de maalschap beheerde bossen, zoals het Speulderbos, werden malebossen genoemd. Markegenoten mochten er hout kappen, maar met het oog op de rampzalige gevolgen van ontbossing waren er strenge regels opgesteld. Zo moest er voor nieuwe aanplant worden gezorgd. Er was echter een enorme behoefte aan hout, zodat er toch van een soort roofbouw sprake was. Een echt bosbeheer kwam pas aan het eind van de vorige eeuw op gang. ▽

Molens op de Veluwe

Aan de noordwestkant van Nunspeet staat de korenmolen De Duif, een bovenkruier uit 1886. Meer nog dan van windmolens maakte men vroeger op de Veluwe gebruik van watermolens.
In de vroege middeleeuwen stonden hier al watermolens aan de beken en tijdens het hoogtepunt van het watermolenbedrijf, in de 17e eeuw, moeten er honderden door waterkracht aangedreven korenmolens, houtzaagmolens, volmolens, papiermolens enz. op de Veluwe zijn geweest. Alleen al in de omgeving van Apeldoorn deden 96 watermolens hun werk, waaronder 59 papiermolens. Van dit alles resteren slechts enkele ruïnes en een paar complete molens, waaronder de Lennepmolen in Velp; een oorspronkelijk uit de 14e eeuw daterende waterkorenmolen. In 1961 ging deze door brand verloren, maar hij werd weer volledig in de oude staat herbouwd. Voor de aandrijving van de molens werden vele kunstmatige beken gegraven, de zogenaamde sprengen. De meeste hiervan bestaan nog steeds. Een voorbeeld is de St.-Jansbeek of Sonsbeek, in het bekende gelijknamige parkbos in Arnhem. ◁△

CULTUUR

Tal van buitenplaatsen
Het houden van duiven was in het verleden een privilege van de adel. Deze oude duiventil in de buurt van Staverden is dus net als de vele buitenplaatsen en landgoederen op de Veluwe een overblijfsel uit de tijd van de adellijke grootgrondbezitters.
Een aantal statige lanen door de bossen dateert eveneens uit die tijd. Het betreft hier de jachtwegen of koningswegen, die aan het einde van de 17e en het begin van de 18e eeuw op last van Koning Willem III werden aangelegd. Ze verbonden zijn jachthuizen met elkaar en leidden tot in de jachtgebieden. ◁

Schapen tegen vergrassing
Op de Ginkelse Heide en nog enkele andere plaatsen kan men tegenwoordig weer een herder met zijn kudde ontmoeten. Behalve dat een schaapskudde toeristische aantrekkelijkheid bezit, is het een doeltreffend wapen tegen te snel om zich heen grijpende verruiging van de heidevelden. Opslag van bomen en gras wordt door de schapen gretig verorberd, terwijl de heideplanten door vraat voortdurend worden verjongd. Zo lang er echter nog maar enkele kudden op de Veluwe weiden, zullen er ook andere beheersmaatregelen nodig zijn om de heidevelden in stand te houden. ▽

Landbouwkasteel Molecaten
Even ten zuiden van Hattem ligt het Huis Molecaten te midden van de bijbehorende landerijen en bossen. Oorspronkelijk was het een havezate, die reeds in 1347 voor het eerst werd vermeld. Er was toen sprake van een molen en het water rondom het huidige kasteel was vermoedelijk de molenvijver. In de 15e of 16e eeuw verrees op deze plaats een kasteel, dat in de 17e eeuw werd vergroot. De huidige vorm kreeg het na een verbouwing in 1826. Het landgoed is toegankelijk op wegen en paden, op de directe omgeving van het particulier bewoonde kasteel na. In het bos liggen sprengen, waarvan de omgeving eveneens verboden terrein is.
Behalve het Huis Molecaten liggen er rond het Veluwemassief nog vele andere buitenplaatsen en kastelen. Langs de oostelijke zoom vindt men een lange reeks grote landgoederen, met vaak uitgestrekte bossen en tuinen. Een aantal kastelen langs de zuidelijke Veluwezoom, zoals Doorwerth, Biljoen en Middachten, valt op door de ligging in het rivierdal. Bekende oude landgoederen bij Arnhem zijn o.a. Zijpendaal en Sonsbeek. △

Hunneschans
Op de Hunneschans, bij het Uddelermeer, is de ligging van enkele grafheuvels vastgesteld. In de omgeving zijn restanten gevonden van de zogenaamde Trechterbekercultuur. Dit betreft een volk van landbouwers, dat hier 4000 tot 5000 jaar geleden moet hebben geleefd. De Hunneschans zelf is vermoedelijk oorspronkelijk een vroegmiddeleeuwse vluchtburcht, getuige de vondst van potscherven van duizend jaar geleden.
De mensen van de Klokbekercultuur woonden hoog op de Veluwerand, maar die van de IJzertijd hadden hun nederzettingen lager. Dit was het gevolg van ontwatering en ontginning van de lagere terreinen. In de middeleeuwen woonde men al op plaatsen waar eertijds een moeras lag. ▽

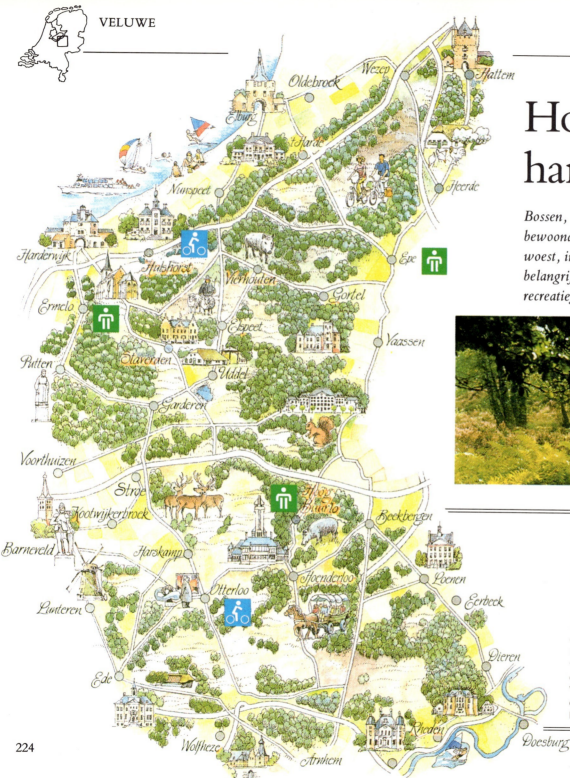

Hoe groen is nog het hart van Nederland...

Bossen, heidevelden en stuifzand karakteriseren een van de oudst bewoonde gebieden van ons land. De Veluwe was vroeger een woest, in eenzaamheid verloren streek, maar nu is het een van de belangrijkste, ook in het buitenland vermaarde, natuur- en recreatiegebieden.

Voedselarm
De milieu-omstandigheden op de Veluwe variëren van droog tot nat. De meeste bossen en heidevelden zijn voedselarm. Er zijn bossen bij die al in de middeleeuwen bekend waren. Eik, berk, linde en beuk behoren tot de belangrijkste bomen in de loofbossen. Op de bomen ziet men soms zeldzame mossen. Als plantesoorten komen o.a. voor: adelaarsvaren, bos- en vossebes en kamperfoelie. Vooral het oosten is bosrijk.

Rust en stilte
De Veluwe bestond vroeger uit grote aaneengesloten velden met heide, afgewisseld door bossen en agrarische nederzettingen op de flanken van de heuvelruggen. Dit beeld is ingrijpend gewijzigd. Veel heide is omgezet in bos. Veel dorpen zijn sterk uitgegroeid en hebben hun agrarisch karakter verloren. Er wonen thans meer dan 300 000 mensen op de Veluwe, waarvan het grootste deel in plaatsen aan de randen. De dorpen kwamen sedert het eind van de vorige eeuw in trek bij gepensioneerden en renteniers en in deze eeuw als overloop voor de Randstad. Intensieve veehouderij en pluimveehouderij verdringen de gemengde bedrijven. Nieuwe wegen worden aangelegd en bestaande verbreed, allemaal bedreigingen voor een uniek gebied. Toch zijn er nog grote stukken waar door stiltezoekers volop te genieten valt en waar nog zeldzame planten en dieren kunnen worden waargenomen.

OP STAP

Kastelen

Grootgrondbezit leidde aan de Veluwezoom tot het ontstaan van grote landgoederen. Er werden jachthuizen en kastelen gebouwd. In de gemeente Epe staat bij Vaassen het hierboven afgebeelde kasteel De Cannenburgh, al vermeld in 1372, in de 16e eeuw herbouwd en later verder uitgebouwd. Het is te bezichtigen, net als het even zuidelijker liggende Paleis Het Loo, met fraaie tuinen. Het paleis zelf geeft een indruk van de bewoning door de Oranjes gedurende drie eeuwen. △

'Woestijnen'

Dwalend over het Deelense Zand kan men zich dromen hoe vroeger grote stormen over de onbegroeide zandvlakten raasden en het zand opjoegen. Inmiddels is het meeste stuifzand beteugeld, maar er zijn nog 'woestijnen' te vinden, o.a. op De Hoge Veluwe. ▽

Fietstocht in het noorden van de Veluwe

U geniet van bos, heide en stuifzand tijdens deze trip van 40 km. Als u in Hulshorst start, rijdt u dwars door de bossen langs de Leuvenumse Beek zuidwaarts. Na zo'n 10 kilometer ziet u het fraai gelegen kasteel Staverden. U rijdt dan noordwaarts en heeft aan uw rechterhand een fascinerend gezicht op de heuveiachtige Elspeter Heide. U kiest de weg naar Vierhouten, buigt dan linksaf door de bossen naar Hendriks Zand, dan weer door de bossen naar het zuiden, richting Westeindse Heide. Dan rechtsaf door het schitterende stuifzandgebied Hulshorster Zand terug naar Hulshorst.

VELUWE

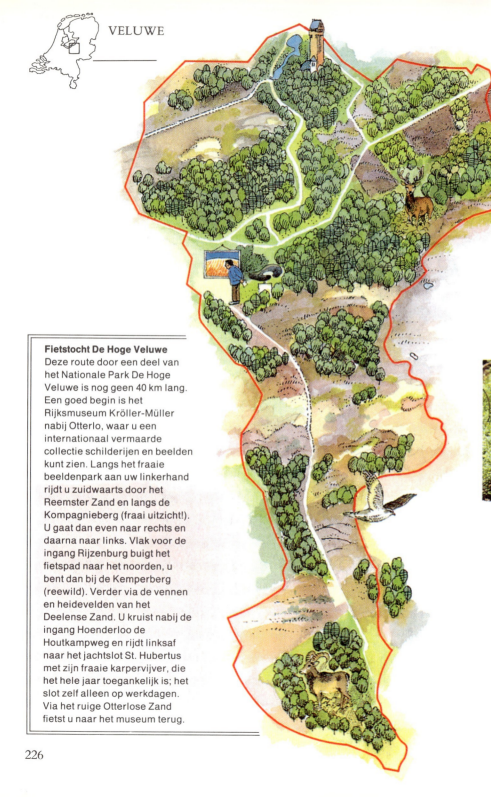

Fietstocht De Hoge Veluwe
Deze route door een deel van het Nationale Park De Hoge Veluwe is nog geen 40 km lang. Een goed begin is het Rijksmuseum Kröller-Müller nabij Otterlo, waar u een internationaal vermaarde collectie schilderijen en beelden kunt zien. Langs het fraaie beeldenpark aan uw linkerhand rijdt u zuidwaarts door het Reemster Zand en langs de Kompagnieberg (fraai uitzicht!). U gaat dan even naar rechts en daarna naar links. Vlak voor de ingang Rijzenburg buigt het fietspad naar het noorden, u bent dan bij de Kemperberg (reewild). Verder via de vennen en heidevelden van het Deelense Zand. U kruist nabij de ingang Hoenderloo de Houtkampweg en rijdt linksaf naar het jachtslot St. Hubertus met zijn fraaie karpervijver, die het hele jaar toegankelijk is; het slot zelf alleen op werkdagen. Via het ruige Otterlose Zand fietst u naar het museum terug.

Vliegdennen
Om het verstuiven van het zand tegen te gaan, worden op veel plaatsen jonge dennen aangeplant, zie de afbeelding hierboven met op de achtergrond berken en grove dennen. Grove dennen die niet door de mens zijn gezaaid of geplant noemt men vliegdennen. De vliegdennenbossen op de Veluwe zijn een prima dekkingsgebied voor het grof wild. Deze dennen groeien dikwijls uit tot grillig gevormde bomen. Op de heidevelden ziet men heel veel vliegdennen en ook berken. Wil men de heide in stand houden, dan dienen deze bomen te worden verwijderd, omdat ze andere begroeiing geen kans geven. Op sommige plaatsen houdt men de heidevelden in stand door ze te laten begrazen door schapen. Andere middelen zijn afbranden en maaien. △

Dieren op de Veluwe
De Veluwe is het laatste gebied in Nederland waar zich grofwild kan handhaven: edelhert en wild zwijn. Andere zoogdieren die op de Veluwe voorkomen zijn vos, das en ree. Van primair belang is de Veluwe als broedgebied voor een groot aantal vogelsoorten. Winter en voorjaar zijn de beste seizoenen voor wild- en vogelwaarnemingen, met name op De Hoge Veluwe. Van de zeven in ons land voorkomende reptielesoorten komen er zes voor op de Veluwe, zoals hazelworm, zandhagedis, adder en ringslang. △

De schapen
Doordat het aantal heidevelden op de Veluwe achteruitgaat, vermindert ook het aantal schapen. Toch zijn er nog enkele schaapskudden. Op de afbeelding ziet men de kudde van de Ginkelse Heide bij Ede. Ook ten zuidwesten van Apeldoorn zijn schapen. In het midden van Hoog Buurlo – zie de tekening op de bladzijde hiernaast – zijn twee schaapskooien. Voorts zijn er nog een schaapskooi en -kudde in het Loenense Bos, in de zuidoosthoek van de Veluwe. De schapen dienen niet alleen om het heidelandschap op te sieren. Ze houden de heide ook vrij van opslag van, bijvoorbeeld, vliegdennen en berken. Lonend is zo'n schaapskudde echter niet meer, integendeel, er moet geld bij. Vroeger werd nog wel de mest gebruikt, maar sinds op grote schaal kunstmest wordt gebruikt voor de akkers en weilanden is er vrijwel geen vraag meer naar natuurlijke mest. Het scheren van de schapen is een jaarlijks terugkerend evenement. ▷

OP STAP

Wandeling rond Hoog Buurlo

Onze wandeling van ongeveer 5,5 km begint in de boswachterij Ugchelen, ten zuidwesten van Apeldoorn. Het startpunt is Hoog Buurlo, een oude boskern van voornamelijk loofbos, en – zoals de naam al doet vermoeden – hoog gelegen. We wandelen naar het oosten langs de Hoog Buurlose Heide met zijn jeneverbessen. Dan komen we bij het Ugchelse Bos; daar kan plotseling een ree of edelhert voor u opduiken. Waar wij wandelen bestaat het Ugchelse Bos uit ontginningsbos; het heeft in de loop der jaren door het strooksgewijs inplanten van een gevarieerde ondergroei een rijker aanzien gekregen. Karakteristiek zijn de rechte, tweezijdige beukenlanen, die bij de ontginning werden aangelegd als een brandwerend scherm tussen de dennenbossen. Hierna buigen we af naar het noorden en gaan op de Kabelweg linksaf naar Gosselinks Kolkje. Even verder ligt Hoog Buurlo en is deze gemarkeerde wandeling ten einde.

227

VELUWE

Roofvogels
Voor een aantal roofvogels is de Veluwe een prima broedgebied, zoals voor de sperwer, waarvan op de afbeelding een jong te zien is bij zijn eerste vliegpogingen. Verder broeden op de Veluwe o.a. de buizerd en de havik, waarvan een aardige bijzonderheid is dat zij tijdens de broedperiode hun nest in de kroon van hoge bomen met vers groen versieren. ◁

Opgestoven heuvels
Tot in het recente verleden zijn op de Veluwe zandverstuivingen opgetreden. Hierdoor ontstonden uitgestoven laagten en opgestoven heuvels. Deze zandverstuivingen kregen in korte tijd een grote omvang. Dit werd veroorzaakt door de intensieve landbouw (plaggenwinning en overbeweiding). Toen de houtbehoefte toenam werden steeds meer heidevelden beplant met eik en beuk en later ook met den. De bossen van de Veluwe zijn ook van groot belang vanwege hun luchtreinigend vermogen. Onderzoekingen hebben aangetoond dat naaldbossen en in nog sterkere mate loofbossen vele tonnen roet en stof met de takken en bladeren 'opvangen'. Een regenbui spoelt later alles weg. Dan kan het reinigende proces opnieuw beginnen. △

Een heideveld
Vroeger was er veel meer heide dan nu, maar vanwege de houtopbrengst en om verstuiving tegen te gaan is veel heide met bos beplant. Planten die u op de heide ziet zijn o.a. struikheide, rode en blauwe bosbes, wintergroen en dopheide met zijn roze 'ballonnetjes'. ▽

Wandeling Epe/Heerde
Als u start voor deze circa 7,5 km lange tocht bij de Hertenkamp ten noorden van Epe wandelt u eerst oostwaarts door bos en heide. Na de kruising met de Koepelweg gaat u linksaf. Bij de paddestoel op de Renderklippenweg volgt u de Renderklippen, een indrukwekkende rij heuvels, deels bebost. Dan gaat u bij de volgende paddestoel westwaarts over de heide en vervolgens door de bossen zuidwaarts weer terug. Bij zonnig weer zijn er veel insekten op de heide te zien, waaronder graafbijen die een holletje in het zand maken. Ook graafwespen doen dit. Als de heide bloeit zijn er ook veel honingbijen. De imkers hebben dan hun kasten op de heide geplaatst.

OP STAP

Spieden naar grof wild
Op de Veluwe zijn speciale uitkijkposten waar men het wild kan bespieden zonder het te verstoren. Die zogenaamde wildkansels vindt men o.a. op De Hoge Veluwe en in de houtvesterij Het Loo. In een bijna natuurlijke omgeving kan men edelherten, damherten, reeën, wilde zwijnen en moeflons te zien krijgen. De kans op het zien van wild is het grootst van januari tot en met juli. ▷

Uilen en braakballen
Tientallen vogelsoorten treft men aan op de Veluwe, broedvogels en ook trekvogels, de laatste vooral aan de randen van de Veluwe. In de bosgebieden alleen al broeden 52 soorten. Met een beetje geluk is er (overdag) wel eens een uil te zien, zoals de hieronder afgebeelde ransuil. Aan de voet van de bomen waarin deze uilen slapen liggen soms de zogenaamde braakballen. Deze bestaan uit onverteerbare delen, zoals haar en beenderen van de in hun geheel opgeslokte prooien (zie de afbeelding op de pagina hiernaast). ▽

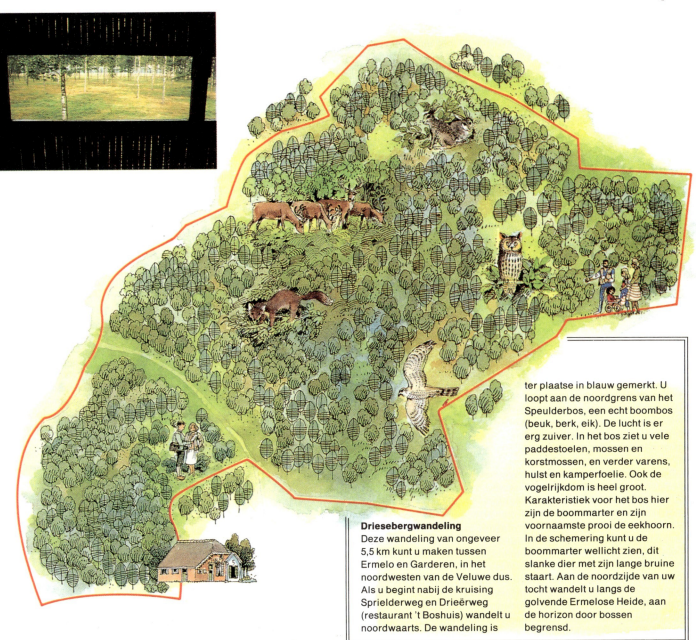

Driesebergwandeling
Deze wandeling van ongeveer 5,5 km kunt u maken tussen Ermelo en Garderen, in het noordwesten van de Veluwe dus. Als u begint nabij de kruising Sprielderweg en Drieërweg (restaurant 't Boshuis) wandelt u noordwaarts. De wandeling is ter plaatse in blauw gemerkt. U loopt aan de noordgrens van het Speulderbos, een echt boombos (beuk, berk, eik). De lucht is er erg zuiver. In het bos ziet u vele paddestoelen, mossen en korstmossen, en verder varens, hulst en kamperfoelie. Ook de vogelrijkdom is heel groot. Karakteristiek voor het bos hier zijn de boommarter en zijn voornaamste prooi de eekhoorn. In de schemering kunt u de boommarter wellicht zien, dit slanke dier met zijn lange bruine staart. Aan de noordzijde van uw tocht wandelt u langs de golvende Ermelose Heide, aan de horizon door bossen begrensd.

VECHTSTREEK

VECHTSTREEK

Lusthoven aan de rand van een verveend moerasgebied

Aan de westkant van de Vechtstreek kronkelt de Vecht, met langs zijn boorden middeleeuwse kastelen en 18e-eeuwse lusthoven. De oostelijke begrenzing wordt gevormd door het buitenplaatsenlandschap van 's-Graveland en Maartensdijk. Het middengedeelte ten slotte, bestaat uit een verveend moerasgebied.

Talloze cultuurmonumenten
Hoewel het merendeel van de buitenplaatsen ten zuiden van Vreeland gezocht moet worden, zijn ze ook langs de noordelijker waterlopen gebouwd, zoals het hoge landhuis Bijlmerlust aan de oostelijke oever van het Gein.
De cultuurwaarde van de Vechtstreek kan bijzonder hoog worden geschat. Het gebied telt zeer veel monumenten in de vorm van kastelen, buitenplaatsen, boerderijen, molens en verdedigingswerken. Als historisch waardevolle stads- en dorpsgezichten zijn de volgende plaatsen te noemen: Abcoude, Baambrugge, 's-Graveland, Loenen, Loenersloot, Maarssen, Muiden, Vreeland en Westbroek. Omvangrijke concentraties van bouwkundig belangwekkende boerderijen vindt men bij de dorpen Tienhoven en Westbroek.
Bijzondere verkavelingspatronen zijn te zien bij Vecht, Kromme Amstel en Gein met hun stroomruggen, in het veenweidegebied van Tienhoven en Westbroek, bij het Naardermeer, bij Muiderberg en bij 's-Graveland. △

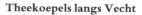

Theekoepels langs Vecht
De Amsterdamse patriciërs bouwden niet alleen lusthoven langs de Vecht, maar lieten aan de waterkant ook schilderachtige theekoepeltjes verrijzen. Op veel plaatsen zijn deze romantische resten van een rijk verleden nog te bewonderen.
Op oude prenten is te zien dat de eerste theekoepels een verkleinde uitgave waren van een stadshuis, met een vierkante plattegrond en een wolfsdak. Later ontstonden de hoekige vormen, met uitzicht naar alle kanten. ▽

Grote botanische variatie
Een opvallende plant van de plassen en niet al te ondiepe sloten is de waterlelie, met zijn grote drijfbladeren en prachtige, helder witte bloemen. Meestal vindt men hem in gezelschap van gele plomp, watergentiaan en diverse fonteinkruiden.
De grote afwisseling in milieutypen, waarin de factor water een hoofdrol speelt, leidt tot een enorme variatie in de plantengezelschappen die men hier aantreft. De moerasgebieden herbergen uiteenlopende verlandingsvegetaties, de parkbossen stinseplanten en de weidegebieden rijke slootkantbegroeiingen. △

INLEIDING

Dierenleven
De rivierdonderpad is een karakteristiek visje van de Vechtplassen, waar hij vooral langs steenachtige oevers voorkomt.
Andere kenmerkende diersoorten zijn onder meer ringslang, en noordse woelmuis. Verder broeden hier o.a. lepelaars, aalscholvers, roerdompen en purperreigers. △

Muiderslot
Het landschap van de Vecht eindigt bij het Muiderslot, waar de rivier in het IJmeer uitmondt. In aanleg is het een 13e-eeuwse waterburcht, omgeven door een slotgracht en aarden wallen.
Op elk van de vier hoeken heeft het kasteel een zware ronde toren. De poorttoren is vierkant en bevindt zich aan de zuidoostkant. De ridderzaal en de wapenkamer zijn ondergebracht in het 'hooge huys' met de trapvormige zijgevel.
Floris V liet de oorspronkelijke burcht in ca. 1285 neerzetten, maar die werd in 1297 vernietigd. Het huidige kasteel dateert uit het einde van de 14de eeuw. ▷

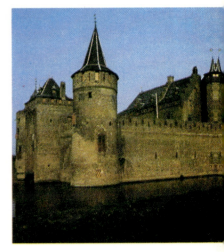

Uitgestrekte plassen
De Ankeveense plassen behoren wat hun natuurwaarde betreft tot de belangrijkste meren van de Vechtstreek. Dit komt vooral doordat de watersport er niet mag worden beoefend en het gebied uitsluitend voor wetenschappelijk onderzoek toegankelijk is. Wel leiden er diverse openbare voet- en fietspaden door de plassen, namelijk de Dammerkade, de Stichtsekade, de Kromme Goog en het Bergsche Pad. △

Hooggelegen Vechtoever
De oevers van de Vecht liggen nu hoger dan het land erachter, maar dit is vroeger anders geweest. Er heeft hier namelijk inversie van het landschap – omkering van de hoogteligging – plaatsgevonden. Aanvankelijk lagen de oevers van de Vecht lager dan het aangrenzende veengebied. Na ontginning hiervan begon de bodem in te klinken en moest het overtollige water door bemaling worden verwijderd. Uiteindelijk kwam hierdoor de rivieroever hoger te liggen dan de ontgonnen veengronden.
Het landschapsbeeld van de Vechtoever wordt ten zuiden van Vreeland meer bepaald door de vele buitenplaatsen met hun zwaar geboomte, dan door boerderijen en woonhuizen. Vooral langs het noordelijke deel van de Vecht is de agrarische ontginningswijze nog goed herkenbaar, met op de stroomrug middeleeuwse blokverkaveling en aan weerszijden daarvan slagenverkavelingen. △

Noordelijk poldergebied
Vanaf de oever van het Gein kijkt men noordwaarts uit over de Broekzijdsche polder met de gelijknamige windmolen. Deze kleine polder wordt aan de noordzijde omgeven door de Stichtse Kade en de Hollandse Kade of Ruwelswal genoemd. Deze vroegere rading vormt nog steeds de grens tussen Noord-Holland en Utrecht. ▷

Bergsche Pad
De Vechtstreek is nog tamelijk rijk aan oude voetpaden en het Bergsche Pad is er hier één van, zij het dat dit pad door verharding ook voor de fietser geschikt is gemaakt. Het vormt de verbinding tussen de zuidpunt van Ankeveen en Nederhorst den Berg.
Veel van de paden stammen uit de tijd dat de graven van Holland en de bisschoppen van Utrecht met elkaar overhoop lagen. Er werden toen radings aangelegd: aarden dijken door het moerasgebied, waarover het krijgsvolk zich kon verplaatsen. ◁

233

VECHTSTREEK

Mondingsgebied van veenstroom

Aan de voet van een stuwwalzone vormden zich hier in het mondingsgebied van een veenstroom ca. 10 000 jaar geleden uitgestrekte moerassen. In de late middeleeuwen begon de mens het gebied vanaf de Vechtoevers eerst te ontginnen en vervolgens te verven.

Moerassige wildernis

De broekbossen in het gebied, zoals hier tussen de Spiegelpolder en de Ankeveense Plassen, geven enigszins een indruk van de moerassige wildernis die hier eertijds heerste.
De moerassen vormden zich zo'n 10 000 jaar geleden aan de voet van een stuwwalzone. Er bevonden zich ook enkele natuurlijke zoetwatermeren in, zoals het Naardermeer en het Horstermeer. De moerasvorming werd mogelijk door de algemene temperatuurstijging in West-Europa. Hierdoor smolt de ijskap en steeg het zeeniveau, terwijl ook het grondwater rees en het verval van de rivieren sterk afnam.
In de late middeleeuwen begon de mens zich met de landschapsvorming te bemoeien door een begin te maken met de ontginning van de moerassen aan weerszijden van de Vecht, de Kromme Amstel en het Gein. Toen het laagveen in de vorm van turf een bruikbare brandstof bleek te zijn, ging men over op vervening van de ontgonnen gronden. Hierdoor ontstond een heterogeen petgatenlandschap met legakkers. ◁

Gebouwd op zandopduiking

Aan de overkant van de door zandwinning uitgediepte Spiegelpolder ligt Nederhorst den Berg. Het is gebouwd op een zandopduiking, die op het hoogste punt 5,5 m boven zijn omgeving uitsteekt. De toevoeging -berg aan de plaatsnaam duidt op de aanwezigheid van een zandopduiking: ook het nabijgelegen Muiderberg is op een dergelijk restant van een stuwwal gesitueerd.
De stuwwallen zijn gedurende de ijstijden ontstaan. De gletsjers die ons land binnendrongen stuwden de bodem op tot heuvelruggen. ▽

Eindstadium verlanding

De ratelpopulier maakt deel uit van het broekbos, het laatste stadium van de verlanding. Net zoals men ze nu nog kan zien groeien in de broekbossen bij, bijvoorbeeld, Ankeveen, zullen ze hier ook duizenden jaren geleden hebben gestaan.
De belangrijkste boomsoort van de moerasbossen is door de eeuwen heen de zwarte els geweest. In het veen zijn duizenden jaren oude stuifmeelkorrels van deze soort aangetroffen. Andere bomen in deze bossen waren diverse soorten wilgen. △

ONTSTAAN

Dammerkade
De Dammerkade loopt dwars door het uitgestrekte moerasgebied van de Ankeveense Plassen. Het is een onverharde, als wei- en hooiland gebruikte, brede dijk uit de tijd van de verveningen, die voor iedereen toegankelijk is.
Dergelijke dijken dienden in het verleden als ontginningsbasis. Vaak ontstonden er streekdorpen op. Voorbeelden hiervan zijn Achttienhoven, Westbroek, Ankeveen en Loosdrecht. ▷

Gevolg van natte vervening
De Ankeveense Plassen, maar ook de Kortenhoefse en de Loosdrechtse Plassen, zijn ontstaan nadat er was overgegaan op de zogenaamde natte vervening.
Tot omstreeks 1500 vonden zogeheten droge verveningen plaats. Hierbij werd slechts de bovenste laag veen tot op het grondwater vergraven. Het land dat overbleef werd daarna gebruikt voor agrarische doeleinden. Toen men overging op het nat vervenen traden er grote veranderingen in het landschap op. Er werden petgaten gegraven van $1\frac{1}{2}$ tot 2 m diepte en in het mengsel van veen en water liet men op uitgespaarde, smalle stroken land, de legakkers, drogen.
Uit zuinigheid werden de legakkers dikwijls aan de krappe kant gehouden, met als gevolg dat wind en water er vat op kregen. De legakkers werden weggeslagen en de petgaten waaiden uit tot grote plassen.
De verveende gebieden zijn bijzonder heterogeen van samenstelling, met smalle, dikwijls gedeeltelijk met elzen en ander geboomte begroeide legakkers, langgerekte petgaten en uitgewaaide plassen. In de provincie Utrecht worden de petgatengebieden ook wel 'zodden' genoemd.
Na de vervening werden de gronden veelal aan hun lot overgelaten en groeiden ze weer dicht met een weelderige vegetatie. Op andere plaatsen werden de nauwelijks begaanbare legakkers weer in grasland omgezet door ze met allerlei materiaal op te hogen. ▽

Oude veenstroom
Tegenover de Hinderdam kijkt men hier stroomopwaarts over de Oude Vecht. In de verte is de toren van Zwaanswijck zichtbaar.
De Vecht kreeg als rivier pas betekenis na de totstandkoming van een verbinding met het Rijnsysteem via de Kromme Rijn. Vanaf dat moment werden zand en klei als transportmateriaal meegenomen. Tijdens talrijke doorbraken en overstromingen van de vrij door het landschap stromende Vecht kon dit materiaal aan weerszijden van de stroombedding worden afgezet.
Vlak bij de rivier kwam alleen het grofste materiaal tot bezinking. Dit was hoofdzakelijk zand. In de loop van de tijd ontstonden er hierdoor oeverwallen in de vorm van lage, brede ruggen. Verder van de rivierbedding af bezonk het fijne materiaal. Hier werd een kleipakket afgezet.
De loop van de Vecht moet oorspronkelijk meer westwaarts hebben gelegen. Vanaf Breukelen stroomde de rivier in een wijde boog via de huidige Aa naar Nieuwersluis. Van Loenen naar Muiden volgde de hoofdstroom de dalen van Kromme Amstel of Angstel en Gein, om daarna in zee uit te monden. Het mondingsgebied had het karakter van een estuarium. △

Zuidelijk gedeelte
In het zuidelijke deel van het veengebied van de Vechtstreek ligt ten oosten van Breukelen de Scheendijk, begeleid door een rijk met planten begroeide sloot. Aan de andere kant van het water liggen bruikbare weilanden, maar deze strekken zich niet zo ver uit. Erachter ligt een fraai 'zodden'-landschap, met smalle legakkers en lange petgaten. Aan de achterkant wordt dit begrensd door de Loosdrechtse Plassen. Het gedeelte tussen de Scheendijk en de Loosdrechtse Plassen wordt de Kievitsbuurt genoemd.
In het overgangsgebied van het veen naar het hoger gelegen zandlandschap werd 'in den droge' verveend. Men ging dus niet dieper dan tot de grondwaterspiegel. Na de vervening kon het land weer betrekkelijk eenvoudig in cultuur worden genomen. Het werd hoofdzakelijk als gras- en hooiland gebruikt, maar ook wel voor het tuinbouwbedrijf. △

VECHTSTREEK

Rijkgeschakeerde natuur in plassen en bossen

De natuurlijke omstandigheden in de Vechtstreek hebben tot een rijkgeschakeerd milieu geleid. Het water speelt hierin een grote rol: niet alleen in de vorm van grotere en kleinere plassen, maar ook als kwel vanuit de oostelijke stuwwalzone. De landgoedbossen hebben een weelderige stinseflora.

Indicator van kwel
De aanwezigheid van slangewortel kan een aanwijzing zijn van kwel, waardoor vermenging optreedt van voedselrijk en voedselarm water. De plant vormt zelfstandige drijftillen, maar wordt ook dikwijls gezien als randbegroeiing van drijftillen met krabbescheer.
De slangewortel is een opvallende plant, met zijn grote, glanzende, bijna leerachtige bladeren. Zijn naam dankt hij aan de slangachtig gekronkelde wortelstok, waaruit bladeren en bloeistengel ontspruiten. De dikke bloeikolf heeft aan de top mannelijke en aan de voet tweeslachtige bloemen. Later vormen zich, net als bij de verwante gevlekte aronskelk, rode bessen. De bloeikolf wordt omringd door een groot wit schutblad, dat insekten aanlokt voor de bestuiving. △

Paddestoelen
Het spreekt vanzelf dat in een gebied met zo'n grote verscheidenheid aan vochtige omstandigheden de paddestoelen rijk vertegenwoordigd zijn, met o.a. soorten als de gevoorde inktzwam.
Deze kleine inktzwam is een algemene soort van grazige plaatsen, waar hij in groepjes voorkomt. De hoed varieert van 0,5 cm tot 4 cm en is eerst ei- tot klokvormig en bruinachtig grijs van kleur. Later spreidt de hoed zich plat uit en is dan witachtig grijs, met in het midden een ronde, bruine plek. Ten slotte is hij diep gevoord en doorzichtig blauwachtig grijs. ▽

Gele lis
Een plant die vooral in juni de aandacht trekt door zijn fraaie bloemen is de gele lis. Hij maakt gewoonlijk deel uit van de verlandingsgemeenschap van riet, kleine lisdodde en mattenbies, evenals de kalmoes.
De bloemen kunnen een lengte van 10 cm bereiken. De stevige, zwaardvormige bladeren zijn 1–3 cm breed. De plant bevat een zwak giftige looistof. ▽

Tienhovense Plassen
Een belangrijk deel van de Tienhovense Plassen is eigendom van de Vereniging tot Behoud van Natuurmonumenten. Ook de 19e-eeuwse wipwatermolen in het centrum van het gebied behoort aan deze vereniging.
Door de afzijdige ligging en het ontbreken van grotere, voor de watersport interessante plassen is het gebied nog tamelijk gaaf bewaard gebleven. Het bestaat uit hooi- en rietlanden, verlandende petgaten, moerasbossen en open water. De waterstroming in de plassen vindt zijn oorzaak in een sterke kwel naar de aan de westkant gelegen Bethunepolder. Laatstgenoemde polder is van belang voor weidevogels en een deel ervan is staatsnatuurreservaat.
In botanisch opzicht valt er in het gebied van de Tienhovense Plassen veel te beleven. Zo komt men er alle stadia van verlanding tegen, van open plas tot moerasbos. Een typische plant van veensloten is de zeldzame kleinste egelskop, waarvan in de Oostelijke Binnenpolder uitgestrekte velden voorkomen. Andere planten zijn hier o.a. de fijne waterranonkel en de naaldwaterbies. △

NATUUR

Knol- en bolgewassen talrijk

De gevlekte aronskelk is plaatselijk algemeen in de landgoedbossen in de Vechtstreek. Deze bossen behoren over het algemeen tot het elzen-vogelkersverbond. De ondergroei bestaat uit veel wintergroene kruidachtigen en het aantal knol- en bolgewassen, zoals lenteklokje, voorjaarshyacint en bosanemoon, is in de parkbossen zeer aanzienlijk. Vermaard is de aanwezigheid van de donkere ooievaarsbek, die men o.a. kan aantreffen in het parkbos van kasteel Nijenrode, in Breukelen.

Een groot deel van genoemde planten behoort tot de zogenaamde stinseflora. Deze zijn hier in het verleden aangeplant en vervolgens verwilderd. Buiten de parkbossen treft men ze niet aan. ▽

Vastlegger van drijftillen

Zodra een drijftil wat dikker en steviger wordt, vormt de pluimzegge er vaak omvangrijke horsten op. Deze plant heeft zeer ruwe bladeren van hooguit 6 mm breedte en een pluimvormige bloeiwijze. Zijn belangrijkste bloeitijd is mei en juni. Behalve dat de pluimzegge op drijftillen voorkomt, vindt men de plant ook langs veensloten, in drassige, schrale graslanden en in elzenbroekbossen.

Nadat de pluimzegge zich op een drijftil heeft gevestigd, nemen ook andere planten, zoals riet, moeraszegge en kattestaart, hun kans waar. Het duurt dan niet lang meer of de eerste houtachtige gewassen verschijnen. De basis voor het broekbos is dan gelegd. De pluimzegge kan zich hierin nog lang handhaven. ▷

Schilderachtig veenriviertje

Het Gein kon tot voor kort als een van de best bewaarde veenstromen van West-Nederland worden beschouwd. Waterverontreiniging, recreatie en verkavelingen hebben hun slechte invloeden gehad, maar het is landschappelijk en ook wat de natuurwaarde betreft nog steeds een bijzonder waardevol riviertje.

Langs de oevers liggen hier en daar nog stroken hooiland, die in het voorjaar een rijke bloei van boterbloemen, zuringsoorten en klaver te zien geven. Waar de grond drassig is, vindt men groepjes botergele dotterbloemen. Langs de oevers staan rietschoten met gele lis en lisdodden. In de buurt van langs het water gelegen boerenhuisjes werpen bomen hun schaduw over het water, waarin waterlelie en gele plomp talrijk voorkomen.

Op het open water ziet men fuut, waterhoen en meerkoet, terwijl in de rietkragen soorten broeden als kleine karekiet en rietgors. Reigers vissen hier graag. △

Woelmuizen

Zoogdieren die in de Vechtstreek voorkomen zijn de tot de familie van de woelmuizen behorende woelrat (*links*) en de noordse woelmuis (*rechts*). Uiteraard leeft hier ook de tot dezelfde familie behorende veldmuis, misschien wel het meest algemene zoogdier van Nederland. Woelmuizen en -ratten onderscheidt men van de gewone ratten en muizen aan de kleine, soms nauwelijks zichtbare oortjes, de relatief korte staart en de stompe snuit.

Met een lichaamslengte zonder staart van ca. 20 cm is de woelrat een flink dier. Hij duikt en zwemt uitstekend. Het is in hoofdzaak een planteneter, die drijfplanten, rietscheuten en schors van takken verorbert.

De noordse woelmuis is een typische planteneter van drassige terreinen. Hij heeft een voorkeur voor rietspruiten en kan daardoor vrij schadelijk zijn in gebieden met rietcultuur. ▽

Planten van bermen

In de over het algemeen voedselrijke bermen en grasranden is de bereklauw een algemene verschijning, naast scherpe boterbloem, madeliefje, fluitekruid, kleine klaver en wilde peen. Dergelijke grasranden treft men o.a. aan langs paden als het Bergsche Pad en de Kromme Goog.

De bereklauw dankt zijn naam aan de vorm van zijn bladeren, die overigens sterk varieert. Meestal zijn ze gelobd, maar soms ongedeeld of juist in 3–7 volledig gescheiden blaadjes gedeeld. Gewoonlijk komt de plant pas in juli of augustus tot volle bloei. De grote bloemschermen verspreiden een tamelijk onaangename geur en trekken veel insekten aan, waaronder talloze kevers. Men moet de plant niet verwarren met de reuzenbereklauw, die oorspronkelijk niet inheems is. △

237

VECHTSTREEK

Vleermuisforten en galigaan

De variatie in milieutypen vindt zijn weerslag in het grote aantal plante- en diersoorten dat in de Vechtstreek kan worden waargenomen. Vleermuizen overwinteren hier in oude forten en otters leven er in met galigaan begroeide plassen.

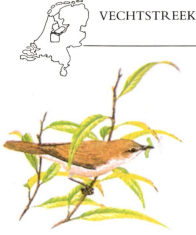

Broedvogels van rietkragen
De rietkragen van de plassen en rivieren in de Vechtstreek en de kruidenvegetaties in de verlandende gedeelten vormen het broedgebied van diverse kleine vogelsoorten, waaronder de kleine karekiet. Minstens even talrijk als deze soort zijn hier de rietgors en de rietzanger. Veel zeldzamer zijn de grote karekiet, de snor en de sprinkhaanrietzanger.
De kleine karekiet maakt een komvormig, diep nest, dat hij ophangt tussen een paar rietstengels. De soort heeft veel last van het broedparasitisme van de koekoek, die een ei van de waardvogels verwijdert en er haar eigen ei voor in de plaats legt. △

Verlandingsvegetaties
Vanaf de Dammerkade zijn de diverse verlandingsvegetaties in de Ankeveense Plassen prachtig te zien. In het water drijven de grote bladeren van waterlelie en gele plomp, langs de oever heeft zich rietveen gevormd en op de achtergrond verheffen zich de broekbossen.
Op het water ziet men hier altijd diverse eendesoorten, futen, meerkoeten en waterhoentjes, terwijl kapmeeuwen en zwarte sterns erboven cirkelen. ▽

Voedsel voor overwinteraars
De vruchten van struiken als Gelderse roos en meidoorn vormen een belangrijke voedselbron voor de talloze vogels die de rustige moerasgebieden opzoeken om er te overwinteren. Met name allerlei lijsterachtige vogels, zoals merel, kramsvogel en koperwiek, doen zich er in het winterhalfjaar te goed aan.
De plassen worden buiten de broedtijd vooral bezocht door pleisterend waterwild, waaronder veel meerkoeten, smienten en kuifeenden. Enkele polders, zoals bij Westbroek en Mijnden, zijn van belang als pleisterplaats voor trekkende ganzen.
Bijzondere wintergasten van het Vechtplassengebied zijn ijsvogels, die vanuit het oosten bij strenge vorst hier nog een visje hopen te verschalken. Deze fraaie dieren zijn dan soms op plaatsen als de Dammerkade waar te nemen. ▷

Overwinterende vleermuizen
Fort Tienhoven is een van de forten die tot natuurreservaat zijn verklaard omdat er vleermuizen in overwinteren. Het betreft hier enkele tientallen exemplaren van de watervleermuis, snorvleermuis en grootoorvleermuis.
Vleermuizen zijn de enige zoogdieren die kunnen vliegen. Ze leven van vliegende insekten en omdat die 's winters nauwelijks voorkomen, houden ze een winterslaap. Ze trekken zich dan terug op een donkere, vorstvrije plek. Vermaard zijn de Zuidlimburgse mergelgroeven als winterverblijfplaats van vleermuizen, maar ook de vele, verspreid in het land gelegen, ongebruikte forten zijn dikwijls zeer geschikt als onderkomen.
De achteruitgang in de aantallen in Nederland voorkomende vleermuizen is o.a. te verklaren uit het feit dat er te weinig geschikte onderkomens voor vleermuizen zijn, zoals holle bomen, bouwvallen en toegankelijke zolders. Verder heeft de bestrijding van insekten met behulp van insekticiden uiteraard een hoge tol onder de insektenetende vleermuizen geëist.
De drie in fort Tienhoven overwinterende soorten hebben een lichaamslengte van ca. 5 cm. De grootoorvleermuis vliegt meestal 's nachts, maar de snor- en de watervleermuis kan men ook overdag waarnemen. De watervleermuis overwintert soms in groepen, de grootoorvleermuis- en de snorvleermuis gewoonlijk solitair. ◁

NATUUR

Broekbossen
Op verscheidene plaatsen in het beschreven gebied hebben de broekbossen zich fraai kunnen ontwikkelen, zoals bij de Ankeveense Plassen en de plassen bij Kortenhoef.
Op de vochtige plaatsen bestaat de ondergroei onder de elzen vooral uit moerasvaren. Waar de grond wat minder vochtig is, groeien bossen met naast zwarte els boomsoorten als vogelkers, es, Gelderse roos en meidoorn. De bodem is in de vochtige bossen bedekt met veenmossoorten. Helaas wordt dit veenmos dikwijls verzameld voor gebruik in de bloemisterij, zodat de bodem in sommige bossen volkomen kaal is geplukt. ▷

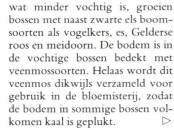

Van open water tot bos
Bij de verlanding van de veengebieden treden steeds bepaalde plantengezelschappen op, die dan weer opgevolgd worden door andere, nadat ze het milieu hiervoor als het ware rijp hebben gemaakt. In de kleine laagveenplassen met voedselrijk water kan men bijvoorbeeld de volgende opeenvolging waarnemen: open water met waterlelies en fonteinkruiden – krabbescheervelden op luwe plekken – drijftillen – pluimzeggehorsten – moerasvarenrietland – veenmosrietland – elzenbroekbos. Afhankelijk van de omstandigheden zijn er nog meer verlandingsreeksen te onderscheiden. Zo kan het water nog voedselrijker zijn of juist voedselarm, het zoutgehalte ervan kan variëren, enz. Een belangrijke factor in de Vechtstreek is het optreden van kwel vanuit de stuwwalzone. △

Galigaan
Begroeiingen van galigaan worden o.a. aangetroffen in 't Hol. Dit is een botanisch zeer belangrijk onderdeel van de Kortenhoefse Plassen, omdat het water er slechts matig voedselrijk is. Het merendeel van de Vechtplassen heeft voedselrijker water en daardoor een andere vegetatie.
De galigaan is een stevige plant die zich behalve door middel van bloemen ook door uitlopers vermeerdert. Hij heeft een ronde tot driekantige, holle stengel, waaraan de vertakte bloeiwijzen met de aartjes zitten. De glanzende vruchtjes zijn donkerbruin en hebben een scherpe punt. De grijsgroene, stijve bladeren zijn soms wel 2 m lang en aan de randen en de kiel van scherpe stekeltjes voorzien. ◁

Belangrijke voedselbron
Behalve de voor laagveenplassengebieden karakteristieke bomen en struiken vestigt zich hier langs oevers op de geschikte plaatsen ook spontaan allerlei ander geboomte, zoals deze meidoorn.
In voorjaar en zomer vormen dergelijke struiken een belangrijke voedselbron voor insekten, terwijl de vruchten ervan in het winterhalfjaar de redding zijn van veel trekvogels. ▽

Ankeveense Plassen
De Ankeveense Plassen worden beheerd door de Vereniging tot Behoud van Natuurmonumenten. Er komen belangrijke waterplanten-, moeras- en moerasbosvegetaties in voor, met bijzondere soorten als groot nimfkruid, moeraswespenorchis, rankende helmbloem en elzezegge. Omdat er in het gebied vrijwel nergens wordt gemaaid, neemt naast het open water het moerasbos er een overheersende positie in.
De visstand is in de Ankeveense Plassen bijzonder rijk, waardoor veel vogels er hun kostje opscharrelen. Behalve kapmeeuwen en blauwe reigers vissen er o.a. ook purperreigers. △

239

VECHTSTREEK

Barokke Vechtpaleisjes

Terwijl elders in Europa alleenheersers hun barokke paleizen bouwden, verrezen er in de Republiek der Verenigde Nederlanden langs de Vecht de buitens van rijke kooplieden en hoge staatsfunctionarissen.

Tussen graven en bisschoppen
Het aan de Oude Vecht in Utrecht gelegen Nigtevecht vormde in de middeleeuwen menigmaal een twistappel tussen de heren van Amstel, de graven van Holland en de bisschop van Utrecht. Het bleef echter tot het Sticht behoren, al ligt het nog steeds ingeklemd tussen de Noordhollandse gemeenten Weesp en Nederhorst den Berg. Het dorp telt een aantal 17e- en 18e-eeuwse huizen. △

Hart van Vechtstreek
In Loenen, dat als het hart van de Vechtstreek kan worden beschouwd, ligt aan de rivier een idyllische theekoepel. Loenen is een oud dorp, dat ontstaan is op een oeverwal. Het heeft een echt centrum, met een laat-gotische kruiskerk en diverse monumentale panden. Vanaf de 17e eeuw zijn hier door Amsterdamse patriciërs tal van fraaie buitenplaatsen aangelegd. Te noemen zijn o.a. Welgelegen, Leeuwendijk, Vrederust, Mater Dei, Vegtlust, Oud-Over en Nieuwerhoek. △

Vorm van schip
De 's-Gravelandse buitenplaats Trompenburgh was oorspronkelijk het woonhuis van admiraal Cornelis Tromp, de zoon van Maarten Harpertsz. Het is omgracht en in de vorm van een schip gebouwd.
Aan het begin van de 17e eeuw zocht een aantal Amsterdamse patriciërs een rustige zomerresidentie. Ze vonden die op de plaats van het huidige 's-Graveland, waar het zand voor de aanleg van de Amsterdamse Jordaan werd weggehaald. Na aanvankelijke moeilijkheden met Hilversumse boeren, die hier altijd riet sneden en turf staken, werden de gronden ontgonnen en verdeeld. Vervolgens werd de 's-Gravelandse Vaart gegraven, waarna de buitenplaatsen werden aangelegd: Swaenenburgh, Schaep en Burgh, Boekesteyn, Sperwershof, Spanderswoud, Hilverbeek, Schoonoord, Trompenburgh en Gooilust. △

Middeleeuwse kastelen
Nijenrode is een van de middeleeuwse kastelen die in de Vechtstreek nog te bewonderen zijn. In de periode van 1000 tot 1500 werden ter bescherming van have en goed sommige woonhuizen versterkt. Dit vormde de eerste aanzet voor de kastelen op de hoger gelegen gronden langs de Vecht.
Andere kastelen uit die tijd zijn langs de Vecht het Muiderslot, de kastelen Nederhorst, Oudaen, Boelesteyn, Gunterstein, en het slot Zuylen. Tevens is langs de Kromme Amstel het kasteel Loenersloot en bij Loosdrecht het kasteel Sijpestein behouden gebleven. Bij deze kastelen vormden zich vaak nederzettingen. Muiden, Nederhorst den Berg, Vreeland, Loenen en Maarssen zijn in oorsprong kasteeldorpen. △

CULTUUR

Door turfstekers gemaakt
De Ankeveense Plassen behoren tot het complexe landschap tussen de Vecht en de stuwwalzone van het Gooi, dat door vervening (vaak gevolgd door uitwaaiing) ontstond. Dit landschap bestaat uit een afwisseling van veenweiden, legakkers, petgaten, plassen en langgerekte streekdorpen.
In vrijwel het gehele gebied werd de grond verveend, ook de goede landbouwgronden, met als gevolg dat in de 18e eeuw veel dorpen in de Vechtstreek tot bittere armoede vervielen. Dit leed ging voorbij aan de plaatsen die op voor de vervening oninteressante gronden gelegen waren, bijvoorbeeld omdat er te veel grof materiaal in de vorm van boomresten in zat. De niet verveende gebieden komen hoofdzakelijk in een smalle strook langs de Vecht voor. Nigtevecht is zo'n dorp waar niet of nauwelijks veen is gestoken. ▽

Resten van de Waterlinie
Fort Tienhoven is een van de forten die ooit deel uitmaakten van de Hollandse Waterlinie. De strategische ligging van de Vechtstreek was er de oorzaak van dat hier in de loop van de geschiedenis veel militaire versterkingen zijn aangebracht.
In de 17e eeuw begon men maatregelen te treffen om Holland tegen aanvallen vanuit het oosten te beschermen door laaggelegen delen onder water te zetten. De verdediging moest dan vanuit hoger gelegen forten plaatsvinden.
De forten op de oostelijke Vechtoever stammen hoofdzakelijk uit de 19e eeuw en behoorden tot de Nieuwe Hollandse Waterlinie. In het noordelijk deel van de Vechtstreek liggen ook nog versterkingen, die behoorden tot de zogenaamde Stelling van Amsterdam (o.a. bij Weesp).
Tot de jaren zestig van onze eeuw heeft het militair belang grote invloed op het landschap gehad. Het was namelijk bij de wet verboden binnen een bepaalde afstand van de verdedigingswerken te bouwen of bomen te planten. ▷

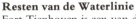

De Trouwe Wachter
Midden in het natuurgebied de Tienhovense Plassen ligt de molen De Trouwe Wachter (*rechts*). Het is een wipwatermolen, zoals er *links* een is getekend.
Oorspronkelijk dateert deze molen uit 1832. In 1948 werd hij buiten gebruik gesteld. In de jaren daarna heeft men hem gerestaureerd. Een bijzonderheid vormt het houten sluisje, met een prachtig schutwiel van 4 m middellijn. De molen is sedert 1960 in bezit van de Vereniging tot Behoud van Natuurmonumenten. △

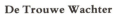

Kruk- en T-huizen
Boerderij langs de linkeroever van de Oude Vecht, enkele kilometers voorbij Nigtevecht.
De boerderijen in de Vechtstreek behoren tot de hallehuisgroep en stammen dus in oorsprong af van het los hoes. Veelvuldig treft men het T-huis aan, waarbij het woonhuis dwars op de schuur staat. Vooral aan de bovenloop van de Vecht komt men ook zeer geregeld het krukhuis tegen, dat een L als grondvorm heeft. Laatstgenoemd type dankt zijn naam aan de vormovereenkomst met een deurkruk. ◁

VECHTSTREEK

Middeleeuwse kastelen en rijke buitenplaatsen

Twee perioden hebben de Vechtstreek haar karakteristieke aangezicht gegeven. Aan de roerige middeleeuwen herinneren de vele kastelen langs de rivier. En in de Gouden Eeuw beleggen rijke Amsterdamse kooplieden hun met de handel op Indië verdiende geld in de ontginning van de streek en laten er fraaie buitenplaatsen bouwen.

Muiderslot
Op de hoog gelegen gronden langs de Vecht zijn in de late middeleeuwen ter bescherming van have en goed kastelen gebouwd. Het Muiderslot, waar in de 17e eeuw de dichter P.C. Hooft woonde en zijn vermaarde vriendenkring ontving, is er één van. Men kan het slot bezoeken. Andere kastelen zijn hier Nederhorst, Loenersloot en Zuylen.

Vissers en verveners
Zo'n 500 jaar v.C. vestigen zich de eerste bewoners op de oeverwallen van de Vecht. Zij leven van de visvangst. Pas als na het begin van de jaartelling de rivier een belangrijke vaarverbinding wordt, breidt de bewoning zich uit en wordt ook op kleine schaal het boerenbedrijf uitgeoefend.
In de late middeleeuwen neemt men de ontginning ter hand van de moerassen in de omgeving. Dit heeft het landschap ingrijpend veranderd. Een petgatenlandschap ontstaat, gevormd door smalle stroken land waarop de turf wordt gedroogd, de legakkers, met daartussen uitgeveende stroken, de petgaten. Op plaatsen waar intensief wordt verveend slaan de smalle legakkers door water en wind weg en groeien de petgaten uit tot grote plassen. Deze plassen, de landgoederen van de rijke Amsterdamse kooplieden uit de 17e eeuw en de dorpen en stadjes aan de rand van het gebied maken de Vechtstreek bijzonder aantrekkelijk voor uitstapjes en (water)recreatie.

OP STAP

De Vechtoevers

De Vecht is van oudsher de levensader geweest van het gebied. Aan zijn oevers ontstonden de stadjes en dorpen. Tegenwoordig is de Vechtstreek zeer in trek bij forensen, door zijn aantrekkelijke ligging tussen Amsterdam en Utrecht en de rustieke omgeving. Het gebied tussen Weesp en Bussum heeft zich landschappelijk gezien anders ontwikkeld dan de rest van de streek. Men treft hier bijvoorbeeld blokverkaveling aan, kenmerkend voor het reeds vroeg in gebruik nemen van de grond voor agrarische doeleinden. Muiderberg vertoont, in tegenstelling tot de langgerekte streekdorpen, gelijkenis met de brinkdorpen in het Gooi. △

Vesting Naarden

Door de strategische ligging van de Vechtstreek zijn er veel militaire versterkingen aangelegd. Niet alleen versterkte nederzettingen maar ook andere verdedigingswerken die tot de Hollandse Waterlinie behoorden, want dit laaggelegen gebied kon gemakkelijk onder water worden gezet. De vestingwerken van het stadje Naarden werden in de 17e eeuw door Adriaan Dorstman gebouwd. In het Vestingmuseum, ondergebracht in een van de bastions, is te zien hoe in vroeger eeuwen de verdediging in zijn werk ging. Verder wordt door middel van schilderijen, voorwerpen en foto's een overzicht gegeven van de geschiedenis van Naarden, eertijds hoofdstad van het Gooi. De aardige straatjes binnen deze goedbewaarde vesting zijn, evenals de laat-gotische Grote Kerk en het renaissance stadhuis uit 1601, een bezoek zeker waard. In de Waalse kapel in de Kloosterstraat ligt de Tsjechische pedagoog Comenius begraven. ▷

Fietstocht Naardermeer

De lengte van deze route bedraagt ongeveer 37 km. Vanuit Weesp fietst u in zuidoostelijke richting langs de Vecht, rechts van u de rivier, links een polderlandschap. Via de Keverdijk bereikt u het Naardermeer. In dit belangrijke natuurgebied broeden aalscholvers en purperreigers. Langs de bebossing rond het meer rijdt u naar Naarden, waar u buiten de wallen het Bilderdijkpark kunt bezoeken. Dan in noordwestelijke richting naar de vesting. Vanaf het pad heeft u een mooi uitzicht op de vestingwerken. De tocht gaat verder door het Naarderbos naar Muiderberg. Daar probeert u wellicht de echo in het Echobos, waarna u langs de dijk van het IJmeer naar Muiden en het Muiderslot fietst. Vandaar gaat het langs de Vecht weer naar Weesp.

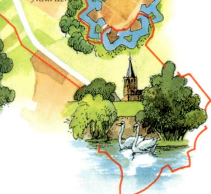

VECHTSTREEK

Fietstocht Loosdrechtse Plassen

Deze tocht vertrekt vanuit Hilversum en is ongeveer 38 km lang. U fietst eerst naar het bezoekerscentrum Corversbos dat in een voormalige boerderij is gevestigd. Hier kunt u informatie krijgen over de natuur in de omgeving. Ook worden er exposities van beeldende kunstenaars gehouden, die vaak de natuur als onderwerp hebben. Van hier volgt u gedeeltelijk de groene fiets- en wandelroute naar 's-Graveland. Dan verder noordwaarts, waarbij u aan de overkant van het water de buitenplaatsen ziet liggen. Via de Stichtse Kade bereikt u Ankeveen. Het smalle pad loopt door het Ankeveense moerasgebied, een schitterend stuk natuurschoon, waar 's zomers veel waterlelies te zien zijn. In Overmeer gaat u zuidwaarts langs de Vecht naar Vreeland. Aan de overkant van het water staat de molen De Ruiter, afkomstig uit de Zaanstreek en in 1911 naar Vreeland overgebracht. Op zaterdag wordt de molen meestal in gebruik gesteld om graan te malen. Verder langs de Vechtoever rijdend bereikt u het fraaie plaatsje Loenen. Van hier voert de tocht oostwaarts over een fietspad tussen de Loosdrechtse Plassen door naar Oud-Loosdrecht. U laat het watersportcentrum achter u en fietst terug naar Hilversum.

OP STAP

Jachthavens
Loosdrecht is vooral bekend als watersportgebied. De Loosdrechtse Plassen, zeven in totaal, waren oorspronkelijk van elkaar gescheiden door dijkjes en rietkragen. Maar door golfslag en afgraving is veel oevergebied verdwenen. De plassen worden druk bevaren. In tegenstelling hiermee is de rust op de Loenderveense Plas. Daar is watersport niet toegestaan, omdat het als spaarbekken dient voor de drinkwatervoorziening van Amsterdam. ◁

Vechtdorpen en brinkdorpen
De hiernaast beschreven fietsroute leidt door pittoreske Vechtdorpen als Vreeland en Loenen. Karakteristiek voor beide dorpen is de klapbrug over de Vecht. Loenen, hieronder afgebeeld, is een goed voorbeeld van een hersteld historisch dorpsgezicht. De N.H. kerk, een laat-gotische kruiskerk, bezit een indrukwekkende toren. Het koor dateert uit de 15e eeuw. De buitenzijde ervan is van tufsteen. Vreeland is ontstaan rond het gelijknamige kasteel, dat in de 13e eeuw werd gebouwd om Het Sticht te beveiligen tegen de heren van Aemstel. Het werd in 1529 gesloopt.

Zijn de meeste plaatsen langs de Vecht bij kastelen ontstaan, de dorpen op de hoge gronden in het Gooi zijn brinkdorpen. Rond de brink staan de voornaamste gebouwen van het dorp en van de brink uit waaieren de weggetjes door het dorp naar de enggronden. Op de eng werd het voedsel verbouwd en daaromheen lagen de heidevelden waar de schapen graasden. Hilversum is een goed voorbeeld van zo'n brinkdorp, waar het historische stratenpatroon nog goed te zien is. ▽

Theekoepels
Ten zuiden van Vreeland liggen langs de Vecht vele buitenplaatsen. De tuinen vormen een belangrijk onderdeel van de landgoederen en vrijwel ieder buiten heeft zijn aan het water gelegen theekoepel. ◁

Waterrijk natuurgebied
Tussen het stroomgebied van de Vecht en de stuwwallen van het Gooi ligt een afwisselend landschap waarin water een belangrijke rol speelt. De hiernaast beschreven wandeling voert naar het Hilversumse Wasmeer. De afgebeelde pad is een van de beschermde diersoorten die bij het water leven. Ook waterkevers, libellen en muggen horen bij de waterkant. △

Wandeling Wasmeer
Door vanaf station Hollandsche Rading ongeveer 200 m richting Lage Vuursche te lopen, bereikt u het beginpunt van deze wandelroute, die ongeveer 7 km lang is. Het landschap hier, aan de oostkant van de Vechtstreek op de hoge gronden van het Gooi, is heel anders dan dat van het rivieren- en plassengebied. De wandeling voert door een afwisselend bosgebied, waar u, als het mee zit, ook wild tegenkomt. Misschien kruist een ree uw pad, maar in ieder geval eekhoorntjes. Diverse vogels zijn er ook te horen en te zien, waaronder de Vlaamse gaai, spechten, duiven en allerlei zangertjes. Via de Hengstenberg en het Dassenbos bereikt u de oever van het Hilversumse Wasmeer, het noordelijkste punt van de wandeling. Van hier gaat het weer terug langs de Bosberg naar het beginpunt van de route. In de herfst zijn in dit bosgebied veel paddestoelen te bewonderen, waarvan de vliegenzwam wel de bekendste is, met zijn rode hoed met witte vlokken.

VECHTSTREEK

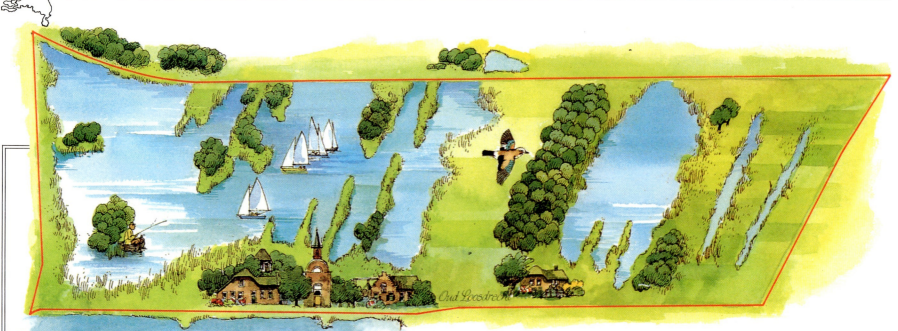

Wandeling Oud-Loosdrecht

Deze wandelroute is ongeveer 8 km lang en begint in het watersportcentrum Oud-Loosdrecht. U loopt langs de Oud Loosdrechtsedijk in de richting van Loenen en slaat aan het eind rechtsaf de Horndijk op. Die voert u tussen de Loenderveense plas en de Vuntus door. Aan het eind van de plassen rechtsaf het voetpad op dat de grens van de provincies Noord-Holland (links) en Utrecht volgt. Aan de Noordhollandse kant ligt het waardevolle natuurgebied 't Hol. De stilte en rust is hier weldadig. Aan de overkant kunt u Oud-Loosdrecht zien liggen, dat u lopend langs de 's-Gravelandse Vaart weer bereikt. Tijdens deze wandeling hebt u gelegenheid watervogels te observeren. Aan de Vuntus kunt u een roeiboot huren om de plas vanaf het water te verkennen.

Water- en moerasplanten

Al wandelend door het plassengebied treft u een gevarieerde plantengroei aan. Vooral de moerasgebieden zijn natuurwetenschappelijk gezien van grote betekenis. Als de gronden na uitvening aan hun lot worden overgelaten, krijgt de natuur weer de overhand. Langzaam aan groeit het water dicht met een weelderig plantendek. De verschillende stadia van verlanding zijn naast elkaar te zien. Aan de oevers bloeit de gele lis en de plompebladeren drijven op het water. ◁

Krabbescheer

Welke vegetatie ontstaat bij de verlanding hangt af van de voedselrijkdom van het water. De afgebeelde krabbescheer, waarvan hier en daar uitgestrekte velden worden aangetroffen, groeit in voedselrijk water, evenals het zeer zeldzame langstelige fonteinkruid. Bijzonder zijn ook het groot nimfkruid, de moeraswespenorchis, de rankende helmbloem en de elzenzegge. Veel gewoner zijn de zwanebloem en het pijlkruid. Het natuurreservaat Het Naardermeer heeft nog enigszins brak water. Daar groeit o.a. de moerasmelkdistel.

Geheel anders is de plantengroei in de parkbossen van de buitenplaatsen. Daar vindt u een zogenaamde stinseflora. Deze bestaat uit oorspronkelijk in ons land niet-inheemse plantesoorten, die in vroeger tijden zijn uitgeplant en nu verwilderd voorkomen. Karakteristieke stinseplanten zijn onder meer gele bosanemoon, aronskelk en holwortel. De meestal oude en hoge bomen van de parkbossen waarin de vele fraaie buitenplaatsen verscholen liggen, geven de rivier de Vecht zijn karakteristieke aanzien. ◁△

OP STAP

Wilgehoutrups

Langs de kant van sloten en plassen groeien wilgen, al dan niet geknot. Hierin huist de wilgehoutrups, die gangen in het hout boort. De rups kan 3 jaar zijn schadelijke arbeid uitoefenen, voordat hij zich verpopt en uiteindelijk een vlinder wordt. Een bonte mengeling vlinders en talloze zweefvliegen dalen 's zomers op de bloemen neer.

De weidegebieden in de omgeving zijn vooral belangrijk als broedgebied voor weidevogels, zoals kieviten en grutto's. Hier groeien tussen het gras de gele boter- en paardebloemen, en de rode klaver. Langs de sloten bloeit het fluitekruid overdadig. ▷

Meerkoeten

Het plassengebied in de Vechtstreek is o.a. van belang voor waterwild als meerkoeten, smienten en kuifeenden. Vanaf de oevers zijn ook de drijvende nesten van de telkens onderduikende futen te zien. Zwanen, wilde eenden en reigers behoren tot de meest algemene vogelbevolking. De roerdomp krijgt u door zijn uitstekende camouflage vermoedelijk alleen te horen. ◁

Kasteel Nijenrode

De wandeling vanuit Breukelen voert langs vele kastelen en buitenplaatsen. Een daarvan is kasteel Nijenrode. Het werd gesticht in het midden van de 13e eeuw, maar er is in de loop der tijd veel aan veranderd. De gebouwen liggen in de vorm van een halve maan rond de binnenplaats. Het kasteel is niet te bezichtigen, omdat in het complex de Universiteit voor Bedrijfskunde is gevestigd. In Breukelen zelf ligt het fraaie buiten Boom en Bosch, dat nu gemeentehuis is. ▷

Wandeling Breukelen

Deze ongeveer 7 km lange tocht begint in Breukelen. Steek de brug over en loop linksaf langs de Vecht richting Nieuwersluis. U passeert Queekhoven, een fraai voorbeeld van achttiende-eeuwse bouwkunst. Voorbij huis Groenevecht slaat u rechtsaf, richting Breukeleveen. Langs het kenmerkende slagenlandschap zuidwaarts tot het voormalige fort, dat vroeger dienst deed als voorfront in de Hollandse waterlinie. Westwaarts lopend bereikt u weer de Vecht. U slaat rechtsaf het Zandpad op. Meteen rechts ziet u het huis Oudaen, aan de overzijde van de rivier kasteel Nijenrode. Even verderop passeert u kasteel Gunterstein. Over de Vechtbrug loopt u Breukelen weer in.

GRAAFSCHAP

GRAAFSCHAP

Historisch erfgoed in het decor van een rijke natuur

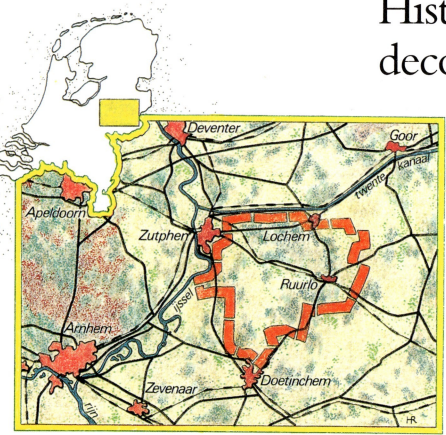

Hoewel de mens al vele eeuwen geleden de bijl zette in de toen nog ongerepte natuur van de Graafschap hebben flora en fauna zich kunnen handhaven, zij het in een andere vorm dan oorspronkelijk het geval was.

Grote sponszwam
In het oostelijke deel van Nederland groeit de elders vrij zeldzame grote sponszwam. Het is een opvallende paddestoel, die 50 cm in doorsnee kan worden. De sponszwam parasiteert op de wortels van naaldbomen en wordt vooral gevonden aan de voet van dennen. De grote, grillig gelobde hoed verspreidt een zoetige geur en is bleek oker tot geelbruin. Later verkleurt het oppervlak vaak tot donkerder tinten.   ▷

Het huis Baak
De Graafschap is van oudsher populair geweest bij de landadel, die ook een belangrijke bijdrage heeft geleverd aan de ontginning van de streek. Al in de middeleeuwen bouwden de adellijke heren kastelen op strategische punten. Meestal waren dat kruisingen van wegen en waterwegen van waaraf het handelsverkeer kon worden beheerst en bescherming werd gegeven aan de bevolking. Tussen de 14e en 17e eeuw verrezen de havezaten van de kleine landadel; eigenlijk niet veel meer dan betrekkelijk bescheiden, stenen huizen waarvan de bewoners, net als de boeren in de buurt, voornamelijk leefden van de landbouw. Het verschil was slechts dat de adellijke agrariërs over de betere gronden beschikten. Bovendien genoten ze een aantal privileges, zoals het jacht- en visrecht en het recht in hun gebied belastingen te heffen. Van deze havezaten is een aantal bewaard gebleven. In het IJsseldal bijvoorbeeld zijn er nog verscheidene, zoals Voorst, Het Velde, Het Spijker, Suideras en het hier afgebeelde huis Baak. Het ligt in de kom van het gelijknamige dorp. De havezate Baak wordt voor het eerst genoemd in archiefstukken uit 1326. Het huidige gebouw heeft twee vleugels, waarvan er een uit 1760 dateert en de andere uit 1875. Het kasteeltje en de onmiddellijke omgeving ervan zijn niet voor het publiek toegankelijk.   △

INLEIDING

Cantharel
De cantharel of hanekam is jarenlang een van de meest gezochte paddestoelen van ons land geweest. Waarschijnlijk niet alleen vanwege de aantrekkelijke smaak maar ook omdat hij niet licht met andere, giftige paddestoelsoorten verwisseld kan worden. De enige die een beetje op hem lijkt is de valse hanekam of dooierzwam en die is niet giftig. Van de dooierzwam onderscheidt de hanekam zich door de onregelmatig gevorkte plaatjes aan de onderzijde van de hoed; bij de dooierzwam zijn die plaatjes ononderbroken. De cantharel is inmiddels zeldzaam geworden. △

Jeneverbes
De jeneverbes behoort tot de coniferen en is dus een familielid van dennen, sparren en lariksen. Door het in cultuur brengen van het land is deze vroeger veel algemenere struik thans teruggedrongen naar onvruchtbare plaatsen als heiden en zandverstuivingen. De struik, die wel 6 m hoog kan worden, heeft stekelige, blauwgroene naalden die in groepjes van drie staan. De kegelbessen (geen echte bessen maar zaaddragers die verwant zijn aan de denneappel) zijn het eerste jaar groen en rijpen pas in het tweede jaar tot donkerpaarse vruchten. De verwantschap met de zaadkegels van andere coniferen blijkt uit de bouw van de bes: ze bestaat uit drie schubben. Deze bessen worden van oudsher gebruikt bij de bereiding van sterke drank, onder andere van jenever en gin. Ook in culinair opzicht speelt de jeneverbes een belangrijke rol. Vreemd bij de plant is, dat ze wel veel bessen draagt maar dat slechts hoogst zelden jonge exemplaren worden gevonden. ▽

Bos en bosbes
De Graafschap kenmerkt zich onder andere door het voorkomen van talrijke grote maar ook kleinere complexen naald- en loofhout. De vegetatie van deze bosachtige gebieden is sterk afhankelijk van de vochtigheid en de gesteldheid van de bodem en varieert daarom nogal. Op veel plaatsen zijn er overgangssituaties tussen loof- en naaldhout. Dat is ook het geval op deze plek, waar licht loofhout overgaat in een jong bestand aangeplant naaldhout. Op de voorgrond is de bodem bedekt met (blauwe) bosbes, een lid van de heidefamilie. De plant groeit bij voorkeur op kalkarme, zure bosbodem. ▽

Gras
De meeste graslanden van de Graafschap liggen langs de IJssel en de Berkel. Hier en daar zijn nog schrale hooi- en weilanden te vinden met een grote rijkdom aan grassen en kruiden. Vooral de vele grassoorten zijn voor de leek vaak moeilijk te determineren. △

Bronkhorst
Bronkhorst is met 100 huizen en krap 200 inwoners de kleinste stad van Nederland. Al in het jaar 1000 was het een ommuurd dorp bij een gelijknamige burcht; van dit gebouw rest alleen de beboste kasteelheuvel. Bronkhorst kreeg in 1482 stadsrechten, maar dit privilege leidde niet tot een explosieve groei. Jarenlang verkeerde Bronkhorst in vervallen staat. Daaraan kwam een einde na de Tweede Wereldoorlog, toen het stadje zeer zorgvuldig in middeleeuwse stijl werd gerestaureerd. Middelpunt van het huidige Bronkhorst: de 14e-eeuwse slotkapel. ▷

Overgangsgebied
Het lichtgolvend landschap herinnert aan de wordingsgeschiedenis van een deel van dit gebied in de ijstijden, toen de bodem op verscheidene plaatsen werd opgestuwd door het landijs uit het noorden. De vele overgangen tussen uiteenlopende landschapstypen (hier tussen ruig weiland en loofbos) zijn van grote betekenis als leefmilieu voor vogels en andere diersoorten. △

251

GRAAFSCHAP

Stuwwallen: relikten uit een ijzig-koud verleden

Het gebied waarin de Graafschap ligt kreeg zijn tegenwoordige vorm in het Pleistoceen, de periode van de grote ijstijden. Het landijs zorgde voor het nog altijd aanwezige reliëf in het terrein en schiep zo de voorwaarden voor de latere ontwikkelingen, zoals het ontstaan van beken, bos, heide en stuifzand. Na het ijs waren de wind, het water en de mens hier de belangrijkste landschapsvormers.

Wind als beeldhouwer
Op de schaarse resten stuifzand kan de oplettende wandelaar iets gewaar worden van de vormende kracht van de wind. In klein bestek is op zulke plaatsen iets te zien van wat op grotere schaal plaatsvindt in de duinen en heel massaal in de zandwoestijnen elders in de wereld. De losse zandkorrels worden door de wind opgenomen en weer neergelegd in karakteristieke patronen. Ze hebben vaak maar een kort leven en worden dan weer weggewist om elders opnieuw te worden opgebouwd. ◁

Zandverstuivingen
In vele heidegebieden van Nederland ontstonden aan het einde van de middeleeuwen grote zandverstuivingen. Deze waren een gevolg van het veel te intensieve gebruik van de heide door afplaggen en voortdurende beweiding. Het verschijnsel deed zich vooral voor in de buurt van oude agrarische nederzettingen en betekende een regelrechte bedreiging voor de bewoners van de streek; niet alleen hun grond maar ook hun huizen dreigden door het zand verzwolgen te worden. Later zijn de meeste zandverstuivingen bedwongen door ze te beplanten. Dat is ook het geval geweest in de oorspronkelijke heidegebieden in en om de Graafschap. Hier en daar zijn er nog schaarse restanten van te vinden, zoals Het Zand ten oosten van het akkergebied tussen Hengelo en Zelhem. Maar de meeste van die resten zijn thans geheel of gedeeltelijk begroeid met berken en dennen. 'Leven' doen deze stuifzandresten niet meer; in plaats van een bedreiging zijn het nu gekoesterde onderdelen van een uiterst gevarieerd landschap. ◁

Lochemerberg
De Lochemerberg is een relikt uit het Pleistoceen, de periode waarin grote delen van Noord-Europa meerdere keren overdekt waren met landijs dat van het noorden uit oprukte. In de voorlaatste ijstijd, zo'n 150 000 jaar geleden, bereikte dit landijs voor de laatste keer ons land. Het drong in massale lobben binnen in al eerder gevormde rivierdalen, perste de ondergrond weg en stuwde deze op. Als gevolg van deze immense krachten ontstonden langs de randen van het ijs de stuwwallen waarvan de 40 m hoge Lochemerberg er een is. Het 'lichaam' van de Lochemerberg bestaat grotendeels uit zand, grind en een beetje leem. De bossen op de geaccidenteerde en voedselarme hoogte zijn voornamelijk naaldbossen, met alleen hier en daar wat loofhout. De begroeiing is ideaal voor allerlei soorten vogels. De Lochemerberg is vooral rijk aan roofvogels, aan bosvogels zoals de bosuil en de zwarte specht en aan vele soorten zangvogels waaronder de fluiter, de appelvink en de goudvink. Rondom de Lochemerberg ligt een esdorpenlandschap met bouwland dat van de berg af gezien soms heel fraaie vergezichten oplevert. Op de berg staat de uitkijktoren Belvédère die in het seizoen voor bezoekers toegankelijk is en van waar het op heldere dagen mogelijk is tientallen kilometers ver weg te kijken. Maar ook op de begane grond kan de bezoeker vele uren genieten van boeiende, zij het soms wat inspannende wandelingen en van de rijke natuur. △

ONTSTAAN

Klei en water
Voor wie oog heeft voor het kleine zijn in elk landschap wonderlijke verschijnselen waar te nemen. Zoals wind en zand te zamen de sierlijkste structuren kunnen vormen, zo kunnen water en klei dat onder bepaalde omstandigheden eveneens. Het mini-landschapje op onderstaande foto is er een voorbeeld van. Doordat de dichte klei het water niet doorliet naar diepere bodemlagen bleef het aan de oppervlakte staan tot het tenslotte verdampte onder invloed van de zon. Door het verschil in vochtigheid tussen het doorweekte bovenste laagje en de ondergrond brak het kleioppervlak na verdamping van het water uiteen in een bizar mozaïek van vlakken en breuklijnen. Zulke verschijnselen zijn op uiteenlopende schaal te zien in kleigebieden die in het natte seizoen onder water lopen en waarop zich geen blijvende vegetatie kan vestigen. In de Graafschap is dat bijvoorbeeld het geval in het dal van de IJssel. Vroeger waren overstromingen hier overigens veel frequenter; nu is het meeste land bedijkt. ▽

Struikhei
De struikhei, in de Graafschap nog te vinden op verscheidene heiderestanten, heeft een voorkeur voor wat drogere plaatsen, dit in tegenstelling tot de dophei die karakteristiek is voor vochtiger bodems. Op de wortels van deze fraaibloeiende dwergstruik leven schimmels die de plant van bepaalde voedingsbestanddelen voorzien. Struikhei, die onder sommige omstandigheden tientallen jaren oud kan worden, is een overgangsplant: onder natuurlijke omstandigheden wordt ze op de duur verdrongen door grassen, heesters en bomen. Heidegebieden kunnen dan ook alleen in stand blijven als daarvoor speciale beheersmaatregelen worden getroffen. △

Beukenbossen
Tot de 6e eeuw n.C. was de Graafschap een zeer bosrijk gebied. De ondergang van het oerbos werd ingezet in de 8e eeuw, toen hier na de volksverhuizingen de eerste, nog primitieve ontginningen op gang kwamen en het bos geleidelijk plaats maakte voor heidevelden. De huidige bosbestanden zijn alle van latere oorsprong; de meeste zijn aangeplant als produktiebos of als onderdelen van landgoederen. Dat is ook het geval met deze prachtige beuken bij de Molenbelt in de bosrijke omgeving van Ruurlo. Kenmerkend voor beukenbossen is, dat ze vooral in de zomermaanden vrijwel geen bodembegroeiing hebben. Oorzaak daarvan is het zeer dichte bladerdek, dat zowel het licht als het hemelwater onderschept. Daardoor hebben andere planten hier alleen een groeikansje in het vroege voorjaar. △

Verdwenen veen
Sommige namen in de Graafschap, zoals Wolfersveen en Ruurlose Broek, wijzen er op dat in het verleden in dit gebied ook op enige schaal veenvorming is opgetreden. Hier en daar zijn van dit proces nog restanten te vinden, bijvoorbeeld ten oosten van Zelhem, maar ze zijn zeldzaam geworden. Zo moet een deel van het landschap er echter hebben uitgezien in de periode dat op verscheidene plaatsen nog levend veen aanwezig was. Het meeste is echter afgegraven en ontgonnen voor agrarisch gebruik. Bij de schaarse wegen door zulke veenmoerassen bouwde de adel soms strategisch gelegen kastelen. ▽

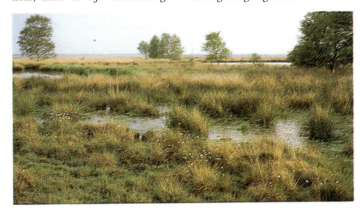

GRAAFSCHAP

Bont en boeiend leven in een gevarieerd landschap

De natuur in de Graafschap is niet alleen rijk aan soorten. Door de dikwijls bijzondere omstandigheden leven hier nogal wat planten en dieren die in andere delen van het land ontbreken of zeer zeldzaam zijn geworden. Elk van deze levensvormen vervult een eigen functie in het geheel van de natuur.

Porseleinzwam
Hoog boven de grond groeit op bejaarde beuken soms de porseleinzwam. Deze witte of lichtgrijze paddestoel, die meestal in bundeltjes bijeen staat, behoort tot de plaatjeszwammen, d.w.z. tot de paddestoelen waarvan de sporen bij miljoenen tegelijk ontstaan tussen de plaatvormige lamellen aan de onderzijde van de hoed. Als ze rijp zijn worden ze door de wind verspreid. De porseleinzwam lijkt veel op de beukwortelzwam. Deze laatste heeft echter een bruinige, slijmerige hoed en een zeer dunne steel die, anders dan bij de porseleinzwam, geen ring draagt. △

Misvormingen
In bossen die op natuurlijke wijze zijn ontstaan of die om uiteenlopende redenen zijn verwaarloosd treden soms vreemde misvormingen op. Oorzaak zijn vaak beschadiging, aantasting door ziekten of insekten, breuk door wind en storm, enz. Bosbouwers zien zulke misvormingen niet graag omdat ze de waarde van een boom als houtleverancier aantasten. In bossen waar natuurwaarden op de eerste plaats staan horen ze echter zeker thuis. ▽

Recycling
De porseleinzwam groeit niet alleen op beuken maar ook wel op eiken en andere loofbomen. Hij groeit alleen op dode bomen of op exemplaren die reeds door ziekte zijn aangetast. Hij speelt dus een rol in het natuurlijke afbraakproces in een bos. Dat maakt nuttige voedingsstoffen in een massale recycling weer bruikbaar voor andere organismen. ▷

Grote zadelzwam
In tegenstelling tot de porseleinzwam is de grote zadelzwam wél een echte parasiet. Uit de sporen van deze paddestoel ontwikkelt zich een warnet van schimmeldraden dat diep doordringt in het levende hout en er vitale sappen aan onttrekt. De paddestoel zelf is het enig zichtbare gedeelte van de schimmel; het is het vruchtlichaam waarin de sporen ontstaan. De grote zadelzwam is crème- of okerkleurig en de hoed is bedekt met concentrische ringen van donkerbruine, vezelige schubben. De zwam, die als een soort consooltje tegen de stam zit, wordt soms wel 60 cm groot en ruikt sterk naar meel. De soort komt vrij algemeen voor in loofbossen tussen mei en de late herfst. In de winter wordt de hoed vaak kurkachtig droog zoals bij veel van zulke paddestoelen. ◁

Hertetruffel
Een nog merkwaardiger paddestoel is de hertetruffel, een vrij zeldzame knotszwam die vrijwel het gehele jaar door te vinden is op de bosbodem en met name groeit op oude beukenootjes. De paarsachtige knotsjes worden ongeveer 10 cm hoog. In het knotsje bevinden zich duizenden vruchtlichaampjes waarin de sporen ontstaan. In onze bossen groeien overigens wel meer knotszwammen; ze zijn vaak moeilijk van elkaar te onderscheiden. ▽

NATUUR

Ortolaan

De ortolaan behoort tot de gorzen en broedt vrijwel uitsluitend in het oostelijke deel van Nederland. De naam is een verbastering van het Latijnse *hortulana*, wat zoiets betekent als 'tot de tuin behorend'. Het tegenwoordig zeldzame vogeltje, dat een fraai en veelkleurig verenkleed draagt, broedt in de Graafschap onder andere in de buurt van Zelhem. De ortolaan laat zich zelden zien maar zingt in het voorjaar melodieus.
De meeste ortolanen zijn te vinden in oude agrarische gebieden waar akkerland wordt afgewisseld door grasland. Het dier leeft van onkruidzaden, graan, kleine besjes en in de broedtijd ook van insekten. Hij deelt zijn biotoop met onder andere patrijs, gele kwikstaart en de zeldzame kwartel. Vroeger gold de ortolaan als een delicatesse; vooral de minuscule tongetjes van het dier waren blijkbaar een kostelijke lekkernij. De vogel werd vaak met slagnetten gevangen en dan verder in een kooi vetgemest met gierst. △

Intiem landschap

Grote delen van de Graafschap worden gekenmerkt door een zekere intimiteit van het landschap: een kleinschalige afwisseling van bossen, houtwallen, ingesloten weilanden, beken en andere elementen. Die afwisseling levert niet alleen een verrassend boeiend wandelgebied op maar is ook uiterst gunstig voor een rijk en gevarieerd dierenleven. Vooral vogels houden van zo'n variatie; behalve voedsel levert die hen rijkelijk schuil- en broedplaatsen. ▽

Oevervegetatie

Hoewel de Graafschap geen echt waterland is, althans niet in vergelijking met vele andere delen van Nederland, telt het gebied vele vochtige plaatsen. Vooral de door bomen overschaduwde beken en plasjes hebben een rijke oevervegetatie met een vaak overweldigende rijkdom aan planten. Belangrijk daarbij is, dat door de schaduw het water een vrij constante en naar verhouding lage temperatuur heeft en er een hoge vochtigheidsgraad heerst. Daardoor kunnen zich op zulke plaatsen vrij gemakkelijk karakteristieke beekoevergemeenschappen handhaven en blijven er leefmogelijkheden voor zeldzamer wordende vogels als de ijsvogel. Zelfs het feit dat veel beken in het verleden zijn genormaliseerd heeft het karakter van zulke biotopen niet al te ingrijpend aangetast. ▷

Mestkever

Een alledaagse verschijning op de zandgronden is de mestkever. Van dit insekt komen in Nederland een zestigtal, niet zo gemakkelijk van elkaar te onderscheiden soorten voor. Ze hebben gemeen dat ze alle hun eieren leggen in de mest van paarden, koeien en andere dieren. De larven die zich uit deze eieren ontwikkelen, vreten zich in korte tijd vet aan het voedsel. △

GRAAFSCHAP

De veelzijdigheid van cultuurland

Evenals vrijwel alle andere landschappen van Nederland is de Graafschap een cultuurlandschap: het is door de mens geschapen. De meeste planten en dieren die erin voorkomen zouden zonder zijn ingrijpen ontbreken of heel schaars zijn.

Beuk op leeftijd
In veel bosgebieden, ook in de Graafschap, krijgen bomen niet altijd de kans om oud te worden; lang vóór die tijd zijn ze al gekapt en op een of andere wijze verwerkt. 'Eeuwenoude' bomen zijn vooral te vinden op de grote landgoederen waar ze als sierboom zijn aangeplant of als resten van een vroeger bosbestand gespaard gebleven. Alleen in zulke gevallen krijgen ze de kans hun vaak indrukwekkende kroon in volle omvang te ontplooien. Deze beuk benutte die kans. Hij staat op het landgoed Ampsen, dat gelegen is ten noorden van Lochem. ▽

Visuele verrassingen
Het geaccidenteerde terrein zoals dat in de ijstijd is gevormd en de rijkdom aan bomen en bossen in een groot deel van het gebied maken de Graafschap tot een land vol verrassingen. Die zijn soms zuiver visueel van karakter, zoals blijkt uit deze opname van een aantal boomsilhouetten tegen een strakke hemel, gemaakt vanuit een inzinking in het terrein. Een paar kilometer verderop kan het landschap weer openbreken in een wijds rivierenland met uitzicht over uiterwaarden. △

Stinseplanten
In de 19e eeuw behoorde het tot de mode van de dag, althans onder welgestelde landgoedbezitters ten plattelande, uitheemse gewassen te importeren en die in hun tuinen en parken uit te zetten. Toen de rage voorbij was verwilderden deze immigranten. Ze worden 'stinseplanten' genoemd, naar de naam van de Friese adellijke hofsteden. Tegenwoordig zouden natuurbeheerders en botanici ernstig bezwaar aantekenen tegen een dergelijke vervalsing van de inheemse flora, maar in de 19e eeuw lag daar niemand van wakker. Er waren zelfs speciale verenigingen voor deze vorm van tuinieren. Tot de planten van elders die op deze wijze tot de botanische inventaris van ons land zijn gaan behoren kunnen onder andere gerekend worden het sneeuwklokje, de boerenkrokus, de gevlekte aronskelk en de holwortel. ▽

Bloemenweiden
Bloemrijke weiden zijn in de meeste gevallen een teken dat er niet al te modern wordt geboerd. Vroeger waren zulke schrale, bloemrijke hooi- en graslanden regel. Maar naarmate de bemesting werd opgevoerd, de maaimethoden anders werden en er beter en geschoond zaaigoed beschikbaar kwam verdwenen talloze bloeiende kruiden uit de graslanden en maakten plaats voor steeds meer en beter gras. Voor de boeren was dat een duidelijke vooruitgang (een grotere opbrengst aan gras en hooi en dus aan melk); voor de verscheidenheid van de vegetatie was het een verarming. Ook op akkerland trad om soortgelijke redenen een vergelijkbare verarming op. Voorbeeld: het verdwijnen van klaprozen en korenbloemen als vaste begeleiders van korenvelden op de zandgronden. Veel van zulke akkerlandonkruiden zijn tegenwoordig verbannen naar vergeten stukken onbruikbaar land en naar wegbermen. Alleen waar de agrarische belangen niet voorop staan, zoals hier op het landgoed Ampsen, behielden sommige graslanden het karakter dat ze hadden vóór de landbouwrationalisatie. △

NATUUR CULTUUR

Smalle weegbree

Veel planten in een land als Nederland hebben hun opkomst te danken aan het ontstaan van het cultuurland: een landschapstype dat door de mens is gemaakt vanaf het moment dat hij op grotere schaal landbouw en veeteelt ging bedrijven. De oorspronkelijke, tamelijk eenzijdige vegetatie van het oerbos verdween daardoor en er kwamen kansen voor kruiden die tot nu toe maar weinig mogelijkheden hadden. Tot deze planten behoort de nu heel talrijke smalle weegbree. Ze heeft haar succes vooral te danken aan het feit dat ze uitstekend bestand is tegen beweiden, maaien en betreden. De fraaie bloeiwijze verraadt dat de plant door de wind wordt bestoven; ze steekt haar meeldraden in de lucht, waardoor de wind gemakkelijk vat krijgt op het stuifmeel. Omdat de smalle weegbree dus geen insekten nodig heeft voor de bestuiving produceert ze geen nectar. De smalle weegbree wordt tot de geneeskrachtige kruiden gerekend. Uit het sap van de bladeren wordt een hoestdrank bereid; gekneusde bladeren genezen wonden en geven verlichting bij wespesteken. ▷

Intensieve veehouderij

Varkens hebben op het boerenbedrijf in de Graafschap altijd een grote rol gespeeld. Vroeger maakte het fokken van deze dieren deel uit van de traditionele gemengde bedrijfsvoering; tegenwoordig verdienen veel boeren in het gebied hun brood met de intensieve veehouderij. ▽

Veenpluis

Op vochtige heide- en veenresten in het gebied is hier en daar nog een plant te vinden die uitsluitend groeit in natte gebieden, het veenpluis. Veenpluis behoort tot de cypergrassen. Van de echte grassen onderscheiden deze planten zich onder andere door een driekante stengel die gevuld is met merg. Uit de plant schieten in het voorjaar stengels van soms wel een halve meter op, waaraan zich drie tot vijf bloemaartjes ontwikkelen. Daarin ontstaan de zaden, die omgeven zijn door een wit, wollig vruchtpluis. Door dit pluis krijgt de wind gemakkelijk vat op de zaden; ze worden soms kilometers ver meegevoerd en zo over een groot gebied verspreid. Tegenwoordig is het fraaie veenpluis alleen nog maar een speels en sierlijk element in het landschap. Vroeger, toen de mens moest woekeren met alles wat de natuur hem bood, werd het veel gebruikt voor het vullen van kussens. Veel zeldzamer dan het veenpluis is het verwante eenarige wollegras. Het is van veenpluis te onderscheiden doordat het aan het einde van de bloeistengel slechts één aartje draagt. ▷

Weidegeelster

Tot de zeldzamere bloemen in Nederland behoort de geelster, een plant die tot de leliefamilie behoort en waarvan in ons land vier soorten voorkomen: de bosgeelster, de akkergeelster, de schedegeelster (alle drie zeer zeldzaam) en de wat algemenere en hierboven afgebeelde weidegeelster. Het is een plant van zandige bouwlanden en dijkhellingen, die tussen maart en mei bloeit met een scherm van 1 tot 5 grote, gele bloemen. De groeiplaatsen zijn vrijwel beperkt tot de zandgronden achter de duinen en de dijken van de IJssel. Mogelijk is de weidegeelster een stinseplant. △

Eekhoorn

De eekhoorn is een algemene verschijning in praktisch alle loof- en naaldbossen van het land en vertoont zich ook vaak in parken. Het rappe knaagdier heeft een gevarieerd menu, dat uiteenloopt van jonge knoppen en loten tot eikels, paddestoelen, vogeleieren, insekten en zelfs veldmuizen.
In de herfst legt de eekhoorn soms grote voedselvoorraden aan. Dat gebeurt vaak uiterst ondoelmatig; er zijn weleens voorraadschuren gevonden die volgepropt waren met stukjes paddestoel en waarvan de inhoud dus al na een paar dagen was weggerot. Dank zij vergeten voorraden van eikels en andere zaden helpt de eekhoorn mee aan bosvorming. △

Kunstmatige beken

Een aantal beken in de Graafschap is niet van natuurlijke oorsprong maar is lang geleden gegraven, meestal voor de afwatering of om watermolens in bedrijf te kunnen stellen. Andere hebben een deel van hun oorspronkelijke karakter verloren doordat ze zijn gekanaliseerd. Veel van deze kunstmatige of 'verbouwde' waterlopen, vooral de begroeide, hebben echter nog vele beekkenmerken, met name wat betreft de karakteristieke begroeiing met beekvegetatie. △

257

Graafschap

Het stempel van de mens in een historisch rijk gebied

De Graafschap heeft een niet onbelangrijke rol gespeeld in de geschiedenis van Nederland, vooral in de tijd vóór het ontstaan van het koninkrijk. Stad en platteland van het gebied dragen daarvan nog vele schilderachtige sporen.

Het Twentekanaal
De rivieren en oude verbindingen als de Hanzewegen en 'Hessenwegen' (oude zandwegen tussen Duitsland en het rijke Holland) zijn lange tijd de enige verkeersaders geweest waarmee de Graafschap verbonden was met de buitenwereld. Pas vanaf de tweede helft van de vorige eeuw, met de uitbouw van het spoorwegnet, begon daarin verandering te komen. Uit 1936 dateert het Twentekanaal, dat werd aangelegd om het Twentse industriegebied te verbinden met IJssel en Rijn. ▽

Watermolens
Het beekrijke gebied van de Graafschap en het sterke reliëf dat voor behoorlijke hoogteverschillen zorgt schiepen ideale omstandigheden voor de bouw van watermolens. De meeste zijn gebouwd tussen de 11e en de 14e eeuw, in de meeste gevallen door de plaatselijke landadel. Voor deze heren waren de watermolens een extra bron van inkomsten omdat ze hun onderhorigen eenvoudig verplichtten van de molen gebruik te maken. De molens zijn vooral gebruikt voor het malen van graan, het zagen van hout en later ook bij de bereiding van papier. Landschappelijk gezien was de bouw van een watermolen vaak een forse ingreep, omdat de loop van een beek er dikwijls voor verlegd moest worden en er in de meeste gevallen een voorziening moest worden getroffen om de kleine scheepvaart in de beken doorgang te laten vinden. Een van de overgebleven watermolens is die bij het kasteel Hackfort. △

Zutphens stadsmuur
De stad Zutphen is zeker al negen eeuwen oud. De naam ervan wordt voor het eerst genoemd in archiefstukken uit de tweede helft van de 11e eeuw en reeds in 1107 is er sprake van een heer, Hendrik van Zutphen, die de titel van graaf voerde. Later ging Zutphen behoren tot het gebied van de graven van Gelre, en in feite is die situatie blijven voortbestaan tot het moment dat Nederland een koninkrijk werd, in de 19e eeuw dus. Bij het grafelijke hof ontstond al spoedig een nederzetting van kooplieden, boeren en handwerkslieden en in het begin van de 13e eeuw kreeg Zutphen stadsrechten. Haar grootste bloei beleefde de stad in de 15e eeuw, de glorietijd van de Hanze. De neergang in de eeuwen daarop was een rechtstreeks gevolg van de opkomst van Holland als Europees handelscentrum. Zutphen, dat een van de mooiste oude stadskernen van Nederland bezit, heeft nog een deel van haar middeleeuwse ommuring, compleet met poorten en waltorens. △

258

CULTUUR

Kasteel Ruurlo

Ongeveer een kilometer van het dorp Ruurlo, langs de weg naar Zutphen, ligt het huis Ruurlo, een kasteelachtig buiten dat door grachten is omgeven. Het huidige gebouw dateert voornamelijk uit de 16e en 17e eeuw. Het middendeel bijvoorbeeld is 16e-eeuws; de vierkante toren op het noordwesten, opgetrokken in renaissancestijl, dateert uit 1572. Waar het gebouw nu staat, heeft echter al veel eerder een huis gestaan. Dat kasteel wordt al vermeld in 1312 en heette toen Roderlo. 'Lo' is het oude woord voor bos; 'roder' is afgeleid van 'rooien'. Het vroegere gebouw moet dus al heel vroeg in de ontwikkelingsgeschiedenis van dit deel van het land zijn gebouwd op een opengekapte plek in de eertijds zo dichte oerbossen van de streek. Vanaf de 15e eeuw was het huis in bezit van de Van Heeckerens, de 'heren van Ruurlo'. Thans is het eigendom van de gemeente Ruurlo en in gebruik als gemeentehuis. Het kasteel is in juli en augustus op enkele dagen te bezichtigen. De kasteeltuin is van zonsop- tot zonsondergang opengesteld voor publiek. ▽

Hallehuishoeven

De meeste boerderijen in de Graafschap behoren tot het hallehuistype, een van de vier traditionele boerderijtypen die in Nederland te onderscheiden zijn (de andere zijn het Friese type, het Vlaams-Zeeuwse type en het langgeveltype uit de Kempen en de Peel). Het hallehuis is ontwikkeld uit het veel oudere 'los hoes', de oudste boerderijvorm die we kennen en die waarschijnlijk al is ontstaan in de middeleeuwen. Kenmerkend voor deze vroegste boerderijen was, dat ze uit één grote ruimte bestonden waarin zich het gehele boerenleven afspeelde. De boer en zijn gezin woonden rondom de open stookplaats bij de eindgevel; het vee kreeg in de winter een plaatsje in stallen aan de zijkant, op de deel werd gedorst en de oogst werd opgeslagen op de zolders. Kenmerkend voor het los hoes, dat veelal was opgetrokken uit hout, leem en mortel, waren de rechte topgevel en het hoge, steile dak.
De hallehuisboerderijen in de Graafschap hebben over het algemeen een lager en minder steil dak dan het los hoes. In het IJsseldal overheerst het T-huis, dat ontstond door uitbreiding van het woonhuis. ▷

Wolfsdak

Kenmerkend voor veel hallehuisboerderijen in de Graafschap is het zogenaamde wolfsdak. Dat is een dak dat boven de voorgevel eindigt in een 'wolfeind': een kort, terugwijkend eindvlak. Waarom dit daktype met name in dit deel van de Achterhoek werd toegepast is niet geheel duidelijk. Het hallehuis is het overheersende boerderijtype in Drenthe, Overijssel, Gelderland, Utrecht en het Gooi. △

Knotbomen

De knotwilg is al eeuwenlang een vertrouwde verschijning, met name in de polders en uiterwaarden van Nederland. De meeste van deze bomen zijn schietwilgen, maar ook een aantal andere houtsoorten is geschikt voor een behandeling als knotboom. De belangrijkste ervan zijn de populier, de eik, de els, de es en de linde.
Om een knotboom te maken wordt de jonge stam op zo'n meter of drie boven de grond afgekapt. De boom reageert op deze verminking door een groot aantal jonge scheuten te ontwikkelen. Deze worden drie tot vijf jaar na de eerste ingreep geoogst. Dit 'rijshout' is eeuwenlang gebruikt bij de waterbouw en voor het maken van stelen, manden en schopstelen. De laatste tientallen jaren echter is de vraag naar rijshout sterk afgenomen. Daardoor dreigt de knotwilg te verdwijnen. Nieuwe worden niet meer 'gemaakt'; de oude verdwijnen omdat ze, als ze niet worden gekapt, tenslotte bezwijken onder de last van de uitgegroeide takken. ◁

259

GRAAFSCHAP

Kastelen, watermolens en bos

De Graafschap is een betrekkelijk dunbevolkt gebied met een overwegend agrarisch karakter. De kleine landbouwpercelen worden afgewisseld door bos, dat meestal bij landgoederen hoort. Voor 1500 waren er meer dan honderd adellijke hoven in de Achterhoek, onder gezag van de graven van Gelre en Zutphen en van Bonn en Westfalen. Aan de handelsroutes ontstonden kastelen zoals Vorden en Hackfort. Bij die kastelen, die meestal aan riviertjes of beken lagen, hoorden ook watermolens. De kleine landadel liet tussen de 14e en 17e eeuw havezaten bouwen en in de 18e eeuw lieten welgestelde kooplieden uit de tot bloei gekomen IJsselsteden buitenplaatsen aanleggen. Meestal ontstonden die buitenplaatsen uit havezaten of kastelen, maar ook uit boerderijen. Nog steeds is de Graafschap in trek als woongebied. De bevolking werkt meestal in de omliggende steden. Lochem is een toeristencentrum.

OP STAP

De IJssel, veel beken en lommerrijke landgoederen

De Graafschap is een bosrijke streek met hier en daar heiderestanten, in het westen begrensd door de IJsselvallei met zijn uiterwaarden en doorsneden door talrijke beekjes. Akkers en weilanden omzoomd door houtwallen, de vele kastelen en landgoederen, en de oude stadjes, maken de streek aantrekkelijk. Te voet, per fiets en te paard kunt u een ontdekkingstocht door de Graafschap maken.

Fietstocht Ruurlo
Het uitgangspunt voor deze route is Ruurlo. De lengte bedraagt ongeveer 35 km. U vertrekt in de richting van Barchem.
Ongeveer halverwege Ruurlo–Barchem buigt u af naar Boschheurne. Over zand- en fietspaden komt u dan in de buurt van Borculo. Voor de brug over de Lebbenbeek voert de tocht zuidwaarts over de Berenpassteeg weer terug naar Ruurlo. U vervolgt de route over de Wiersseweg en passeert de Baakse Beek en kasteel De Wiersse. Bij de Schone Veldsdijk slaat u linksaf en rijdt langs huize Onstein en huize 't Zelle, in zuidoostelijke richting. Na Boskapel gaat de tocht dan noordwaarts. U passeert kasteel Ruurlo en bereikt via een fietspad uw vertrekpunt weer.

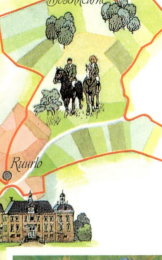

Het kleinste stadje
Sommige plaatsen in de Graafschap kregen vanwege hun belangrijkheid stadsrechten. Aan Zutphen werden die al in 1190 verleend, Lochem verkreeg ze in 1233 en Bronkhorst in 1482. Deze laatste plaats wordt ook wel het kleinste stadje van Nederland genoemd. Het telt nog geen honderd huizen, waarvan er veel in middeleeuwse stijl opgeknapt zijn. Bronkhorst is ontstaan bij het gelijknamige slot. Van dit kasteel resteert alleen nog de slotkapel uit 1344. Deze is gerestaureerd en doet dienst als Hervormde kerk. Doordat de IJssel in de middeleeuwen een belangrijke schakel was in het verkeer tussen het Rijnland en Scandinavië, kwamen de IJsselsteden in die tijd tot grote bloei. Doesburg aan de monding van de Oude IJssel en Zutphen aan de monding van de Berkel lagen bijzonder gunstig en ontwikkelden zich tot rijke Hanzesteden. ◁

Roodbont IJsselvee
Vooral in de uiterwaarden van de IJssel komt u de roodbonte koeien tegen. Van oudsher waren er in de Graafschap vrij kleine gemengde bedrijven. De boeren op de vette gronden van de uiterwaarden waren echter tamelijk welgesteld. Door de intensieve veehouderij ontstonden vleesverwerkende bedrijven en zuivelfabrieken. ▷

Korenbloemen
Aan de randen van de akkers bloeien de schoonste 'onkruiden'. Blauwe korenbloemen, gele melkdistels en rode klaprozen kleuren de bermen. Vooral in gebieden waar niet te zwaar bemest wordt kunt u deze fleurige zomerbloemen vinden. △

GRAAFSCHAP

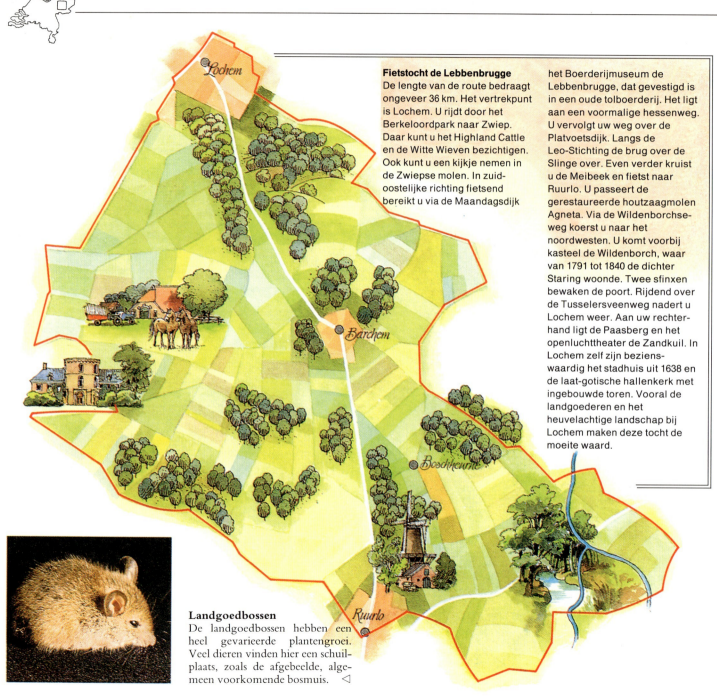

Fietstocht de Lebbenbrugge
De lengte van de route bedraagt ongeveer 36 km. Het vertrekpunt is Lochem. U rijdt door het Berkeloordpark naar Zwiep. Daar kunt u het Highland Cattle en de Witte Wieven bezichtigen. Ook kunt u een kijkje nemen in de Zwiepse molen. In zuidoostelijke richting fietsend bereikt u via de Maandagsdijk het Boerderijmuseum de Lebbenbrugge, dat gevestigd is in een oude tolboerderij. Het ligt aan een voormalige hessenweg. U vervolgt uw weg over de Platvoetsdijk. Langs de Leo-Stichting de brug over de Slinge over. Even verder kruist u de Meibeek en fietst naar Ruurlo. U passeert de gerestaureerde houtzaagmolen Agneta. Via de Wildenborchseweg koerst u naar het noordwesten. U komt voorbij kasteel de Wildenborch, waar van 1791 tot 1840 de dichter Staring woonde. Twee sfinxen bewaken de poort. Rijdend over de Tusselersveenweg nadert u Lochem weer. Aan uw rechterhand ligt de Paasberg en het openluchttheater de Zandkuil. In Lochem zelf zijn bezienswaardig het stadhuis uit 1638 en de laat-gotische hallenkerk met ingebouwde toren. Vooral de landgoederen en het heuvelachtige landschap bij Lochem maken deze tocht de moeite waard.

Landgoedbossen
De landgoedbossen hebben een heel gevarieerde plantengroei. Veel dieren vinden hier een schuilplaats, zoals de afgebeelde, algemeen voorkomende bosmuis. ◁

Kasteel Ruurlo
De hiernaast beschreven fietsroute brengt u in het te midden van bossen, akkers en beken gelegen dorp Ruurlo. Het is ontstaan bij kasteel Ruurlo, een van de mooiste kastelen van de Graafschap. Het omgrachte huis ligt in een prachtig park met oude bomen en was 5 eeuwen in bezit van de familie Van Heeckeren. In het koor van de hervormde kerk in Ruurlo bevindt zich een sluitsteen met het wapen van de Van Heeckerens.
De streek is rijk aan kastelen en landgoederen. Vooral in de omgeving van Vorden. Hier vindt u behalve kasteel de Wildenborch het omgrachte kasteel Vorden dat nu gemeentehuis is. Huize Onstein is een deftig 18e-eeuws landhuis, eveneens omgracht. Het heeft een park in de stijl van de Franse tuinarchitect Lenôtre. ▽

OP STAP

Beekjes en watermolens
Het gebied is rijk aan beken, die een behoorlijk hoogteverschil overbruggen. Tussen de 11e en de 14e eeuw werden er op de gronden van de landheren veel watermolens gebouwd. Ze werden voor velerlei doeleinden gebruikt: het malen van graan, ijzeroer of mosterd, het zagen van hout en het bereiden van papier. Van de vele watermolens zijn er nog maar enkele over, o.a. die bij kasteel Hackfort. Van veel beken en riviertjes is de bedding in de loop der tijd verlegd ten behoeve van de watermolens. ◁

Houtwallen
In de omgeving van het Gelderse Hengelo treft u een oud agrarisch landschap aan, met enkele akkers maar overwegend grasland. Hier en daar komen nog houtwallen en eikenberkenbosjes voor. Dergelijke gebieden zijn van belang voor vogels als patrijs, gele kwikstaart, ortolaan en kwartel.
De grond in het ontgonnen gebied Het Deldense Broek ten noorden van Hengelo is meestal in gebruik als grasland. Hier verblijven veel weidevogels: grutto en kievit, maar ook watersnip, tureluur en wulp. ◁

Fietstocht Hengelo
U vertrekt uit het Gelderse Hengelo in zuidoostelijke richting voor een tocht van ongeveer 40 km. Hengelo is het centrum van een landbouwstreek met veel bos, houtwallen en heideterreintjes. Over zandwegen en door de bossen bereikt u het Klooster. U passeert landgoed het Zand en de buurtschap Varssel. Via de buitenplaats 't Zelle fietst u in noordwestelijke richting verder naar de buurtschap Delden. Aan de Vordensebeek ligt het 16e-eeuwse kasteel Hackfort, een van oudsher strategisch punt. Bij dit kasteel hoort een 17e-eeuwse watermolen. Door het landgoed Suideras rijdt u naar het dorp Wichmond. Verder naar Baak met de gelijknamige havezate. Hier buigt de tocht af naar het zuidoosten. Langs het Kervel bereikt u Hengelo weer. In deze plaats moet u beslist even de Dorpsbleek bekijken met het oude bleekhuisje, een wachthuisje tegen linnendieven, enig in zijn soort.

GRAAFSCHAP

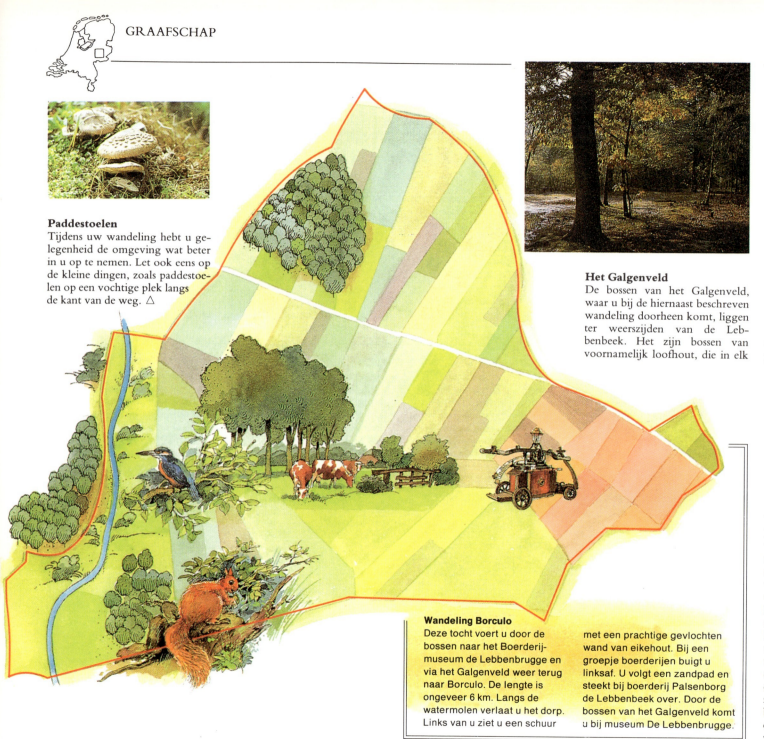

Paddestoelen
Tijdens uw wandeling hebt u gelegenheid de omgeving wat beter in u op te nemen. Let ook eens op de kleine dingen, zoals paddestoelen op een vochtige plek langs de kant van de weg. △

Het Galgenveld
De bossen van het Galgenveld, waar u bij de hiernaast beschreven wandeling doorheen komt, liggen ter weerszijden van de Lebbenbeek. Het zijn bossen van voornamelijk loofhout, die in elk jaargetijde hun bekoring hebben. De eiken geven met hun prachtige kleuren in het najaar het bos een aparte sfeer. Aan de beekoevers komen vogels voor als ijsvogel en grote gele kwikstaart. De bossen, beken en aangrenzende kleinschalige landbouwgronden begrensd door houtwallen bieden een onderkomen aan veel zangvogels en bosvogels, zoals roodborsttapuit, geelgors, wielewaal en holenduif. Maar ook voor sperwer, havik, wespendief, steenuil, kerkuil en een enkele boomvalk is de omgeving gunstig. In de landgoedbossen zult u veel verschillende plantesoorten aantreffen, onder meer een vrij groot aantal stinseplanten. △

Wandeling Borculo
Deze tocht voert u door de bossen naar het Boerderijmuseum de Lebbenbrugge en via het Galgenveld weer terug naar Borculo. De lengte is ongeveer 6 km. Langs de watermolen verlaat u het dorp. Links van u ziet u een schuur met een prachtige gevlochten wand van eikehout. Bij een groepje boerderijen buigt u linksaf. U volgt een zandpad en steekt bij boerderij Palsenborg de Lebbenbeek over. Door de bossen van het Galgenveld komt u bij museum De Lebbenbrugge.

Vlinders
De Graafschap heeft een zeer afwisselend landschap. Vooral het naast elkaar voorkomen van bossen en open ruimten met akkers en weilanden doet een rijk dierenleven ontstaan. Behalve veel vogels kunt u er ook allerlei insekten ontdekken. Probeer tijdens de wandeling eens de afgebeelde lindepijlstaart te vinden. Het is een algemeen voorkomende nachtvlinder die zijn eieren bij voorkeur op lindebomen legt. De rupsen voeden zich ook met lindeblad. 's Zomers bevolken trouwens veel vlinders de velden. Ook bijen en hommels zoemen dan ijverig rond. △

OP STAP

Bossen

Lochem heeft een bosrijke omgeving. De bossen op de Lochemse Berg worden gekenmerkt door het vrij sterke reliëf van de stuwwal die de berg eigenlijk is en het voedselarme karakter. Het is voornamelijk naaldhout wat u daar aantreft, met hier en daar wat loofhout. De uitgestrekte boscomplexen zijn van groot belang voor bosvogels als bosuil en zwarte specht en voor zangvogels als fluiter, appelvink en goudvink.
In de omgeving zijn ook wat heiderestanten overgebleven in de veenontginningen. Hier groeien voornamelijk struikheide en plaatselijk jeneverbessen. Vogels die u hier tegen kunt komen zijn boomleeuwerik, wulp, nachtzwaluw en tapuit.

Onder de vochtige loofbomen bij de beken komt een heel andere plantengroei voor dan in de droge, voedselarme bossen op de Lochemse Berg. Het afgebeelde bos is zo'n vochtig loofbos. Kenmerkend is de soortenrijke ondergroei. In een dergelijk vochtig, voedselrijk bos groeit bijvoorbeeld het daslook, een vrij zeldzame plant die in het voorjaar de bodem helemaal kan bedekken. Koeien eten de plant graag, maar de melk krijgt daardoor een knoflooksmaak. △

Wandeling Lochemse Berg

De lengte van deze wandeling die in Lochem begint, is ongeveer 6 km. Langs de Cloese gaat u de Lochemse Berg op en komt dan bij de Witte Wievenkuil. Een stukje volgt u het fietspad langs de Barchemseweg en vervolgens gaat de wandeling weer de Lochemse Berg op naar de Belvédère. Over de berg naar beneden komt u weer bij uw uitgangspunt terug.
Vanaf de Lochemse Berg hebt u fraaie uitzichten op de omgeving. Lochem is gezocht als vakantieplaats vanwege de bosrijke en heuvelachtige omgeving en de vele vrij toegankelijke landgoederen. Eertijds was het een belangrijk vestingstadje aan de Berkel. Het is in 1730 ontmanteld, maar enkele grachten herinneren nog aan de oude vesting. Aan de Berkel even buiten Lochem ligt huize de Heest en niet ver daarvandaan de ruïne Nettelhorst.

Torenvalken

Een algemeen voorkomende vogel is de torenvalk. Hij staat biddend in de lucht op zoek naar zijn prooi: muizen en kevers. Of hij zit in een boom of op een telefoonpaal. De torenvalk nestelt in oude kraaie- of eksternesten. Afgebeeld is een jong. ◁

Leeuweriken

Op de heiderestanten en in de zandige bossen komt de boomleeuwerik voor, een tamelijk zeldzame broedvogel. De hier eveneens voorkomende kuifleeuwerik is een vrij algemene broedvogel van zandige streken en ongecultiveerde terreinen, terwijl de veldleeuwerik de akkers en weilanden opzoekt. De foto toont een nest met jonge leeuweriken. △

KROMME-RIJNGEBIED

KROMME-RIJNGEBIED

Kastelen en buitens tussen rivieren en heuvelruggen

Het hier beschreven landschap van de Kromme Rijn omvat, behalve het rivierlandschap van de Kromme Rijn, ook nog de uiterwaarden van de Nederrijn tussen de Grebbeberg en Wijk bij Duurstede, het buitenplaatsenlandschap van Nederlangbroek en het esdorpen- en kampenlandschap tussen Zeist en Rhenen.

Langbroeker ridderhofsteden

De ronde, middeleeuwse toren van Sterkenburg steekt trots uit boven het omringende geboomte. Van het kasteel was reeds in 1323 sprake, maar het huidige woongebouw werd in 1848 tegen de toren geplaatst. Het geheel is onbewoond en tamelijk vervallen.
Het gebied van Nederlangbroek was van de 17e eeuw tot aan het begin van de 19e eeuw als zomerverblijf in trek bij landadel en rijke Utrechtse stedelingen. De weg langs de Langbroeker Wetering vormde in die tijd een belangrijke verbinding tussen Utrecht en het oosten. Na de aanleg van de steenweg tussen Utrecht en Arnhem richtte men zich meer op de zoom van de heuvelrug en raakte het gebied in de vergetelheid. ▽

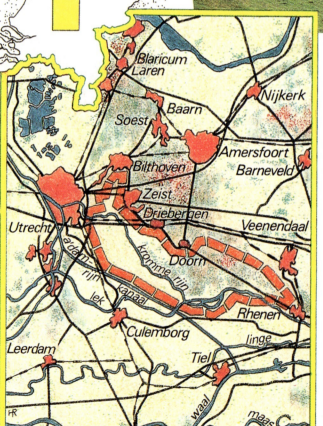

Landschappelijke samenhang

De Amerongse Bovenpolder ligt op de overgang tussen de Utrechtse Heuvelrug en de bedding van de Nederrijn. Deze situatie is typerend voor het gehele gebied. Het landschap van de Kromme Rijn vormt namelijk de overgang van de hoge, pleistocene dekzand- en stuwwalgronden van de heuvelrug naar het lage Utrechts-Hollandse rivierklei- en veenlandschap. Het veen kon ontstaan door de lage ligging van het gebied tussen de heuvelrug en de stroomruggen en oeverwallen, terwijl kwel vanuit de hogere zandgronden de veenvorming bevorderde. De natuurlijke samenhang van de diverse landschapstypen is nog versterkt door de wijze waarop de mens zich hier gevestigd heeft. Nederzettingen ontstonden op de flank van de heuvelrug en op de stroomruggen en oeverwallen in het rivierengebied. De hoge en lage delen werden in samenhang met elkaar ontgonnen. Op de hoge gedeelten kwamen de akkers, op de laaggelegen gronden de graslanden en grienden. △

INLEIDING

Kromme Rijn

Wie nu de boorden van de Kromme Rijn opzoekt, bijvoorbeeld hier ten zuidoosten van Werkhoven, kan zich nauwelijks voorstellen dat deze ooit grensrivier was van het Romeinse rijk. Het was toen de belangrijkste vertakking van de Rijn, die tijdens de Saale-ijstijd door het landijs gedwongen was naar het westen af te buigen. Via Utrecht mondde hij ergens in de buurt van Katwijk in zee uit. Het is niet precies duidelijk wanneer de Kromme Rijn zijn belangrijkheid verloor. Dit moet in ieder geval vóór 1165 geweest zijn, want toen was er al sprake van een dam bij Wijk bij Duurstede, waarmee de Lek de hoofdtak van de Rijn werd.
De Kromme Rijn biedt op veel plaatsen een schilderachtige aanblik. Dit is vooral te danken aan het bochtige verloop en de omringende boomgroepen. ▷△

Kapeltoren als duiventil

Ten westen van Langbroek staat langs de weg deze wonderlijke kapel. Dit bouwsel in neogotische stijl dateert uit 1865 en hoorde oorspronkelijk bij de aan de overzijde gelegen buitenplaats Leeuwenburg. Het torentje is een duiventil. Het behoorde tot het exclusieve recht van de adel om duiven voor consumptie te houden. Behalve Leeuwenburg staan hier langs de Langbroekerwetering nog de ridderhofsteden Sandenburg, Walenburg, Lunenburg, Hinderstein en Sterkenburg. ▽

Agrarisch grondgebruik

Deze schaapskooi in de buurt van Leersum doet denken aan het verleden, toen schapen onmisbaar waren voor de bemesting van het land. Heideplaggen kwamen in de potstal en werden later, verrijkt met de schapemest, over het land uitgestrooid. In die tijd stond de veeteelt volledig in dienst van de landbouw. De heide kwam hier op de hoogste, droogste gronden voor, het grasland in de laagste delen en de akkerbouw op de overgangen van hoog naar laag.
De akkerbouw is in dit gebied nu praktisch verdwenen. Een vorm van gemengd bedrijf is op de stroomruggronden nog de combinatie veeteelt-fruitteelt. ▽

Botanisch een rijk gebied

De wegbermen mogen dan misschien weinig zeldzame planten opleveren, ze kunnen hier wel bijzonder kleurrijk zijn. Overigens is het gebied in zijn geheel botanisch uiterst belangwekkend door de grote variatie in de milieus. Plantengeografisch behoort het westelijk deel tot het Fluviatiel district en het oostelijk deel tot het Gelders district. ▷

Grebbeberg

Stoppelveld te midden van opgaand geboomte op de Grebbeberg. De berg vormt de laatste heuvel van de Utrechtse Heuvelrug. De overgang naar het lage rivierlandschap van de Nederrijn is hier zeer plotseling, wat behalve voor unieke vergezichten ook voor interessante biotopen voor planten en dieren zorgt. Met name de voet van de helling heeft op botanisch terrein veel belangwekkends te bieden. Vermeldenswaardige soorten zijn o.a. de sikkelklaver, kleine bevernel, tijm en kleine pimpernel. △

Zeldzaamste eikesoort

Een boom die in de bossen van de Heuvelrug voorkomt is de wintereik. Het is de zeldzaamste van de drie soorten eiken in onze bossen. De algemeenste is de zomereik. De derde soort is de Amerikaanse eik, een verwilderde, in oorsprong Noordamerikaanse soort. De bossen op de Utrechtse Heuvelrug bestaan merendeels uit naaldhout. Loofbossen zijn hier meestal parkbossen van het eiken-berkenbostype, waarin dan soms wintereiken voorkomen. ▽

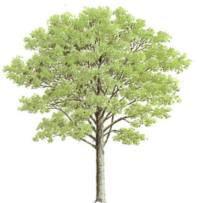

KROMME-RIJNGEBIED

Land van stroomruggen, oeverwallen en komgronden

Na de laatste ijstijd veranderde de Rijn van een woeste smeltwaterrivier in een vlechtende rivier, met als voornaamste tak de Kromme Rijn. Deze trad voortdurend buiten zijn oevers, waardoor oeverwallen, stroomruggen en komgronden ontstonden.

Uiterwaarden van Nederrijn
De Amerongse Bovenpolder behoort tot de hooggelegen uiterwaarden, die tegen de aangrenzende Utrechtse Heuvelrug aan liggen. Waar de stuwwal en de rivier elkaar ontmoeten, verloopt de overgang voor Nederlandse begrippen bijzonder steil.
De hooggelegen uiterwaarden zijn relatief smal. Het zand in de ondergrond ligt tamelijk hoog. Karakteristiek zijn de zandige richels, met daartussen afzettingen van de zwaardere komklei. Elders vinden ontgrondingen plaats, waarbij het zand en de klei (voor de steenfabrieken) soms op grote schaal worden gewonnen. De kleiputten worden ook wel tichelgaten genoemd.
De uiterwaarden vormen de winterbedding van de rivier. De bedding tussen de dijken is zo groot gemaakt, dat de watermassa's ook bij een maximale stand van de Nederrijn zonder veel problemen kunnen afvloeien. De uiterwaarden zijn vrijwel alleen als hooi- en weilanden te gebruiken. △

Opgestuwde rivierafzettingen
De Utrechtse Heuvelrug is hier bij Amerongen te zien. Het is een stuwwal, die tijdens de Saale-ijstijd ontstond, het ijs stuwde toen in de oude rivierdalen de rivierafzettingen op. De stuwwallen van het Gooi en de Veluwe werden eveneens in die tijd gevormd. Het zuidoostelijke deel van de Heuvelrug wordt nog tot het beschreven gebied gerekend. ▽

Eens 100 m breed
De Kromme Rijn haalt nu vrijwel nergens meer een breedte van 10 m, terwijl hij in de Romeinse tijd met een breedte van 100 m de noordelijke begrenzing vormde van het Westromeinse rijk. Deze metamorfose werd veroorzaakt door een dam die 12 eeuwen geleden bij Wijk bij Duurstede – dat toen nog Dorestad heette – werd opgeworpen. Overstromingen en stormvloeden teisterden het hele deltagebied en het enige antwoord hierop was toen het overhaast opwerpen van een aantal dammen. De gevolgen waren veel groter dan men ooit had verwacht. De Rijn verlegde zijn bedding blijvend naar het zuiden. De monding bij Katwijk verzandde en de stad Utrecht verloor zijn functie als belangrijkste handelsstad.
De Kromme Rijn veranderde in een rustige, meanderende rivier, die niet bedijkt behoefde te worden. Hij vormde geen uiterwaarden en het reliëf van stroomruggen en kommen bleef tot op heden geconserveerd. ◁

Opbouw van rivierengebied
Deze schematische doorsnede geeft een beeld van de opbouw van een rivierengebied. In een ver verleden, toen de rivier nog niet bedijkt was, ontstonden de stroomruggen en komgronden. De rivier zette het van elders meegevoerde materiaal in of vlak naast de bedding weer af. De lage, brede rug die hierdoor ontstond is een stroomrug. De afzetting vlak naast de bedding was het sterkst door de plotselinge afname van de stroomsnelheid. Hier vormden zich de vrij hoge oeverwallen. De lage delen aan weerszijden van de stroomrug worden kommen genoemd. Hierin bezonken de fijnere deeltjes die de rivier met zich meevoerde. Dit is de zware komklei.
De door de dijken begrensde rivierbedding is opgevuld met jonge rivierafzettingen, de uiterwaardgronden. Het tussen de winterdijken gelegen gebied wordt winterbed genoemd, omdat de rivier er hoofdzakelijk 's winters gebruik van maakt. Bij dijkdoorbraken werden in het verleden soms wielen uitgekolkt.

ONTSTAAN

Naar het westen omgebogen

De Kromme Rijn vormde ooit de westelijke afstroming van de Rijn. Voordat het landijs gedurende de Saale-ijstijd Nederland bereikte, waren de hoofdbeddingen van de Rijn en de Maas respectievelijk in de IJsselvallei en de Gelderse Vallei gelegen. Toen het landijs via deze rivierdalen het land binnendrong, werden de Rijn en de Maas gedwongen naar het westen om te buigen. Nadat het ijs was verdwenen, bleef deze westelijke afstroming gehandhaafd.

Tijdens de laatste ijstijd bereikte het landijs onze streken niet meer. Wel heerste er hier toen een ijzig klimaat. Zware stormen teisterden het gebied en zetten hier dekzanden af. In de flanken van de Utrechtse Heuvelrug ontstonden verschillende dalen, doordat het water ten gevolge van de permanent bevroren ondergrond via de oppervlakte afstroomde. Op deze manier vormde zich de Darthuizer Poort, een laagte in de Heuvelrug ten noordoosten van Broekhuizen.

In de laatste ijstijd lagen grote watermassa's als ijs op het vasteland, waardoor de zeespiegel daalde en de Noordzee zelfs geheel droogviel. De rivieren waren hier toen geen trage benedenrivieren, maar woest voortstromende watermassa's. ▽

Dode rivierarmen

Ten oosten van Wijk bij Duurstede bevindt zich de uitmonding van een dode rivierarm waaraan Maurik is gelegen. Deze ontstond bij de kanalisatie van de Nederrijn. Dergelijke technische bochtafsnijdingen zijn meestal te diep voor het op gang komen van een spontaan verlandingsproces.

De zogenaamde strangen zijn eveneens dode rivierarmen, maar ontstonden van nature doordat ze bij het meanderen van de rivier geïsoleerd raakten. Bij dit geleidelijke proces werd sediment afgezet, zodat strangen meestal ondiep zijn. Zowel uit natuurwetenschappelijk als uit landschappelijk oogpunt zijn ze van belang, niet in het minst door de verlanding die erin plaatsvindt. △

Moerassig gebied

In de streek van Nederlangbroek liggen nog steeds enkele oude griendpercelen, zoals hier tegenover kasteel Sterkenburg.

Toen het klimaat na de ijstijden verbeterde, vormde zich veen in de laagten van het Kromme-Rijngebied. Door riviererosie verdween dit weer grotendeels. In het lage land van Langbroek kon het zich echter handhaven en zelfs uitbreiden onder invloed van een vrij sterke kwel uit de Utrechtse Heuvelrug. ▷

Bodemvorming door rivieren

De uiterwaarden, zoals hier tussen Amerongen en Wijk bij Duurstede, bestaan uit de jongste afzettingen van de rivieren.

De ondergrond van Nederland werd reeds miljoenen jaren geleden door grote laaglandstromen gevormd. Deze voerden uit het hoger gelegen deel van Europa materiaal aan, dat nu diep begraven ligt onder latere afzettingen. In de periode van de ijstijden zetten de rivieren veel materiaal af bij talloze overstromingen en de glaciale stormen deponeerden hier dekzanden op.

De zandige stroomruggen en de komgronden kwamen hier later weer bovenop te liggen, in de periode dat de rivieren nog vrij stroomden. De uiterwaardgronden, ten slotte, vormden zich na de bedijkingen, toen de rivieren door de klimaatsverbetering een rustiger verloop hadden. △

KROMME-RIJNGEBIED

Gevarieerd rivierlandschap

Door zijn opbouw is het gebied van de Kromme Rijn wat landschap en natuur betreft bijzonder rijk geschakeerd. Tussen het rivierenland en de Utrechtse Heuvelrug ligt een kleinschalig veenlandschap met schilderachtige boerderijen. De Oude Rijn is nog maar een smalle, rustige stroom, omzoomd door hooilanden, akkers en bosschages.

Een typisch reptiel van waterkanten is de ringslang (F5, 6), die zich hier onder een vrouwenmantel (E5) schuilhoudt. De haas (E7) heeft in het weiland zijn leger en in een ruigte peurt een kolibrievlinder (F1) honing uit de bloemen van de blaassilene (F2). De gierzwaluw (E2) vangt hier, soms ver van zijn nest in de stad, insekten. De bruine kiekendief (C2) – een mannetje – zoekt het terrein laag vliegend af op mogelijke prooi. Drie holenduiven (A3, 4) trekken over het land en een koekoek (D3, 4) bakent met geroep zijn territorium af. Het mannetje van de bonte vliegenvanger (E, F4) heeft een deftig zwart-wit verenpak. Een houtduif (A7) gaat er luid klapwiekend vandoor. Een steenuiltje (C9) trekt zich weinig aan van het gescheld van een winterkoning (C8) en een koolmees (C, D9). In een met eikvaren (D9) begroeide knotwilg hebben twee rosse vleermuizen en een watervleermuis (E9) een schuilplaats gevonden. Op een brandnetel zit een kleine vos (F8).

KROMME-RIJNGEBIED

Van parkbossen tot bovenpolders

De grote variatie in bodemtypen, de overgangssituatie van Heuvelrug naar rivierkleilandschap en de aanwezigheid van een groot aantal landgoederen hebben tot een breed scala van biotopen geleid, uiteenlopend van parkbossen en hakhout tot strangen en bovenpolders.

Vogels van parkbossen
De holenduif is een broedvogel van de parkbossen, waaraan het beschreven gebied zo rijk is. Een eeuw geleden was het nog een zeer zeldzame vogel in ons land, maar sedertdien heeft de soort zich sterk uitgebreid. Andere bosvogels zijn hier wielewaal, diverse spechten, ransuil en havik. ▽

Medicinale plant
De hangende, klokvormige bloemen van de smeerwortel variëren van paars tot wit. Per plant zijn ze echter uniform van kleur. De lange, aan de buitenkant zwarte wortel is van binnen wit. Er zitten veel slijmstoffen in, waarmee men vroeger kompressen maakte. De smeerwortel is een algemene plant van vochtige, grazige plaatsen, die o.a. in ruigten in de lage uiterwaarden voorkomt. Het grasland is hier over het algemeen weinig soortenrijk. Interessant zijn de oude rivierstrangen met in de ondiepe delen allerlei stadia van verlandingsprocessen. △

Rijk aan planten en vissen
De rustig voortstromende Kromme Rijn vertoont nog veel planten- en dierenleven, dat in andere rivieren door ingrijpen van de mens danig verstoord is.
De basis van de voedselketen in het watermilieu wordt gevormd door het plantaardige plankton, dat vooral door het dierlijke plankton wordt gegeten. Dit dient allerlei organismen tot voedsel, die op hun beurt door de kleinere vissen worden verorberd. Grote vissen, ten slotte, voeden zich weer met de kleine.
Vissoorten die in de Kromme Rijn leven zijn o.a. brasem, blankvoorn, alver, grondel, aal, pos en snoekbaars. De blankvoorn verschilt door zijn lichte kleur van zijn tegenhanger van het stilstaande binnenwater, de rietvoorn. De brasem is overal een algemene vissoort. De alver is een klein witvisje dat in scholen aan de oppervlakte leeft, in tegenstelling tot de eveneens kleine grondel, die juist een bodembewoner is. De pos is een kleine, de snoekbaars een grote rover.
Waterplanten moet men hoofdzakelijk in de rustige gedeelten zoeken, waar het water nauwelijks stroomt, met name in de oude strangen. Hier zijn allerlei verlandingsvegetaties aan te treffen, variërend van een vegetatie van echte waterplanten, met o.a. waterlelie en waterranonkel, tot oevervegetaties met o.a. pijlkruid en lisdodde. ▷

Weidegebied bij Langbroek
Sommige graslandpercelen in het gebied van Langbroek zijn vooral voor vogels van belang. Waar nog wilgen voorkomen, zoals in het afgebeelde grasland, vinden holebroedende vogels een nestgelegenheid, zoals steenuil en kool- en pimpelmees.
Het naast elkaar voorkomen van de min of meer uitgestrekte parkbossen bij de ridderhofsteden en het open terrein van de weilanden maakt het gebied geschikt voor diverse roofvogels. Behalve de algemene torenvalk jagen hier ook geregeld buizerds, sperwers en haviken. △

Eike- en essehakhout
In het overgangsgebied tussen het rivierenlandschap en de Utrechtse Heuvelrug bevinden zich veel hakhoutcomplexen. Het betreft hier veel essehakhout, maar ook eikehakhout met een vochtig karakter. Kenmerkend voor dit gebied is de toevoer van voedselarm kwelwater uit de Heuvelrug, waardoor een smalle overgangsstrook ontstaan is met specifieke levensgemeenschappen, zoals zoomvegetaties op de overgang van bos naar open terrein, met tamelijke zeldzaamheden als slangelook en schaduwgras. ▽

NATUUR

Zoete kers

De zoete kers behoort tot de karakteristieke boomsoorten van het iepenrijke eiken-essenbos, een van de bostypen die in het stroomgebied van de Kromme Rijn voorkomen. Veel gecultiveerde kersvariëteiten zijn afgeleid van de zoete kers, die ook wel kriek wordt genoemd. Het is een snelgroeiende boom met een piramidale vorm, die een hoogte van ca. 10 m bereikt. Het hout wordt nog steeds door meubelmakers gebruikt.
In het voorjaar bloeit de zoete kers met opvallende, witte bloesems, die nog vóór de bladeren verschijnen. Deze laatste hebben een lange punt en regelmatige, naar voren gerichte tanden. De bladsteel is rood en gegroefd.
Vogels, vooral merels en andere lijsterachtigen, zijn dol op de kersen, die in juli verschijnen. Ook voor de mens zijn ze eetbaar.

Uiteenlopende typen bossen

Opvallende elementen in het landschap van de Kromme Rijn zijn de talloze solitaire bomen en struiken, boomgroepjes en complete bossen. Deze hebben zich kunnen vestigen door de gevarieerdheid van de ondergrond.
De meeste bossen in het beschreven gebied zijn parkbossen en behoren tot het elzen-vogelkersverbond. Dit houdt in dat de bossen uit een bepaald plantengezelschap bestaan, waarvan elzen en vogelkersen de meest karakteristieke soorten zijn. Al naar gelang de omstandigheden, zoals samenstelling en vochtigheidsgraad van de bodemgrond, worden deze boomsoorten door bepaalde andere planten begeleid. Zo'n plantengemeenschap noemt men een associatie.
De associatie die in het Kromme-Rijngebied op de relatief hogere en lichte stroomruggronden voorkomt is het iepenrijke eiken-essenbos. Dit is het soortenrijkste bostype van het gebied. De bossen op de komgronden zijn ruigt-elzenbossen en vochtige elzen-essenbossen.
Tot de vele karakteristieke plantesoorten van het elzen-vogelkersverbond behoren o.a. zoete kers, kardinaalsmuts, groot heksenkruid, bosandoorn en bosrank. ▽

Amerongse Bovenpolder

Een belangrijk staatsnatuurreservaat in het rivierenlandschap is de Amerongse Bovenpolder. Dit is een complex van onvergraven uiterwaarden, dat vanaf de dijk redelijk goed te overzien is. Er ligt in het terrein een oude Rijnarm, waarin veel watervogels pleisteren. △

Gelderse roos

Een struik die in het beschreven gebied talrijk voorkomt is de Gelderse roos. Men vindt hem langs wegen, zoals hier bij de Langbroeker Wetering, maar ook in de tot het elders beschreven elzen-vogelkersverbond behorende bossen. Kenmerkend voor de struik zijn de bloemen. Deze staan in tuilen en komen in twee verschillende typen voor. Langs de rand van de tuil staan de steriele randbloemen, terwijl de centrale bloemen fertiel ofwel vruchtbaar zijn. De randbloemen dienen alleen om de aandacht van de insekten te trekken en hebben geen meeldraden of stampers. De door deze opvallende, witte, steriele bloemen aangelokte vlinders, zweefvliegen en kevers bezoeken automatisch ook de onaanzienlijke vruchtbare bloemen in het midden van de bloeiwijze en zorgen dan voor stuifmeeloverdracht. ◁

Reeds eeuwenlang door forensen bewoond

De stabiele situatie van het Kromme-Rijngebied, met traditionele landbouwmethoden en vele prachtige landgoederen, vormt al vele eeuwen een aantrekkelijk decor voor forensen. Deze ontwikkeling begon direct na de middeleeuwen, toen in het overgangsgebied tussen de oeverwallen van de Kromme Rijn en de lage dekzanden van de Utrechtse Heuvelrug door Utrechtse stedelingen de eerste zomerbuitens werden gebouwd.

Tabaksteelt
De grote schuren die in de omgeving van Amerongen nog hier en daar te zien zijn, deden in het verleden dienst als droogschuur voor tabak.
De tabaksteelt vormde in het landschap bij Amerongen lange tijd een belangrijk aspect. De beschutte hellingen van de Utrechtse Heuvelrug bleken, in combinatie met de grondsoort, uitstekend geschikt te zijn voor de cultuur van de oorspronkelijk tropische tabaksplant. Dank zij de teelt kwam Amerongen rond 1800 tot grote bloei. Het verval trad halverwege onze eeuw in, nadat de aanvoer van Indische tabak op gang was gekomen.
De schuren zijn eenvoudig van uitvoering, met houten wanden en ventilatieluiken. De tabak hing hierin aan rekken te drogen. △

Stichtse Lustwarande
De ridderhofstede Broekhuizen behoort tot de buitenplaatsen van de Stichtse Lustwarande. Hiermee wordt het buitenplaatsenlandschap van de zoom van de Utrechtse Heuvelrug aangeduid. De ontwikkeling ervan hangt nauw samen met de opkomst van de Engelse landschapsstijl aan het einde van de 18e eeuw. Het landschap met beken, heuvels en schrale gronden leende zich uitstekend voor deze vorm van tuininrichting. Broekhuizen dankt zijn empire-gevel aan de invloed van Lodewijk Napoleon in dit gebied. ▽

Ontgonnen moerasbossen
De boerderijen in het gebied van de Langbroeker Wetering zijn van het hallehuistype. De hooiberging geschiedt er echter niet boven de deel onder de nok, maar in kapbergen die meestal vier roeden bezitten. Soms, zoals bij het afgebeelde boerderijtje, werkt de boer nog kleinschalig. Het aantal koeien is miniem en daarnaast wordt nog het hele scala van vee gehouden, zoals schapen, varkens, geiten en vooral ook kippen.
In dit overgangsgebied tussen de Kromme Rijn en de lage zandgrond van de Utrechtse Heuvelrug was in het verleden sprake van sterke kwel vanuit de heuvels. Hierdoor ontstond een moerassig gebied met afwisselend veen en komklei. De begroeiing bestond er hoofdzakelijk uit elzen-essen-broekbossen.
Nadat de stroomruggronden in het begin van de middeleeuwen zo langzamerhand alle in gebruik waren genomen, ontstond er behoefte aan een uitbreiding van het areaal aan cultuurgrond. Men liet toen het oog vallen op de wildernis die tussen de rivier en de Heuvelrug was gelegen, de eerder vermelde moerasbossen van elzen en essen. De ontginning ervan kan beschouwd worden als de oudste moerasbosontginning van het lage westen van Nederland. Het land werd ingericht als grasland en voor de griendcultuur. △

Woontoren uit 13e eeuw
Tussen Wijk bij Duurstede en Amerongen ligt aan de Lekdijk een vierkante woontoren. Met de ringgracht is het het enige overblijfsel van de middeleeuwse ridderhofstede Natewisch, die voor het eerst in 1270 wordt vermeld. De kruiskozijnen in de donjon of woontoren zijn van later tijd. De toren wordt particulier bewoond en is niet te bezichtigen.
Natewisch is het oudst overgebleven voorbeeld van de kastelen die hier in het stroomgebied van de Kromme Rijn werden gebouwd. Bouwheren waren de bestuursambtenaren in deze uithoek van het Frankische rijk. Na de overwinning van de Franken op de Friezen, in 719, kregen de ambtenaren hier een grote mate van zelfstandigheid. Ze bouwden hun behuizingen naar Frankisch model. Eerst gebruikte men hout, maar na ca. 1200 werden de woontorens uit baksteen opgetrokken. △

CULTUUR

Luiken in kasteelkleuren
Van de boerderijen in de omgeving van Langbroek zijn de luiken dikwijls nog geschilderd in de wapenkleuren van de vroegere kasteelheer.
Het gebied van de Langbroeker Wetering ademt nog steeds een sfeer van landelijke rust. Veel sloten worden begeleid door elzen of knotwilgen. Eertijds werd het beeld hier volledig bepaald door een afwisseling van percelen grasland en hakhout. Het grondgebruik had men afgestemd op de beperkte natuurlijke mogelijkheden van het gebied, dat vóór de ontginning hoofdzakelijk uit moerasbossen bestond.
De ontginning van dit niemandsland leidde in de middeleeuwen tot de bouw van kastelen op tal van landgoederen. Er vestigde zich hier een soort nieuwe adel van rijke stedelingen, die 's zomers naar buiten trok. Deze groep zocht aansluiting bij de reeds aanwezige landadel, die op zijn beurt 's winters steeds meer de stad ging opzoeken. ▽

Torenmolen 'Rijn en Lek'
Aan de rivierzijde wordt het silhouet van Wijk bij Duurstede bepaald door de torenmolen 'Rijn en Lek'. Het is de enige torenmolen die Nederland nog rijk is. Hij staat op een overblijfsel van de oude stadsmuur, de Leuterpoort. Op het beroemde schilderij van Ruisdael staat een andere molen afgebeeld, namelijk een molen met een geheel cilindrische molenromp. Vermoedelijk was die westelijker gesitueerd.
De 'Rijn en Lek' werd in 1659 als runmolen gebouwd, waarin men eikeschors voor de leerlooierijen vermaalde. Later werd het een korenmolen. ▷

Esdorp Cothen
Aan de voet van de kerk ligt in Cothen de brink, met aan weerszijden schilderachtige huisjes en op het pleintje enkele zwerfkeien. Behalve aan de brink is in Cothen aan de losse bebouwing op de oeverwal nog redelijk goed de verwantschap te zien met de esdorpgemeenschappen op de hogere zandgronden. Ook Werkhoven en Houten hebben het beeld van een esdorp nog vrij goed bewaard. Net als de Drentse boeren maakte de bevolking hier een uitgekiend gebruik van de mogelijkheden. De akkers lagen gescheiden door meidoornhagen in een blokvormig verkavelingspatroon op de stroomruggen en oeverwallen, te zamen met de hoeven. De komgronden waren door de slechte ontwatering minder intensief in gebruik als hooi- en weiland. △

Land van bomen
Vanouds zijn er in het beschreven gebied altijd veel bomen aangeplant. Mede in verband met de dijkenbouw was er een uitgebreide griendcultuur van essen en wilgen. Eikehakhout leverde brand- en grondstoffen voor de steenfabrieken en de leerlooierijen. Dennenbossen produceerden hout voor de mijnbouw. ▷

KROMME-RIJNGEBIED

Stichtse Lustwarande – een naam de streek nog waardig

Het Kromme-Rijngebied ligt ten oosten van de stad Utrecht. Het is een streek vol gevarieerde landschappelijke schoonheid, met schitterende landgoederen en buitenplaatsen, een zeer grote botanische rijkdom – ook nu nog een lust voor het oog. Veel dorpen hebben er een beschermd dorpsgezicht.

Paradijs

Het Kromme-Rijngebied is gelegen tussen de hoge en droge zandgronden van de Utrechtse Heuvelrug en de lage vochtige voedselrijke kleigronden van de rivieren de Kromme Rijn en de Nederrijn. Het gebied kenmerkt zich landschappelijk door afwisseling van graslanden en bouwlanden, grienden en loofbossen. De grote variatie in bodemtypen, de overgangssituatie van Heuvelrug naar rivierkleilandschap en daarbij gevoegd de aanwezigheid van een groot aantal landgoederen, is van bijzondere natuurwetenschappelijke betekenis. Dat komt tot uiting in een zeer rijke flora en een bijzonder talrijke bevolking van broedvogels. De belangstelling van koning Lodewijk Napoleon in de Franse tijd voor dit zuidoostelijk deel van de provincie Utrecht vormde cultureel een hoogtepunt voor het gebied. De beste tuinarchitecten en bouwkundigen hebben eraan meegewerkt dat de Stichtse Lustwarande het paradijs werd dat het ook nu nog in vele opzichten is.

OP STAP

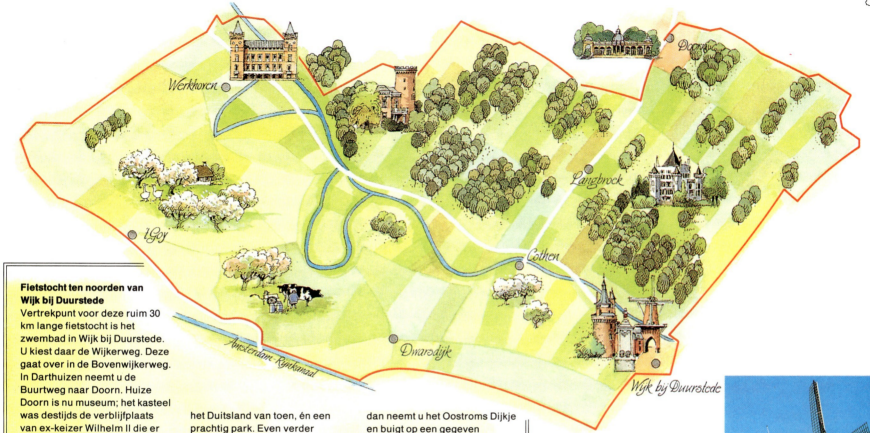

Fietstocht ten noorden van Wijk bij Duurstede

Vertrekpunt voor deze ruim 30 km lange fietstocht is het zwembad in Wijk bij Duurstede. U kiest daar de Wijkerweg. Deze gaat over in de Bovenwijkerweg. In Darthuizen neemt u de Buurtweg naar Doorn. Huize Doorn is nu museum; het kasteel was destijds de verblijfplaats van ex-keizer Wilhelm II die er van 1920 tot aan zijn dood in 1941 in ballingschap leefde. U ziet er antieke meubels, zilver, wandtapijten en schilderijen uit het Duitsland van toen, én een prachtig park. Even verder passeert u de ridderhofstede Moersbergen, hieronder afgebeeld. Voorbij Driebergen kiest u de weg naar Beverweerd, dan neemt u het Oostroms Dijkje en buigt op een gegeven moment mee met het Amsterdam-Rijnkanaal zuidoostwaarts, richting Wijk bij Duurstede.

De stad van Cunera

In de zuidoostelijke punt van het Kromme-Rijngebied ligt aan de Nederrijn de stad Rhenen, waarvan de toren van de St.-Cunerakerk reeds van verre zichtbaar is. De kerk is een hallenkerk. De toren is een van de mooiste scheppingen van late gotiek in Nederland. De heilige Cunera zou in Rhenen zijn geworgd. ◁

Ridderhofsteden

Sinds de 17e eeuw werden in de provincie Utrecht de behuizingen van ridderlijke personen aangeduid met ridderhofstede. Voorbeelden zijn Natewisch onderaan de Rijndijk in Amerongen – hiervan rest slechts een middeleeuwse toren – en de links hiernaast afgebeelde ridderhofstad Moersbergen in Doorn. ◁

Het vroegere Dorestad

Aan het zuidelijke uiteinde van de Kromme Rijn en de kruising van Lek met Amsterdam-Rijnkanaal ligt Wijk bij Duurstede. De vroeg-middeleeuwse handelsplaats Dorestad was hier gesitueerd. De resten van Dorestad zijn inmiddels opgegraven en onderzocht. Een karakteristiek plekje in Wijk bij Duurstede is de Runmolenpoort, waarop in de 17e eeuw de molen 'Rijn en Lek' werd gebouwd. Een andere bezienswaardigheid van de stad is de ruïne van het kasteel. ▷

KROMME-RIJNGEBIED

Fietstocht vanuit Cothen

Als vertrekpunt voor deze fietstocht door het gebied van de Kromme Rijn kiezen wij het fotogenieke fruittelersdorp Cothen, waar u aan de oever van de Kromme Rijn een mooi gezicht hebt op Rhijnestein. We koersen vervolgens noordwaarts naar Nederlangbroek aan de Langbroeker Wetering. Dan via Doorn naar Driebergen-Rijsenburg. Deze tussen bos en polderland, aan de zuidwestrand van de Utrechtse Heuvelrug gelegen gemeente groeide uit een oud gehucht, waar stadhouder Willem III tijdens de jacht placht uit te rusten. De meest westelijke punt van deze tocht is Houten, een snel groeiende gemeente aan het Amsterdam-Rijnkanaal. U rijdt naar Werkhoven. Daar staat de voormalige ridderhofstad Beverweerd. Tot slot volgt u de slingers van de Kromme Rijn tot Cothen.

Langbroeker Wetering

Vroeger woonde in het gebied van de Langbroeker Wetering de Utrechtse adel. Tal van buitens, kastelen en ridderhofsteden zijn hier nog te vinden uit die tijden. Huis Sandenburg is een van die fraaie complexen; het dateert uit de 19e eeuw. Met het grote park vormt het een schitterende oase van rust (zie de afbeelding hiernaast waarop de oranjerie te zien is). Vlak bij Sandenburg staat een 17e-eeuwse poort, overblijfsel van het slot Groenesteyn. Aan de zuidzijde van de Langbroeker Wetering ligt Walenburg uit de 14e–15e eeuw, dat in 1965 werd gerestaureerd. ▷

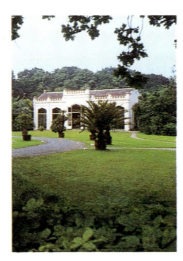

De Kromme Rijn

Een beeld van de Kromme Rijn zoals het zich aan u ontvouwt als u te voet of op de fiets door dit schitterende rivierlandschap trekt, beginnend bij Wijk bij Duurstede en dan via Cothen naar Bunnik. De rivier kronkelt zich een weg door een gebied met stroomruggen, kommen en buitenplaatsen: het typische en bekoorlijke landschap van een onbedijkte, vrij stromende rivier. Bij Cothen staat Rhijnestein, een van de vroegere ridderhofsteden. ▷

OP STAP

Restanten van heideveldjes

Aan de zuidzijde van de Utrechtse Heuvelrug was tot het begin van deze eeuw het gemengde bedrijf gebaseerd op het heide-schapen-mest-akkersysteem. Ten behoeve van de schaapskudde gebruikte men de heidevelden op de Utrechtse Heuvelrug. Door gebrek aan weidegrond gebeurde dit laatste te intensief op sommige plaatsen. Daar ontstonden grote zandverstuivingen.

Op enkele plaatsen komen nog heideveldjes voor als restanten van heidevelden die eens vrijwel de gehele Heuvelrug bedekten. Het zijn vrijwel uitsluitend droge heidevegetaties met struikheide, schapegras, kruipbrem, tormentil en hondsgras. Op de afbeelding hiernaast een oude schaapskooi bij Doorn. ◁

Amerongen en de tabaksteelt

Tussen de Utrechtse Heuvelrug en de uiterwaarden van de Rijn ligt Amerongen, waarvan de rijzige, laat-gotische toren van de Nederlands-Hervormde kerk hoog uitrijst boven de omgeving (zie de afbeelding hiernaast met rechts het kasteel). In die omgeving was lange tijd het belangrijkste aspect de tabaksteelt. Nog steeds geeft een aantal tabaksschuren met hun langgerekte vorm een geheel eigen beeld aan het landschap. In de 18e eeuw was de teelt op haar hoogtepunt. Daarna nam ze af. Rond 1960 is bijna het hele resterende areaal van 22 ha in gebruik genomen ten behoeve van nieuwe woningen. ▷

Fietstocht Amerongse Berg

Amerongen is het vertrekpunt voor deze ruim 30 km lange fietstocht, die als centrum de Amerongse Berg heeft, het grootste landgoed dat in de gemeente Amerongen ligt: 1045 ha, tot 51 m hoog. U rijdt door het bos naar Veenendaal dat meerdere natuurreservaten op zijn grondgebied heeft. Nu gaat u westwaarts, opnieuw door bosgebied, naar Leersum en via het landgoed Broekhuizen naar Sandenburg aan de Langbroeker Wetering (zie ook blz. 280). Dan neemt u de weg langs deze historisch belangwekkende wetering oostwaarts. Vroeger vormde de weg langs de Langbroeker Wetering de belangrijkste verbinding met de stad Utrecht; voor die tijd vond daarop een druk verkeer plaats. Bij Overlangbroek – aan het eind van de wetering – kiest u de Ameronger Dijk naar Amerongen.

KROMME-RIJNGEBIED

Wandeling over natuurpad
Deze ca. 4 km lange wandeling is uitgezet door de afdeling Veenendaal van het Instituut voor Natuurbeschermings-educatie (I.V.N.). De route voert u door een afwisselend landschap over een stukje van de Utrechtse Heuvelrug tussen Veenendaal en Rhenen. Zij begint bij het Juliana-Ziekenhuis aan de Cuneraweg tussen Veenendaal en Rhenen of bij camping Bergbad. Het terrein is merendeels in particuliere handen, maar opengesteld voor wandelaars.

Utrechtse Heuvelrug
Op de afbeelding hierboven kijkt u over een maïsveld heen naar de Utrechtse Heuvelrug. De bossen op de Heuvelrug hebben een overwegend voedselarm karakter en bestaan grotendeels uit (aangeplant) naaldbos. Daarnaast komen ook loofbossen voor, in vele gevallen eiken-berkenbos met zomereik, berk en lijsterbes en in de kruidlaag planten als bosbes, bochtige smele en rankende helmbloem. Vooral de loofbossen vormen een belangrijke biotoop voor vele zang-, bos- en stootvogels. Zoogdieren zijn o.a. wezel, ree en ringslang. △

Eikenwallen
Op de hierboven beschreven wandeling ziet u op een gegeven moment een aangeplante haag van zomereiken, vroeger op veel plaatsen als afscheiding gebruikt (thans dikwijls vervangen door prikkeldraad). Zo'n wal is in wat meer open terrein een plaats voor insekten, die op hun beurt weer vogels aantrekken. In zomer of herfst kunt u op de bladeren van zo'n zomereik gallen tegenkomen. Dat zijn bruine, roodgele of groene bolletjes, 'huisjes' van de eitjes – later larven – van de galwesp. Deze gallen worden gevormd door het blad na een steek van de galwesp. ▷

Paddestoelen
In de herfst komen we op onze wandeling over het natuurpad veel paddestoelen tegen, o.a. halverwege als we door een beukenlaan lopen. Hier staan paddestoelen die geen licht nodig hebben. Op andere meer open en mestrijke plaatsen zien we onder meer de geschubde inktzwam. Hij is jong eetbaar en smakelijk. Planten die u verder tegenkomt zijn bramen en smeerwortel. In en bij de plas aan het einde van de wandeling gedijt een bijzonder mooie plantengemeenschap, met als soorten o.a. diverse wilgen, riet, lisdodde en waterweegbree. ▷

Bomen en vogels
U komt heel wat naaldbomen tegen op deze wandeling. Behalve de zwarte den (hierboven afgebeeld), ziet u grove den en lariks. De laatste is in de winter kaal. U komt ook in een berkenlaantje; in het zachte witte berkehout vindt u gaten die door spechten zijn uitgehakt en die later ook door andere kleinere vogels als nestholte worden gebruikt. Oeverzwaluwen hebben hun nesten gegraven in de leemwanden van de groeve (eind van de route). △

OP STAP

Vogels op de berg
Vogels van diverse pluimage zullen u vergezellen op uw wandeling over de Amerongse Berg, zoals hiernaast getoond en beschreven. Afgebeeld is een jonge steenuil. Dit dier nestelt onder andere in boomholten. Een echte bosvogel is de zwarte specht, die hier vrij algemeen voorkomt. Het is de grootste specht van Europa, met zijn lengte van 45 cm. Als hij in de buurt is krijgt u hem meestal alleen te horen. Heeft u geluk en krijgt u hem ook te zien, dan zullen u zijn diepzwarte verenkleed en rode kruin direct opvallen. Mannetje en vrouwtje hakken gezamenlijk een broedholte in een hoge boom. ▷

Zwarte rapunzel
Krijgt u de hierboven vermelde vogels als specht en uil moeilijk te zien op uw wandeling, even moeilijk is het om de zwarte rapunzel te ontdekken. U ziet deze plant uit de klokjesfamilie hierboven afgebeeld: een donker (violet)blauwe bloemkroon, 20–80 cm hoog en voorkomend in vochtige loofbossen, maar zeldzaam.
De plantenrijkdom is echter enorm groot, en dat geldt voor het hele Kromme-Rijngebied. Karakteristiek zijn onder meer: zoete kers, kardinaalsmuts, groot heksenkruid, grote keverorchis, nagelkruid, bosandoorn, bosrank en schaduwgras. Voorts kunnen nog stinzeplanten worden genoemd als: wilde hyacint, bostulp, daslook en Italiaanse aronskelk. Vooral in de parkbossen en de forten worden nog restanten aangetroffen van oorspronkelijke graslanden met soorten als de genoemde zwarte rapunzel, gewoon bosviooltje en vrouwenmantel. Bij de Grebbeberg vindt men o.a. sikkelklaver en tijm. △

Wandeling op de Amerongse Berg
Deze wandeling is ca. 7 km lang Als u begint bij het Berghuis ligt daar het oudste bos van de boswachterij Amerongse Berg voor u. U ziet indrukwekkende bomen. De boswachterij is het hele jaar voor wandelaars en fietsers toegankelijk op wegen en paden. Bij het Berghuis bent u ook op het hoogste punt van de Utrechtste Heuvelrug: 69 m +NAP. De route wordt gekenmerkt door afwisselend naald- en loofbossen, heuvellandschap en vergezichten. De vergezichten gunnen u een blik over het rivierenlandschap in het zuiden en de Gelderse vallei in het noordoosten. De aanloop naar het Berghuis voert vanaf de Rijksstraatweg over akkers waar nog enkele droogschuren aan de tabaksteelt van weleer in deze streek herinneren.

OMGEVING WINTERSWIJK

OMGEVING WINTERSWIJK

Saksische boerderijen
Hoeve ten zuidoosten van Winterswijk, in de buurt van Brinkheurne. De boerderijen zijn hier van het Saksische hallehuistype, zij het in gewijzigde vorm, met meestal een houten topgevel vóór en achter. △

Enkontginningen
Boerderij aan es of enk bij Woold. Eeuwenlang liggen hier de boerderijen aan de rand van de enk, met de woeste grond direct in de omgeving. Door bemesting met materiaal uit de potstal werden de akkers steeds boller. △

Kleinschalig agrarisch landschap tussen bossen

Het gebied rond Winterswijk wordt gekenmerkt door een grote landschappelijke verscheidenheid. Akkers en weilanden wisselen af met beken, bossen, heggen, vennen en oude venen.

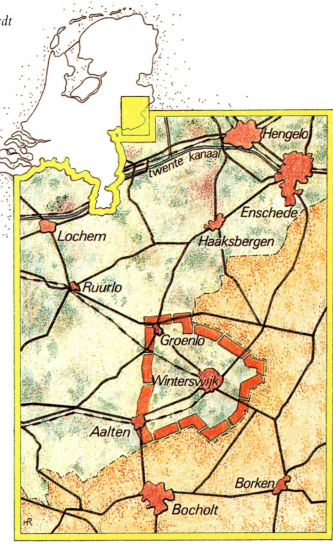

Laaglandbeken
Rustig slingert zich de Boven-Slinge door het fraaie landgoed Bekendelle. Opvallend is de rijkdom aan kleinere en grotere loofbossen en nog enkele tamelijk ongerepte beken in het Winterswijkse. In Nederland zal men elders vergeefs zoeken naar een gebied van deze omvang dat doorsneden wordt door ongekanaliseerde, vrij meanderende laaglandbeken met de daarvoor karakteristieke planten en dieren. De grootste beken zijn de Boven-Slinge en de Groenlose-Slinge, die gevoed worden door kleinere, zoals de Ratumse Beek, de Willinkbeek en de Kottense Beek. De Groenlose Slinge loopt ten noorden, de Boven-Slinge ten zuiden van Winterswijk. △

INLEIDING

Beekbewoners
Opvallende dieren langs de beekoevers in Winterswijk zijn de beekjuffers. Afgebeeld is hier de meest algemene, de weidebeekjuffer. Het mannetje heeft een donkere, blauwe band over de vleugels, terwijl het vrouwtje min of meer bronskleurig is. Bij de bosbeekjuffer zijn de vleugels van het mannetje geheel blauw. De larven, nimfen genoemd, leven tussen de waterplanten.
Lijken beken op het eerste gezicht levenloos, bij nader onderzoek blijken ze juist rijk aan klein gedierte. Het merendeel leeft echter in en op de bodem. △

Veengebieden
Op de voedselarme oude veendijken door het Vragenderveen groeien diverse bijzondere planten, waaronder de zeldzame rijsbes. Dit veengebied sluit aan bij het door de Vereniging tot Behoud van Natuurmonumenten beheerde Korenburgerveen en het Meddoseveen. Te zamen vormen ze het grootste aaneengesloten hoogveengebied in Gelderland.
Dit eertijds uitgestrekte hoogveengebied is sedert de middeleeuwen grotendeels afgegraven, maar op een aantal plaatsen is nieuwe veengroei opgetreden. In het Vragenderveen bevinden zich veel eenmansputten in diverse stadia van vervening.
Op de hogere delen van het regenererende hoogveen groeien o.a. gagel, waterdrieblad en moeraswederik, op de lagere plaatsen veenpluis, eenarig wollegras en kleine zonnedauw. △ ▷

Paddestoelen
Op open plekken in het bos en op de met gras begroeide bermen van boswegen is de grote parasolzwam in de Achterhoek een vrij algemene verschijning. Het is een eetbare soort en vooral de jonge exemplaren zijn bijzonder smakelijk.
De omgeving van Winterswijk is rijk aan paddestoelen, waaronder diverse zeldzame soorten. Vooral de bossen hebben veel te bieden. Algemeen zijn o.a. de vliegenzwam en de door zijn doordringende aasgeur vliegen aantrekkende stinkzwam. Tamelijke zeldzaamheden zijn de wonderlijk gevormde grote sponszwam en de biefstukzwam. ▷

Watermolens op de beken
De aan de oostzijde van Bekendelle gelegen watermolen Berenschot, vroeger de 'Nieuwe Molen' genoemd, is in een tamelijk vervallen staat. De molen dateert in deze vorm uit 1749, toen hij een molen verving die ongeveer een eeuw ouder was.

Zuidelijker, iets ten westen van Bekendelle, is na de bouw van de Nieuwe Molen een molen afgebroken waarvan in 1303 al sprake was, namelijk de 'Brocmole' of Broekmolen. Een andere molen die inmiddels is verdwenen was de Plekenpolse molen uit 1331, die dichter bij Winterswijk stond. ◁

Zeer oude steenformaties
De steengroeven ten oosten van Winterswijk vormen een ontsluiting in de ca. 200 miljoen jaar oude Muschelkalkformatie. Dit is een van de oudste formaties die in Nederland aan de oppervlakte komen en ontstond tijdens het Trias, de oudste periode van het Mesozoïcum. De muschelkalk is aan de oppervlakte gekomen door tektonische bewegingen in de aardkorst en erosie van jongere afzettingen. De grote, rechthoekige steengroeven bieden een imposante aanblik en geologisch geïnteresseerden kunnen in de verlaten groeven het een en ander van hun gading vinden. Aan mineralen zijn er o.a. pyriet, calciet, dolomiet, galeniet en markasiet gevonden en aan fossielen o.a. ammonieten, vissen en schelpen. ◁ △

OMGEVING WINTERSWIJK

Oude formaties aan oppervlakte

Opvallend in het gebied rond Winterswijk is dat er relatief oude tot zeer oude geologische formaties tot dicht onder het aardoppervlak voorkomen. Ze zijn hier niet, zoals vrijwel overal elders in Nederland, bedekt met dikke lagen jongere afzettingen.

Boom van broekbossen
De zwarte els is een belangrijk element in de broekbossen die zich in de lage delen van het gebied ontwikkelden. Uit gevonden zaden in het veen valt op te maken dat de els in de broek- en goorgebieden al duizenden jaren voorkomt.
Na de eeuwwisseling zijn veel van de goren en broekbosgebieden door ontwatering in landbouwgrond omgezet. Op laaggelegen plekken vindt men echter nog steeds resten van deze broekbossen. △

Laag van Weber
Waar in het Vragenderveen de veenlaag recht is afgegraven, is de Laag van Weber zichtbaar. Hiermee wordt de grenshorizon aangeduid tussen twee veenmosveentypes die in het hoogveen zijn te onderscheiden, namelijk het donkere, oude veenmosveen en het lichtere, jonge veenmosveen.
De basis voor de veenvorming rond Winterswijk werd tien eeuwen geleden gelegd. Op de in de voorgaande ijstijd ontstane dekzandruggen stagneerde op sommige plaatsen het water. Hierdoor ontwikkelden zich dichtbegroeide plassen met dikke sliklagen op de bodem. Door het droger worden van het milieu kregen elzen en allerlei moerasplanten een kans. Het laagveen begon in hoogveen te veranderen, doordat het voedselarme regenwater steeds meer invloed kreeg en het veenmos zijn kans greep. Het werd de belangrijkste plantesoort en het oude veenmosveen ontstond. Vermoedelijk door droogte kwam er stagnatie in de veenvorming (Laag van Weber), waarna de jonge veenmosveenlaag zich vormde. ▷

Reliëf van de akkergronden gevolg van dekzandafzettingen en inspanningen van de mens
Ten oosten van Winterswijk, bij de Schoolweg, is het reliëf in het akkerlandschap duidelijk zichtbaar. De bolling is deels door geologische verschijnselen, deels door de mens veroorzaakt.
Tijdens de Weichsel-ijstijd werd in het gebied rond Winterswijk dekzand afgezet. Hierdoor werd het oorspronkelijk reliëfrijke plateaulandschap grotendeels genivelleerd, maar er ontstonden ook enkele zandruggen. Deze ruggen vormen dikwijls de kernen van de oude bouwlanden die door ontginning van de ter plaatse ontstane loofbossen werden aangelegd. Hoewel de eerste boeren op deze gronden aanvankelijk profiteerden van de vruchtbare bosgrond, moest er al snel bemest worden. Dit gebeurde met materiaal uit de potstallen, waardoor de akker steeds hoger werd. ▽

Beken ontwikkeld door reliëf
De Ratumse beek is een onderdeel van het uitgebreide bekenstelsel dat het gebied rond Winterswijk doorsnijdt. Door de dichte ondergrond van tertiaire klei en keileem stagneerde op sommige plaatsen het overtollige water. Dit had veenvorming tot gevolg, maar ook het aan de dag treden van grondwater op de flanken van de plateaus in de vorm van bronnetjes en miniatuurbeekjes.
Aanvankelijk voerden de beekjes het water slechts af naar nabijgelegen laagten. Nadat de mens de afwatering in het gebied voor agrarische doeleinden verbeterde, konden de bekenstelsels zich door het aanwezige reliëf ten volle ontplooien. Op sommige plaatsen zijn de beken vrij diep in de ondergrond ingesneden. Waar de stroomsnelheid plotseling afnam, werden beekgronden afgezet. Door het grote verhang kwam dit echter maar weinig voor. ▷

ONTSTAAN

Door veenmos gesmoord
In het Vragenderveen zijn hier en daar nog resten te zien van vroegere woudreuzen. Men noemt dit hout, dat duizenden jaren in het veen is geconserveerd en daardoor niet snel vergaat, kienhout.
Deze boomstompen vormen het bewijs dat hier ooit echte woudreuzen hebben gestaan. Deze grote bomen zijn uiteindelijk van het toneel verdwenen doordat het veenmos de wortels volkomen overwoekerde en zo verstikte. ◁

Vormer van hoogveen
Zonder het veenmos zouden de veengebieden nooit zijn ontstaan. Door zijn bijzondere eigenschappen weet het uiteindelijk zelfs grote bomen te verdringen. Het vormt namelijk kussens die van boven aangroeien en aan de onderzijde afsterven. Op den duur sluiten deze het grondwater af, waardoor het milieu zeer voedselarm wordt en de bomen sterven. Zelf kan het veenmos vele malen zijn eigen gewicht aan regenwater bevatten. Het voedsel dat hierin zit is voor het mos voldoende. ▷

Grootste zwerfsteen
Bij het voetbalveld van Meddo, ten noordwesten van Winterswijk, staat de grootste zwerfsteen opgesteld die ooit in Nederland is gevonden.
Het landijs heeft tijdens het Pleistoceen veel zwerfkeien naar Nederland meegevoerd, maar de 'Kei van Meddo' is met een gewicht van ca. 38 ton een bijzonder exemplaar. Het granieten gevaarte werd in 1972 in een akker gevonden. Vervolgens ontbrandde er een dorpstwist over de toekomstige standplaats – bij de kerk of het sportveld –, die de voetbalclub uiteindelijk won. ◁

Kalksteen 200 miljoen jaar oud
In de Winterswijkse steengroeven bij Ratum zijn diverse geologische verschijnselen die hier plaatsvonden duidelijk zichtbaar. Zo is in de wanden goed te zien dat de lagen muschelkalk ten gevolge van tektonische bewegingen een helling vertonen.
De muschelkalk werd ca. 200 miljoen jaar geleden door rivieren als slib in een ondiepe zee afgezet. De dikte van de laag is 25-30 m, zodat dit proces miljoenen jaren moet zijn doorgegaan. Op de kalksteenformatie kwamen latere afzettingen te liggen, maar die zijn door opheffing door bewegingen in de aardkorst, gevolgd door erosie, verdwenen. Tijdens de ijstijden en de periode daarna werd het geheel nog afgedekt door een dunne laag keileem en dekzand.
Behalve de door tektonische bewegingen ontstane helling in de kalksteenlagen zijn in de groevenwanden ook hier en daar breukvlakken zichtbaar. Doordat de lagen bij de breuken langs elkaar zijn geschoven, is het gesteente daar verpulverd. Op de bodem van de groeve liggen veel klompen schotelvormig op elkaar gestapelde kleiafzettingen. Dit is de zogenaamde 'schoteltjeslaag', een laag met veel krimpscheuren door het afwisselend droogvallen van de zeebodem en vervolgens weer overstromen, waarna een nieuwe afzetting volgde. Ertussen zitten soms nog resten van vissen of kreeftachtigen, waaruit kan worden opgemaakt dat er steeds weer een zeemilieu ontstond.
Behalve fossielen zijn er in de muschelkalk ook allerlei mineralen te vinden, met name 'Winterswijks goud' of pyriet. △

289

OMGEVING WINTERSWIJK

Achteraf stukje Nederland
Door de afzijdige ligging is het landschap rond Winterswijk tamelijk ongerept bewaard gebleven. Met de kampenontginning (A, B, 7, 8) heeft de mens de structuur van het beekdalenlandschap nog versterkt. Fraai liggen de Saksische boerderijen in het landschap, met vaak nog oude elementen zoals een waterput (C4).
Langs de beekoevers en in de omringende bossen leven tal van dieren, variërend van de waterspitsmuis (F5) tot de zwarte specht (C9). De bontgekleurde ijsvogel (E8) jaagt er op beekbewoners, zoals de zeldzame beekprik (E7). Een algemeen knaagdiertje van de bossen is de eekhoorn (E5). Zijn belangrijkste vijand, de boommarter (F9), observeert hem hier vanaf de andere beekoever. Een appelvink (C6, 7) wordt belaagd door een sperwer (C5, 6), die nauwelijks tweemaal zo groot is. In de vochtige bossen gedijen veel paddestoelen, zoals de grote sponszwam (E9) en de stinkzwam (D, E9).
Een ander belangrijk milieu bij Winterswijk wordt gevormd door de veengebieden. In dit terrein voelt de ree (D4) zich thuis. De velduil (D, E, F1) komt op de hogere gronden alleen in deze hoogveengebieden voor. Een hazelworm (F4) zoekt langs een ven naar klein gedierte. Aan planten groeien hier o.a. ronde zonnedauw (F4), wollegras (F3) en veenbes (F1).

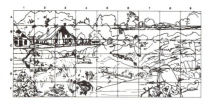

OMGEVING WINTERSWIJK

Van beekprik tot veenbes

De omgeving van Winterswijk telt een groot aantal rijke natuurgebieden. Speciale vermelding verdienen de beken, met dieren als beekprik en ijsvogel, en de venen, met veenbes, gagel en blauwborst.

Laaglandbeken
De oevers van de Boven-Slinge zijn in het landgoed Bekendelle dichtbegroeid met een kruidenlaag, met o.a. groot hoefblad. Wie even rustig aan de beek gaat zitten, maakt een grote kans een ijsvogel te zien.
De beken in het Winterswijkse worden over grote lengte begeleid door loofbossen in en langs de beekdalen. Deze beschaduwen de beek, waardoor het water hiervan een vrij constante, tamelijk lage temperatuur heeft. In combinatie met de betrekkelijke zuiverheid van het water en de verschillen in hoeveelheid langsstromend water, stroomsnelheid en bodemtype, zijn de omstandigheden zeer gunstig voor een bijzondere waterflora en -fauna.
Op de lage, sterk door het beekgrondwater beïnvloede oevers vindt men het vogelkers-essenbos en het essen-iepenbos. Op de hogere oevers groeit het eikenhaagbeukenbos en nog hoger het beuken-eikenbos. In het voorjaar zijn de oevers wit en geel van de bosanemonen en sleutelbloemen. Echte beekvissen zijn beekprik en bermpje. Broedvogel is hier o.a. de grote gele kwikstaart. △

Flonkerend juweel
In steile beekoevers, zoals hier in de oever van de Boven-Slinge, is soms het broedhol van de zeldzame ijsvogel te zien. Het totale aantal Nederlandse broedgevallen wordt op circa 100 geschat. De vogel zelf is tamelijk schuw, maar als men zich verdekt langs de beek opstelt waar hij vermoedelijk broedt, krijgt men dit flonkerend juweel misschien wel te zien. Als een kleurige pijl scheert hij over het water, waarbij zijn vleugels een snorrend geluid maken.
Bij ons is de ijsvogel hoofdzakelijk standvogel, met dien verstande dat de jonge dieren meestal wegtrekken of rondzwerven. Wanneer 's winters de wateren dichtvriezen, sneuvelen veel exemplaren. Soms trekt de ijsvogel dan zelfs naar zout en brak water, waar de kans op overleven groter is doordat het water langer open blijft.
De nestholte wordt door beide ouders gegraven en gestoffeerd met visgraten. Mannetje en vrouwtje broeden afwisselend. De jongen komen na ca. 3 weken uit het ei. Ze blijven dan nog 4 weken in het nest. Door de rottende etensresten en uitwerpselen stijgt er uit een bewoond hol een ondraaglijke stank op. △

Amfibieën
Kikkerlarven in een plasje in een steengroeve bij Ratum. Vermoedelijk betreft het hier larven van de bruine kikker. Andere kikkers die in het gebied voorkomen zijn de zeldzame heikikker, de groene kikker en de bedreigde boomkikker. Aan padden komen hier de rugstreeppad en de gewone pad voor, en mogelijk ook nog de uiterst zeldzame knoflookpad. ▽

NATUUR

Kleurrijke wegranden
Wilgeroosje kleurt hier een wegberm bij Brinkheurne. De wegbermen zijn in het gebied rond Winterswijk op sommige plaatsen nog vrij gevarieerd, met name in de oude agrarische gebieden. Men vindt hier ook nog veel houtwallen en hakhoutbosjes met een weelderige ondergroei. ▷

Veel kleine bospercelen
De hoge delen van het landgoed Bekendelle zijn beplant met grove dennen, maar in de nabijheid van de Boven-Slinge is het bos nog bijzonder gevarieerd. Bekendelle is een van de honderden kleine tot soms nog vrij uitgestrekte bospercelen die dit gedeelte van de Achterhoek rijk is. Een opmerkelijk feit is dat door de afwisseling in het landschap van bosgebieden en open terreinen alle in Nederland voorkomende roofvogelsoorten hier worden aangetroffen.
Als tegenhanger van de hooggelegen dennenaanplant ligt bij de Slinge nog een stuk moerasbos waar de elzen en essen 's winters en in het voorjaar met hun stam in het water staan. Hiertussen groeien pollen gele lissen, dotters, sleutelbloemen en pinksterbloemen. ▽◁

Zeldzaam milieu
Karakteristiek voor het Vragenderveen en de andere veengebieden bij Winterswijk is het stelsel van veendijken, met in het tussenliggende veen de oude eenmansputten. Belangwekkend is dat het veen in deze putten regenereert, zodat men er allerlei stadia van hoogveenvorming kan aanschouwen.
In het regenererende hoogveen treft men op de relatief hogere delen gagel, waterdrieblad en moeraswederik aan. Op de lagere plaatsen groeien o.a. veenpluis en kleine zonnedauw. Waar nog kleine veldjes dopheide voorkomen kan men zeldzaamheden verwachten als beenbreek en klokjesgentiaan. Op en bij de veendijken vindt men veenbes, bosbes en rijsbes. In het Vragenderveen liggen nog enkele door gagelstruweel omgeven vennen, waarvan het water echter zó voedselrijk is geworden dat de waterlelie er gedijt. In het door de Vereniging tot Behoud van Natuurmonumenten beheerde Korenburgerveen heeft men door maaien met de zeis een blauwgrasland geschapen, met een rijke flora van o.a. blauwe knoop, welriekende nachtorchis en moeraswederik.
De veengebieden herbergen een rijk vogelleven, met als kenmerkende soorten de blauwborst, de roerdomp en de velduil. Men hoort en ziet er echter ook nog tal van kleine zangers, zoals snor en sprinkhaanrietzanger. De fitis is er alomtegenwoordig, evenals winterkoning en diverse mezen.
Van de reptielen is de kleine of levendbarende hagedis geen zeldzaamheid en in heideresten leven adder en hazelworm. △

Witgesterde blauwborst
Een zeldzame broedvogel van moerasbos in de veengebieden bij Winterswijk is de witgesterde blauwborst. Een enkele maal is hier op de trek ook de roodgesterde ondersoort te zien, die in Scandinavië thuishoort.
Een vereiste voor de aanwezigheid van de blauwborst is een vrij lage begroeiing met daartussen opgaande elementen. Het mannetje heeft dit milieutype namelijk nodig voor zijn baltsgedrag. Hij begint zijn vertoon laag bij de grond en eindigt in het topje van een struik. Het nest ligt op een verborgen plekje op de grond. Zijn voedsel bestaat uit insekten en soms bessen. △

Grote sponszwam
Een van de paddestoelen die men in Bekendelle kan ontmoeten is de grote sponszwam. Hij groeit aan de voet van een naaldboom en is gemakkelijk te herkennen aan de talloze vertakkingen met gebogen en gedraaide lobben, die hem een sponsachtig uiterlijk geven. △

OMGEVING WINTERSWIJK

Hoeven verspreid tussen het groen

Vanaf de middeleeuwen ontwikkelde zich in het gebied rond Winterswijk een nederzettingenpatroon dat werd gekenmerkt door verspreid liggende hoeven met een beperkt aantal percelen akkerland.

Steengroeven bij Ratum
De meest westelijke van de drie steengroeven bij Winterswijk, enkele kilometers ten oosten van de stad aan de Steengroeveweg. Het totale oppervlak van de drie steengroeven bedraagt ca. 10 ha.
De kalksteen wordt bij Winterswijk vanaf eind 1932 gewonnen. De jaarlijkse produktie bedraagt ca. 200000 ton. Het merendeel hiervan (ca. 170000 ton) dient als vulstof in de asfaltindustrie. De rest gaat naar de kunstmestindustrie. De meststof is het magnesium in de dolomiet, terwijl de kalk dient voor verbetering van de grond. Men heeft getracht de kalksteen als 'Winterswijks marmer' aan de man te brengen, maar het gesteente bleek veel te bros. Echt marmer ontstaat wanneer kalksteen aan hoge temperatuur en druk wordt blootgesteld, zoals bij vulkanisme. Bij boringen werd hier in 1924 min of meer bij toeval de eerste Nederlandse aardolie gewonnen. △

Akkers constant opgehoogd
Op tal van plaatsen rond Winterswijk doet het agrarische landschap nog tamelijk kleinschalig aan, zoals hier aan de rand van het Brinkheurnseveld.
De essen lopen in het Winterswijkse vaak enigszins bol. Dit komt door de vorm van de dekzandruggen, maar vaak ook door het eeuwenlang opbrengen van strooisel uit de bossen en met mest verrijkte heideplaggen uit de potstal. Berekeningen op grond van oude gegevens geven aan dat voor elke 4 ha bouwland jaarlijks 3 ha heide werd afgeplagd. Het is duidelijk dat de akkers hierdoor werden opgehoogd. Aangezien de heide een kleine 10 jaar nodig had om zich te herstellen, moest men per 4 ha bouwland over 25–30 ha heide beschikken. ▽

Eenmansputten
Behalve dat men in het Vragenderveen voor demonstratiedoeleinden stukken heide ter grootte van een eenmansput heeft afgestoken (*links*), zijn er ook nog vele met water gevulde putten uit een recent verleden te zien (*rechts*). Laatstgenoemde dateren vermoedelijk uit de Tweede Wereldoorlog en vooral ook de eerste jaren daarna, toen men weer behoefte kreeg aan turf als brandstof.
De grootte van de put of het petgat (ter plaatse ook wel 'boerekuil' genoemd) werd bepaald door de hoeveelheid turf die iemand in één dag kon steken. Wanneer men de volgende dag terugkwam, had het grondwater de kuil namelijk al in bezit genomen. △

CULTUUR

Scholteboeren oppermachtig
De vaak herenhuisachtige boerderijen, zoals deze bij de Linkse Wooldseweg, geven uiting aan de welstand van de vroegere scholteboeren.
De scholten waren boeren die oorspronkelijk door de graaf van Lohn werden aangesteld als rentmeester over de hofgoederen. Tevens ressorteerde de lokale rechtspraak onder hen. Toen de macht van de adel taande, nam die van de scholteboeren nog meer toe. Door verstandige belegging hadden ze zo'n economische machtspositie verworven, dat zelfs de adel geld van hen leende. Tijdens de Franse overheersing raakten ze hun rechterlijke macht kwijt. △

Italiaanse Meren
Dicht tegen de Duitse grens, bij Kotten, liggen de Italiaanse Meren. Oorspronkelijk zijn het restanten van leemkuilen, waaruit de grondstoffen voor bakstenen werden gewonnen. Ook werden er van de tertiaire klei dakpannen vervaardigd. De helrode baksteen ziet men nog veel verwerkt in de boerderijen in de omgeving. Tegenwoordig behoort een aantal van de meren tot een camping, terwijl andere aan een hengelsportvereniging zijn verpacht. Stilstaand oppervlaktewater is verder vrij zeldzaam in de omgeving van Winterswijk. Het bekendst is de zand- en grindzuigplas 't Hilgelo, een belangrijk centrum voor dagrecreatie. ▽

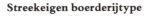

Streekeigen boerderijtype
Tussen Woold en Kotten, maar ook elders in het gebied rond Winterswijk, kan men nog verscheidene fraaie boerderijen bewonderen. Ze behoren van oorsprong tot het hallehuistype en komen voort uit het losse hoes.
De vorm van het losse hoes werd rond de 10e en 11e eeuw gewijzigd, toen het accent van de landbouw op de verbouw van graansoorten kwam te liggen. Vooral rogge en boekweit werden toen geteeld. De agrarische ontwikkeling kwam in die tijd op gang door de uitvinding van de van wielen voorziene ploegschaar en de ontdekking van bemesting met heideplaggen uit de potstal.
De boerderijen hadden in het midden de deel of halle met het woongedeelte, en links en rechts de stallen en slaapvertrekken. Het zadeldak van stro liep laag door tot op de zijmuren.
In de tweede helft van de 19e eeuw werden de lemen muren door rode baksteen vervangen en het stro van het dak door pannen. Typisch voor de omgeving van Winterswijk is de houten topgevel en de plaatsing van de schoorsteen in het schuine dakvlak doordat de stookplaats later in de zijmuur van het woongedeelte kwam. ◁

OMGEVING WINTERSWIJK

Saksische boerderijen en kabbelende beken

De parkachtige omgeving van Winterswijk met zijn bossen en beken, houtwallen, weilanden en akkers is een aantrekkelijk gebied om te wandelen en te fietsen. Kenmerkend zijn de kronkelende beken en de Saksische boerderijen aan de rand van het bouwland.

Houten topgevels
Karakteristiek voor deze streek zijn de boerderijen met hun rode pannendak en houten topgevel. Ze zijn ontstaan uit het oude Saksische hallehuistype. Oorspronkelijk werd een dergelijke boerderij uit leem en twijgen opgetrokken en met stro gedekt. De Freriksschure in Aalten is zo'n typische boerderij. ◁

Parklandschap
Het gebied rond Winterswijk kent een grote verscheidenheid van landschappen. Bouw- en weiland afgewisseld met loof- en naaldbossen, waaraan de verspreid liggende boerderijen en de nog ongerepte beekdalen in de natuurgebieden een extra accent geven.
Aantrekkelijk zijn ook de aardige dorpen als Aalten en de oude vestingstadjes Groenlo en Bredevoort. Van grote betekenis voor de ontwikkeling van het Winterswijkse waren de zogeheten scholten. Deze scholten waren boeren die door gouwgraven als rentmeesters werden aangesteld. Zij inden voor de gouwgraaf de belastingen en kregen ook de rechtspraak in handen. Daarnaast bleven de scholten boeren. De ontginningen die vanaf de 12e eeuw plaatsvonden, stonden onder leiding van de scholteboeren. De kleine keuterboertjes legden zich als bijverdienste toe op de linnenweverij. Daartoe werd veel vlas verbouwd in de omgeving. Uit deze huisnijverheid ontstond op den duur de textielindustrie in Winterswijk, Aalten en Groenlo.

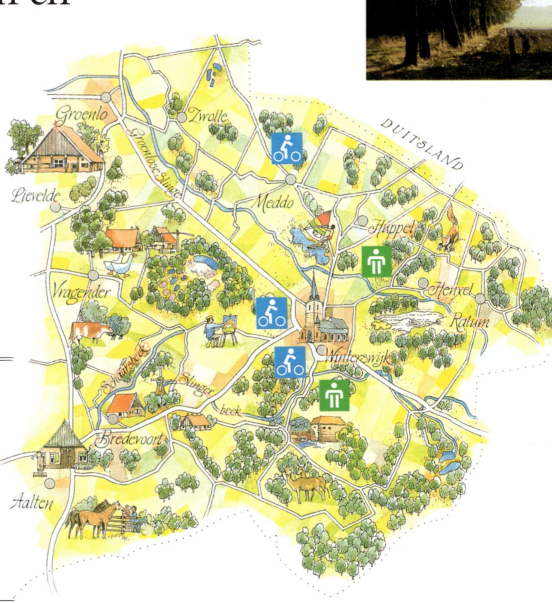

OP STAP

Keileem
Plaatselijk is de afvoer van water op de akkers heel slecht. Dit komt doordat in de ondergrond keileem aanwezig is, een stug en ondoorlatend mengsel van leem, zand en keien. Dit keileem is hier afgezet tijdens de Saale-ijstijd en is nu nog terug te vinden op de hogere gronden rondom de plaats Winterswijk.
Later kwam daar dekzand overheen. Op de hoogste gronden kwamen de akkers, op de wat lager gelegen gronden de weilanden. Op plekken waar het overtollige water zich verzamelde, ontstond hoogveen. △

Molenfietstocht
Deze route voert u vanuit Winterswijk langs een aantal wind- en watermolens. De lengte van de tocht bedraagt ongeveer 30 km. In Winterswijk fietst u eerst richting Vreden. U slaat rechtsaf en passeert molen De Bataaf. Verder fietsend in zuidoostelijke richting langs de Stemerdink- en de Schoolweg gaat u een bruggetje over de Slinge over. Bij watermolen Den Helder gaat u weer de brug over en rijdt dan zuidwaarts. Nogmaals de Boven-Slinge over en u staat voor watermolen Berenschot. Via zandpaden en fietspaden gaat het verder westwaarts tot aan de molen Prins van Oranje, een zogenaamde walkorenmolen uit 1872 op de stadswal van Bredevoort. Hij ligt aan de verkeersweg Aalten–Winterswijk. U volgt het fietspad langs deze weg en ziet aan de overkant de Meenkmolen. U vervolgt de tocht in de richting van Woold en Winterswijk. Binnen de bebouwde kom van Winterswijk komt u nog molen De Oude tegen. Er zijn plannen deze molen, die in de volksmond Veenemansmolen heet, in te richten als museummolen.

Molens
De molenfietstocht in de omgeving van Winterswijk brengt u o.a. bij molen De Bataaf. Wieken heeft deze molen niet meer, maar hij is nog wel in gebruik voor het malen van graan, al is het dan niet op windkracht. Twee watermolens vindt u op uw pad, beide gelegen aan de Slinge en eertijds behorend tot de havezate Plekenpol. Watermolen Den Helder is een dubbele molen, bestaande uit een koren- en een oliemolen die hier waarschijnlijk al rond 1300 in bedrijf was. Watermolen Berenschot heeft een zogenaamd onderslagrad en werd gebouwd in 1749 op de plaats van een watermolen uit circa 1625. De Meenkmolen, die zijn naam ontleent aan de ertegenoverliggende scholteboerderij Meenk, is een zogenaamde beltmolen uit 1851. Hij bestaat uit een achtkante, met schaliën bedekte houten romp, die op een stenen voet is geplaatst. ◁

Golvende essen
De omgeving van Winterswijk laat een landschap van beken, bossen, landgoederen, golvende essen en oude boerenerven zien. Kenmerkend voor deze streek zijn de verspreid liggende boerderijen. Ze liggen aan de rand van de es of enk, zoals het hier genoemd wordt, het ontgonnen stuk grond dat als bouwland in gebruik werd genomen. De landbouw bestond van oudsher uit gemengde bedrijven. Op de lager gelegen gronden langs de beken bevonden zich de hooi- en weilanden. Het bos leverde hout als brandstof en de nabijgelegen venen turf. Nog steeds wordt het gemengd bedrijf uitgeoefend, hoewel de intensieve veeteelt, zoals varkens- en kalvermesterijen en pluimveehouderijen, zich meer en meer ontwikkelt. Vroeger werd op de akkers vooral rogge en boekweit verbouwd, tegenwoordig vaak snijmaïs dat tot veevoer wordt verwerkt. Op de lager gelegen gronden werd ook vlas geteeld. Deze teelt verdween toen de katoen werd ingevoerd. △

OMGEVING WINTERSWIJK

Fietstocht Italiaanse meertjes
Deze route begint in Winterswijk en heeft een lengte van ongeveer 50 km. U vertrekt in westelijke richting en passeert de trimbaan in de bossen van het Rommelgebergte. U bereikt nu het boswachtershuis Den Oppas bij het Korenburgerveen. Het veen kan onder leiding van de opzichter na afspraak bezocht worden.
Dan gaat het zuidwaarts tot aan de Meenkmolen. Hier buigt de tocht af naar het zuidoosten. U komt bij een grote zwerfkei, overblijfsel uit de ijstijd, en passeert de scholteboerderij Roerdink. Langs de kaasboerderij en herberg de Harmienehoeve, die u kunt bezoeken, en het Wooldse veen bereikt u dan de Italiaanse meertjes. Over een zandweg die vlak langs de Duitse grens loopt vervolgt u de tocht. Bij de verkeersweg Winterswijk–Oeding verandert het zandpad in een klinkerweg. U steekt de Slinge over en buigt linksaf, waarna u terugfietst naar Winterswijk.

Scholteboeren
Karakteristiek in dit gebied is de beplanting langs de wegen, aangelegd door de scholteboeren. Waar het plantrecht van een scholteboer ophield en dat van een ander begon, werd ter markering een rode beuk geplaatst.
Een scholteboer was oorspronkelijk de vertegenwoordiger van de grootgrondbezitter. Toen de macht van de adel afnam, werden de scholteboeren de nieuwe grootgrondbezitters. In de 17e en 18e eeuw waren ze op het toppunt van hun macht en rijkdom. Ze bezaten grote landgoederen, bestaande uit scholtehoeve, landbouwgronden, bossen en velden. ◁

De Italiaanse meertjes
Met de hiernaast beschreven fietstocht komt u ook bij de Italiaanse meertjes, een recreatiegebied bij Kotten. Aan de oevers van de meertjes groeien naaldbomen, die zich rustiek in het water spiegelen. Deze meertjes zijn geen vennen, maar volgelopen leemputten. Uit deze putten werd de tertiaire klei gewonnen, de grondstof voor de fabricage van bakstenen en dakpannen die bij de bouw van boerderijen de leem en het stro gingen vervangen. Deze vorm van baksteenfabricage werd later vervangen door de steenfabrieken, voornamelijk gevestigd rond Groenlo en Winterswijk. ▽

Meer open landschap
Aan het eind van de 19e eeuw veranderde door het gebruik van kunstmest de bedrijfsstructuur in de landbouw. Men ging zich meer toeleggen op de veeteelt. De resterende heide en venen werden grotendeels ontgonnen en in cultuur gebracht. Het nieuwe landschap dat ontstond is veel opener en rechtlijniger dan dat van de met houtwallen beschermde gronden. Als afscheiding ziet men hier greppels en prikkeldraad. ▷

OP STAP

Slinge
Oorspronkelijk geschiedde de afwatering van deze streek alleen door de Groenlose en Aaltense Slinge. Om de waterhuishouding van de landbouwgronden te verbeteren werden veel beken gekanaliseerd en werden zijarmen gegraven. Het huidige bekenpatroon is dus sterk door de mens bepaald. Tijdens de fietstocht naar de steengroeve gaat u bij watermolen Den Helder de afgebeelde Boven-Slinge over. △

Fietstocht steengroeve
Voor deze route kunt u in het ten noorden van Winterswijk gelegen Meddo starten. De lengte van de tocht bedraagt ongeveer 50 km. Over deels asfalt-, deels zandwegen rijdt u richting Winterswijk. Links van u ligt het recreatiegebied 't Hilgelo. De naam Hilgelo betekent heilig bos. Over de Ravenhorstweg bereikt u Winterswijk waar u in juli en augustus de 15e-eeuwse Nederlands Hervormde kerk kunt bezichtigen. U laat het centrum van Winterswijk achter u en gaat in de richting van Woold. Bij watermolen Den Helder aan de Slinge gaat u de brug over en volgt u het zandpad. De tocht buigt af naar het oosten door het Vossenveld naar enkele open steengroeven, gelegen bij Ratum. Verder langs scholteboerderij Willink en een grote zwerfkei op een kruising. U passeert het in de jaren dertig herbouwde Scholtenhuis. Over de Ratumseweg komt u bij Beerninkhoek. Door het Mastenveld en langs het Notarisbos fietst u verder in noordwestelijke richting. Bij de Lemmeneseweg gaat u linksaf naar Meddo.

Steengroeve
Kenmerkend voor het gebied rond Winterswijk is, dat er zeer oude geologische gesteenten dicht onder het aardoppervlak voorkomen. Op enkele plaatsen komen lagen schelpkalk (175 miljoen jaar oud) en zandsteen aan de oppervlakte. Bij Ratum, ten oosten van Winterswijk, liggen steengroeven waar in dagbouw mergel wordt gewonnen. Anders dan de Zuidlimburgse mergel wordt deze gebruikt voor de kunstmestfabricage en als vulstof voor asfalt. In de groeve kan men behalve de schelpkalk of Muschelkalk uit het Trias ook fossielen en de mineralen pyriet en calciet vinden. De bijzondere geologische structuur van de bodem brengt ook met zich mee dat hier planten worden aangetroffen die elders in Nederland vrijwel niet voorkomen. ▷

OMGEVING WINTERSWIJK

Groot hoefblad
De Boven-Slinge in het natuurgebied Bekendelle heeft een nog ongerept beekdal met een bijzondere plantengroei aan de oevers. Er zijn zeldzame mossoorten te vinden, maar ook de grote, hartvormige bladeren van het algemeen voorkomende groot hoefblad, dat eveneens graag een vochtig plaatsje heeft.

Rijk aan bos
Opvallend is de rijkdom aan kleine en grote loofbossen in dit gebied. Te zamen met de beken, hoogvenen en de agrarische gronden vormen die een afwisselend kleinschalig landschap, waar bijvoorbeeld alle in Nederland voorkomende roofvogelsoorten worden aangetroffen. In de jonge heide-ontginningen komen nog heiderestanten en bosjes voor. De houtwallen bestaan uit bomen als eiken, berken, elzen en populieren. De grond is meestal als grasland in gebruik en trekt weidevogels aan als grutto, kievit, watersnip, tureluur en wulp.

Wandeling Bekendelle
Het beginpunt van de wandeling is bakkerij Berenschot, die zo'n 2,5 km buiten de bebouwde kom in het Woold ligt. De lengte van de tocht bedraagt ongeveer 10 km. Na de brug met de oude watermolen slaan we linksaf een zandpad in en lopen door tot een stenen brug over de Slinge. Hier groeit de zeldzame bospaardestaart en met een beetje geluk ziet u boven de beek zo'n prachtig blauw ijsvogeltje. Over de spoorbaan gaat u weer de Slinge over en tussen twee boerderijen door. Nogmaals de spoorbaan kruisen en verder in oostelijke richting. Over een zandweg en een bospad komt u op de Nieuwe Wooldseweg die u een stukje zuidwaarts volgt. Dan neemt u de zandweg links langs boerderij 't Middelkamp. Wandelend in noordelijke richting passeert u een houtzagerij. Op de terugweg naar het Woold komt u nog een mooie Saksische vakwerkboerderij tegen met een bakhuis erbij. De zandweg blijven volgen tot u weer op de Rechtse Wooldseweg uitkomt, vlak bij het uitgangspunt, bakkerij Berenschot.

Bekendelle
Door het natuurreservaat Bekendelle loopt de Boven-Slinge. De beekbossen beschaduwen de beek en samen met de betrekkelijke zuiverheid van het water en de verschillen in bodemtype en stroomsnelheid leidt dat tot een bijzondere plantengroei en dierenleven. Een aantal zeldzame insekten wordt hier aangetroffen en in de beek komen specifieke vissen voor als de beekprik en het bermpje. Typisch aan beekoevers gebonden vogels zijn de ijsvogel en de grote gele kwikstaart.

OP STAP

Ransuil
In het gebied rond Winterswijk zijn alle in Nederland voorkomende roofvogelsoorten vertegenwoordigd. In oude naaldbossen kunt u bijvoorbeeld ransuilen waarnemen, vrij algemene uilen met oranje ogen en oorpluimen. Ze nestelen in oude nesten van grote vogels en soms op de grond. Afgebeeld is een jonge ransuil. Verder komen er veel zang- en bosvogels voor, zoals de appelvink met zijn kenmerkende forse snavel. Ook treft men er bijzondere zoogdieren aan als boommarter en hazelmuis. ◁

Stinkzwam
De vochtige beekdalen en heidegebieden zijn een goede voedingsbodem voor allerlei paddestoelen. U kunt er bijvoorbeeld de algemeen voorkomende grote stinkzwam tegenkomen. Hij doet zijn naam eer aan en is oneetbaar.
In het gebied Willink-Weust ligt een vochtige leemheide waar zeldzame planten groeien als driedistel, blauwe zegge en karwijselie. De eertijds ondoordringbare moerassen vormden een natuurlijke grens. ▷

Vingerhoedskruid
Van juni tot november bloeit in de bossen het purperen vingerhoedskruid, met vingerhoedvormige bloemen. Het is een giftige plant waarvan de giftige stoffen digoxine en digitoxine in geringe hoeveelheden worden gebruikt als medicijn voor hartpatiënten.
In het voorjaar zijn de beekoevers dichtbegroeid met witte bosanemonen en gele slanke sleutelbloemen. In het natuurreservaat Bekendelle groeit de zeldzame bospaardestaart, een weinig opvallende plant. ▷

Wilde frambozen
Op uw tocht door het bos komt u ook eetbare zaken tegen. De afgebeelde wilde frambozen bijvoorbeeld. En ook bramen slingeren zich door de ondergroei.
Het eertijds uitgestrekte hoogveengebied ten noordwesten van Winterswijk is al sinds de middeleeuwen gestadig afgegraven. Op voedselarme oude veendijken kan men hier nog de zeldzame rijsbes vinden. △

Wandeling Döttenkrö
Het startpunt van deze route is uitspanning de Lappenschaar in Henxel. De lengte van de wandeling bedraagt ongeveer 7,5 km. U loopt door Döttenkrö, een 27 ha groot gebied van oud loofbos en cultuurland, waar de Ratumse beek doorheen stroomt. Het pad volgt een tijdje de beek. Aan de rand van het bos gaat u rechtuit het zandpad in, in de richting van Winterswijk. De wandeling buigt af naar het oosten. U passeert de sportvelden en slaat tegenover een boerderij een zandweg met steenslag in. De weg loopt evenwijdig aan de Willinkbeek, die u oversteekt. Over een zandweg loopt u tussen de akkers door en passeert u een aantal boerderijen. Vlak voor de brug over de beek slaat u linksaf en bereikt ten slotte de Lappenschaar weer.

GELDERSE POORT

GELDERSE POORT

De monumentale entree van een indrukwekkende rivier

Door een poort van stuwwallen maakt de Rijn haar entree in ons land. In lang vervlogen tijden was die binnenkomst heel wat onstuimiger dan nu. Maar de mens heeft de rivier manieren geleerd. Statig verlaat ze nu Duitsland om zich op enige kilometers voorbij Lobith gewillig op te splitsen in Waal en Nederrijn.

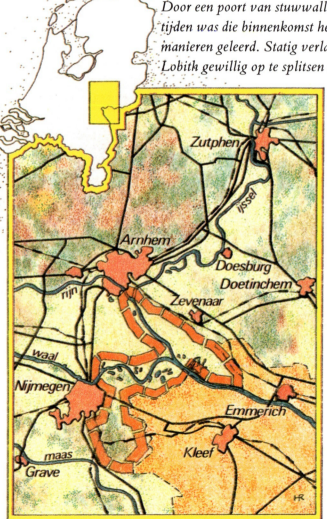

Nijmegen
Van de rijke en bewogen geschiedenis van Nijmegen is betrekkelijk weinig bewaard gebleven. Een van de oorzaken: de grote verwoestingen aan het einde van de Tweede Wereldoorlog, toen de stad aan de Waal geruime tijd frontstad was en onder andere een verwoestend luchtbombardement moest ondergaan.

Nijmegen ontstond omstreeks het begin van onze jaartelling als een Romeinse vesting, ter verdediging van de rijksgrens langs de Rijn. Later, na de Bataafse Opstand onder Julius Civilis (69–70), was er zo'n dertig jaar lang een Romeins legioen gelegerd. Van de middeleeuwse ommuring van de stad resteert onder andere deze 15e-eeuwse Kruittoren in het Kronenburgerpark. △

Roerdomp
De Waal heeft vooral tussen Nijmegen en Millingen een aantal oude rivierlopen achtergelaten. De meeste bevatten nu stilstaand water dat nogal voedselrijk is en waarin zich een verlandingsproces voltrekt dat vergelijkbaar is met dat in laagveenmoerassen elders in het land. Waar dit proces het stadium van het rietmoeras heeft bereikt, broedt onder andere de roerdomp. Het is een schuwe, reigerachtige vogel die voornamelijk leeft van vis en daarom in strenge winters al gauw in moeilijkheden komt. Zijn verborgen bestaan wil hij dan nog wel eens afleggen om in de buurt van boerderijen naar eten te zoeken. De roerdomp is vooral bekend om de paalhouding die hij in tijden van gevaar aanneemt. Met de gestreepte hals uitgestrekt en de snavel omhoog maakt hij zich dan tussen het riet praktisch onzichtbaar. △

INLEIDING

Vizierstuwen
Rijn en Waal zijn lange tijd grillige en moeilijk te beteugelen rivieren geweest. Ze hebben in het verleden talloze malen hun bedding verlegd, overstroomden het land, braken door hun dijken, slibden dan weer dicht waardoor ze voor de mens hun functie als verbindingsweg of verdedigingslinie verloren en beïnvloedden praktisch tot aan hun uitmonding in zee het landschap.
De Nederlandse waterbouwkundigen hebben de strijd tegen de wispelturige stromen eigenlijk pas na de Tweede Wereldoorlog definitief in hun voordeel kunnen beslissen. Een van hun wapens in de strijd: de bouw van de grote vizierstuwen met beweegbare stalen wanden. ▽

Waal
De Waal splitst zich bij Pannerden af van de Rijn en zoekt zich verder zelfstandig een weg naar zee. Sinds 1700, toen de Rijn op belangrijke punten in haar loop was dichtgeslibd, is de betekenis van de Waal toegenomen. Dat blijkt alleen al uit het volume dat ze vervoert. Van het water dat de Rijn bij Lobith ons land binnen brengt draagt de Waal ongeveer 70% naar zee en de Beneden-Rijn zelf slechts 18% (de resterende 12% gaat via de IJssel en het IJsselmeer naar de Waddenzee). Het punt waar de Waal zich afsplitst lag niet lang geleden veel verder naar het oosten. Tot het begin van de 18e eeuw gebeurde dat in het Duitse Schenkenschanz. ◁

Gelderse Poort
Kort voorbij het punt waar de Rijn ons land binnenkomt, en vlak voor de plaats waar de rivier zich splitst in de Waal (naar links) en het Pannerdens Kanaal, in de linkerbovenhoek van de foto, ligt rechtsonder het dorp Tolkamer, waar per jaar zo'n 200 000 schepen de grensformaliteiten moeten vervullen.
Even verderop zou een luchtopname van grotere hoogte laten zien hoe de gesplitste Rijn zich tussen de stuwwallen van Montferland en Groesbeek door definitief toegang verschaft tot Nederland. Aan die 'poort' tussen twee hoogten dankt het in dit hoofdstuk beschreven gebied zijn naam: de Gelderse Poort. ▽

Tichelgaten
Omstreeks 1200 ontdekten kloosterlingen in Nederland opnieuw de kunst van het steenbakken. In de Romeinse tijd was dat procédé hier ook al toegepast, maar het geheim ervan was mét de Romeinen uit deze streken verdwenen. Het duurde overigens tot de 18e eeuw voor het bakken van steen fabrieksmatig werd aangepakt. Tot dan toe bakte men stenen op de plek waar men ze nodig had en waar de grondstof ervoor (klei) aanwezig was. Dat gebeurde in zgn. veldovens, waarin de kleimoppen met behulp van hout of turf werden verhit tot ze hard waren geworden.
De steenfabrieken verrezen vooral in het rivierengebied. Waar ze hun grondstof weghaalden ontstonden kleiputten of tichelgaten: diepe wonden in de uiterwaarden die aan hun lot werden overgelaten. In die gaten ontwikkelden zich water- en moerasgebieden met een geheel eigen vegetatie. △

GELDERSE POORT

Grillig water als architect van een levendig landschap

Tot lang na de komst van de mens speelde het water in de Gelderse Poort zijn eigen spel. Het overstroomde het land en trok zich weer terug, het zocht met grote grilligheid naar nieuwe beddingen, het brak door de eerste dijken, bouwde stroomruggen en oeverwallen op, vormde komgronden en vrat kolken uit. En door dat alles bouwde het mee aan een landschap vol variatie.

Persingen
Tussen Tolkamer en Nijmegen heeft het water in de loop van de tijd zijn bedding vele malen verlegd. Er liggen dan ook veel oude rivierarmen, te midden van kleigronden die bij vroegere overstromingen door Rijn en Waal zijn afgezet. Midden in het lage land ligt op een oudere opduiking van rivierstuifzand het dorpje Persingen, tegenwoordig onderdeel van de gemeente Ubbergen. Het kerkje dateert uit de 15e eeuw. De hoogte waarop Persingen is gebouwd is al in de prehistorie opgestoven uit zand dat door de rivier is aangevoerd. △

Uiterwaarden
Het landbouwkundig gebruik van een groot deel van het rivierengebied is in het verleden altijd beperkt geweest door de grillen van het water. Vooral het onbedijkte gebied, waarin de rivier vrij spel had, bleef onbewoond. Door de geïsoleerde ligging en het steeds aanwezige gevaar van overstroming was het vrijwel uitsluitend in gebruik als hooi- of weiland. In die situatie is in feite geen verandering gekomen. Nog altijd graast er vee in de uiterwaarden of wordt het gras er regelmatig gemaaid om te worden verwerkt tot hooi: waardevol voer voor het vee in de wintermaanden, als de graslanden langs de rivier onder water staan. Intussen is de betekenis van vele uiterwaarden sterk gestegen doordat we ze zijn gaan waarderen als natuurgebied en landschapselement. Agrarisch gezien mogen ze dan van marginale betekenis zijn, door hun natuurwaarden verdienen de meeste het om te worden ontzien. Of dat ook gebeurt is echter lang niet altijd zeker. ▽

Dijken
Dijken behoren tot de karakteristieke elementen van het rivierenlandschap, samen met uiterwaarden, waaien, kolken en oude rivierlopen. Van de eerste rivierdijken, die omstreeks 1300 zijn opgeworpen, is niets tastbaars overgebleven. Het waren tamelijk primitieve, lage kaden, die door de rivier met grote regelmaat werden doorbroken. De kolken of wielen herinneren aan die doorbraken. Later zijn de dijken steeds hoger en zwaarder geworden. De roep om dijkverbetering is echter nog steeds niet verstomd. En dat houdt weer een gevaar in voor sommige van deze kunstwerken, die gelden als 'lijnvormige archeologische monumenten'. ◁

ONTSTAAN

Zandwinning
Rivierzand en grind zijn altijd waardevolle grondstoffen geweest. Vroeger baggerden zand- en grindschippers ze op beperkte schaal uit de rivier zelf. Toen dat werd verboden omdat het een onbeheersbare invloed had op de loop van de rivier, werd de zandwinning verplaatst naar de uiterwaarden. Als gevolg ervan ontstonden grote oppervlakten open water, zoals De Bijland (te zien op de foto op bladzijde 305) en diverse andere plassen.
Hoewel zulke plassen vaak van grote betekenis zijn voor trekvogels kunnen ze lang niet alle als natuurgebied gehandhaafd blijven. Vele zijn nodig als concentratiepunten voor waterrecreatie. ▽

Ooypolder
Ten oosten van Nijmegen, tussen de Waal en de Duitse grens, liggen de Ooypolder en de Millinger Waard. Ze vormen een gebied vol oude rivierarmen en -strangen: herinneringen aan de grilligheid van het water en aan de pogingen van de mens het in zijn greep te krijgen. Een deel van het gebied, met verlandende kleiputten, grienden, hagen en grindgaten, heeft inmiddels de status van natuurreservaat. Andere delen echter worden, althans wat hun natuurwaarden betreft, bedreigd door ruilverkavelingsplannen. ◁

Bocht bij Nijmegen
Bij Nijmegen, ter hoogte van de twee bruggen – de verkeersbrug (op de foto) en de spoorbrug –, maakt de Waal een scherpe bocht. Die bocht is een knelpunt voor het drukke scheepvaartverkeer. Het in 1972 gelanceerde plan om de bocht af te snijden, waarbij een deel van natuurreservaat De Groenlanden verloren zou gaan, is van de baan. Met camera's en een 'verkeerstoren' worden de boten nu in goede banen geleid. Ook is de spoorbrug met een pijler midden in de vaargeul in 1983 vervangen door een zonder rivierpijlers. ▽

Bos en bomen
Het rivierenlandschap mag dan in eerste instantie kaal en open lijken, het is dat bij nadere beschouwing vaak niet. Op talloze plaatsen zijn levende en dode rivierarmen omzoomd met een grote variatie aan hoogopgaande vegetatie, variërend van verspreide boomgroepen en meidoornhagen tot moerasbossen, struwelen, dijkbeemden en andere dichte begroeiingen. Die wisselende houtbestanden zijn zeer rijk aan vogels, van water- en moerasbewoners tot grotere roofvogels als de slechtvalk, die hier tijdens de trek jagen. ▷

GELDERSE POORT

Het bonte leven in kolken, moerassen en uiterwaarden

Mens en water samen schiepen in het rivierengebied een bonte lappendeken van milieus. Daardoor ontstonden levenskansen voor een groot aantal levensvormen. Water- en moerasplanten, zeldzame rivierduinvegetaties, broed- en trekvogels, een enkel zoogdier en duizenden insekten: het rijke leven langs de rivier.

Moerasandoorn
Oude rivierlopen hebben meestal stilstaand en voedselrijk water. In een enkel geval echter, zoals in de Oude Waal bij Nijmegen, blijft een beperkte stroming bestaan. Daar groeit een karakteristieke rivierenlandplant als de moerasandoorn, soms wel een meter hoog en tussen juli en september bloeiend met dichte, paarsrode bloemtrossen. De knolvormige verdikkingen die zich in de herfst vormen aan de uitlopers werden vroeger wel gegeten. ◁

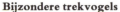

Bijzondere trekvogels
De oude rivierlopen in het gebied van de Gelderse Poort lokken met hun sterk wisselende vegetatie diverse bijzondere trekvogels aan, zoals de klapekster met zijn opvallend verenkleed in zwart, wit en grijs. Andere soorten die op de trekvogellijst van dit gebied staan zijn roodkeel- en parelduiker, roodhalsfuut, kwak, krooneend, wespendief, slechtvalk en witvleugelstern. Als broedvogel komen hier o.a. wouwaapje, roerdomp, kwartelkoning, zomertaling en zwarte stern voor. ▽

Hommel
Bepaalde delen van het rivierengebied zijn rijk aan insekten, onder andere de bloemrijke graslanden waar veel nectar en stuifmeel te verzamelen valt. De hommel is daar een veelgeziene verschijning. Hommels leven in kleine kolonies. In de herfst sterven ze, behalve de paar bevruchte wijfjes die in het voorjaar tussen graspollen of in verlaten muizeholen een nieuwe kolonie stichten. Uit de eerste eitjes ontwikkelen zich steriele werksters; pas later verschijnen de vruchtbare wijfjes en de mannetjes die voor de voortplanting moeten zorgen. ▽

Fruitbomen
Bedijkte uiterwaarden, overlaatgebieden en aangrenzende polders spelen in de streek van de Gelderse Poort al heel lang een rol als agrarisch gebied. Met name op de hogere gronden werden (en worden) gewassen verbouwd als rogge, haver en aardappels en vroeger ook wel boekweit en vlas. Op de oeverwallen lagen boomgaarden en werden bepaalde vormen van tuinbouw bedreven.
Van die boomgaarden is in deze streek niet zo erg veel over, tenminste niet als commercieel geëxploiteerde aanplant. De prachtig bloeiende appelbomen op deze foto tonen alleen al door hun vorm dat ze uit de tijd zijn. Hoogstammen als deze zijn, onder andere door de hoge kosten van de pluk, in de echte fruitgebieden al lang vervangen door de veel handzamere laagstammen.
Voor een goede bedrijfsvoering in de tuinbouw is intensivering nodig – maar die komt vaak weer in conflict met de natuurwaarden van het gebied. △

NATUUR

Grote centaurie
Tot de meest schaarse en sterkst bedreigde milieus van Nederland behoren de rivierduinen: zandophogingen die in een ver verleden zijn ontstaan door verstuiving in droge perioden van zand dat door de rivieren was aangevoerd. Wat er van over is wordt ernstig bedreigd door waterbouwkundige ingrepen, de behoefte aan zand en de groeiende massa's recreanten. Nog zeldzamer zijn de rivierduinvegetaties die permanent in gebruik zijn als hooiland. Langs Rijn en Waal liggen er nog een paar, onder andere in de buurt van Tolkamer. En daar groeit een plant, die verder alleen in Zuid-Limburg is te vinden: de grote of grootbloemcentaurie. Het is een familielid van de korenbloem en groeit vaak in gezelschap van andere zeldzame soorten. △

Grote lisdodde
Door het sluiten van de Spijkse Overlaat in 1968 verdween uit de Rijnstrangen bij Zevenaar het wildstromend water van een slechts ten dele beteugelde rivier. Dat had onder andere tot gevolg, dat daarmee verbonden planten als watergentiaan en glanzig fonteinkruid verdwenen en werden opgevolgd door soorten die een minder dynamisch milieu prefereren. Daartoe behoort ook de grote lisdodde. △

Oevervegetatie
De Oude Waal bij Nijmegen, een buitendijks gelegen, vroegere rivierloop met beperkte inundatie en stroming, heeft een zeer gevarieerde oeverbegroeiing. Overheersend daarin zijn de soorten van het zgn. Fluviatiele district zoals waterzuring, moerasandoorn en gele lis. Opmerkelijker is echter, dat er ook soorten groeien uit het Hafdistrict, dat wil zeggen: uit de laagveen- en kleigebieden van Noord- en West-Nederland. Tot die planten behoren onder andere de moeraswolfsmelk en de moerasmelkdistel. Dat hun zaden hier zijn terechtgekomen is niet zo vreemd; dat de planten er zich blijvend hebben kunnen vestigen is wél bijzonder. Het zal iets te maken hebben met de samenstelling van de bodem.
Wat die districten betreft: Nederland is door de plantengeograaf dr. J.L. van Soest ingedeeld in elf districten, elk met zijn eigen, karakteristieke soortenreeksen. De Gelderse Poort behoort tot het Fluviatiele district dat, globaal genomen, de dalen van Maas, Schelde, Rijn, Lek, Waal en IJssel omvat, de valleien van Gelderse en Oude IJssel, Overijsselse Vecht en Dinkel en de Zeeuwse en Zuidhollandse eilanden. ▽

Winter- en zomerbed
De uiterwaarden, nu vaak beschouwd als een waardevol natuurgebied, zijn in wezen een schepping van de mens. Toen hij de rivieren ging bedijken ontdekte hij al ras, dat hij daarmee waterpeil en stroomsnelheid versterkte en de rivier daardoor gevaarlijker maakte dan ze van nature al was. Om dat gevaar te verminderen werden de dijken later op enige afstand van de rivier gelegd. In de strook tussen stroom en dijk, de uiterwaarden, mocht het water in de winter zijn gang gaan. Het gebied tussen beide dijken wordt ook wel het winterbed van de rivier genoemd. Het is aanzienlijk breder dan het zomerbed. △

Gele lis
De gele lis, in de Gelderse Poort karakteristiek voor stagnerende rivierarmen, is de enige irissoort die in ons land inheems is. Wie een paarse vorm vindt heeft vrijwel zeker te maken met de Siberische lis uit Midden-Europa. Deze wordt hier wel gebruikt als tuinplant en wil nogal eens verwilderen. Op de foto groeit de gele lis in gezelschap van de kale jonker, een distelsoort die haar naam te danken heeft aan haar iele en schrale gestalte: hoog en met maar heel weinig vertakkingen. △

Zonsondergang
Een rivierenlandschap biedt elk moment van de dag prachtige vergezichten. Als u van fotograferen houdt, kunt u uw hart ophalen. Deze foto van een zonsondergang werd genomen bij de bocht in de Waal bij Nijmegen. De staak wijst de plaats aan waar een visser een fuik heeft uitgezet. △

309

GELDERSE POORT

Leven op en langs het zoete water

Het zoete water, stromend of stilstaand, bepaalt in grote mate het leven in de buurt van de rivier. Ook waar de mens actief is richt zijn werk zich meestal op wat het water doet of brengt of ooit achterliet, of hij nu boer is, schipper of winner van zand of grind.

Meidoorn
Verspreid in het rivierengebied, ook in dat van de Gelderse Poort, staan op verscheidene plaatsen nog oude meidoornhagen en -struwelen. Sommige zijn spontaan opgeslagen, andere, met name de hagen, zijn eens door de mens aangeplant als veekering of perceelbegrenzing. Vooral als de meidoorn wordt teruggesnoeid tot een haag kan hij zeer dicht en ondoordringbaar worden.
In de zomermaanden bloeit de meidoorn zeer weelderig; in het najaar draagt de struik (of boom) grote hoeveelheden rode bessen, die door lijsters, mezen en vinken graag worden gegeten. De meidoornhagen zijn op veel plaatsen verdwenen. Niet alleen omdat ze moderne landbouwmachines hinderen maar ook omdat ze, zeker in verwaarloosde vorm, een haard van perevuur zijn. △

Knobbelzwaan
De enige zwaan die in ons land broedt is de knobbelzwaan, te herkennen aan de oranje snavel en de zwarte knobbel daarop. De kleine en de wilde zwaan, die hier tijdens de trek verschijnen hebben beide een gele snavel zonder verdikking. In het rivierengebied foerageren ze graag in weilanden en uiterwaarden. ▽

Slechtvalk
De slechtvalk is in ons land geen broedvogel maar een herfst- en wintergast. In de meeste jaren verschijnt hij in september, om zo omstreeks april weer te verdwijnen naar zijn broedgebieden.
In het gebied van de Gelderse Poort is hij onder andere waargenomen bij de Oude Waal en in de buurt van De Bijland bij Tolkamer. Ook in de uiterwaarden is hij wel te zien. De meeste kans op een waarneming is in gebieden waar hoge uitkijkposten samengaan met een wijds en boomarm landschap in de buurt van open water. Meeuwenkolonies en concentraties van kieviten trekken deze stootvogel in het bijzonder aan, uiteraard omdat hij graag op deze vogels jaagt. Ook duiven en konijnen behoren tot zijn prooi.
Waarnemingen suggereren dat de slechtvalk in steile duikvlucht (zijn manier van aanvallen) een snelheid bereikt van 300 km per uur. Of dat klopt is moeilijk te zeggen; de snelheid van een vogel in de lucht is nu eenmaal moeilijk te meten. Wel is de vogel, juist om zijn behendigheid, vroeger veel afgericht voor de valkenjacht. ▷

Waterlelie
De waterlelie behoort zonder twijfel tot de fraaiste bloemen van onze flora. De roomwitte bloemen boven de glanzende, donkergroene bladeren leveren ook in de vele stilstaande wateren van de Gelderse Poort prachtige, romantische beelden op. Zeker als te midden van dat alles nog een paartje knobbelzwanen met jongen voorbijglijdt.
De grote bloemen van de waterlelie, op hun mooist tussen mei en augustus, groeien uit tot bolvormige doosvruchten. Deze zinken naar de bodem en zenden hun zaden naar de oppervlakte als de doorweekte zaadhulsels zijn opengebarsten. De zaden zitten in een slijmlaag. Zodra die is opgelost zakken ze opnieuw naar de bodem. Maar voor het zover is kunnen ze door wind of stroom al naar geheel andere plaatsen zijn gedreven. De dikke wortelstokken die uit de zaden ontstaan liggen op de bodem. ◁

NATUUR CULTUUR

Killen en strangen
Killen en strangen (de naam varieert per streek) zijn meestal natuurlijke wateren tussen buitendijkse gronden. Soms staan ze nog in verbinding met open water, in andere gevallen is dat niet of nog slechts ten dele het geval. Vaak zijn ze ontstaan doordat een rivier haar bedding verlegde in de ruimte tussen de dijken. In killen waar de rivier ook bij hoog water niet meer doordringt ontstaan meestal verlandingsprocessen met moeras en open water. ▽

Veekeringen
In het rivierengebied bestonden de veekeringen vroeger vaak uit hagen van meidoorns. Hoe dicht zulke hagen kunnen worden blijkt uit deze kale meidoorns. Voor kleine zangvogels zijn zulke dichte vegetaties ideale broed- en schuilgelegenheden. Het is daarom jammer dat er inmiddels zoveel zijn verdwenen. ▽

Gevinde kortsteel
De schaarse rivierduinvegetaties die regelmatig worden kortgehouden (als beheersmaatregel of omdat ze voortdurend in gebruik zijn als hooiland) bevatten een reeks planten, die in andere milieus doorgaans ontbreken of zeer zeldzaam zijn geworden, plaatselijke concentraties daargelaten.
Behalve de op bladzijde 309 reeds genoemde grote centaurie behoren tot deze vaak onopvallende planten het kruipend stalkruid, het duinriet, het kroonkruid en de hieronder afgebeelde gevinde kortsteel. Achter die naam verschuilt zich een overblijvende, lichtgroene grassoort, die verder alleen maar gevonden wordt in de droge hellingbossen van Zuid-Limburg. Twee naaste verwanten van de gevinde kortsteel, de boskortsteel en de afgebroken kortsteel, zijn nóg zeldzamer. ▽

Kwak, een uiterst zeldzame broedvogel
Over het voorkomen van de kwak als broedvogel bestaan grote onzekerheden. Deze kleine reigersoort, die vroeger in ons land heel algemeen was, heeft hier vele jaren lang niet gebroed, tot zich in de jaren dertig weer een kolonie vestigde in de Biesbosch. Later is hij, als waarschijnlijke broedvogel, ook gesignaleerd in uiterwaarden en aangrenzende terreinen van Waal, Rijn/Lek en IJssel.
Dat daarover zo weinig zeker is komt door de verborgen leefwijze van de vogel. Behalve in de broedtijd jaagt hij alleen in avond- en ochtendschemering op vis, kikkers, insekten, slakken en muizen. Om die reden wordt hij ook wel 'nachtreiger' genoemd. Als trekvogel wordt hij vaker waargenomen, onder andere in de Ooypolder en in de Oude Rijnstrangen bij Zevenaar. ◁

Steenfabrieken
Met hun hoge schoorstenen en pannen daken zijn de vele steenfabrieken markante en karakteristieke elementen in een groot gedeelte van het Nederlandse rivierengebied. Ze liggen vaak op verhogingen in de uiterwaarden, zodat ze bij hoog water droog blijven. De eerste ervan verschenen in de 18e eeuw, toen het maken van baksteen uit klei zich begon te ontwikkelen tot een fabrieksmatig proces.
Veel van deze fabrieken zijn niet meer in bedrijf. Hun neergang begon in de jaren zestig, toen veranderingen in de bouwnijverheid (onder andere de toepassing van beton) de vraag naar baksteen deden kelderen. De onverwachte overproduktie leidde tot herstructurering van de bedrijfstak; een mooi woord voor een proces dat vooral leidde tot sluiting van veel steenfabrieken. En vaak ook tot verval: door hun specialisatie op één produktieproces en hun afgelegen ligging waren ze niet geschikt voor iets anders.
De laatste jaren staan de steenfabrieken vooral in de belangstelling van de industriële archeologie, een wetenschap die zich bezighoudt met studie en behoud van monumenten van bedrijf en techniek. △

GELDERSE POORT

Stad en land: het werk van keizer, kerk en keuterboer

De zwervende jagers van ver voor onze jaartelling zijn zowat de enigen geweest die geen stempel hebben gedrukt op het gebied van de Gelderse Poort. Allen die na hen kwamen, van hoge heren tot de nederigste boer, hebben in het land hun sporen achterlaten. Vele herinneren aan het rijke verleden van deze streek, andere openbaren zich in het uiterlijk van het landschap.

Heilig-Landstichting
Een van de merkwaardigste musea van Nederland ligt in het gebied van de Zeven Heuvelen, langs de weg van Nijmegen naar Groesbeek. Het is de Heilig-Landstichting, in de gemeente Berg en Dal. In dit openluchtmuseum is, in een bosrijk terrein, een groot aantal reconstructies opgetrokken van gebouwen, monumenten, stadsdelen, etcetera die te maken hebben met de Bijbel. In deze reconstructies wordt met behulp van talloze gebruiksvoorwerpen het leven van Hebreeërs, Egyptenaren, Babyloniërs, Grieken en Romeinen aanschouwelijk gemaakt.
De Heilig-Landstichting is in 1910 opgezet door katholieken die op deze wijze de Bijbel dichter bij het volk in het algemeen en het rooms-katholieke volksdeel in het bijzonder wilden brengen. Het specifiek katholieke van het museum is inmiddels verdwenen. △

Boerderij Ooypolder
Omstreeks 1300, ongeveer in de tijd dat de vroegste dijkenbouw op gang kwam, werden in het gebied van Rijn en Waal boerderijen gebouwd op een soort terpen, hier 'pollen' genoemd. Elders in de streek verrezen ze op natuurlijke verhogingen in het terrein. Waarschijnlijk is dit zo'n natuurlijke verhoging. De boerderij, in de Ooypolder, is uiteraard van veel latere datum. ◁

Spoorbrug
De bocht in de Waal bij Nijmegen is een berucht knelpunt voor het drukke scheepvaartverkeer tussen Rotterdam en het Ruhrgebied. Dat was vroeger nog erger, niet in het minst vanwege een pijler van de spoorbrug midden in de vaargeul. Het middendeel van de brug werd in 1983 vervangen door een brug zonder pijlers in het bevaarbare gedeelte van de rivier. De vernieuwing van de brugdelen over de uiterwaarden was toen al voltooid. De oude spoorbrug had drie bogen van 130 meter, terwijl de nieuwe er slechts één heeft die 235 meter overbrugt. ◁

Ooy
Het dorpje Ooy, gelegen aan de Waal in de Ooypolder, heeft zo weinig inwoners, dat de 15e-eeuwse Nederlands-Hervormde Kerk te groot is geworden. Alleen het koor is in gebruik als kerkruimte. Het schip is verbouwd tot pastorie, de toren dient als kosterswoning. Het dorp herbergt ook de resten van het kasteel Ooy. 'Ooy' betekent 'nat weiland' en komt in meer plaatsnamen in het rivierengebied voor. ▽

Vee
Naast het gemengde bedrijf, waaraan in deze streek weinig boeren rijk zijn geworden, is op het land langs de rivier ook al heel lang de veehouderij actief. De betekenis lijkt zelfs iets toe te nemen, alle melk- en boteroverschotten ten spijt. Naast het roodbonte Maas-Rijn-IJsselras worden steeds vaker andere rassen gehouden, onder meer het Friese zwartbonte ras. ◁

CULTUUR

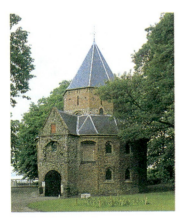

Karolingische kapel

Hoewel Nijmegen in de Tweede Wereldoorlog zeer grote schade opliep heeft de stad een aantal relikten uit haar rijke verleden bewaard. De meeste ervan moesten echter weer steen voor steen worden opgebouwd, een proces waaruit sommige 'oorspronkelijker' te voorschijn kwamen dan ze aan het begin van de oorlog waren.
Een van die historische monumenten is de hierboven afgebeelde Karolingische kapel, ook wel Keizer-Karelkapel of St.-Nicolaaskapel genoemd. De stijl waarin het gebouwtje is opgetrokken is voor Nederland uniek. De achthoekige kernbouw rijst op uit een zestienhoekige onderbouw, die bijna de helft lager is. De kapel uit de 11e eeuw is na de oorlog in haar oorspronkelijke staat hersteld.
Andere historische monumenten in de stad aan de Waal zijn het Valkhof, een restant van de door Karel de Grote gestichte en door Frederik Barbarossa in 1155 herbouwde palts (= paleis) en de laatromaanse St.-Maartenkapel of 'Barbarossa-ruïne', het enige overblijfsel van het paleis van Barbarossa. △

Kruis en kansel

De Gelderse Poort is in zekere zin grensgebied tussen protestantisme en katholicisme. Tussen de 16e en het einde van de 19e eeuw hebben beide religies hier geworsteld om macht en meerderheid. Arnhem en vooral Nijmegen meegerekend is die meerderheid nu in handen van de roomskatholieken. De macht doet er niet zo veel meer toe; politiek gezien hebben beide groeperingen die nu grotendeels gebundeld. Deze foto symboliseert de vroegere verdeeldheid: een katholiek wegkruis met op de achtergrond de Nederlands-Hervormde kerk van Ooy. △

Rivierdorpen

'Denkend aan Holland' beschreef Hendrik Marsman het rivierengebied: 'In de geweldige ruimte verzonken de boerderijen, verspreid door het land. Boomgroepen, dorpen, geknotte torens; kerken en olmen in één groots verband.' En in een voorafgaand couplet zag hij 'brede rivieren traag door oneindig laagland gaan; rijen ondenkbaar ijle populieren als verre pluimen aan de einder staan'.

Veel in het riviergebied van de Gelderse Poort past nog op dit klassiek geworden beeld – al wordt de einder in deze streek al gauw begrensd door de hoge stuwwallen waardoor de Rijn zich perst. Op dat beeld mogen we best een beetje zuinig zijn, zeker als we weten hoeveel er in de korte tijd na het ontstaan van Marsmans vers al is veranderd door de revolutionaire ontwikkelingen in landbouw en industrie. ▽

Pannerdens Kanaal

Bij Pannerden splitst de Rijn (net niet te zien op deze foto; de rivier ligt iets meer naar het westen) zich in Waal en Pannerdens Kanaal. Waar de Rijn Pannerdens Kanaal heet, tussen Pannerden en Westervoort, heeft de mens de rivier gered. In de middeleeuwen was de Rijn een belangrijke waterweg. Daaraan kwam halverwege de 16e eeuw een einde door de toenemende verzanding van de rivier. De steden aan de Waal profiteerden ervan. Toen in 1672 de Franse legers zonder problemen de Rijn konden oversteken, omdat deze praktisch droog lag, besloten de gewesten Utrecht, Gelre en Holland dwars door het smalste deel van de Betuwe een gracht te graven om de Nederrijn weer van water te voorzien: het deel van de Rijn dat nu Pannerdens Kanaal heet. ◁

GELDERSE POORT

Waar de rivieren bouwen en breken

De eeuwenlange strijd tegen het water is nog duidelijk herkenbaar in het land van de Bataven – in de kolken en kreken, in de polders, de plassen en de 'pollen', in de dijken en de uiterwaarden.

Dramatisch dieptepunt
Het woelige verleden van het hier behandelde gebied bereikte een dramatisch dieptepunt in de Tweede Wereldoorlog. Zo verwoestte een bombardement in 1944 een groot deel van Nijmegens binnenstad. Ook bij Groesbeek werd zwaar gevochten. Op de Canadese erebegraafplaats rusten 2500 strijders. △

Tussen steenfabrieken en surfers
Het gebied De Gelderse Poort grenst in het oosten aan de Bondsrepubliek Duitsland, daar waar de Rijn ons land binnenstroomt. Het ligt ingeklemd tussen de heuvels van Montferland in het noordoosten en de heuvels van Groesbeek in het zuidwesten, twee stuwwalgebieden die als het ware de poort vormen waardoor de Rijn het Nederlandse grondgebied betreedt. Het woelige, waterrijke verleden van deze streek is nog te zien aan boerderijen die voor de veiligheid op hoge terpen, 'pollen', werden gebouwd, aan de kolken of wielen, de stille getuigen van de vele dijkdoorbraken en de strijd tegen het hoge water. Een belangrijke invloed op het landschap had voorts de kleiwinning: plassen ontstonden waar nu de silhouetten van surfers en stacaravans zich mengen met die van schoorstenen van steenfabrieken. Op de rivieren is het een drukte van belang; hier tuffen de schepen van de binnenvaart en puffen de plezierboten. En de boer haalt nog snel het afgemaaide gras binnen. In de winter lopen de uiterwaarden misschien weer onder...

OP STAP

Fietstocht Westervoort-Lobith

We starten ten zuidoosten van Arnhem in Westervoort voor deze ca. 45 km lange fietstocht en rijden naar het Pannerdens Kanaal. U blijft aan deze zijde van het water en ziet aan de Loodijk Huis Loowaard. U fietst dan door naar Groessen, kruist de Oude Rijn en gaat vóór Pannerden rechtsaf naar Aerdt. U bevindt zich nu in de Driedorpenpolder (Pannerden, Aerdt en Herwen). Via Tolkamer en Lobith koerst u vervolgens naar Herwen. Bij Huis Aerdt kruist u de Oude Rijn richting Babberich; dan fietst u naar Oud-Zevenaar en over het spoor langs Helhoek. Dan rijdt u via Duiven terug naar Westervoort.

De uiterwaarden

Het grootste deel van de Gelderse Poort wordt ingenomen door uiterwaarden. Het landbouwkundig gebruik hiervan is in de loop der tijden weinig veranderd. Veranderingen in het landschap kunnen niet op rekening van de landbouw worden geschreven. Een belangrijke invloed had wel de kleiwinning ten behoeve van de steenfabricage. Een deel van de afgegraven gronden werd wel weer geschikt gemaakt voor de cultuur – bijna uitsluitend grasland – maar veel uiterwaarden werden zó diep afgegraven, dat ze zelfs bij lage waterstanden drassig zijn.

De onbedijkte uiterwaarden zijn vanouds onbewoonde graslanden en in gebruik als hooi- of weiland voor koeien en schapen. In de bedijkte uiterwaarden en aangrenzende polders werden de hogere gronden gebruikt als bouwland. In het binnendijkse gebied hebben veel bedrijven een gemengd karakter met neiging tot specialisatie in de melkveehouderij. Daarnaast is er tuinbouw. △

Over de dijk naar Spijk

Op uw fietstocht kunt u vanuit Tolkamer even een korte trip heen en terug maken langs de Rijn tot Spijk. U zult dan genieten van het prachtige rivierenlandschap, met koeien, klaprozen en op de rivier de duwbakken, de aken en de plezierboten. Tegen de horizon tekenen zich geen kerktorens maar de schoorstenen van langs de Rijn gelegen steen- en pannenbakkerijen af. U fietst weer terug als u bij Spijk bij de grens met Duitsland bent aangeland. ◁

315

GELDERSE POORT

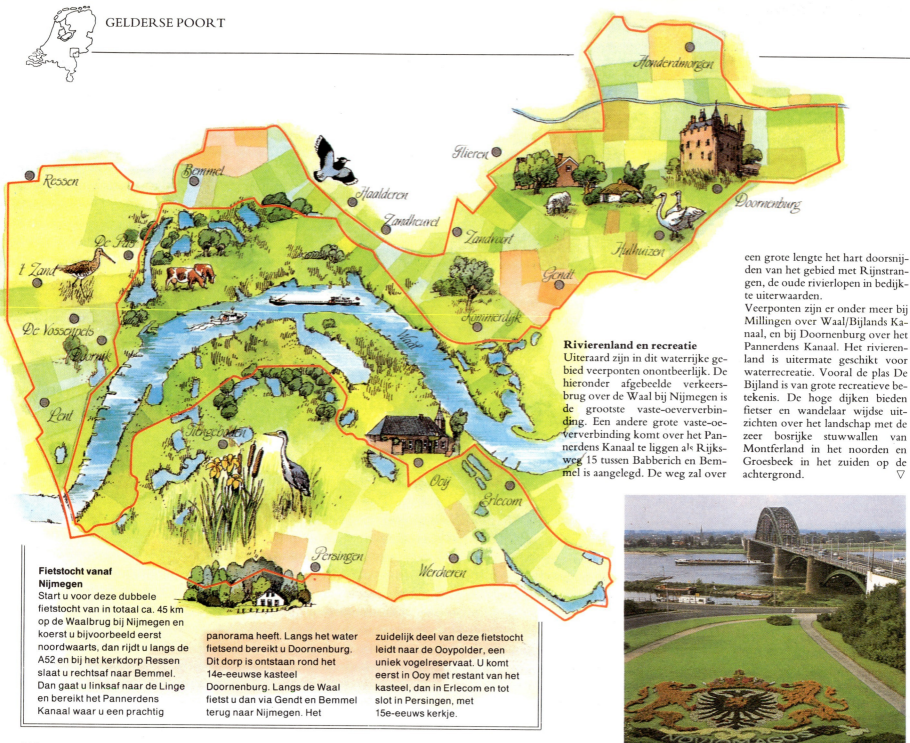

Rivierenland en recreatie
Uiteraard zijn in dit waterrijke gebied veerponten onontbeerlijk. De hieronder afgebeelde verkeersbrug over de Waal bij Nijmegen is de grootste vaste-oeververbinding. Een andere grote vaste-oeververbinding komt over het Pannerdens Kanaal te liggen als Rijksweg 15 tussen Babberich en Bemmel is aangelegd. De weg zal over een grote lengte het hart doorsnijden van het gebied met Rijnstrangen, de oude rivierlopen in bedijkte uiterwaarden.

Veerponten zijn er onder meer bij Millingen over Waal/Bijlands Kanaal, en bij Doornenburg over het Pannerdens Kanaal. Het rivierenland is uitermate geschikt voor waterrecreatie. Vooral de plas De Bijland is van grote recreatieve betekenis. De hoge dijken bieden fietser en wandelaar wijdse uitzichten over het landschap met de zeer bosrijke stuwwallen van Montferland in het noorden en Groesbeek in het zuiden op de achtergrond.

Fietstocht vanaf Nijmegen
Start u voor deze dubbele fietstocht van in totaal ca. 45 km op de Waalbrug bij Nijmegen en koerst u bijvoorbeeld eerst noordwaarts, dan rijdt u langs de A52 en bij het kerkdorp Ressen slaat u rechtsaf naar Bemmel. Dan gaat u linksaf naar de Linge en bereikt het Pannerdens Kanaal waar u een prachtig panorama heeft. Langs het water fietsend bereikt u Doornenburg. Dit dorp is ontstaan rond het 14e-eeuwse kasteel Doornenburg. Langs de Waal fietst u dan via Gendt en Bemmel terug naar Nijmegen. Het zuidelijk deel van deze fietstocht leidt naar de Ooypolder, een uniek vogelreservaat. U komt eerst in Ooy met restant van het kasteel, dan in Erlecom en tot slot in Persingen, met 15e-eeuws kerkje.

OP STAP

Vogels langs Rijn en Waal
In het gebied van de Gelderse Poort komen onder meer door de grote afwisseling in vegetaties veel vogels voor. Van de meer bijzondere soorten zijn te noemen: wouwaapje, roerdomp, zomertaling en zwarte stern, alle vier broedvogels. De trekvogellijst is erg gevarieerd en omvat onder andere: roodkeel- en parelduiker, roodhalsfuut en kwak. ◁

Vele vergezichten en uitzichten
Op uw wandel- en fietstochten door het rivierenland van de Gelderse Poort kunt u genieten van vele vergezichten en uitzichten. In het bosrijke gebied van Groesbeek heeft u voorts nog vanaf het plateau van de Zevenheuvelenweg een werkelijk uniek gezicht op de Rijnvallei. Ook van andere bergen af kunt u van uitzichten genieten: Kiekberg, Meiberg, Muntberg en Wolfsberg. Bij Beek, hoofdplaats van de gemeente Ubbergen, heeft u eveneens fraaie panorama's vanaf onder andere de Sterrenberg, Ravenberg en Stollenberg. △

Fietstocht door de bossen van het stuwwallengebied
U begint deze ca. 40 km lange fietstocht in Berg en Dal en rijdt westwaarts langs het Afrikamuseum, waar onder andere in het park een nagemaakt Afrikaans dorp te zien is. Dan buigt u af naar het zuiden en rijdt op Groesbeek aan: een prachtige bosrijke en heuvelige omgeving. U zet nu koers naar de bossen van De Hooghe Hoenderbergh. Hier is uw eerste uitzicht. Bij de spoorbaan rijdt u weer naar het zuiden, naar het natuurmonument de Mookerheide, een gebied van 231 ha met veel brem, op wegen en paden vrij toegankelijk. Hier en daar heeft u uitzicht over de Maas. Nu naar de St. Jansberg, en even later rijdt u langs de grens met rechts het Reichswald, van waaruit soms nog wilde zwijnen en vossen de Nederlandse bossen binnenkomen. U fietst nu in vlakker terrein en koerst dan weer richting Groesbeek. U kruist de spoorlijn naar het noorden en gaat dan weer langs de grens. Tenslotte bent u weer terug in Berg en Dal.

GELDERSE POORT

Keizerskopwandeling

Op deze en de volgende bladzijde zijn twee wandelingen aangegeven in de boswachterij Groesbeek. Dit is een 824 ha groot gebied, zuidoostelijk van Nijmegen. Het bestaat uit voormalige landgoederen die vroeger met het Duitse Reichswald één uitgestrekt woud hebben gevormd. De Keizerskopwandeling is, evenals de wandeling op de bladzijde hiertegenover en nog drie andere, uitgezet door Staatsbosbeheer. Alle wandelingen zijn ter plekke gemarkeerd. De naam Keizerskop dateert uit de tijd dat de schutterij hier haar schietbaan had. Het is een verhoging in de houtwal aan de zuidrand van het bos, in vroeger jaren aangelegd door de schutterij. Vanaf de Keizerskop heeft u een prachtig uitzicht over een glooiend gebied in Groesbeek, dat ook wel klein Amerika wordt genoemd, en over het Reichswald. De hier beschreven wandeling is ca. 4 km lang. Ze voert – het hoeft amper vermeld te worden – over een terrein met duidelijke hoogteverschillen. U kunt de wandeling beginnen vanuit Bredeweg of Groesbeek. U komt ook dicht bij de Wolfsberg, die zo heet omdat er in 1832 voor het laatst een wolf werd geschoten.

Een kleed van adelaarsvarens

Een grote afwisseling in boomsoorten kenmerkt de boswachterij Groesbeek. De begroeiing bestaat voor 70% uit naaldbomen: grove den, lariks en douglas om slechts enkele te noemen. Van de loofbomen die u op uw tochten tegenkomt kunnen worden vermeld: eik, acacia en tamme kastanje. Er zijn sfeervolle lanen met oude beuken die soms 200 jaar oud zijn. Het beleid is erop gericht de hoeveelheid loofbos te vergroten.
Heide is er in deze omgeving amper nog. Daarvoor kunt u naar de Mookerheide. De uitgestrekte heidevelden van weleer zijn in de vorige eeuw alle bebost. Op verschillende plaatsen is de bosbodem bedekt met een kleed van adelaarsvarens – en dat kan er dan uitzien zoals op de afbeelding. Ook andere planten geven kleur en geur aan de bossen, zoals St.-Janskruid, wilgeroosje, hengel, schermhavikskruid en kamperfoelie, waarvan hieronder een afbeelding is opgenomen. En waar de bodem leemachtig is kunt u ook het lelietje-der-dalen en het dalkruid verwachten. De boswachterij is ook bekend om de vele bosbessen die er groeien. Het plukken is vrij. Dat was vroeger anders. Toen moesten bezoekers een vergunning hebben. Voor de bevolking van de streek was de pluk een bron van inkomsten, net als het maken van bezems van berketakken. Maar in de zomer plukte en verkocht men bosbessen; de kinderen kregen dan speciaal 'bosbessenvakantie' om mee te helpen. △

Dieren in het bos

In de omgeving van Groesbeek komen veel dieren voor. Wel geen wolven meer, en zelden nog wilde zwijnen en vossen, maar veel vogels die er broeden. En dan doelen we vooral op De Bruuk, een 65 ha groot natuurreservaat, ten zuidoosten van Groesbeek en tot die gemeente behorend. Zeldzame vogelsoorten komen hier voor (moerasvogels broeden hier), maar ook zijn de rietlanden en lage graslanden rijk aan orchideeën en moerasplanten. ▷

Boswachterij vol afwisseling

De boswachterij Groesbeek bestaat voornamelijk uit kleine bospercelen. De grote verscheidenheid komt daardoor goed tot haar recht. Het gebied wordt zodanig beheerd dat het kleinschalige karakter behouden blijft. In het bos valt daardoor veel te ontdekken voor wandelaar, fietser of ruiter, zoals kamperfoelie. △

OP STAP

Palen voor de mijnen
Een eeuw geleden lag het gebied van de boswachterij Groesbeek er door roofbouw slecht bij. Toen kwam er vraag naar palen om de kolenmijngangen te stutten. De grove den leende zich daar goed voor en juist die boom gedijde prima op de verarmde grond. Het bos herstelde zich, werd ook geschikt voor andere naaldbomen en nu willen er zelfs loofbomen groeien. Let u maar eens op die spontaan opschietende 'jonkies'. △

De heuvels van Groesbeek
De boswachterij Groesbeek ligt op een hoefijzervormige stuwwal. Daardoor kunnen we aan de randen genieten van prachtige vergezichten over het golvende landschap van akkers en weilanden. De heuvels van Groesbeek ontstonden toen de grondmassa's tijdens de voorlaatste IJstijd – zo'n tweehonderdduizend jaar geleden – werden opgestuwd door de smeltende ijskap die een deel van ons land bedekte. De enorme hoeveelheid smeltwater heeft er dalen in uitgeslepen. Een voorbeeld hiervan is het Kraaiendal, het trechtervormige dal in het midden van de boswachterij, waar de spoorlijn doorheenloopt. ◁

Kraaiendalwandeling
Dit is een van de vijf wandelingen, die door Staatsbosbeheer zijn uitgezet in de boswachterij Groesbeek, ten zuidoosten van Nijmegen. Een andere wandeling in dit 'heilige woud van de Bataven' is op de hiertegenover liggende bladzijde getekend. De Kraaiendalwandeling is ongeveer even lang: 4 km. Ze voert u door een glooiend landschap en een open parkachtig bos. De oude bomen hebben een onderbegroeiing van adelaarsvarens. Tot in de jaren zestig was dit deel van de boswachterij een thuis voor talloze kraaien. Vandaar de naam. De Kraaiendalwandeling start u vanuit Groesbeek (Stekkenberg) of in het westen bij het zweefvliegveld, maar dan aan de andere kant van de spoorlijn. In de boswachterij Groesbeek zijn naast wandelpaden ook fiets- en ruiterpaden uitgezet.

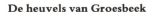

Dennen en paarden
Een bezienswaardigheid onder de bomen in de boswachterij Groesbeek is de Weymouthden, een dennesoort waarvan de lange naalden in groepjes van vijf bijeenstaan. Vaak wordt deze boom in ons land niet oud; op jeugdige leeftijd kan hij door een zwamziekte worden getroffen. Deze boom behoort tot het geslacht *Pinus*.
De kleinschaligheid van het bos maakt het voor de bezoeker zeer toegankelijk. Ook voor de bosbouw leveren de kleine bospercelen vele voordelen op. Het verslepen van het hout naar een bosweg hoeft slechts over korte afstand te gebeuren. Daarvoor kan het paard worden ingezet. Hierdoor wordt minder schade toegebracht aan de omgeving dan vaak bij machines het geval is. De zware trekpaarden kunt u soms in het najaar en de winter aan het werk zien, in een van de vele percelen met vaak historische namen als Prinsenbosje en Koekoeksdief – namen die uit de stroperswereld stammen. Te paard gaat ook de boswachter. De hoogteverschillen maken gebruik van een auto vaak onmogelijk. ◁

MIDDEN-BRABANT

MIDDEN-BRABANT

Rijen ijle populieren en ruisende laaglandbeken

Midden-Brabant is het gedeelte van Noord-Brabant binnen de stedendriehoek Tilburg-'s-Hertogenbosch-Eindhoven. Laaglandbeken als Dommel, Reusel en Run omgeven een dekzandlandschap met uitgestrekte heidevelden en schilderachtige vennen. Hoge populieren vormen de coulissen van akkers en weiden.

Beken en beekdalen
Midden-Brabant telt een aantal belangwekkende beken, zoals de Dommel, die hier bij St.-Michielsgestel zijn laatste kilometers aflegt, alvorens bij 's-Hertogenbosch in de Dieze uit te monden. Hij heeft dan al zo'n 120 km op Nederlands gebied afgelegd. Het beekdal van de Dommel wordt, net als dat van de Beerze, aangemerkt als een biologisch waardevol gebied. De voedselrijke, kleiige beekdalgronden vormen een goede vestigingsplaats voor tal van bijzondere bomen, struiken en kruiden, en deze lokken op hun beurt weer de meest uiteenlopende diersoorten.
De beekdalen van Run en Reusel met hun bronnen en zijtakken vertonen in de bovenloop veel minder het rijkgeschakeerde beeld van de Dommel. Benedenstrooms van Esch, in de omgeving van Oisterwijk, zijn hun dalen landschappelijk minstens zo interessant. △

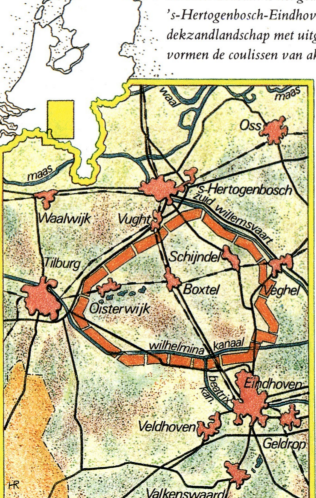

Gevarieerde dierenwereld
De koninginnepage is een van de zeldzaamheden die in het Brabantse land nog zijn te observeren. De rupsen van deze schitterende dagvlinder leven op schermbloemen. De exemplaren die hier voorkomen zijn dikwijls zwervers uit zuidelijker streken. De vlinder vliegt van april tot augustus. ▽

Kleinschalige landbouw
Op sommige plaatsen in Midden-Brabant is de landbouw nog even kleinschalig als eeuwen geleden, zoals hier langs de oevers van de Rosep, een kleine beek ten zuidoosten van Oirschot. De beekoever wordt nog steeds als grasland benut en het hooi wordt op hopen te drogen gelegd.
Elders in het beschreven gebied zijn landbouwgebieden uit natuurwetenschappelijk en cultuurhistorisch oogpunt vaak veel minder interessant, zoals in de jonge, grootschalige heideontginningen. In plaats van schilderachtige langgevelhoeven vindt men hier moderne bedrijven, waar de rundveehouderij of de varkensfokkerij intensief wordt bedreven. △

INLEIDING

Dorpsvormen
Bij Olland graast het roodbonte, Brabantse vee in door bomen omzoomde graslanden. Olland is een karakteristiek voorbeeld van een flankakkerdorp, zoals die hier ontstonden op de overwegend smalle, lange zandruggen langs de beekdalen. Andere voorbeelden van flankakkerdorpen zijn Oisterwijk en Moergestel.
Een ander akkerdorptype dat hier voorkomt is het kransakkerdorp, met als fraai voorbeeld Liempde. De oorzaak van deze voor het noordelijk deel van Midden-Brabant afwijkende nederzettingsvorm moet vooral worden gezocht in de min of meer ronde vorm van de zandrug ter plaatse. Veel meer kransakkerdorpen treft men aan langs de flank van de zuidelijke dekzandgordel langs Oirschot, Spoordonk en Straten. ▽

Goren en eeuwsels
In het Helvoirtse Broek, aan de oostkant van Helvoirt, vormen boomgroepen de coulissen van uitgestrekte graslanden en groepjes schilderachtige langgevelhoeven. Broekgebieden of goren konden vroeger deels als natuurlijke weilanden of eeuwsels geëxploiteerd worden. Deze graslanden waren van een primitief afwateringssysteem voorzien. De natste gedeelten bleven woeste gronden. Hier haalde de boer het geriefhout voor zijn bedrijf en brandhout. Op den duur was men in staat ook deze gebieden te ontginnen. ▽

Oisterwijkse vennen
De vennen bij Oisterwijk zijn ongetwijfeld de bekendste vennen van Nederland. Jaarlijks bezoeken honderdduizenden mensen dit gebied, zodat het duidelijk zal zijn dat de natuurwaarde van de meest bezochte vennen niet zo erg hoog meer is. Daarbij komt dat vanuit de omringende landbouwgronden het water dermate is verontreinigd, dat er in de plantengroei een verschuiving is opgetreden van zeldzame naar minder zeldzame soorten.
Een ander groot probleem dat zich bij de Oisterwijkse vennen voordoet is de daling van het grondwaterpeil. Hierdoor komt er veel minder voedselarm kwelwater in de vennen. Het zakken van het grondwaterpeil vindt zijn oorzaak vooral in de onttrekking van water voor de drinkwatervoorziening. Daarnaast speelt ook de diepe ontwatering van pas ontgonnen landbouwgronden een rol.
De vennen worden nu merendeels omgeven door dennenbossen. Deze zijn door de mens een eeuw geleden aangeplant. De reden hiervan was vooral commercieel, namelijk de produktie van hout ten behoeve van de mijnbouw. △

Kastelen
In het beschreven gebied liggen verspreid enkele kastelen, waarvan er twee in St.-Oedenrode te vinden zijn, zoals het afgebeelde slot Dommelrode. Het andere kasteel in St.-Oedenrode is kasteel Henkenshage. Het slot Dommelrode is 17e-eeuws en dateert vermoedelijk uit 1605. Behalve adellijke families hebben er ook zusters Augustinessen gewoond. Het is in 1963 verbouwd en als raadhuis in gebruik genomen. ▷

MIDDEN-BRABANT

Dekzandgordels bedekken voormalig stroomgebied

Het beschreven gebied van Brabant maakt deel uit van de Centrale Slenk, een door bodembewegingen ten opzichte van zijn omgeving gedaald gebied. Ooit stroomde hier het water van de Maas. Glaciale stormen bedekten de rivierafzettingen met een dik pakket van dekzanden, wat in het reliëf nog zichtbaar is.

Laatste resten woeste grond
In het westelijk deel van Midden-Brabant, bij Oisterwijk, liggen de uitgestrekte velden van de Kampinase Heide. Het zuidelijke deel behoort tot de vochtige heide, met dopheide als karakteristieke begroeiing. Dit heidetype, dat in geheel West-Europa uiterst zeldzaam is geworden, kon hier ontstaan door de slechte doorlaatbaarheid van de ondergrond. △

Afwatering door beken
Nadat de Maas zich uit het gebied in zijn huidig dal had teruggetrokken, ontstond er een natuurlijk afwateringssysteem van beken. Deze maakten gebruik van de verlaten stroomgeulen van de Maas, die de rivier in de tussen de dekzandgordels gelegen laagte van Midden-Brabant had gevormd. △

Centrale Slenk
Bij Son kronkelt de Dommel het landschap van Midden-Brabant binnen, een landschap dat gelegen is in een gebied dat deel uitmaakt van de Centrale Slenk.
Deze slenk ontstond miljoenen jaren geleden door bewegingen in de aardkorst en is een ten opzichte van zijn omgeving gedaald gebied. Deze verzakking wordt begrensd door de Peelrandbreuk en een breukzone die ongeveer vanaf Sittard in noordwestelijke richting tot aan Leiden loopt. De Centrale Slenk wordt omgeven door gebieden die relatief gestegen zijn en horsten worden genoemd. Een bekend voorbeeld hiervan is de Peelhorst, aan de zuidoostzijde van het beschreven gebied.
Het reliëfverschil tussen de slenk en de aangrenzende horsten is in later tijd weer grotendeels verdwenen door erosie, met name riviererosie. De hooggelegen delen raakten veel oppervlaktemateriaal kwijt door het afstromende water, terwijl in de laaggelegen delen juist veel materiaal door het water werd afgezet.
In het concrete geval van het gebied van Midden-Brabant was de Maas de rivier die zorgde voor sedimentatie. In het vlakke land verloor het water veel van zijn snelheid, waardoor grote hoeveelheden materiaal konden bezinken. In de laatste ijstijd werden deze rivierafzettingen weer door de werking van de wind bedolven onder een dik pakket dekzanden. △

Rationele verkaveling
Was de invloed van de mens op het landschap in het verleden reeds groot, vooral de laatste 100 jaar hebben de ontwikkelingen ten gevolge van menselijke ingrepen zich in Midden-Brabant met een sneltreinvaart voltrokken.
Door verbetering van de techniek van de waterbeheersing en de opkomst van kunstmest konden de nog overgebleven woeste gronden worden ontgonnen en eventueel bij de bestaande akkers en weilanden gevoegd. Op deze wijze ontstond het grootschalige karakter dat nodig was in verband met de toenemende mechanisatie. △

ONTSTAAN

Dekzanden

Verstuiving van de aanwezige dekzanden werd in later tijd vooral door ingrijpen van de mens veroorzaakt. Door het te rigoreus afsteken van heideplaggen of een te intensieve beweiding verdween de begroeiing die het zand vasthield, waardoor de wind er vat op kon krijgen en het zand over grote afstanden verplaatste.

Het dekzandpakket dat in de laatste ijstijd de rivierafzettingen bedekte, is door de wind in gordels afgezet. Doordat de wind hoofdzakelijk uit het zuidwesten waaide, ontstonden ongeveer zuidwest-noordoost verlopende dekzandgordels, die als hoge terreingedeelten in het landschap herkenbaar zijn. De drie belangrijkste gordels zijn: Dongen – Loonse en Drunense Duinen – Vught – Rosmalen – Oss; Hilvarenbeek – Oisterwijk – Boxtel – St.-Michielsgestel; Hoge Mierde – Middelbeers – Oirschot – Best – Son – Mariahout – Boerdonk. ▽

Ontstaan van de vennen

De vennen bij Oisterwijk en elders in Midden-Brabant liggen in de gebieden met dekzandruggen. Over het ontstaan van deze waterplassen lopen de meningen uiteen. Eén theorie is, dat het hier gaat om overblijfselen van oude rivierarmen van de Maas. Deze berust vooral op het feit dat de vennen bij Oisterwijk ongeveer op één rij liggen.

Meer aanhang heeft de theorie van de uitwaaiingslaagten. Deze gaat ervan uit dat tijdens de laatste ijstijd de dekzanden plaatselijk zijn weggewaaid. Hierdoor ontstonden tot op het grondwater uitgewaaide kuilen. Toen na de stijging van de zeespiegel het grondwater rees, liepen ze vol water. Daarnaast vormden zich ook veel vennen op een ondoorlatende oerbank. △

Broekbossen op lemig zand

Midden-Brabant telt behalve droge heidevelden en fraaie beekdalen ook nog een aantal broekgebieden, die hier ook dikwijls goren worden genoemd. Het Helvoirtse Broek behoort tot de meest karakteristieke van deze relatief vochtige gebieden.

De broekgebieden liggen merendeels in de streken met leemrijke zanden. In de laagten tussen de dekzandgordels uit de ijstijd verzamelde zich het smeltwater van de zich terugtrekkende gletsjers. Dit smeltwater stroomde hier nog maar nauwelijks, waardoor het fijn afzettingsmateriaal op het dekzand deponeerde. In het betreffende gebied worden dan ook leemrijke zandgronden aangetroffen, alsmede leemlagen in de ondergrond, die sterk de waterhuishouding beïnvloeden. Het hoge niveau van het grondwater is er de oorzaak van dat zich hier broekbossen ontwikkelden. ▽

MIDDEN-BRABANT

Beekdalen met blauwborst en bossen met keverorchis

De milieutypen in Midden-Brabant variëren van schrale, zure zandgronden tot voedselrijke, kleiige beekdalgronden en van zeer natte tot uiterst droge omstandigheden. Beekdalen met broedvogels als de blauwborst wisselen af met broekbossen, bosschages, naaldbossen, droge en natte heidevelden, vennen, houtwallen en graslanden.

Verwilderde rododendrons
Op sommige plaatsen in het beschreven gebied, zoals in de bossen van de Logtse Heide bij Oisterwijk, groeien rododendrons. Deze groenblijvende struik is oorspronkelijk niet inheems, maar verwilderd vrij gemakkelijk. In het verleden werd de struik vaak aangeplant als dekking voor het wild in de bossen.
De rododendron heeft groene, glanzende bladeren en wordt maximaal 6 m hoog. Hij verspreidt zich gemakkelijk door middel van zaad en verstikt dan alles. ◁

Grote keverorchis
De grote keverorchis is een van de minst opvallende inheemse orchideeënsoorten en misschien daardoor ook een van de talrijkste. In Midden-Brabant komt hij o.a. in het gebied de Mortelen, ten noorden van Oirschot, voor.
De plant is te herkennen aan de twee tegenoverstaande, breed-eironde bladeren aan de voet van de stengel. De bloemen zijn klein en groenachtig van kleur. Een bloeistengel kan soms wel 100 bloemen dragen. De bloemen worden door kleine insekten, vooral kevertjes, bestoven. ◁

De Rosep
De Rosep is een klein riviertje ten zuiden van Oisterwijk. In de vorige eeuw heeft men de Oisterwijkse vennen voor de visserij willen benutten. Deze waren echter te voedselarm voor de meeste vissoorten en daarom werden er sloten gegraven die 's winters het voedselrijke water van de Rosep in de vennen brachten. Peilverlaging van de Rosep maakte hier echter weer een eind aan. Bovendien was de visserij op zich ook niet zo'n succes.
In de begroeiing rond het riviertje vinden diverse vogelsoorten een goede broedgelegenheid, terwijl ook veel ongewerveld gediert er zijn kostje opscharrelt. Een karakteristieke broedvogel die men vaker hoort dan ziet is de nachtegaal. Deze schuwe vogel bouwt zijn nest bij voorkeur in dichte brandnetelbossen. Het enige dat men gewoonlijk van hem te zien krijgt is de roodbruine staart, namelijk wanneer hij in de beschermende plantengroei wegduikt. De zangperiode van de nachtegaal is maar kort en duurt van half april tot in juni. ▽

Vochtige heidevelden
Het afgebeelde vochtige heidegebied maakt deel uit van de Kampinase Heide, het omvangrijkste bezit van de Vereniging tot Behoud van Natuurmonumenten in Midden-Brabant. De paden in het terrein zelf zijn alleen toegankelijk voor leden van deze vereniging, maar er lopen ook enkele openbare wegen doorheen. Er behoren ook nog een aantal vennen tot het gebied, zoals de Huisvennen, het grote Belversven en het Winkelsven. Aan de oostrand van de Kampinase Heide ligt in de buurt van de Zandbergvennen het graf van de natuurbeschermer mr. P.G. van Tienhoven.
In het vochtige gedeelte van de heide komen dopheidevelden voor met daarin kenmerkende planten als klokjesgentiaan en beenbreek. △

NATUUR

Vogels van het Dommeldal
Een van de broedvogels van het dal van de Dommel is de blauwborst. In de oeverbegroeiing van dode beekarmen of andere rustige plaatsen broeden vogels als rietzanger en kleine karekiet. In de beemden in het Dommeldal forageren geregeld vogels die op de naburige heidevelden broeden, zoals wulpen, grutto's en tureluurs. In de hogere bomen vinden kraaiachtigen en roofvogels een plaats voor hun nest.
De afgebeelde blauwborst heeft zijn fraaie zomerkleuren al enigszins verloren. Buiten de broedtijd wordt de helderblauwe keel van het mannetje door bruinige veerzomen bedekt. ◁△

Kampina
Schapen grazen op een stukje vochtige, vergraste heide op de Kampinase Heide.
Aan de noordelijke kant van het heidegebied is de ondergrond veel droger en bestaat de begroeiing voor een belangrijk deel uit struikheide. Het fraaiste gedeelte van dit natuurgebied is echter het dal van de Beerze, waar uiteenlopende plantengezelschappen voorkomen. △

Beekdal van de Dommel
Bij Kasteren biedt het dal van de Dommel landschappelijk een schitterende aanblik.
Natuurwetenschappelijk is het Dommeldal echter ook van groot belang door de grote verscheidenheid aan ecologische grensituaties tussen beekdal en omgeving. Zo komen in het stroomgebied van de Dommel levensgemeenschappen voor van oud landgoedbos, jong loofbos op vochtige bodem, naald- en gemengde bossen op droge grond en met of zonder vennen, natte weiden, akkers en weiden met houtwallen, stuifzanden en (oude) beeklopen. ▽

De Mortelen
Ten noorden van Oirschot en Best ligt een prachtig oud coulissenlandschap, met door hoge houtwallen omgeven akkers en graslanden. Ook liggen er enkele percelen naaldhout en diverse belangwekkende broekbossen. Het gebied is botanisch bijzonder interessant, met als planten onder meer de grote keverorchis.

Door het vele hoogopgaande hout kan de Mortelen bogen op een rijke bosvogelstand. Behalve verschillende mezen en vinkachtigen treft men er soorten aan als grote en kleine bonte specht, tuinfluiter, zwartkop, tjiftjaf en soms ook de fluiter. 's Zomers kan men er ook de grauwe vliegenvanger aantreffen en roofvogels als sperwer en havik. △

Helvoirtse Broek
Het Helvoirtse Broek en het Molenbroek, ten oosten van Helvoirt, zijn relatief vochtige weidegebieden. Men treft hier nog een betrekkelijk rijke weidevogelstand aan, met broedvogels als kievit, grutto, tureluur en scholekster. Ook een kritische weidevogel als de watersnip broedt in dit weidegebied. △

327

MIDDEN-BRABANT

Mooie dorpen in oud landschap

Na eeuwen van betrekkelijke armoede zijn de economische ontwikkelingen in de afgelopen 100 jaar in Midden-Brabant stormachtig verlopen. Toch zijn er zowel wat de cultuur betreft als op natuurgebied tal van waardevolle elementen voor het nageslacht behouden gebleven.

Coulissenlandschap
Met name in de streek tussen Boxtel en St.-Oedenrode is nog veel van het oude coulissenlandschap intact. De populieren rijen zich hier aaneen tot statige hagen die de wegen en cultuurlanden omzomen en plaatselijk vormen ze ook dichte bossen.
Het merendeel van de populieren in Midden-Brabant zijn Canadapopulieren of, kortweg, canada's. Dit is een kruising tussen de inheemse zwarte populier en de Amerikaanse populier. Laatstgenoemde werd in het midden van de 18e eeuw in Europa geïntroduceerd vanwege zijn snelle groei en piramidale kroon. △

Sprinkhaanrietzanger
Tot de schuwste broedvogels van Midden-Brabant behoort ongetwijfeld de sprinkhaanrietzanger. Men moet hem vooral zoeken in de jonge aanplant van de vochtige populierenbossen, waar hij zich in de kruidlaag ophoudt. Het is een vogel die bij onraad liever tussen de lage begroeiing wegkruipt dan dat hij zich vliegend uit de voeten maakt.
Zijn aanwezigheid valt het beste vast te stellen aan het hoge, ver dragende gezang. Dit heeft het dier aan zijn naam geholpen, want het wordt wel vergeleken met het gesjirp van een sprinkhaan, maar ook met dat van een freewheelende fiets. ▽

Gaaf Meierijs dorp
Een van de fraaiste dorpen in de voormalige Meierij van 's-Hertogenbosch is Liempde. Het is dan ook niet verwonderlijk dat het tot beschermd dorpsgezicht is verklaard. Men vindt er tal van interessante landarbeidershuisjes, langgevelboerderijen en woonhuizen die op de lijst van beschermde monumenten staan.
Behalve dat het dorp op zich de moeite waard is, wordt het ook omgeven door een bijzonder fraai landschap met door bosschages omgeven cultuurgronden. Aan de populieren in het nabijgelegen beekdal kan men zien dat de klompenmakerij hier eertijds een belangrijke huisindustrie was. ▽

Kempens heidelandschap
In de buurt van Boxtel en Oisterwijk ligt ten noorden van De Logt de Kampinase Heide, als restant van een eertijds uitgestrekt Kempens heidelandschap. Een van de meest belangwekkende gedeelten van het gebied bevindt zich aan de zuidzijde. Hier stroomt de nog niet genormaliseerde Beerze door zijn kronkelige bedding.
Behalve de gevarieerde begroeiing rond de Beerze is ook de dierenwereld in de omgeving van het riviertje interessant. Beekjuffers vliegen langs de oevers en niet ver van de beek broeden op de heide vogels als korhoen en wulp. Blauwborst en sprinkhaanrietzanger komen hier ook voor. △

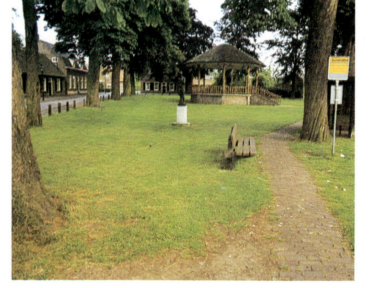

Houtetend insekt
Een insekt dat nogal wat schade kan toebrengen aan populieren is de grote populiereboktor. Hij behoort tot een familie waarvan de volwassen insekten en de larven vrijwel allemaal van hout leven. Kenmerkend zijn de enorme voelsprieten en het flinke formaat van de kever. ▽

Slanke sleutelbloem
In de bodembegroeiing van de bossen vormen de bloemen van de slanke sleutelbloem een opvallend element. Deze soort verdraagt wat meer schaduw dan zijn nauwe verwant de echte sleutelbloem en heeft ook graag een vochtige, tamelijk koele standplaats. De bloemen hebben een plat uitgespreide zoom. ▽

NATUUR CULTUUR

Koninginnekruid

Langs de oever van de beken, zoals de Beerze, kan men op open plekken het koninginnekruid aantreffen. Het is een forse plant van maximaal 1,5 m hoog, die ook in rietlanden en vochtige bossen voorkomt. De naam koninginnekruid is hoogstwaarschijnlijk een verbastering van de Duitse naam Kunigundenkraut, waarvan de herkomst niet duidelijk is.

De bloemen van deze 's zomers bloeiende plant staan in kleine hoofdjes, die dichte, schermvormige pluimen vormen. Ze worden druk bezocht door allerlei insekten. Het vruchtje heeft wit vruchtpluis en wordt door de wind verspreid. De bladeren zijn driedelig en lijken op die van de hennepplant. De gegroefde stengel is meestal roodachtig. ▽

Duizendjarige linde

Het plein de Lind, in Oisterwijk, dankt zijn naam aan deze 10 eeuwen oude linde, die bij het raadhuis staat. Het langgerekte plein, dat evenwijdig loopt aan de beek, ademt nog de sfeer van het verleden, waaruit overigens maar weinig cultuurmonumenten bewaard zijn gebleven.

Zoals zo vele plaatsen in dit gebied heeft Oisterwijk zwaar te lijden gehad van de tijd dat Brabant als generaliteitsland door de Staatsen werd uitgebuit. De grote kerk werd door een gering aantal protestanten in gebruik genomen en niet meer onderhouden, de in de verre omtrek vermaarde Mariakapel verbouwde men tot raadhuis en de tot dan bloeiende lakenindustrie ging door de beperkende bepalingen en de belastingdruk ter ziele.

Pas halverwege de vorige eeuw trad er verbetering in. De leer- en de schoenindustrie brachten weer enige welvaart en met de opkomst van het toerisme in onze eeuw bleken de vennen en bossen in de omgeving een grote trekpleister. △

Zwartkop met bruin kapje

Het vogelwijfje dat hier haar jongen voert is een zwartkop, ondanks haar bruine kapje. De soort dankt zijn naam namelijk aan de kap van het mannetje, die gitzwart is. Het is een van de talrijkste broedvogels van de bomenrijke gedeelten van Midden-Brabant, maar door zijn schuwheid ziet men hem toch niet zo vaak.

De zwartkop is een sierlijk vogeltje, met een fraai licht- tot donkergrijs verenpak en grote, bruine ogen. De bijzonder welluidende zang brengt de vogel veel ten gehore, terwijl hij de bomen en struiken naar insekten afzoekt.

De soort overwintert gewoonlijk in West-Afrika, maar er worden bij ons steeds meer waarnemingen gedaan van hier overwinterende exemplaren. De zwartkop kan dit doen omdat hij minder dan de andere zangers op insekten als voedsel is gespecialiseerd en ook bessen met graagte verorbert.

Het komvormige nest ligt meestal 0,5–1,5 m boven de grond in het struikgewas verborgen. ▷

Vochtig populierenbos

De hier talrijk voorkomende vochtige populierenbossen behoren tot de plantengemeenschappen van het elzen-vogelkersverbond. Ze zijn hier vooral gebonden aan de rivier- en beekdalen, met name van de Dommel. Van nature komt hier de zwarte populier voor, maar de mens heeft hier vooral de Canada-populier aangeplant. Karakteristieke planten van de ondergroei zijn o.a. slanke sleutelbloem, gele dovenetel, gevlekte aronskelk en diverse soorten boterbloemen. De struiklaag bestaat o.a. uit vlier, braam en Gelderse roos. ▷

Veel kleine boerenbedrijven

Het grote aantal kleine boerenbedrijven vindt zijn oorzaak in de eerste plaats in de vrij eenvoudige verkrijging van grond uit de gemeynten. Dit was eerst zogenaamde 'koningsgrond', die later werd beheerd door de parochiebesturen. Ten tweede werden de bedrijven voortdurend gesplitst als gevolg van het Frankische verervingstelsel. ◁

329

MIDDEN-BRABANT

Strijdtoneel van noord en zuid

Voor wie zich verdiept in de bewoningsgeschiedenis van Midden-Brabant doet het gebied onoverzichtelijk aan. Dit komt vooral doordat hier veel oorlogen woedden en het gebied wingewest is geweest van Holland.

Eerste bewoning
Fraai bewaard gebleven schuur bij Olland, een oud flankakkerdorp aan de Dommel, tussen Boxtel en St.-Oedenrode.
In de Romeinse tijd hebben al mensen in het beekdal van de Dommel gewoond, getuige vondsten tussen 's-Hertogenbosch en Boxtel. Na het terugtrekken van de Romeinen is de bewoningsgeschiedenis van Midden-Brabant echter pas goed op gang gekomen. De bezetting van het gebied geschiedde min of meer groepsgewijs. Dit manifesteerde zich in de ontwikkeling van het akkerdorp (elders esdorp geheten) als de voor dit gebied karakteristieke agrarische nederzettingsvorm. Het systeem van bedrijfsvoering berustte op de drie grondslagen akkers, grasland en woeste grond. De akkers lagen geconcentreerd bij het dorp. De graslanden bevonden zich bij de beken en werden dan beemden genoemd, of in de goren en heetten dan eeuwsels. De woeste grond was het veld, dat merendeels uit heide bestond.
Het bedrijf dat werd uitgeoefend was zonder uitzondering gemengd. Er waren geen principiële verschillen met de boerenbedrijven van het Drentse esdorpenlandschap. Alleen de ingebruikneming van de bodem gebeurde in een meer individuele vorm. △

Kransakkerdorpen
Een typisch kransakkerdorp is het gaaf bewaard gebleven Liempde, aan de Dommel. Een dergelijk dorp bestaat in feite uit een verzameling buurtschappen, die in een krans rond de centrale akker gelegen zijn. Zo'n buurtschap bestond dikwijls uit slechts enkele boerderijen, die rond een veelal driehoekige brink lagen gerangschikt, die ook wel plaatse werd genoemd.
Toen omstreeks het jaar 1000 in Midden-Brabant het christendom vaste voet onder de grond kreeg, werden er parochies ingericht. De kerk werd voor een aantal akkerdorpen gezamenlijk gebouwd en wel op een plaats die van alle betrokken gehuchten ongeveer even ver af lag. Rond de kerk ontstond een nieuwe nederzetting, die meestal niet alleen maar agrarisch was. Het kerkdorp vormde het middelpunt van een verzorgingsgebied en daarom leidde er vanuit de gehuchten een aantal kerkepaden naartoe. Langs deze paden en andere toevoerwegen groeide het kerkdorp verder uit. Hierdoor ontstond de kenmerkende spinnewebachtige structuur van de bewoning in dit deel van Midden-Brabant. ◁

Kastelen bij de beken
Ca. 1 km ten zuiden van Haaren ligt het kasteel Nemelaer. In 1969 werd het door brand zwaar geteisterd. In de herstelperiode erna heeft men een goed beeld kunnen krijgen van de bouwgeschiedenis. Vaststaat dat er hier reeds in de middeleeuwen een kasteel stond, dat in 1303 een aanzienlijke verbouwing onderging.
Dergelijke kastelen werden in de Frankische tijd gesticht, toen er naast de nederzettingen van de vrije boeren een uitgebreid grootgrondbezit in de vorm van landgoederen ontstond. △

Frankische langgevelhoeve
De karakteristieke boerderijen in Midden-Brabant behoren tot het Frankische langgeveltype. Woning en bedrijfsruimten zijn als het ware aaneengeregen en liggen onder één doorlopend, met riet afgedekt dak. Als er extra ruimte nodig was, werd er eenvoudig een stuk aan de boerderij aangebouwd.
De boerderijen liggen met de lange gevel aan de weg, omdat de toegangsdeuren voor de verschillende bedrijfsruimten en het woonhuis zich hierin bevinden. De hoeven zijn over het algemeen bescheiden van omvang.
De deel lag meestal achter het woongedeelte, dat in dit geval uit vier ruimten bestond. Deze was van het dwarsdeeltype en diende voor het dorsen van het graan. Achter de deel lag de koestal, die vroeger een potstal was, omdat men de mest nodig had voor de akkers. Hierachter lagen de tas en de overige bedrijfsgedeelten.

CULTUUR

Kampenlandschap
Ten noorden van Oirschot vindt men nog een aantal fraaie langgevelboerderijen, die vaak door stedelingen worden bewoond. Ze liggen in het kampenlandschap. In dit gebied ging men over tot ontginning van de minder geschikte gronden, toen al het goede land in gebruik was genomen.
Dergelijke kampontginningen hadden een individueel karakter. De door de ontginning verkregen akkers werden alle door een aparte houtwal omringd. △

Beschermd dorpsgezicht
De toren van de St.-Pieterskerk in Oirschot domineert het dorpsbeeld. Evenals Oisterwijk en Liempde is Oirschot tot beschermd dorpsgezicht verklaard.
In de geschiedenis van Midden-Brabant heeft Oirschot een vooraanstaande plaats ingenomen. Nog eerder dan 's-Hertogenbosch bezat het het recht op zelfbestuur en in de 15e en 16e eeuw betaalde het dorp het hoogste bedrag aan belastingen van alle plaatsen in Kempenland. Zoals bij zo vele plaatsen in Brabant brak er een sombere tijd aan toen het onder Staats bestuur kwam. Na de Vrede van Munster, in 1648, toen de handel op Antwerpen onmogelijk werd, was het met de welvaart van Oirschot gedaan. Pas in de Franse tijd trad er weer enige verbetering in.
Belangrijke cultuurmonumenten in Oirschot zijn, behalve de St.-Pieterskerk, het oude raadhuis, de vroegere Mariakapel, de Hof van Solms en een molen. ◁

Diverse industrieën
In het gebied ten noorden van Liempde vindt men veel populieren in het landschap. Deze leverden oorspronkelijk de grondstoffen voor de klompen- en de luciferindustrie. Ook elders langs de Dommel en in het gebied ten zuiden van Boxtel waren deze industrieën op gang gekomen. Drijfveer voor deze op een agrarische onderbouw geënte industrieën waren de geringe inkomsten uit de landbouw. Hierdoor ontstond ook veel huisnijverheid in de vorm van weven en spinnen. ▽

De Lind
Een van de vermaardste marktpleinen van Midden-Brabant is De Lind in Oisterwijk, met zijn langgerekte vorm en rijen lindebomen. Het plein dankt zijn naam aan een 1000-jarige linde. △

Wilhelmina-Kanaal
Het Wilhelmina-Kanaal loopt van de zuidzijde langs de kern van het dorp Oirschot. Dit scheepvaartkanaal kwam in 1923 gereed en vormde een belangrijke impuls voor de economie van een aantal Middenbrabantse plaatsen, zoals Oirschot, Tilburg, Best en Eindhoven. Het verbindt de in de Amer uitmondende rivier de Donge bij Geertruidenberg met de Zuidwillemsvaart bij Aarle-Rixel en is 68 km lang. Behalve deze waterweg waren de aan het einde van de 19e eeuw aangelegde spoorlijnen van levensbelang voor de hier opgekomen industrie. ◁

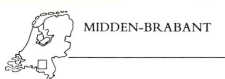

MIDDEN-BRABANT

Veel bos en hei, vennen en beekdalen

Het bosrijke midden van Brabant biedt gelegenheid tot fietsen, wandelen en paardrijden. De weelderig begroeide beekdalen geven het landschap een romantisch accent.

Het land van de vele vennekes
Midden-Brabant wordt in de middeleeuwen onder leiding van de kloosters al intensief ontgonnen. Zo ontstaat het aantrekkelijke cultuurlandschap

OP STAP

met beekdalen, weilanden, akkers en houtwallen. Verspreid liggen de langgevelhoeven in het land, woning en bedrijfsruimte onder één doorlopend dak, vaak met riet gedekt. In de beekdalen vestigen zich grootgrondbezitters. De landheer woont op een kasteeltje. Ook watermolens horen bij deze domeinen.
Tegenwoordig is vooral het onontgonnen gebied van bos, hei en vennen bij Oisterwijk en Oirschot in trek. Het grillige verloop van de bochtige wegen in Midden-Brabant hangt samen met de historische ontwikkeling.

Wuivende rijen populieren
Karakteristiek voor het landschap van dit gebied zijn de vele populieren. Deze bomen werden in de natte gedeelten aangeplant om als grondstof te dienen voor de klompen- en luciferindustrie. In het dorp Liempde wordt nog steeds het klompenmakersambacht uitgeoefend. De beken en de eikenbossen deden een andere typisch Brabantse industrie ontstaan, de leerlooierij en de daaruit voortvloeiende schoenindustrie. △

De Dommel
De romantische beekdalen hebben in de loop der tijd wel wat aan schoonheid ingeboet. Grote delen zijn gekanaliseerd om een betere waterbeheersing mogelijk te maken. De hiernaast beschreven fietstocht brengt u in de buurt van Sint-Michielsgestel bij het beekdal van de Dommel. ▽

Fietstocht de Geelders
De route heeft een lengte van ongeveer 30 km en is genoemd naar het natuurgebied de Geelders, waar u langs komt. Vanuit Sint-Michielsgestel kiest u de richting Schijndel. U passeert een molen en langs een slingerweg fietst u naar het mooie stille dorp Gemonde. Bij Langenberg slaat u linksaf richting Schijndel. Aan uw rechterhand ligt het natuurgebied de Geelders, waar een paar wandelroutes zijn uitgezet. U vervolgt uw weg naar Beek en dan verder noordwaarts door een boomrijke omgeving naar Maaskantje en De Dungen. Bij een wegkapelletje gaat u de mooie slingerende Poeldonksedijk op tot aan de Zuid-Willemsvaart. Het fietspad langs de vaart brengt u naar Den Bosch, de stad met zijn majestueuze Sint-Janskathedraal. Via de Pettelaarseweg verlaat u Den Bosch. Door het moerassige weidegebied het Bossche Broek en langs het landgoed Haanwijk bereikt u Sint-Michielsgestel weer.

Vogelrijkdom
Het landschap van de beekdalen is een lustoord voor vogels. Op de landgoederen huizen de algemene kauwtjes met hun kenmerkende roep. ▽

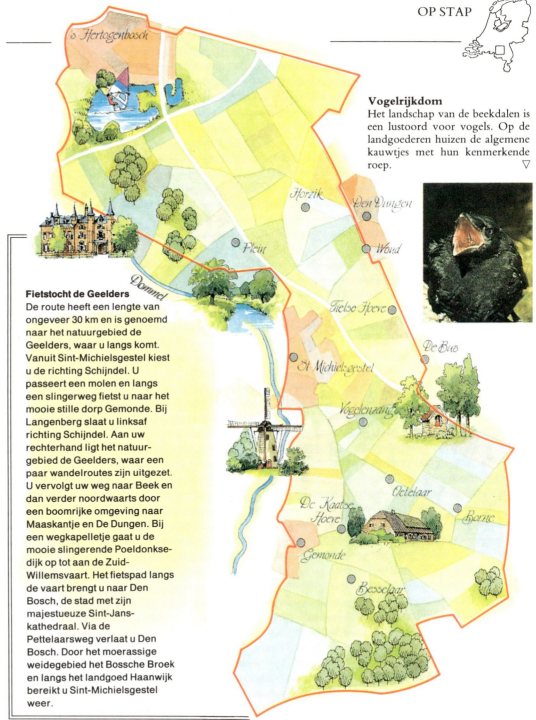

MIDDEN-BRABANT

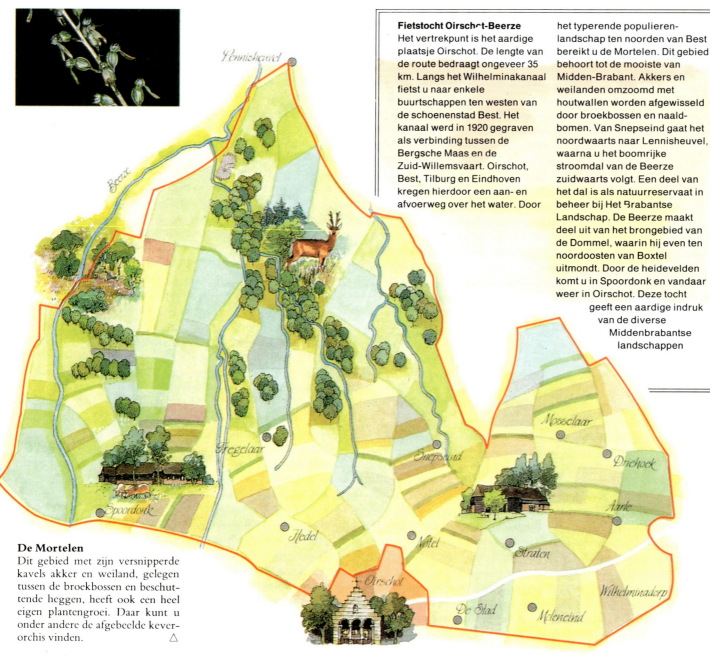

Fietstocht Oirschot-Beerze

Het vertrekpunt is het aardige plaatsje Oirschot. De lengte van de route bedraagt ongeveer 35 km. Langs het Wilhelminakanaal fietst u naar enkele buurtschappen ten westen van de schoenenstad Best. Het kanaal werd in 1920 gegraven als verbinding tussen de Bergsche Maas en de Zuid-Willemsvaart. Oirschot, Best, Tilburg en Eindhoven kregen hierdoor een aan- en afvoerweg over het water. Door het typerende populierenlandschap ten noorden van Best bereikt u de Mortelen. Dit gebied behoort tot de mooiste van Midden-Brabant. Akkers en weilanden omzoomd met houtwallen worden afgewisseld door broekbossen en naaldbomen. Van Snepseind gaat het noordwaarts naar Lennisheuvel, waarna u het boomrijke stroomdal van de Beerze zuidwaarts volgt. Een deel van het dal is als natuurreservaat in beheer bij Het Brabantse Landschap. De Beerze maakt deel uit van het brongebied van de Dommel, waarin hij even ten noordoosten van Boxtel uitmondt. Door de heidevelden komt u in Spoordonk en vandaar weer in Oirschot. Deze tocht geeft een aardige indruk van de diverse Middenbrabantse landschappen

De Beerze

De beekdalen met hun bijzondere flora en fauna zijn kenmerkend voor dit deel van Midden-Brabant. Het landschap van het stroomdal van de Beerze is heel afwisselend. Oud landgoedbos, jonge loofbossen op vochtige grond, vennen, akkers en weiden, stuifzanden en oude beeklopen komen naast elkaar voor. Vogels als sprinkhaanrietzanger en ijsvogel treft u hier aan. En de zeldzame beekjuffer, een libel. Langs de beekdalen liggen donken, zandopduikingen, waar zich kloosters, landjonkers of hereboeren vestigden. Veel namen van plaatsen in dit gebied eindigen op donk, zoals Spoordonk. △

De Mortelen

Dit gebied met zijn versnipperde kavels akker en weiland, gelegen tussen de broekbossen en beschuttende heggen, heeft ook een heel eigen plantengroei. Daar kunt u onder andere de afgebeelde keverorchis vinden. △

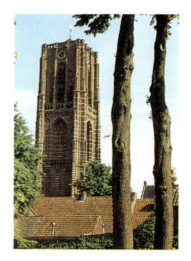

OP STAP

Oisterwijkse bossen en vennen

Een van de meest geliefde plekken in Midden-Brabant is het uitgestrekte bos- en heidegebied bij Oisterwijk, het land der vennekes. De grote dennenbossen en de vele vennen trekken talloze toeristen. Oorspronkelijk waren er veel meer vennetjes, maar door de ontwatering die al in de middeleeuwen begon als gevolg van de ontginning, zijn er veel drooggevallen en in gebruik genomen als cultuurgrond. In de stille wateren van de vennen voelt de waterlelie zich thuis, een algemeen bekende plant. Heel zeldzaam zijn echter de sieralgen die hier voorkomen. De grove dennen werden aangeplant om zandverstuiving tegen te gaan en omdat er behoefte was aan stuthout voor de mijnen. Oisterwijk was vroeger de hoofdplaats van het kwartier Oisterwijk in de Meierij van Den Bosch. Het kreeg in 1213 stadsrechten. Behalve de bossen en vennen in de omgeving bezit het ook nog mooie landgoederen als de Oude Hondsberg en Nemelaer Noord. ▷

Fietstocht Oisterwijk-Kampina

De lengte van de route bedraagt ongeveer 37 km. De tocht leidt vanuit de bekende en bosrijke toeristenplaats Oisterwijk naar Moergestel. Daar vindt u een kerk met een 16e-eeuwse toren en het Broodhuis dat in de loop der tijd onder meer dienst heeft gedaan als pastorie en bierbrouwerij. Toren en Broodhuis zijn niet te bezichtigen. Fietsend in noordoostelijke richting bereikt u het landgoed Kampina, een prachtig heidelandschap, dat uitgezochte vergezichten biedt. Via het dorp Esch, waar één keer per jaar uit de pomp in het centrum bier stroomt, komt u in het dorp Haaren, de tuin van Brabant genoemd vanwege de vele boomkwekerijen. Van Haaren langs kasteel Nemelaer naar Oisterwijk terug.

Oirschot

Oirschot was eens de hoofdplaats van Kempenland, een van de vier kwartieren van de Meierij van Den Bosch. De imposante toren van de laat-gotische Sint-Pieterskerk beheerst het dorp. Kerk en toren zijn van baksteen, afgewisseld met lagen natuursteen, kenmerkend voor deze streek. Aan het oude Kempische marktplein ligt ook het raadhuis. ◁

Kampina

De naam van het landgoed Kampina is afgeleid van het Franse woord voor Kempen. Het landgoed omvat een prachtig heidegebied met vennen, dat goed aansluit op de bossen en vennen van Oisterwijk. Aan de oevers van de vennetjes komt hoogveenvorming voor. Daar groeit onder meer veenmos en zonnedauw. Kampina is ook overwinteringsgebied voor ganzen. ◁

335

MIDDEN-BRABANT

Wandeling Oude Hondsberg
Het beginpunt van deze wandeling ligt aan de Hondsbergselaan bij Oisterwijk. U kunt ook vanaf de parkeerplaats aan de Moergestelseweg vertrekken. De lengte van de wandeling bedraagt ongeveer 5 km. Hij voert u door het landgoed de Oude Hondsberg, dat eigendom is van Het Brabants Landschap. Het vormt te zamen met de landgoederen Ter Braakloop en Galgeven een vrijwel aaneengesloten bosgebied ten noordwesten van Moergestel. Mooie lanen doorsnijden akkers, weilanden en bossen. Over de in 1913 aangelegde visdammen loopt u door het Rietven. Verderop kronkelt het riviertje de Reusel door het landschap. U hoort hier tal van vogels.

Roodbonte koeien

Kleine percelen weiland, omzoomd door houtwallen, dat is het beeld van het typisch Brabantse landschap dat u op uw wandeling tegenkomt. Het roodbonte vee komt nieuwsgierig kijken naar de bezoekers. Op de akker ernaast staan de jonge maïsplantjes in rijen. Straks, als het rijp is, wordt het tot veevoeder verwerkt. Cultuurhistorisch gezien zijn deze kleinschalige landbouwgebieden heel waardevol. Op deze grond zijn het voornamelijk kleine gemengde bedrijven. De opbrengst daarvan was nooit zo geweldig. Daarom ontstond de huisnijverheid, waarbij vooral weven en spinnen werd beoefend. Later groeide dat uit tot de textielindustrie. Tegenwoordig probeert men de bedrijfsresultaten te verbeteren door over te stappen op de intensieve veehouderij, zoals varkensmesterijen. Dat gaat echter gepaard met ontsiering van het landschap door grote stallen en silo's. Voorts worden veel boerderijen omgebouwd tot comfortabele woonhuizen voor forensen. ◁

Natuurmonumenten

Besloten bossen, afgewisseld met open ruimtes, enkele vennen en parkbossen. Zo ziet de omgeving eruit als u de Oude Hondsbergwandeling volgt. Die omgeving zou er heel anders uitgezien hebben, als in 1912 de Vereniging tot Behoud van Natuurmonumenten niet begonnen was een deel van de bossen en vennen bij Oisterwijk aan te kopen. Vooral mr. P.G. van

Knolsteenbreek

Onder de bomen voelen bosanemonen en bosaardbeien zich thuis. In mei bloeit de afgebeelde knolsteenbreek. De plant heet zo, omdat onderaan de stengel talrijke broedknolletjes zitten. Een nauwe verwant is goudveil. Dat groeit vooral bij bronnen en beekjes.
Het bos herbergt veel vogels: uilen, wielewalen, spechten, mezen. Maar ook kleine zoogdieren als spitsmuizen, woelmuizen en vleermuizen. Voedsel is er genoeg. Talloze insekten vinden een schuilplaats in de dichte begroeiing, zo ook de schadelijke populierenboktor, waarvan de larven in populierehout leven. ◁

Tienhoven heeft zich daarbij verdienstelijk gemaakt. Hij ligt volgens zijn wens op het landgoed Kampina begraven, op een heideheuvel bij een ven. De populierenbossen werden uit economische overwegingen aangeplant. In de ondergroei komen allerlei kruidachtige planten voor die in het voorjaar bloeien. Besdragende heesters vormen een voedselbron voor de vele vogels. ▽

OP STAP

Kleurrijke vennen

In verslagen van Jac. P. Thijsse en E. Heimans uit het begin van deze eeuw wordt verhaald over de kleurrijke vennen van Oisterwijk. Het zag er altijd wit van het wollegras, geel van de beenbreek of blauw van de gentianen. Hoewel de grote rijkdom aan planten in de loop der jaren is afgenomen, blijft er ook nu nog een hoop te ontdekken. Zeldzame sieralgen komen hier voor. In het water langs de oevers van de vennen groeit veenmos in grote sponsachtige kussens, soms bezet met ronde zonnedauw, het bekende vleesetende plantje van het hoogveen. Het is hiernaast afgebeeld. Aan de oevers ziet u vaak pollen pijpestrootjesgras en dopheide. Daartussenin de roodbruine sprieten van het wollegras, dat in de voorzomer met zijn zaadpluis de oevers wit omzoomt. In het voorjaar bloeien tussen de dennebomen de krenteboompjes met ijle witte sluiers. Alleen dat is al een bezoek waard. ◁

Wandeling Belversven

De wandeling voert u door een afwisselend bosgebied rond het schitterende Belversven. De lengte van de tocht is ongeveer 4 km en het begin ligt aan de Posthoornse weg, ten oosten van Oisterwijk. Het Belversven is een van de grootste vennen in dit gebied. Het heeft in tegenstelling tot de meeste vennen geen voedselarm water, omdat het in verbinding staat met het riviertje de Rosep. De oeverbegroeiing bestaat uit riet, lisdodde en mattenbies. In het vroege voorjaar kunt u hier de gagel roestrood zien bloeien, en de zilvergrijze wilgekatjes. Misschien ontmoet u op uw wandeling een ijsvogel, zittend op een tak boven het ven, hoewel die vrij zeldzaam is. Bij warm weer zweven blauwe libellen boven het water als kleine helicopters. Het gebied waar u doorheen wandelt, grenst aan de Kampinase Heide, het restant van het half-natuurlijke Kempense heidelandschap.

Stille weerspiegeling

De dichter Bertus Aafjes beschreef de vennen als ogen, grote ernstige ogen, waarin de morgen, de middag, de hemel, de avond en de nacht, de wolken en de sterren zich weerspiegelen. Ook de blanke waterlelies, venbewoners bij uitstek, spiegelen zich. Talrijke vogels worden door de vennen aangetrokken. Allerlei eendesoorten zoals talingen, kuifeenden en gewone wilde eenden kunt u er ontmoeten. Op een enkele plaats broeden futen en dodaarsen. De zeer lawaaiige kokmeeuwen broeden er in kolonies. Ze zijn zo talrijk dat het gevaar bestaat dat ze met hun uitwerpselen het water van de vennen zodanig bemesten, dat de oorspronkelijke begroeiing grondig zou kunnen veranderen. De in ons land vrij zeldzame zwarte stern komt hier ook nog voor. In Brabant wordt die in de volksmond ook wel venkraai genoemd vanwege zijn kleur.

Op de heide broedt het korhoen, ook al een vrij zeldzame verschijning. Veel gewoner zijn de fazanten, wulpen en watersnippen. Op die plaatsen waar onontgonnen graslandpercelen de heide insteken, kunt u onverwacht oog in oog komen te staan met een vos of een ree. Een velduil vliegt geluidloos over, op zoek naar een prooi. En boven de bloeiende hei fladderen talloze vlinders en zoemen honingzoekende bijen. △

337

MIDDEN-LIMBURG

MIDDEN-LIMBURG

Asperges, abdijen en kraanvogels

Het Midden-Limburg dat hier is beschreven ligt ruwweg tussen Tegelen en Koningsbos, op de oostelijke oever van de Maas. Aspergeteelt, abdijen en kraanvogels geven het gebied voor de noorderling een exotisch tintje.

Nachtzwaluw
In Midden-Limburg huist de nachtzwaluw. Dit is een wonderlijke vogel met een kleine snavel en een enorme mondholte, waarmee hij bij duisternis vliegende insekten vangt. Vroeger dacht men dat hij met zijn wijde bek uiers van geiten leegzoog en daarom wordt hij in sommige streken ook wel geitemelker genoemd. △

Aspergeteelt
Een agrarische specialiteit van het beschreven gebied is de teelt van asperges, zoals hier bij Rijkel. Het landbouwareaal wordt kleiner door onttrekking van grond ten behoeve van woningbouw en industrie. Daarom schakelt men over op intensiever gebruik, o.a. in de vorm van tuinbouw. △

Natuurgebieden
In het Meinweggebied, ten oosten van Roermond, groeien bij de vennen prachtige gagelstruwelen. Dit natuurreservaat is met een oppervlak van 800 ha het grootste aaneengesloten natuurgebied van Midden-Limburg.
Midden-Limburg telt tientallen grotere en kleinere natuurreservaten, waarvan het merendeel vrij toegankelijk is. Men vindt ze vooral in de omgeving van Swalmen, Echt, St.-Odiliënberg, Melick-Herkenbosch, Vlodrop, Posterholt, Neer, Belfeld, Beesel, Kessel en Tegelen. ▽

Jachthaven in Maasarm
Tegenover Neer ligt in een oude Maasarm een van de vele jachthavens die hier de laatste jaren zijn aangelegd. Was het beschreven gebied vroeger weinig geschikt voor de watersport, tegenwoordig kan men op de Maas en de aangrenzende zand- en grindwinningsplassen volop terecht. ▽

Bermen vol kleur
Heggewikke is in Midden-Limburg en ook elders in Nederland een algemene plant van akkerranden, wegbermen enz. De plant bloeit van mei tot ver in augustus. Na een periode van achteruitgang beginnen ook hier de wegkanten weer kleurrijker te worden door een beter bermbeheer. ▽

INLEIDING

Hartslagader van Limburg

De Maas, de hartslagader van Zuid-Limburg, stroomt hier rustig voort door zijn brede, grotendeels gekanaliseerde bedding ten noorden van Swalmen. Hij komt het hier beschreven deel van Limburg binnen op het punt dat de Maas geen grensrivier meer is met België. Vertoont de rechteroever nog enig geboomte en ook hoogteverschillen, de overzijde is over het algemeen vlak en weinig spectaculair.

De landschappelijke samenhang in het gebied wordt hoofdzakelijk bepaald door de Maas en de terrassen die de rivier in het verleden vormde. Belangwekkende overgangssituaties komen op de grenzen tussen de verschillende terrassen voor. Zo zijn er op de grens van het vermaarde Meinweggebied aan de voet van het hoogterras moerassen ontstaan.

Op kleinere schaal hebben meer in oost-westrichting riviertjes en beken met hun loodrechte insnijdingen in de terrasranden gezorgd voor ingewikkelde bodemsituaties. Deze leiden op hun beurt weer tot een grote verscheidenheid in biotopen. Het gevolg hiervan is een uiterst gevarieerde planten- en dierenwereld. Dergelijke omstandigheden komen o.a. langs de Roer en Swalm voor. ▽

Veel cultuurmonumenten

Het Rozenkerkje van Asselt, uit de 11e eeuw, is een van de vele cultuurmonumenten die Midden-Limburg rijk is. Ronkenstein mag misschien het enige beschermde dorpsgezicht van het beschreven gebied zijn, verspreid door de hele streek treft men talloze waardevolle gebouwen aan. De bisschopszetel Roermond heeft een beschermd stadsgezicht.

Op de randen naar de minder goede gronden en in de beekdalen zijn buitenplaatsen gesticht, met een enkele keer een middeleeuws kasteel, zoals bij Swalmen, Melick-Herkenbosch en Vlodorp. Ten westen van Swalmen is een vroeg-middeleeuwse burchtheuvel gevonden, met daarop de resten van een middeleeuws kasteel. De waterburcht Hillenraedt ligt eveneens bij Swalmen. Verder vindt men nog kastelen bij Baarlo, Tegelen en Beesel. △

Geologische verschijnselen

In Midden-Limburg is nog veel zichtbaar van de ontstaansgeschiedenis van het gebied, zoals de meertjes ten oosten van Herkenbosch, die op een terrasrand zijn ontstaan.

Andere duidelijk zichtbare geologische verschijnselen zijn fossiele riviermeanders in het jongste terras. Het bij de Maas gewonnen grind is afkomstig van oude rivierafzettingen. ▽

Pleisterende kraanvogels

Het Meinwegreservaat, in de uitstulping van Nederland in Duitsland ten oosten van Roermond, is bij vogelkundigen vermaard als pleisterplaats van kraanvogels.

Vele eeuwen geleden moet deze statige vogel – met een lengte van 115 cm de hoogste Europese vogel – nog in onze veengebieden hebben gebroed. Toen de mens deze streken begon te koloniseren, trok de schuwe kraanvogel weg. Sedertdien broedt hij alleen nog in de uitgestrekte moerassen van Scandinavië en Noordoost-Europa. Een andere bekende pleisterplaats in Nederland is de Grote Peel, in Noord-Brabant. De vogels overwinteren in Afrika en wel hoofdzakelijk in het stroomgebied van de Nijl.

Op de trek vliegen kraanvogels in een V-formatie. Net als lepelaars houden ze de poten en de lange hals tijdens de vlucht ver uitgestrekt. ▷

MIDDEN-LIMBURG

Bewegingen in aardkorst nog zichtbaar in reliëf

De diepere ondergrond van Midden-Limburg wordt gekenmerkt door een aantal breuken in de aardkorst. Wind en water dekten dit reliëf weer toe, maar toch is de invloed van de aardkorstbewegingen van honderdduizenden jaren geleden nog steeds zichtbaar in de slenken van Venlo en het Roerdal, met daartussen de hogere Peelhorst.

Afzettingen van Rijn
Dat de Rijn in dit gebied ooit een rol speelde, bewijzen de grindafzettingen op het hoogterras ten oosten van Roermond. Deze sedimentatie vond zo'n 300 000 jaar geleden tijdens de Saale-ijstijd (de voorlaatste ijstijd) plaats, in het Pleistoceen.
Met Pleistoceen wordt het geologische tijdperk aangeduid dat ca. 2 miljoen jaar geleden na het Plioceen aanbrak. Het wordt ook wel het IJstijdvak genoemd vanwege de koudeperioden die erin voorkwamen. Een verouderde term voor het Pleistoceen is Diluvium. Deze naam was gebaseerd op de zondvloedtheorie. △

Moerassen aan terrasvoet
In het Meinweggebied hebben zich aan de voet van het hoogterras moerassen gevormd, die hier nog steeds voor een grote natuurlijke verscheidenheid zorgen.
De in de diepere ondergrond van Midden- en ook Noord-Limburg aanwezige breuken in de aardkorst hebben een verloop van zuidoost naar noordwest. Deze breuken vormen de grenzen van meestal langgerekte aardschollen, die in een ver verleden in meer of mindere mate ten opzichte van de omgeving een dalend of rijzend karakter hebben gehad. Een gerezen schol wordt horst genoemd, een gedaalde schol slenk. Ondanks het feit dat de horsten en slenken in latere perioden met door de wind en de rivieren aangevoerd materiaal werden afgedekt, zijn ze dikwijls toch nog herkenbaar in het hoofdreliëf, zoals de reeds vermelde Peelhorst tussen de Roerdal-Slenk en de Slenk van Venlo.
De sedimenten die de wind hier deponeerde waren zand en löss, terwijl de rivieren ook veel grind afzetten. In het Midden-Pleistoceen deponeerde de Rijn tijdens de Saale-ijstijd veel zand en grind op het hoogterras. Later, gedurende de Weichsel-ijstijd en daarna, heeft de Maas met zijn talloze zijrivieren en beken op het midden- en laagterras fijner materiaal afgezet in de vorm van zand en klei, maar ook veel grind. Dit zand en grind wordt nu bij de ontgrondingen gewonnen. ▽

Verveende meanders
Tussen Vlodrop en Herkenbosch ligt een moerassig gebied dat de Turfkoelen wordt genoemd. Het ontstond door verlanding van een oude riviermeander op het middenterras van Maas en Roer.
In het gebied ten zuiden van de monding van de Roer worden in de ondergrond verscheidene fossiele meanders van deze rivier aangetroffen. Ze dateren vermoedelijk uit ca. 9000 v.C. Het bijzondere van dit fossiele stroomsysteem is, dat het hier een meanderend betreft. De andere twee voorbeelden van laat-glaciale oorsprong in Nederland – de Oude IJssel en bij Cuyck – zijn restanten van vlechtende rivieren. △

ONTSTAAN

Laagterras
Voorbij Asselt bestaat de rechteroever van de Maas hoofdzakelijk uit uitgestrekte akkers. Deze zijn gelegen op de vruchtbare jongste pleistocene afzettingen van deze rivier.
Was de Maas in de tijd van de afzettingen een rivier die voortdurend van loop veranderde, voorbij Asselt is het tegenwoordig een merendeels gekanaliseerde waterloop. Als regenrivier met wisselende waterstanden, afhankelijk van de neerslag in de voedingsgebieden, was de Maas nauwelijks geschikt voor scheepvaart. Verbeteringen in het deel dat hij grensrivier is met België, dus zuidelijk van het hier beschreven gebied, kwamen niet van de grond. Het Julianakanaal, tussen Maastricht en Maasbracht, loste dit probleem op. Een vijftal stuwen tussen Maasbracht en Grave maakte de Maas tot een bruikbare vaarroute. Verdere verbetering bracht het Lateraalkanaal tussen Linne en Roermond. ▽

Terrassenlandschap
Het beschreven gebied van Midden-Limburg valt in grote lijnen te karakteriseren als een terrassenlandschap, waarvan het hoogste terras o.a. hier bij Herkenbosch is gelegen. Dit heeft hier een hoogte van ca. 80 m.
Oorspronkelijk heeft hier een schiervlakte gelegen, die tijdens het Pleistoceen door de gebergtevorming in het Alpengebied omhoog werd gedrukt. De Maas sneed zich hierin in en vormde een dalvlakte toen de bewegingen in de aardkost tot rust kwamen.
Het hoogterras, dat het oudste van de terrassen is, komt slechts op een paar plaatsen binnen onze landsgrenzen voor, namelijk behalve hier ten oosten van Roermond ook nog ten oosten van Venlo. Verder is het geheel in Duitsland gelegen.
Gedurende de ijstijden waren de Maas en de Rijn in perioden van temperatuurstijging door al het smeltwater reusachtige, donderende waterstromen. In het vlakke landschap traden ze geregeld buiten hun oevers en zetten ze de meegevoerde materialen over een uitgestrekt gebied af. Hierdoor ontstond het hoogterras. De toen afgezette kleilagen worden bij Tegelen nog steeds afgegraven voor steenbakkerijen.
Toen in een later stadium de gletsjers ons land binnendrongen, stuwden deze een deel van het hoogterras op tot het stuwwallencomplex dat van Mook tot Nijmegen loopt. Hadden Maas en Rijn tot dan toe gebroederlijk één hoogterras opgebouwd, daarna waren beide rivieren definitief van elkaar gescheiden.
De reeds eerder vermelde bewegingen in de aardkorst hadden de opheffing van de Peelhorst tot gevolg. Hierdoor moest de Maas zijn stroomgebied verplaatsen. Daarna begon hij met de afzetting van het middenterras.
In dit middenterras schuurde de zich nog steeds geregeld verplaatsende Maas weer een nieuw dal uit. Transgressieperioden van de zee zorgden voor een afname van de stroomsnelheid, waardoor materiaal gemakkelijk bezonk en het laagterras werd gevormd. △

Vennen en moerassen
Het Meinweggebied dankt zijn betekenis als natuurreservaat voor een groot deel aan de uiteenlopende geologische processen die hier hebben plaatsgevonden.
Op korte afstand van elkaar komen er de drie Maasterrassen voor. Het hoogst gelegen terras daalt door middel van kleine vlakten trapsgewijs via het midden- en laagterras naar het Roerdal af.
Het hoogterras wordt onder meer ingenomen door een verlaten mijncomplex. Oorspronkelijk had men hier de mijn Beatrix gepland, maar na de aanvang van de aanleg hiervan stortte de steenkoolindustrie ineen ten gevolge van de nieuwe fossiele brandstoffen olie en aardgas. Verder liggen er nog landbouwgronden op het hoogterras, dat in de ondergrond klei bevat.
Aan de voet van de terrassen bevinden zich moerassen, waarin zich plassen hebben gevormd. Vermaard zijn o.a. het Elfenmeertje en de Rolvennen. ▽

Ontgrondingen
Voorbij Asselt heeft de Maas het kronkeligste gedeelte van zijn bedding achter de rug. Vanaf hier heeft de mens hem in de loop van de 20e eeuw veranderd in een keurige, gekanaliseerde rivier.
Ten zuiden van Asselt is de loop van de Maas echter door diezelfde mens nog onoverzichtelijker gemaakt dan deze al was. Dit komt niet zozeer doordat de rivierbedding zou zijn aangetast, maar omdat langs de oevers talloze plassen zijn ontstaan door ontgrondingen, waarbij zand en vooral grind worden gewonnen. ▽

MIDDEN-LIMBURG

Afwisselend landschap met veel bijzondere dieren

In het afwisselende landschap van Midden-Limburg is veel samenhang te ontdekken tussen dier en milieu. Zo is het grote aantal roofvogels hier een gevolg van de aanwezigheid van zowel open terrein als bossen. De combinatie van ruigten, slootkanten en houtwallen zijn gunstig voor kleine roofdieren als hermelijn en wezel.

Moerassige plaatsen
De gele lis is bepaald niet alleen een plant van de noordelijke moerassen en waterkanten. Ook in Midden-Limburg geeft deze plant met zijn fraaie, gele bloemen kleur aan vochtige plaatsen.
In dit gebied zijn vooral de dode rivierarmen met voedselrijk water uitstekende groeiplaatsen voor de gele lis. Men vindt de plant echter ook in moerassen en grachten bij kastelen. △

Elfenmeertje
Een rijke vindplaats van allerlei planten en dieren is het Elfenmeer in het Meinweggebied, ten oosten van Herkenbosch.
Gezien de waterlelies die er in de voorzomer bloeien is het water niet meer voedselarm, maar langs de randen groeien toch nog veel planten van voedselarme tot matig voedselrijke bodems met een hoge waterstand, zoals gagel en kruipwilg. Pijpestrootje vormt langs de oevers hoge bulten en er groeit ook veenpluis. Omringende elzen en berken geven de oevers een extra accent. ▽

Miniatuur valkje
De grauwe klauwier is in Nederland een uiterst zeldzame broedvogel geworden. In Midden-Limburg maakt men kans hem waar te nemen, vooral in terreinen als het Meinweggebied.
Vanaf een uitkijkpost speurt de grauwe klauwier als een miniatuur valkje zijn omgeving af naar prooi. Alles wat klein en dierlijk is, kan hiervoor doorgaan: insekten, hagedisjes, een muis of een jong vogeltje. Met zijn haakvormige snavel grijpt de klauwier zijn slachtoffer. Om het te kunnen verorberen moet hij het echter meestal op een doorn of prikkeldraad vastprikken, want hij heeft gewone zangvogelpoten en geen poten met grijpklauwen, zoals een echte roofvogel. ▽

Beemdkroon
Vooral in de buurt van de Maas komt de beemdkroon nog vrij algemeen in ruigten en wegbermen voor. De plant behoort tot de Kaardebolfamilie, net als het duifkruid en de blauwe knoop, waarmee hij op het eerste gezicht kan worden verward. Bij het duifkruid is de kroon van een afzonderlijk bloempje echter 5-spletig en bij de beemdkroon 4-spletig. De blauwe knoop verschilt in het feit dat al zijn bloempjes even groot zijn, terwijl bij beide andere de randbloemen groter zijn dan de binnenste bloemen. △

NATUUR

Plundert wespennesten

Een van de wonderlijkste roofvogels, de wespendief, broedt in het beschreven gebied. Zijn naam is volkomen terecht, want voor zijn voedsel plundert hij bij voorkeur de nesten van sociaal levende wespen, waarna hij zich te goed doet aan de larven, poppen en volgroeide insekten. Noodgedwongen voedt hij zich in de voorzomer, als er nog weinig wespebroed is, en tijdens slecht weer, wanneer de nesten moeilijk zijn op te sporen, ook wel met andere prooi. Dit bestaat o.a. uit andere insekten, wormen, amfibieën, reptielen, jonge vogels, kleine zoogdieren en zelfs bij tijd en wijle vruchten.

Vanwege zijn voorkeur voor wespebroed verschijnt deze in Afrika overwinterende roofvogel pas omstreeks mei in onze streken. In oktober trekt hij alweer naar het zonnige zuiden.

De wespendief broedt hoog in de bomen, die bij zijn komst al volop in het blad zitten. De nestplaats is hierdoor vaak zeer moeilijk te lokaliseren. △

Berken en dennen

Het natuurreservaat het Meinweggebied bestaat uit een heuvellandschap met vennen, oude bosfragmenten en heide, begrensd door beekdalen. De eikenstrubben in de heide bevatten de restanten van een zeer oud en oorspronkelijk wintereiken-berkenbos. De heide behoort er tot het bremheidetype. Verspreid staan er ook dennen. ▽

Natuurreservaat Turfkoelen

Een bijzonder natuurreservaat is het gebied de Turfkoelen, tussen Herkenbosch en Vlodrop. Het betreft hier een gebied van ca. 8 ha, waar in het begin van de vorige eeuw door de boeren uit de omgeving nog turf werd gestoken. Een andere naam voor het reservaat is het Laumansven.

Het natuurreservaat bestaat voor een belangrijk deel uit een moeras, dat zich in een oude meander op het middenterras van de Roer en de Maas heeft gevormd. Een openbare weg, met daarlangs het beekje de Lange Graft, verdeelt het terrein in een noordelijk en een zuidelijk gedeelte. Een voetpad leidt rond het zuidelijke deel langs de rand van het moerasbos en geeft op sommige plaatsen uitzicht op een ven dat middenin het zuidelijke moeras is gelegen. Aan de zuidzijde ligt op de zandige Roerdalhelling een naaldhoutbos. Op de hoge zandoever zijn archeologische vondsten gedaan: men heeft er een vrij groot aantal voorwerpen uit het Stenen Tijdperk aangetroffen. ▷△

Parasiet van berken

De berkezwam is een van de schadelijkste parasieten van berken. Vooral op vochtige, beschaduwde plaatsen groeiende berken worden snel door deze schimmel aangetast. Indien men in een berkenbos met afstervende berken omhoog kijkt, ziet men dikwijls de grote vruchtlichamen van de schimmel zitten. Als zo'n boom omvalt, vormt de schimmel direct nieuwe paddestoelen, die zodanig aan de stam zitten dat hun buisjes verticaal gericht staan. △

Fraaie moerasvegetatie

In het broekbos rond het ven van het natuurreservaat de Turfkoelen heeft zich een fraaie moerasvegetatie ontwikkeld. Allerlei mossen – vooral veenmossen – varens en kruiden groeien hier bijzonder weelderig. In het ven bloeien waterlelies. Langs het voetpad aan de westzijde vindt men tal van bermplanten.

De fauna van het natuurreservaat is net zo rijk als de flora. Behalve grote aantallen insekten (waaronder legers muggen!) leven er ook diverse vogelsoorten, van karekiet tot wielewaal. ▽

MIDDEN-LIMBURG

Grafheuvels uit Steentijd en Romeinse heirwegen

Grafheuvels in het bos ten noorden en ten zuiden van het Swalmdal geven aan dat Midden-Limburg al in de Steentijd bewoond was. Op geringe afstand van deze graven legden vlak na het begin van de jaartelling de Romeinen een heirweg aan om hun legers snel te kunnen verplaatsen. Na het vertrek van de Romeinen raakte de streek ontvolkt, maar in de vroege middeleeuwen vestigde de mens zich hier definitief.

Vondsten uit prehistorie

Bij Swalmen zijn resten gevonden van een Romeinse grindweg, die Xanten, Heerlen en Aken verbond. Maar voordat de Romeinen dit deel van ons land binnentrokken was het reeds bewoond, getuige de talrijke prehistorische vondsten overal in het gebied. Zo tonen oppervlaktevondsten aan dat in de omgeving van Posterholt in de Oude Steentijd al bewoning moet zijn geweest. Grafvelden in de buurt van hetzelfde dorp duiden erop dat hier in de Brons- en IJzertijd mensen verbleven.

Het beschreven gebied was in de tijd van de Romeinen voorzien van een waar netwerk van wegen. Behalve de afgebeelde heirweg bij Swalmen heeft men o.a. bij Roermond en Melick-Herkenbosch restanten van wegen aangetroffen. Melick bestond toen al en lag als Mederiacum op een kruispunt van de wegen Heerlen–Melick–Xanten en Düren – Posterholt – Melick–Leeuwen–Melenborg (Buggenum). Laatstgenoemde weg sloot aan op de Romeinse weg aan de andere kant van de Maas. Na de Romeinse tijd brak een periode van teruggang aan.

Terwijl Zuid-Limburg al zeer vroeg agrarisch in gebruik werd genomen, is het noorden van Limburg pas laat ontgonnen. Midden-Limburg neemt een tussenpositie in en kent zowel vroeg als laat ontgonnen delen. △

Stad aan Roermonding

De O.L. Vrouwe Munsterkerk in Roermond is een pronkstuk van Rijnlandse laat-romaanse bouwkunst, met in de jongere delen gotische elementen. De kerk werd in 1218 gesticht als abdijkerk van een cisterciënzerinnenklooster.

Als bezitting van het stift Odiliënberg wordt Roermond voor het eerst in 1130 vermeld. Noord-Limburg behoorde toen tot aan deze plaats tot het hertogdom Gelre; de rest van Limburg stond vanaf de 13e eeuw onder invloed van de hertogen van Brabant. Door de gunstige ligging aan de monding van de Roer groeide Roermond al snel uit tot de belangrijkste plaats van het gebied. Of de naam aan de ligging is ontleend, wordt door sommigen betwijfeld. Volgens hen zou de naam een verbastering zijn van *Rurae mundium*, dat 'leengoed Roer' betekent. Roermond werd hoofdplaats van het kwartier van Opper Gelder en in 1559 bisschopszetel. Ook woonde hier veel adel. Na een lange periode van neergang keerde de welvaart in de vorige eeuw weer terug, toen de stad in 1815 officieel Nederlands werd. ◁

Talloze kunstschatten

In de koepel van de O.L. Vrouwe Munsterkerk in Roermond bevindt zich het praalgraf van de graaf en gravin van Gelre. De graaf van Gelre stierf in 1229, terwijl zijn gemalin Margaretha van Brabant 2 jaar later overleed. Gerard van Gelre (Gerard IV) was de stichter van het cisterciënzer vrouwenklooster waarvan de kerk de abdijkerk was.

De kerk, die aan het einde van de 13e eeuw belangrijke uitbreidingen onderging, bevat behalve het praalgraf nog meer kunstschatten. Zo is er een beeldje van O.L. Vrouw van Vogelsangh, uit het einde van de 15e eeuw en een Brabants gebeeldhouwd altaarretabel met geschilderde vleugeldeuren uit ca. 1530. ▽

NATUUR CULTUUR

Boerderijvormen
In de omgeving van Reuver liggen nog enkele schilderachtige, 18e-eeuwse boerderijgroepen, o.a. in de buurt van de Ronkensteinse watermolen.
Het boerderijtype in Midden-Limburg heeft in principe de dwarshuisgroep als uitgangspunt. Terwijl veel varianten op het dwarshuisthema een wijdere verspreiding hebben, komt alleen in dit gebied een winkelhaakvormige variant van de dwarshuisgroep voor. △

Ronkensteinse molen
De idyllisch gelegen watermolen van Ronkenstein is al sinds 1950 niet meer als zodanig in functie. In 1961 werd hij verbouwd tot woonhuis. De bekende glazenier en schilder Joep Nicolas heeft er nog gewoond.
De Ronkensteinse molen wordt voor het eerst vermeld in een stuk van 1534. Hij was toen banmolen van de horigen van Nieuwenbroek. In 1730 werd de aan de Schelkensbeek gelegen korenmolen uitgebreid met een oliemolen. Deze lag aan de andere kant van de beek. In de loop van de 19e eeuw raakte de oliemolen echter in verval en hij werd uiteindelijk afgebroken. De korenmolen heeft men echter in het begin van de 20e eeuw nog gemoderniseerd, waarbij de raderen werden vervangen door schoepen die door een turbinemotor werden aangedreven.
Ronkenstein werd tot beschermd dorpsgezicht verklaard, omdat het een van de weinige gaaf gebleven gehuchten in de streek is. Het bestaat, behalve uit de watermolen, uit een viertal 18e-eeuwse boerderijen. In oorsprong is het een laatmiddeleeuwse ontginningsnederzetting. ▽

St.-Odiliënberg
Op een berg bij de Roer ligt in St.-Odiliënberg de markante romaanse kerk, gewijd aan de heilige Wiro, Plechelmus en Otgerus. De geschiedenis ervan begon omstreeks 705, toen Pepijn van Herstal het dorp St.-Odiliënberg aan de genoemde Angelsaksische zendelingen schonk. Deze drie speelden een grote rol bij de kerstening van het tussen de Maas en de Rijn gelegen gebied. Ze bouwden op de heuvel een aan St.-Petrus gewijde kerk en stichtten er ook een klooster.
Bij het uiteenvallen van het rijk van Karel de Grote kwam het gebied in 834 aan Lotharius I. Diens zoon Lotharius II bood in 858 de door de Noormannen uit Utrecht verdreven bisschop Hungerus de berg met kerk en klooster aan als onderkomen. In de 14e eeuw verliet het Utrechtse kapittel de plaats weer.
In de 15e eeuw kwam de inmiddels St.-Odiliënberg genoemde berg in bezit van de Wurtenbergse proosdij Denkendorf, die er een vrouwenklooster wilde stichten. De verscheidene malen verwoeste en weer herbouwde kerk ging in de 17e eeuw dienst doen als parochiekerk. Ook later is de kerk nog diverse malen geschonden (o.a. in de Tweede Wereldoorlog) en weer hersteld. De kerk bevat vele kunstschatten. ▷

Kasteel Hillenraedt
Het kasteel Hillenraedt, bij Swalmen, dateert in zijn huidige vorm uit de 16e en 17e eeuw. In de 18e eeuw werden er wijzigingen aangebracht en de bijgebouwen en de kasteelhoeve met de drie vleugels zijn in het begin van onze eeuw gebouwd.
Aan de Swalm, in de nabijheid van de spoorlijn, stond in de 13e eeuw het kasteel Ouborgh. In 1660 wordt reeds vermeld dat het een ruïne was. Enkele oude bouwdelen zijn nog steeds terug te vinden. Zo dateert een restant van een bakstenen, achtkantige toren nog uit de 13e eeuw. △

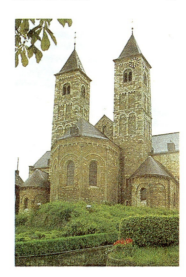

Het witte stadje
Bij een iets ruimere beschouwing van het gebied Midden-Limburg hoort het ongeveer tegenover Maasbracht aan de andere kant van de Maas gelegen Thorn zeker ook genoemd te worden. Middelpunt van dit pittoreske stadje met zijn witgekalkte huizen is de oude stiftskerk St.-Michaël.
Het stadje dankt mogelijk zijn naam aan het feit dat hier ooit de Germaanse god Thor door de Eburonen werd aanbeden. Na de kerstening van de bevolking zou op deze heilige plaats een Mariakapel zijn verrezen. Dit kapelletje werd het uitgangspunt van de abdij die de graaf van Hoei en Teisterbant en zijn gemalin hier rond 995 stichtten. Hun dochter Benedicta werd de eerste abdis.
Kort na de stichting kreeg de abdij tolrecht, marktrecht en jurisdictie. De abdissen mochten de titel van vorstin voeren en stonden onder rechtstreekse bescherming van de Duitse keizers en koningen. In de 12e eeuw werd de abdij een meer wereldlijk stift. Tot de Franse tijd bleef Thorn een dwergstaatje, waarin de rijke stiftdames de scepter zwaaiden. △

347

MIDDEN-LIMBURG

Nog maar ruim één eeuw Nederlandse provincie

Zowel in geschiedkundig als in staatkundig opzicht heeft Limburg tot in de vorige eeuw geen eenheid gevormd. Vanaf 870 tot aan de Tachtigjarige Oorlog was de huidige provincie in tweeën gedeeld, waarbij de grens in het hier beschreven Midden-Limburg bij Roermond liep. Pas in 1867 werd Limburg gelijkgesteld met de andere provincies van het Koninkrijk der Nederlanden.

'Waldhufe'

In de gemeente Posterholt, waartoe behalve het gelijknamige dorp o.a. ook Borg, Holst, Voorst, Roskam en Reutje behoren, staan nog verscheidene oude vakwerkhuizen. Bij Posterholt stromen de beken Leigraaf en Vlootbeek.
In de omgeving van Posterholt wordt een voor ons land zeldzaam ontginningspatroon aangetroffen. In Duitsland, waar deze occupatievorm veel algemener is, wordt hij 'Waldhufe' genoemd. Het is een ontginningspatroon van heuvelachtig en bebost terrein. Men ontgon hierbij binnen evenwijdige grenslijnen individueel zijn gebied. Naar beneden ging men meestal tot een riviertje of beek om over wei- en hooilanden voor het vee te kunnen beschikken. Heuvelopwaarts werden de bouwlanden uit het bos gekapt. Aan de bovenzijde had men dan de woeste grond met het noodzakelijke geriefhout. Deze wijze van ontginning vertoont verwantschap met de opstrekkende heerden van de veengebieden. △

Ondergrondse delicatesse

In Midden-Limburg wordt de teelt van asperges op tamelijk grote schaal bedreven. Op veel plaatsen ziet men de akkers met de wonderlijke opgehoogde bedden *(onder)*, met in de jonge bedden de uitlopende loten boven de grond *(links)*. De asperge wordt nog steeds als een luxe groente gezien, wat nog wordt bevorderd door het feit dat men hier en daar de oogst vervroegd door een verwarmingssysteem met waterbuizen. De asperge is in de natuur met name in de duinen geen bijzondere verschijning, maar alleen van de gekweekte worden de jonge zijscheuten van de houtige wortelstok gegeten. De teelt gebeurt op bedden, waarbij de planten met ca. 30 cm grond zijn bedekt. De asperge moet 3 jaar groeien, voordat hij bruikbare scheuten oplevert. Daarna kan gedurende een jaar of tien van dezelfde plant worden geoogst. Het steken van de asperges is een specialistisch karwei. Zodra de punt van een asperge aan de oppervlakte komt, moet de stengel ca. 30 cm diep in de grond worden afgestoken. ▽

CULTUUR

Rozenkerkje van Asselt
Dicht bij het water van de Maas ligt op de hoge oever het bijzonder schilderachtige Rozenkerkje. Naar verluidt zou ongeveer op de plaats van het kerkje ooit een Romeinse wachtpost hebben gestaan. Omstreeks 900 werd er het eerste bedehuis gebouwd.

Zoals het Rozenkerkje zich nu presenteert is het deels een herschepping van de architect Cuypers, die het danig vervallen kerkje van 1916 tot 1918 grondig restaureerde. De toren aan de oostzijde werd toen opgetrokken ter vervanging van de toren die aan de westzijde had gestaan, maar door het watergeweld bij een overstroming in 1515 was ingestort. Aan de westkant werd een nieuw koor gebouwd, met een sacristie en een kinderkapel. Daarnaast telt het kerkje nog veel oude elementen, zoals de ca. 9 eeuwen oude oostmuur, de 13e-eeuwse ribgewelven en de hardstenen, romaanse doopvont. ◁

Tegelen
Even ten zuiden van het dorp Tegelen bevindt zich het imposante kasteel Holtmühle. In zijn huidige vorm dateert het uit de 18e eeuw. Het bestaat uit drie aaneensluitende vleugels met zadel- en schilddaken. Van de ommuring van de buitenhof zijn nog enkele poorten bewaard gebleven. Het kasteel wordt omgeven door fraaie tuinen, vijvers en gazons met weelderig uitgegroeide bomen.
Tegelen is echter minder vermaard om het kasteel dan om het Passiespel, dat hier al sedert een halve eeuw elke 5 jaar wordt gespeeld. Bij dit openluchtspel zijn zo'n 250 medewerkers betrokken. Verder telt Tegelen nog een interessante botanische tuin. ▷

Tal van kastelen
In Midden-Limburg zijn nog verscheidene kastelen te bewonderen, zoals het kasteel Nieuwenbrouck of Nijbroek, in de kom van het dorp Beesel. Oorspronkelijk is het een burcht uit de 14e eeuw, maar in de 16e en 17e eeuw is deze grondig gewijzigd en vergroot. Het door een brede gracht omgeven bouwwerk, met een twee verdiepingen tellende woonvleugel, is niet te bezichtigen.

Andere plaatsen waar men kastelen kan zien zijn Baarlo, Tegelen, Swalmen, Roermond (Maasniel), Herkenbosch, St.-Odiliënberg, Vlodrop, Montfort en, aan de andere oever van de Maas, Horn, Kessel en Haelen.

Het merendeel van deze kastelen dateert in zijn huidige vorm uit de 16e en 17e eeuw, zoals het kasteel D'Erp of De Bocht, in Baarlo, Hillenraedt en De Spieck, beide in Swalmen, de Tegelarij, in Roermond, en het Stenen Huis, in de omgeving van Vlodrop. Van de middeleeuwse kastelen in Montfort en Kessel resteren nog slechts ruïnes. △

Bijna 2000 jaar oud
Asselt, dat behalve zijn Rozenkerkje ook diverse fraaie boerderijen telt, bestond reeds in de tijd van de Romeinen.

Net als overal in geaccidenteerd terrein vestigde men zich in Midden-Limburg op de overgangen van hoog naar laag: in het geval van Asselt op de rand van het Maasterras. De hooggelegen, droge, arme gronden waren het weidegebied voor schapen en in het lage, vochtige dal lagen de hooi- en weilanden. De hiertussen gelegen, goed ontwaterde gronden vormden het bouwland. △

MIDDEN-LIMBURG

Meanderende rivieren en uitzonderlijke hei

De Maas en zijn zijrivieren hebben een grote invloed gehad op het landschap van Midden-Limburg. De grindwinningsplaatsen aan zijn oevers bieden uitstekende mogelijkheden voor watersporters. Aardige stadjes als Thorn zijn een bezoek waard en verspreid in het gebied liggen kastelen, historische vestingwerken en archeologische monumenten.

Maasvallei
Een van de mooiste landschappen van deze streek en tevens een van de meest karakteristieke is de Maasvallei. Hoewel grote delen van de oevers al zijn aangetast door ontgrondingen, zijn er hier en daar nog typische uiterwaardenlandschappen met de kenmerkende populierenbegroeiing, onder andere bij Linne. De afbeelding hiernaast toont de Maas bij Buggenum. Die heeft daar vrijwel geen winterbed, waardoor er in dit gebied een groot verschil in waterstand kan optreden. ▷

Rivier, bos en hei
Midden-Limburg is te karakteriseren als een terrassenlandschap. Het daalt trapsgewijs naar de rivierbeddingen af. In de loop der tijd is er veel grind en zand afgezet, dat nu weer gewonnen wordt en grote plassen doet ontstaan. Sommige delen van Midden-Limburg waren al zeer vroeg bewoond. Daarvan getuigen de grafheuvels bij het Swalmdal. En aan de Romeinse tijd herinneren de niet ver daarvandaan gevonden restanten van een grindweg. In het natuurreservaat Meinweg vinden we een heuvellandschap met een bijzonder heidetype, dat ook plaats biedt aan vrij zeldzame dieren. Veel ontgonnen gronden zijn beplant met dennen, onder andere om de mijnbouw van stuthout te voorzien. Ze vormen nu een afwisseling in het landschap.

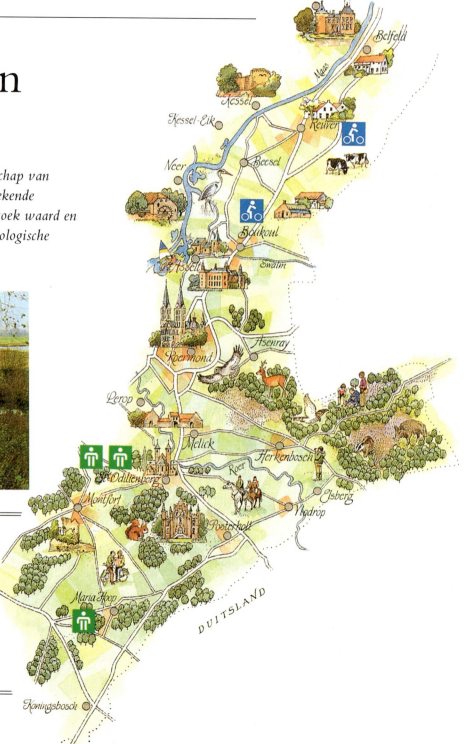

OP STAP

Akkerbouw

Tot ongeveer het midden van de vorige eeuw was het grootste deel van Midden-Limburg nog natuurlijk. De ontgonnen gronden waren voor twee derde in gebruik als akker, voor een derde als weiland. De woeste gronden leverden plaggenmest. Door de invoering van de kunstmest was men voor de bemesting niet meer gebonden aan de woeste grond en konden grotere gebieden in cultuur gebracht worden. Dit had voor het landschap tot gevolg dat de kleinschalige landbouwoases te midden van heide en bos uitgroeiden tot grote in cultuur gebrachte terreinen. De hiernaast beschreven fietstocht voert u langs akkers en weilanden in het Maasdal en biedt schitterende riviergezichten. ▷

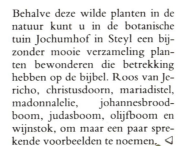

Bijbelse planten

Cultuurhistorisch interessant is het agrarische cultuurlandschap op de rivierterrassen ter weerszijden van de Maas. Tussen Reuver en Belfeld bijvoorbeeld ligt een gebied, dat al in de middeleeuwen is ontgonnen. Het is een vrij open landschap van oude bouwlandcomplexen, in kleine onregelmatige kavels verdeeld en omzoomd door bossen. Langs de akkers vindt men nog allerlei wilde planten, zoals de afgebeelde gele ganzebloemen.

Behalve deze wilde planten in de natuur kunt u in de botanische tuin Jochumhof in Steyl een bijzonder mooie verzameling planten bewonderen die betrekking hebben op de bijbel. Roos van Jericho, christusdoorn, mariadistel, madonnalelie, johannesbroodboom, judasboom, olijfboom en wijnstok, om maar een paar sprekende voorbeelden te noemen. ◁

Tuinbouw

Fietsend door Midden-Limburg trekken kale akkers met rijen afgeplatte ruggen de aandacht. Daarin worden asperges gekweekt, een heel bewerkelijke en als delicatesse beschouwde groentesoort. Hoewel het grootste deel van de landbouwgronden wordt gebruikt als akkers en weiden, vormt in de buurt van Tegelen en Venlo de tuinbouw een belangrijke bron van inkomsten. Daar wordt meer en meer overgegaan op glastuinbouw om de bedrijfsresultaten te verbeteren. In het zuidelijk deel van de Maasvallei legt men zich toe op rundveehouderij, waardoor veel akkers plaats moeten maken voor graslanden. Beide ontwikkelingen hebben een belangrijke invloed op het landschapsbeeld. Er worden grote kassen en reusachtige veestallen met torensilo's neergezet, die al van verre te zien zijn. Een groot deel van de huidige bevolking vindt werk in de dienstverlenende sector, de industrie en de bouwnijverheid. Dat brengt met zich mee dat velen buiten de streek werken en naar Zuid-Limburg of West-Duitsland pendelen. ▽

Fietstocht Maasvallei

Het vertrekpunt voor deze route is Reuver. De lengte bedraagt ongeveer 30 km. Vanaf Lommerbergen fietst u richting Maas, die u met de veerpont oversteekt naar het aardige dorp Kessel. Rechts ziet u de ruïne van de burcht van Kessel. Tot 1279 werd die door de graven van Kessel bewoond, daarna door leenmannen van Gelre. Over een oude Romeinse heerbaan noordwaarts rijdend bereikt u het gehucht Oijen. U passeert het 17e-eeuwse Huis Oijen en neemt een kijkje bij de stuw en het sluizencomplex in de Maas. Verder langs kasteel D'Erp in Baarlo, dat een hertenkampje, een speeltuintje en een oude, gerestaureerde wasplaats bezit. Bij Steyl steekt u de rivier weer over. In dit plaatsje kunt u de botanische tuin Jochumhof bezoeken en het missiemuseum, dat een collectie Chinese en Indonesische voorwerpen bezit en een grote vlinderverzameling uit de hele wereld. Steyl is het noordelijkste punt van deze tocht. Langs een oude molenvijver en kasteel Holtmühle, daterend uit de 14e en 17e eeuw, gaat u richting Belfeld. Via het gehucht Ronkenstein bereikt u het uitgangspunt Reuver weer.

MIDDEN-LIMBURG

Eikelmuis
Het voorkomen van zowel bos als open gebieden in deze streek schept een uitstekend leefmilieu voor allerlei dieren. Roofvogels zoeken een rustplaats in het bos en jagen op de velden. Ook de das voelt zich hier thuis. En talloze kleine roofdieren als wezel, hermelijn en bunzing zijn te vinden in kleine bosschages en houtwallen. De afgebeelde eikelmuis treft u meestal slapend aan. △

Terrassenlandschap
Het landschap van Midden-Limburg is een zogenaamd terrassenlandschap, in de loop der tijden en samenhangende met de breedte van de rivieren ontstaan. Op het laagterras langs de huidige rivieren grazen de koeien, zoals hier langs de Swalm. △

Fietstocht Swalm
De lengte van de fietsroute is ongeveer 30 km. Van Swalmen gaat de tocht eerst noordwaarts naar Reuver. U passeert kasteel Waterloo. Op het landgoed kunt u wandelen. Van Reuver fietst u zuidwestwaarts via Beesel richting Swalmen. U steekt het mooie kronkelende riviertje de Swalm over en laat Swalmen achter u voor de rest van de tocht. Achter de slotgracht ligt kasteel Hillenraedt. Het blauw en wit zijn de kleuren uit het wapen van de familie Wolff-Metternich die het kasteel in bezit heeft. Via het dorp Boukoul wordt er nog een lus gemaakt over Asenray en dan gaat het weer terug langs kasteel Hillenraedt naar Swalmen. Onderweg zult u oude vakwerkschuren, kasteelboerderijen en wegkapelletjes zien.

De Swalm
De hiernaast beschreven fietstocht brengt u bij het mooie riviertje de Swalm, dat in Duitsland ontspringt. In vele bochten slingert het zich door een gebied van loof- en naaldhout en ook door het dorp Swalmen dat zijn naam ontleent aan dit water. Vooral het gedeelte tussen Swalmen en de Duitse grens is de moeite waard. Het is te bevaren met een kano of roeiboot. Nu eens vaart u onder een boog van takken door, dan weer komt u langs een malse weide. Het dorp Swalmen is van oorsprong een oude heerlijkheid die al in 1341 bestond. De toenmalige heren bewoonden de Ouborg, waarvan slechts de ruïne van een toren rest. In de omgeving van Swalmen ligt kasteel Hillenraedt. △

Nachtzwaluwen
Een van de belangrijkste natuurgebieden van Midden-Limburg is het Meinweggebied bij de Roer. Doordat het aansluit op de uitgestrekte bossen in Duitsland, kan zich hier groot wild handhaven als wilde zwijnen en reeën. Ook dassen, vossen en marters komen er voor. Het is bovendien een van de belangrijkste wijkplaatsen voor adders in Nederland. Kraanvogels doen het gebied aan als pleisterplaats tijdens de trek. Weinig voorkomende vogels als grauwe kiekendief, korhoen, blauwborst, sprinkhaanrietzanger, dodaars en de afgebeelde nachtzwaluw broeden er. De nachtzwaluw legt haar eieren op de grond. Door haar aangepaste verentekening is ze vrijwel niet te zien. ▽

OP STAP

Zeldzaam heidegebied
De ontgonnen gronden rondom de abdij Lilbosch maakten deel uit van een groot moeras- en heidegebied, dat zich uitstrekte van Susteren tot Posterholt. Het heidegebied van het iets noordelijker gelegen staatsnatuurreservaat Meinweg is een heel bijzonder type heidelandschap. Men treft er struikheide, kruipbrem en stekelbrem aan en restanten van een wintereiken-berkenbos. △

Wandeling abdij Lilbosch
De abdij Lilbosch ligt tussen Echt en Maria Hoop. De wandeling heeft een lengte van ongeveer 6 km. Hij voert door een open landschap dat in het begin van deze eeuw ontgonnen is. Lopend naar het zuiden ontwaart u rechts de laagte van het voormalige Bolven. Even verderop loopt het terrein duidelijk op; dat is een grindkop, die vroeger als een eiland in het moeras lag. In oostelijke richting afbuigend loopt de weg door een laagte, een restant van een zeer oude Maasloop. Aan de overkant van de bedding staat u aan de voet van het rivierterras. De uitgeschuurde dalen zijn hier goed zichtbaar. Vanaf het hoogste punt van de wandeling hebt u een mooi uitzicht op het klooster en het Haeselaerbroek. Bij Pepinusbrug ligt het laagste deel.

Drassige broek
Het Haeselaerbroek, dat u op uw wandeling bij de trappistenabdij Lilbosch tegenkomt, behoorde ook tot dat uitgestrekte moeras- en heidegebied tussen Susteren en Polsterholt. Het is een laaggelegen, drassig stuk grond met typische moerasvegetatie. Een beekje zorgt voor de afwatering. Houtwallen in het landschap dienden ter bescherming van de akkers tegen wildschade en leverden ook brand- en geriefhout. Als laanbomen en bij de boerderijen zijn in dit gebied linden, kastanjes en esdoorns aangeplant. Niet ver van het hoogste punt van de wandeling hebt u een mooi uitzicht op een zand- en grindgroeve. ◁

MIDDEN-LIMBURG

Sint-Odiliënberg

De heuvel aan de Roer, waarop Sint-Odiliënberg ligt, was in de Romeinse tijd al bewoond. In 706 stichtten de heiligen Wiro, Plechelmus en Otgerus hier een abdij. Tijdens de invallen van de Noormannen was dit klooster een toevluchtsoord voor de Utrechtse geestelijkheid. De huidige basiliek van de Heilige Wiro, Plechelmus en Otgerus werd in de 11e eeuw gebouwd. Alleen het dwarsschip, het middenschip en de beide torens stammen waarschijnlijk nog uit die tijd. In het interieur zijn de moderne gebrandschilderde ramen van de Limburgse glazenier Joep Nicolas bezienswaardig. In de buurt van Sint-Odiliënberg liggen het landgoed Hoosten en de Bosberg en het Munniksbos, alle toegankelijk voor wandelaars. △

Wandeling Munniksboshof

Het beginpunt is het Kerkplein in Sint-Odiliënberg. De lengte van de wandeling bedraagt ongeveer 6 km. U loopt o.a. door het landgoed Hoosten, dat tot de 19e eeuw aan de Sociëteit van Jezus uit Roermond behoorde. Langs de boerderij de Bosberg bereikt u via een eikenlaan de historische Gulickerweg. Deze was vele eeuwen lang de enige verbindingsweg tussen noord en zuid. Langs een brede weg met aan beide kanten bomen, eiken en beuken, komt u aan het begin van het Munniksbos. U gaat het bos niet in, maar loopt over het erf van de Munniksboshof. Links staat de tiendschuur, rechts het woonhuis. Deze hoeve behoorde toe aan de abdij van Roermond, een cisterciënzer vrouwenabdij. Het wapen in de gevelsteen van het woonhuis is dat van een van de abdissen. Van de Munniksboshof wandelt u door het bos weer terug naar Sint-Odiliënberg.

Aspergeteelt

Een deel van de akkers in Midden-Limburg wordt gebruikt voor de aspergeteelt. Deze groente doet het het best op diep ontwaterde zand- of zavelgronden. De asperges groeien onder opgeworpen en afgeplatte zandruggen om ze mooi wit en zacht te houden. Zodra de punt van een asperge uit de grond komt, moet hij gestoken worden. Dat gebeurt met een speciaal mes en kan alleen in mei en juni. Een aanplant moet drie jaar oud zijn, voordat voor de eerste maal geoogst kan worden. △

OP STAP

Uiterwaardenlandschap

De wandeling door de Linnerweerd brengt u in een nog vrijwel ongeschonden uiterwaardenlandschap, gelegen tussen de bebouwde kom van het dorp Linne en de Maas. Er zijn niet veel van deze ongeschonden uiterwaardenlandschappen meer. De zand- en grindwinning in het zomer- en winterbed van de Maas veranderen het rivierlandschap sterk. Jongere en oudere bochtafsnijdingen verdwijnen, evenals de kenmerkende graslanden met populieren. Kan de zand- en grindwinning voor het natuurlijk milieu een gevaar inhouden, voor de recreatie betekent het een stimulans. De plassen die ontstaan bij deze ontgronding bieden uitgebreide mogelijkheden voor de watersport. Deze ontwikkelingen gaan gepaard met de aanleg van jachthavens en kampeerterreinen rond de plassen. △

Loofbossen

Naast de grote aaneengesloten natuurgebieden in Midden-Limburg zijn ook de kleinere elementen in het landschap van belang. Vochtige loofbossen, verlandende oude rivierbeddingen en niet te vergeten de landgoederen, die meestal in de beekdalen liggen op de overgang naar hogere gronden. Een voorbeeld daarvan is Rozendaal, in de buurt van Montfort. Tussen Montfort en Sint-Odiliënberg ligt het Munniksbos. ◁

Wandeling Linnerweerd

De wandeling begint in Linne en heeft een lengte van ongeveer 6 km. U daalt het laagterras van de Maas af naar de uiterwaarden, steekt de Vlootbeek over en loopt door de uitgestrekte weilanden en boomgaarden. Bij huize Ravenberg buigt u linksaf. Onder grote oude beuken langs het kasteeltje Heysteren tot u weer aan de Vlootbeek komt. Rechts ziet u de Clauscentrale liggen en verderop een moerassig gebied. Dat is een restant van een oude Maasmeander. Tenslotte komt u weer bij de laagterrasrand en steekt u via het ijzeren bruggetje de Vlootbeek nogmaals over. Het weggetje dat u nu volgt heeft wel wat weg van een hol weggetje, zoals die in het zuiden van Limburg zo veel voorkomen. U daalt weer af naar de uiterwaarden, ziet rechts de verhoogde terrasrand en keert terug in het dorp Linne.

Zuring in de berm

Tijdens een wandeling hebt u de gelegenheid de planten langs uw pad wat beter te bekijken. Als we de natuur haar gang laten gaan, kleurt zij 's zomers de bermen en ruigten met bloeiende wilde planten. Bijna overal komen we de roodbloeiende zuring tegen. Andere algemeen voorkomende planten zijn herderstasje, boterbloem en vogelwikke. △

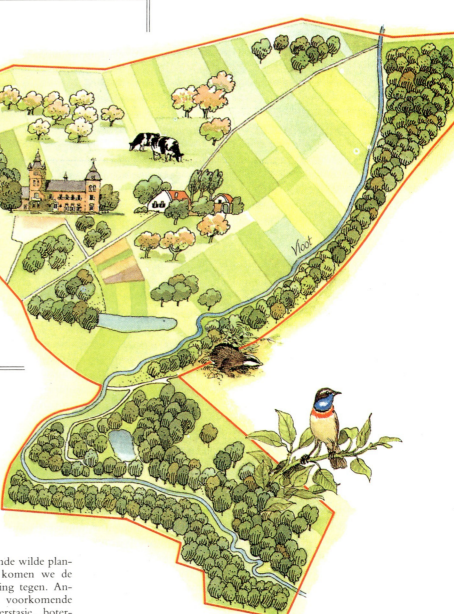

MERGELLAND

MERGELLAND

Geen heuvels maar dalen in plateau

Het landschap van het Mergelland wordt vooral bepaald door de natuur- en cultuurgeschiedenis ervan. Het is opgebouwd uit plateauresten, gescheiden door dalen.

Monumenten van devotie
Wegkruis tegen een stam van een kastanje aan de Smidsberg, bij Plaat, zoals er in het Mergelland nog zeer veel te zien zijn. Deze monumenten van devotie staan dikwijls op plaatsen waar de oude Germanen reeds offerstenen aanbrachten voor hun goden en ter nagedachtenis aan hun voorouders. Vanouds is de zorg voor de weg- en veldkruisen toevertrouwd aan de omwonenden, die ze ook van bloemen voorzien. ▽

Een stukje buitenland
Glinsterend zoekt de Geul zich bij Camerig een weg langs bontgekleurde weilanden en schilderachtige hoeven. Voor de bezoeker uit het westen of noorden doet het golvende landschap met zijn wijde vergezichten, holle wegen, oude dorpen, hellingbossen, meidoornheggen, graften en kabbelende beken bijna buitenlands aan.
Het Mergelland is in het uiterste zuiden van Limburg gelegen. In het westen wordt dit landschap begrensd door de Maas, in het noorden door Selzebeek en Geul, in het oosten door de Duitse Bondsrepubliek en in het zuiden door België.
Het opvallendst is het reliëf, dat bestaat uit dalen die door rivieren en beken in een hoogvlakte zijn uitgesleten. Deze hoogvlakte is nog herkenbaar in de toppen van de 'heuvels' en het Plateau van Margraten. Het huidige landschap is vooral door de Maas gemodelleerd, die door bewegingen in de aardkorst nu eens hier, dan weer daar stroomde. Bij de landschapsvormers moet men ook de zijrivieren en de tot het stroomgebied behorende beken, zoals Jeker, Geul, Gulp en Voer, rekenen.
De bevolking woont merendeels verspreid in een groot aantal dorpen en gehuchten. Industrie is hier nauwelijks en de landbouw is nog grotendeels kleinschalig. Vroeger waren het vooral gemengde bedrijven, maar in de loop van deze eeuw schakelden veel boeren over op de rundveehouderij en de fruitteelt. De laatste tijd wordt veel grasland gescheurd en omgezet in akkers, met name voor voedergewassen zoals snijmaïs. De hoogstamboomgaarden maken meer en meer plaats voor de efficiëntere laagstamboomgaarden.
De natuurwaarde van het Mergelland is bijzonder groot, zoals vooral de wandelaar zonder veel moeite zal ervaren. De beekdalen, graslanden en bossen bevatten een rijke flora en fauna. Belangwekkend zijn o.a. de kalkgraslanden en de hellingbossen. △

INLEIDING

Geologische ontsluitingen
Langs de rechter oever van de Geul, tussen Cottessen en Terpoorten, zijn op diverse plaatsen geologische ontsluitingen zichtbaar. De mooiste en belangrijkste is de Heimansgroeve, die helaas voor het publiek moest worden gesloten en inmiddels vrijwel onvindbaar is. Andere, kleinere ontsluitingen en oude groeven gunnen ons echter nog een blik op allerlei gesteenten. ▽

Zomer- en winterbed
Tussen de hoeven Ter Gracht en Vernelsberg, bij Epen, waden koeien na het melken terug naar hun weidegronden aan de overkant van de Geul. De oevers van het zomerbed zijn bij de doorwaadbare plaats wat minder steil dan elders het geval is. 's Winters en in het vroege voorjaar voert de Geul veel meer water en zijn de oeverlanden soms ondergelopen. De weilanden van het winterbed waren voorheen vrij schraal en vermaard om de bijzondere plantengroei, zoals de zeldzame zinkflora. Deze is door verbetering van de grond met kunstmest echter grotendeels verdwenen. △

Orchideeëntuin
Het hondskruid is een van de ongeveer twintig soorten orchideeën die in de orchideeëntuin in het Gerendal zijn samengebracht. Om bezoekers een indruk te geven van de orchideeën die op de ontoegankelijke kalkgraslanden groeien, heeft men achter de boswachterswoning een deel van de krijthelling als orchideeëntuin ingericht. Deze is uitsluitend in de bloeitijd van de orchideeën – mei en juni – te bezichtigen. Soorten die men er kan bewonderen zijn o.a. soldaatje, purperorchis, grote keverorchis, poppenorchis, harlekijnorchis, mannetjesorchis en bokkenorchis. ▷ △

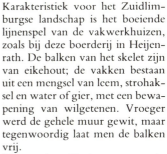

Huizen uit leem, stro en hout
Karakteristiek voor het Zuidlimburgse landschap is het boeiende lijnenspel van de vakwerkhuizen, zoals bij deze boerderij in Heijenrath. De balken van het skelet zijn van eikehout; de vakken bestaan uit een mengsel van leem, strohaksel en water of gier, met een bewapening van wilgetenen. Vroeger werd de gehele muur gewit, maar tegenwoordig laat men de balken vrij.
Naast vakwerkhuizen staan er in het Mergelland ook nog veel boerderijen die gebouwd zijn van natuursteen die vaak ter plaatse werd gedolven. △

Zeldzame amfibieën
De geelbuikvuurpad vertoont aan de buikzijde een opvallend geel-zwart kleurpatroon. Dit dient om vijanden schrik aan te jagen: wanneer de pad wordt bedreigd maakt hij een holle rug, waardoor de tekening te zien is. Evenals de vroedmeesterpad dreigt hij in ons land uit te sterven door vernietiging van zijn biotoop. ▷

359

MERGELLAND

Van zeebodem tot heuvelland

Het Mergelland was ooit een zeebodem, die door bewegingen in de aardkorst tot een plateau werd opgeheven. Fossielen getuigen soms nog van een zeeverleden. Het reliëf ontstond door insnijding van het water van rivieren in het plateau.

Karstverschijnselen
De oude groeve Juliana is gelegen aan de Schiepersberg, ten noordoosten van Cadier en Keer. De Maastrichtse kalksteen die men hier won werd niet tot cement verwerkt, maar was hard genoeg om dienst te doen als bouwsteen. Wat deze voormalige dagmijn echter zo bijzonder maakt zijn de karstverschijnselen, zichtbaar in de steile, hoge wanden.
De verticale gangen zijn geologische orgelpijpen of instortingsdolinen. Ze zijn opgevuld met verweringsmateriaal, dat bestaat uit resten kalkgesteente en overblijfselen van rivierafzettingen. ◁

Ontstaan van het reliëf
Op deze schematische doorsnede van een plateaurest heeft het water van een rivier in de oorspronkelijke schiervlakte (horizontaal erosievlak) rechts een dal uitgeslepen. Door oplossing en uitloging van dieper liggende gesteenten ontstonden aan de oppervlakte van het plateau kuilen of dolinen, met daaronder dikwijls verticale gangen of orgelpijpen. ▽

Mergelafgraving
Groeve bij 't Rooth, op het Plateau van Margraten, waar mergel wordt afgegraven voor de cementindustrie. Mergel is de benaming voor de kalksteen die in de loop van miljoenen jaren op de bodem van de Krijtzee ontstond uit de skeletdelen van afgestorven zeedieren.
De roodbruine bovenste afzetting is de vruchtbare löss. Deze werd hier tijdens de laatste ijstijd door de wind gedeponeerd. △

Rijk aan fossielen
Een uit fossiele zeeëgels gemetselde bloembak geeft een indruk van de rijkdom aan sporen uit het verleden. Ze vormen het bewijs dat het Mergelland ooit de kustzone was van de Krijtzee.
Veel opzien baarde in 1770 de vondst van de schedel van een Maashagedis of Mosasaurus in een groeve in de St.-Pietersberg. Met name in de buurt van Epen kan men nog steeds fossielen aantreffen, zoals belemnieten. ▷

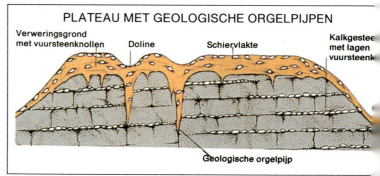

ONTSTAAN

Dal van de Geul
Deze foto van de Geul bij Mechelen laat duidelijk zien hoe de insnijding van beken en rivieren in het terrassenlandschap van het Mergelland in zijn werk gaat. In de buitenbocht wordt de bedding door de snelle stroming steeds dieper, terwijl het water bovendien voortdurend delen van de oever met zich meevoert. Aan de binnenbocht, waar de stroming veel geringer is, wordt juist materiaal gedeponeerd. Er wordt echter meer meegevoerd dan afgezet. Hoe langer de beek door het dal heeft gestroomd, hoe breder dit is uitgeslepen. De andere Zuidlimburgse beken, zoals de Gulp, de Zieversbeek, de Lomberg- of Mechelbeek, de Hermensbeek, de Sinselbeek en de Eyserbeek, geven hetzelfde beeld te zien. Ze zijn alle bij de uitmonding het smalst. Bij de in de Maas uitstromende beken is dit nog sterker doordat deze rivier zich in het verleden westwaarts verplaatste. ▷

Water vormt het landschap
Zoals de Geul zich hier in de buurt van Epen een weg door het landschap snijdt, zo hebben de rivieren en beken het landschap van het Mergelland al miljoenen jaren vorm gegeven. Van de oorspronkelijke, licht golvende schiervlakte zijn slechts enkele delen – zoals het gebied rond Vaals – gespaard gebleven.

Deze riviererosie vond onder invloed van het rijzen en dalen van de zeespiegel en door bewegingen in de aardkorst in fasen plaats. Hierdoor zijn grootschalige terrassen ontstaan. De hoogste afzettingen van de Maas vormen het Hoogterras, waarin brede dalen zijn uitgeslepen. In die dalen ontstond op een lager niveau het Middenterras. De huidige dalbodem van de Maas vormt het Laagterras. De terrassen liggen als traptreden boven elkaar. △

Grubben en holle wegen
Afgebeeld is een grub of droogdal in de buurt van Gronsveld, op de oostelijke flank van het Maasdal. In feite is het een erosiegeul, die alleen na hevige regenval water afvoert.

Dergelijke droogdalen, die men ook in de omgeving van Noorbeek aantreft, vormden vroeger vaak de enige verbindingsweg tussen het plateau en het dal. Later ging men wegen aanleggen, die dikwijls tot holle wegen erodeerden. Als zware regens weer eens gaten in het plaveisel hadden geslagen, werden deze opgevuld met kiezels uit de plaatselijke grindgroeve, de 'kiezelkoel'. Dergelijke wegen komen in het Mergelland nog vrij veel voor. ◁

MERGELLAND

Bonte verzameling biotopen

Geen ander deel van Nederland doet zo uitheems aan als het Mergelland, met zijn hellingen, bosschages, beken en vakwerkhuizen. Miljoenen jaren had het water nodig om de dalen uit te slijpen in het plateau, dat eens de bodem van een Krijtzee was. Ook bijzonder is de vruchtbare lössbodem (C9), een leemafzetting uit de laatste ijstijd.

De vorm van het landschap werd niet alleen door natuurkrachten bepaald, maar ook door de mens. Landbouwers zetten hier in de loop van vele eeuwen de natuur naar hun hand, waardoor een landschap ontstond zoals men in het Mergelland nog steeds aantreft. De omgeving leverde het bouwmateriaal voor de boerderijen – eikehout, tenen en leem, maar ook natuursteen en veldovenstenen.

De flora en fauna zijn hier al even rijk geschakeerd. Langs de Geul gedijt een unieke zinkflora (E9), met het gele zinkviooltje en de witte zinkboerenkers. Ook broedt hier de zeldzame grote gele kwikstaart (F6). In de bosschages leven de wielewaal (B5) en de das (C9), die op de nabijgelegen velden zijn kostje opscharrelt. Koekoeksbloemen (F8) en adderwortel (E3) omzomen de poelen waarin vroedmeesterpad (E1) en vuurbuikpad (F4) hun eieren afzetten. Algemeen zijn hier wijngaardslak (F9), beekjuffer (F3), dagpauwoog (E4) en blauwtje (D2).

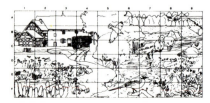

MERGELLAND

Rijke natuur door bodemgesteldheid

Waar de miljoenen jaren geleden op de bodem van de Krijtzee gevormde mergel in de oppervlaktelagen voorkomt, gedijt een unieke flora. Dit is in het Mergelland vooral het geval in de bossen op de dalhellingen en op de flanken van de plateaus.

Hellingbossen

De stengels van de bosrank geven de hellingbossen in het Gerendal een oerwoudachtig aanzien. Ze kunnen soms wel 30 m lang worden en hangen, zodra ze de boomtoppen bereikt hebben, naar beneden. De bosrank verankert zich door middel van de bladstelen, die zich om andere planten slingeren. Hij groeit vooral in de kalkrijke hellingbossen onderin de dalen.

Het hellingbos op kalkrijke grond valt uiteen in drie types: het orchideeënrijke type op de drogere bodems; het type met planten als lievevrouwebedstro, heggewikke en heelkruid op minder droge bodems; en het type met o.a. daslook, gele anemoon en voorjaarshelmbloem op vochtige bodems.

De hooggelegen hellingbossen, waar de kalk nagenoeg uit de bodem is gespoeld, zijn armer aan plantesoorten. Ze bestaan vooral uit beuken en eiken. Karakteristieke planten zijn hier o.a. echte guldenroede, diverse soorten havikskruid en knollathyrus.

In de hellingbossen leven o.a. dassen, boommarters, vossen en eikelmuizen.

Heggen en solitaire bomen

De maretakken steken tegen de nog vrijwel kale voorjaarstakken van deze populieren bij Slenaken duidelijk bolvormig af. Het zijn groenblijvende, halfparasitaire planten, die vooral in appelbomen, linden en populieren voorkomen. Voorwaarde is dat de gastheer op een kalkrijke bodem groeit: de maretak of vogellijm is een aanwijzer van kalk in de bodem en gedijt dan ook vrijwel alleen in het Krijtdistrict, het plantengeografische district waartoe het Mergelland behoort. Het is een halfparasiet, want behalve dat de plant voedsel aan de gastheer onttrekt, vormt hij ook voedingsstoffen in de eigen bladeren, die chlorofyl bevatten.

Hoewel het Mergelland gemiddeld niet bosrijker is dan andere gebieden in Nederland, doet het zeer bomenrijk aan. Dit komt doordat er veel bomen geplant zijn als grensafscheiding, op het erf voor geriefhout en als markering bij een kapelletje of wegkruising. Bovendien zijn er veel heggen aangeplant omdat er geen sloten konden worden gegraven.

Witte bloemenzee

In het vroege voorjaar is de bodem van het Savelsbos bedekt met een zee van witte bloemen van de bosanemoon. Dank zij de voedselvoorraad in de ondergrondse wortelstok is deze plant in staat om bij stijging van de temperatuur in het voorjaar direct bladeren en knoppen te vormen. De plant kan dan nog van het zonlicht profiteren, dat ongehinderd door bladeren de bosbodem bereikt.

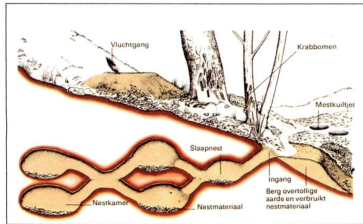

NATUUR

Dassenburcht
De burcht van een das bestaat uit gangen met kamers. Deze zijn vaak volgens het 'split-level'-principe uitgegraven.

Grootste Nederlandse landslak
De wijngaardslak is in het Mergelland een tamelijk algemene huisjesslak van heggen en bosranden. De soort is beschermd, omdat het aantal schrikbarend terugliep door wegvangen voor consumptie en zoölogische experimenten.
De wijngaardslak bereikt in Limburg de noordwestelijke grens van zijn verspreidingsgebied. Het is de grootste van onze landslakken, met een huis van maximaal 5 cm. Slakken zijn tweeslachtig. Na het paringsspel bevruchten de partners elkaar wederzijds. De eieren worden in de grond afgezet en komen na enkele weken uit. △

Zink- en kalkflora
Van de vele plantesoorten die in het Mergelland voorkomen zijn het zinkviooltje *(boven)* en de orchideeën zoals het hondskruid *(onder)* het meest vermaard.
Het zinkviooltje is een vertegenwoordiger van de flora in de dalbodem van de Geul nabij de Belgische grens. De grond is hier rijk aan zink, dat vanuit het stroomopwaarts gelegen carboongesteente en de vroegere Belgische zinkmijnen wordt aangevoerd. Bij de winterse overstromingen van de weilanden op de oevers van de Geul blijven door het water meegevoerde metalen achter. Zodra andere zijbeken water met dat van de Geul vermengen, blijken de specifieke omstandigheden voor een zinkflora niet meer aanwezig te zijn. Planten als het zinkviooltje en de zinkboerenkers treft men dan niet meer aan.
Aan kalkgrasland gebonden orchideeën vindt men bij ons vrijwel alleen nog in het Mergelland. △

Pad met broedzorg
Hier en daar klinkt in het Mergelland op voorjaars- en zomeravonden nog het heldere geluid van de vroedmeesterpad. Zijn gekwaak heeft veel weg van klokgetingel.
Vroedmeesterpadden zitten overdag verborgen in holten onder stenen, bijvoorbeeld grafzerken. 's Avonds laat het mannetje zich horen om een vrouwtje te lokken. Na de paring, die op het land plaatsvindt, wikkelt het mannetje de eisnoeren rond zijn achterpoten. Zo draagt hij ze enkele weken met zich mee. Af en toe zoekt hij het water op om de eieren te bevochtigen en op zeker moment verlaten de larven dan het ei.
Voorheen maakten de vroedmeesterpadden voor hun voortplanting gebruik van de drinkpoelen die de boer voor het vee in het land aanlegde. Nu deze merendeels door betonnen bakken zijn vervangen, heeft de pad vrijwel geen mogelijkheden meer om zijn larven af te zetten. Hierdoor is hij dan ook op dramatische wijze in aantal achteruitgegaan. △

Kalkminnende orchideeën
De afgebeelde soorten treft men vrijwel uitsluitend in het Mergelland aan. De zeldzaamste is de bokkenorchis. ▽

Vliegenorchis Purperorchis

Soldaatje Bokkenorchis

MERGELLAND

Al meer dan 8000 jaar bewoond

De eerste mensen vestigden zich vermoedelijk zo'n 8000 jaar geleden in dit deel van ons land, dat toen nog een bosgebied was. Ca. 2000 jaar later kwamen de eerste landbouwers. In de volle middeleeuwen kreeg het landschap globaal de structuur die het nog steeds heeft.

Kruisen en kapellen
Even karakteristiek als de vakwerkhuizen en gesloten hoeven zijn de talloze kapelletjes en veldkruisen, zoals dit in Noorbeek. Meestal staan ze op kruisingen en driesprongen van veldwegen. Vóór de 19e eeuw maakte men de kruisen dikwijls van steen, later van hout of gietijzer. ◁

Neolithisch monument
In het bos boven de Gulp bij Slenaken ligt dit monument uit het Neolithicum. Het is een groot blok zandsteen met talrijke voegen waarin de mens uit de Nieuwe Steentijd zijn bijlen en messen sleep.
Uit het Neolithicum of Nieuwe Steentijd (ca. 4000–1800 v.C.) zijn in het Mergelland veel vondsten gedaan. De belangrijkste overblijfselen uit deze periode zijn het resultaat van de winning en bewerking van vuursteen. Vermoedelijk lag er een centrum van vuursteen-industrie in het tegenwoordige Savelsbos, tussen Rijckholt en St.-Geertruid. Op de akkers rond de voormalige vuursteenmijn kan men met enig geluk nog steeds fragmenten van werktuigen en afval vinden. Voorts zijn er nog winnings- en bewerkingsplaatsen bekend in het tussen Maas en Geul gelegen gebied, zoals bij Banholt, Mheer en Rullen. △

Bouwsteen uit het Carboon
De hoeve Vernelsberg, bij Epen, is opgetrokken uit kolenzandsteen. Deze harde zandsteen werd ca. 300 miljoen jaar geleden tijdens het Boven-Carboon gevormd.

Het materiaalgebruik bij de boerderijbouw was oorspronkelijk geheel afgestemd op wat de omgeving leverde. Natuursteen bleef echter meestal gereserveerd voor de grote hoeven. △

Graften als scheiding
Hooikeren op een helling in het Geuldal, in de buurt van Camerig. De grotendeels met vruchtbare löss bedekte bodem in Zuid-Limburg werd reeds zo'n 6000 jaar geleden in cultuur gebracht door de Bandkeramiekers. Net als zij speelden de volgende generaties boeren wat hun bedrijfsvoering betreft in op de natuurlijke mogelijkheden. In de dalen en op de glooiende plateaus kwam het gemengde bedrijf tot ontwikkeling. Op de steilere hellingen werden met het oog op erosie en grondbewerking vooral graslanden gesitueerd. De steilste hellingen bleven bebost en leverden hout.
Door de aanleg van graften voorkwam men erosie op de hellende landbouwgronden. Bij het ploegen, dat evenwijdig aan de helling gebeurde, liet men enkele voorbreedten als perceelscheiding ongeploegd. Deze strook, de graft, liet men verruigen. ▷

CULTUUR

Witte boerderijen
Vanaf de groeve 't Rooth heeft men een fraai uitzicht over de akkers en weilanden van het Plateau van Margraten op het dorp Gasthuis. Dit gehucht van witte boerderijen ontleent zijn naam aan een middeleeuws gasthuis, dat hier ooit stond. Kenmerkend voor de dorpen op het Plateau van Margraten is de vaak min of meer centrale ligging van de waterpomp. Als gevolg van de doorlatendheid van de bodem ligt de grondwaterspiegel van het plateau diep. Hierdoor concentreerde de bebouwing zich hoofdzakelijk op de plaatsen waar op niet al te moeizame wijze collectief water kon worden gewonnen.
De witte boerderijen zijn hier voor een groot deel van het gesloten type. Bedrijfsgebouwen en woning liggen U-vormig gerangschikt en de open zijde is afgesloten door een muur met een toegangspoort. Het type ontwikkelde zich vooral aan het einde van de 17e eeuw, toen roversbenden de streek onveilig maakten. △

Grotwoningen en grotten
Even buiten Geulhem, op de weg naar Berg, zijn nog enkele grotwoningen te zien. In de kalksteenrotsen van de Geulhemerberg kapten blokbrekers de woningen uit, waarvan de laatste in 1912 werd verlaten. Deze primitieve behuizingen hadden geen schoorsteen, omdat in de ondergrondse ruimten een constante temperatuur van ca. 9°C heerste. Voor het woongenot betaalde men 50 cent per jaar.
De term 'grotwoning' is feitelijk onjuist. Grotten zijn immers van natuurlijke oorsprong en hier betreft het een in de rotswand uitgehouwen hol, waarvan de voorzijde werd dichtgemetseld.
De bewoners van de woningen waren blokbrekers. Ze verdienden de kost met het uit de berg uitzagen van rechthoekige blokken mergel, het zogenaamde 'blokbreken'. In de Geulhemerberg zijn op deze wijze meer dan 400 gangen uitgekapt, met een totale lengte van zo'n 25 km. De totale lengte van de gangenstelsels in geheel Zuid-Limburg wordt op ca. 500 km geschat. Het merendeel van deze ondergrondse mergelgroeven zijn vanwege het instortingsgevaar afgesloten. In sommige worden champignons gekweekt of aardappelen opgeslagen en enkele exploiteert men als toeristische attractie, zoals die van Valkenburg en de St.-Pietersberg. △

MERGELLAND

Tussen de heuvels van Zuid-Limburg

Graften, groeven, grubben, hagen, holle wegen en hellingbossen kenmerken het Mergelland. Geen wonder dat velen over de veldwegen langs de kruisen en kapellen dwalen.

Uitzonderlijke karakter

Het Mergelland is door zijn natuurschoon en weidse vergezichten een stukje Nederland met een landschap van uitzonderlijk karakter. Tevens is het gebied rijk aan kastelen, oude landhuizen en watermolens. Voor tal van plantesoorten is het Mergelland van grote betekenis.

Drinkpoelen en brandvijvers zijn van belang als milieu voor zeldzame amfibieën. Veel groeven en gangen bieden schuilplaatsen aan zoogdieren, zoals vleermuizen. De vruchtbare bodem maakt een rijke schakering aan fruitbomen en landbouwgewassen mogelijk, en een bijzondere plantengroei.

OP STAP

In tweeën gedeeld
Bij de aanleg van de weg Vaals – Maastricht werd het dorp Mamelis in tweeën gesneden. Het deel tussen de weg en de Selzerbeek, die de grens met de Bondsrepubliek Duitsland vormt, is beschermd dorpsgezicht. Door een lange duiker kunt u er van het ene naar het andere deel komen (zie de afbeelding hierboven). Het 'mooie' deel bestaat uit een grote hoeve, twee kleinere hoeven en een oude molen. △

De meeste kastelen
Van alle Nederlandse provincies telt Limburg wel de meeste kastelen. En vooral Zuid-Limburg is een echt kastelenland. U kunt ze lang niet allemaal bezoeken. Een van die vele kastelen staat te Lemiers, de plaats die vooral beroemd is door het romaanse zaalkerkje uit de 11e of 12e eeuw. Het kasteel uit de 17e–18e eeuw bestaat uit bijgebouwen met hoektorens, waarvan hier een deel is afgebeeld, en een woongedeelte. Bekende kastelen staan in Hoensbroek, Eijsden, Gulpen bij Maastricht en in (Oud-)Valkenburg. ◁

Vylender Boesche
Op uw fietstocht zoals hiernaast beschreven rijdt u door de boswachterij Vaals en passeert dan het Vijlener Bos, een bos dat niet alleen uit landschappelijk oogpunt zeer interessant is, maar ook belangwekkend wat betreft planteleven, dierenwereld, geologie en archeologie. De eigenlijke Vylender Boesche behoorden tot 1940 tot een maalschap: de bossen werden gemeenschappelijk gebruikt om varkens en runderen te weiden. Op de afbeelding ziet u hier uitgegraven zandsteenkeien. ▷

Fietstocht langs kerken, kastelen en watermolens
U begint in Wittem en daar staat al kasteel nummer één, nu hotel. U gaat op deze ca. 30 km lange tocht eerst naar Eijs, met kerk uit 1743, en even verder: kasteel Goedenraad. Naar Simpelveld (kerk uit de 12e eeuw) en dan via Huis Nijswiller (17e–19e eeuw) naar Lemiers (zie tekst hiernaast). Door de prachtige bossen bij Vijlen fietst u nu naar Epen, waar waterradmolens (zie ook de tekst op bladzijde 371), vakwerkhuizen en boerderijen uw aandacht vragen, plus een kerk uit 1840 in de zogenaamde waterstaatstijl. Via Höfke, met mooie vakwerkhuizen, rijdt u naar Mechelen en beziet daar een kerk uit 1810 en een waterradmolen uit 1850. U komt dan weer in Wittem. Van hier bent u snel bij kasteel Neubourg in Gulpen.

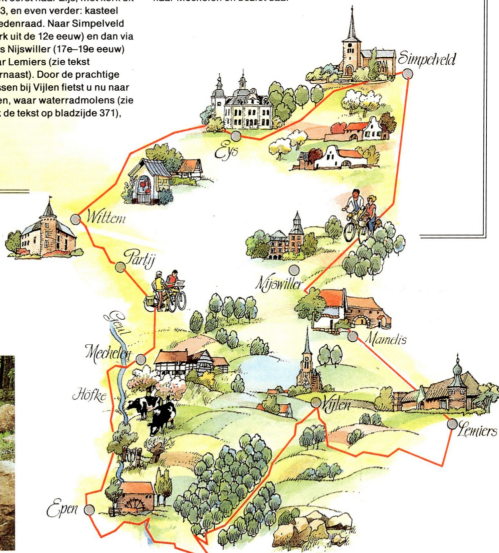

369

MERGELLAND

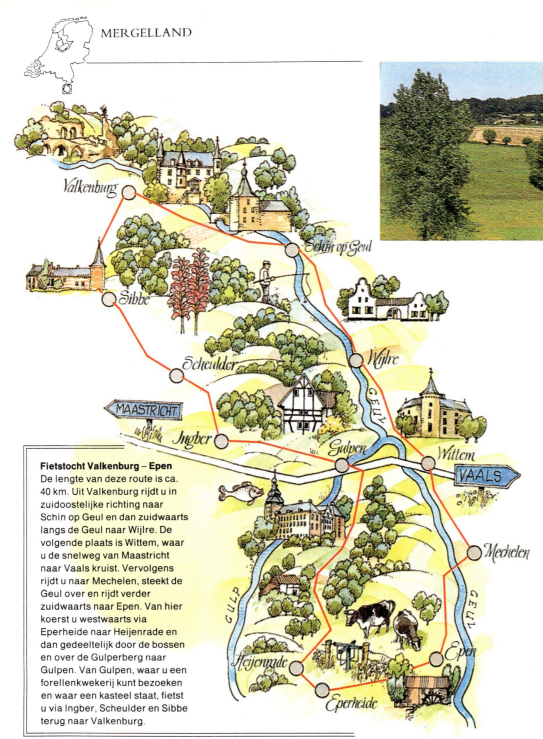

Fietstocht Valkenburg – Epen
De lengte van deze route is ca. 40 km. Uit Valkenburg rijdt u in zuidoostelijke richting naar Schin op Geul en dan zuidwaarts langs de Geul naar Wijlre. De volgende plaats is Wittem, waar u de snelweg van Maastricht naar Vaals kruist. Vervolgens rijdt u naar Mechelen, steekt de Geul over en rijdt verder zuidwaarts naar Epen. Van hier koerst u westwaarts via Eperheide naar Heijenrade en dan gedeeltelijk door de bossen en over de Gulperberg naar Gulpen. Van Gulpen, waar u een forellenkwekerij kunt bezoeken en waar een kasteel staat, fietst u via Ingber, Scheulder en Sibbe terug naar Valkenburg.

Het Geuldal
De drie fietstochten leiden alle door een gedeelte van het Geuldal zoals boven afgebeeld, in de buurt van de Vernelsberg bij Epen. Het is de moeite waard af en toe de fiets bij een draaihekje neer te zetten en te voet via de wandelpaden de oevers op te zoeken. Soms is de Geul van de weg af in al zijn glorie te zien, maar vaker verraden de in het voorjaar geelgekleurde graslanden van het winterbed zijn aanwezigheid. Het geel is meestal afkomstig van boterbloemen en andere planten van vochtige weiden. Het gele zinkviooltje moet u vooral langs de eerste Nederlandse kilometers van de beek zoeken, zoals in de buurt van de (niet meer toegankelijke) Heimansgroeve. 's Winters, wanneer het water hoog staat, laat de beek hier uit België afkomstige metaalsporen achter, waarop het zinkviooltje, de zinkboerenkers en de zinkvorm van het Engels gras gedijen. Vooral door (soms onopzettelijke) bemesting van de graslanden verdwijnt deze zinkflora echter zienderogen. Het spreekt dan ook vanzelf dat het streng verboden is deze zeldzame planten uit te steken of te plukken. △

Bloeiende bermen
Tijdens het fietsen vallen de soms zeer rijk begroeide bermen in het Mergelland op. Planten die elders in Nederland al betrekkelijk zeldzaam zijn, bloeien hier nog uitbundig, zoals deze dagkoekoeksbloemen. Het is aardig zo nu en dan even de tijd te nemen om met behulp van een veldgids de namen van de planten te bepalen. Vaak vormen de bermen een laatste vluchtoord voor akkeronkruiden, zoals korenbloem, vlasbekje, fluitekruid, kroontjeskruid, beemdkroon, klaproos en kamille. Langs bospaden treft u planten als look-zonder-look, stinkende gouwe, gevlekte dovenetel en zelfs gevlekte aronskelk aan. ◁

OP STAP

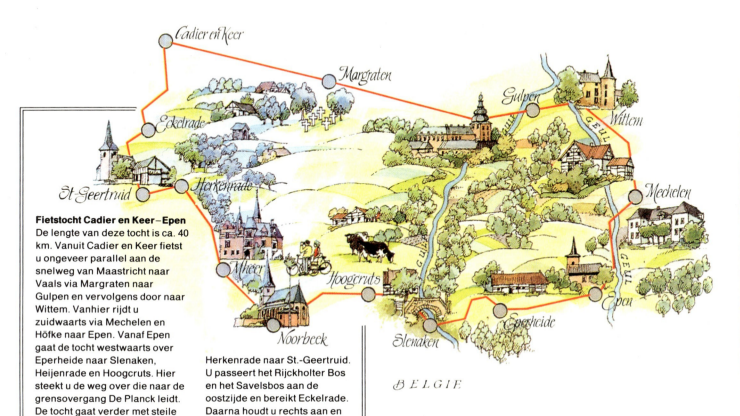

Fietstocht Cadier en Keer–Epen
De lengte van deze tocht is ca. 40 km. Vanuit Cadier en Keer fietst u ongeveer parallel aan de snelweg van Maastricht naar Vaals via Margraten naar Gulpen en vervolgens door naar Wittem. Vanhier rijdt u zuidwaarts via Mechelen en Höfke naar Epen. Vanaf Epen gaat de tocht westwaarts over Eperheide naar Slenaken, Heijenrade en Hoogcruts. Hier steekt u de weg over die naar de grensovergang De Planck leidt. De tocht gaat verder met steile afdalingen naar Noorbeek en dan noordwestelijk via Mheer en Herkenrade naar St.-Geertruid. U passeert het Rijckholter Bos en het Savelsbos aan de oostzijde en bereikt Eckelrade. Daarna houdt u rechts aan en rijdt noordwaarts naar Cadier en Keer.

Eper Volmolen
Aan de zuidkant van Epen ligt aan de Plaatweg de Volmolen, die sedert 1977 door de Aktie Geuldal in bezit van de Vereniging tot Behoud van Natuurmonumenten kwam. Wanneer de molen in bedrijf is, en dat is in het zomerseizoen door de week vrijwel altijd, kan men het interieur ervan bewonderen. Er wordt nu op ambachtelijke wijze meel gemalen, maar in het verleden was het een volmolen waar men stoffen 'volde' (viltig maakte). Het schoepenrad, dat oorspronkelijk geheel van hout was, wordt in beweging gebracht door het opgestuwde water van de molenbeek, een zijstroompje van de Geul. De Geul zelf kronkelt in een lange boog om de waterradmolen heen. △

Höfke
Iets ten zuiden van Mechelen heeft u van de Eperweg af een fraai uitzicht op Höfke, een groepje van vier op een helling gelegen, 18e-eeuwse vakwerkboerderijen. Mogelijk maakten ze vroeger deel uit van een veel grotere hof en dankt het gehucht zijn naam hieraan. Bij de grootste, aan de achterzijde gelegen hoeve zijn de muren van de stal aan de onderzijde nog van breuksteen. Eigenares hiervan is de Vereniging tot Behoud van Natuurmonumenten, die ook het omringende land beheert. ◁

Noorbeek
Bovenstaande fietstocht leidt u door een groot aantal schilderachtige dorpen, waar Noorbeek er één van is. Het ligt in de luwte van hoge heuvels aan de bron van het riviertje de Noor en wordt beheerst door de St.-Brigidakerk. Deze dateert uit de 13e eeuw en werd in de 15e eeuw vergroot. Bij de 18e-eeuwse kapel in rococostijl wordt elk jaar opnieuw ter ere van de heilige Brigida een den zonder takken opgericht. △

MERGELLAND

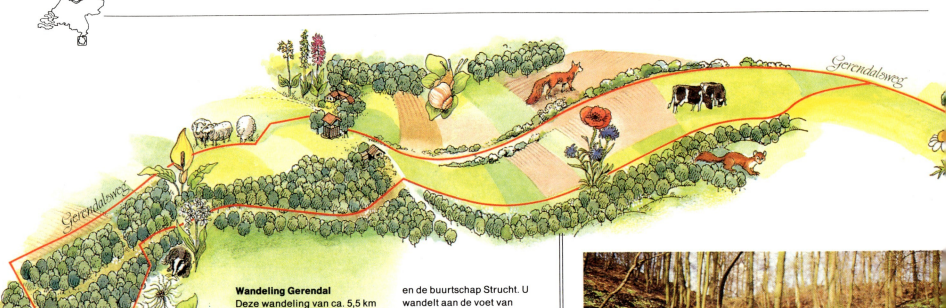

Wandeling Gerendal
Deze wandeling van ca. 5,5 km brengt u in een deel van het staatsnatuurreservaat Gerendal. Samen met de natuurgebieden Sint Jansbos, Wijlrebossen, Sousberg, Dolsberg en Keutenberg vormt het eigenlijke Gerendal één reservaat. De toegang tot het Gerendal is gelegen tussen Oud-Valkenburg en de buurtschap Strucht. U wandelt aan de voet van hellingbossen langs de graslanden. Op een steile krijthelling groeien zeldzame orchideeën. In het bos vindt u onder meer: liguster, berberis, kornoelje, hazelaar, sleedoorn, kardinaalsmuts. Dassen hebben er hun burcht; vossen jagen er op alles wat eetbaar is.

Zeldzame planten
Voor veel plantesoorten is het Mergelland van grote betekenis omdat ze hier aan de (noordelijke) grens van hun verspreidingsgebied leven. Juist hier kan voor die soorten worden vastgesteld welke eisen zij aan hun milieu stellen. De verschillen in de bodemgesteldheid veroorzaken bovendien een grote verscheidenheid. Verschillen in microklimatologische omstandigheden hebben tot verdere differentiatie geleid. Planten die in Zuid-Limburg voorkomen en elders in Nederland (vrijwel) ontbreken zijn o.a. gele monnikskap, vogellijm, peperboompje en wilde kaardebol (afgebeeld). ◁

Akkeronkruiden
Vroeger was het Mergelland rijk aan akkeronkruiden. Machinale bestrijding ervan met chemische middelen betekende echter nagenoeg het einde van de fraai bloeiende onkruidvelden.

Bij het kasteel Schaloen bevindt zich een heemtuin, waar nog het een en ander van de oude glorie te zien is, zoals dit akkertje met graan en klaprozen. ▽

Hellingbossen
Met uitzondering van de plateaubossen bij Vijlen zijn vrijwel alle boscomplexen in het Mergelland hellingbossen. Als belangrijke bossen kunnen worden genoemd: het Savelsbos, de bossen bij Vaals op het Vijlener plateau, het Bunderbos, het Ravensbos, de bossen bij de landgoederen Genhoes en Schaloen, beide te Oud-Valkenburg, en de bossen tussen Geul en Gulp, met onder meer het Onderste en het Bovenste Bos. Behalve een bijzondere flora herbergen de bossen vele voor Nederland zeldzame diersoorten. △

OP STAP

Maretak
Een van de planten waarvan de verspreiding beperkt blijft tot Zuid-Limburg is de maretak, ook wel vogellijm of mistel genoemd. Waar de plant groeit is dat een teken voor kalk in de bodem. De maretak is een woekerplant; hij wordt pas zichtbaar in de herfst, in de kruinen van populieren, appelbomen, perebomen, meidoorns, lijsterbessen en linden, nadat deze bomen hun bladeren verloren hebben. De maretak blijft in de winter groen. Als mistletoe speelt de maretak in landen als Engeland en de Verenigde Staten een rol als kerstversiering. ◁

De Heimansgroeve
Voor de (amateur)geoloog is het Mergelland een waar paradijs. Deze treft hier geologische vormingen en bodemtypen aan die bijna nergens anders in Nederland voorkomen. Een van die fenomenen ligt bij Epen. Het is de Heimansgroeve. Hier zijn gesteentelagen uit het Carboon zichtbaar gemaakt. De groeve is genoemd naar de veldbioloog Heimans. ◁

Wandeling in het Savelsbos
U begint deze wandeling van ca. 5,5 km in het bezoekerscentrum aan de weg van St.-Geertruid naar Eijsden. De wandeling is ter plekke gemarkeerd, met nog vier andere waaronder één die als bijzondere attractie een van de steilste hellingen van Zuid-Limburg heeft. Een trap van 155 treden brengt de wandelaar van de top van de helling naar beneden.

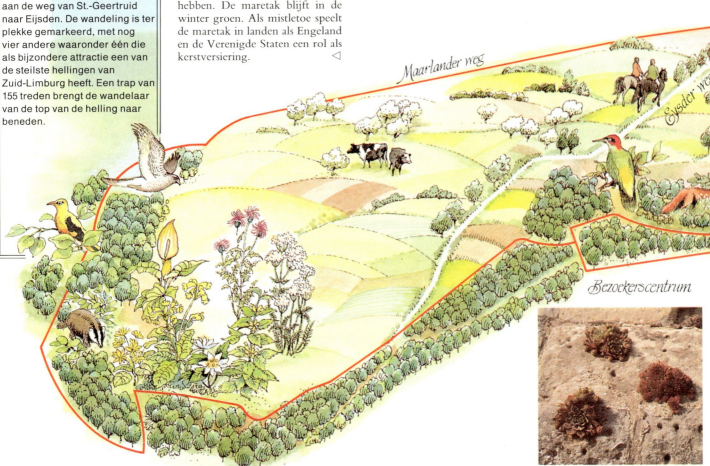

Planten- en dierenwereld
Op uw wandeling in het Savelsbos en andere bossen in het Mergelland zult u een veelheid aan planten zien. Enkele voorbeelden uit het Savelsbos: speenkruid, sleutelbloem, huislook, adelaarsvaren. Zoogdieren die er voorkomen zijn: das, bunzing, hamster, vleermuis. Voorts kunt u er een groot aantal vogelgeluiden beluisteren, o.m. van de wielewaal en de zeldzame groene specht. ◁

373

GEBRUIKTE SYMBOLEN

Beheerder

SBB = Staatsbosbeheer
PL = Provinciaal Landschap
NM = Vereniging tot het Behoud van Natuurmonumenten
G = Gemeente
DO = Domeinen
PART = Particulier bezit
DIV = Diversen

Grootte

① = 0–10 ha
② = 10–100 ha
③ = 100–1000 ha
④ = Meer dan 1000 ha

Toegang

⊗ = Geen toegang
◯ = Vrije toegang op paden
∅ = Beperkt toegankelijk (gedeelten)
⊤ = Beperkt toegankelijk (tijd)
∗ = Alleen toegankelijk met toegangskaart

Speciaal belang

A = Archeologisch
G = Geologisch
I = Vissen
K = Amfibieën
L = Landschappelijk
O = Ongewervelde dieren
P = Planten
R = Reptielen
V = Vogels
Z = Zoogdieren

OVERZICHT NATUURGEBIEDEN

Terschelling

Op Terschelling vallen vrijwel alle beschermde natuurgebieden – bij elkaar zo'n 10 000 ha – onder de Boswachterij Terschelling. Deze omvat vrijwel het gehele duingebied met een aantal bossen, die vooral uit naaldhout bestaan.

GEMEENTE	NATUURGEBIED	BEH.	GR.	TOEG.	SPEC.	OMSCHRIJVING
Terschelling	Boschplaat (Bosw. Terschelling)	SBB	④	①	LPV	Gehele oostelijke gedeelte van Terschelling, met duinen, stuifdijken, slenken, prielen, kwelders, stranden.
Terschelling	Boswachterij Terschelling	SBB	④	○	LP	Merendeel van het Terschellinger duingebied, soms bebost met hoofdzakelijk naaldbos, maar ook loofhout.
Terschelling	Koegelwieck (Bosw. Terschelling)	SBB	①	○	P	Duingebied ten noorden van Hoorn en Formerum.
Terschelling	Kooibosjes (Bosw. Terschelling)	SBB	①	○	P	Ten noorden van Baaiduinen aan de duinvoet gelegen elzenhakhout en hooilanden.
Terschelling	Landerumerheide (Bosw. Terschelling)	SBB	②	○	LP	Oude heidebegroeiing.
Terschelling	Landerumerkooi	NM	①	⊗	LPV	Nog in gebruik zijnde eendenkooi ten zuiden van Landerum; elzenbos.
Terschelling	Noordsvaarder (Bosw. Terschelling)	·SBB	③	∅	LV	In het zuidwesten gelegen gebied van vochtige duinvalleien en jonge duinen.

Noordenveld

De natuurgebieden in het Noordenveld lopen uiteen van de vochtige graslanden rond het Leekstermeer tot de stuifzanden bij Een en Steenbergen. Bijzonder interessant is het gebied van de Zeijer Strubben.

GEMEENTE	NATUURGEBIED	BEH.	GR.	TOEG.	SPEC.	OMSCHRIJVING
Leek	Leekstermeer	SBB	②	∅	V	Graslanden met water, moeras en jong loofbos.
Leek	Lettelberter Petten	PL	②	*	PV	Schrale graslanden aan de noordzijde van het Leekstermeer, met moerasbos en verlandende petgaten.
Leek	Oeverlanden Leekstermeer	PL	③	⊗	PV	Gelegen ten noorden van het Leekstermeer; met bijzondere moeras- en verlandingsvegetatie.
Norg	Boswachterij Norg	SBB	③	∅	P	Boscomplex met diverse houtsoorten van uiteenlopende ouderdom, met relatief veel loofbomen.
Norg	Huis ter Heide	SBB	②	○	LP	Heideterrein met afgegraven vennetjes. Bijzonder is er de cranberry.
Norg	Molenveen	SBB	②	⊗	P	Uitgeveende plas, die behalve vanwege de planten ook van belang is vanwege het dierlijke waterleven.
Norg	Noordsche Veld	SBB	③	○	AP	Eikenbos met heideveld dat grote archeologische waarde heeft.
Norg	Norger Esdorpenlandschap	NM	③	∅	LP	Dit gebied omvat een groot aantal terreinen van verschillende aard.
Norg	Norgerholt (Norger Esdorpenlandschap)	NM	②	○	P	Karakteristiek zwaar eiken-hulstbos aan weerszijden van de weg naar Westervelde, met een bijzondere ondergroei.
Norg	Oostervoortse Diep	SBB	②	⊗	P	Ten zuiden van Lieveren gelegen gevarieerd terrein met vochtige graslanden, moerasgedeelten en elzenbroekbos.
Norg	Schillenveen	SBB	②	○	PV	Ten noorden van Norg gelegen komveen met veenputten.
Norg	Steenbergerveld	NM	②	⊗	P	Noordelijk van Een gelegen heiderestant, met oude hoogveenputten, een ven en stuifzand.
Norg	Tonckensbos (Norger Esdorpenlandschap)	NM	②	○	P	Oud dennenbos bij Westervelde, dat langzamerhand overgaat in loofbos; belangwekkende onderbegroeiing.
Peize	Bommelier (Peizer- en Eeldermaden)	SBB	①	○	PV	Ten westen van Peizerwold gelegen oude, verlande arm van het Peizerdiep, waar veel moerasvogels broeden.
Peize	Broekenweering (Peizer- en Eeldermaden)	SBB	②	○	P	Ten noorden van Peize gelegen terrein met graslanden en broekbos.
Peize	Peizer- en Eeldermaden	SBB	②	○	PV	De hierna volgende drie terreinen vallen onder deze verzamelnaam voor het gebied rondom Peize.
Peize	Peizerweering (Peizer- en Eeldermaden)	SBB	②	○	P	Ten noorden van Peize gelegen terrein met graslanden en broekbos.
Peize	Toeslag (Peizer- en Eeldermaden)	SBB	①	○	P	Gebied bestaand uit drie uitgeveende laagten die weer aan het verlanden zijn, waardoor een broekbos ontstaat.
Peize	Veenputten (Peizer- en Eeldermaden)	SBB	①	○	PV	Ten westen van Paterswolde gelegen moeras en grasland.
Roden	Kleibos	PL	②	○	GP	Eiken-haagbeukenbos bij Foxwolde en enkele percelen cultuurland op preglaciale kleigrond.
Roden	Leekstermeer	SBB	③	○	PV	Groot meer met betrekkelijk zuiver water, dat vooral ook van belang is als pleisterplaats voor watervogels.
Roden	Maatlanden	SBB	②	∅	P	Ten noordwesten van Roden gelegen gebied met hakhoutbosjes, houtwallen en een heideterreintje.
Roden	Mensinge	SBB	③	∅	VZ	Gebied met naaldbos met heiderestant, loof- en naaldbossen met ven, hakhoutbossen en graslanden.
Roden	Het Waal (Kleibos)	PL	②	○	P	Moerasbos en cultuurland bij Roderwolde.
Roden	Weehorstbos (Mensinge)	SBB	①	○	LPV	Klein bosgebied aan het Peizerdiep, ten oosten van Roden.
Roden	Zuursche Duinen	G	②	○	GLP	Bos en heide, met vennen en zandverstuivingen.
Vries	Bongeveen	PL	②	○	P	Ten noordwesten van Donderen gelegen heideterrein met veenplas, aan de rand van stroomdal.
Vries	Boswachterij Zeijen	SBB	③	○	L	Hoofdzakelijk jong eikenbos bij Zeijen, aan de weg Assen-Vries.
Vries	Bunnerveen	SBB	②	⊗	PV	Veenterrein ten oosten van Lieveren, met niet meer levend hoogveen en nieuwe hoogveenvorming in veengaten.
Vries	Doktersveen	SBB	①	⊗	OP	Vochtige heideterreinen ten zuidwesten van Donderen, met deels verlandende veengaten.
Vries	De Fledders	SBB	②	○	LP	Beekdal met gekanaliseerde beek en aangrenzende landerijen met bloemrijke graslanden.
Vries	Holt- en Langakkersveen	SBB	①	⊗	L	Twee min of meer vergraven veentjes op de Noorderes, aan de noordzijde van Donderen.
Vries	De Hondstongen	PL	①	○	L	Beekdal met oude houtwallen en bosschages.
Vries	Het Hoogeveen	SBB	②	⊗	PV	Even ten noorden van Vries gelegen drassig heidegebied met een aantal uitgeveende gaten.
Vries	Langaarveen	SBB	①	○	PV	Verlandend veentje met houtopslag tussen Donderen en Norg.
Vries	Zeijer Strubben	SBB	②	○	A	Terrein zuidwestelijk van Vries, met grafheuvels en veel eikehakhoutbossen.

BEH. = beheerder GR. = grootte TOEG. = toegang SPEC. = speciaal belang Verklaring gebruikte symbolen: blz. 374

Texel

Texel is één groot natuurgebied met verscheidene natuurreservaten. Het duingebied is een belangrijk broedgebied en pleisterplaats voor o.a. watervogels en steltlopers. De Slufter en het gebied van de Muy zijn een bezoek meer dan waard.

GEMEENTE	NATUURGEBIED	BEH.	GR.	TOEG.	SPEC.	OMSCHRIJVING
Texel	Bosje Californië (Duinen Midden)	SBB	①	⊗	LPV	Noordwestelijk van Den Burg gelegen hakhoutbosje.
Texel	Boswachterij Texel (Duinen Midden)	SBB	③	○	LPV	Groot Texels duingebied met bebossing en enkele natuurreservaten.
Texel	Büttikofers Mieland (Lage Land van Texel)	NM	①	⊗	PV	Drassig terrein ten zuiden van de weg van Oudeschild naar Den Burg.
Texel	Drijvers Vogelweid de Bol (Lage Land van Texel)	NM	②	⊗	LPV	In de polder Het Noorden gelegen gebied met drassige weilanden, sloten en molen.
Texel	Dijkmanshuizen (Lage Land van Texel)	NM	②	⊗	PV	Ten noorden van Oudeschild gelegen poldergebied.
Texel	Duinen Midden	SBB	④	∅	LPV	Gebied tussen De Koog en Jan Ayeslag. Er vallen diverse terreinen onder. Naaldbomen in groot deel van binnenduinen.
Textel	Duinen Noord	SBB	④	∅	LPV	Gebied ten noorden van De Koog. Diverse terreinen met natuurwetenschappelijk belang.
Texel	Duinen Zuid	SBB	④	∅	LPV	Gebied langs de zuid- en zuidwestkust. Open duinterrein en strand.
Texel	Eendenkooi bij Spang (Lage land van Texel)	NM	①	⊗	PV	Kooibos met plas.
Texel	De Geul (Duinen Zuiden) en Westerduinen (Duinen Midden)	SBB	④	○	LPV	Bij Den Hoorn gelegen duinen met geulen, windkuilen, heidevlakten, zoetwaterplas.
Texel	Grote Waal (Lage Land van Texel)	NM	①	⊗	V	Zuidelijk van Den Hoorn gelegen gebied.
Texel	Hoge Berg en Zeshonderd	SBB/NM	②	○	L	Tuinwallengebied op keileembult, met bosje de Doolhofen; bosje Zeshonderd bij melkfabrike van Den Burg.
Texel	Hogezandskil (Lage Land van Texel)	NM	①	⊗	V	In de polder Eierland gelegen oude kreek.
Texel	Korverskooi	SBB	②	⊗	V	Noordoostelijk van De Koog gelegen eendenkooi in afgedamde kreek, met kooibos.
Texel	Lage Land van Texel	NM	③	∅	LPV	Groot aantal terreinen, verspreid gelegen in het polderland; vrnl. gras- en rietland.
Texel	De Muy en De Slufter (Duinen Noord)	SBB	③	①	LPV	Westelijk van de Eierlandse Polder gelegen gebied van duinen, zand- en slibvlakten, zoetwatermeren, kreken.
Texel	Noorderkooi	SBB	①	⊗	LPV	Zuidwestelijk van Oosterend gelegen voormalige eendenkooi; nu rustgebied voor vogels.
Texel	Ottersaat (Lage Land van Texel)	NM	①	⊗	V	Terrein langs de dijk ten noorden van Oudeschild.
Texel	De Petten (Lage Land van Texel)	NM	①	⊗	V	Plas in het Hoornder Nieuwland, omringd met weiland en met kunstmatige eilandjes in de plas.
Texel	Polder Wassenaar en 't Visje	SBB	②	⊗	PV	In het uiterste noorden van de Eierlandse Polder gelegen poldertje, met dichtgeslibde kreek.
Texel	Putten (Lage Land van Texel)	NM	①	⊗	V	Gelegen in de polder Het Noorden.
Texel	Roggesloot	SBB	②	⊗	PV	Ten zuiden van De Cocksdorp gelegen oude kreek met oeverlanden.
Texel	Ruigehoek (Lage Land van Texel)	NM	①	⊗	V	Terrein ten noordwesten van Den Hoorn.
Texel	De Schans (Lage Land van Texel)	NM	①	⊗	LV	Oude schans met gracht, aan de zeedijk ten zuidwesten van Oudeschild.
Texel	De Schorren	NM	④	⊗	LPV	Ten zuiden van De Cocksdorp aan de Waddenzeekant gelegen schorrengebied; kwelderflora.
Texel	Troelje en Snippen (Lage Land van Texel)	NM	①	⊗	V	Twee terreintjes aan de Laagwaalderweg, gegraven tijdens de ruilverkaveling.
Texel	Waal en Burg (Lage Land van Texel)	NM	②	⊗	LV	Gesloten poldercomplex, met het Blok ten zuiden en de Lammerenweide ten noorden van de Middenweg.
Texel	Waal en Burgerdijk	SBB	②	⊗	LP	Ten noorden van Den Burg gelegen dijk, met aangrenzende wielen en graslanden.
Texel	Wagejot (Lage Land van Texel)	NM	①	⊗	V	Bij aanleg van de nieuwe zeedijk bij Oost ontstane inlaag.
Texel	Westergeest (Lage Land van Texel)	NM	①	⊗	PV	Westelijk van Oudeschild gelegen terrein met drie eendenkooien, bosjes en drassig grasland.
Texel	Zandkes (Lage Land van Texel)	NM	①	⊗	V	Gebied tussen de oude en de nieuwe zeedijk.
Texel	Zeehondenreservaat Waddenzee	SBB	③	⊗	VZ	Waddengedeelte bij De Cocksdorp, ten noordoosten van de vuurtoren.

Zuidwest-Friesland

Voor vogelaars zijn de buitendijkse gebieden langs het IJsselmeer vooral in de trektijd en 's winters interessant. Wandelaars kunnen hun hart ophalen in de bossen van Gaasterlân (Gaasterland), zoals het Rijsterbos.

GEMEENTE	NATUURGEBIED	BEH.	GR.	TOEG.	SPEC.	OMSCHRIJVING
Gaasterlân-Sleat	Boomkamp	PART	②	○	V	Gebied bij Sondel, aan de Sondeler Leane.
Gaasterlân-Sleat	Boswachterij Gaasterland	SBB	③	○	VZ	Bosgebied in de omgeving van Balk, met loofbos, naaldbos, eikehakhout, lanen en enige cultuurgronden.
Gaasterlân-Sleat	Coehoornsbosch	PL	②	○	P	Bos bij Wijckel, van het vroegere buiten Meerenstein; opgaand loofbos en stinseplanten.
Gaasterlân-Sleat	It Swin	SBB	③	⊗	PV	Tussen Slotermeer en Fluessen gelegen moerasgebied.
Gaasterlân-Sleat	Joodse begraafplaats bij Tacozijl	PL	①	⊗	L	Begraafplaats van de vroegere Joodse gemeenschap van Lemmer.
Gaasterlân-Sleat	Oudemirdumerklif	NM	②	⊗	GPZ	Ten zuiden van Oudemirdum gelegen, begroeide klifkust.
Gaasterlân-Sleat	Rijsterbos en Mirnserklif	PL	③	○	V	Bosgebied van in opgaand bos omgezet eikehakhoutterrein met fraaie lanen; begroeid klif.
Gaasterlân-Sleat	Sondeler Leyen	SBB	②	∅	V	Westelijk van Tacozijl gelegen terrein op boezempeil, dat 's winters deels onder water staat.
Gaasterlân-Sleat	Starnumansbossen (Gaasterland)	SBB	③	○	VZ	Bosgebied aan de weg van Balk naar Kippenburg, langs de Luts, bij Ruigahuizen.
Gaasterlân-Sleat	Wikeler IJwert	SBB	②	∅	P	Meerdere gebieden met ten zuidoosten van Wijckel gelegen meertjes met rietkraag en verlandingszones; hooilanden.
Lemsterland	Banco Polder	PL	②	⊗	LV	Uit hagen, zetwallen en rietland bestaand gebied in de Brekkenpolder.
Lemsterland	Buiten Ee (Grutte Brekken)	SBB	①	○	PV	Noordwestelijk van Lemmer gelegen zandwinplas; 's zomers veel recreatie.
Lemsterland	Dijksgaten Uitheiingpolder (Grutte Brekken)	SBB	②	⊗	OPV	Petgatengebied met smalle kavels grasland; buitendijks terrein; klif.
Lemsterland	Groote Brekken (Grutte Brekken)	SBB	②	⊗	PV	Boezemgrasland langs oevers van Groote Brekken, ten noorden van Lemmer.
Lemsterland	Grutte Brekken	SBB	③	∅	PV	Dit terrein omvat een vijftal kleinere gebieden.
Lemsterland	De Hoge Mieden (Grutte Brekken)	SBB	②	⊗	OPV	Rietmoeras aan de westzijde van de Groote Brekken; voormalig verveningsgebied.
Lemsterland	Steile Bank	PL	④	⊗	P	Vogelpleisterplaats buitendijks bij de Huitebuursterbuitenpolder.
Nijefurd	Bocht fan Molkwar	PL	③	∅	V	Tussen Staveren en Hindeloopen gelegen, grotendeels uit water bestaand, buitendijks gebied.
Nijefurd	Dijksfaert	PL	①	⊗	P	Vaartgedeelte aan de binnenzijde van de IJsselmeerdijk, tussen het Rode Klif en Staveren.
Nijefurd	Eilanden in de Fluessen	PL	③	⊗	V	Natuurlijke en kunstmatige eilandjes in de Fluessen.
Nijefurd	De Fluessen	SBB	③	∅	V	Laaggelegen graslanden en boezemlanden aan de oever van de Fluessen.
Nijefurd	Haanmeer (It Nylan)	SBB	②	Ⓣ	V	Laaggelegen graslandpolder ten noordwesten van Koudum, op de bodem van voormalig meer.
Nijefurd	It Nylan	SBB	③	Ⓣ	V	Verzamelnaam voor de terreinen Haanmeer en Workumer Nieuwland.
Nijefurd	Mokkebank	PL	④	⊗	V	Begroeide zandbanken aan de IJsselmeerkust, tussen Laaxum en het Hondennest bij Nijemirdum.
Nijefurd	Oeverlanden aan de Fluessen	SBB	③	∅	PV	In sommige delen met moerasontwikkeling.
Nijefurd	Vogelhoek	PL	②	⊗	V	Ten westen van de Galama-dammen gelegen gebied van moeras, water en rietland, aan de zuidkant van de Morra.
Nijefurd	Workumer Nieuwland (It Nylan)	SBB	②	⊗	PV	Open graslandgebied met tichelgaten langs IJsselmeerdijk ten noordoosten van Hindeloopen.
Nijefurd	Workumerwaard	PL	③	⊗	PV	Drooggevallen kweldergebied aan de IJsselmeerdijk bij Workum.
Skarsterlân	Teroelstersypen	PL	②	⊗	PV	Rietland en water bij Langweer.
Wûnseradiel	Makkumer- en Kooiwaard	PL	③	⊗	V	Begroeide, door een vaargeul doorsneden plaat ten westen van Makkum en buitendijks gebied bij Piaam.
Wûnseradiel	Westergo's IJsselmeerdijken	PL	②	⊗	LV	IJsselmeerdijk tussen Gaast en Doniaburen, met de Dijksvaart.
Wymbritseradeel	Gouden Boaium	SBB	③	⊗	V	Eiland met boezemland en brede rietkraag aan het Heegermeer, ten oosten van Heeg.

BEH. = beheerder GR. = grootte TOEG. = toegang SPEC. = speciaal belang Verklaring gebruikte symbolen: blz. 374

Zuidwest-Drenthe

De Dwingeloose Heide is hier een vermaard gebied, maar de Kraloërheide is even indrukwekkend. Berkenheuvel is een bijzonder fraai landgoed. Het Lheebroekerzand is rustig en heeft prachtige jeneverbesstruwelen.

GEMEENTE	NATUURGEBIED	BEH.	GR.	TOEG.	SPEC.	OMSCHRIJVING
Beilen e.a.	Boerveense Plassen	PL	③	○	PV	Belangrijk natuurgebied met veenplassen langs de spoorlijn ten noorden van Hoogeveen.
Beilen e.a.	Groote en Witte Zand	PL	③	○	LP	Heidegebied met stuifzand en bos; met de Kwabbe en het Witte Veen.
Beilen e.a.	Hooghalen	SBB	④	○	LP	Oostelijk van Hooghalen gelegen bos met verscheidene natuurterreinen.
Beilen	Terhorst	SBB	②	○	LOV	Zuidelijk van Beilen gelegen heideterrein met een aantal vennen.
Diever e.a.	Berkenheuvel	NM	④	○	VZ	Landgoed tussen Diever, Vledder en Wateren; bebost stuifzandgebied, met ondergroei van struikheide en mossen.
Diever e.a.	Bouwersveld	PL	②	∅	LP	Oostelijk van de weg Vledder-Doldersum gelegen heidegebied met opslag en bos.
Diever	Ganzenpoel (Bosw. Smilde)	SBB	②	○	L	Ten oosten van Wateren gelegen veenplas, omringd door stuifzandruggen.
Diever	Wapser Noordenveld (Bouwersveld)	PL	①	⊗	L	Ten noorden van de weg Wapse-Vledder gelegen, met opslag begroeid heide- en stuifzandgebied.
Diever e.a.	Zuiderveld (Wapse)	SBB	①	○	PZ	Zuidwestelijk van Wapse gelegen heideterrein met veel opslag.
Dwingeloo e.a.	Boswachterij Dwingeloo (Dwingelderveld)	SBB	④	○	PV	Met grove-dennenbossen begroeid voormalig stuifzand- en heidegebied, gelegen tussen Spier, Lhee en Lheebroek.
Dwingeloo	Dwingeloose Heide (Dwingelderveld)	NM	③	○	OPV	Ten zuiden van Dwingeloo gelegen gebied met bossen, heide en vennen; gemarkeerde wandelroutes.
Dwingeloo	Dwingeloo-Smalbroek	SBB	③	⊗	PV	Gebied ten noordoosten van Lheebroek en ten zuiden van Beilervaart.
Dwingeloo	Lheebroekerzand (Dwingelderveld)	SBB	②	○	LP	Voormalig stuifzandterrein met in het zuiden twee veentjes en een begroeiing van jeneverbesstruwelen.
Dwingeloo	Sliekerveen (Dwingeloo-Smalbroek)	SBB	①	⊗	PV	Ten noorden van Lheebroek gelegen overgangsgebied van heide naar beekdalgronden, met moeras en heide.
Havelte	Havelte	SBB	②	○	AGP	Heidegebied met naaldhout ten noorden van Havelte; met Havelterberg en twee hunebedden.
Havelte e.a.	Uffelter Binnenveld	PL	②	○	L	Gebied met naaldbossen, cultuurbos, heide en veenplassen; met Meeuwenveen en Wittelterveld.
Havelte	Uffelterzand	G	①	○	P	Tussen Havelte en Uffelte gelegen naaldboscomplex. Dit terrein wordt ook wel aangeduid met 'Kousebanden'.
Havelte e.a.	Wapserveen	SBB	③	⊗	LP	Langs de Wapserveense A gelegen laagveenterreinen met verlandende petgaten met broekbossen.
Ooststellingwerf	Aekingerzand (Bosw. Appelscha)	SBB	②	○	L	Zuidwestelijk van Appelscha gelegen stuifzandterrein, met begroeiing met struikheide en kraaiheide.
Ooststellingwerf	Boswachterij Appelscha	SBB	③	○	PV	Zuidwestelijk van Appelscha gelegen bosgebied met in hoofdzaak jonge ontginningsbossen (naaldhout).
Ooststellingwerf	Grote Veen (Bosw. Appelscha)	SBB	②	○	PV	Bij Wateren gelegen veenplas.
Ruinen	Boswachterij Ruinen	SBB	④	○	LV	Zuidoostelijk van Ruinen gelegen bosgebied met in hoofdzaak jonge ontginningsbossen.
Ruinen e.a.	Dwingelderveld	DIV	④	○	OPV	Dit Nationaal Park omvat diverse terreinen en ligt in een karakteristiek esdorpenlandschap.
Ruinen	Kraloërheide (Dwingelderveld)	SBB	③	○	PV	Aan Dwingelose Heide grenzend heidegebied met plassen, bij Kraloo; jeneverbesstruweel en opslag.
Ruinen	Mastenbroek (Zure Venen)	SBB	①	⊗	P	Zuidelijk van Havelte op rand van beekdal van de Oude Vaart gelegen moerasgebied met moerasbos.
Ruinen e.a.	Rheebruggen	PL	③	○	L	Landgoed ten oosten van Uffelte, in het stroomgebied van de Oude Vaart; opgaand hout, cultuurgronden.
Ruinen	Zure Venen	SBB	②	⊗	PVZ	Zuidwestelijk van Ansen gelegen schraalgraslanden, afgewisseld met elzenbroekbos; met Karstkoele en Mastenbroek.
Ruinerwold	Berghuizen	NM	②	○	PV	Zuidwestelijk van Berghuizen gelegen plas met diverse verlandingsvegetaties; ook cultuurgronden.
Smilde	Boswachterij Smilde	SBB	④	○	LPV	Bosgebied, met vooral jonge ontginningsbossen en grove-dennenbossen op voormalig stuifzand- en heideterreinen.
Smilde	Hoekenbrink (Bosw. Smilde)	SBB	②	○	P	Stuifzandgebied en veenterrein ten noorden van Diever.
Vledder	Vledder A	SBB	②	⊗	LV	Beekdalgraslanden.
Vledder e.a.	Doldersummerveld	PL	③	∅	LP	Noordelijk van Doldersum gelegen gebied met heide, vennen en bossen; ook cultuurgronden.
Vledder e.a.	Koelingsveld	SBB	②	○	AP	Ten noorden van Vledder gelegen heideterrein met 3 voedselarme vennen; prehistorische begraafplaats.
Vledder	Vledderhof	PL	③	○	LP	Landgoed ten westen van de weg Vledder-Doldersum, met vooral naaldhout; fraaie solitaire bomen.

380 BEH. = beheerder GR. = grootte TOEG. = toegang SPEC. = speciaal belang Verklaring gebruikte symbolen: blz. 374

Noordwest-Overijssel

De belangrijkste natuurgebieden van Noordwest-Overijssel zijn de Wieden en de Weerribben. Wie een goede indruk van het gebied wil krijgen, zal een bootje of een kano moeten huren om zo de moerassen te kunnen doorkruisen.

GEMEENTE	NATUURGEBIED	BEH.	GR.	TOEG.	SPEC.	OMSCHRIJVING
Brederwiede	Hoge Land van Vollenhove	NM	①	⊗	L	Stuwwal die voornamelijk uit keileem bestaat; met bos en grasland.
Brederwiede	Meppelerdieplanden	NM	②	⊗	PV	Vochtige hooilanden langs de noordzijde van het Meppelerdiep.
Brederwiede	De Oldenhof	PART	②	○	L	Landgoed aan de weg Zwartsluis-Vollenhove.
Brederwiede e.a.	De Wieden	NM	④	∅	PV	Moerasgebied met als kern de plassen Beulaker- en Belterwijde; legakkers, petgaten, plassen, broekbos.
Kampen e.a.	Zwarte Meer	DO	④	∅	PV	Door aanleg van de Noordoostpolder ontstaan randmeer bij Genemuiden; open water, rietvelden.
Staphorst	Meppelerdiep	SBB	②	⊗	PV	Moerasgebied en laaggelegen hooilanden bij Meppelerdiep.
Noordoostpolder	Boswachterij Voorsterbos	SBB	③	○	PV	In Noordoostpolder aangelegd boscomplex met naald- en loofbomen; recreatiemogelijkheden.
IJsselham	Weerribben	SBB	④	∅	PV	Moerasgebied, ontstaan door veenafgraving, met legakkers en petgaten, moerasbos, hooilanden.
IJsselham	Paasloër Allee	G	①	○	P	Gebied ten zuiden van Oldemarkt; hakhoutcomplex met mooie eikenlaan.
IJsselham	Paasloo	SBB	②	⊗	LP	Gelegen ten noorden van Paasloo; hakhoutwallen en bos.

BEH. = beheerder GR. = grootte TOEG. = toegang SPEC. = speciaal belang Verklaring gebruikte symbolen: blz. 374

Omgeving Bergen

De duinen van dit gebied zijn bijzonder gevarieerd omdat de grens tussen kalkarm en kalkrijk ongeveer bij Bergen loopt. Vanuit de aangrenzende oude poldertjes, met veel weidevogels, oogt de binnenduinrand zeer fraai.

GEMEENTE	NATUURGEBIED	BEH.	GR.	TOEG.	SPEC.	OMSCHRIJVING
Alkmaar e.a.	Nijenburgh	NM	③	∅	V	Landgoed ten westen van de weg tussen Alkmaar en Heiloo; Heilooërbos met hakhout, bos, weiland.
Bergen	Gemeentebos Bergen	G	①	○	PV	Bosgebied tussen Meerweg en Sluislaan.
Bergen	Gemeente Duingebied	G	②	○	LV	Duinterrein met bebossing, ten westen van Bergen.
Bergen	Kleimeer	SBB	②	⊗	PV	Poldergebied met gras en moeras ten noorden van Koedijk.
Bergen	Loterijlanden	PL	②	⊗	PV	Ten zuidoosten van Bergen gelegen gebied in de Bergermeer.
Bergen	Maasdammerhof	G	②	○	LP	Landgoedbos.
Bergen	Natuurreservaat Bergerbos	G	②	○	LP	Duingebied met bos gelegen ten westen van Bergen, ten noorden van de Eeuwigelaan.
Bergen e.a.	Noordhollands Duinreservaat	PART	④	*	PV	Afwisselend duingebied met boomloze duinen, duindoornstruwelen, naald- en loofbossen, vochtige duinvalleien.
Bergen	Oude Hof	G	①	○	LV	Landgoed met bossen, lanen en grachten.
Heiloo	Ter Coulster	PART	②	∅	L	Ten oosten van Heiloo gelegen terrein aan Kennemerstrandweg; bos en weiland.
Limmen e.a.	Het Die	PL	②	∅	LP	Gevarieerd gebied rond de Limmerdie en de Heilooër Die; oeverveentjes, moerasbos, weiland.
Limmen	Limmerveentje	SBB	①	⊗	PV	Brakwaterveenmoeras met drassige weilanden aan de Schulpvaart.
Schoorl	Hargergat	PL	①	∅	P	Duinbeek met aangrenzende graslanden aan de voet van hoge duinen, bij Hargen.
Schoorl	Hoge Geest	PL	①	⊗	A	Aan de zuidrand van Schoorl gelegen houtwal met grasland, met bewoningssporen uit 2e en 3e eeuw.
Schoorl	De Putten	NM	②	⊗	V	Complex van plassen achter de Hondsbossche Zeewering, gegraven tijdens herstelwerkzaamheden aan de dijk.
Schoorl e.a.	Schoorlse Duinen	SBB	④	○	L	Duingebied met bij Schoorl oude en onder Groet jonge naaldbossen.
Schoorl	Weitje van Pietje	PL	①	⊗	LP	Vochtig grasland met duinrellen die kwelwater afvoeren, gelegen aan de Omloop.

BEH. = beheerder GR. = grootte TOEG. = toegang SPEC. = speciaal belang Verklaring gebruikte symbolen: blz. 374

Overijsselse Vecht

Het gebied van de Overijsselse Vecht vertoont een grote afwisseling in het landschap. Boeiende natuurterreinen zijn de oude rivierarmen, met verlandingsvegetaties. Er liggen hier ook veel uitgestrekte landgoederen.

GEMEENTE	NATUURGEBIED	BEH.	GR.	TOEG.	SPEC.	OMSCHRIJVING
Dalfsen	Den Aalshorst	PART	③	○	L	Landgoed ten zuiden van Dalfsen; coulissenlandschap.
Dalfsen	Den Berg	PART	③	○	L	Landgoed ten zuiden van Dalfsen; gevarieerd bos en weilanden.
Dalfsen	Gerner	PART	③	○	L	Ten noorden van Dalfsen gelegen landgoed met loof- en naaldbos.
Dalfsen e.a.	De Horte	PL	②	○	L	Landgoed aan de zuidkant van de weg Dalfsen-Zwolle, ten westen van Dalfsen, met bosschages, akkers, lanen.
Dalfsen	Leusener Maan	SBB	①	⊗	P	Schraallanden ten noorden van Vilsteren.
Dalfsen	Mataram	PART	②	∅	L	Landgoed ten zuiden van de weg Dalfsen-Zwolle.
Dalfsen	Op den Bergh	PART	②	○	L	Landgoed grenzend aan Den Berg, gelegen aan de Diezerstraat.
Dalfsen	Plaggemars	SBB	②	⊗	P	Ten noorden van Hessum gelegen gebied van met grasland afgewisseld bos en oude rivierarm.
Dalfsen	Rechteren	PART	④	∅	L	Landgoed aan weerszijden van de weg naar Vilsteren en de weg Rechteren-Heino.
Dalfsen	Rechterense Veld	NM	②	○	LPV	Met naaldhout vastgelegd voormalig stuifzandgebied ten zuidoosten van Dalfsen, met bos en heide.
Hardenberg	Boswachterij Hardenberg	SBB	④	○	LPV	Bosgebied ten westen en zuidwesten van Hardenberg, met bossen, heide, jeneverbesstruwelen, veenplas.
Hardenberg	Gemeentebos Heemse	G	②	○	P	Opgaand gemengd bos ten westen van rijksweg 34.
Hardenberg	Rheezer Belten en -Maten (Rheeze)	SBB	②	○	LP	Ten zuiden van Heemse gelegen stuifzandgebied met vliegdennen en oude Vechtarmen met drassig hooiland.
Ommen	Archem	PART	②	∅	LV	Landgoed op oostelijk deel van Archemerberg en in het westelijk deel van Archem.
Ommen	Arrierveld	G	②	○	L	Gebied ten noorden van Hoogengraven.
Ommen	Beerze (Beerzerveld)	PL	③	○	L	Landgoed ten westen van Mariënberg.
Ommen	Beerzerveld	PL	③	○	LP	Heide met veenputten, met hier en daar natte gedeelten; vliegdennen en jeneverbessen; wandelroutes.
Ommen	Boswachterij Ommen	SBB	③	○	LPV	Gebied ten zuidoosten van Ommen, met naaldbos, loofbos, heide, stuifzand, bosmeertjes; wandelroutes.
Ommen	Eerder Achterbroek (Eerde)	NM	③	○	PV	Oud cultuurlandschap ten zuiden van Ommen, met houtwallen, lanen, essen, heideveldjes, oude eendenkooi.
Ommen	Giethmen	PART	③	○	L	Landgoed ten zuidoosten van Vilsteren; dennenbossen en cultuurgrond.
Ommen	Junne	PART	④	○	LP	Landgoed aan weerszijden van de weg naar Mariënberg, deels begrensd door de Vecht.
Ommen	Het Laar	G	②	○	L	Landgoed met loof- en naaldhout ten zuidwesten van Ommen.
Ommen	Landgoed Eerde (Eerde)	NM	③	○	LV	Landgoed aan de weg Ommen-Den Ham, met bossen, dode Regge-arm, rivierduintjes, hooilanden, lanen.
Ommen	Lemeler- en Archemerberg	PL	③	○	GL	Bij Lemele aan de zuidzijde van de Regge gelegen zuidelijk deel van de Lemelerberg, Archemerberg en 't Zand.
Ommen e.a.	Ommerschans	SBB	②	⊗	LP	Gevarieerd bos met lanen, singels; restanten van oude schans; bereikbaar via de weg Ommen-Balkburg.
Ommen	Park 1813	PART	③	○	LP	Gevarieerd gebied met bos en heide op de Lemelerberg.
Ommen	Stegeren	PART	③	○		Ten oosten van Ommen aan de noordzijde van de Vecht gelegen gebied met naaldbos, heide en jeneverbessen.
Ommen	Ten Have	PART	②	○	P	Aan de Regge gelegen terrein, oostelijk van Archem.
Ommen	Varsen	G	③	○	PV	Naaldbossen tussen Ommen en Oudleusen.
Ommen e.a.	Vilsteren	PART	③	○	L	Tussen Ommen en Dalfsen langs de zuidelijke oevers van Vecht en Regge gelegen landgoed.
Zwolle	Buitenlanden Langenholte	PL	③	⊗	PV	Oeverlanden van Vecht en Zwarte Water.

Centraal Noord-Holland

Het aantal beschermde natuurreservaten is in Centraal Noord-Holland vrij gering. Toch hebben de polders op het gebied van planten en vogels veel interessants te bieden, met name de Eilandspolder en het Oostzanerveld.

GEMEENTE	NATUURGEBIED	BEH.	GR.	TOEG.	SPEC.	OMSCHRIJVING
Akersloot e.a.	Alkmaardermeer	PL	②	∅	PV	Uitlopers van het Alkmaardermeer, plassen Weienbus en Vroonmeer, en omringende graslandpolders.
Limmen	Het Die	PL	②	∅	PV	Hooiland, weilanden, moerasbos en oeverveentjes rond de Limmerdie en de Heilooër Die.
Schermer e.a.	Eilandspolder Oost	SBB	③	∅	V	Het oude land tussen Schermer en Beemster, met graslanden, sloten, bosjes, rietvelden, plassen, oeverlanden.
Schermer e.a.	Eilandspolder West	PL	③	∅	PV	Westelijk gedeelte van het vorengenoemde weidegebied.
Uitgeest	Ham en Crommenije	SBB	②	∅	PV	Oud veenriviertje naar Alkmaardermeer, met belangwekkende oeverlanden.
Wormer e.a.	Wormer- en Jisperveld	NM	③	∅	LPV	Brakwaterveengebied met talloze eilandjes met gras- en hooiland, veenheide en enkele grotere wateren.
Zaanstad	Kalverpolder	SBB	②	∅	LPV	Ter hoogte van Zaandijk aan de oostzijde van de Zaan gelegen veengebiedje.
Zaanstad	Oostzanerveld	SBB	③	⊗	PV	Graslandpolder ten noorden van Oostzaan, met verlandende sloten en veengaten; weidevogelgebied.

Waterland

Waterland leent zich bij uitstek voor het maken van fietstochten. Men geniet dan het meeste van het fraaie landschap, met de vaak tot de rand gevulde sloten, de dieën en de braken, en de schilderachtige dorpjes.

GEMEENTE	NATUURGEBIED	BEH.	GR.	TOEG.	SPEC.	OMSCHRIJVING
Amsterdam	Amsterdamse Bos	G	②	○	LV	Ten zuiden van Amsterdam gelegen bos met vele soorten loofhout en oeverlandengebied.
Amsterdam	IJdoorn	NM	②	⊗	PV	Ten zuiden van de Waterlandse Zeedijk bij Durgerdam gelegen graslandgebied, met bosjes langs de kade.
Broek in W. e.a.	Waterland Oost	SBB	③	∅	LPV	Poldergebied dat bestaat uit oude waterlopen en snel verlandende veenterreinen.
Ilpendam e.a.	Ilperveld	PL	③	∅	PV	Veenweidegebied tussen Amsterdam en Purmerend, met veel water, moerasbosjes, veenmosrietlanden, veenheide.
Katwoude e.a.	Heitje van Katham	PL	①	⊗	P	Een van de oudste heideveengebiedjes in West-Nederland, met berkenbosjes en open water.
Zeevang	Boezemlanden onder Beets	SBB	①	⊗	PV	Ten westen van Beets gelegen gebied met oude Zuiderzeedoorbraken met rietlanden.
Zeevang e.a.	Kwadijker Vlot	SBB	①	⊗	PV	Verlandend veengebiedje bij Kwadijk, met wilgen en bramen.
Zeevang e.a.	Zeevang en Braken IJsselmeerdijken	SBB	②	⊗	LPV	Veenweidegebied met twee oude doorbraken van de Zuiderzee; rietlanden en oeverland.

384 BEH. = beheerder GR. = grootte TOEG. = toegang SPEC. = speciaal belang Verklaring gebruikte symbolen: blz. 374

Noordoost-Twente

Tussen het cultuurland vindt men hier talloze kleine en iets grotere natuurreservaten, van bosjes en kleine perceeltjes hooiland langs beken tot landgoederen. Enkele stukken beekdal zijn nog tamelijk ongerept.

GEMEENTE	NATUURGEBIED	BEH.	GR.	TOEG.	SPEC.	OMSCHRIJVING
Denekamp	Achter de Voort	SBB	②	⊗	PV	Ten zuiden van Ootmarsum gelegen vochtig loofbos met grasland.
Denekamp e.a.	Agelerbroek	SBB	②	⊗	OPV	Broekland ten zuiden van Ootmarsum, met blauwgrasland, moeras, elzenbroekbos en vochtige heidevelden.
Denekamp	Bergvennen	PL	②	∅	PV	Bij Lattrop gelegen vennen omgeven door bos en heide, en overeenkomstige terreinen in Breklenkampse Veld.
Denekamp	Breckelenkamp	PART	③	○	L	Rond de voormalige Havezate Breckelenkamp gelegen cultuurgronden, afgewisseld met bos.
Denekamp	Hazelbekke	NM	②	⊗	LP	Natuurreservaat tussen Ootmarsum en Vasse; omvat een deel van het beekdal van de Hazelbekke.
Denekamp	Schiphorst	SBB	①	⊗	LPV	In de noordoosthoek van de Brecklenkamp gelegen broekbosjes, aansluitend op Duits bosgebied.
Denekamp e.a.	Singraven	PART	③	○	L	Ten westen van Denekamp gelegen landgoed met karakteristiek Twents hoevenlandschap aan de Dinkel.
Denekamp e.a.	Springendal	SBB	③	∅	P	Landgoed ten noorden van Ootmarsum, met eiken-berkenbos, naaldhout, akkers, weilanden, heide en beken.
Enschede	Aamsveen	PL	③	∅	OPRV	Restant van groot hoogveencomplex, aansluitend op hoogveengebied in Duitsland; heide, veenputten, bos.
Enschede	Haagse Bos	NM.	②	○	P	Dicht bij de Snippert gelegen bosgebied met hoofdzakelijk gemengd opgaand bos met ondergroei.
Enschede	Lindermaten	SBB	①	⊗	P	Restant eiken-haagbeukenbos ten noordoosten van Enschede.
Enschede	De Tip	NM	②	∅	P	Ten zuidwesten van Losser gelegen jonge, blokvormige heidebebossing, met diverse soorten naaldbomen.
Hengelo	Weusthagpark	G	②	○	LPV	Vochtig eikenbos ten noorden van Hengelo; met enige recreatieve voorzieningen.
Losser	Beernink	PART	②	○	LP	Geaccidenteerd gebied tussen Oldenzaal en De Lutte; met bossen en houtwallen.
Losser e.a.	Dinkelland	SBB	③	○	GLOPV	Diverse natuurgebieden rond de Dinkel, met bossen, graslanden, struwelen en heidevelden.
Losser	Duivelshof	NM	③	○	L	Gebied dat wordt doorsneden door de Lossersestraat; gemengd loofbos en naaldbos.
Losser	Egheria	NM	③	○	LP	Oud hoevenlandschap bij De Lutte, met akkers, houtwallen, loofbossen en naaldbossen; bronnetjes bij Tankenberg.
Losser	Elfterheurne	NM	②	○	L	Oud hoevenlandschap ten oosten van Oldenzaal met akkers, graslanden, houtwallen en bos (oude benaming: 't Kruisselt).
Losser	Grevenmaat	NM	①	⊗	P	Ten zuiden van De Lutte gelegen eiken-haagbeukenbos met beek.
Losser	Hakenberg	NM	②	○	L	Ten noorden van De Lutte gelegen hoevenlandschap met cultuurgrond en gemengd bos.
Losser	Molterheurne	NM	①	⊗	P	Drassig hooiland en bronbos ten noorden van De Lutte; deel van de bovenloop van de Bloemenbeek.
Losser	Smoddebos	PL	①	⊤	PV	Eiken-haagbeukenbos met belangwekkende onderbegroeiing.
Losser	Snippert	NM	①	○	L	Halverwege Oldenzaal en Losser gelegen landgoed met loofbos, naaldbos en cultuurgrond.
Oldenzaal e.a.	Hoge Venterink	NM	②	○	PV	Ten zuidwesten van Oldenzaal gelegen loofbos op keileem; met beek.
Ootmarsum	Kuiperberg	PL	①	∅	LP	Israëlitische begraafplaats, begroeid met oude eikenbomen en mooi uitzicht.
Tubbergen	Dal van de Mosbeek	PL	③	∅	LP	Brongebied en beekdal van Mosbeek en zijtakken; voorts heide- en bosgebied bij Galgenberg en Gommer.
Tubbergen	Haarlergrafveld	PL	①	⊗	AR	Heideterrein tussen Ootmarsum en Tubbergen met enkele grafheuvels.
Tubbergen	Mekkelenberg	SBB	①	⊗	P	Laaggelegen, open zandterrein met bijzondere begroeiing, gelegen ten oosten van Almelo.
Tubbergen	Reutum	SBB	②	⊗	LP	Enkele terreinen in de omgeving van Reutum, met broekbossen, veenputten, hooilanden en houtwallen.
Tubbergen	Vasserheide en Vassergrafveld	PL	②	○	AL	Heideterrein met grafheuvels, bos met grove dennen en voedselarme brongebieden.
Weerselo	Gammelke	SBB	②	⊗	PV	Gebied ten westen van Oldenzaal, waarin delen van o.a. het Kloppersblok.
Weerselo	Gravenbosch	SBB	②	○	P	Elzenbroekbos en vochtig eiken-haagbeukenbos ten zuiden van de kerk van Saasveld.
Weerselo	Hunenborg	PL	①	○	PV	Ten noorden van het kanaal Almelo-Nordhorn gelegen Karolingische walburcht, met wallen en een gracht.
Weerselo e.a.	Roderveld	NM	②	○	L	Aan weerszijden van de Palthedijk naar Het Everlo gelegen terrein met naaldbos, vochtige heide en cultuurland.
Weerselo	Voltherbroek	SBB	②	∅	L	Terrein met broekbossen en oude maten, doorsneden door enkele zandwegen.
Weerselo e.a.	De Wildernis	PL	②	∅	PV	Gevarieerd bos- en heidegebied met laaggelegen vochtige delen.

BEH. = beheerder GR. = grootte TOEG. = toegang SPEC. = speciaal belang Verklaring gebruikte symbolen: blz. 374

Veluwe

De Veluwe heeft de grootste stukken aaneengesloten natuurgebied in Nederland. Daarom kan men hier nog op veel plaatsen grofwild tegenkomen, zoals edelherten, wilde zwijnen, reeën, damherten en moeflons.

GEMEENTE	NATUURGEBIED	BEH.	GR.	TOEG.	SPEC.	OMSCHRIJVING
Apeldoorn	Boswachterij Hoenderloo	SBB	④	Ø	Z	Bij Hoenderloo gelegen complexen: Spelderholt, Hoenderloose Bos, Lierderbos en Schenkenshul.
Apeldoorn	Boswachterij Ugchelen	SBB	④	Ø	Z	De ten westen van Ugchelen gelegen complexen 't Leesten en Ugchelse Bos; bossen en heidevelden.
Apeldoorn	Bruggelen	PL	③	○	PZ	Ook Engelanderholt genoemd boslandschap tussen Ugchelen en Beekbergen, met naald- en loofhout; stuifheuvels.
Apeldoorn	De Groote Woeste Hoeve	PART	③	○	L	Bos- en heidegebied ten zuiden van Beekbergen, aan beide zijden van de weg naar Arnhem.
Apeldoorn	Hoeve Delle	NM	③	Ø	PVZ	Terrein in de driehoek Beekbergen-Woeste Hoeve-Loenen; vastgelegd stuifzandgebied met heide en bos.
Apeldoorn	Hoog-Westerwolde	PART	②	○	LP	Landgoed met loof- en naaldbos en weilanden, ten westen van Apeldoorn.
Apeldoorn	Koninklijke Houtvesterij Het Loo	DO	④	Ø	LVZ	Uitgestrekt gebied op de oostelijke Veluwe, met naald- en loofbossen, heidevelden, wildbanen, sprengen.
Apeldoorn	Loenermark	G	④	○	LZ	Bos- en heidegebied ten zuiden van de weg Woeste Hoeve-Loenen.
Apeldoorn	Steilhul	NM	②	○	LZ	Met naaldbos begroeide zandgronden in de Loenermark, ten zuiden van Loenen.
Apeldoorn	Zandhegge	PL	③	Ø	L	Noordelijk van Apeldoorn bij Wiessel gelegen gebied met bos, heide en cultuurgrond; begroeide stuifheuvel.
Arnhem e.a.	Delerwoud	NM	④	○	VZ	Westelijk van de weg Arnhem-Apeldoorn gelegen gebied van bossen, heidevelden; wildbaan; wandelroutes.
Arnhem	Hoog Erf	PL	②	○	L	Noordwestelijk van Arnhem gelegen complex van golvende akkers en lanen.
Arnhem	Lichtenbeek	PL	②	○	L	Tussen Arnhem en Schaarsbergen gelegen gebied van akkers en jong bos.
Arnhem e.a.	Mariëndaal	PL	③	○	L	Landgoed tussen Arnhem en Oosterbeek, met bossen, bouwlanden, sprengen en vijvers.
Arnhem e.a.	Nationaal Park Veluwezoom	NM	④	Ø	PVZ	Noordelijk van de lijn Velp-Dieren en ten oosten van Velp gelegen gebied van bossen, heidevelden; wandelroutes.
Arnhem	Warnsborn	PL	③	○	ALP	Landgoed tussen Arnhem en Schaarsbergen, met bossen, lanen, sprengen, vijver, heidevelden; grafheuvels.
Arnhem	Westerheide	PL	②	Ø	L	Door Harderwijkerweg van Warnsborn gescheiden gebied met bossen, heidevelden, cultuurgronden.
Barneveld	Bergsham	PL	②	○	A	Westelijk van Garderen gelegen gebied met naald- en loofbos; heideveld met grafheuvels.
Barneveld e.a.	Boswachterij Garderen	SBB	④	○	L	Uit groot aantal deelgebieden bestaande boswachterij; bebost stuifzandgebied, heide, loofbos, naaldbos.
Barneveld e.a.	Boswachterij Kootwijk	SBB	④	○	L	Vastgelegde stuifzandgebieden en heidevelden tussen Stroe en Harskamp, met o.a. Kootwijkseveld en Loobos.
Barneveld	Kootwijkerzand (Bosw. Kootwijk)	SBB	③	○	PVG	Uitgestrekt, nog levend stuifzandgebied; ook met vastgelegde gedeelten met begroeide stuifheuvels; bossen.
Barneveld	Schaffelaar	PL	②	○	P	Landgoed noordoostelijk van Barneveld, met parkbos, akkers, weilanden, vochtig heideterrein.
Barneveld	Wilbrinkbos	PL	③	○	L	Oostelijk van Voorthuizen langs de rijksweg gelegen gebied met bossen, vastgelegd stuifzand, vochtige heide.
Brummen	Huis te Eerbeek	PL	②	○	L	Tussen Eerbeek en het Apeldoorns Kanaal gelegen landgoed met opgaand loofbos, beken en vijvers.
Ede e.a.	Bennekomse Bos	NM	②	○	L	Oostelijk van Bennekom gelegen gevarieerd bosgebied met heideveldje en enkele akkers.
Ede e.a.	Boswachterij Oostereng	SBB	③	○	LP	Met de complexen Oostereng, De Keijenberg, Buunderkamp-Zuid, Ginkelse Heide, Renkumse Heide en Dorschkamp.
Ede e.a.	Het Nationale Park De Hoge Veluwe	PART	④	*	PVZ	Tussen Hoenderloo, Otterlo en Schaarsbergen gelegen gebied van bossen, heidevelden, (vastgelegd) stuifzand.
Ede	Otterlose bos	NM	③	○	P	Aan de oostzijde van de weg Arnhem-Otterlo gelegen gebied van begroeide stuifzandruggen; loof- en naaldbos.
Ede e.a.	Planken Wambuis	NM	④	○	L	Landgoed langs de weg Ede-Arnhem, met bossen, heidevelden, vastgelegd stuifzand.
Ede	Sysselt	PL	③	○	V	Gevarieerd boscomplex ten zuidoosten van Ede; naaldbos met beukenlanen.
Ede	Wekeromse Zand e.a.	PL	③	*	V	Drie gebieden, w.o. Eikenstek en Scheele Berg, in driehoek Ede-Lunteren-Otterlo; levend stuifzand, naaldbos, heide.
Elburg	De Haere	PL	③	○	LP	Ten zuidoosten van Doornspijk gelegen gebied met levend stuifzand en bossen met dennen; jeneverbessen.
Elburg	Schouwenburg	PL	②	○	L	Landgoed ten noorden van 't Harde, met loof- en naaldbos, cultuurgrond, houtwallen, singels.
Epe	Gemeentebossen Epe	G	③	Ø	LPZ	Noordelijk van Epe gelegen gebieden, w.o. Sprengenbos, Bervoetsbos, Eperholt en Renderklippen; bos en heide.
Epe	Tongeren	PART	③	Ø	Z	Landgoed ten westen van Epe, aan weerszijden van de weg naar Nunspeet; bossen en cultuurgronden.
Epe	Tongerense Heide	PL	③	○	P	Tussen Tongeren en Gortel gelegen heidegebied met vennen.
Epe	Weeser Enk	PART	②	Ø	L	In de buurtschap Tongeren gelegen gebied met bossen en cultuurgrond.
Ermelo e.a.	Boswachterij Nunspeet	SBB	④	○	L	Met diverse delen, o.m. Hendriksbos, Belvédèrebos, Horstmeer, Zuiderbos, Ronde Huis, Zandenbos, Nieuw en Oud Soerel.

VELUWE

GEMEENTE	NATUURGEBIED	BEH.	GR.	TOEG.	SPEC.	OMSCHRIJVING
Ermelo	Ermelose Heide	G	③	○	ALV	Ten zuidoosten van Ermelo gelegen open heideterrein met grafheuvels, omgeven door naaldbos en hakhout.
Ermelo	Groevenbeekse Heide	G	②	○	A	Ten zuiden van Ermelo gelegen heideterrein met grafheuvels, omgeven door opgaand bos.
Ermelo	De Haspel (Leuvenumse Bos)	NM	③	○	PVZ	Oostelijk van Ermelo gelegen bosgebied met loof- en naaldbos, eikehakhout; omgeven door wildwal.
Ermelo	Houtdorperveld en Speulderveld	G	③	○	ALV	Ten zuidoosten van Ermelo gelegen open heideterrein, omgeven door grove-dennenbossen.
Ermelo e.a.	Leuvenhorst	NM	④	○	AGOZ	Landgoed ten zuidoosten van Hulshorst, met bossen en (begroeid) stuifzandterrein; Leuvenumse Beek.
Ermelo	Leuvenum	PART	③	✱	L	Tussen Leuvenumse Bos en landgoed Staverden gelegen landgoed.
Ermelo e.a.	Leuvenumse Bos	NM	③	○	VZP	Aan weerszijden van de Hierdense of Leuvenumse Beek en de Poolse weg gelegen gevarieerd bosgebied.
Ermelo e.a.	Speulder- en Sprielderbos	SBB	④	○	V	Bos in de driehoek Garderen-Putten-Ermelo; ook de complexen Nieuw Groevenbeek, Puttersbos e.a.
Ermelo e.a.	Staverden	PL	③	∅	PVZ	Landgoedbos en cultuurgronden langs Staverdense Beek; naaldbos, heide, moerassen, loofbos, gemengde bossen.
Ermelo	Vierhoutense Heide	PART	③	○	L	Noordelijk van Vierhouten gelegen terrein, met restanten van de heidebegroeiing.
Hattem	Gemeentebos Hattem	G	②	○	P	Ten oosten van de Hessenweg gelegen bossen op voormalige droge heidegronden.
Hattem	Molecaten	PART	③	∅	L	Landgoed ten zuidwesten van Hattem, met bossen, cultuurgronden, (niet toegankelijke) sprengen.
Heerde	Ambtsbos	PL	①	○	LP	Bosgebied met naald- en loofbos en heideterrein, ten oosten van De Dellen; sluit aan bij de Heerdersprengen.
Heerde	Boswachterij Zwolse Bos	SBB	③	○	GP	Bosgebied ten oosten van de Kamperweg, met hoofdzakelijk naaldhout; Tonnenberg, aan Koerbergseweg.
Heerde	De Dellen	PL	③	∅	L	Gevarieerd terrein ten westen van Heerde, met bos, heide en vennen; gedeeltelijk militair oefenterrein.
Heerde	Heerdersprengen	SBB	②	○	IP	Door nabijgelegen ontgrondingsactiviteiten opgedroogde sprengen, met hakhout en heiderestanten langs oevers.
Heerde	Klooster Hulsbergen	PL	②	∅	V	Noordelijk van Wapenveld aan de grift gelegen, in de graslanden langs de IJssel uitlopend heuvelgebied.
Heerde	Petrea	PL	③	○	LP	Westelijk van Wapenveld gelegen landgoed met bos, heide en cultuurgrond; naald- en loofhout.
Heerde	Renderklippen	G	③	○	L	Heide- en bosgebieden ten noordwesten en westen van Heerde; met schaapskudde; militair oefenterrein.
Nunspeet	Elspeterbosch	PART	③	○	L	Aan weerszijden van de weg naar Vierhouten gelegen bosgebied.
Nunspeet	Elspeter Struiken	G	③	○	LP	Aan Elspeterbos grenzend gebied langs Vaassense weg; met uitgezette wandelroutes.
Nunspeet	Hulshorster Zand (Leuvenhorst)	NM	③	○	AGOZ	Zuidoostelijk van Hulshorst gelegen stuifzandgebied, omgeven door dennenbossen en jeneverbessenstruweel.
Nunspeet	Veluwemeerkust	NM	②	○	PV	Bosgebied bij Hierden met o.m. Bloemkampen en Grote Weiland; oud essehakhoutbos en populierenbos.
Oldebroek e.a.	Zwaluwenburg	PL	③	○	L	Ten noorden van 't Harde gelegen landgoed, met loof- en naaldbossen, cultuurgronden, houtwallen, lanen.
Putten e.a.	Oud Groevenbeek	NM	③	○	APV	Landgoed tussen Ermelo en Putten, met parkbos en gemengd opgaand bos, afgewisseld met cultuurgronden.
Renkum	Duno en Jagershuis	PL	②	○	IPV	Steile heuvelrand langs de Rijn, ten westen van Oosterbeek; loofbossen, sprengen, vijvers.
Renkum	Hoog Oorsprong en Zilverberg	PL	③	○	L	Gevarieerd gebied tussen Oosterbeek en Doorwerth, met gemengde bossen, hakhoutpercelen en cultuurland.
Renkum	Wolfheze	NM	③	○	APV	Diverse terreinen met bos en Heelsumse Beek; beukenbos, naaldbossen, heidevelden; grafheuvels.
Rozendaal	Boswachterij Roozendaal	SBB	③	○	L	Oostelijk van de weg Arnhem-Apeldoorn gelegen naaldbossen, heidevelden en vliegdennen.
Rozendaal	Rosendael	PL	②	∅✱	L	Landgoed met park met unieke terrassenaanleg uit 18e eeuw, in 19e eeuw in landschapsstijl herschapen.

BEH. = beheerder GR. = grootte TOEG. = toegang SPEC. = speciaal belang Verklaring gebruikte symbolen: blz. 374

Vechtstreek

Een openbaring zijn in de Vechtstreek de voetpaden of radings, die de wandelaar op onvermoede plekjes brengt, soms midden tussen de plassen. Ook de 's-Gravelandse buitenplaatsen zijn een bezoek meer dan waard.

GEMEENTE	NATUURGEBIED	BEH.	GR.	TOEG.	SPEC.	OMSCHRIJVING
Baarn	Boswachterij de Vuursche	SBB	④	∅	L	Diverse complexen: Pluismeer, Groeneveld, Hoge Vuursche, Zeven Linden, De Stulp, Drakenstein, vooral bos.
Baarn	Pijnenburg	PART	③	○	L	Landgoed bestaande uit de boswachterijen Brandenburg en Hees en Hoge Erf en Kievitsdal; gemengd bos.
De Bilt	Ridderoordse bossen	PL	③	○	P	Bosgebied met hoofdzakelijk grove dennen, met fraaie ondergroei, en bouw- en weiland; zeer oude beuk.
Breukelen	Gunterstein	PART	③	○	L	Buitenplaats met parkbos, oostelijk van de Vechtbrug in Breukelen.
's-Graveland	Ankeveense Plassen	NM	③	∅	V	Plassen- en moerasgebied aan weerszijden van Ankeveen, met plassen, broekbos, verlandingsvegetaties; voetpaden.
's-Graveland	Boekesteijn	PART	②	✳	L	Landgoed met parkbos, aan het Noordereinde. Toegankelijk op aanvraag.
's-Graveland	Gooilust	NM	②	✳	LPV	Gooilust is een siertuin met verzameling exotische bomen en struiken.
's-Graveland	Hilverbeek	NM	②	✳	LPV	Buitenplaats aan Leeuwenlaan, met beukenbossen, vijvers; fraaie ondergroei en oevervegetatie.
's-Graveland	Het Hol (Kortenhoefse Plassen)	NM	②	⊗	P	Moerasgebieden met open water, verlandingsvegetatie, broekbossen; oostelijk van het Moleneind.
's-Graveland e.a.	Kortenhoefse Plassen	NM	③	∅	LPV	Gebied dat uit verschillende delen bestaat; met kanoroutes en vaarexcursies.
's-Graveland	Schaep en Burgh	NM	②	✳	L	Buitenplaats aan Noordereinde, met bos en lanen; kantoor Vereniging tot Behoud van Natuurmonumenten in Nederland.
's-Graveland	Spanderswoud	NM	②	✳	L	Buitenplaats aan Noordereinde, met bos, vijver, graslanden, boomgroepen, houtwallen.
Hilversum	Bantam	NM	②	✳	LZ	Landgoed aan de Fransche Kampweg, met (park)bos, lanen, grachten.
Hilversum	Corversbos	NM	②	○	PV	Gelegen op de stuwwal van het Gooi; akkers met diverse akkeronkruiden.
Hilversum	Einde Gooi	NM	③	○	V	Gevarieerd gebied ten westen van Hollandsche Rading, met gemengde bossen en cultuurland.
Hilversum e.a.	Westerheide	DIV	③	○	AP	Licht glooiend heidelandschap met vliegdennen en dennenbossen; met grafheuvels.
Hilversum	Dassenveld	DIV	②	∅	LZ	Bouw- en grasland in oude zandafgraving; foerageer- en migratiegebied van dassen.
Loenen	Polder Mijnden	SBB	②	⊗	V	Weidegebied ten zuiden van het dorp Loenen; weidevogelgebied.
Loosdrecht	Loosdrechtse Plassen	NM	③	∅	PV	Diverse complexen in het oostelijk oevergebied van de Loosdrechtse Plassen. Grasland, riet, moeras en water.
Maarssen	Bethunepolder	SBB	③	⊗	PV	Aan de zuidzijde van de Loosdrechtse Plassen gelegen gevarieerd gebied met grasland, moerasbos, rietkragen.
Maarssen e.a.	Molenpolder	SBB	③	⊗	PV	Rond Westbroek gelegen vergraven laagveenmoeras, met verlandingsvegetaties.
Maarssen e.a.	Tienhovense Plassen	NM	③	⊗	LV	Ten oosten van Tienhoven gelegen gebied door vervening ontstaan; rietlanden, moeras en water.
Maartensdijk	Beukenburg	PART	③	○	L	Tussen de Groenekanseweg en de Nieuwe-Weteringseweg gelegen boscomplex, met cultuurland.
Maartensdijk	Eyckenstein	PART	③	∅	L	Landgoed met bos aan Eyckensteinselaan, afgewisseld met weide- en bouwland.
Maartensdijk e.a.	Gagelpolder	SBB	②	⊗	P	Vergraven veengebied tussen Utrecht en Achttienhoven, met verlandende sloten, moerasbos, blauwgrasland.
Maartensdijk	Maartensdijkse Bos	PART	①	○	L	Bosgebied aan de Karnemelkseweg.
Maartensdijk	Maartensdijkse Bos	PL	③	○	L	Bosgebied met enig loofbos, maar hoofdzakelijk naaldhout, gelegen ten oosten van Lage Vuursche.
Naarden e.a.	Naardermeer	NM	③	○	PV	Plassen- en moerasgebied, met riet, bos, open water; kolonies van lepelaar, purperreiger, aalscholver.
Nederhorst den Berg	Fort Hinderdam	SBB	①	⊗	PVZ	Begroeid fort op twee eilanden in de Vecht; overwinterplaats voor vleermuizen.
Weesp	Zomerklokjesterreintjes aan de Vecht	PL	①	⊗	P	Oeverlandjes langs de Vecht tussen Weesp en Nigtevecht; buitendijks rietland met zomerklokjes.

Graafschap

De Graafschap is met recht het gebied van de landgoederen. Vele hiervan zijn opengesteld voor het publiek en huisvesten een boeiende vogelbevolking. Het golvende landschap bij Lochem biedt fraaie vergezichten.

GEMEENTE	NATUURGEBIED	BEH.	GR.	TOEG.	SPEC.	OMSCHRIJVING
Borculo e.a.	Beekvliet	SBB	③	∅	L	Hoevenlandschap met boerderijen; Landgoed Beekvliet is particulier eigendom.
Borculo	Wanninkhof	PL	②	○	L	Aan de rand van Geesterense Es gelegen karakteristieke boerenhofstede, met akkers, weilanden, bos en eikensingels.
Doetinchem e.a.	Boswachterij Slangenburg	SBB	③	○	LPV	Boscomplexen, afgewisseld met cultuurgrond; De Veldhoek: naaldbos; Leemsterbos en Slangenburg: loofbos.
Doetinchem	Hagen	PL	③	○	LP	Noordwestelijk van Doetinchem gelegen boscomplexen, afgewisseld met cultuurgrond; naaldbos, loofbos.
Gorssel	Almense Bossen	PART	②	○	L	Bossen ten oosten van Zutphen, bij Almen.
Gorssel	Baankreisbos/De Ehze	PL	②	○	L	Landgoed ten noordoosten van Almen; oud parkbos met villa.
Gorssel	Gorsselse Heide	NM	②	○	V	Loof- en naaldbos ten oosten van de spoorlijn Zutphen-Deventer. Deels eigendom en oefenterrein van Defensie.
Gorssel	Hassinkbos	NM	②	○	PV	Ten oosten van Epse gelegen deel van landgoed. Oud loofbos met rijke ondergroei.
Gorssel	De Voorst	PL	②	∅	L	Landgoed bij Warnsveld met parkbos, vijvers en grachten.
Hummelo en Keppel	Enghuizen	PART	③	∅	L	Landgoed ten noorden en noordoosten van Hummelo. Met kasteelruïne en tuinhuis.
Hummelo en Keppel	Landgoed Keppel	PART	③	○	L	Gelegen ten noordoosten van de weg Doesburg-Doetinchem. Landgoed met kasteel, bossen en landbouwgronden.
Lochem e.a.	Grote Veld	DIV	③	○	LP	Diverse terreinen ten zuiden en zuidwesten van Lochem: met loof- en naaldbossen en enkele percelen heide (Bronsbergen).
Lochem	Hardermaat	PART	②	○	L	Aan de zuidkant van Barchem gelegen gebied. Bos afgewisseld met cultuurland.
Lochem	De Kale Berg	PART	②	○	L	Nabij Barchem gelegen heuvel met bos. Mooi uitzicht vanaf de top.
Lochem	Larense Broek	DIV	①	⊗	LP	Laaggelegen gebied tussen Schipbeek en de Voorste Beek; met klein vochtig graslandje van Natuurmonumenten.
Lochem	Lochemse Berg	PL	③	○	LPV	Gelegen in de driehoek Lochem-Zwiep-Barchem; heuvellandschap met bossen, akkers en weiland.
Lochem	Nettelhorst	PART	②	○	L	Bosgebied met bouwland, ten oosten van Lochem.
Lochem	Het Rad	PART	②	○	L	Ten zuidwesten van Lochem gelegen landgoed.
Lochem e.a.	Velhorst	NM	③	○	LPV	Aan de Berkel tussen Lochem en Warnsveld gelegen landgoed met bossen, bouw- en grasland, heide, houtwallen.
Lochem	Verwolde	PL	②	○	LP	Naald- en loofbos met cultuurgronden; park met oude eiken.
Ruurlo	Ruurlo	DIV	③	∅	L	Ten zuidwesten van Ruurlo gelegen landgoed; kasteelpark en kasteel niet toegankelijk.
Steenderen	Bronkhorst	SBB	②	○	P	In Bronkhorst gelegen, met opgaand bos begroeide slotheuvel. Verder grasland in de IJsseluiterwaard.
Vorden	Den Bramel	PART	②	∅	L	Landgoed ten noorden van Vorden; terrein binnen de buitenste gracht niet toegankelijk.
Vorden	Brandenborch	PART	③	○	L	Landgoed aan de weg naar Ruurlo.
Vorden e.a.	Hackfort	NM	③	∅	L	Landgoed met uitgestrekt bos, ten westen van Vorden. Met kasteel en watermolen; landbouwgronden en bos.
Vorden	Hameland	PART	②	○	L	Gebied ten noorden van het Grote Veld, zuidelijk van de straatweg Zutphen-Lochem.
Vorden	Kieftskamp	PL	③	∅	LPVZ	Grenst in het noordwesten aan landgoed Vorden; loof- en naaldbos, cultuurland, heide, moeras, lanen.
Vorden	Het Medler	PART	③	∅	L	Aan noordzijde van de weg naar Ruurlo gelegen landgoed.
Vorden	Het Onstein	PART	③	○	L	Landgoed ten zuiden van de spoorlijn naar Ruurlo.
Vorden	Vorden	PL	②	○	LPV	Landgoed ten zuidoosten van Vorden, met bossen, cultuurland en lanen; Vordense Beek doorsnijdt gebied.
Vorden e.a.	De Wiersse	PART	③	∅	LP	Landgoed met kasteel en bijzondere tuinen (toegang niet vrij).
Vorden	Wildenborch	SBB	②	○	LPV	Landgoed aan de weg van Lochem naar Vorden; loofbos met grachten.
Warnsveld	't Suideras	PART	③	○	L	Landgoed bij Wichmond. Coulissenlandschap.
Warnsveld	't Velde, Veldse Bos en Kapper Bos	PL	②	○	LP	Landgoed aan de Berkel, ten oosten van Warnsveld, met opgaand loofbos, bouw- en graslanden.
Warnsveld	't Waliën	NM	③	∅	LPRV	Landgoed aan de weg Zutphen-Lochem. Onderdeel van gebied dat vanouds Warkense Veld heet. Voornamelijk naaldbos.
Zelhem e.a.	't Zand	PART	③	○	LPVZ	Landgoed met naaldbomen ten westen van de weg Zelhem-Ruurlo.

BEH. = beheerder GR. = grootte TOEG. = toegang SPEC. = speciaal belang Verklaring gebruikte symbolen: blz. 374

Kromme-Rijngebied

Het bosgebied van de Amerongse Berg is het meest uitgestrekte natuurterrein in het Kromme-Rijngebied. Een bijzonderheid vormen de verlandende rivierstrangen en de uiterwaarden aan de zuidwestkant van Amerongen.

GEMEENTE	NATUURGEBIED	BEH.	GR.	TOEG.	SPEC.	OMSCHRIJVING
Amerongen	Amerongse Bos en Amerongse Bovenpolder	PL	③	∅	LPV	Overgangsgebied van stuwwal van Amerongse Berg naar rivierdal van de Rijn. Bijzondere bomen en beukenlanen.
Amerongen e.a	Boswachterij Amerongse Berg	SBB	④	○	ALPV	Bosgebied met hoofdzakelijk naaldhout van allerlei ouderdom, aan de noordzijde van de rijksstraatweg.
Amerongen	Bovenpolder	DIV	③	⊗	PV	Gebied van uiterwaarden, met oude Rijnarm; bosschages, graslanden; aan zuidwestzijde van Amerongen.
Amerongen	Kasteel Amerongen	PART	①	Ⓣ	L	Overgang van de Utrechtse Heuvelrug naar de uiterwaarden van de Rijn; met kasteel, tuinen en grachten.
Amerongen	Oud Kolland	NM	②	⊗	LP	Essehakhout en hoogstamboomgaard, zuidwestelijk van Amerongen aan de Neder-Rijn.
De Bilt	Oostbroek	PL	②	✻	L	Landgoed tussen Biltse Grift en Kromme Rijn op kleigrond; weilanden, boomgaarden.
Bunnik e.a.	Nienhof	PL	②	✻	L	Landgoed met merendeels essen-iepenbos met onderbegroeiing.
Cothen	Dwarsdijkerbosjes	SBB	②	⊗	P	Essehakhout en grienden langs Amsterdam-Rijnkanaal ten noordwesten van Wijk bij Duurstede.
Doorn e.a.	Moersbergen e.o.	PL	③	○	LP	Diverse onderdelen: Moersbergen, Hoog Moersbergen, Stameren, Bergweg, De Pol. Afwisselend gebied.
Doorn e.a.	Kaapse Bossen	NM	③	∅	LPV	Boscomplex met zowel loof- als naaldbos. Met o.a. Ruiterberg, Doornse Berg en 't Wijde Zicht.
Doorn	De Zonheuvel	G	②	○	LP	Gelegen aan de weg naar Maarn; gemengd bos.
Driebergen-R.	Heidestein, Bornia en Noordhout	PL	③	○	LPV	Drie gebieden ten zuidoosten van Zeist. O.a. stuifzandlandschap en naaldbos
Driebergen-R. e.a.	Leeuwenburgh	PART	③	∅	L	Landgoed tussen Gooyerdijk en Langbroekerwetering. Met bos en cultuurgrond.
Driebergen-R.	Mollenbos	G	②	○	LP	Bos met zandverstuivingen tussen de A12, de Traay, Arnhemse Bovenweg en Hydeparklaan.
Langbroek	Overlangbroek	SBB	③	○	LP	Langs dijk gelegen gebied met opgaand eikenbos.
Langbroek e.a.	Sandenburg	PL	③	○	L	Landgoed ten oosten van Neerlangbroek; met beukenlanen en naaldhout.
Langbroek	Vijverbosch	PART	②	∅	L	Landgoed met gemengd bos langs de Langbroekerdijk te Overlangbroek.
Leersum e.a.	Boswachterij Leersum	SBB	③	∅	LPV	Bosgebied ten noorden van de Rijksstraatweg, met de complexen Leersumse Veld en de Hoogstraat; naaldbos.
Leersum	Breeveen en Dartheide	PL	③	○	L	Gebied aan weerszijden van de Maarsbergseweg. Breeveen en vrnl. dennenbossen.
Leersum	Broekhuizen	DIV	③	∅	LP	Landgoed ten zuidwesten van Leersum; met oude eiken- en beukenopstanden, bossen en cultuurland.
Leersum	Darthuizen	PART	②	∅	L	Landgoed ten zuiden van de weg naar Doorn. Afwisselend gemengd bos, weiland en bouwland.
Leersum e.a.	Hoge Ginkel	PL	②	○	L	Landgoed ten oosten van de Scherpenzeelseweg; met naaldhout beplante dekzanden, eiken- en beukenlanen.
Leersum	Lombokbossen	G	②	○	L	Bos bij een laagte in de Utrechtse heuvelrug, ten noorden van Leersum.
Langbroek	Hardenbroek	PART	②	○	L	Landgoed tussen de weg Werkhoven-Cothen en de Langbroeker Wetering.
Langbroek	Hindersteijn	PART	②	∅	L	Landgoed ten westen van Neerlangbroek aan de Langbroeker Wetering. Landgoed met essehakhoutcomplex op rivierklei.
Langbroek e.a.	Sandenburg	PART	③	∅	L	Oostelijk van Nederlangbroek gelegen landgoed, met bossen en cultuurland.
Rhenen	De Blokken (Remmerdense Heide)	PL	②	○	L	Aan de zuidzijde van de Defensieweg gelegen landgoed met bos.
Rhenen	Dikkenberg	PART	③	○	L	Noordelijk van Rhenen gelegen landgoed, langs de Oudeveense Grindweg.
Rhenen e.a.	Grebbeberg, Laarsenberg en Blauwe Kamer	PL	③	∅	LP	Gebied waar Utrechtse Heuvelrug, Nederrijn en de vlakke Betuwe samenkomen; steile overgang naar rivierlandschap.
Rhenen	Stadsbossen/Lijstereng/Kerkebos	G	③	○	L	Bossen bij het dorp; met observatiehut bij autoweg.
Rhenen e.a.	Prattenburg	PART	③	✻	L	Landgoed tussen Kerkwijk en Elst; met bossen, weiden en cultuurgrond.
Rhenen	Remmerdense Heide	PL	③	○	L	Oostelijk van de weg Veenendaal-Elst gelegen bos- en heidegebied; met mooie vergezichten.
Rhenen	Remmerstein	PART	③	Ⓣ	L	Heuvelachtig terrein met uitgestrekt bos, ten westen van de weg Rhenen-Veenendaal.
Rhenen	Roghairs Sparren e.a.	PART	③	○	L	Gebied aan de zuidzijde van de Defensieweg, met behalve Roghairs Sparren ook Kwintelooien en De Haspel.

Omgeving Winterswijk

Het oude cultuurlandschap temidden van grotere en kleinere bossen, doorsneden door beken, leent zich bij uitstek voor een verkenning per fiets. De hoogvenen zijn een eldorado voor de natuurliefhebber.

GEMEENTE	NATUURGEBIED	BEH.	GR.	TOEG.	SPEC.	OMSCHRIJVING
Aalten	Aaltense Goor	SBB	③	○	OPV	Cultuurgebied met hoge grondwaterstand, waardoor de begroeiing bijzonder interessant is.
Aalten	Beestmans	PART	②	∅	L	Oostelijk van Aalten, ten zuiden van de weg naar Winterswijk. Afwisselend landschap.
Aalten	Loohuis	NM	②	○	LP	Gevarieerd terrein ten zuidoosten van Aalten; bos, cultuurland en verlande heideplas.
Aalten	Het Vels	PART	②	○	L	Landgoed ten zuiden van Aalten, tussen de Hamelandroute en de weg naar Dinxperlo.
Eibergen	Reirinkbos	PL	①	○	LP	Noordelijk van de weg Groenlo-Meddo gelegen terrein, met naald- en loofbos, cultuurgrond, heide, ven.
Eibergen	Zwilbroek	SBB	②	⊗	P	Ten oosten van Groenlo gelegen terrein met wilgenbroekbos en bos met eik, berk en els; hoogveengebied.
Winterswijk	Aarnink	PL	②	○	L	Ten zuidoosten van Winterswijk in het Woold gelegen gebied met loofbos, houtwallen, lanen en cultuurgronden.
Winterswijk	Bekendelle	NM	①	○	LOPV	Bosgebied met loof- en naaldbos langs de Boven-Slinge; verlande oude beekarmen.
Winterswijk	Boeyink	PART	②	∅	LPV	Westelijk van Ratum gelegen afwisselend gebied, doorsneden door beken, met bouwland, grasland, bossen.
Winterswijk	Boeyink, Kössink, De Elzen	PL	②	∗	LP	Noordoostelijk van Winterswijk, bij Ratum gelegen bossen en cultuurgronden, doorsneden door beken.
Winterswijk	Bönnink	NM	②	○	LP	Noordelijk van Winterswijk gelegen gebied met bossen, houtwallen en cultuurland, doorsneden door beek.
Winterswijk	Borkense Baan	DIV	②	⊗	KOPRV	Oude, niet meer gebruikte spoorbaan ten zuidoosten van Winterswijk; rijk aan plantesoorten, vogels en insekten.
Winterswijk	Buskersbos	NM	②	○	LPV	Bosgebied langs de Achterhoekse beken. Bleekweide en Bocheltse Baan behoren er eveneens toe.
Winterswijk	Het Broeke	PART	②	○	L	Landgoed gelegen aan de weg naar Vreden; gemengd naald- en loofbos.
Winterswijk	Dottinkrade	NM	②	○	LPV	Noordoostelijk van Winterswijk gelegen bosgebied, doorsneden door Ratumse Beek; rijke ondergroei.
Winterswijk	Gelderesch	PART	②	∅	LPV	Landgoed ten westen van Meddo.
Winterwsijk	Gossink	PL	②	○	PV	Landgoed in Henxel, met hoog opgaand bos met rijke ondergroei en oeverbegroeiing langs Henxelse Beek.
Winterswijk	Groters	PART	②	○	L	Landgoed ten westen van Winterswijk. Gemengd bos met bouw- en weiland.
Winterswijk	De Haar	PL	②	○	LV	Landgoed in buurtschap Woold; met naaldbos, eikenbos, akkers en weilanden, en bos met oude eikenopstand.
Winterswijk	Hesselink	PART	②	○	L	Ten zuidoosten van Ratum aan de Duitse grens gelegen bos en cultuurgrond.
Winterswijk	De Horst	PART	②	∅	LP	Ten noordoosten van de weg naar Borken gelegen landgoed met gemengd naald- en loofbos.
Winterswijk e.a.	Korenburgerveen	NM	②	⊗	LOP	Vroegere heidebebossing aan de spoorlijn Winterswijk-Groenlo; grove dennen met ondergroei. Excursies van NM.
Winterswijk	Kotten	NM	①	⊗	L	Enkele percelen bos in de buurtschap Kotten, in jong cultuurlandschap in voormalig heidegebied.
Winterswijk	Het Kreyl	PART	②	○	L	Landgoed tussen Woold en Miste.
Winterswijk	Kulverheide	PART	②	○	LP	Landgoed met bos en weiland, houtwallen en bouwland ten zuiden van het Woold bij Duitse grens.
Winterswijk	Meerdink en Lammers	PL	②	○	LP	Coulissenlandschap bij Woold, met bossen, singels, hakhout, heide, bouwland, weiland; beekoever van Dambeek.
Winterswijk	Mentink	NM	③	○	L	Landgoed ten westen van Winterswijk, met oud bouwland, loofbos, grasland, houtwallen, bosschages.
Winterswijk	Muggenhoek	PL	①	⊗	LP	Ten noorden van Ratum aan de Duitse grens gelegen terrein met dennenbos, vochtige heide, cultuurbos.
Winterswijk	't Rot en Aernink	SBB	②	○	P	Ten zuiden van Winterswijk gelegen bosgebied.
Winterswijk	De Smalbraak	PART	②	∅	L	Landgoed aan de weg naar Vreden achter de uitspanning Lappeschaar; met gemengd naald- en loofbos.
Winterswijk	Willinks Weust en Heksenbos	SBB	②	⊗	GP	Oostelijk van Winterswijk gelegen gebied met muschelkalk uit de Triasperiode in de bodem.
Winterswijk	Wooldse Veen	NM	②	⊗	LP	Ten zuiden van Winterswijk aan de Duitse grens gelegen, deels afgegraven hoogveengebied, met eikenbos.
Wisch	Wissink	PART	②	○	LV	Landgoed ten oosten van Silvolde in het noorden van Sinderen.

BEH. = beheerder GR. = grootte TOEG. = toegang SPEC. = speciaal belang Verklaring gebruikte symbolen: blz. 374

Gelderse Poort

Oostelijk van de Mookerheide ligt het uitgestrekte natuurgebied de Sint-Jansberg, met een gevarieerd landschap. Uiterst boeiend is hier ook het rivierenlandschap van de Ooypolder, met hagen, beemden en oude kleiputten.

GEMEENTE	NATUURGEBIED	BEH.	GR.	TOEG.	SPEC.	OMSCHRIJVING
Bemmel	Bemmelse Waard	SBB	②	⊗	V	Bij Doornik gelegen hooilanden in uiterwaard en oude rivierloop.
Bemmel	Klompenwaard	SBB	②	⊗	PV	Hooiland in uiterwaard en binnendijkse loofbos, ten zuiden van Doornenburg.
Groesbeek e.a.	Boswachterij Groesbeek	SBB	③	○	LPV	Bos- en heidegebied ten westen van Groesbeek; met Kraayendal, Filosofenpad, Wolfsberg en Muntberg.
Groesbeek	Bruuk	SBB	②	○	PV	Zuidoostelijk van Groesbeek gelegen rietlanden, graslanden en wilgenstruwelen.
Groesbeek	De But	PART	③	○	L	Landgoed met vrnl. naaldhout tussen Wester-Meerwijk en de rijksweg.
Groesbeek	Groesbeekse Heide (Bosw. Groesbeek)	SBB	②	○	P	Heideterrein gelegen in de boswachterij Groesbeek.
Groesbeek	Nederrijk	PART	③	○	L	Gevarieerd gebied zuidwestelijk van Berg en Dal, met bos.
Heumen e.a.	Heumensoord	G	③	○	L	Landgoed ten zuiden van Nijmegen; vrij vlak terrein met bos; waterwingebied.
Heumen	Maldens Vlak	G	②	○	L	Diverse gebieden bij Malden en Heumen, namelijk De Elshof, het Heumens Bos en het Maldens Vlak.
Huissen	Huissense Waard	SBB	①	⊗	GV	Hooiland in uiterwaard, ten noorden van Huissen.
Mook en Middelaar	Heumense Schans (Mookerheide)	NM	②	○	L	Ten noorden van Mook gelegen oude schans, omringd door heide, met mooi uitzicht over de rivier.
Mook en Middelaar	Mookerheide	NM	③	○	LPV	Brem-heideterrein ten oosten van Mook; schaapskudde; wandelroute.
Mook en Middelaar	Mookerschans	G	②	○	L	Gebied ten noordoosten van Mook; bos met schansrestanten.
Mook en Middelaar e.a.	Sint-Jansberg	NM	④	○	IPVZ	Afwisselend gebied van bossen en cultuurgronden, oostelijk van de Mookerheide.
Rijnwaarden	Oude Rijnstrangen	SBB	③	⊗	GPV	Rivierlandschap zuidelijk van Oud-Lobith en Babberich, met oude rivierlopen, moerassen, grienden.
Ubbergen e.a.	Duivelsberg	SBB	③	○	LPVZ	Zuidoostelijk van Nijmegen gelegen bosgebied met cultuurgronden en landgoed.
Ubbergen	Heerlijkheid Beek e.a.	PL	②	*/∅	L	Landgoederen tussen Ubbergen, Beek en Berg en Dal; met Bronhuizerbos en Huys te Schengen.
Ubbergen e.a.	Hengstdal	NM	①	○	P	Erosiedal met grasland bij Ubbergen.
Ubbergen e.a.	Ooypolder en Millingerwaard	SBB	③	∅	LPV	Gevarieerd rivierlandschap, met akkers, graslanden, verlandende kleiputten, hagen, beemden, grindgat.
Zevenaar	Babberich	PART	②	○	L	Landgoed aan de weg Zevenaar-Elten, met bos met onderbegroeiing en waterpartijen.

Midden-Brabant

De Oisterwijkse Vennen en de heide van Kampina moet iedereen natuurlijk gezien hebben, maar het liefste buiten het echte toeristenseizoen. Rustgevend is het kleinschalige cultuurlandschap van de Mortelen.

GEMEENTE	NATUURGEBIED	BEH.	GR.	TOEG.	SPEC.	OMSCHRIJVING
Best	Kavelen	SBB	①	○	P	Noordelijk van Best gelegen populierenbos op leembodem, met rijke onderbegroeiing.
Boxtel e.a.	Dommeldal	PL	③	○	LPV	Verspreid gelegen terreinen in Dommeldal; akkers, beemden, bos, moeras.
Boxtel e.a.	Geelders	SBB	③	○	LPV	Bosgebied aan de weg Schijndel-Boxtel, met eike-, esse- en wilgehakhout, populieren-, berken- en naaldbos.
Boxtel e.a.	Kampina	NM	④	✻	LOPV	Heidelandschap aansluitend op het gebied van de Oisterwijkse Vennen, met heide, bos, vennen en beek (Beerze).
Esch e.a.	Eikenhorst	PL	②	○	LP	Deel van landgoed ten oosten van Esch; eiken- en beukenlanen, loofbos en graslandjes.
Haaren	Nemelaer Noord	PL	②	○	LP	Landgoed bij Haaren, met bossen, lanen, moerasgraslanden, verlande beekbeddingen, hakhoutwallen.
Haaren e.a.	Nemelaer Zuid	PL	②	○	P	Landgoed ten oosten van Oisterwijk, door spoorlijn gescheiden van Nemelaer Noord; Beeldven, Moddervelden.
Liempde	Velder	PART	③	○	L	Landgoed ten zuiden van Liempde; gemengd bos met vele dreven.
Moergestel	Helsbroek	SBB	①	⊗	P	Blauwgrasland ten zuidoosten van Moergestel; met schraallandvegetatie.
Liempde	De Scheken	G	②	○	L	Weidegebied, akkerland en bos ten zuidoosten van Liempde.
Moergestel	Kerkeindseheide	G	②	○	V	Bosgebied ten zuiden van de A58; wandelroute.
's-Hertogenbosch e.a.	Bosschebroek	SBB	③	∅	PV	Zuidelijk van 's-Hertogenbosch gelegen weidegebied, met graslanden, bosschages, moerassen, plassen.
's-Hertogenbosch	Moerputten	SBB	③	⊗	PV	Laagveengebied ten westen van 's-Hertogenbosch, met rietlanden, biezenvelden, broekbossen, blauwgraslanden.
Oirschot e.a.	's Heerenvijvers	PART	②	∅	L	Landgoed ten zuiden van Oirschot; bos, heiderestanten en cultuurgronden.
Oirschot	Hoekvelden Oude Steeg	G	①	○	LP	Dennen- en populierenbos met verspreid liggende weilanden ten noordoosten van Oirschot.
Oirschot e.a.	De Mortelen/Heerenbeek	PL	③	✻	LP	Oud coulissenlandschap met landgoed; houtwallen, bossen en fraaie voorjaarsvegetaties.
Oirschot	Oirschotse Heide	DIV	④	○	LPV	Heide- en bosgebied ten noorden en ten zuiden van de weg Oirschot-Eindhoven; naaldhout; militair oefenterrein.
Oisterwijk e.a.	Oisterwijkse Bossen en Vennen	NM	③	○	P	Gebied van dennenbossen met vennen, ten zuiden van Oisterwijk; wandelroutes.
Oisterwijk e.a.	Oude Hondsberg, Ter Braakloop e.a	PL	③	∅	L	Landgoederen op oud stuifzand, met bossen, vennen en heide; Galgeven; wandelroutes.
Oisterwijk	Rozep	PART	③	○	L	Landgoed ten zuidoosten van Oisterwijk, aan de oostkant van de Oirschotse Baan; bos en cultuurgronden.
St-Oedenrode	Dommelbeemden	SBB	②	∅	LP	Vochtige hooilanden, vennen, broekbossen; oostelijk en zuidoostelijk van Sint-Oedenrode.
St-Oedenrode e.a.	Eerdse Bergen	SBB	①	○	P	Met eiken-berkenbos en naaldhout begroeide stuifwal ten noorden van Sint-Oedenrode.
St-Oedenrode	Vressels Bos	SBB	③	○	LP	Naaldbos, stuifzand en heide; enkele vennen met levend hoogveen.
St-Michielsgestel	Haanwijk	PL	③	○	LP	Landgoed aan de oever van de Dommel; met parkbos bij landhuis Haanwijk.
St-Michielsgestel e.a.	Venrode	PL	②	✻	LP	Geaccidenteerde stuifzandruggen, overgaand in beekdal. Parkachtig bos rondom het landhuis.
St-Michielsgestel	Zegenwerp	PL	②	✻	LPV	Landgoed aan de zuidrand van Sint-Michielsgestel.
Vught	Halse Barrier	PART	②	○	L	Landgoedpark gelegen tussen Vught en Sint-Michielsgestel.
Vught	Maurick	PART	②	○	LPV	Landgoed ten oosten van de weg 's-Hertogenbosch-Eindhoven, op de overgang van hogere gronden naar het Dommeldal.
Vught	De IJzeren Man	G	②	①	PV	Ten westen van Vught gelegen grote waterplas omgeven door gemengd loof- en naaldbos.

BEH.= beheerder GR.= grootte TOEG.= toegang SPEC.= speciaal belang Verklaring gebruikte symbolen: blz. 374

Midden-Limburg

De liefhebber van fraaie landschappen kan in Midden-Limburg volop aan zijn trekken komen, bijvoorbeeld bij Swalmen, Posterholt en Sint-Odiliënberg. Het Meinweggebied huisvest een werkelijk unieke planten- en dierenwereld.

GEMEENTE	NATUURGEBIED	BEH.	GR.	TOEG.	SPEC.	OMSCHRIJVING
Beesel	Beesels Broek	PL	②	○	LP	Kleine graslandpercelen omzoomd door populieren, broekbossen en boomgaarden.
Beesel	De Bercken	G	②	○	LP	Ten westen van Reuver gelegen overgangsgebied van het laag- naar het middenterras van de Maas; naald- en loofbos.
Belfeld	De Berghof	PART	②	○	L	Geaccidenteerd terrein met naaldhout en aspergeveld ten zuidwesten van Belfeld.
Echt e.a.	Annendaalsbos	SBB	③	○	P	Naaldbosgebied oostelijk van de weg Posterholt-Koningsbosch; naaldbos met landschapselementen.
Echt	Diergaardsbos	G	③	○	P	Gelegen aan de Annendaalderweg-Mariahoop; met naaldbos en jong loofbos.
Echt	Het Haeselaar/Bos en Broek/De Kuyper	G	②	○	LP	Ten zuiden van de weg Echt-Koningsbosch gelegen gebied met naald- en loofbos.
Echt	De Sluffert	G	②	○	P	Gebied gelegen ten zuiden van Posterholt.
Melick en H.	Herkenbosch	PART	②	○	L	Herkenbosch maakt deel uit van het 'Nationaal Park De Meinweg i.o.'.
Melick e.a.	Meinweg	SBB	④	○	LPRV	Groot deel van 'Nationaal Park De Meinweg i.o.'; met bossen, heidevelden, vennen, gagelstruwelen, broekbos.
Melick	Melickerheide	PART	①	○	LP	Met naaldhout en heide begroeide hooggelegen zandgronden ten westen van de weg Herkenbosch-Asenray.
Montfort e.a.	Landgoed Rozendaal	PL	③	○	LPV	Cultuurland in het dal van de Vlootbeek, omzoomd door hoger gelegen bossen. Met boerderijen De Schrevenhof.
Montfort	't Sweeltje	G	②	○	L	Ten noordoosten van Montfort gelegen naaldbos.
Posterholt e.a.	Munnicksbos en Aerwinkel	PART	③	∅	LPV	Landgoed ten westen van Posterholt, met uitgestrekte oude loofbossen.
Sint-Odiliënberg e.a.	Hoosden	PART	②	∅	L	Landgoed ten zuidwesten van Sint-Odiliënberg; met karakteristiek elzenbroekbos.
Sint-Odiliënberg	Het Zittard	PART	②	○	L	Landgoed ten zuiden van Sint-Odiliënberg; met naaldbomen en landbouwgrond.
Susteren	IJzerenbos	NM	②	○	P	Bos ten zuidoosten van Susteren, dat deel uitmaakt van groter bosgebied; loofbos, afgewisseld met cultuurland.
Swalmen	Blankwater	PART	②	○	L	Landgoed tussen Roermond en Swalmen.
Swalmen	De Bosberg	G	②	○	L	Wandelpark ten oosten van Swalmen; sluit aan bij de Gemeentebossen Swalmen.
Swalmen	Hillenraad/Boshei/Nieuwenhof	PART	②	∅	LP	Bij Swalmen gelegen landgoed met kasteel en tuin.
Swalmen	Groene Woud	G	③	○	LPV	Gebied ten oosten van Swalmen, in en rond het Swalmdal; elzenbroekbossen en grove-dennenbossen.
Tegelen e.a.	Holtmühle	SBB	②	○	GPV	Landgoed ten zuidoosten van Tegelen; hellingbos op de oostelijk oever van de Maasvallei, met bronnetjes.
Tegelen e.a.	Jammerdaalse Heide (Holtmühle)	SBB	②	○	GPV	Oude kleigroeve aan de oostkant van Tegelen, met diverse overgangssituaties; o.a. moerasvegetatie, paddestoelen.
Tegelen	Wandelpark Tegelen	G	②	○	LP	Ten oosten van Tegelen gelegen gemengd bos.
Vlodrop	Op den Bosch	G	③	○	L	Maakt deel uit van 'Nationaal park De Meinweg i.o.'; gelegen aan de zuidkant van het Meinweggebied.
Vlodrop e.a.	Rendelaarsbos	PART	②	○	L	Landgoed bij Paarlo met bos.
Vlodrop	Turfkoelen	PL	①	○	ALP	Oude turfgaten ten oosten van Herkenbosch; moeras, moerasbos, plas, beekje de Lange Graft, hoge zandoever.

Mergelland

Het Mergelland is een streek voor wandelaars. Hier kan men over smalle paadjes door tal van natuurreservaten zwerven. Savelsbos, Gerendal, Bovenste Bos en Geuldal stellen de natuur- en landschapsliefhebber nooit teleur.

GEMEENTE	NATUURGEBIED	BEH.	GR.	TOEG.	SPEC.	OMSCHRIJVING
Beek	Landgoed Geverik en Gebroek	PART	②	⊗	L	Gebied tussen Beek en Geverik; oude bomen, park, weiland en hellingbos. Toegang op aanvraag.
Beek	Vrouwenbos	NM	①	○	P	Hellingbosje tussen Beek en Spaubeek, met rijke onderbegroeiing.
Eijsden	Kasteel Eysden	PART	①	∅	L	Park rond het kasteel, met tuinen en grasland, gelegen langs de Maas.
Gronsveld	Kasteel Gronsveld	PART	①	∅	L	Park en tuinen rond het kasteel.
Gulpen	Neubourg	PART	②	∅	L	Complex bij kasteel, ten zuidwesten van Gulpen, met o.a. bossen en hellingen; kasteelpark overdag toegankelijk.
Margraten	Bemelen	SBB	①	⊗	P	Hakhout en opgaand loofbos ten oosten van Bemelen.
Margraten	Bemelerberg	PL	①	∅	P	Hellingen met kalkgraslanden en grotingangen.
Margraten	Noordal	NM	②	∅	P	Drassige hooilanden en beekdalbossen langs de Noor; met o.a. Noorbeemden, Wolfsberg, Matzedelle.
Margraten e.a.	Savelsbos	SBB	③	○	APZ	Hellingbossen op de oostelijke Maasdalhelling met prehistorische vuursteenmijnen; bezoekerscentrum.
Meerssen	De Dellen	PL	②	∅	LPV	Hellingbos met weilanden ten zuiden van Meerssen; afwisselend bos; grotten in de mergellagen.
Nuth	Den Ouden Bosch	SBB	②	○	PV	Twee natuurgebieden, nl. Den Ouden Bosch, een eiken-berkenbos, en de Hulsberger Beemden, bos met ondergroei.
Nuth e.a.	Ravensbos	SBB	②	○	A	Ten noordwesten van Valkenburg gelegen hellingbossen met fraaie uitzichten; essenbos langs Strabekervloedgraaf.
Stein e.a.	Bunderbos	SBB	③	○	APV	Hellingbossen (deels bronnetjesbossen) op de oostelijk Maasdalhelling, met aangelegde trappen.
Ulestraten	Landgoed Vliek	PART	②	⊗	LP	Ten zuiden van het dorp gelegen gebied met bossen en graslanden; heuvelachtig.
Vaals e.a.	Boswachterij Vaals	SBB	③	○	AGP	Grootste Limburgse loofbos, gelegen in het uiterste zuidoosten van de provincie; met enkele grafheuvels.
Vaals e.a.	Mechelderbeekdal	NM	①	○	LP	Zijbeek van de Geul met bovenloop Lombergbeek; bos en grasland; tevens grasland bij de Hermensbeek.
Vaals	Dal Cottesserbeek	PL	②	○	LP	Dal met bos, hellinggraslanden en boomgaard, doorsneden door holle wegen, in het uiterste zuiden van Limburg.
Vaals	Volmolen (Geuldal)	NM	②	○	P	Complex graslanden met door draaihekjes toegankelijke voetpaden; de molen zelf is op werkdagen te bezichtigen.
Valkenburg	Bergse Heide	PL	②	○	AKP	Hellingbossen langs de Geul, met belangwekkende ondergroei, zoals bosanemonen en gevlekte aronskelken.
Valkenburg	Genhoes	NM	③	○	PVZ	Ten zuiden en zuidoosten van Valkenburg gelegen gebied met bossen, graslanden en boomgaarden; kasteel Schaloen.
Valkenburg e.a.	Gerendal	SBB	③	○	PZ	Dal met (kalk)graslanden en omringende bossen, zoals St.-Jansbos en Wylrebossen; orchideeëntuin in Gerendal.
Valkenburg	Gerendalsbos (Gerendal)	PL	①	⊗	P	Bosgedeelte op krijthelling, vermaard om soortenrijke struikvegetatie en orchideeën.
Valkenburg	Landgoed St. Gerlach	PART	③	∅	LP	Bossen en parkbos rond kasteel; met deel van Kloosterbossen.
Voerendaal e.a.	Kunderberg	SBB	②	○	OP	Complex van natuurreservaten, waaronder kalkgraslanden bij Kunrade en Putberg bij Benzenrade.
Wittem	Bovenste Bos	NM	②	○	PV	Hellingbos met loofhout en plateaubos met naaldbomen, ten zuidwesten van Epen.
Wittem e.a.	Geuldal	NM	②	∅	ALP	Omvat een aantal complexen, o.m. 't Höfke, Bovenste Molen, Volmolen, Fokkebroek. Afwisselend gebied.
Wittem e.a.	Geul- en Gulpdal	SBB	③	○	P	Verspreid gelegen natuurgebieden met o.a. kalkgraslanden en hellingbossen; o.a. Schweibergerbos, Kruisbos, De Molt.
Wittem	Gulpdal	NM	①	⊗	P	Steile kalkgraslandhelling van het Gulpdal.
Wittem	't Höfke (Geuldal)	NM	②	∅	L	Graslandencomplex, omheind met hagen, in het Boven-Geuldal bij Mechelen; gelegen rond fraaie vakwerkhuizen.
Wittem	Kasteel Goedenraad	PL	②	∅	LP	Landgoed in het dal van de Eijserbeek; weilanden, hellingbos met oude beuken.
Wittem	Platte Bossen	PART	②	○	PV	Loofbos met hier en daar naaldbos, bij Baneheide langs de weg Nijswiller-Simpelveld.
Wittem	Wahlwiller Graven	SBB	②	⊗	LP	Kalkgraslanden ten oosten van Gulpen met overgangen naar rijkere vegetatie; hellingbos met grubben.

BEH. = beheerder GR. = grootte TOEG. = toegang SPEC. = speciaal belang Verklaring gebruikte symbolen: blz. 374

VERKLARENDE WOORDENLIJST

VERKLARENDE WOORDENLIJST

Aardwerk
Om zich te beschermen tegen vijandelijke aanvallen richtte de mens heel vroeger een aarden wal op. De uit de 11e eeuw daterende Duivelsberg bij Nijmegen is een goed voorbeeld van zo'n aarden verdedigingswerk.

Adder
De adder is de enige gifslang die in Nederland in het wild voorkomt. Men zal deze slang nog maar heel zelden tegenkomen, doordat de mens er eeuwenlang jacht op heeft gemaakt, en doordat veel woeste grond inmiddels is ontgonnen waardoor er nog maar weinig voor adders geschikte biotopen over zijn. Een adderbeet moet direct door een arts behandeld worden; dan zal deze vrijwel nooit ernstige gevolgen hebben.

Adder

Akker
Afgeperkt perceel bouwland dat regelmatig bewerkt wordt om er landbouwgewassen op te telen.

Akkerbouw
Een landbouwer kan zich specialiseren in tuinbouw, veeteelt, akkerbouw, of voor een soort mengvorm kiezen. In het laatste geval ontstaat er een 'gemengd bedrijf'. Deze keuze hangt meestal af van de marktsituatie en de bodemgesteldheid waarop de boer zijn bedrijf moet uitoefenen. Van akkerbouw spreekt men wanneer de boer tenminste 80% van zijn werktijd besteedt aan het telen van akkerbouwgewassen, zoals aardappelen, suiker- en/of voederbieten, maïs en allerlei granen. Vanouds zijn vooral Zeeland, Noord- en Oost-Groningen en de Haarlemmermeer echte akkerbouwgebieden. Tegenwoordig horen daar ook de IJsselmeerpolders bij.

Aardappel   Suikerbiet   Voederbiet

Tarwe   Gerst   Mais   Rogge

Amfibie
Amfibieën zijn koudbloedige dieren, dat wil zeggen dat ze de temperatuur van hun omgeving aannemen. Ze leven voornamelijk in een vochtige omgeving. Veel bij ons voorkomende amfibieën zijn de bruine kikker, de gewone pad en de kleine watersalamander.

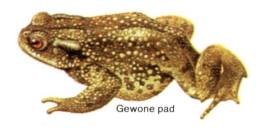

Gewone pad

Arboretum
Een botanische tuin waar bomen en struiken verzameld en gekweekt worden. Wanneer zo'n tuin zich nog extra specialiseert in naaldbomen, noemt men deze een pinetum.

Areaal
Verspreidingsgebied, het gebied waarin een bepaalde soort (plant of dier) voorkomt.

Associatie
Samenleving van een aantal soorten planten of dieren in een bepaald gebied. Zo'n associatie komt dán voor wanneer in een bepaald terrein de omstandigheden voor enkele soorten min of meer optimaal zijn. Het begrip associatie wordt overigens in de plantkunde abstract gezien. Het geheel van kenmerkende soorten, begeleidende soorten en soorten die de ene associatie van de andere doen verschillen, zal men nooit op één plaats in de natuur tegenkomen. In de botanie spreekt men in een concreet geval van een plantengemeenschap. Deze kan men dus werkelijk op een bepaalde plaats aantreffen.

VERKLARENDE WOORDENLIJST

Baander
Benaming voor de grote schuurdeur van een boerderij van het hallehuistype.

Bakhuis
Een vanwege het brandgevaar losstaand huisje bij een boerderij waar in een bakstenen oven brood werd gebakken.

Bandijk
Andere benaming voor winterdijk. Het is de zware rivierdijk die bij de hoge waterstand het rivierwater moet tegenhouden.

Banpaal
Een meestal stenen paal die de grens aangaf van het gebied waarbinnen het plaatselijk bestuur misdadigers mocht gevangen nemen of waarbuiten men deze ongewenste lieden kon verbannen. Niet te verwarren met de grenspaal (zie ook aldaar).

Bastion
Lage, meestal met metselwerk versterkte verdedigingswal, in een ronde of rechthoekige vorm. Vooral in de 16e eeuw bouwde men bastions als onderdeel van een schans of ter verdediging van een kasteel.

Beemd
Een wat ouderwetse benaming voor een meestal vlak landschap, hoofdzakelijk gebruikt voor een gebied met weiland.

Belemniet
Versteend overblijfsel van de kalkschelp van lang uitgestorven koppotige weekdieren (inktvissen). Het fossiel is meestal vinger- of pijlvormig. Andere benamingen zijn onder andere: pijlsteen, duivelskegel, duivelsvinger, vingersteen.

Berk
Een in ons land met twee soorten voorkomend bomengeslacht. De soorten zijn de ruwe berk en de zachte berk. Ze zijn uit elkaar te houden door de mate van beharing van de jonge twijgen. Berkenbosjes zijn vaak van een verrassende schoonheid door de ijle takken en de vlekkerige, grijswitte schors op de stammen.

Berm
De bermen langs wegen, paden en ook langs de spoorbanen vormen een niet onbelangrijk onderdeel van het landschap. Het uiterlijk van de bermen hangt in sterke mate af van het beheer en het gebruik ervan. Men heeft in totaal zo'n 450 soorten planten in de wegbermen aangetroffen, die op hun beurt weer allerlei insekten aantrekken. De bermen en taluds van de verharde wegen in ons land beslaan een oppervlakte gelijk aan die van onze duinen en stranden.

Beuk
De beuk is een van de meest algemeen voorkomende loofbomen in ons land. Opvallend is het prachtige, maar erg dichte bladerdak in een

Beuk

beukenbos. In de schaduw onder de bomen zal in zo'n geval dan ook weinig ondergroei te vinden zijn. Beuken kunnen wel 30 tot 40 meter hoog worden. Wanneer men een haag van beuken regelmatig snoeit wordt deze heel dicht; 's winters behoudt hij vaak een deel van het dode blad. Zoals de naam al zegt, is de haagbeuk – die tot een ander bomengeslacht behoort dan de beuk – heel geschikt voor het maken van afscheidingen.

Bies
In onze streken komen erg veel soorten bies voor, die nogal moeilijk te onderscheiden zijn. Een bekende soort is de mattenbies, die gebruikt wordt voor matten en stoelzittingen. In vochtig heide- en hoogveengebied treft men soms de vrij zeldzame witte snavelbies aan.

Biotoop
Gebied waarin alle levensvoorwaarden voor een bepaalde soort (plant of dier) min of meer optimaal aanwezig zijn.

Bodemdaling
Onze kuststrook komt steeds lager te liggen; de bodem zakt daar een kleine 20 cm per eeuw. Verder landinwaarts is deze daling minder. Dit alles heeft te maken met het nog steeds in beweging zijn van de aardkorst. Nederland ligt in het zuidoosten van een omvangrijk dalingsgebied dat ook de gehele Noordzee omvat.

Boerderijen
Boerderijen vormen een overheersend element in het landschap. De bouw is bepaald door de vorm van bedrijfsuitvoering van de boeren ter plaatse. Enkele bekende boerderijtypen zijn: de *stelpboerderij* (met een vierkant grondplan, doordat men het dak van de hooiberg door-

399

VERKLARENDE WOORDENLIJST

trok en daaronder stallen en ook het woongedeelte ging vestigen, vooral voorkomend in Noord-Holland), de *kop-hals-rompboerderij* (het Friese type, waarbij de enorme schuur en het woonhuis door een tussenstuk met elkaar waren verbonden), het *los hoes* (een boerderij van het hallehuistype, vooral voorkomend in Twente; dit model is waarschijnlijk al in de middeleeuwen ontstaan), de *langgevelboerderij* (wanneer er meer ruimte in de boerderij nodig was, bouwde men er eenvoudigweg een stuk achteraan; de toegangsdeuren tot de diverse ruimten zitten in de zijgevel), de *Limburgse boerderij* (boerderijen met een binnenplaats, ontstaan doordat men de uitbreidingen in carrévorm aan het hoofdgebouw bouwde).

Los hoes

Boezem
Stelsel van vaarten en sloten (soms uitgebreid met onbedijkt land), waarin het overtollige water van polders wordt opgeslagen, voordat het via sluizen en gemalen op het buitenwater kan worden gespuid. Meestal wordt in de boezem een bepaalde waterstand nagestreefd en op peil gehouden, deze stand noemt men het boezempeil.

Bolster
Een ander woord voor bolster is bonkaarde. Het is de losse bovenlaag van veengrond. Vanwege zijn eigenschappen wordt bolster gebruikt om grond een lossere structuur te geven. Het bekendste voorbeeld hiervan is de zogenaamde dalgrond: de landbouwgrond die na afgraving van het hoogveen ontstond, doordat men de slechte onderlaag vermengde met bolster.

Borg
In de Ommelanden rondom de stad Groningen gebezigde benaming voor een versterkt landhuis.

Bosbouw
De meeste Nederlandse bossen zijn aangelegd ten behoeve van de houtproduktie. We bezitten zo'n 200 000 ha produktiebos; hiermee wordt bos bedoeld waarvan het beheer is gericht op de houtopbrengst. De bebossing van ons land is vooral in de vorige eeuw goed op gang gekomen. De overheid ging zich er ook steeds meer mee bemoeien; in 1899 werd het Staatsbosbeheer ingesteld.

Botulisme
Een ziekte die wordt veroorzaakt doordat vissen en in en rond water levende vogels met hun voedsel een giftige stof binnen krijgen die wordt gevormd door een bacterie. Deze gedijt vooral in zuurstofarme omgeving en brengt alleen bij hoge temperaturen zijn giftige stoffen voort.

Bouwhuis
Benaming voor de bijgebouwen van een kasteel of adellijk huis, die meestal ter weerszijden van het voorplein stonden, zoals dienstwoningen, stallen, een koetshuis. Een fraai voorbeeld hiervan vindt men onder meer bij kasteel De Cannenburch in het Gelderse dorp Vaassen.

Bovenkruier
Molen waarvan alleen het bovenste gedeelte, waaraan de wieken zijn bevestigd, beweegbaar is en op de wind gezet kan worden. Deze door de molenaar te verrichten handeling noemt men het kruien.

Bovenkruier (poldermolen)

Braak
Braakliggende grond is een perceel dat (tijdelijk) niet beteeld wordt. Tot in de vorige eeuw was een 'braakjaar' een normaal onderdeel van het vruchtwisselingsproces. Na zo'n jaar werd er dan meestal een gewas verbouwd dat hoge eisen stelde aan de grond.

Brak
Op diverse plaatsen langs de kust komt zout zeewater voor dat vermengd is met zoet water. Het zoutgehalte van zulk brak water kan sterk uiteenlopen. Men zal het vooral aantreffen in

VERKLARENDE WOORDENLIJST

de omgeving van riviermondingen. Ook binnendijks kan brak water voorkomen, bijvoorbeeld door kwel van zeewater of doordat zout water uit de ondergrond opwelt, wat in diepe droogmakerijen en in laagveengebieden kan voorkomen. Interessant is dat brakwatergebieden een heel eigen flora en fauna bezitten.

Brink
Vooral in Drenthe hebben veel dorpen een grote open ruimte, waaromheen schijnbaar willekeurig huizen en boerderijen zijn gegroepeerd. Op die open plek – de brink – staat meestal de kerk. Bijzonder is het wat grotere Drentse dorp Norg, dat bestaat uit meerdere brinken.

Broek
Benaming voor een relatief laag gelegen drassig terrein op een tamelijk vruchtbare bodem. De daarop groeiende broekbossen of moerasbossen zijn door hun soortenrijkdom vaak zeer aantrekkelijk.

Buitenplaats
De zeer gegoede en adellijke families uit de 17e eeuw lieten op een landschappelijk aantrekkelijke plaats een fraai buitenhuis bouwen met daaromheen een prachtige tuin. Zij verbleven hier 's zomers. Deze buitenplaatsen, waaraan in de loop van de eeuwen vrij veel is verbouwd en veranderd, vormen ook nu nog een niet alleen historisch maar ook natuurwetenschappelijk belang. Fraaie voorbeelden van goed bewaard gebleven uitgestrekte buitenplaatsen treft men aan in het Kennemerland, in Zuid-Holland en in het Gooi, maar vooral ook langs de Utrechtse Vecht, de Amstel, de Oude en de Kromme Rijn, en verder op de Veluwerand, in de Achterhoek, in de Graafschap, in Twente en in Friesland.

Buurschap
Oorspronkelijk een soort samenwerkingsverband van mensen die op het platteland bij elkaar in de buurt wonen, waarbij bepaalde zaken gezamenlijk geregeld werden, zoals onderhoud van wegen en gebruik van gemeenschappelijke voorzieningen. Men spreekt ook wel van buurtschap. Tegenwoordig nog een in het oosten van het land gebezigde benaming voor een gehucht.

Coulissenlandschap
Landschap waarin akkers en weilanden begrensd en omgeven worden door houtwallen, windsingels, bosschages en dergelijke, op een manier die doet denken aan de plaatsing van coulissen op een toneel.

Cultuurlandschap
Onder deze term verstaat men een landschap waarop – in welke vorm dan ook – de mens invloed heeft gehad. Dit in tegenstelling tot het natuurlandschap, waar de natuur zonder enige beïnvloeding van de mens zijn gang gaat. Geheel Nederland is een cultuurlandschap, misschien alleen op de Waddenzee na.

Dagmijn
Open mijn of groeve, waarin de winning van de delfstoffen in de dag, dat betekent niet ondergronds, plaatsvindt. Men kan zeggen dat de mergelwinning in Zuid-Limburg in dagbouw geschiedt.

Dagvlinder
Er komen nog in totaal ruim 60 soorten dagvlinders in Nederland voor, waarvan sommige helaas bijzonder zeldzaam zijn geworden. Alleen de afgelopen 10 jaar al zijn 8 dagvlindersoorten uit ons land verdwenen. Dagvlinders vliegen meestal overdag en hebben in tegenstelling tot de nachtvlinders fraai gekleurde vleugelpatronen, hoewel ook hier uitzonderingen de regel bevestigen. Zekerheid of men met een dag- of met een nachtvlinder te doen heeft geven de voelsprieten of antennen: bij dagvlinders eindigen ze knotsvormig, bij nachtvlinders zijn ze geveerd of lopen de voelsprieten spits toe.

Kleine vuurvlinder   Groentje   Argusvlinder

Distelvlinder   Kleine vos

Dakbedekking
Oorspronkelijk werd op het platteland hoofdzakelijk gebruik gemaakt van stro en riet als dakbedekking. Het strodak is inmiddels geheel verdwenen. Het rieten dak kan men nog vrij veelvuldig zien. Riet gaat ook aanmerkelijk langer mee dan stro. Het gebruikte riet komt hoofdzakelijk uit de kop van Overijssel en ook wel uit de omgeving van het Zuidhollandse Nieuwkoop.

Stolp met rieten dak

VERKLARENDE WOORDENLIJST

Dalgrond
Nadat in Drenthe de veenafgraving had plaatsgevonden werd de vrijkomende ondergrond vermengd met de bovenste veenlaag (de bolster), waardoor de grond losser en vruchtbaarder werd. De aldus ontstane grond noemde men dalgrond.

Dekzand
Uit vrij grote korrels bestaand zand dat door de wind in een dunne laag over de ondergrond werd verspreid. Bij ons vond deze afzetting plaats tijdens de ijstijden. Als de verspreiding een groot oppervlak betreft, spreekt men van een dekzandmantel.

Delta
Wanneer een rivier via een laagvlakte uitmondt in zee, verdeelt de hoofdstroom zich vaak in meerdere takken die regelmatig hun loop kunnen verleggen. Het gebied tussen deze riviertakken heet een delta. Een heel mooi voorbeeld is de IJsseldelta ten noordwesten van Kampen.

Den
Een veel voorkomend geslacht van naaldbomen. Men kan dennen vinden in onze bossen, maar ook als aangeplante exemplaren in tuinen en parken. De enige oorspronkelijk Nederlandse soort is de grove den, die veel op stuifzand is aangeplant. Als goede houtproducent staat bekend de hier ingevoerde Noordamerikaanse den. In het land van herkomst kan deze laatste soort een lengte bereiken van meer dan 100 meter.

Grove den

Diluvium
Benaming voor de gronden die tijdens de ijstijden, meer dan 10 000 jaar geleden, zijn afgezet. Dit gebeurde door rivieren en door de wind, en vond plaats in de lage gebieden van wat nu West-Europa heet. Diluvium is ook de verouderde benaming voor de periode van het Quartair die nu Pleistoceen wordt genoemd.

Dingspel
Drenthe bestond vroeger uit een zestal rechtsgebieden, dingspelen genoemd (ding = gerecht). De dingplicht hield in dat ieder huis iemand naar de 3 jaarlijkse vergaderingen moest afvaardigen. Ieder dingspel was door 4 etten vertegenwoordigd in de etstoel, het hoogste rechtscollege.

Dobbe
Een op de brink gelegen drenkplaats voor dieren in Drentse brinkdorpen. Zo'n dobbe was ook de belangrijkste leverancier van bluswater wanneer er brand uitgebroken was in het dorp.

Doline
Een duidelijk zichtbare, meestal ronde, maar niet al te grote kuil in het landschap ontstaan door verwering en instorting van een dieper gelegen gesteentelaag. Dolinen komen in Nederland alleen voor in Zuid-Limburg, waar de ondergrond voor een groot gedeelte bestaat uit kalksteen.

Domein
Gebied bestaande uit water en/of grond waarvan de staat of de Kroon (zoals de Kroondomeinen op de Veluwe) eigenaar is. Onder meer alle grote rivieren zijn staatsdomein.

Donk
Een voornamelijk in de Alblasserwaard voorkomende zandheuvel van maximaal zo'n 6 meter hoogte in het vlakke veen- en kleigebied. Deze bulten zijn door latere afzettingen niet geheel bedekt en steken daardoor nog uit boven het landschap. Het gehucht Den Donk is gebouwd op een donk.

Dorp
Het zal iedereen opvallen dat het ene dorp het andere niet is. Het uiterlijk van een dorp kan heel verschillend zijn. Door de plaats waar het lag of door de bedrijvigheid die er plaatsvond op het moment dat het dorp ontstond, is de vorm van het dorp bepaald. Enkele voorbeelden: het *es-* of *brinkdorp* (de oudste nederzettingsvorm op schrale zandgronden), het *terpdorp* (op een terp gebouwd, ter bescherming tegen het water dat zeer regelmatig het omringende land overspoelde), het *straat-* of *streekdorp* (zeer langgerekt, waarbij de huizen kilometers lang langs een weg of kanaal naast elkaar staan), een *vissersdorp* (met de huizen meestal dicht opeen achter het duin of de dijk).

Drangwater
Drangwater, ook wel kwelwater genoemd, is het water dat heel langzaam door de ondergrond van een dijk of dam sijpelt. Soms vormt dit water een kwel, een kleine plas, aan de binnenzijde van de dijk. Kwel treedt ook op aan de voet van heuvels (stuwwallen) en van de duinen langs de kust.

Drecht
Oude benaming voor een kanaal of rivier. Vooral in West-Nederland gebruikelijk woord. Men vindt het nog terug in plaatsnamen, bijvoorbeeld Dordrecht, Mijdrecht. In Friesland spreekt men van dracht.

VERKLARENDE WOORDENLIJST

Dreef
Een brede landelijke weg. Het woord wordt voornamelijk gebruikt voor een weg met bomen aan beide kanten (een laan).

Droogmakerij
Drooggemalen meren en plassen, die als cultuurgrond dienst gingen doen. De oudste stammen uit de 16e eeuw; de bekendste (zoals de Purmer, de Schermer, de Wormer, de Heerhugowaard) zijn 17e-eeuws. In onze eeuw wordt met de Zuiderzeewerken de geschiedenis voortgezet: de Wieringermeer, de Noordoostpolder en Oostelijk en Zuidelijk Flevoland zijn gereed; of de Markerwaard er zal komen is nog maar de vraag.

Drijftil
Als in stilstaand water afgestorven planteresten tot aan het oppervlak reiken, gaan op deze zachte, natte ondergrond water- en moerasplanten groeien. De zo ontstane 'eilandjes' heten drijftillen. Ze lijken soms heel stevig, maar men kan er absoluut niet op staan. Drijftillen kunnen ook ontstaan doordat losse plantedelen zich tot een drijvende massa opeenhopen, waarop zich allerlei planten vestigen.

Duinen
Bij het woord duinen denken wij meestal meteen aan de karakteristieke zandruggen langs onze kust. Maar ook landinwaarts komen duinen voor: rivierduinen (een goed voorbeeld is het hoog gelegen Rijk van Nijmegen) en stuifzandduinen in grotere gebieden met zandverstuivingen (bijvoorbeeld het Kootwijker Zand op de Veluwe en de Drunense Duinen in Noord-Brabant).

Dwaalgast
Benaming voor een vogel die hier uiterst zeldzaam voorkomt. Dat kan het geval zijn als hij om welke reden dan ook uit zijn koers is geraakt, bijvoorbeeld door storm, of door honger gedreven in onze streken verzeild raakt.

Dijk
Wat zou een land dat gedeeltelijk onder de zeespiegel ligt moeten beginnen zonder beschermende dijken. Men vermoedt dat omstreeks het jaar 1000 de eerste dijk is opgeworpen om bescherming te bieden tegen opkomend water. Weer andere dijken houden de rivieren op hun plaats. Vooral in het voorjaar is het heerlijk de bijzonder fraaie rivierdijkflora te bewonderen.

Eendenkooi
Een door opgaand hout – het kooibos – omgeven plas waarin eenden gelokt worden, die dan aan het eind van een viertal in de plas uitkomende gebogen slootjes – de vangpijpen – gevangen kunnen worden. Halftamme eenden, die regelmatig gevoerd worden door de kooiker, dienen als lokkers voor de wilde eenden. Eendenkooien zijn vandaag de dag vrijwel niet meer in gebruik, hooguit nog ten behoeve van ringonderzoek. Een aantal kooien wordt als natuurreservaat beheerd.

Eik
Samen met de beuk de belangrijkste loofboom van ons land. We onderscheiden vooral twee soorten, namelijk de zomereik en de wintereik. De eerste soort heeft onregelmatig gelobde bladeren en een zeer korte bladsteel, de eikels hebben een duidelijke steel. De wintereik heeft regelmatige en langgesteelde bladeren, maar de eikels hebben hier nauwelijks een steeltje. Eiken kunnen heel oud worden, exemplaren van 300 tot 400 jaar oud kan men gemakkelijk aantreffen.

Zomereik

Eng
Ander woord voor es, zie aldaar.

Erosie
Een geologisch proces dat het reliëf in een landschap verandert, doordat wind, regenwater, rivieren, gletsjers en dergelijke allerlei losse materialen (zoals klei en zand) met zich meevoeren en in lager gelegen delen deponeren.

Es
Een algemeen in Drenthe en Overijssel gebruikte benaming voor op de zandgronden gelegen bouwland. Elders worden dergelijke gronden eng, enk, akker of veld genoemd. Essen vindt men in gebieden met afwisselende bodemgesteldheid, waar hoofdzakelijk gemengde bedrijven voorkomen. Langs de beken en riviertjes weidde men vee, op de hogere percelen, met een betere afwatering, ontstond akkerland.

Fennen
Particuliere bouwlanden gelegen op de hogere delen van de binnenduinrand en op de strandwal van Terschelling. Ook wel finnen genoemd.

403

VERKLARENDE WOORDENLIJST

Foerageren
Term die vaak wordt gebruikt voor het op zoek zijn naar en verzamelen van voedsel door diverse soorten dieren.

Fossiel
Een in de bodem gevonden, versteend overblijfsel van meestal voorhistorische planten en dieren, of een versteende afdruk ervan.

Gaast
Friese benaming voor een hoger gelegen, zandig gebied. Vergelijk in dit verband de namen geestgronden en Gaasterland.

Geestgrond
De geestgronden zijn vooral bekend geworden door het feit dat ze zo geschikt zijn voor de teelt van bloembollen. Ze zijn gelegen achter de Noord- en Zuidhollandse duinen. Geest is een zeer oude benaming voor een klein, meestal ovaal complex bouwlanden in de duinstreek.

Gemaal
In een land met zoveel water zijn gemalen van zeer groot belang. Ze worden gebruikt om het boezemwater op een bepaald peil te houden of om polders droog te malen. Een interessant voorbeeld is het stoomgemaal Cruquius in de Haarlemmermeer, thans ingericht als museum.

Geologie
De wetenschap die zich bezighoudt met het ontstaan, de geschiedenis en de ontwikkeling van de aardkorst.

Geomorfologie
De wetenschap die zich bezighoudt met de bestudering van het uiterlijk van het aardoppervlak, in verband met de ontstaansgeschiedenis ervan.

Getijdengebied
Overgangsgebied tussen zout zeewater en zoet rivierwater. Goede voorbeelden hiervan zijn De Dollard en de monding van de Westerschelde. In zo'n getijdengebied treft men meestal een rijke flora en fauna aan.

Gieren
De gier – vloeibare mest van het vee – op het land brengen ter bemesting. Dit gebeurt meestal met behulp van een gierwagen, waaruit de gier gelijkmatig over het land gespoten wordt.

Gierpont
Een pont op een rivier die aan een in het midden van de rivier verankerde kabel door de kracht van de stroming van de ene rivieroever naar de andere kan varen.

Gletsjerkom
Een vooral in het Drentse landschap hier en daar voorkomende laagte (soms gevuld met water), die gedurende de ijstijd ontstond toen vorst- en dooiperioden elkaar afwisselden.

Goor
Een woord dat men nog tegenkomt in Nederlandse plaatsnamen. Oorspronkelijk betekent het moeras of laaggelegen grond.

Gors
Zuidhollandse benaming voor kwelder.

Gouw
Oude benaming voor een landstreek, een bepaald gebied of gewest. De Friese vorm van dit woord (ga) en de Groningse vorm (go) treft men nog vrij veel aan in plaatsnamen.

Grafheuvel
Door de voorhistorische mens opgeworpen heuvel waaronder de stoffelijke resten van de doden of de urnen met as van de lijkverbranding werden begraven. De grafheuvels stammen over het algemeen uit de periode van ongeveer 1700 v.C. tot het begin van onze jaartelling.

Grenspaal
Paal die de grens aangaf van een gemeente, een provincie, een landgoed en dergelijke. De meeste zijn verdwenen, maar toch telt ons land er nog zo'n 300.

Griend
Benaming voor wilgehakhout. Zie ook bij hakhout.

Griendgrond
Strook land langs de grote rivieren waar jaarlijks het wilgehakhout wordt gesneden.

Grindgat
Een plas langs een rivier die is ontstaan door het uitbaggeren van grind. Deze activiteit is een vorm van ontgronding. Zie ook aldaar.

Groeve
Een grote kuil in het landschap ontstaan door afgraving. Heel bijzonder zijn de kalksteengroeven in Zuid-Limburg. Het zijn kunstmatige grotten die gevormd zijn bij de winning van kalksteen. Enkele kan men onder geleide bezoeken.

Haar
Oude benaming voor ruig gebied of hoogte. Een woord dat in tal van Nederlandse aardrijkskundige namen voorkomt.

Hakhout
Loofhout dat men niet de kans geeft hoog op

VERKLARENDE WOORDENLIJST

te schieten, maar regelmatig kapt om het dan weer te laten uitspruiten. Vooral wilg, eik, els en es lenen zich voor deze houtproduktie. Wilgehakhout draagt de naam griend.

Ham
Benaming voor een omheind gebied. Ook wel een door vaarten en sloten omgeven terrein of dorp.

Hamrik of hemrik
Een in Friesland en Groningen gebezigde benaming voor het bij hoog water onderlopende land buiten de terpen en wierden. Tegenwoordig ook de naam voor nieuwe dorpen op pas gewonnen kleigebieden in Groningen; vergelijk de naam Oostwolder Hamrik.

Havezate
De vroegere benaming in Drenthe, Overijssel en de omgeving van Zutphen voor een groot huis met het bijbehorende land. Tegenwoordig wordt alleen het huis zelf bedoeld.

Heerlijkheid
Het gebied op het platteland waar de 'heer' zijn gezag kon uitoefenen in de periode ruwweg van de middeleeuwen tot het eind van de 18e eeuw, toen de heerlijke rechten werden afgeschaft.

Heide
De heidevelden vormen een goed voorbeeld van een cultuurlandschap. Zonder actief en regelmatig ingrijpen door de mens zouden onze heidevelden verdwijnen. Door afbranden, maaien of begrazing door schapen zorgt men ervoor dat andere vegetatie niet de overhand krijgt. Van de twee bekendste heidesoorten, struikheide en dopheide, komt de eerste het meeste voor.

Struikheide

Dopheide

Hessenweg
Middeleeuwse handels- en legerwegen, waarvan er nog in de Achterhoek en op de Veluwe aanwijsbaar zijn. Kenmerkend is dat deze wegen de wat grotere plaatsen steeds meden.

Hoevenlandschap
Een gebied, hoofdzakelijk voorkomend op zandgronden, waar de boerderijen verspreid in het land staan en niet in dorpen en gehuchten bij elkaar. Een andere benaming is kampenlandschap. Men treft dit cultuurlandschap aan in streken met een wisselende bodemgesteldheid, waar de voor akkerbouw geschikte grond slechts één gezin kon voeden. De ontginning van de bodem geschiedde meestal individueel en niet collectief.

Holle weg
Een weg die lager ligt dan het omringende land, met aan beide zijden steil oplopende bermen. Bij zware regenval veranderen dergelijke wegen dikwijls in woeste beken.

Hooiberg
Men onderscheidt enkele typen. De vorm van de hooiberg wordt bepaald door het aantal staken (roeden genaamd) waarop de meestal beweegbare kap rust en de vorm van de kap zelf. Het aantal roeden kan variëren van twee tot zes.

Horst
Door breuken begrensde, opgeheven aardschol. Het woord komt in tal van plaatsnamen voor.

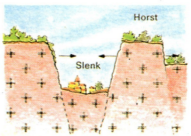

Houtsingel
Een smalle strook struikachtige gewassen die een afscheiding vormen tussen percelen of langs paden en wegen. Een andere benaming is houtwal. Een gebied waar veel van deze afrasteringen voorkomen noemt men een heggenlandschap.

Dierenleven in houtsingel

Hunebed
Voorhistorische graven in het gebied waar na de IJstijd grote zwerfkeien zijn achtergebleven. Een hunebed bestaat uit twee rijen evenwijdige grote keien, waarop een rij lange dekstenen werd aangebracht. De openingen werden opgevuld met kleinere stenen, en oorspronkelijk

VERKLARENDE WOORDENLIJST

waren de hunebedden overdekt met aarde. Er zijn in ons land nog 53 hunebedden te zien, op een na allemaal in de provincie Drenthe. Bij het in 1959 gerestaureerde hunebed 'De Papeloze Kerk', gelegen in de bossen bij Schoonoord, kan men nu goed zien hoe zo'n prehistorisch graf er oorspronkelijk uitzag.

Inklinking
Wanneer een bodemlaag onder invloed van zijn eigen gewicht of door dat van bedekkende lagen compacter wordt en dus het oppervlak iets lager komt te liggen, spreekt men van inklinking. Een ander woord is compactie.

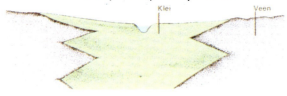

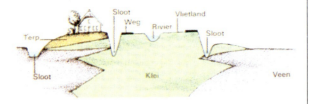

Jaagpad
Het smalle pad langs een rivier of vaart waarop het jaagpaard dat een schip voorttrok kon lopen. Soms werd zo'n trekschuit ook door mensen getrokken.

Kaalslag
Het verwijderen van alle begroeiing van een stuk bosgrond. Meestal uitgevoerd om daarna tot herbebossing over te gaan.

Kampenlandschap
Andere benaming voor hoevenlandschap. Zie aldaar.

Kasteelboerderij
Een bij een kasteel behorende boerderij, die niet binnen de kasteelmuur gelegen was, maar wel direct in verbinding stond met het kasteel en op een door versterkingen beschermd terrein lag.

Kerspel
Oude benaming voor een parochie of kerkelijke gemeente. Vroeger was een kerkelijke indeling vaak verbonden met een bestuurlijke indeling, vandaar dat we het woord kerspel nog terugvinden in plaatsnamen als Bovenkarspel, Hoogkarspel, Achtkarspelen.

Knotboom
De bekendste is de knotwilg, maar ook van populier, es, eik en linde komen knotbomen voor. Ze ontstaan door de jonge bomen af te kappen, waarna deze talrijke jonge scheuten zal gaan vormen, hetgeen zich steeds herhaalt na het snoeien van de boom. Knotbomen vormen een kenmerkend landschapselement.

Komgrond
Laag gelegen terrein buiten een rivierbedding,

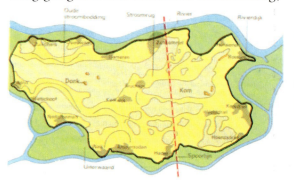

gevormd door bezinking (inklinking) van rivierslib dat werd gedeponeerd tijdens overstromingen.

Koog
Buitendijks land.

Krib
Een korte, dwars op de stroomrichting staande dam in de grote rivieren ter bescherming van de oever.

Kwelder
Een in Noord-Nederland gebruikte benaming voor bij vloed onderlopende, begroeide gronden in buitendijks gebied met zout en brak water. Elders noemt men een dergelijk gebied ook wel schor (in Zeeland) of gors (in Zuid-Holland).

Landgoed
Het grondgebied dat behoort tot een kasteel of buitenplaats. Het kan bestaan uit landbouwgrond, natuurlijk gebied, waterpartijen en alle bijbehorende bebouwingen zoals boerderijen, dienstwoningen en dergelijke. De boerderijen die tot een bepaald landgoed behoren zijn meestal te herkennen aan de in de kasteelkleuren geschilderde luiken voor de vensters.

Leemkuil
Een kuil ontstaan door leemwinning ten behoeve van het bakken van stenen en aardewerk. De plantenrijkdom in een leemkuil is vaak groter dan in het omringende land, doordat de bodem van zo'n kuil voedselrijker is.

Löss
In Zuid-Limburg voorkomend fijnkorrelig, kalkhoudend zand, dat is aangevoerd en afgezet door de wind.

VERKLARENDE WOORDENLIJST

Maalschap
Een ander woord voor mark(e). Zie aldaar.

Mark(e)
Een benaming uit Oost-Nederland voor een meestal niet in cultuur gebracht stuk grond dat gebruikt werd door een hele dorpsgemeenschap, de zogenaamde markegenoten. Met de opkomst van de kunstmest ging men deze woeste gebieden ontginnen en werden ze verdeeld onder de dorpsbewoners.

Mergel
Mergel komt voor in de buurt van Winterswijk en in Zuid-Limburg. De Limburgse mergelafzettingen stammen uit de Krijtperiode (zo'n 70 miljoen jaar geleden); die bij Winterswijk zijn zo'n 200 miljoen jaar oud en stammen uit de Triasperiode. In het Limburgse Mergelland wordt de mergel op grote schaal afgegraven ten behoeve van de cementindustrie; de St.-Pietersberg is grotendeels verdwenen en hetzelfde dreigt voor het Plateau van Margraten. De Winterswijkse mergel dient vooral als vulstof voor de asfaltindustrie en als meststof. Mergel is in feite klei of leisteen met veel koolzure kalk.

Mieden
Hooilanden op de grens van de kwelders en de binnenduinrand op Terschelling.

Molengang
Benaming voor een reeks met elkaar in verbinding staande watermolens, die trapsgewijze het water van het laagste gebied opmalen en in een boezem uitslaan. Deze methode heet getrapte bemaling. Wanneer zo'n molengang bestaat uit drie molens wordt deze wel driegang genoemd, met vier molens spreekt men van een viergang.

Molens
Rond 1300 zal de eerste windmolen in ons land gebouwd zijn, in de loop van de 19e eeuw was het werk van de molen overgenomen door de stoommachine. In die tussenliggende eeuwen heeft de molen een zeer belangrijke rol gespeeld in het dagelijks leven. Er waren watermolens die met schepraderen de polders droog moesten houden, houtzaagmolens, korenmolens. Door de verschillende doeleinden waarvoor ze gebruikt werden en de gevarieerde omstandigheden waaronder ze werkten, ontstonden er uiteenlopende typen, zoals de standerdmolen, torenmolen, wipmolen, stellingmolen, enzovoort. Gelukkig zijn we de laatste jaren zuinig geworden op deze typische onderdelen van het landschap.

Standerdmolen

Morene
De verzamelnaam van het materiaal dat wordt meegevoerd door gletsjers. Dit puin is zichtbaar aan het uiteinde en langs de randen van de (vroegere) gletsjer (front- en zijmorene), maar ook op de plaats waar de gletsjer zelf heeft gelegen (grondmorene). Bij ons zijn morene afzettingen aanwezig afkomstig uit de ijstijden, toen het landijs zich tot in onze streken uitstrekte.

Nes
Een aan de binnenkant van een rivierbocht gelegen onbedijkt gebied, dat meestal als hooiland werd gebruikt.

Oeverwal
Wanneer een rivier buiten zijn bedding treedt, wordt de stroomsnelheid, en daarmee het transporterend vermogen van het rivierwater minder. Hierdoor zal het water ter weerszijden van de bedding materialen afzetten. De daardoor optredende verhogingen langs de rivier noemt men wel oeverwallen.

Onderkruier
Molen die, in tegenstelling tot een bovenkruier, in zijn geheel op de wind gezet wordt – gekruid wordt.

Ontginning
In zijn algemeenheid: woeste grond – meestal door ploegen en bemesten – geschikt maken voor bebouwing met gewassen. Ook wel het geschikt maken en exploiteren van een gedeelte van de bodem; zo spreekt men van de ontginning van veengronden, of van de ontginning van het Mergelland (de mergelwinning).

Ontgronding
Het verwijderen van min of meer los materiaal uit de ondergrond. In ons land komt en kwam dit op grote schaal voor: de mergelafgravingen in Zuid-Limburg, de grind- en zandwinning langs de Maas in Limburg, de veenafgravingen in diverse delen van het land.

VERKLARENDE WOORDENLIJST

Oranjerie
Een serreachtig of een op een broeikas gelijkend gebouw bij een kasteel of landgoed waar 's winters de oranjebomen en andere uitheemse planten werden ondergebracht.

Orgelpijpen
Geologische term voor naast elkaar gevormde verschillende kolommen in een bepaalde steenformatie. Ze zijn ontstaan door instorting van dolines (kleine depressies, gevormd door oplossing van gesteente). Het zijn dus in feite met verweringspuin opgevulde, verticale gangen in een formatie. Goede voorbeelden van deze geologische orgelpijpen zijn te zien in de St. Pietersberg en in de groeve Juliana bij Cadier en Keer, in Zuid-Limburg.

Overlaat
Verlaging in een rivierdijk om in tijden van hoog water op die plaats water af te voeren.

Overtoom
Een vrij lage kade tussen twee vaarten waarvan het peil verschilde. Hier overheen werden kleinere schepen van het ene vaarwater in het andere gesleept.

Petgat
Benaming voor een bij vervening ontstane, meestal rechthoekige, kleine plas.

Pinetum
Een bomentuin die gespecialiseerd is in naaldhoutgewassen. Zie ook bij arboretum.

Pionierplanten
Planten die zich als eerste vestigen op jonge terreinen, zoals bijvoorbeeld pas drooggevallen gebieden, opgespoten terreinen en dergelijke.

Plantengemeenschap
Een term uit de botanie. Zie ook bij associatie.

Plateau
Een boven de omgeving uitstekend terrein met een platte bovenzijde en vrij steile randen. Komt alleen voor in de hogere delen van Nederland.

Podzolgronden
Een ondergrond die ontstaat wanneer de bodem aan uitloging onderhevig is. Zie ook bij uitloging.

Polder
Een terrein dat meestal is omgeven door dijken, wordt doorsneden door vaarten en sloten en waarin het oppervlaktewater door middel van bemaling op een bepaald peil wordt gehouden. Polders kunnen ontstaan door droogmaking (de droogmakerijen en de IJsselmeerpolders) of door inpoldering van buitendijks land.

Potstal
Stal met een verlaagde vloer waarin de mest van het vee werd opgevangen en vermengd met stro, heideplaggen of ander materiaal. Dit mengsel werd over het land verspreid om de akker te verbeteren.

Rechthuis
In vroeger eeuwen op het platteland het gebouw waar door schout en schepenen recht werd gesproken. In enkele Noordhollandse dorpen zijn nog fraaie 17e- en 18e-eeuwse rechthuizen te bewonderen, bijvoorbeeld in Graft, De Rijp, Grootschermer, Jisp, Westzaan.

Riet
Met zijn 2 à 3 meter lange stengels is riet de langste grassoort die bij ons voorkomt. Men kan het bijna overal op natte gronden aantreffen. Langs oevers van vaarten en meren is het heel nuttig als oeverbescherming: het riet breekt de golfslag. Riet moet regelmatig gemaaid worden. Dit gebeurt óf in de herfst, wanneer het blad nog aan de stengels zit (het wordt dan gebruikt als afdekmateriaal op de bloembollenvelden), óf in de winter. Dit winterriet wordt hoofdzakelijk gebruikt als dakbedekking.

Riet

Ringvaart
De vaart die rondom een ingepolderd meer loopt. Wordt gebruikt als vaarwater en als boezem.

VERKLARENDE WOORDENLIJST

Ruilverkaveling
Ter verkrijging van goed bereikbare en aaneengesloten agrarische bedrijven gaat men soms over tot een herverdeling van de cultuurgronden in een bepaald gebied: dit noemt men ruilverkaveling. Hierdoor kan een bepaalde streek soms grondig van uiterlijk veranderen, onder meer door aanleg van verharde wegen, het rechttrekken van vaarten en sloten, het verwijderen of verplaatsen van bosaanplant.

Schaardijk
Benaming voor een dijk die direct langs een rivier is aangelegd, dus zonder dat er een uiterwaard is tussen de rivierbedding en de dijk.

Schans
Aarden verdedigingswerken, voornamelijk uit de 16e en 17e eeuw. De rechthoekige vormen met de vier opvallend uitgebouwde punten kan men nog op veel plaatsen in ons land herkennen.

Schathuis
De benaming voor het bijgebouw bij een kasteel of adellijke woning waarin het vee werd gestald en/of waarin de oogst werd bewaard.

Schiervlakte
Een landschap waarin onder invloed van verwering en erosie het reliëf nagenoeg verdwenen is.

Schor
Zeeuwse benaming voor kwelder.

Schulte
Benaming voor de centrale bestuursfunctionaris van een Drents dingspel. Elders duidde men vroeger met scholte een voorname boer aan die het schoutsrecht uitoefende.

Slagenlandschap
Dit landschap is ontstaan door het feit dat men de verdeling van de beschikbare cultuurgronden zo eerlijk mogelijk wilde doen. Zodoende kreeg ieder een ongeveer even groot oppervlak van een bepaalde grondsoort toebedeeld. In de praktijk kreeg ieder een lange, smalle strook grond. De boerderijen kwamen allemaal te staan aan de weg die zo'n gebied doorkruiste. Vooral in de Lopikerwaard kan men dit vrij bijzondere landschap nog aanschouwen.

Slenk
Veel gebruikte benaming voor een lange, smalle uitholling in het landschap. Ook de vaargeulen in de Waddenzee worden wel slenken genoemd.

Sprengen
Kunstmatige beken die op de Veluwe werden gegraven om het water uit de stuwwallen naar de dorpen en buitenplaatsen te leiden. De uitgegraven grond werd langs de sprengen gedeponeerd, hetgeen men nog kan herkennen.

State
Friese benaming voor een landgoed of adellijk huis.

Stins
Friese benaming voor een versterkt, stenen adellijk huis.

Stinseflora
Plantengroei op een landgoed of buitenplaats, die afwijkt van de flora in het omringende gebied. Bedoelde planten zijn vaak verwilderde nakomelingen van uitheemse planten die destijds door de bewoner van het landgoed werden ingevoerd.

Bostulp — Wilde hyacint — Sneeuwklokje

Stootvogels
Stootvogels zijn dagroofvogels (in tegenstelling tot nachtroofvogels, zoals uilen). Ze storten zich meestal met geweld op hun prooi. Bekende voorbeelden: arend, havik, valk.

Jonge havik — Zeearend — Torenvalk

Succulent
Plant met vlezige bladeren en stengels; vetplant.

Talud
Helling, steile berm, de schuine glooiing van dijken, spoorbanen en aarden wallen.

Tektonische bewegingen
Bewegingen in de ondergrond die verband houden met de verstoring van de ligging van de diverse aardlagen. Tektoniek is de leer die zich bezighoudt met deze verstoringen in de aardkorst.

VERKLARENDE WOORDENLIJST

Terp
Een door de mens opgeworpen woon- of vluchtheuvel in het kustgebied van de Noordzee. Toen men in de 11e eeuw met dijkaanleg begon, was al gauw de noodzaak tot het bouwen van huizen en dorpen op terpen verdwenen. Het duidelijkst kan men nu nog terpen in het landschap herkennen in Friesland en Groningen. In deze laatste provincie noemt men ze overigens wierde, en in Noord-Holland dikwijls werf.

Terras
Benaming uit de geomorfologie voor een horizontaal gedeelte (een soort trede) in glooiingen ter weerszijde van een breed dal. Door erosiewerking van een rivier kunnen meerdere terrassen boven elkaar ontstaan. Vooral de Maas heeft in Zuid-Limburg rivierterrassen gevormd.

Territorium
Dat deel van een biotoop dat een dier zich toe-eigent en verdedigt tegen soortgenoten en soms ook tegen andere dieren.

Tiendschuur
Een grote, meestal stenen schuur bij een kasteel of klooster, waarin de tiend – het tiende gedeelte van de opbrengst van de oogst dat de pachter verplicht was af te dragen aan het klooster of de kasteelheer – werd opgeslagen.

Tolhuis
Vroeger moest soms voor het gebruik van een weg of vaart tolgeld betaald worden aan de eigenaar. Daartoe werden langs zo'n weg of vaart tolhuizen geplaatst. Het kwam nogal eens voor dat zo'n tolhuis tevens dienst deed als herberg. De laatste tollen verdwenen in de eerste helft van deze eeuw.

Transgressie
Het verschijnsel dat relatief jong afzettingsgesteente zich uitbreidt en een ouder gesteente gaat bedekken.

Travalje
Een geheel open bouwsel voor de werkplaats van de hoefsmid of elders, waarin de smid het paard kon vastzetten wanneer hij het wilde beslaan.

Tuinbouw
Het verschil tussen akkerbouw en tuinbouw wordt bepaald door het soort gewassen dat men teelt. Tuinbouwgewassen vergen over het algemeen meer zorg dan akkerbouwprodukten. Tuinbouw omvat de teelt van alle soorten fruit, van groente, bloembollen, zaden, sierbloemen en potplanten en boomkwekerijprodukten. Tuinbouw vindt zowel plaats in de volle grond als onder glas.

Tumulus
Voorhistorische grafheuvel.

Tuunwoal
Een kenmerkend element in het landschap op Texel zijn de tuunwoallen. Ter afscheiding van de weilanden wierp men rondom een aarden wal op van zo'n meter hoog, die men afdekte met graszoden. Helaas zijn bij de laatste ruilverkaveling op het eiland veel van deze tuunwoallen verdwenen.

Uiterwaard
De meestal vrij brede strook grasland aan weerszijden van een rivier tussen zomerbedding en winterdijk. Wanneer bij stijging van het waterpeil in de rivier de zomerdijken overlopen, zal de uiterwaard geheel of gedeeltelijk onderlopen.

Uitloging
Het verschijnsel waarbij in de bodem naar beneden zakkend water veel organische stoffen en ijzer meevoert, waarna deze op een bepaalde diepte in een bodemlaag neerslaan. De aldus ontstane bodem noemt men podzolgronden. Ze bestaan dus van boven naar beneden uit een uitgespoelde (uitgeloogde) laag, een rijke inspoelingslaag en de weinig veranderde lagen daaronder.

Vakwerk
In het oosten van het land werden de muren van woonhuizen en boerderijen vaak opgetrokken met behulp van houten stijlen, die onderling verbonden werden met balken ter versteviging. De tussenruimten werden opgevuld met vlechtwerk van takken en twijgen, waaroverheen leem werd aangebracht. Deze bouwwijze noemt men vakwerk. Ter verfraaiing ging men er soms toe over de houten balken zwart te schilderen en de lemen tussenstukken wit. Vakwerkhuizen kan men vooral bewonderen in Zuid-Limburg, in de omgeving van Winterswijk en in Twente.

Vegetatie
Het totaal aan plantengroei in een bepaald gebied, of soms in een bepaalde periode, zonder daarbij te letten op verschil in soort. Kortweg de plantenrijkdom, het plantenleven in een bepaalde streek.

Ven
Een meertje in een gebied met zandige, voedselarme bodem. Meestal liggen vennen te midden van heidevelden. Heel bekend zijn de Oisterwijkse vennen in Noord-Brabant. In laaggelegen terreingedeelten vormden vennen zich o.a. door stijging van de grondwaterspiegel en door stagnatie boven een oerbank.

VERKLARENDE WOORDENLIJST

Verkaveling
Het proces van het – al of niet door het graven van vaarten en sloten – in percelen verdelen van een bepaald gebied. Deze percelen worden dan meestal kavels genoemd.

Verlanden
Het door uitbundige plantengroei en bezinken van allerlei afstervend materiaal langzaam opvullen van een waterplas. Dit proces gaat dikwijls gepaard met veenvorming.

Vesting
Benaming voor een stad die is voorzien van een verdedigingsmuur met poorten en torens en een gracht er omheen. Later ging men de muren versterken met aarden wallen. De hoeken van de verdedigingsmuur werden meestal uitgebouwd; zo ontstonden bastions. Plaatsen waar deze vestingwerken – al of niet na restauratie – nog goed zichtbaar zijn, zijn bijvoorbeeld Naarden, Brielle, Heusden, Coevorden, Blokzijl, Willemstad, en in Oost-Groningen Bourtange.

Vliedberg
Een door de mens opgeworpen heuvel waarop men bij overstromingen zijn toevlucht kon zoeken. Soms stond op zo'n heuvel een adellijke woning.

Watermolen
Aanduiding voor een gebouw met een waterrad dat werd aangedreven door een beek of kleine rivier. De aldus opgewekte kracht werd aangewend voor het in werking stellen van machines ten behoeve van bijvoorbeeld de papierindustrie of de houtzagerij. Grotere watermolens vindt men nog in Zuid-Limburg langs de Geul en in het oosten bij Vorden, Borculo en Denekamp.

Waterschap
De benaming voor een overheidslichaam dat een bepaalde waterstaatkundige eenheid bestuurt. Zo'n eenheid kan bestaan uit bijvoorbeeld een polder of een stroomgebied van een beek. Een waterschap heeft een bestuur dat wordt gekozen door de ingelanden.

Wegkruis
Een bij een wegkruising opgesteld kruisbeeld. Ze komen hoofdzakelijk voor in de katholieke delen van zuidelijk Nederland. Soms zijn ze opgenomen in een wegkapelletje. Wanneer dat niet het geval is, staan ze meestal onder een grote boom. Men kent verschillende typen; we noemen memoriekruis (ter nagedachtenis aan iemand), moordkruis (op de plaats waar iemand omgebracht werd), geloftekruis (wegens een gelofte uit dankbaarheid). Verder kent men wegkruisen die zijn neergezet om het gewas tegen slecht weer te behoeden. In Brabant en vooral Limburg treft men ook veel devotiekapelletjes aan die zijn gewijd aan Onze Lieve Vrouwe.

Werf
Noordhollandse benaming voor een terp.

Wiel
Een kolk achter de dijk die is ontstaan bij een dijkdoorbraak. Wordt ook wel waai of waal genoemd.

Wierde
Groningse benaming voor een terp.

Wildrooster
Een ondiep gat dat is afgedekt met een stevig rooster. Het meeste grofwild (herten, wilde zwijnen) zal dit rooster niet kunnen passeren omdat de dieren met hun poten in het rooster zakken. Vaak worden deze wildroosters aangebracht bij toegangshekken tot wildgebieden. Deze kunnen dan open blijven staan ten behoeve van het verkeer.

Zandverstuiving
Gebied waar op de schrale, zandige bodem geen plantengroei plaatsvindt, zodat de wind het rulle stuifzand kan wegblazen. Wanneer het zand het omringende vruchtbare gebied gaat bedekken, bestaat het gevaar dat een zandverstuiving zich op een ongewenste manier gaat uitbreiden. Zandverstuivingen komen vooral voor in Gelderland (het Hulshorster Zand en het Kootwijker Zand) en in Noord-Brabant (de Loonse en Drunense Duinen).

Zinkflora
Karakteristieke flora van de oevers van de Geul in Zuid-Limburg, dicht tegen de grens met België. Vermaarde zinkplanten zijn bijvoorbeeld het gele zinkviooltje en de witte zinkboerenkers. Het water van de Geul voert nogal wat zware metalen aan en met name zink. Bij overstromingen komt dit op de oeverlanden terecht. Men is er nog niet echt achter of zinkplanten ook werekelijk zink nodig hebben of dat ze alleen maar goed tegen dit giftige metaal bestand zijn.

Zomerdijk
Een lage wal vlak langs de rivier, die de uiterwaard beschermt tegen kleine verhogingen van de waterstand in de rivier.

Zwerfkei
Een soms zeer groot brok steen, dat hier naartoe is gevoerd door de ijsmassa's tijdens de ijstijd. De hunebedden zijn opgebouwd met zwerfkeien.

Adressen

BEHEERDERS VAN NATUURTERREINEN

Vereniging tot Behoud van Natuurmonumenten in Nederland
Schaep en Burgh, Noordereinde 60, 1243 JJ 's-Graveland
Staatsbosbeheer
Princenhof Park 1, Postbus 1300, 3970 BH Driebergen
Stichting Unie van Provinciale Landschappen
Postbus 80, 5076 ZH Haaren
Stichting Het Groninger Landschap
Ossenmarkt 9, 9712 NZ Groningen
Vereniging It Fryske Gea
Van Harinxmaweg 17, Olterop; Postbus 3,
9244 ZN Beetsterzwaag
Stichting Het Drentse Landschap
Kloosterstraat 5, 9401 KD Assen
Stichting Het Overijssels Landschap
Huis De Horte, Poppenallee 39, 7722 KS Dalfsen
Stichting Flevo-landschap
Zuiderwagenplein 2, Postbus 600, 8200 AP Lelystad
Stichting Het Gelders Landschap
Zijpendaalseweg 44, 6814 CL Arnhem
Stichting Het Utrechts Landschap
Oostbroek, Bunnikseweg 39, Postbus 121, 3730 AC De Bilt
Stichting Het Noordhollands Landschap
Dorpsstraat 65, Postbus 257, 1900 AG Castricum
Stichting Het Zuidhollands Landschap
Schiedamsesingel 181, 3012 BB Rotterdam
Stichting Het Zeeuwse Landschap
Landgoed Landlust, Dorpsstraat 100 a, Postbus 25,
4450 AA Heinkenszand
Stichting Het Noordbrabants Landschap
Kasteellaan 4, Postbus 80, 5076 ZH Haaren
Stichting Het Limburgs Landschap
Lingsforterweg 26 b, Postbus 4301, 5944 ZG Arcen
Duinwaterbedrijf van Zuid-Holland NV
Buitenom 18, Postbus 710, 2501 CS 's-Gravenhage
Gemeentewaterleidingen Amsterdam
Vogelenzangseweg 21, 2114 BA Vogelenzang
Koninklijke Houtvesterij Het Loo
Koninklijk Park 1, 7315 JA Apeldoorn

Nederlandse Vereniging tot Bescherming van Vogels
Driebergseweg 16 c, 3708 JB Zeist
Provinciaal Waterleidingbedrijf van Noord-Holland
Essenlaan 10, Postbus 5, 2060 BA Bloemendaal
Rijkswaterstaat Directie Flevoland
Afdeling Lauwerszee (Lauwersmeer): Postbus 21040,
8900 JA Leeuwarden
Afdeling Flevoland: Postbus 600, 8200 AP Lelystad
Stichting Goois Natuurreservaat
Koninginneweg 7, Postbus 1001, 1200 BA Hilversum
Stichting Het Nationale Park De Hoge Veluwe
Apeldoornseweg 250, 7351 TA Hoenderloo
Stichting Het Nationale Park De Kennemerduinen
Militairenweg 4, 2051 EV Overveen
Stichting Twickel
Hengelosestraat 2, 7490 AA Delden

OVERIGE ADRESSEN

Aktie Strohalm
Oude Gracht 42, 3511 AR Utrecht
ANVV (Landelijke VVV)
Hogeweg 25, 3814 CC Amersfoort
ANWB
Wassenaarseweg 220, Postbus 93200, 2509 BA Den Haag
De Hollandsche Molen
Sarphatistraat 634, 1018 AV Amsterdam
Instituut voor Natuurbescherming (IVN)
Postbus 20123, 1000 HC Amsterdam
Jeugdbond voor Natuur- en Milieustudie (JNM)
Oude Gracht 42, 3511 AR Utrecht
Landelijke Vereniging tot Behoud van de Waddenzee
Het Waddenhuis, Postbus 90, 8860 AB Harlingen
Landelijk Milieu Overleg (LMO)
Donkerstraat 17, 3511 KB Utrecht
Landelijk Steunpunt Natuur- en Milieu-Educatie
Damrak 28–30, 1012 LJ Amsterdam
Nederlands Bureau voor Toerism (NBT)
Postbus 458, 2260 MG Leidschendam
Nederlandse Jeugdbond voor Natuurstudie (NJN)
Bokkingshang 1, 7411 GG Deventer

Nederlandse Kastelenstichting (NKS)
Langbroekerweg 10 a, 3941 MT Doorn
Nederlandse Spoorwegen, NS-klantenservice
Postbus 2025, 3500 HA Utrecht
Stichting tot Behoud Natuur- en Leefmilieu (SBNL)
Postbus 159, 3960 BD Wijk bij Duurstede
Stichting tot Behoud van Particuliere Historische Buitenplaatsen
Van Kinsbergenlaan 3, 8081 CL Elburg
Stichting Federatie Oud-Nederlandse Vaartuigen (FONV)
Snijdershof 39, 1713 WC Obdam
Stichting Greenpeace Nederland
Postbus 11026, 1001 GA Amsterdam
Stichting Kritisch Bosbeheer (SKB)
Postbus 72, 3500 AB Utrecht
Stichting Kritisch Faunabeheer
Amsteldijk Noord 135, 1183 TJ Amstelveen
Stichting Lange-afstand Wandelpaden
Postbus 433, 3430 AK Nieuwegein
Stichting Milieu-Educatie (SME)
Postbus 13030, 3507 LA Utrecht
Stichting Natuur en Milieu (SNM)
Donkerstraat 17, 3511 KB Utrecht
Stichting Otterstation Nederland (SON)
Stationsstraat 9, 9711 AR Groningen
Stichting Recreatieruiter
Amsterdamsestraatweg 57, 3744 MA Baarn
Stichting Reinwater
Vossiusstraat 20–2, 1071 AD Amsterdam
Stichting De Twaalf Ambachten
De Bleken 2, 5282 HB Boxtel
Topografische Dienst, afd. Kaartverkoop
Postbus 115, 7800 AC Emmen
Vereniging Das & Boom
Rijksstraatweg 174, 6573 DG Beek-Ubbergen
Vereniging Milieudefensie
Postbus 19199, 1000 GD Amsterdam
Vlinderstichting
Postbus 506, 6700 AM Wageningen
Wereld Natuur Fonds (WNF)
Postbus 7, 3700 AA Zeist

Register

Cursief gedrukte paginacijfers verwijzen naar illustraties.
Vet gedrukte paginacijfers verwijzen naar de Verklarende woordenlijst.

A

Aamsveen 199
Aandammerbrug 179, 181, 182, 183, *183*, 184, *184*, 185
Aandijking 60
Aardappel 205, *205*
Aardwerk **398**
Adder 41, *219*, 398
Adderwortel 41, 45, *45*, *362*
Adelaarsvaren 318
Aekingerzand 89, 102
Ae 180
Afkalving 54
Akker **398**
Akkerbouw **398**
Akkerdistel 67
Akkeronkruid 256, 261
Akkerviooltje 40, *40*, 48, *48*
Alkmaardermeer 161, *161*, 163, *163*, 166, 175
Almelo, Huis 207
Amelander Duintjes 17
Amerikaanse eik 94, *94*
Amerikaanse vogelkers 157
Amerikaanse windmolen 110
Amerongen 270, *281*
Amerongse Berg 281, 283
Amerongse Bovenpolder 268, *268*, 270, *270*, 275, *275*
Amfibie **398**
Ampsen, Landgoed 256, *256*
Ane, Slag bij 151
Ankeveense Plassen 233, *233*, 234, 235, *235*, 238, *238*, 239, 241, *241*
Appelscha 99, 102
Appelvink 290
Arboretum **398**

Archemerberg 143, 144
Areaal **398**
Asperge 340, *340*, 348, *348*, 351, 354, *354*
Asselt 341, *341*, 349, *349*
Associatie **398**
Atalanta *38*

B

Baak, Havezate 250, *250*, 263
Baander 96, 101, **399**
Baardmannetje *20*
Bakhuis **399**
Bakhuizen 70
Balk 71, *71*, 85, *85*
Bandijk **399**
Banpaal **399**
Barnsteenslakje *20*
Bastion **399**
Bataaf, Molen De 297, *297*
Beekdal 34, 35, 37, 41, 47
Beekjuffer 287, *287*, *362*
Beekprik 128, 197, *197*, 290
Beemd **399**
Beemdkroon 344, *344*
Beemster 160, 163, *163*, 173
Beerze 328, 334, *334*
Beesel 349, *349*
Bekendelle 286, *286*, 292, *292*, 293, *293*, 300, *300*
Belemniet **399**
Belmermeer 181, *181*, 186, *186*
Bels, Watermolen van 196, *196*
Belter Wijde 108
Belt-Schutsloot 109, *109*, 112, *112*, 114, *114*, 115, *115*
Belvédère 252
Belversven 337
Benderse Berg 91
Bentheim, Slot 202
Bereklauw 237, *237*
Berenschot, Watermolen 287, *287*
Bergeend 128, *128*
Bergen 131, 134, 135
Bergen-Binnen 136, 139
Berger Bos 131
Bergermeer 131, 132

Bergsche Pad 233, *233*, 237
Bergvennen 199, 209
Berk 37, *37*, 110, **399**
Berkel 262, 265
Berkenheuvel 93, *93*, 99
Berkezwam 345, *345*
Berm **399**
Besthmener Ven 149, *149*
Besthmenerberg 143
Besthmenerhof, Tolhuis De 151
Bethunepolder 236
Beuk 135, 256, *256*, **399**, 298
Beukenbossen 253, *253*
Beulake 114
Beulaker Wijde 108, *108*
Bezembrem 200, *200*
Bies **399**
Biestarwegras 57, *57*, 124, *124*
Binnenbovenkruier 169, *169*
Binnendelta van Castricum 127
Binnenduinbos 131, *131*, 137
Binnenduinrand 129, *129*, 130, *130*, 137
Binnenzwin 58
Biotoop **399**
Blaassilene 272
Blaaswier 134
Blankenham 107, 109
Blauwborst 293, *293*, 327, *327*
Blauwe kiekendief *20*
Blauwe reiger *38*, 75, *75*, 155, *155*, 160, 164, *164*, 167
Blauwe waterjuffer *38*
Blauwgrasland 41
Blauwtje *362*
Bloembollenveld 136
Bloemenweide 256
Blokbreken 367
Blokverkaveling 76, 243
Bocht fan Molkwar zie Bocht van Molkwerum
Bocht van Molkwerum 70
Bodemdaling **399**
Boerderijen **399**
Boezem **400**
Boezemland 75, 83
Bok 115
Bokkenorchis 365, *365*
Bolster **400**
Bonte vliegenvanger 272

Boomgaard 308, *308*
Boomklever 214, *214*
Boommarter 202, *202*, 229, 290
Boomvalk *38*, 218
Borg **400**
Borne 203, *203*
Borstelgrasland 41
Bosanemoon 364, *364*
Bosberg 245
Bosbes 94, *94*, 251, *251*, 318
Bosbouw **400**
Boschplaat 17, *17*, 18, 22, 23, *23*, 26, *26*, 29
Bosmuis 262, *262*
Bosrank 364, *364*
Botulisme **400**
Bouwhuis **400**
Bovenkruier **400**
Boven-Slinge 286, *286*, 292, *292*, 293, 299, *299*, 300
Braak **400**
Braakbal 228, 229
Brak **400**
Brakwaterveengebied 167, 182
Brandaris 25, 28, *28*
Brandingswal 54
Brandnetel 272
Breedbladige wespenorchis 202, *202*
Brem 200, *200*
Breukelen 247
Brink 34, 35, 277, **401**
Brinkdorp 245
Brinkheurnseveld 294
Broek **401**
Broekbos 182, *182*, 234, *234*, 239, *239*, 288, 325, 345, *345*
Broekhuizen 276, *276*
Broek in Waterland 184, *184*, 193, *193*
Broekzijdsche molen 233, *233*
Broekzijdsche polder 233, *233*
Bronbos 199
Bronkhorst 251, *251*, 261, *261*
Bruine kiekendief 164, 272
Bruine kikker 164, 182, *182*
Bruuk, De 318
Buggenum 350
Buitenplaats **401**
Buitenzwin 58

Buizerd 75, 94, 110, 201, *201*
Bunnerveen 40, 45
Bunnerveld 35
Buntgras 220, *220*
Burg, Den 64
Buurschap **401**
Bijland, De 305, *305*, 307
Bijlmerlust 232

C

Cadier en Keer 360
Camerig 366, *366*
Camperduin 124, *124*
Canadapopulier 328
Canadese erebegraafplaats *314*
Cannenburgh, Kasteel De 225, *225*
Cantharel 251, *251*
Celtic fields 42
Centrale Slenk 324
Ceres 60
Citroenvlinder 110
Cocksdorp, De 53, 54
Colenbrandersbos 156
Commandeurshuis 24, *24*, 25
Corsikaanse den 124, 130
Corversbos 244
Cothen 277, *277*, 280
Coulissenlandschap 327, 328, *328*, **401**
Cranberry 22, 28, *28*
Crommenije 161
Cultuurlandschap **401**

D

Dagkoekoeksbloem 370
Dagmijn **401**
Dagpauwoog *362*
Dagvlinder **401**
Dakbedekking **401**
Dalfsen 142, *142*, 157
Dalgrond **402**
Damhert 215, *215*, 221, *221*
Dammerkade 235, *235*, 238, *238*
Darthuizer Poort 271
Dassenbos 245

413

REGISTER

Dassenburcht   364, 365, *365*
Das   362, 365, *365*
Datesbos   40
Davidsplassen   89
Deelense Zand   217, *217*, 221, *221*, 225, *225*
Dekzandafzetting   73, *73*, 271 288, 325, **402**
Deldense Broek   263
Dellewalbaai   18
Delta   **402**
Den   130, *130*, **402**
Denekamp   204, *204*, 208, *208*
Dennenaanplant   126, *126*, 103, 130, 226, *226*
Dennenorchis   130
Die   180
Diever   96, *96*, 100
Diluvium   **402**
Dingspel   34, **402**
Dinkel   196, 197, *197*, 198, 199, *199*, 209
Distelvlinder   20
Dobbe   90, *90*, 91, *91*, 402
Dode rivierarm   149, 271, *271*
Dode Ven   149
Doline   360, *360*, **402**
Domein   **402**
Dommel   322, *322*, 324, *324*, 327, *327*, 333, *333*
Dommelrode   323, *323*
Donk   334, **402**
Donkere Bos   23, *23*, 27
Doodijskuil   37
Doolhof   55
Doorbraakkolk   107, *107*, 109, *109*, 180, *180*
Doorn   279, *281*
Dopheide   22, *22*, 38, 88
Dorestad   279
Dorp   **402**
Döttenkrö   301
Dotter   110
Dotterbloem   92, *92*, 201, *201*
Dotterbloemrijk grasland   34, 47
Dottinkrade   zie Döttenkrö
Drangwater   **402**
Drecht   **402**
Dreef   **403**
Drents krenteboompje   143, *143*

Drents hallehuis   43, *43*
Drents plateau   36, 108
Driehoornmestkever   220, *220*
Driehuizen   161
Driekleurig viooltje   40
Drieseberg   229
Drieteenstrandloper   23, *23*
Drijftil   106, *106*, 113, *113*, 236, 237, **403**
Drijvers Vogelweid de Bol   58, *58*, 65, *65*
Droogdal   361, *361*
Droogmakerij   131, 163, 168, **403**
Droomerdijk   133
Drostenveen   89
Duif, Molen De   222, *222*
Duin   **403**
Duinafslag   126, *126*, 133
Duinbebossing   25, *25*
Duinbegrazing   25, *25*
Duin-berkenbos   129, *129*
Duinbosrussula   29, *29*
Duindoorn   22, *22*, 138, *138*
Duinen Noord (Texel)   52
Duinen Zuid (Texel)   57
Duinen, kalkrijke   22
Duinheide   16
Duinmeer   57
Duinplas   53
Duinroosje   58, *58*, 66, *66*
Duinvallei   17, 53
Duinvorming   18, *18*, 19, *19*, 55, 126, *126*, 127, *127*
Duiventil   88, 218, 223, *223*, 269, *269*
Durgerdam   178, *178*, 186, *186*
Dwaalgast   **403**
Dwarsdeelboerderij   24
Dwergstern   20
Dwingelderveld, Nationaal Park   101
Dwingeloose Heide   88, 90, 97, *97*, 101, *101*
Dijk   185, 306, *306*, **403**

E

Echobos   243

Echten, Huis te   88, *88*, 99, *99*
Echtenerveld   90, *90*
Edam   191, *191*, 193
Edelhert   219, 221, *221*
Eekhoorn   257, *257*, 290
Eelerberg   151
Eenarig wollegras   95, *95*
Eendenkooi   22, 74, 115, *115*, 120, **403**
Eendracht   58, 59
Eenhoorn (boerderij), De   161, 164, 169, *169*
Een   43, *43*
Eerde, Huis   143, *143*
Eerde, landgoed   149
Eerder Achterbroek   149
Eeuwsel   323
Egel   146, *146*
Egelantier   129, *129*
Egmond aan de Hoef   132, 136
Egmond-Binnen   137
Egmondermeer   131, 132
Eidereend   16, *16*
Eierlandse vuurtoren   53, *53*, 60, *60*
Eierlandse polder zie Eilandspolder? Eik   **403**
Eikehakhout   40, 274, 277
Eikelmuis   352, *352*
Eiken-berkenbos   130
Eikvaren   22, *22*, 272
Eilandspolder   160, 161, *161*, 162, *162*, 166, *166*, 167, *167*
Eilandspolder Oost   167
Eilandspolder West   166, 167
Elfenmeer   344, *344*
Elzen-vogelkersverbond   275
Eng   zie Es
Engels gras   31, *31*
Engels slijkgras   16, *16*, 19
Enkdorp   222
Enkontginning   286
Epen   369, 370, 371
Ermelose Heide   229
Erwte-uiltje   20
Es   37, *37*, 43, 45, 297, *297*
Esdorpenlandschap   34, 43, 77, 89
Esmeer   36
Essehakhout   274
Essenlandschap   143, 148

Eursinger Binnenes   96, *96*
Eijerland   61, 65
Eyerlandt   52

F

Fazant   219
Fen   17, 73, **403**
Fin   17
Flankakkerdorp   323, 330
Flevomeer   180, 181
Fles   221
Fluessen   72, *72*
Fluviatiel district   269, 309
Fochtelooërveen   35, 40
Foeke, Bezoekerscentrum De   115, 119
Foerageergebied   58
Foerageren   **404**
Formerum   29
Formerumer Bos   30
Fort Central   60
Fort Tienhoven   238, *238*, 241, *241*
Fossielen   360, **404**
Frankische langgevelhoeve   330, *330*
Frerikschure   296, *296*
Fuut   164, 175, *175*

G

Gaast   73, *73*, 85, *85*, **404**
Gaasterland   70, *70*, 74, *74*, 84, 85
Gaastmeer   70
Gagel   340, *340*
Gal   200, *200*, 282
Galgenveld   264
Galigaan   239, *239*
Gans   75, *75*, 83
Garderen   222, *222*
Gasthuis   367, *367*
Geelbuikvuurpad   359, *359*
Geelders, De   333
Geestgrond   132, *132*, 136, **404**
Gein   232, 233, *233*, 237, *237*
Gelders district   269
Gelderse Poort   305

Gelderse roos   238, 275, *275*
Gelderse Vallei   217
Gele ganzebloem   351, *351*
Gele kwikstaart   20
Gele lis   20, 236, *236*, 246 309, *309*, 344, *344*
Gele plomp   113, 246
Gemaal   **404**
Genemuiden   145
Geologie   **404**
Geologische ontsluiting   359, *359*
Geologische orgelpijp   360, *360*
Geomorfologie   **404**
Gerendal   359, 364, 372, *372*
Geschubde inktzwam   56, *56*, 282
Getijdengebied   **404**
Geul   358, *358*, 359, *359*, 361, *361*
Geul (Texel)   53, 57, *57*, 59
Geuldal   370, *370*
Geulhem   367
Geulhemerberg   367
Geveltopteken   204, *204*
Gevinde kortsteel   311, *311*
Gevlekte aronskelk   237, *237*
Gevlekte rietorchis   175, *175*
Gevoorde inktzwam   236, *236*
Gewone vogelmelk   121, *121*
Gewone waterranonkel   93, *93*, 147, *147*
Gewoon blaasjeskruid   146, *146*
Gierzwaluw   38, 272
Gieren   **404**
Gierpont   **404**
Giethoorn   117, 121
Ginkelse Heide   223, 226
Gladde slang   38
Gletsjerkom   **404**
Goor   **404**
Gors   **404**
Gosselinks Kolkje   227
Goudplevier   75, *75*
Goudvink   200, *200*, 210, *210*
Gouw   **404**
Gouwzee   180, *180*, 189, 191
Grafheuvel   34, 42, *42*, 48, *48*, 97, *97*, **404**
Graft   168, *168*, 366, *366*
Grauwe gans   113, *113*
Grauwe klauwier   344, *344*
's-Graveland   240, *240*

414

REGISTER

Grebbeberg 269
Grenspaal **404**
Grie 22
Griend 151, *151*, 271, *271*, 277, **404**
Griend (eiland) 18
Griendgrond **404**
Grindafzetting 37
Grindgat **404**
Groede 23
Groene kikker 183, *183*
Groene sabelsprinkhaan 201, *201*
Groene Strand 18
Groesbeek 318, 319
Groeve **404**
Grondmorene 36
Gronsveld 361
Groot hoefblad 164, 182, *182*, 290, 300, *300*
Grootbloemcentaurie 309, *309*
Groote Brekken 72, 74
Grote gele kwikstaart 203, *203*, 362
Grote karekiet 146, *146*
Grote keverorchis 326, *326*
Grote lisdodde 112, *112*, 309, *309*
Grote Otterskooi 106, *106*, 112
Grote parasolzwam 287, *287*
Grote Slufter 52, 55
Grote sponszwam 250, *250*, 290, 293, *293*
Grote stinkzwam 301, *301*
Grote Vlak 59
Grote zadelzwam 254, *254*
Grotwoning 367, *367*
Grove den 95, 130
Grub 361, *361*
Grutto 164, 166, 191, *191*
Gulpen 131, 369

H

Haas 164, 211, *211*, 272
Haar **404**
Hackfort, Kasteel 258, 260, 263
Haeselaerbroek 353
Hakhout 274, **404**
Hallehuisboerderij 43, 197, 202, 215, *215*, 241, 259, 286, 295, *295*

Ham **405**
Hamrik **405**
Hanekam 251
Hanzeweg 215
Hardenberg 156
Hargen 129, *129*, 138
Hargergat 125, *125*, 128, *128*
Harlekijn 23
Havelte 100
Havelterberg 89, *89*, 91, 94, 97, 97, 100, *100*
Havenrak 184
Havezate 43, 88, 143, 155, 250, **405**
Havik 41, 94
Havik, Molen de 169, *169*
Hazelbeek 199
Hazelworm 290
Heeg 77, *77*
Heelsumse Beek 217
Heemtuin 372, *372*
Heerenstein 77
Heerlijkheid **405**
Heest, Huize de 265
Heggenlandschap 17
Heggewikke 340, *340*
Heide 201, *201*, 203, *203*, 210, 228, **405**
Heidebeek 196
Heideblauwtje 38
Heikikker 38, 41
Heilig-Landstichting 312, *312*
Heilooër Bos 131
Heimansgroeve 359, 370, 373, *373*
Heitje van Katham 180, 183, *183*
Hellendoornse Berg 151
Hellingbos 364, *364*, 372, *372*
Helm 22, *22*, 53, 55, 59, 124, *124*, 125, *125*, 127
Helvoirtse Broek 323, *323*, 325, 325, 327, *327*
Hemdijk 72, *72*, 78, *78*
Hempolder 166
Hemrik zie Hamrik
Hengelo 263
Hengstenberg 245
Hertenkamp, De 228
Hertetruffel 254, *254*
Hessenweg 215, **405**

Hessumse Veld 145
Heijenrath 359, *359*
Hierdense Beek 217, *217*, 221
Hillenraedt, Kasteel 347, *347*
Hindeloopen 71, 76, *76*, 81, *81*
Hinderdam 235
Hoekenbrink 102
Hoevenlandschap **405**
Hof, Jachthuis De 215
Höfke 369, 371, *371*
Hoge Berg 55, *55*, 60, 66
Hoge Veluwe, Nationale Park De 217, *217*, 221, *221*, 226
Hogezandskil 59
Hol, 't 239, 246
Holle weg **405**
Holenduif 272, 274, *274*
Hollandse Waterlinie 241, 243, 247
Holpijp 93, *93*
Holtmühle, Kasteel 349, *349*
Holwortel 74, *74*
Holysloot 179, 192, *192*
Holysloter Die 179
Hommel 308, *308*
Hommelkoningin 38
Hondsbosse Zeewering 124, *124*, 125, *125*, 129, 133, *133*
Hondskruid 359, *359*, 365, *365*
Hondsroos 38, 129
Hoog Buurlo 227
Hoogten van Bakhuizen 72
Hoogten van Koudum 72
Hoogten van Scharl 72
Hoogten van Tjerkgaast 72
Hoogten van Vollenhove 108, *108*
Hoogten van Warns 72
Hoogterras 342, *342*, 361
Hoogwaterlijn 54
Hooiberg **405**
Hooihuisboerderij 187, *187*
Hooiland 34, 41, *41*
Hoonhorst 147
Hoorn, Den 52, *52*, 61, 64
Hoornse Bos 31
Hoornse Plas 89, *89*, 92, *92*
Horst 324, **405**
Horstermeer 234
Houtduif 272

Houtsingel **405**
Houtwal 113, *113*
Houtwalbeek 196
Huitebuursterpolder 73, *73*
Hulsding, 't 97
Hulshorsterheide 216
Hulshorster Zand 214, *214*, 220, 220
Hunebed 34, 37, *37*, 38, 42, *42*, 44, 48, 77, 89, *89*, 91, *91*, 97, *97*, 99, *99*, **405**
Hunenborg 205
Hunneschans 223, *223*

I

Ilpendam 186, *186*, 191
Ilpenstein 186
Inklinking **406**
Insteekhaven 115, *115*
Italiaanse Meren 295, *295*, 298

J

Jaagpad **406**
Jager, Molen de 71, 77, *77*
Jeneverbes 89, 93, *93*, 95, *95*, 251, *251*
Jeneverbesformaties 94
Jisperveld 160, 162, 167, *167*
Julianagroeve 360
Junne 143, *143*, 149, 150, 154
Junner Koelanden 145

K

Kaalslag **406**
Kadoelermeer 109
Kaleduinen 102
Kale jonker 180, *180*
Kalenberg 118
Kalkarme duinen 124, *124*, 136
Kalkgrasland 365
Kalkrijke duinen 66, 124, *124*, 136
Kalksteen 289, 360
Kamduin 145

Kameelrugboerderij 115
Kames 91
Kampenlandschap 331, *331*, **406**
Kampenontginning 96, 290
Kamperfoelie 318
Kamperzand 91
Kampinase Heide 324, *324*, 326, 326, 327, *327*, 328, *328*, 335, *335*
Kampontginning 96
Kanaal Almelo-Nordhorn 197, *197*
Kanaal naar Marken 178, *178*
Kanoetstrandloper 56, *56*
Kapmeeuw 38
Kapmeeuwenkolonie 40, *40*, 94
Kardinaalsmuts 130, *130*, 139
Kardinaalsmutsmot 139, *139*
Karrenveen 103
Karstverschijnsel 360, *360*
Kasteelboerderij **406**
Kauw 333
Keileembult 55
Keileemrug 52
Keileem 36, 72, 297
Keizerskopwandeling 318
Kemphaan 164
Kernesdorp 43, 96
Kerspel **406**
Kerspeldorp 34
Keverorchis 334
Kienhout 289, *289*
Kievit 147, *147*, 164
Kievitsbloem 144
Kievitsbuurt 235
Kikkerbeet 113
Kikkerlarven 292
Kil 311
Kinselmeer 178, 179, 181, *181*
Klapekster 308, *308*
Klappersteen 216
Kleibos 36
Kleine bonte specht 219
Kleine hagedis 92, *92*
Kleine inktzwam 236, *236*
Kleine karekiet 238
Kleine Slufter 52, 55, 58, *58*
Kleine vos 272
Klein hoefblad 164, 183, *183*
Klei-op-veengebied 114, *114*
Kleipolderlandschap 84, 137

415

REGISTER

Kleiput 270, 305, *305*
Klif 71, *71*, 109
Klifkust 79
Klimopwaterranonkel 128
Klokjesgentiaan 203, *203*
Klokkestoel 71, *71*, 78, *78*
Klopjeswoning 203, *203*
Kloppersblok 202
Kluut 59, *59*
Kluuvennen 199
Knie 163, *163*
Knobbelzwaan 120, 310, *310*
Knolsteenbreek 336, *336*
Knopbiesvegetatie 17
Knotboom 259, *259*, **406**
Knoteik 149, *149*
Knotwilg 272
Koekoek 110, *272*
Koekoeksbloem *362*
Kolenbargerveen zie Korenburgerveen
Kolenzandsteen 366
Kolibrievlinder 272
Kombuis 24, *24*
Komgrond 270, *271*, **406**
Komklei 270
Koninginnekruid 329, *329*
Koninginnepage 322, *322*
Konijn *219*
Koog 60, **406**
Koolmees *272*
Kootwijkerzand 215, *215*, 216, *216*, 221, *221*
Kop-hals-rompboerderij 70
Kop-rompboerderij 24, *24*, 70, *70*, 76, *76*
Korenbloem *261*
Korenburgerveen 293
Korhoen 88, *88*
Korstmos *94*
Kortenhoefse Plassen 239
Kraaiendalwandeling 319
Kraaiheide 22, *22*, 59, *59*
Kraaiheide-verfbremassociatie 22
Kraakwilg 162, *162*
Kraanvogel *93*
Krabbescheer 107, *107*, 246, *246*
Kragge 109, 112, 115
Kraggenlandschap 109

Krakeend 166, *166*
Kraloërheide 88, 89, 90, *90*, 92, *92*, 93, *93*, 99, *99*, 101
Kraloërplas 89
Kransakkerdorp 323, 330
Kransesdorp 96
Kreek 53, *57*
Krenteboompje 92, *92*, 143, *143*
Krentenbos 154
Krib **406**
Kromme Goog 237
Kromme Rijn 269, *269*, 271, 272, *272*, 274, 280
Krommeniedijk 161, *161*
Krommenieër Woudpolder 161, 163, *163*, 166, *166*
Kruipwilg-eikvarenassociatie 131
Kruisbek 220, *220*
Krukhuis 241
Kussentjesmos *94*
Kwak 311, *311*
Kwelder 17, *17*, 18, 54, 55, *55*, **406**
Kweldergebied 58
Kweldergronden 23
Kwelderlandschap 18
Kwelderpionier 27
Kweldervegetatie 52
Kweldervorming 55
Kwelderwal 55

L

Laag van Weber 288, *288*
Laagterras 343, *343*, 361
Laagveengebied 41
Laaxum 79, *79*
Lam, Molen 't 71, *71*
Landerumer Kooi 22, *22*
Landgoed **406**
Landgoedbos 131, 237, 262
Langbladige ereprijs 147, *147*
Langbroek 274, 277, *277*
Langbroeker Wetering 268, 276, 280
Lattropse Vennen 199, *199*
Laumansven zie Turfkoelen
Lavendelheide 95, *95*, 102

Lebbenbeek 264
Lebbenbrugge, Boerderijmuseum de 262, 264
Leeghwater, J.A. 163, 168
Leekstermeer 35, *35*, 41, 43, 46, *46*
Leemkuil 406
Leemput 298
Leersum 269
Leeuwenburg 269, *269*
Leeuwerik 265, *265*
Legakker 106, *106*, 108, 110, 235
Lei 161, *161*, 166, *166*
Lemele 151, *151*
Lemelerberg 143, 144, *144*, 146, *146*, 153, *153*
Lemiers 369, *369*
Lemselermaten 202
Lepelaar 59, *59*
Lepelaar (boerderij) 161, 169
Lepeltjesheide 28, *28*
Lettelberter Petten 41, *41*, 44
Leuvenumse Beek 221, *221*
Leuvenumse Bos 220, *220*
Lheebroekerzand 89, *89*, 90, *90*, 91, *91*, 93, *93*, 94, *94*, 95, 103
Liempde 328, *328*, 330, *330*
Lieveheersbeestje 200, *200*
Lieverder Diep 34, *34*, 47
Lilbosch 353
Lind, De 331, *331*
Linde 329, *329*
Lindepijlstaart 264, *264*
Linnerweerd 355
Lintbebouwing 42
Lobith 315
Lochemerberg 252, *252*, 265, *265*
Loenderveense Plas 245, 246
Loenen 240, *240*, 245, *245*
Lonneker 211
Loo, Het 215, 225
Loodsmansduin 58, 64, *64*
Loogkruid 129, *129*
Loosdrechtse Plassen 244, 245, 245
Los hoes 43, 205, *205*, 259, 295
Löss 360, *362*, **406**
Luts 71
Lutterzand 198, *198*, 207
Lycklemabos 74, *74*

M

Maalschap 222, **407**
Maas 341, *341*, 350, *350*
Malebos 222
Mamelis 369, *369*
Mantingerzand 102
Maretak 364, *364*, 373, *373*
Mark **407**
Markebos 40
Marken 185, *185*, 189, *189*
Marken-Binnen 169, *169*
Markesysteem 35, 61
Maten 202
Matsloot 36, *36*, 43
Mechelen 361, 369
Meddo 289, *289*
Meddoseveen 287
Meden 202
Meerkoet 152, 247, *247*
Meeuw 138, *138*
Meeuwenplas 103
Meidoorn 130, *130*, 238, *238*, 239, *239*, 310, *310*, 311, *311*
Meinweggebied 340, *340*, 341, *341*, 342, *342*, 343, *343*, 344, *344*, 345, *345*
Menningweer 163, *163*
Mensinge 43
Merel 275, *275*
Mergel **407**
Mergelgroeve 299, 360, 367
Mestkever 220, *220*, 255, *255*
Middelie 190
Middenterras 361
Midsland 29
Midwinterblazen 204, *204*
Mieden 17, **407**
Mirns 70, 77, *77*, 78, *78*
Mirnser Klif 73
Moeflon 219, 221, *221*
Moerasandoorn 308, *308*
Moerasbos 181, *181*
Moersbergen 279, *279*
Mok 53, 55, *55*
Mokbaai 55, *57*
Mokkebank 70, *70*, 73, *73*, 75, 79, 81
Moksloot 59, *59*
Molecaten, Huis 223, *223*

Molenbelt 253, *253*
Molengang **407**
Molens **407**
Molenviergang 169, *169*
Monnickendam 185, *185*, 188, *188*, 193, *193*
Montia 128
Morene **407**
Morenemateriaal 37
Morra 72
Mortelen 327, *327*
Mos 75, *75*, 94, *94*
Mosbeek 199
Motte 157, *157*
Mui 54
Muiderslot 233, *233*, 242, *242*, 243
Munniksboshof 354
Muschelkalk 287, 289
Muy 52, 53, 55, 59, 67
Mijzenpolder 160

N

Naaldbos 23
Naarden 243, *243*
Naarderbos 243
Naardermeer 234, 243, 246
Nachtegaal 148, *148*, 326
Nachtzwaluw 340, *340*, 352, *352*
Natewisch 276, *276*
Nationaal Park Dwingelderveld 101
Natte vervening 235
Natuurgebieden, overzicht 374-395
Nederlanden, De 67
Nederlangbroek 268, 271
Nederrijn 270
Nemelaer Noord, kasteel en landgoed 330, *330*, 335
Neolithicum 366, *366*
Nes **407**
Nettelhorst 265
Nienoord 46
Nieuwenbrouck, Kasteel 349, *349*
Nigtevecht 240, *240*
Nol van Bertus 67, *67*

REGISTER

Noorbeek 366, *366*, 371, *371*
Noorden, Polder 't 58
Noordermeer 72
Noorderpoldersluis 168, *168*
Noordhollands Kanaal 186
Noordsche Veld 35, *35*, 42, *42*
Noordse woelmuis 237
Noordsvaarder 18, 22
Norg 45, 49
Notenkraker 218
Nijenrode, Kasteel 240, *240*, 247, *247*
Nijmegen 304, *304*, 307, 313, *313*, 316

O

Oevervegetatie 255, *255*, 309, *309*
Oeverwal 55, 270, **407**
Oeverzegge 112, *112*
Oeverzwaluw 147, *147*
Oirschot 331, *331*, 334, 335, *335*
Oisterwijk 329, *329*, 335, *335*
Oisterwijkse vennen 323, *323*, 325, 337, *337*
Oldenzaal 206, *206*
Olland 323, *323*, 330, *330*
Ommen 148, 149, 151, *151*, 154
Onderkruier **407**
Onderschoer 150
Onland 76
Onstein, Huize 262
Ontginning **407**
Ontginningslandschap 91, 100, 115, *115*, 121, *121*
Ontgronding 270, 343, **407**
Oordt, molen Den 151, *151*
Oostelijke Binnenpolder 236
Oostenrijkse den 124, 130, 135, *135*
Oosterend 29
Oosterpoel 180, *180*, 181, *181*
Oostervoortse Diep 37
Oostzaan 186, *186*
Ootmarsum 197, *197*, 205, *205*, 207, *207*
Ooy 312, *312*, 313, *313*
Ooypolder 307, *307*, 312, *312*

Ophaalbrug 185, *185*
Opslibbing 54
Oranjerie **407**
Orchideeën 58, 359, *359*, 364
Orgelpijpen 360, *360*, **408**
Ortolaan 40, *40*, 255, *255*
Otter 71, 166
Oudburgerpolder 131, *131*
Oude Hof, Het (Bergen) 131, *131*, 135
Oude Hondsberg 336
Oude Vecht 235
Oudegaaster Brekken 76, *76*
Oudeschild 53, 60, *60*, 63, *63*
Oud-Loosdrecht 246
Overall weydingen 61
Overcinge, landgoed 94
Overgangssituatie 128
Overlaat **408**
Overslaggrond 270
Overslagmolen 204
Overstroming 109
Overtoom **408**
Overijsselse Heuvelrug 151, 153

P

Paaltjasker 79, *79*
Paapje 110
Paard 200, *200*
Paarse dovenetel 197, *197*
Paasberg 202, *202*, 262
Paasloo 107, *107*
Pad (dier) 245
Paling 193, *193*
Palinghandel 77
Pannerdens Kanaal 305, 313, *313*
Parabooldium 127, *127*
Parkbos 274, 275
Parnassia 17, *17*
Pauwenburcht 215
Peelhorst 324
Peest 48
Peize 35, *35*
Peizer Diep 37, *37*, 41
Persingen 306
Petgat 41, 106, *106*, 108, 235, 294, **408**
Petmolen 161, *161*

Pettemer Zeewering 133
Petten, de 57, *57*, 59
Philisteinse Polder 137
Pinetum **408**
Pingo-ruïne 36, *36*
Pinksterbloem 164, 166, *166*
Pionierplanten 22, 23, 35, 55, 57, **408**
Pioniervegetatie 17
Pioniervogel 59
Pirolavlakte 124, 128, *128*
Plaat 25
Plantengemeenschap **408**
Plateau **408**
Plateau van Elspeet 216
Plateau van Margraten 358, 360, *367*
Plateau van Wolfheze 216
Pluimveehouderij 150
Pluimzegge 237, *237*
Podzolgronden **408**
Polder **408**
Polders, oude 132
Popmastins 25, *25*
Populiereboktor 328, *328*
Populierenbos 329, *329*, 333, *333*
Porseleinzwam 253, *253*
Potstal **408**
Priel 57
Puntbeek 196, *196*, 197
Punter 116, *116*
Punthuizen 196
Purmer Ee 181
Purmerland 192
Purmerringvaart 183, *183*
Purperorchis 365
Purperreiger 110
Putten, De 129, *129*
Pijpestrootje 149, *149*
Pyriet 289

R

Rading 233
Ransdorp 185, *185*, 189, *189*, 192
Ransuil 229, *229*, 301, *301*
Ratelaar 41
Ratelpopulier 234, *234*
Ratum 289, 294, 299

Ratumse beek 288, *288*
Rechteren, Kasteel 150, *150*
Rechthuis **408**
Ree 71, *71*, 110, 211, *211*, 221, *221*, 290
Reest 90
Regenwulp 110
Reigerie zie Reigerkolonie
Reigerkolonie 161, *161*, 167, *167*
Renderklippen 217, 228
Renkumse Beek 217
Reuver 347, *347*, 351
Rheezer Belten 156
Rhenen 278, 279, *279*
Rhijnestein 280
Ribben 106
Ridderhofstede 268, 279
Riet **408**
Rietcultuur 76, *76*, 114, *114*, 119
Rietebeek 196
Rietland 112, *112*
Rietveen 181, *181*
Rietwerker 114, *114*, 119, *119*
Rige 76
Ringslang 272
Ringvaart **408**
Riniastate 77, *77*
Riss-ijstijd 145
Rivier, opbouwgebied 270
Rivierdonderpad 233, *233*
Rivierdorp 313
Rivierdijk 306
Rode Klif 72, *72*, 73
Roden 46
Roder Es 43, *43*
Rodervaart 42
Roderwolde 41, 42
Rododendron 326, *326*
Roerdomp 304, *304*
Roermond 346, *346*
Romeinse weg 346, *346*
Ronde zonnedauw 290, 337, *337*
Ronkensteinse molen 347, *347*
Roodbont IJsselvee 261, *261*
Roodzand 216, *216*
Rooth, 't 360, 367
Rosep 322, *322*, 326, *326*
Rosse vleermuis 272
Rotgans 20
Ruig haarmos 220, *220*

Ruigt-elzenbos 275
Ruilverkaveling **409**
Ruiner Aa 90
Ruiter, Molen De 244
Runmolenpoort 279
Russenkerkhof 60, 63
Rustenhove 160, *160*
Ruurlo 261
Ruurlo, Huis 259, *259*, 262
Ruurlose Broek 253
Rijn en Lek, Molen 277, *277*
Rijp 76
Rijp, De 168
Rijs 77
Rijshout 61, *61*, 259
Rijs, Slot 73, 74
Rijsbes 287
Rijsterbos 73, 75

S

Saale-ijstijd 108, 269, 297
Saalien 36, 72
Sahara 145, *145*
Saksisch hallehuis 150
Saksische boerderij 35, 286, *286*, 290, 295, *295*
Sallandse Heuvelrug 143, *143*
Salomonszegel 157, *157*
Sandebuur 43
Sandenburg, Huis 280
Sandfirden 79, *79*
Sapmeer, De 160, *160*
Savelsbos 364, *364*, 373
Schaapskooi 226, 269, *269*, 280
Schaapskudde 97, *97*, 101, *101*, 223, *223*
Schaardijk **409**
Schaloen, Kasteel 372
Schans 60, *60*, **409**
Schapeboet 61, *61*
Schapen 66, *66*, 146, *146*, 186, *186*, 191, *191*, 203, *203*, 223, 226, 227, 327, *327*
Schapengrasland 97
Schar 73
Schathuis 99, *99*, **409**
Scheendijk 235, *235*
Scheepskameel 187

417

REGISTER

Schelpen 129
Schermer 160, 162, *162*, 168, *168*, 171
Schermerboezem 161
Schermereiland 168, *168*
Schermerringvaart 162, *162*
Schiepersberg 360, *360*
Schiervlakte 360, *360*, **409**
Schietwilg 182, *182*
Schillenveen 49
Scholteboer 295, 298
Schoorl 130, 135, *135*, 139
Schoorlse Zeedijk 133
Schorren **409**
Schorren, De 62, *62*
Schoteltjeslaag 289
Schraallanden 34, *34*
Schulte 34, **409**
Schuntsje 20, 24, *24*
Singraven 204, *204*, 207, *207*
St. Luciavloed 18
St.-Nicolaasmolen 204, *204*
St.-Odiliënberg 347, *347*, 354, *354*
St.-Oedenrode 323
St.-Plechelmuskerk 206, *206*
Skûtsjesilen 81
Slagenlandschap 91, **409**
Slagenverkaveling 76
Slangewortel 236, *236*
Slanke sleutelbloem 328, *328*
Slaperdijk 133
Slechtvalk 310, *310*
Sleedoorn 113, *113*
Slenaken 364, 366, *366*
Slenk **409**
Slib 19
Slik 54
Slot op de Hoef 132, *132*, 133, *133*
Sloten 71, *71*, 72, *72*, 83, *83*
Slotermeer 72, 76, *76*, 82
Slotkapel 133, *133*
Slufter, de 52, 53, *53*, 54, 55, 57, *57*, 65, *65*
Slufterkreek 52, *52*, 55, *55*
Sluftermonding 56, *56*
Sluftervlakte 52, 58, *58*
Smalle weegbree 257, *257*
Smeerwortel 274, *274*

Smeltwaterdal 145
Smient 20, 56, *56*, 182, *182*
Smilde 102
Smitsveen 89
Snip, Molen de 71
Snor 110
Soldaatje 365
Solse Gat 217, *217*
Son 324
Sonnevanck 160
Speenkruid 164
Speerdistel 138, *138*
Sperwer 41, 228, *228*, 290
Speulderbos 222, *222*, 229
Spiegelpolder 234, *234*
Spinnekopmolen 78, *78*, 115, *115*, 170, *170*
Sporen van wild 221, *221*
Spreng 217, **409**
Springendalsbeek 199
Sprinkhaanrietzanger 328, *328*
Spijk 315
Starnmeer 162
Starum *zie* Stavoren
State **409**
Staverden, Slot 215, *215*, 218, 223
Staverdense Beek 221
Stavoren 81, *81*
Steenbergen 34
Steenfabriek 305, 311, *311*
Steengroeve 287, *287*, 289, *289*, 294, *294*, 299, *299*
Steenuil 272, 283, *283*
Stelpboerderij 70, 79
Sterkenburg 268, *268*
Sterrebos 215
Sterrekroos 128
Stichtse Lustwarande 276
Stinkevuil 181, *181*
Stinkzwam 290, 301, *301*
Stins 25, 70, *70*
Stinseflora 237, **409**
Stinseplant 74, 131, 246, 256, *256*
Stolpboerderij 160, *160*, 171, *171*, 187
Stompetoren 161
Stoomgemaal Mastenbroek 145, *145*
Stootvogels **409**

Storingsmilieu 183
Stormvloed 55
Strandduizendguldenkruid 17
Strandvlakte 57
Strandwal 18, 19, 126
Strang 271, 311
Streekdorp 169
Strokenverkaveling 76, 109
Stroomrug 270, 271
Struikheide 94, *94*, 131, *131*, 253, *253*
Stryp 18, 24
Stryper kerkhof 24, *24*, 29
Stuifdijk 17, 52, 54, *54*
Stuifzand 36, 145
Stuifzandgebied 215, 216, 220
Stuw (Junne) 149, *149*
Stuwmorene 108
Stuwwal 252, 270
Succulent **409**
Suideras 263
Swalm 352, *352*
Swalmen 346, 352

T

Tabaksschuur 275, *275*, 281
Tabaksteelt 276, 281
Talud **409**
Tankenberg 198, *198*, 205, *205*
Tapuit 20, 130, *130*
Tektonische bewegingen 409
Tegelen 349, *349*
Ten Have 96, *96*
Terp **410**
Terpenlandschap 72, 78
Terras **410**
Terrassenlandschap 341-343, 350, 352, *352*, 361
Territorium **410**
Theekoepel 232, *232*, 240, *240*, 245, *245*
Thorn 347, *347*
T-huis 215, 241, 259
Thijssengracht 108, 112, *112*
Tichelgat 270, 305
Tiendschuur **410**
Tienhovense Plassen 236, *236*, 241

Tjasker 71, 75, *75*, 115, 119, *119*
Tjerkgaast 76, *76*
Toendra 144, *144*
Tolhuis **410**
Tolkamer 305
Tonckensbos 35, 40
Tonmolen 119, *119*
Torenmolen 277, *277*
Torenvalk 75, 182, 265, *265*
Transgressie 54, **410**
Travalje **410**
Trompenburgh 240, *240*, 245
Trouwe Wachter, Molen De 241, *241*
Tubbergen 208
Tuinbouw **410**
Tuinwal 61
Tuinwallenlandschap 52, *52*
Tumulus 42, 48, *48*, 97, *97*, **410**
Tureluur 164, 166
Turfkoelen 342, *342*, 345, *345*
Turfmakershuis 114, *114*
Tuunwoal **410**
Twentekanaal 258, *258*
Twiske, Het 187, *187*

U

Uddelermeer 216, *216*, 223
Uffelterzand 91
Ugchelse Bos 227
Uitdam 187, *187*
Uitdammer Die 179, *179*
Uiterwaard 270, *270*, 271, *271*, 305, 306, *306*, 309, 315, *315*, 355, *355*, **410**
Uitloging **410**
Uitzichtduin 125
Urnenveld 42
Utrechtse Heuvelrug 270, *270*, 282, *282*

V

Vakwerk **410**
Vakwerkhuis 359, *359*, 362
Valkenburg 370
Varen 203, *203*

Varken 257, *257*
Varkensland 179
Varkensmesterij 150
Vecht, loop van de 235
Veenbes 290
Veenbies 88, *88*
Veenduinen 93
Veendijk 293
Veenendaal 282
Veengat 40
Veenmos 289, *289*
Veenmosrietland 112
Veenontginning 42
Veenpluis 103, *103*, 221, *221*, 257, *257*
Veenput 294, *294*
Veenresten 18, *18*, 54, *54*, 180, 253, *253*
Veenstroom 184, 234, 235
Veenterp 43, *43*
Veeteelt 150, *150*, 187, *187*
Vegetatie **410**
Veldkruis 366, *366*
Velduil 290
Ven 35, 89, *89*, 90, *90*, 91, *91*, 95, *95*, 103, *103*, 145, *145*, 199, 325, *325*, 335, 337, **410**
Verbrande Pan 136
Vereenigde Harger- en Pettemerpolder 127, *127*
Verfbrem 23, *23*
Vergrassing 223
Verkaveling **411**
Verlanden **411**
Verlanding 109, *109*, 179, *179*, 238, 239
Vernelsberg, Hoeve 366, *366*
Verruiging 93, *93*, 112
Vervenershuisje 107, *107*, 110
Vervening 108, 115, *115*, 235, 241
Vesting **411**
Vesting Naarden 243, *243*
Vliedberg **411**
Viervlekkige platbuik 38
Vilsteren 155
Vingerhoedskruid 38, 301, *301*
Visotter 110
Vissershuis 25
Vizierstuw 305, *305*

418

REGISTER

Vledder 96, *96*
Vledder Aa 90
Vleermuis 238
Vliegden *219, 226*
Vliegenorchis *365*
Vliegenvanger *156*
Vliegenzwam 201, *201, 245*
Vloedlijn 31
Vloedmerk 18, 127, *127*
Vloedmerkplanten 30
Vlot 115
Voetbrug 179, *179, 184, 184*
Vogelkers 202, *202*
Vogelpootje 148, *148*
Vogelwikke 154, *154*
Volendam 193
Volgerwijk 160
Vollenhove 109, *114, 114*
Vollenhovense Meer 109
Volmolen, Eper *371, 371*
Voorsterbos 109, *109*
Vorden, Kasteel *260, 262*
Vordensebeek *263*
Vos 93, *93, 218*
Vragenderveen 287, *287, 288, 289, 293, 293, 294*
Vries 34, *38 45, 45*
Vroedmeesterpad *362, 365, 365*
Vrouwenmantel *272*
Vuntus 246
Vuurbuikpad *362*
Vuursteen 366
Vuursteenknol 360, *360*
Vuurvlinder *110*
Vijlener Bos *369, 369*

W

Waal 305, *305, 307, 312, 312*
Waddendistrict 16, *59, 129*
Waddenzeepeil 19
Wakerdijk 133
Waldhufe 348
Wapserveen 91, *91*
War 73
Was 221
Wasmeer 245
Wateraardbei 41, *41*
Waterdrieblad 35, *35*
Wateren 89
Watergentiaan 107, *107*
Waterhoen *164*
Waterlelie 113, 153, *153, 232, 232, 310, 310*
Waterlepeltje 113, *113*
Watermolen 196, 204, *204, 207, 207, 222, 258, 258, 263*, **411**
Waterpeilbeheersing 78, *78*
Waterschap **411**
Waterspitsmuis *290*
Waterstreekdorp 114, *115, 116*
Waterverontreiniging 121
Waterviolier *92*
Watervleermuis *272*
Waterzuring *38*
Weerribben 106, *106, 108, 108, 109, 109, 110, 112, 113, 115, 117, 118, 120*
Wegdorp 43
Wegkruis 313, 358, *358*, **411**
Weichsel-ijstijd *36, 288*
Weidebeekjuffer 287, *287*
Weidegeelster 257, *257*
Weidemolen 161, *161*
Weidevogels 142, *142, 191*
Welna, Landgoed 215, *215*
Weren 106
Werf **411**
Werkhoven 269
Wespendief *218*, 345, *345*
Westervelde 47
Westervoort 315
West-Graftdijk 175, *175*
Westhem 78, *78*
West-Terschelling 18, *18, 25, 25, 27, 29*
Weust, De 210
Weymouthden 319, *319*
Wezel *164*
Wezenputten 61, *61*
Wieden 106, 107, 108, *108,* 114, 119
Wiel 107, *107, 270*, **411**
Wielewaal *362*
Wierde **411**
Wikeler IJwert *zie* Wijckeler IJwert
Wild zwijn 221, *221, 226*
Wilde framboos 301, *301*
Wilde kaardebol 372, *372*
Wildenborch, Kasteel de 262
Wildkansel 229, *299*
Wildrooster **411**
Wildsporen 221, *221*
Wilgehoutrups 247, *247*
Wilgenvloedstruweel 151
Wilgeroosje 293
Wilhelmina-Kanaal 331, *331*
Windmolen 160, *160*
Winterbed 270, 309
Winterdijk 270
Wintereik 200, *269, 269*
Winterkoning *272*
Wipwatermolen 236, *236, 241, 241*
Witgesterde blauwborst 293, *293*
Witte dovenetel 197
Wittelte 100, *100*
Wittem 369
Wittenburg 161
Witteveen 103
Woelmuis 237, *237*
Woelrat 237, *237*
Woldzigt, molen 42, *42*
Wolfeind 259
Wolfersveen 253
Wolfsdak 259, *259*
Wollegras *290*
Workum 71
Wormer 174
Wormerveld 160, *162, 167*
Woud, 't 129
Woudsend 71, 77
Wouwaapje 183, *183*
Wulp 93, *93, 110*
Würm-ijstijd *36, 145*
Wijckeler IJwert 75, *75, 79, 79*
Wijde Wormer 172
Wijk bij Duurstede 277, *279*
Wymbritseradeel 83
Wijngaardslak *362, 365, 365*

IJ

IJsselmeer 180, *180*
IJsselvallei 217
IJsvogel 290, *292, 292*

Z

Zaanse Schans 174, *174*
Zadeldaktoren 78, *78, 96, 96*
Zand, Het *252, 263*
Zandafzetting 37
Zandbank 79
Zandhagedis *38, 219*
Zandribbel 217, *217*
Zandrug 43
Zandscherm 65, *65, 127, 127, 133, 133*
Zandverstuiving 216, *217, 228, 252, 252*, **411**
Zandwinning 307, *307*
Zeealsem 58, *58*
Zeeaster 27
Zeeden 125, *125*
Zeehondenreservaat Eierlandse Gat 58
Zeekraal 17, *17*
Zeeraket 30, *30*
Zeereep 59, *59*
Zeesserven 149
Zegge *38, 112, 112*
Zelle, 't 263
Zevenster 40
Zeijen 41, *41, 42, 44*
Zeijer Strubben 40, *40*
Zeijerveld 41
Zilvermeeuw 20, *52, 52*
Zinkboerenkers *362, 370*
Zinkflora *362, 365*, **411**
Zinkviooltje *362, 365, 365, 370*
Zoddenlandschap 235
Zoete kers 275, *275*
Zomerbed 309
Zomerdijk **411**
Zomereik 200, *269, 282*
Zomp 149
Zoute kwel 41
Zoutplantengemeenschap 16, 23, *57, 58*
Zuidermeer 72
Zuiderzee, doorbraken van de 107, 180
Zuiderzeedijk 114
Zulte 58, *58*
Zunderdorp 179, *179, 185, 185*
Zuring 173, *355, 355*
Zutphen 258, *258*
Zuurse Duinen 47
Zwaanswijck 235
Zwanebloem 179, *179, 191, 191*
Zwarte den *282, 282*
Zwarte els 106, *106, 234, 288, 288*
Zwarte kraai *110*
Zwartendijksterschans 47
Zwarte rapunzel 283, *283*
Zwarte roodstaart *218*
Zwarte ruiter 20
Zwarte specht *290*
Zwarte Water 144
Zwartkop 329, *329*
Zweedse kornoelje 40
Zwerfkei **411**
Zwerfsteen 72, *72, 91, 216, 216, 289, 289*
Zwin 54
Zwolle 155
Zwolse anjer 147, *147, 209*
Zijpe 133

Illustratieverantwoording

De meeste foto's in deze uitgave zijn gemaakt door **Han Honders**. De overige foto's werden geleverd door onderstaande fotografen en instellingen. (Achter de paginacijfers dienen de volgende afkortingen voor nadere plaatsbepaling: b = boven, o = onder, l = links, r = rechts, m = midden.)

Beeldbank en Uitgeefprojekten BV, Amsterdam: inzetten omslag, blz. 108(m), 144, 145, 156(r), 157(l), 226(o), 311(r), 315(o)

Cees Brake, Enschede: blz. 2/3

Emil de Haas, Haarlem: blz. 1, 32/33, 68/69, 135(lo en r), 136(r), 139, 140/141, 142, 143, 146, 147, 148(lo), 149, 150, 151, 153(o), 154(l), 155(r), 158/159, 170, 171, 173, 174, 175, 188, 189, 191(l en o), 192(rb), 193(mo), 196(r), 197(m en ro), 198(l en o), 200(lo), 201(lo en rb), 202(mb), 203(ro), 204(lb, m en rb), 205(lo en mo), 211(o), 228(lb en ro), 229(o), 243(o), 245(m), 246(r), 247(b), 250(r), 251(lb en mo), 253(lb en lo), 254(lb, mo, m en ro), 257(2xm en rb), 258(lb en r), 259(rb), 261(l en o), 262(l), 264(r), 265(lo en r), 278, 279, 280, 281, 282(rb en ro), 283, 299(ro), 301(lb), 302/303, 304, 305(lb en rb), 306(lb en lo), 306/307(b), 308(b en m), 309(lb en m), 310(lb), 311(lm, lo en mo), 312(lb, lo, o en r), 313(lb en mb), 314, 315(l), 316, 317, 318, 324(m en ro), 325, 328, 329, 333(lb en rb), 334, 335(b), 336(rb), 337(l), 338/339, 346(l, o en ro), 347(mb en o), 348(l), 350, 351(l), 352(lb, rb en ro), 354(l)

Aad Opree, Zwaag: blz. 156(l), 157(r), 197(lb), 198(m), 200(lb, mb en m), 201(mb), 202(r), 205(rb), 209(m), 211(lb), 257(lb), 261(r), 264(mb), 282(lo en rm)

Frans den Ouden, Hoevelaken: blz. 8(mo), 230/231, 244, 247(l)

R.F. Ovinge, Bergen (N.H.): blz. 6 (l en r), 7(l), 22(ro), 28(r), 30(m en r), 31(l), 62, 63, 64(b), 65(lo), 67(b), 81(b), 82(b), 122/123, 134, 135(lb), 136(lb en lo), 137, 138, 155(m), 172, 192/193, 201(lb), 251(rb), 255(r), 256(lb), 257(lo), 308(o), 309(r), 319(lo), 374/375

Archief Reader's Digest, Amsterdam: blz. 9(mo), 81(o), 148(m), 152, 203(rb), 206, 224, 227, 229(b), 245(b), 262(r), 373(rb)

Archief Gemeente Nijmegen/H.J.P. van Haren: blz. 312(m)

T. Ruyter, Bussum: blz. 14/15, 18(rb), 19(l), 28(l), 49, 81(m), 82(o), 120(l), 154(r), 191(lb), 243(b), 245(o), 257(ro), 310(o)

VVV, Denekamp: blz. 194/195, 196(l), 197(rb), 198/199(b), 199(r), 200(rb), 201(mo), 203(lm en lo), 204(lo en ro), 207, 209(lb en lo)

VVV, Lochem: blz. 251(mr), 255(lo), 256(lo en rb), 258(lo), 259(mo)

VVV, Ootmarsum: blz. 208, 210, 211(m)

VVV, Ruurlo: blz. 250(lo), 253(rb), 254(lo), 259(lo), 264(lb)

Worldview, Amsterdam: omslag

Dit boek werd met de meeste zorg samengesteld. Niettemin is het niet geheel uitgesloten dat de geboden informatie door tijdsverloop en/of door andere oorzaken minder juist is. Noch Reader's Digest, noch de medewerkers aan het boek persoonlijk, aanvaarden enige aansprakelijkheid hoe ook genaamd, uit welken hoofde dan ook, voor enig gevolg rechtstreeks of indirect voortvloeiend uit het gebruik van de gegevens uit dit boek.

De uitgever heeft ernaar gestreefd de relevante auteursrechten te regelen volgens de wettelijke bepalingen. Degenen die desondanks menen zekere rechten te kunnen doen gelden, kunnen zich alsnog tot de uitgever wenden.